머리말 | PRE

한국의 농어촌 교육은 양적으로 어떤 위상을 가지고 있는가. 이는 20여 년 전에 농어촌 교육에 대한 국제적 견문을 넓히기 위해 호주 뉴잉글랜드대학 국립농촌교육연구소(SiMERR)를 방문했을 때 그곳 책임자인 존 페그(John Pegg) 교수로부터 받은 첫 번째 질문이다. 그 이후 농어촌 교육의 현황을 나타내는 몇 가지 통계 수치를 습관적으로 챙겨 오고 있다. 현행 법령이 정하고 있는 기준에 따르면 현재 전국에서 농어촌 초·중등 학교 수는 37%, 학생 수는 16%의 비중을 차지하고 있다.

해방 이후 농어촌 교육의 양적 규모는 지속적인 감소 추세 속에서도 결코 소홀히 할 수 없는 수준이다. 그럼에도 중앙 정부의 모든 정책과 제도는 도시 학교 중심이고, 농어촌 지역의 교육에는 거의 관심을 기울이지 않는 경향이 있다. 이와 같은 도시 중심적 사고와 접근방식은 국가 수준에서 농어촌 교육의 현실을 반영하는 정책 개발과 입법화에 중대한 제약요인으로 작용해오고 있다. 내용과 형식 차원에서 농어촌 교육법령의 현주소를 가늠할 수 있는 대목이다.

인구감소시대에 농어촌 교육의 존속과 발전을 위해서 국민의 폭넓은 공감대 형성을 바탕으로 농어촌 교육법령을 조속히 정비해야 한다고 생각한다. 법체계는 규범적으로 일정한 행위를 수행하기 위한 이유를 표방하고, 사람들의 행위의 지침으로 작용한다. 또한 사회적으로 모종의 활동을 억지하고 촉진하기도 하며, 분쟁을 해결하고, 자원을 배분하는 기능을 수행한다. 법제의 정비는 현행 법령의 기반 위에서 실현 가능하므로 법령의 깊이 있는 분석과 이해가 필수적이다.

분석 대상으로서 농어촌 교육법령은 헌법을 정점으로 법률과 명령을 아우르고, 자치법규로서 조례와 규칙의 체계를 가진다. 이와 함께 법적 효력을 가진 판례와 법 해석 사례 그리고 정부의 계획과 국내외 운영사례 등의 폭넓은 법령정보들이 있다. 분석 대상의 범위 차원에서 농어촌 교육법령을 농어촌 지역에만 해당하는 교육법령으로 좁게 보는 경우가 있으나, 대체로 모든 교육법령 즉, 도시와 농어촌 모든 지역에 적용 가능한 법령 중에서 특히 농어촌 지역에 의미가 있는 법령들까지 확대하여 보고 있다.

농어촌 지역에 한정하는 교육법령의 효시는 약칭으로 「도서·벽지교육법」을 들 수 있다. 이 법률은 1967년에 도서·벽지 의무교육의 진흥을 위하여 제정하였다. 도서·벽지 학교의 지원을 구체화하는 계기를 마련하였으나 적용범위가 제한적이다는 평가를 받고 있다. 한참 이후인 2004년에야 약칭 「농어업인삶의질법」을 제정하였다. 이 법률은 농어촌 교육만을 집약하여 다루지 않고 농어업인의 복지와 지역개발에 관한 사항을 폭넓게 규정하는 종합적인 성격을 갖고 있다.

농어촌 또는 도서·벽지 교육여건을 개선하기 위한 법령 이외에 농어촌 교육지원에 실질적으로 작용하는 법규들이 있다. 대표적으로 자치법규로서 해당 교육청마다 제정한 작은학교 지원을 위한 조례를 들 수 있다. 이 조례는 지원대상을 작은학교, 대체로 60명 이하의 학교로 제한하고 있으며, 농어촌 학교와 함께 도시 지역에 소재하는 학교의 경우도 적용 대상으로 한다. 물론 농어촌 학교의 비중이 절대적으로 크다 하겠다.

적용범위를 농어촌 지역으로 한정하는 교육법령은 극소수이고, 명료하다. 반면에 농어촌 교육에 의미가 있는 법령 또는 법조문은 관점에 따라 유동적이며, 조항별로 여기저기 산재해 있다. 때문에 일정한 원칙을 기준으로 관련 법적 근거를 선택하고, 체계화하며, 농어촌 교육법령으로서의 의미를 부여하는 작업이 필요하다.

그리하여 개별 법령보다는 농어촌 학교의 학생, 교육과정, 교원, 학교운영, 시설과 재정 등 핵심 교육인프라를 중심으로 재구성하여 분석하였다. 학생의 권리와 복지는 보편적 사항과 특수한 사항, 교육과정은 자율성과 책무성, 교원은 안정적 확보와 우대조치, 학교정책은 통폐합과 보전, 학교시설과 재정은 일반 기준과 특수 기준 차원에서 균형적으로 다루었다.

교육법령의 해설은 법령을 구성하고 있는 자구나 문장의 뜻을 문법과 통념에 따라 밝히는 기초적인 해석에 주력하였다. 덧붙여 법령이 현재의 농어촌 교육에 주는 의미를 부여하는 노력을 기울였다. 나아가 농어촌 교육법령의 단순한 확인과 해석에 머물지 않고 비판적 검토를 병행하였다. 현행 법령의 내용과 형식을 신봉하고 옹호하기보다 농어촌 교육여건의 척박한 현실과 암울한 미래를 고려한 발전적 논의를 기반으로 새로운 변화에 방점을 두었다.

이번 저술작업은 당시 공주대학교 중앙농어촌교육지원센터 책임자로서 교육부 2022년도 농어촌 교육여건 개선사업의 일환으로 수행하였다. 대한교육법학회의 이덕난 회장께서 집필진을 추천하여 공동연구로 추진하였다. 책임 집필자는 총괄 기획과 함께 시설과 재정, 김용 교수는 학교 교원, 이덕난 박사는 법령체계와 학생 복지, 이형석 교수는 헌법적 가치와 학생권리, 전윤경 박사는 교육과정, 정순원 박사는 학교정책을 분담하여 수고하였다. 블라인드 리뷰에 이어 책임자의 집중 검토와 가필 작업을 거쳤다.

공동 집필의 미흡한 점을 보완하고, 시너지 효과를 거두기 위해 역시 한계가 있었으나 비교적 많은 시간을 공동 저작을 위한 소통과 조정에 할애하였다. 각 집필자의 글을 그대로 묶어 펴낸 편저 형태를 넘어서서 한 권으로 통합한 저작 발간을 지향하였다. 특히 집필진의 숙의를 바탕으로 집필방향과 내용구성을 결정해 나갔으며, 공동 시각으로 작성한 고유의 산물인 만큼 교육부와 센터, 학회의 입장과 일치하지 않고 사안에 따라서는 상충할 수도 있다.

아울러 관련 내용을 간추려 소개하는 수준에서 짜 맞추어 서술하는 개론서보다 전문성을 살린 본격적인 연구서로 자리매김하고자 하였다. 이를 위하여 몇 가지 문제의식을 가지고 출발하였으며, 이는 저술의 의도와 맥을 같이 한다. 핵심 내용을 짚어보면 다음과 같다.

첫째, 인구감소시대에 떠오른 지방소멸과 농어촌 학교소멸 위기 상황을 농어촌, 그리고 여기에 서 있는 농어촌 교육의 가치를 재조명하고, 농어촌 교육의 진흥을 도모하기 위한 중요한 계기로 삼을 필요가 있다.

둘째, 세계 여러 나라가 농어촌 인구와 학생 수 감소에 따라 불가피하게 학교 통폐합을 추진하면서도 헌법이 보장하고 있는 학생들의 권리를 보장하기 위하여 다각적인 지원책을 강구하고 있음을 직시하고, 특히 농어촌 교육의 헌법적 가치를 천착한다.

셋째, 현행 농어촌 교육법령은 총체적으로 '최소주의'를 근간으로 하고 있으나, 도시와 농어촌 간의 교육격차 현실과 학생 수 감소추세에 따른 미래의 어두운 전망을 고려해 볼 때, 창의적 혁신을 바탕으로 교육의 지리적 불이익을 극복할 수 있는 적극적인 조치가 필요하다.

넷째, 농어촌 교육이 치명적인 결함을 가지고 있고, 도시 교육에 비해 모든 면에서 열등하다고 보는 시각에서 탈피하여 농어촌 학교가 가지고 있는 가치와 여러 이점에 대해 공감하면서 농어촌 교육의 강점을 더욱 부각하고 약점을 보완하는 방향으로 농어촌 교육의 발전을 추구하는 국제적 동향을 반영한다.

다섯째, 농어촌 학교의 교육적·사회적 가치에도 불구하고 인구통계학적 변화로 인한 지속적인 학생 수 감소에 따라 규모의 경제에서 비롯한 재정적 효율성 문제제기에 대응하여 학교를 유지하는 비용의 증가와 투입예산의 적정화 요구를 절충하고 조화시키는 방법을 모색해야 하는 상황을 고려한다.

여섯째, 지방화 시대로 진전하기 이전에 제정한 주요 농어촌 교육법령에서 농어촌 교육진흥을 주도적으로 추진해야 할 국가와 지방자치단체의 역할과 기능을 구분하여 규정하지 않고, 특히 국가의 책무를 법적으로 명시하지 않고 있어 농어촌 교육발전을 저해하는 중대한 걸림돌로 작용하고 있음을 주목한다.

일곱째, 농어촌 교육의 현황 파악을 위한 기초조사와 발전적 정책개발은 농어촌 지역에 대한 명확하면서도 타당한 정의에서 출발해야 함에도 불구하고, 농어촌의 범위를 편차가 크지만 편의적인 읍과 면이라는 행정구역 중심, 이와는 다소 차이가 있는 도서·벽지, 그리고 지원대상을 학생 수를 기준으로 한 작은학교로 삼원화하고 있어 농어촌 지역에 대한 재정의를 기반으로 농어촌 교육법령의 통합과 조정이 시급하다.

주지하다시피, 농어촌 교육의 발전이념은 수월성과 형평성의 가치를 추구하는 데 있다. 수월성 차원에서 농어촌 학교 학생 개개인에게 충분한 교육기회를 제공하고, 그들이 잠재적 역량을 발휘하도록 교육여건을 마련하여 만족할 만한 교육성과를 거두기를 기대한다. 이를 위하여 형평성 차원에서 구조적·환경적 특성으로 인하여 발생하는 교육격차를 완화 또는 해소할 수 있는 제도적 장치의 마련이 필요하다.

그러나 농어촌 교육의 형평성을 도모하기 위한 입법화 실현은 쉽지 않다. 직접 경험한 몇 가지 사례를 들어보자면 농어촌 학교 학생 대학입학특별전형제, 제한적 공동학구제 등은 오히려 다른 학생들과의 형평성을 저해한다는 이유로 정책제안 초기에 제동이 걸렸었다. 농어촌 학교 학생과 교직원에 대한 예산지원을 임의 규정한 「농어업인삶의질법」을 대신하여 강제규정으로 전환하는 것을 골자로 한 농어촌 교육 진흥을 위한 몇 차례의 특별법 제정 발의는 역시 소요예산 과다와 형평성에 맞지 않는다는 사유로 번번이 좌절됐다.

결국 농어촌 교육법령의 현재 위상은 그 속성상 열악한 농어촌 교육현실이 앞서가고 법령이 주춤거리며 뒤쫓아가야 하는 모양새이다. 현장에서는 법령이 농어촌 교육발전을 위한 헌신적·창의적 발걸음을 더디게 하고 때로는 발목을 잡기도 한다는 푸념을 쉽지 않게 접할 수 있다.

이러한 가운데 최근 정부가 신속하게 「인구감소지역 지원 특별법」을 제정하였다는 점은 매우 고무적인 일이다. 이번 특별법의 제정과정을 지켜보면서, 교육부문 단독으로 농어촌 교육발전 추진에 한계가 있으므로 지역 활력화를 위한 고용, 거주공간 마련 등 타 부처들의 노력에 기대어 낙수효과를 얻어 보자는 소극적 입장도 없지 않다. 그러나 성공적 사례를 거울삼아 농어촌 교육의 위기에 대한 공감대를 형성하고 이를 바탕으로 특단의 조치를 담아 농어촌 교육진흥에 필요한 관련 법제의 개편에 정성을 다해야 한다고 생각한다.

다시 강조하건대, 농어촌 교육법령의 정비, 나아가 농어촌 교육의 진흥을 위한 노력은 현행 법령의 다각적이고 깊이 있는 이해로부터 출발할 수 있다. 하지만 농어촌 교육법령을 종합적으로 다룬 전문서를 찾아보기 어려운 실정이어서, 주변으로부터 비전도 매력도 없는 농어촌 교육연구에 매달린다는, 격려보다는 핀잔을 들어가면서도 다행히 농어촌 교육법령을 체계적으로 정리하고 해설하며, 비판적으로 검토하는 작업을 마무리하였다.

이 책이 농어촌 교육에 관심을 가지고 있는 연구자, 교육자, 행정가, 실천가 그리고 후학들께 조금이나마 도움을 드릴 수 있기를 바라는 마음 간절하다. 여러 어려움 속에서 마주하는 출간의 기쁨과 영광을 독자 여러분들과 함께 나누고자 한다. 저술 구상 단계에서 품었던 기대 수준에 미치지 못하여 여전히 미진한 부분이 적지 않다. 이는 모두 책임자의 몫이며, 부족한 부분에 대해서는 후일을 기약하고자 한다.

저술 작업의 착수 이후 출간에 이르기까지 몇 차례 고비가 있었다. 그때마다 마무리를 향한 한결같은 의지와 힘으로 헤쳐나갈 수 있었다. 특히 공동 집필진의 노고에 대해 심심한 감사의 마음을 전한다. 궂은일을 도와준 전윤경 박사께 거듭 감사드린다. 아울러 교육부와 대한교육법학회의 성원에 대해서도 감사드린다.

끝으로 어려운 여건에서 출판을 맡아주신 성안당 관계자분께 깊은 감사의 말씀을 드린다.

2024년 1월

집필진을 대표하여 임연기

차례 | CONTENTS

농어촌 교육법령의 구성과 체계

농어촌 교육법령의 구성과 체계

농어촌 교육이란 농어촌 지역의 교육으로서 학교교육과 사회교육으로 구분할 수 있다. 여기서는 학교교육 그리고 학교교육 중에서 고등교육을 제외하고 초·중등학교 교육에 초점을 두고 있다. "농어촌"이란 도시 지역과 대비할 수 있는 시골 지역(rural area)을 말하며, 농촌, 농산어촌 등 다양한 용어와 함께 사용하고 있는 가운데 법규적 접근 차원에서 "농어촌"이라는 용어를 선택하였다. 물론 연구자마다 각기 달리 사용하고 있는만큼 경우에 따라서는 관련 용어들을 모두 동일한 의미로 사용하였다.

농어촌 교육법령의 범위를 정함에 있어서 우선적으로 농어촌 지역에 대한 정의가 중요하다. 법령에서 명칭으로 규정한 농어촌 지역에 국한하지 않고, 농어촌의 특성을 고려하여 이를테면 도서·벽지, 작은학교 등을 포함시켰다. 농어촌 교육법령을 넓게 보면 거의 모든 초·중등학교 법령, 좁게 보면 농어촌 교육에만 작용하고 있는 법령이 각각 있다. 절충하여 농어촌 교육에 '의미 있는' 법령에 초점을 두었다.

분석 대상으로서 농어촌 교육법령은 헌법을 정점으로 법률과 명령(대통령령, 총리령, 부령)을 중심으로 자치법규로서 조례와 규칙의 체계를 가진다. 이와 연계하여 법적 효력을 가진 판례와 법 해석 사례 그리고 정부의 계획과 국내외 운영 사례 등의 폭넓은 법령 정보들이 있다.

농어촌 지역에 한정하는 교육법령의 효시는 약칭으로 「도서·벽지교육법」을 들수 있다. 이 법률은 1967년에 도서·벽지 의무교육의 진흥을 위하여 제정하였다. 한참 이후인 2004년에야 약칭 「농어업인삶의질법」을 제정하였다. 이 법률은 농어촌 교육만을 단독으로 다루지 않고 농어촌 발전을 위한 종합적인 성격을 갖고 있다.

농어촌 교육지원에 실질적으로 작용하는 대표적인 자치법규로서 해당 교육청마다 제정한 작은학교 지원을 위한 조례를 들 수 있다. 이 조례는 농어촌 학교와 함께 도시 지역에 소재하는 학교의 경우도 적용 대상으로 하지만 농어촌 학교의 비중이 절대적으로 크다 하겠다. 농어촌 교육법령은 농어촌 교육에 관한 사무를 다양한 법령들이 분담하고 있으며, 통합적·체계적으로 규율하고 있다고 보기 어려운 특징을 가지고 있다.

제1절　농어촌 교육법령의 범위

1. 농어촌의 개념

　　교육 관련 법령에서 정하고 있는 농어촌은 읍과 면 지역 그리고 도서·벽지를 지칭한다. 도서·벽지는 행정구역상 읍과 면 지역 그리고 극히 일부 시(동) 지역에서 지정한다.

1) 읍과 면 지역 중심 행정구역

　　농어업인 삶의 질 향상 및 농어촌 지역 개발촉진에 관한 특별법(이하「농어업인삶의질법」) 제3조(정의)제1호는 "농어촌"이란 "「농업·농촌 및 식품산업 기본법」(이하 "농업식품기본법") 제3조제5호와 「수산업·어촌 발전 기본법」(이하 "수산업기본법") 제3조제6호에 따른 지역을 말한다"고 규정하였다.

> **농어업인 삶의 질 향상 및 농어촌 지역 개발촉진에 관한 특별법**
>
> 제3조(정의) 이 법에서 사용하는 용어의 뜻은 다음과 같다.
> 1. "농어촌"이란 「농업·농촌 및 식품산업 기본법」 제3조제5호와 「수산업·어촌 발전 기본법」 제3조제6호에 따른 지역을 말한다.
> 2. "농어업"이란 「농업·농촌 및 식품산업 기본법」 제3조제1호에 따른 농업과 「수산업·어촌 발전 기본법」 제3조제1호가목에 따른 어업 및 같은 호 마목에 따른 양식업을 말한다.
> 3. "농어업인 등"이란 「농업·농촌 및 식품산업 기본법」 제3조제2호에 따른 농업인과 농촌주민 및 「수산업·어촌 발전 기본법」 제3조제3호에 따른 어업인과 어촌주민을 말한다.
> 4. "농어촌학교"란 「유아교육법」 제2조제2호 및 「초·중등교육법」 제2조에 따른 학교 중 농어촌에 있는 학교를 말한다.
> 5. "공공서비스"란 주거·교통·교육·보건의료·복지·문화·정보통신 서비스 및 그 밖에 이에 준하는 서비스를 말한다.
> 6. "농어촌서비스 기준"이란 농어업인 등이 일상생활을 하는 데 요구되는 공공서비스 중 대통령령으로 정하는 서비스 항목과 그 항목별 목표치를 말한다.

　　「농업식품기본법」 제3조(정의)제5호는 "농촌"이란 "가. 읍·면의 지역, 나. 가목 외의 지역 중 그 지역의 농업, 농업 관련 산업, 농업인구 및 생활여건 등을 고려하여 농림축산식품부장관이 고시하는 지역"의 어느 하나에 해당하는 지역이라고 정의하였다. 이 가운데 나목에서 읍·면 외의 지역은 동의 지역을 의미하며, 동의 지역 중 농림축산식품부장관이 고시하는 지역에 대해서는 「농업·농촌 및 식품산업 기본법 제3조제5호나목에 따른 농촌지역」(농림축산식품부고시)로 정하고 있다.

✎ 농업·농촌 및 식품산업기본법

제3조(정의) 이 법에서 사용하는 용어의 뜻은 다음과 같다.
5. "농촌"이란 다음 각 목의 어느 하나에 해당하는 지역을 말한다.
　　가. 읍·면의 지역
　　나. 가목 외의 지역 중 그 지역의 농업, 농업 관련 산업, 농업인구 및 생활여건 등을 고려하여 농림축산식품부장관이 고시하는 지역

그리고 「수산업기본법」 제3조(정의) 제6호는 "어촌"이란 하천·호수 또는 바다에 인접하여 있거나 어항의 배후에 있는 지역 중 주로 수산업으로 생활하는 "가. 읍·면의 전 지역, 나. 동의 지역 중 「국토의 계획 및 이용에 관한 법률」 제36조제1항제1호에 따라 지정된 상업지역 및 공업지역을 제외한 지역"의 어느 하나에 해당하는 지역을 말한다. 「국토의 계획 및 이용에 관한 법률」 제36조 제1항은 용도지역을 "도시지역, 관리지역, 농림지역, 자연환경보전지역"으로 구분하고, 도시지역을 세분화하여 "주거지역, 상업지역, 공업지역, 녹지지역"으로 구분하였다. 그러므로 도시지역 중에서 주거지역과 녹지지역은 어촌에 포함할 수 있다.

이에 따라 읍·면의 지역은 모두 농촌이고, 읍·면의 지역 중에서 하천·호수 또는 바다에 인접하여 있거나 어항의 배후에 있는 지역 중 주로 수산업으로 생활하는 지역은 어촌에도 해당한다. 그리고 동의 지역 중 농림축산식품부장관이 고시하는 지역은 농촌에 해당하고, 동의 지역 중 주로 수산업으로 생활하는 지역에서 주거지역과 녹지지역 등은 어촌으로 포함한다.

✎ 수산업·어촌 발전 기본법

제3조(정의) 이 법에서 사용하는 용어의 뜻은 다음과 같다.
6. "어촌"이란 하천·호수 또는 바다에 인접하여 있거나 어항의 배후에 있는 지역 중 주로 수산업으로 생활하는 다음 각 목의 어느 하나에 해당하는 지역을 말한다.
　　가. 읍·면의 전 지역
　　나. 동의 지역 중 「국토의 계획 및 이용에 관한 법률」 제36조제1항제1호에 따라 지정된 상업지역 및 공업지역을 제외한 지역

한편, 제정 당시에는 "농산어촌"이라는 용어를 사용하였으나, 2010년 7월 23일 개정한 「농어업인삶의질법」에서 "농산어촌"이라는 용어를 "농어촌"으로, "농림어업인"을 "농어업인"으로 변경하였다. 현행 법률에서 "농어촌"이 정확한 표현이며, 산촌은 모두 농어촌에 속한다.

「산림기본법」 제3조(정의)제2호는 "산촌"을 "산림면적의 비율이 현저히 높고 인구밀도가 낮은 지역으로서 대통령령으로 정하는 지역"으로 규정하였고, 동법 시행령 제2조(산촌)는 "대통령이 정하는 지역은 행정구역면적에 대한 산림면적의 비율이 70퍼센트 이상일 것, 인구밀도가 전국 읍ㆍ면의 평균 이하일 것, 행정구역면적에 대한 경지면적의 비율이 전국 읍ㆍ면의 평균 이하일 것"의 3가지 "요건에 해당하는 읍ㆍ면"이라고 규정하였다. 이는 읍ㆍ면의 지역 중 일부가 산촌에 해당한다는 것을 의미하며, 모든 읍ㆍ면의 지역은 농촌으로 포함한다.

2) 도서ㆍ벽지

도서ㆍ벽지의 개념은 「도서ㆍ벽지교육진흥법」(약칭: 도서ㆍ벽지교육법)에서 정의하고 있다. 「도서벽지교육법」 제2조(정의)는 "도서ㆍ벽지"에 대해 "지리적ㆍ경제적ㆍ문화적ㆍ사회적 혜택을 받지 못하는 지역으로서 교육부령으로 정하는 지역"이라고 규정하였다. 여기에는 "산간지역, 낙도(落島), 수복지구(收復地區), 접적지구(接敵地區), 광산지구(鑛山地區)"를 포함한다.

✎ 도서ㆍ벽지교육진흥법

제2조(정의) 이 법에서 "도서ㆍ벽지"란 지리적ㆍ경제적ㆍ문화적ㆍ사회적 혜택을 받지 못하는 다음 각 호의 지역으로서 교육부령으로 정하는 지역을 말한다.
1. 산간지역
2. 낙도(落島)
3. 수복지구(收復地區)
4. 접적지구(接敵地區)
5. 광산지구(鑛山地區)

교육부령인 「도서ㆍ벽지교육진흥법 시행규칙」은 "「도서ㆍ벽지교육진흥법」 제2조의 규정에 의하여 도서ㆍ벽지지역을 정함을 목적으로" 제정하였다. 동 시행규칙 제2조(도서ㆍ벽지지역과 등급별 구분)는 법 제2조의 규정에 의한 도서ㆍ벽지의 지역과 그 등급별 구분을 별표로 규정하였다.

동 시행규칙 [별표]는 도서·벽지의 지역 및 등급별 구분표이며, 라 지역에서 가 지역으로 갈수록 교육여건이 더 열악한 지역을 의미한다. 도서(132개)는 가 지역(21개), 나 지역(37개), 다 지역(60개), 라 지역(14개)으로, 벽지(400개)는 가 지역(2개), 나 지역(14개), 다 지역(56개), 라 지역(328개)으로, 접적(118개)은 가 지역(14개), 나 지역(32개), 다 지역(24개), 라 지역(48개)으로 구분할 수 있다.

 도서·벽지교육진흥법 시행규칙

제1조 (목적) 이 규칙은 「도서·벽지교육진흥법」(이하 "법"이라 한다) 제2조의 규정에 의하여 도서·벽지지역을 정함을 목적으로 한다. 〈개정 2005. 3. 15.〉
제2조 (도서·벽지지역과 등급별 구분) 법 제2조의 규정에 의한 도서·벽지의 지역과 그 등급별 구분은 [별표]와 같다.

2. 농어촌 교육의 개념

　농어촌 교육에 대한 명확한 정의를 찾기 어렵다. 특별법인 「농어업인삶의질법」에서는 "농어촌 교육여건" 또는 "농어촌 교육발전" 등의 용어를 사용하였다. 제4장의 제목은 "농어촌 교육여건의 개선"이고, 제20조(농어촌 교육여건 개선의 책무)와 제27조(농어촌 교육발전 지역협의회)의 제목과 본문에서 "농어촌 교육여건"과 "농어촌 교육발전"이라는 용어를 사용하였다.

농어업인 삶의 질 향상 및 농어촌 지역 개발촉진에 관한 특별법

제4장 농어촌 교육여건의 개선
제20조(농어촌 교육여건 개선의 책무) ① 국가와 지방자치단체는 농어촌 주민의 교육기회를 보장하기 위하여 교육여건의 개선 및 발전을 위한 시책을 마련하여야 한다.
② 국가와 지방자치단체는 제1항에 따른 농어촌 교육여건의 개선 및 발전을 위한 시책을 마련할 때에는 농어촌 주민 및 학부모의 의견을 존중하여야 한다.
제27조(농어촌 교육발전 지역협의회) ① 농어촌학교의 교육여건 개선, 농어촌 주민의 평생교육 진흥(시·도지사 소관 사항은 제외한다) 등과 관련된 시책을 효율적으로 추진하기 위하여 광역시·특별자치시·도·특별자치도의 교육감 소속으로 농어촌 교육발전 지역협의회를 둔다.
② 농어촌 교육발전 지역협의회의 구성·기능 및 운영 등에 관한 사항은 광역시·특별자치시·도·특별자치도의 교육규칙으로 정한다.·

「헌법」과 「교육기본법」, 「초·중등교육법」 등에서는 농촌 또는 농어촌, 농어촌 교육 등의 용어를 직접 사용하지 않았다. 다만, 「헌법」과 「교육기본법」 등에서 농어촌 등의 교육 지원과 관련된 규정을 찾을 수 있다.

「헌법」 제31조제1항은 "모든 국민은 능력에 따라 균등하게 교육을 받을 권리를 가진다"고 규정하였다. 우리 헌법재판소(93헌마192, 1994. 2. 24.)[1]는 "교육을 받을 권리는, 첫째 교육을 통해 개인의 잠재적인 능력을 계발시켜줌으로써 인간다운 문화생활과 직업생활을 할 수 있는 기초를 마련해 주고, 둘째 문화적이고 지적인 사회풍토를 조성하고 문화창조의 바탕을 마련함으로써 헌법이 추구하는 문화국가를 촉진시키고, 셋째 합리적이고 계속적인 교육을 통해서 민주주의가 필요로 하는 민주시민의 윤리적 생활철학을 어렸을 때부터 습성화시킴으로써 「헌법」이 추구하는 민주주의의 토착화에 이바지하고, 넷째 능력에 따른 균등한 교육을 통해서 직업생활과 경제생활영역에서 실질적인 평등을 실현시킴으로써 헌법이 추구하는 사회국가, 복지국가의 이념을 실현한다는 의의와 기능을 가지고 있다."고 해석하였다.

그리고 우리 「헌법」 제31조제1항에서 규정한 모든 국민의 교육의 기회균등권에 대해 "정신적·육체적 능력 이외의 성별·종교·경제력·사회적 신분 등에 의하여 교육을 받을 기회를 차별하지 않고, 즉 합리적 차별사유 없이 교육을 받을 권리를 제한하지 아니함과 동시에 국가가 모든 국민에게 균등한 교육을 받게 하고 특히 경제적 약자가 실질적인 평등교육을 받을 수 있도록 적극적 정책을 실현해야 한다는 것"이라고 판시하였다.

이러한 「헌법」 규정과 헌법재판소 판례 등을 해석한 성격을 갖고 있는 「교육기본법」 제4조(교육의 기회균등)제1항은 "모든 국민은 성별, 종교, 신념, 인종, 사회적 신분, 경제적 지위 또는 신체적 조건 등을 이유로 교육에서 차별을 받지 아니한다"고 규정하였다. 그리고 제2항은 "국가와 지방자치단체는 학습자가 평등하게 교육을 받을 수 있도록 지역 간의 교원 수급 등 교육 여건 격차를 최소화하는 시책을 마련하여 시행하여야 한다"고 규정하였다.

「교육기본법」 제4조제1항에 규정한 "등"에는 지역적 또는 지리적 조건을 포함한다고 해석할 수 있으며, 제2항에서 규정한 "지역 간의 교원 수급 등 교육 여

---

1) 헌법재판소, 「교육법」 제96조제1항 위헌확인[전원재판부 93헌마192, 1994. 2. 24., 기각]

건 격차"에는 농어촌 지역과 타 지역 간의 교육 여건 격차 등을 포함한다. 그러므로 「헌법」과 「교육기본법」은 농어촌 교육 지원을 규정하고 있는 것으로 해석할 수 있다. 다만 명시적으로 표현하거나 용어와 그 의미를 명확하게 규정하고 있지는 않다.

> **헌법**
>
> 제31조 ① 모든 국민은 능력에 따라 균등하게 교육을 받을 권리를 가진다.
> ② 모든 국민은 그 보호하는 자녀에게 적어도 초등교육과 법률이 정하는 교육을 받게 할 의무를 진다.
> ③ 의무교육은 무상으로 한다.
> ④ 교육의 자주성·전문성·정치적 중립성 및 대학의 자율성은 법률이 정하는 바에 의하여 보장된다.
> ⑤ 국가는 평생교육을 진흥하여야 한다.
> ⑥ 학교교육 및 평생교육을 포함한 교육제도와 그 운영, 교육재정 및 교원의 지위에 관한 기본적인 사항은 법률로 정한다.

> **교육기본법**
>
> 제4조(교육의 기회균등 등) ① 모든 국민은 성별, 종교, 신념, 인종, 사회적 신분, 경제적 지위 또는 신체적 조건 등을 이유로 교육에서 차별을 받지 아니한다.
> ② 국가와 지방자치단체는 학습자가 평등하게 교육을 받을 수 있도록 지역간의 교원 수급 등 교육 여건 격차를 최소화하는 시책을 마련하여 시행하여야 한다.
> ③ 국가는 교육여건 개선을 위한 학급당 적정 학생수를 정하고 지방자치단체와 이를 실현하기 위한 시책을 수립·실시하여야 한다. 〈신설 2021. 9. 24.〉
> [전문개정 2007. 12. 21.]
> [제목개정 2021. 9. 24.]

농어촌 교육을 농어촌 지역에 소재하는 학교에서 이루어지는 교육이라고 좁혀서 볼 때, 농어촌 학교와 작은학교에 대한 교육법령의 규정을 확인할 필요가 있다.

1) 농어촌 학교

「농어업인삶의질법」 제3조제4호는 "농어촌 학교란 「유아교육법」 제2조제2호 및 「초·중등교육법」 제2조에 따른 학교 중 농어촌에 있는 학교를 말한다"고 규정하였다. 「유아교육법」 제2조제2호는 유치원이고, 「초·중등교육법」 제2조에 따른 학교는 "초등학교, 중학교 · 고등공민학교, 고등학교 · 고등기술학교, 특수학교, 각종학교"이다. 그러므로 농어촌 학교는 농어촌에 있는 유 · 초 · 중 · 고교 및 특수학교 · 각종학교라고 정의할 수 있다. 농어촌에는 동의 지역 중 일부도 포함하므로 농어촌 학교는 읍 · 면 지역뿐만 아니라 일정한 요건에 해당하는 동의 지역에도 소재할 수 있다.

> **농어업인 삶의 질 향상 및 농어촌 지역 개발촉진에 관한 특별법**
>
> 제3조(정의) 이 법에서 사용하는 용어의 뜻은 다음과 같다.
> 4. "농어촌학교"란 「유아교육법」 제2조제2호 및 「초 · 중등교육법」 제2조에 따른 학교 중 농어촌에 있는 학교를 말한다.

> **초 · 중등교육법**
>
> 제2조(학교의 종류) 초 · 중등교육을 실시하기 위하여 다음 각 호의 학교를 둔다.
> 1. 초등학교
> 2. 중학교 · 고등공민학교
> 3. 고등학교 · 고등기술학교
> 4. 특수학교
> 5. 각종학교

2) 작은학교

"작은학교" 또는 "농어촌 작은학교"의 개념을 법률에서 직접 정의하고 있지 않으며, 일부 시 · 도별 조례에서 규정하고 있다. 「강원특별자치도 작은학교 지원에 관한 조례」 제2조(정의)는 "작은학교"란 「초 · 중등교육법」 제2조에 따른 학교 중 학생 수 60명 이하인 공립학교라고 정의하였다.

「초 · 중등교육법」 제2조(학교의 종류)에 따른 학교에는 "초등학교, 중학교 · 고등공민학교, 고등학교 · 고등기술학교, 특수학교, 각종학교"를 포함한다. 이 가운데 공립학교이며, 학생 수 60명 이하인 학교를 작은학교로 정의하였다.

이에 비해 「전라남도 작은학교 지원 조례」 제2조(정의)는 "작은학교"란 "「초 · 중등교육법」 제2조제1호부터 제3호까지의 학교 중 학생 수가 60명 이하인 학교"라고 정의하였다. 전남에서는 특수학교와 각종학교를 제외한 공 · 사립 초 · 중 · 고교 중 학생 수 60명 이하인 학교로 정의하였다.

이처럼 작은학교는 시·도 조례로 정하고 있는 용어이므로 시·도별로 차이가 있으나, 학생 수 60명 이하의 학교를 지칭한다. 작은학교의 용어에 대해서는 시·도별 조례가 있는 경우 해당 시·도 조례를 확인할 필요가 있다.

> **강원특별자치도 작은학교 지원에 관한 조례**
>
> **제1조(목적)** 이 조례는 강원특별자치도에 소재하는 작은학교에 대하여 교육 여건 개선 및 교육 복지 증진 등을 통해 지역 발전과 연계하여 적정 규모의 학교로 육성하는 데 있어 필요한 사항을 규정함을 목적으로 한다.
> **제2조(정의)** 이 조례에서 사용하는 "작은학교"란 「초·중등교육법」 제2조에 따른 학교 중 학생수 60명 이하인 공립학교를 말한다.

> **전라남도 작은학교 지원 조례**
>
> **제1조(목적)** 이 조례는 전라남도 내 작은학교를 지원함으로써 지역발전에 기여하고 작은학교의 학생이 균등하게 교육받을 권리를 보장하는 것을 목적으로 한다.
> **제2조(정의)** 이 조례에서 "작은학교"란 「초·중등교육법」 제2조제1호부터 제3호까지의 학교 중 학생수가 60명 이하인 학교를 말한다.

제2절 농어촌 교육법령의 구성

1. 적용 범위별 구분

농어촌 교육법령을 법원(法源)에 따라 분류하면 헌법, 법률, 명령(대통령령, 부령), 행정규칙(훈령, 예규, 고시, 지침 등), 자치법규(조례, 규칙, 교육규칙 등) 등이 있다. 법령 적용의 우선 순위에 따라 분류하면 기본법, 일반법, 특별법 등이 있다. 법령의 적용 범위 차원에서는 헌법과 협의의 농어촌 교육법령, 광의의 농어촌 교육법령으로 구분할 수 있다.

그리고 소관부처를 기준으로 분류하면 교육부 소관 법령, 농림축산식품부 소관 법령, 해양수산부 소관 법령, 2개 이상 부처의 공동 소관 법령 등으로 구분된다. 농어촌 교육에 대한 관련성을 기준으로 분류하면 도서·벽지교육 법령, 일부 조항이 농어촌 교육에 적용되는 법령, 농어촌 학교를 포함한 모든 학교 교육에 적용되는 법령 등으로 구분할 수 있다.

1) 헌법

「헌법」은 국가의 통치조직과 통치작용의 기본원리에 대해 규정하고 있는 근본 규범이며, 국민의 기본권을 보장하는 모법이다. 그러므로 농어촌 교육법령은 「헌법」으로부터 시작한다. 「헌법」은 농어촌 교육에 대해 명시적으로 규정하고 있지 않으나, 농어촌 교육 관련 법령의 근거로 작용하는 규정을 포함하고 있다.

「헌법」제10조는 "모든 국민은 인간으로서의 존엄과 가치를 가지며, 행복을 추구할 권리를 가진다. 국가는 개인이 가지는 불가침의 기본적 인권을 확인하고 이를 보장할 의무를 진다"고 규정하였다. 이는 교육기본권의 중핵 조항이다. 농어촌 학교 학생이 인간으로서의 존엄과 가치를 가지며 행복을 추구할 권리를 가지며, 국가는 이러한 농어촌 학교 학생의 기본적 권리를 보장할 의무를 가진다는 점에서 중요한 의미를 가진다.

또한 「헌법」제31조제1항은 "모든 국민은 능력에 따라 균등하게 교육을 받을 권리를 가진다"고 규정하였다. 이는 농어촌 학교 학생의 교육의 기회균등권에 대해 규정한 조항으로 중요한 의미를 가진다. 이 외에도 「헌법」에는 농어촌 교육 관련 법령의 근거로 해석할 수 있는 다수 조항을 포함하고 있다.

2) 협의의 농어촌 교육법령

법령의 전체 또는 일부 조항은 농어촌 교육에만 적용할 수 있다. 여기서는 이들 법령을 협의의 농어촌 교육법령으로 분류하였다.

우선, 농어촌에 포함하는 지역 가운데 도서·벽지의 교육에 대해 적용되는 별도의 법령이 있다. 「도서·벽지교육진흥법」과 동법 시행규칙이다. 「도서·벽지교육진흥법」은 도서(島嶼)·벽지(僻地)의 의무교육을 진흥함을 목적으로 제정하였다. 전체 농어촌 중에서 도서·벽지에 대해 적용하며, 해당 지역에서의 의무교육 진흥에 대해 규정하고 있다.

도서·벽지교육진흥법

제1조(목적) 이 법은 도서(島嶼)·벽지(僻地)의 의무교육을 진흥함을 목적으로 한다.
제2조(정의) 이 법에서 "도서·벽지"란 지리적·경제적·문화적·사회적 혜택을 받지 못하는 다음 각 호의 지역으로서 교육부령으로 정하는 지역을 말한다.
1. 산간지역
2. 낙도(落島)
3. 수복지구(收復地區)
4. 접적지구(接敵地區)
5. 광산지구(鑛山地區)
제3조(국가의 임무) 국가는 도서·벽지의 의무교육을 진흥하기 위하여 다른 것에 우선하여 다음 각 호의 조치를 하여야 하며, 이에 필요한 모든 경비를 다른 것에 우선하여 지급하여야 한다.
1. 학교 부지, 교실, 보건실, 그 밖에 교육에 필요한 시설의 확보
2. 교재·교구(教具)의 정비
3. 교과서의 무상 공급
4. 통학을 위하여 필요한 조치
5. 교원(教員)에 대한 주택 제공
6. 교원의 적절한 배치
제4조(지방자치단체의 임무) 지방자치단체는 도서·벽지의 의무교육을 진흥하기 위하여 다음 각 호의 조치를 하여야 한다.
1. 도서·벽지교육의 특수 사정에 적합한 학습지도에 필요한 자료의 정비
2. 교원에 대한 연수기회의 우선 부여와 연수 경비의 지급
제5조(도서·벽지수당) 국가는 도서·벽지학교에 근무하는 교원에게는 대통령령으로 정하는 바에 따라 도서·벽지의 급지별(級地別)로 도서·벽지수당을 지급하여야 한다.

아울러 협의의 농어촌 교육법령에는 「농어업인 삶의 질 향상 및 농어촌 지역 개발촉진에 관한 특별법」과 동법 시행령 및 동법 시행규칙이 있다. 그리고 「교원의 지위 향상 및 교육활동 보호를 위한 특별법」과 「농어촌정비법」 및 하위 법령에도 농어촌 교육에 대해서만 적용할 수 있는 조항이 있다.

「농어업인 삶의 질 향상 및 농어촌 지역 개발촉진에 관한 특별법」은 '농어촌 교육여건의 개선'에 대해 별도의 장(제4장)을 두어 규정하였다. 제20조부터 제28조까지와 제28조의2는 농어촌 교육에 대해서만 적용할 수 있다.

그리고 「교원의 지위 향상 및 교육활동 보호를 위한 특별법」 제18조의2(교원의 근무환경 실태조사)는 농어촌 가운데 도서·벽지에서 근무하는 교원의 근무환경 실태조사 실시에 대해 규정하였다. 「농어촌정비법」도 제55조(생활환경

정비계획의 내용), 제101조(마을정비계획 수립 및 마을정비구역의 지정), 제125조(농어촌 정비협약)에서 농어촌 교육에 관련되는 사항을 규정하였다.

또한 농어촌 지역과 대부분 겹치는 접경지역의 교육에 대해 적용하는 법령도 있다. 「접경지역 지원 특별법」 및 동법 시행령은 접경지역에 대해 규정하였으며, 법 제24조(교육·문화·관광시설에 대한 지원)는 접경지역의 교육시설에 대한 지원에 대해 규정하였다.

농어업인삶의질법

제4장 농어촌 교육여건의 개선

제20조(농어촌 교육여건 개선의 책무) ① 국가와 지방자치단체는 농어촌 주민의 교육기회를 보장하기 위하여 교육여건의 개선 및 발전을 위한 시책을 마련하여야 한다.
② 국가와 지방자치단체는 제1항에 따른 농어촌 교육여건의 개선 및 발전을 위한 시책을 마련할 때에는 농어촌 주민 및 학부모의 의견을 존중하여야 한다.

제21조(농어촌학교 학생의 학습권 보장 등) ① 국가와 지방자치단체는 농어촌학교 학생의 학습권을 보장하고 학력을 향상하기 위하여 다음 각 호의 사항에 관한 시책을 마련하여야 한다.
  1. 「초·중등교육법」 제23조에 따른 교육과정(이하 "교육과정"이라 한다)의 원활한 운영을 위한 적정 규모의 농어촌학교 육성
  2. 농어촌의 특성에 적합한 교육과정 및 수업운영 방법의 개발·보급
  3. 농어촌학교 학생의 적성을 살리기 위한 다양한 교육기회의 제공
  4. 그 밖에 농어촌학교 학생의 학습권을 보장하고 학력을 향상하기 위하여 필요한 사항
② 국가와 지방자치단체는 농어촌학교 중 지역 특성을 반영한 교육과정의 자체적인 개발 또는 운영이 우수한 학교에 대하여 필요한 지원을 할 수 있다.
③ 국가와 지방자치단체는 제1항에 따른 책무를 다하고 제2항에 따른 지원을 하기 위하여 이에 따르는 예산상의 조치를 취하도록 노력하여야 한다.

제23조(농어촌학교 학생의 교육 지원) ① 국가와 지방자치단체는 농어촌학교 학생의 교육기회를 보장하기 위하여 입학금, 수업료, 급식비 및 통학에 필요한 교통수단과 그 운행에 드는 경비를 지원할 수 있다.
② 국가와 지방자치단체는 대통령령으로 정하는 소득기준에 미달하는 농어업인에게 제1항에 따른 경비와 체험학습비 등 부대경비의 전부 또는 일부를 예산의 범위에서 지원할 수 있다.

제24조(농업·수산업 기초인력의 양성) ① 국가와 지방자치단체는 농업 및 수산업에 종사할 기초인력을 양성하기 위하여 필요한 시책을 마련하여야 한다.
② 농림축산식품부장관 또는 해양수산부장관은 예산의 범위에서 농수산계 고등학교의 설치·운영에 필요한 경비를 일부 지원할 수 있다.

제25조(농어촌학교 교직원의 확보·배치) 교직원의 임용권자는 농어촌학교 교육과정의 원활한 운영을 위하여 적정수의 교원과 행정직원이 농어촌학교에 배치되도록 하여야 한다.

제26조(농어촌학교 교직원의 우대) ① 국가와 지방자치단체는 농어촌학교 교직원이 높은 긍지와 사명감을 가지고 교육활동에 전념할 수 있도록 인사상의 우대, 연수 기회의 우선적 부여, 근무부담의 경감 등 근무여건 개선책을 마련하여야 한다.

② 국가와 지방자치단체는 농어촌학교 교직원이 농어촌에 거주하면서 학생의 교육 및 생활지도에 전념할 수 있도록 주거편의를 우선적으로 제공하여야 한다.

③ 국가와 지방자치단체는 농어촌학교에 근무하는 교원에게 대통령령으로 정하는 바에 따라 수당을 지급할 수 있다.

제27조(농어촌 교육발전 지역협의회) ① 농어촌학교의 교육여건 개선, 농어촌 주민의 평생교육 진흥(시·도지사 소관 사항은 제외한다) 등과 관련된 시책을 효율적으로 추진하기 위하여 광역시·특별자치시·도·특별자치도의 교육감 소속으로 농어촌 교육발전 지역협의회를 둔다.

② 농어촌 교육발전 지역협의회의 구성·기능 및 운영 등에 관한 사항은 광역시·특별자치시·도·특별자치도의 교육규칙으로 정한다.

제28조(농어촌학교의 시설·설비 등 지원) ① 국가와 지방자치단체는 농어촌학교의 시설·설비 및 교구(敎具)를 우선적으로 확보하여 지원하여야 한다.

② 국가와 지방자치단체는 농어촌학교의 정보통신매체를 이용한 수업에 필요한 시설과 설비를 우선적으로 확보하여 지원하여야 한다.

 교원지위법

제18조의2(교원의 근무환경 실태조사) ① 관할청은「도서·벽지교육진흥법」제2조에 따른 도서·벽지에서 근무하는 교원의 근무환경 실태를 파악하기 위하여 3년마다 실태조사를 실시하여야 한다.

② 제1항에 따른 실태조사의 내용, 방법 및 절차 등에 관하여 필요한 사항은 대통령령으로 정한다.

 농어촌정비법

제55조(생활환경정비계획의 내용)
제101조(마을정비계획 수립 및 마을정비구역의 지정)
제125조(농어촌 정비협약)

 접경지역법

제24조(교육·문화·관광시설에 대한 지원) ① 국가와 지방자치단체는 접경지역에 각급 학교, 문예회관·도서관·박물관 등을 포함한 문화시설, 관광·숙박·위락·여객시설 및 체육시설(이하 "교육·문화·관광시설"이라 한다)이 적절히 설치되고 유치될 수 있도록 하여야 한다.

② 제1항에 따라 접경지역에 교육·문화·관광시설을 설치하거나 접경지역 밖의 지역에 설치된 교육·문화·관광시설을 접경지역으로 이전하려는 자에게는 우선적으로 인·허가 등을 할 수 있다.

3) 광의의 농어촌 교육법령

도서·벽지 교육법령을 포함한 협의의 농어촌 교육법령(일부 조항이 농어촌 교육에 적용되는 법령)을 제외하고 농어촌 학교를 포함한 모든 학교교육에 적용하는 법령이 있다. 여기서는 이들 법령을 광의의 농어촌 교육법령으로 분류하였다. 광의의 농어촌 교육법령에서 농어촌 교육의 '유의미성'을 통찰할 필요가 있다.

　광의의 농어촌 교육법령에는 「교육기본법」, 「초·중등교육법」, 「학교급식법」, 「교육공무원법」, 「고등교육법」, 「지방대육성법」, 「도시와 농어촌 간의 교류촉진에 관한 법률」 등과 하위 법령이 있다. 이 가운데 「교육기본법」 등은 교육 관련 법령이다. 그리고 「도농교류법」 제14조(농어촌체험교육의 활성화) 및 동법 시행령 제10조는 농어촌 관련 법령이나, 농어촌 학교뿐만 아니라 도시 학교에도 적용할 수 있다. 광의의 농어촌 교육법령을 예시적으로 제시하면 다음과 같다.

교육기본법

제4조(교육의 기회균등)
제12조(학습자)
제14조(교원)
제17조의5(안전사고 예방)
제27조(보건 및 복지의 증진)
제29조(국제교육)

초·중등교육법

제61조(학교 및 교육과정 운영의 특례)
제30조(학교의 통합·운영)

학교급식법

제9조(급식에 관한 경비의 지원)

교육공무원법

제11조(교사의 신규채용 등)

고등교육법

제32조(학생의 정원)

지방대육성법

제15조(대학의 입학기회 확대)

도농교류법

제14조(농어촌체험교육의 활성화) 및 동법 시행령 제10조

3. 소관 부처별 구분

1) 교육부 소관 법령

교육부 소관 농어촌 교육법령의 주요 내용, 규율영역, 해당 사무의 소관기관, 농어촌 교육 용어의 명시 여부 등은 다음과 같다. 이 가운데 규율영역은 전체 학교운영, 학생, 교원 또는 교직원, 교육과정, 시설·설비, 평생교육, 계획 및 평가, 실태조사, 거버넌스 등으로 구분할 수 있다. 해당 사무의 소관 기관은 국가, 지자체, 관할청, 교육감, 지자체장, 대학의 장 등으로 구분할 수 있다. 농어촌 교육 용어의 명시 여부는 농어촌 또는 도서·벽지 등을 명시한 경우, 지역 간 등으로 간접적으로 사용한 경우, 간접적으로도 사용하지 않은 경우로 구분할 수 있다.

〈표 1〉 교육부 소관 농어촌 교육법령 관련 주요 사항

법령명	관련 조항 및 주요 내용	규율영역	해당 사무의 소관 기관	농어촌 교육 명시 여부
「교육기본법」	제4조(교육의 기회균등): 교육 차별 금지, 교육 여건 격차 최소화, 학급당 적정 학생 수	전체 학교운영	국가와 지자체	△ (지역 간 등으로 표현)
	제12조(학습자) 제2항: 교육내용·교육방법·교재 및 교육시설	교육과정 시설·설비	명시되지 않음 (국가와 지자체)	×
	제14조(교원) 제1항: 경제적·사회적 지위 우대	교원 또는 교직원	명시되지 않음 (국가와 지자체)	×
	제17조의5(안전사고 예방)	시설·설비	국가와 지자체	×
	제27조(보건 및 복지의 증진) 제2항: 학생복지주택의 건설	시설·설비	국가 및 지자체	×
	제29조(국제교육) 제1항 및 제4항: 국제화교육 및 국제교육협력(유학생 유치 관련)	학생	국가	×
「초·중등 교육법」	제61조(학교 및 교육과정 운영의 특례): 자율학교 특례 * 시행령 제105조에서 농어촌 학교 자율학교 지정 규정	전체 학교운영	교육감	○
	제30조(학교의 통합·운영)	교원 시설·설비	관할청(교육부장관, 교육감)	△ (농어촌 학교에 주로 적용)
「학교급식법」	제9조(급식에 관한 경비의 지원) 제1항: 농어촌 학교 보호자 부담 급식경비 우선 지원	학생	국가 또는 지자체	○

법령명	관련 조항 및 주요 내용	규율영역	해당 사무의 소관 기관	농어촌 교육 명시 여부
「교육공무원법」	제11조(교사의 신규채용 등) 제2항: 근무 예정 지역 또는 학교를 정하는 교사 채용 시험	교원	임용권자 (사실상 교육감)	△ (농어촌 학교에 주로 적용)
「고등교육법」	제32조(학생의 정원) * 시행령 제29조제2항에서 대학의 정원 외 학생선발에 농어촌 지역 또는 도서·벽지 학생 포함	학생	대학의 장 (교육부장관)	○ (농어촌 또는 도서·벽지 학생 적용)
「도서·벽지 교육진흥법」	제3조(국가의 임무): 학교부지·교실 등의 구비, 교과서의 무상 공급, 통학에 필요한 조치 및 교원에 대한 주택제공 등	전체 학교운영	국가	○ (도서·벽지는 농어촌 지역에 포함)
	제5조(도서·벽지수당): 도서·벽지학교 교원에게 도서·벽지수당 지급	교원	국가	○ (도서·벽지는 농어촌 지역에 포함)
	제4조(지방자치단체의 임무): 도서·벽지의 특수사정에 적합한 학습지도자료의 정비	교육과정 (학습지도자료)	지방자치단체	
「교원지위법」	제18조의2(교원의 근무환경 실태조사): 도서·벽지 근무 교원의 근무환경 실태	교원	관할청 (공·사립은 교육감)	○ (도서·벽지는 농어촌 지역에 포함)
「지방대육성법」	제15조(대학의 입학기회 확대): 비수도권에서 권역별로 해당 지역 학교 출신 학생의 대학 입학(의과대학 등, 간호대학, 법전원, 의전원 등) 기회 확대	학생	지방대학의 장(교육부장관)	× (지방 또는 비수도권으로 표현)

2) 교육부 외의 타 부처 소관 법령

교육부 외에 농림축산식품부, 해양수산부 등 중앙행정기관과 광역 및 기초 일반 지자체 등도 농어촌 교육 관련 사무를 수행하고 있다. 그러므로 교육부 외의 타 부처 소관 법령에 대해서 살펴볼 필요가 있다.

교육부 외의 타 부처 소관 농어촌 교육법령의 주요 내용, 규율영역, 해당 사무의 소관기관, 농어촌 교육 용어의 명시 여부 등은 다음과 같다. 이 가운데 규율영역은 전체 학교운영, 학생, 교원 또는 교직원, 교육과정, 시설·설비, 평생교육, 계획 및 평가, 실태조사, 거버넌스 등으로 구분할 수 있다. 해당 사무의 소관 기관은 국가, 지자체, 정부, 관계 중앙행정기관의 장, 시·도지사, 시장·

군수 · 구청장, 임용권자 등으로 구분할 수 있다. 농어촌 교육 용어의 명시 여부는 농어촌을 명시한 경우, 접경지역 등으로 간접적으로 사용한 경우, 간접적으로도 사용하지 않은 경우로 구분할 수 있다.

〈표 2〉 교육부 외 타 부처 소관 농어촌 교육법령 관련 주요 사항

법령명	관련 조항 및 주요 내용	규율영역	해당 사무의 소관 기관	농어촌 교육 명시 여부
「농어업인 삶의질법」 (법률 소관: 농림부 · 해수부)	제4조(국가와 지방자치단체의 책무): 농어촌의 교육여건 개선 등의 시책 마련	전체 학교운영	국가와 지자체	○
	제5조(농어업인 삶의 질 향상 및 농어촌 지역개발 기본계획의 수립): 농어촌의 교육여건 개선 등의 촉진을 위한 기본계획 수립 및 시행	계획 및 평가	정부 (관계부처 합동) *공표 및 통보: 농림부장관	○
	제6조(시행계획의 수립)	계획 및 평가	관계 중앙 행정기관의 장 *공표 및 통보: 농림부장관	○
	제7조(시 · 도계획 및 시 · 군 · 구계획의 수립)	계획 및 평가	시 · 도지사 시장 · 군수 · 구청장	○
	제8조(농어업인 등에 대한 복지실태 등 조사): 농어촌의 교육여건 등	실태조사	정부 (관계부처 합동)	○
	제9조(기본계획 등의 평가)	계획 및 평가	국무총리 소속 위원회	○
	제10조(농어업인 삶의 질 향상 및 농어촌 지역개발위원회)	거버넌스	국무총리 소속 위원회 *실무: 농림부장관	○
	제10조의2(시 · 도 및 시 · 군 · 구 농어업인 삶의 질 향상 및 농어촌 지역개발위원회)	거버넌스	일반 지자체	○
	제11조(재정 지원): 시행계획, 시 · 도계획 및 시 · 군 · 구계획 시행 예산 지원	계획 및 평가	국가와 지자체	○
	제20조(농어촌 교육여건 개선의 책무)	전체 학교운영	국가와 지자체	○
	제21조(농어촌 학교 학생의 학습권 보장 등)	학생 교육과정	국가와 지자체	○

법령명	관련 조항 및 주요 내용	규율영역	해당 사무의 소관 기관	농어촌 교육 명시 여부
「농어업인 삶의질법」 (법률 소관: 농림부 · 해수부)	제22조(농어촌 유치원 유아의 교육 · 보호)	전체 학교운영	국가와 지자체	○
	제23조(농어촌 학교 학생의 교육 지원)	학생	국가와 지자체	○
	제24조(농업 · 수산업 기초인 력의 양성)	전체 학교운영	국가와 지자체	○
	제25조(농어촌 학교 교직원의 확보 · 배치)	교원 또는 교직원	임용권자 (공 · 사립은 사실상 교육감을 의미함, 국립은 교육부장관) * 실제로는 교육부 · 행안부 · 기재 부의 권한이 큼.	○
	제26조(농어촌 학교 교직원의 우대)	교원 또는 교직원	국가와 지자체	○
	제27조(농어촌 교육발전 지역 협의회)	거버넌스	교육감	○
	제28조(농어촌 학교의 시설 · 설비 등 지원)	시설 · 설비	국가와 지자체	○
	제28조의2(농어업인 등의 평 생교육 지원): 농어업인 등의 평생교육의 기회를 확대, 비용 지원	평생교육	국가와 지자체	○
「농어촌정비법」 (법률 소관: 농림부 · 해수부)	제55조(생활환경정비계획의 내용): 5년마다 수립, 교육 · 문 화 · 복지 시설의 정비 · 확충 등 포함	시설 · 설비	시장 · 군수 · 구청장 * 농림부장관이 기본 방침 수립	○
	제101조(마을정비계획 수립 및 마을정비구역의 지정): 보 건의료 · 교육 · 복지 시설의 설치 등 포함	시설 · 설비	시장 · 군수 · 구청장 * 시 · 도지사가 정비구역 지정	○
	제125조(농어촌 정비협약): 농 어촌정비사업과 교육 등의 연 계 추진 등 포함	시설 · 설비	국가 및 지자체(상호 간)	○
「도농교류법」 (법률 소관: 농림부 · 해수부)	제14조(농어촌체험교육의 활 성화) 및 동법 시행령 제10조: 활성화 시책 마련, 농어촌 체 험교육 수업 인정	교육과정	국가 (농림 · 해수부) 와 (일반)지자체	○
「접경지역법」 (법률 소관: 행안부)	제24조(교육 · 문화 · 관광시 설에 대한 지원): 접경지역에 적절한 학교 설치 및 유치	전체 학교운영	국가(행안부)와 (일반)지자체	△ (접경지역에 농어촌 상당수 포함)

제3절 주요 농어촌 교육법령의 입법 목적

1. 도서·벽지교육진흥법

1) 입법 취지

「도서·벽지교육진흥법」은 1967년 1월 16일에 제정되었다. 이 법의 목적에 대해 제1조(목적)는 "이 법은 도서·벽지의 의무교육을 진흥함을 목적으로 한다"고 규정하였다.

정부는 1954년부터 1959년까지 6년 동안 의무교육 완성 계획에 따라 초등학교 의무교육의 도입을 추진하였다. 그런데, 초등학교 의무교육을 도서·벽지에서 제대로 실시하기 위해서는 학교 시설의 설치와 교재·교구 정비, 학생통학 지원, 교원 주택 제공, 교원의 적절한 배치와 수당 지급 등 보다 적극적인 지원이 필요했다. 이에 "지리적·경제적·문화적·사회적 혜택을 받지 못하는 산간지·낙도·수복지구 및 접적지구인 도서·벽지의 의무교육을 진흥하려는 것"을 목적으로 이 법률을 제정하였다.

그 후 중학교 의무교육을 확대 실시하였으며, 특수교육대상자에 대한 고등학교 교육과 유아교육(만 3~5세 유아)도 의무교육으로 지정하였다. 이에 따라 「도서·벽지교육진흥법」은 취약 지역인 도서(島嶼)·벽지(僻地)에서 초등학교 및 중학교 등의 의무교육을 차질 없이 이행하는 근거로 작용하였다.

> ### 🖋 도서·벽지교육진흥법
>
> 제1조(목적) 이 법은 도서(島嶼)·벽지(僻地)의 의무교육을 진흥함을 목적으로 한다.
> 제2조(정의) 이 법에서 "도서·벽지"란 지리적·경제적·문화적·사회적 혜택을 받지 못하는 다음 각 호의 지역으로서 교육부령으로 정하는 지역을 말한다.
> 1. 산간지역
> 2. 낙도(落島)
> 3. 수복지구(收復地區)
> 4. 접적지구(接敵地區)
> 5. 광산지구(鑛山地區)

도서 · 벽지교육진흥법(1967. 1. 16. 제정)

【제정 · 개정 이유】

▸ 신규 제정
  지리적 · 경제적 · 문화적 · 사회적 혜택을 받지 못하는 산간지 · 낙도 · 수복지구 및 접적지
  구인 도서벽지의 의무교육을 진흥하려는 것임.

▸ 주요 내용
  ① 국가는 도서 · 벽지의 의무교육의 진흥을 위하여 학교부지 · 교실 등의 구비, 교과서의
     무상공급, 통학에 필요한 조치 및 교원에 대한 주택제공 등의 조치를 우선적으로
     하도록 함.
  ② 지방자치단체는 도서 · 벽지의 의무교육의 진흥을 위하여 도서 · 벽지의 특수사정에 적합
     한 학습지도자료의 정비 등을 하도록 함.
  ③ 국가는 도서 · 벽지학교에 근무하는 교원에게 도서 · 벽지수당을 지급하도록 함.

2) 국가와 지방자체단체의 책무

「도서 · 벽지교육진흥법」 제3조(국가의 임무)는 "국가는 도서 · 벽지의 의무
교육을 진흥하기 위하여 다른 것에 우선하여 다음 각 호의 조치를 하여야 하
며, 이에 필요한 모든 경비를 다른 것에 우선하여 지급하여야 한다"고 규정하
였다. 그리고 제5조(도서 · 벽지수당)는 "국가는 도서 · 벽지학교에 근무하는 교
원에게는 대통령령으로 정하는 바에 따라 도서 · 벽지의 급지별(級地別)로 도
서 · 벽지수당을 지급하여야 한다"고 규정하였다.

이를 종합하여 「도서 · 벽지교육진흥법」이 규정한 국가의 농어촌 교육에 대
한 책무는 다음과 같다.

첫째, 도서 · 벽지의 의무교육을 진흥하기 위하여 '학교 부지, 교실, 보건실,
그 밖에 교육에 필요한 시설의 확보', '교재 · 교구(敎具)의 정비', '교과서의 무
상 공급', '통학을 위하여 필요한 조치', '교원(敎員)에 대한 주택 제공', '교원의
적절한 배치'를 다른 것에 우선하여 조치하고, 이에 필요한 경비를 다른 것에
우선하여 지급한다(법 제3조).

둘째, 도서 · 벽지학교에 근무하는 교원에게는 대통령령으로 정하는 바에
따라 도서 · 벽지의 급지별(級地別)로 도서 · 벽지수당을 지급한다(법 제5조).

도서·벽지교육진흥법

제3조(국가의 임무) 국가는 도서·벽지의 의무교육을 진흥하기 위하여 다른 것에 우선하여 다음 각 호의 조치를 하여야 하며, 이에 필요한 모든 경비를 다른 것에 우선하여 지급하여야 한다.
1. 학교 부지, 교실, 보건실, 그 밖에 교육에 필요한 시설의 확보
2. 교재·교구(教具)의 정비
3. 교과서의 무상 공급
4. 통학을 위하여 필요한 조치
5. 교원(教員)에 대한 주택 제공
6. 교원의 적절한 배치
제5조(도서·벽지수당) 국가는 도서·벽지학교에 근무하는 교원에게는 대통령령으로 정하는 바에 따라 도서·벽지의 급지별(級地別)로 도서·벽지수당을 지급하여야 한다.

「도서·벽지교육진흥법」 제4조(지방자치단체의 임무)는 "지방자치단체는 도서·벽지의 의무교육을 진흥하기 위하여 다음 각 호의 조치를 하여야 한다"고 규정하였다. 이에 따라 「도서벽지교육법」이 규정한 지자체의 농어촌 교육에 대한 책무는 다음과 같다. 여기에서 지자체에는 시·도교육감을 포함하는 것으로 해석할 수 있다.

첫째, 도서·벽지의 의무교육을 진흥하기 위하여 '도서·벽지교육의 특수 사정에 적합한 학습지도에 필요한 자료를 정비'한다(법 제4조제1호).

둘째, 도서·벽지의 의무교육을 진흥하기 위하여 '교원에 대한 연수기회를 우선 부여하고, 연수 경비를 지급'한다.(법 제4조제2호).

 도서·벽지교육진흥법

제4조(지방자치단체의 임무) 지방자치단체는 도서·벽지의 의무교육을 진흥하기 위하여 다음 각 호의 조치를 하여야 한다.
1. 도서·벽지교육의 특수 사정에 적합한 학습지도에 필요한 자료의 정비
2. 교원에 대한 연수기회의 우선 부여와 연수 경비의 지급

2. 농어업인삶의질법

1) 입법 취지

정부는 2004년 3월 5일에 「농림어업인삶의질향상및농산어촌지역개발촉진에관한특별법」을 제정하였다. 이 법의 목적에 대해 제1조(목적)는 "이 법은 농업·농촌기본법, 산림기본법 및 해양수산발전기본법에 따라 농림어업인 등의 복지증진, 농산어촌의 교육여건 개선 및 농산어촌의 종합적·체계적인 개발의 촉진에 필요한 사항을 규정함으로써 농림어업인 등의 삶의 질을 향상시키고 지역 간 균형발전을 도모함을 목적으로 한다"고 규정하였다.

여기에 나타난 주요한 3가지 입법 목적은 "농림어업인 등의 복지증진, 농산어촌의 교육여건 개선, 농산어촌의 종합적·체계적인 개발의 촉진"이다. 농산어촌의 종합적·체계적인 개발의 촉진을 위한 부처별 협업을 주문하고, 농어촌의 교육여건 개선을 통해 농어촌의 정주 여건을 개선하려는 목적 등을 포함하고 있다.

제정 당시 "도시지역과 농산어촌지역의 소득수준 및 생활수준의 격차가 심화하는 가운데 자유무역협정(FTA)의 확산 및 세계무역기구 농산물협상의 진전으로 농림어업인의 어려움이 늘어날 것으로 예상됨에 따라 범정부차원의 대책을 절실히 요구하는" 상황이었다. 이에 "종합적·체계적인 지원체제를 마련함으로써 농림어업인의 삶의 질을 높이고, 지역 간의 균형발전을 도모하려는" 목적으로 이 법률을 제정하였다.

농어업인 삶의 질 향상 및 농어촌 지역 개발촉진에 관한 특별법

제1조(목적) 이 법은 「농업·농촌 및 식품산업 기본법」, 「산림기본법」, 「해양수산발전 기본법」 및 「수산업·어촌 발전 기본법」에 따라 농어업인 등의 복지증진, 농어촌의 교육여건 개선 및 농어촌의 종합적·체계적인 개발촉진에 필요한 사항을 규정함으로써 농어업인 등의 삶의 질을 향상시키고 지역간 균형발전을 도모함을 목적으로 한다.

농림어업인삶의질향상및농산어촌지역개발촉진에관한특별법

【제정·개정 이유】

▶ **제정 이유**

도시지역과 농산어촌지역의 소득수준 및 생활수준의 격차가 심화되는 가운데 자유무역협정
(FTA)의 확산 및 세계무역기구 농산물협상의 진전으로 농림어업인의 어려움이 가중될 것으
로 예상됨에 따라 범정부차원의 대책이 절실히 요구되는 바, 농림어업인의 복지증진, 농산어
촌의 교육여건 개선 및 농산어촌 지역개발에 관한 종합적·체계적인 지원체제를 마련함으로
써 농림어업인의 삶의 질을 높이고, 지역간의 균형발전을 도모하려는 것임.

▶ **주요 내용**

가. 정부는 농림어업인 등의 복지증진, 농산어촌의 교육여건 개선 및 지역개발을 촉진하기
위하여 5년마다 기본계획을 수립하도록 하고, 관계중앙행정기관의 장은 매년 시행계획
을 수립·시행하도록 함(법 제5조 및 제6조).

나. 농림어업인 등의 복지증진, 농산어촌 교육여건 개선 및 지역개발에 관한 정책을 총괄
·조정하고, 기본계획을 심의하며, 그 추진실적을 점검·평가하기 위하여 국무총리소속
하에 위원장 1인을 포함한 25인 이내의 위원으로 구성되는 농림어업인삶의질향상및농산
어촌지역개발위원회를 두도록 함(법 제10조).

다. 농림어업인 등의 복지증진을 위하여 농림어업인 질환의 예방 및 치료에 관한 지원, 농림어
업인의 영유아 자녀 보육비 지원, 농산어촌 여성의 복지증진 지원, 고령 농림어업인의
은퇴 후 생활안정지원 등에 관한 사항을 정함(법 제12조 내지 제19조).

라. 농산어촌학교 학생의 학습권을 보장하고, 농산어촌학교 교직원이 교육활동에 전념하도
록 하기 위한 각종 지원에 관한 사항을 정함(법 제20조 내지 제28조).

마. 농산어촌의 기초생활여건 개선, 농산어촌 경관의 보전, 향토산업의 진흥, 농산어촌 정보화
의 촉진, 문화복지시설의 설치 및 운영 지원 등에 관한 사항을 정함(법 제29조 내지 제34조).

바. 국가 및 지방자치단체는 인근 마을을 하나의 권역으로 하여 주거환경의 개선, 생활기반시
설의 확충, 주민소득 증대 등에 관한 농산어촌지역종합개발계획을 수립·시행할 수 있도
록 하고, 지역종합개발계획에 따라 추진되는 사업에 대하여는 다른 사업에 우선하여
지원할 수 있도록 함(법 제38조).

2) 국가와 지방자체단체의 책무

「농어업인삶의질법」 제4조(국가와 지방자치단체의 책무)는 "국가와 지방자
치단체는 농어업인 등의 삶의 질 향상, 도시와 농어촌의 균형발전을 위하여 농
어업인 등의 복지증진과 농어촌의 교육여건 개선 및 지역개발에 관한 종합적
인 시책을 마련하여야 한다"고 규정하였다. 그리고 제5조(농어업인 삶의 질 향
상 및 농어촌 지역개발 기본계획의 수립) 제1항은 "정부는 농어업인 등의 복지
증진, 농어촌의 교육여건 개선 및 지역개발을 촉진하기 위하여 5년마다 다음

각 호의 사항을 포함하는 농어업인 삶의 질 향상 및 농어촌 지역개발 기본계획(이하 "기본계획"이라 한다)을 세워야 한다"고 규정하였다.

제6조(시행계획의 수립) 제1항은 "관계 중앙행정기관의 장은 기본계획에 따라 매년 농어업인 삶의 질 향상 및 농어촌 지역개발 시행계획(이하 "시행계획"이라 한다)을 세우고 시행하여야 한다"고 규정하였다. 그리고 제11조(재정 지원)는 "국가와 지방자치단체는 시행계획, 시·도계획 및 시·군·구계획이 효과적으로 시행될 수 있도록 예산의 범위에서 필요한 재정 지원을 하여야 한다"고 규정하였다. 또한 제20조부터 제28조까지와 제28조의2에도 국가 및 지자체의 농어촌 교육에 대한 책무를 규정하고 있다.

이를 종합하여 「농어업인삶의질법」이 규정한 국가의 농어촌 교육에 대한 책무는 다음과 같다.

첫째, 농어촌의 교육여건 개선 등에 관한 종합적인 시책을 마련한다(법 제4조).

둘째, 농어촌의 교육여건 개선 등을 촉진하기 위하여 5년마다 기본계획을 수립한다(법 제5조).

셋째, 매년 기본계획에 따라 시행계획을 수립한다(법 제6조).

넷째, 기본계획 및 시행계획이 효과적으로 시행될 수 있도록 예산의 범위에서 필요한 재정을 지원한다(법 제11조).

다섯째, 농어촌 주민의 교육기회를 보장하기 위하여 교육여건의 개선 및 발전을 위한 시책을 마련한다(법 제20조).

여섯째, 농어촌 학교 학생의 학습권을 보장하고 학력을 향상하기 위하여 시책을 마련하고 이에 따르는 예산상의 조치를 취하도록 노력한다(법 제21조).

일곱째, 농어촌 유치원 유아의 교육 및 보호에 필요한 조치를 마련한다(법 제22조).

여덟째, 농업 및 수산업에 종사할 기초인력을 양성하기 위하여 필요한 시책을 마련한다(법 제24조).

아홉째, 교육부장관(국립학교)을 포함한 교직원의 임용권자가 농어촌 학교 교육과정의 원활한 운영을 위하여 적정수의 교원과 행정직원을 농어촌 학교에 배치하도록 한다(법 제25조).

열째, 농어촌 학교 교직원이 높은 긍지와 사명감을 가지고 교육활동에 전념할 수 있도록 인사상의 우대, 연수 기회의 우선적 부여, 근무부담의 경감 등 근무여건 개선책을 마련하며, 농어촌 학교 교직원이 농어촌에 거주하면서 학생의 교육 및 생활지도에 전념할 수 있도록 주거편의를 우선적으로 제공한다(법 제26조).

열한째, 농어촌 학교의 시설·설비 및 교구(教具)를 우선적으로 확보하여 지원하고, 농어촌 학교의 정보통신매체를 이용한 수업에 필요한 시설과 설비를 우선적으로 확보하여 지원한다(법 제28조).

열두째, 농어업인 등의 평생교육의 기회를 확대하기 위하여 필요한 시책을 마련한다(법 제28조의2).

 농어업인 삶의 질 향상 및 농어촌 지역 개발촉진에 관한 특별법

제4조(국가와 지방자치단체의 책무) 국가와 지방자치단체는 농어업인 등의 삶의 질 향상, 도시와 농어촌의 균형발전을 위하여 농어업인 등의 복지증진과 농어촌의 교육여건 개선 및 지역개발에 관한 종합적인 시책을 마련하여야 한다.

제5조(농어업인 삶의 질 향상 및 농어촌 지역개발 기본계획의 수립) ① 정부는 농어업인 등의 복지증진, 농어촌의 교육여건 개선 및 지역개발을 촉진하기 위하여 5년마다 다음 각 호의 사항을 포함하는 농어업인 삶의 질 향상 및 농어촌 지역개발 기본계획(이하 "기본계획"이라 한다)을 세워야 한다.

1. 농어업인 등의 복지증진, 농어촌의 교육여건 개선 및 지역개발에 관한 정책의 기본 방향
2. 농어업인 등의 복지증진 및 사회안전망 확충에 관한 사항
2의2. 고령 농어업인에 대한 소득안정화 및 작업환경 개선에 관한 사항
3. 농어촌의 교육여건 개선에 관한 사항
4. 농어촌의 기초생활여건 개선에 관한 사항
4의2. 농어촌의 의료여건 개선에 관한 사항
5. 농어촌의 자연환경 및 경관 보전에 관한 사항
6. 제31조제1항에 따른 농어촌산업 육성에 관한 사항
7. 도시와 농어촌 간의 교류확대에 관한 사항
8. 농어촌 거점지역의 육성에 관한 사항
9. 필요한 재원의 투자계획 및 조달에 관한 사항
10. 농어촌서비스 기준에 관한 사항
11. 그 밖에 농어업인 등의 삶의 질 향상 및 농어촌의 지역개발 등에 관한 사항

② 정부는 기본계획을 세울 때에는 제10조에 따른 농어업인 삶의 질 향상 및 농어촌 지역개발위원회(이하 "위원회"라 한다)의 심의를 거쳐야 한다. 기본계획을 변경할 때에도 또한 같다.

제6조(시행계획의 수립) ① 관계 중앙행정기관의 장은 기본계획에 따라 매년 농어업인 삶의 질 향상 및 농어촌 지역개발 시행계획(이하 "시행계획"이라 한다)을 세우고 시행하여야 한다.

② 관계 중앙행정기관의 장은 전년도 시행계획의 추진실적과 해당 연도 시행계획을 매년 3월 31일까지 위원회에 제출하여야 한다.

제11조(재정 지원) 국가와 지방자치단체는 시행계획, 시·도계획 및 시·군·구계획이 효과적으로 시행될 수 있도록 예산의 범위에서 필요한 재정 지원을 하여야 한다.

「농어업인삶의질법」 제4조(국가와 지방자치단체의 책무)와 제11조(재정 지원)는 지자체의 책무에도 해당한다. 또한 제20조부터 제28조까지와 제28조의2에도 지자체의 농어촌 교육에 대한 책무를 규정하고 있다.

그리고 제7조(시 · 도계획 및 시 · 군 · 구계획의 수립) 제1항은 "시 · 도지사는 기본계획에 따라 5년마다 광역시 · 특별자치시 · 도 · 특별자치도 농어업인 삶의 질 향상 및 농어촌 지역개발계획(이하 "시 · 도계획"이라 한다)을 세우고 시행하여야 한다"고 규정하였다. 제2항은 "시장 · 군수 · 구청장(광역시의 자치구 구청장을 말한다. 이하 "시장 · 군수 · 구청장"이라 한다)은 시 · 도계획에 따라 5년마다 시 · 군 · 자치구 농어업인 삶의 질 향상 및 농어촌 지역개발계획(이하 "시 · 군 · 구계획"이라 한다)을 세우고 시행하여야 한다"고 규정하였다.

이를 종합하여 「농어업인삶의질법」이 규정한 지자체의 농어촌 교육에 대한 책무는 다음과 같다.

첫째, 지자체의 농어촌의 교육여건 개선 등에 관한 종합적인 시책을 마련한다(법 제4조). 여기에서 지자체에는 시 · 도지사와 시 · 군 · 구청장이 포함되며, 시 · 도교육감도 배제되지 않는 것으로 해석된다.

둘째, 시 · 도지사의 기본계획에 따라 5년마다 시 · 도계획을 세우고 시행한다(법 제7조제1항).

셋째, 시장 · 군수 · 구청장의 시 · 도계획에 따라 5년마다 시 · 군 · 구계획을 세우고 시행한다(법 제7조제1항).

넷째, 지자체의 기본계획 및 시행계획이 효과적으로 시행될 수 있도록 예산의 범위에서 필요한 재정을 지원한다(법 제11조). 여기에서 지자체에는 시 · 도지사와 시 · 군 · 구청장이 포함되는 것으로 해석된다.

다섯째, 지자체의 농어촌 주민의 교육기회를 보장하기 위하여 교육여건의 개선 및 발전을 위한 시책을 마련한다(법 제20조). 여기에서 지자체에는 시 · 도교육감이 포함되며, 시 · 도지사와 시 · 군 · 구청장도 배제되지 않는 것으로 해석된다.

여섯째, 지자체의 농어촌 학교 학생의 학습권을 보장하고 학력을 향상하기 위하여 시책을 마련하고 이에 따르는 예산상의 조치를 취하도록 노력한다(법 제21조). 여기에서 지자체에는 시 · 도교육감이 포함되는 것으로 해석된다.

일곱째, 지자체의 농어촌 유치원 유아의 교육 및 보호에 필요한 조치를 마련한다(법 제22조). 여기에서 지자체에는 시·도교육감이 포함되는 것으로 해석된다.

여덟째, 지자체의 농업 및 수산업에 종사할 기초인력을 양성하기 위하여 필요한 시책을 마련한다(법 제24조). 여기에서 지자체에는 시·도교육감이 포함되며, 시·도지사와 시·군·구청장도 배제되지 않는 것으로 해석된다.

아홉째, 시·도교육감(공립학교 및 사립학교)을 포함한 교직원의 임용권자가 농어촌 학교 교육과정의 원활한 운영을 위하여 적정수의 교원과 행정직원을 농어촌 학교에 배치하도록 한다(법 제25조).

열째, 지자체의 농어촌 학교 교직원이 높은 긍지와 사명감을 가지고 교육활동에 전념할 수 있도록 인사상의 우대, 연수 기회의 우선적 부여, 근무부담의 경감 등 근무여건 개선책을 마련하며, 농어촌 학교 교직원이 농어촌에 거주하면서 학생의 교육 및 생활지도에 전념할 수 있도록 주거편의를 우선적으로 제공한다(법 제26조). 여기에서 지자체에는 시·도교육감이 포함되는 것으로 해석된다.

열한째, 농어촌 학교의 교육여건 개선, 농어촌 주민의 평생교육 진흥(시·도지사 소관 사항은 제외한다) 등과 관련된 시책을 효율적으로 추진하기 위하여 광역시·특별자치시·도·특별자치도의 교육감 소속으로 농어촌 교육발전 지역협의회를 둔다(법 제27조). 여기에서 농어촌 교육발전 지역협의회를 두는 것은 시·도교육감의 책무이다.

열두째, 지자체의 농어촌 학교의 시설·설비 및 교구(教具)를 우선적으로 확보하여 지원하고, 농어촌 학교의 정보통신매체를 이용한 수업에 필요한 시설과 설비를 우선적으로 확보하여 지원한다(법 제28조). 여기에서 지자체에는 시·도교육감을 포함하며, 시·도지사와 시·군·구청장도 배제하지 않는 것으로 해석할 수 있다.

열셋째, 농어업인 등의 평생교육의 기회를 확대하기 위하여 필요한 시책을 마련한다(법 제28조의2). 여기에서 지자체에는 시·도교육감을 포함하며, 시·도지사와 시·군·구청장도 배제하지 않는 것으로 해석할 수 있다.

> **농어업인 삶의 질 향상 및 농어촌 지역 개발촉진에 관한 특별법**
>
> 제7조(시·도계획 및 시·군·구계획의 수립) ① 시·도지사는 기본계획에 따라 5년마다 광역시·특별자치시·도·특별자치도 농어업인 삶의 질 향상 및 농어촌 지역개발계획(이하 "시·도계획"이라 한다)을 세우고 시행하여야 한다.
>
> ② 시장·군수·구청장(광역시의 자치구 구청장을 말한다. 이하 "시장·군수·구청장"이라 한다)은 시·도계획에 따라 5년마다 시·군·자치구 농어업인 삶의 질 향상 및 농어촌 지역개발계획(이하 "시·군·구계획"이라 한다)을 세우고 시행하여야 한다.
>
> ③ 시·도지사와 시장·군수·구청장은 각각의 시·도계획 및 시·군·구계획을 세울 때에는 미리 관할지역의 관련 기관, 민간단체, 주민 등의 의견을 듣고 각각 제10조의2에 따른 시·도 및 시·군·구 농어업인 삶의 질 향상 및 농어촌 지역개발위원회의 심의를 거쳐야 한다. 시·도계획 및 시·군·구계획을 변경할 때도 또한 같다.
>
> 제27조(농어촌 교육발전 지역협의회) ① 농어촌학교의 교육여건 개선, 농어촌 주민의 평생교육 진흥(시·도지사 소관 사항은 제외한다) 등과 관련된 시책을 효율적으로 추진하기 위하여 광역시·특별자치시·도·특별자치도의 교육감 소속으로 농어촌 교육발전 지역협의회를 둔다.
>
> ② 농어촌 교육발전 지역협의회의 구성·기능 및 운영 등에 관한 사항은 광역시·특별자치시·도·특별자치도의 교육규칙으로 정한다.

3. 작은학교 지원 조례: 강원특별자치도 사례를 중심으로

1) 입법 취지

「강원특별자치도 작은학교 지원에 관한 조례」는 2013년 5월 10일에 제정되었다. 이 조례의 목적에 대해 제1조(목적)는 "이 조례는 강원특별자치도에 소재하는 작은학교에 대하여 교육 여건 개선 및 교육 복지 증진 등을 통해 지역 발전과 연계하여 적정 규모의 학교로 육성하는 데 있어 필요한 사항을 규정함을 목적으로 한다"고 규정하였다. 여기에 나타난 주요한 입법 목적은 "작은학교에 대하여 교육 여건 개선 및 교육 복지 증진"이며, 궁극적인 목적은 "적정 규모의 학교로 육성하는" 데에 있다.

제정 당시는 "정부가 적정 규모 학교 육성화 방안으로, 일선 교육계의 반대에도 불구하고 '교육과정 운영의 정상화'라는 교육적 논리와 '교육재정 운영의 효율화'라는 경제적 논리로 소규모 학교의 통폐합 정책 기조를 유지할 것으로 보이는" 상황이었다. 이로 인해 "농산어촌이 대부분인 강원특별자치도의 특성상 많은 학교가 통폐합 대상에 포함되어 강원 교육의 황폐화는 물론, 지역사회의 과소화 또는 붕괴가 우려되는"상황이었다. 이에 "교육적으로 소외되고 취약한 환경에 처해 있는 작은학교에 대한 교육 환경 개선 및 교육 복지 증진 등을 통해, 통폐합 위기를 극복하도록 지역 발전과 연계하여 적정 규모의 학교로 육성하는 데 필요한 사항을 규정하고자 하는"목적으로 이 조례를 제정하였다.

강원특별자치도 작은학교 지원에 관한 조례

제1조(목적) 이 조례는 강원특별자치도에 소재하는 작은학교에 대하여 교육 여건 개선 및 교육 복지 증진 등을 통해 지역 발전과 연계하여 적정 규모의 학교로 육성하는 데 있어 필요한 사항을 규정함을 목적으로 한다.

강원특별자치도 작은학교 지원에 관한 조례 (2013. 5. 10. 제정)

【제정·개정이유】
▶ 제정이유
① 정부는 적정 규모 학교 육성화 방안으로, 일선 교육계의 반대에도 불구하고 '교육과정 운영의 정상화'라는 교육적 논리와 '교육재정 운영의 효율화'라는 경제적 논리로 소규모 학교의 통폐합 정책 기조를 유지할 것으로 보이고,
② 농산어촌이 대부분인 도내 특성상 많은 학교가 통폐합 대상에 포함되어 강원 교육의 황폐화는 물론, 지역사회의 과소화 또는 붕괴가 우려되고 있음.
③ 따라서 교육적으로 소외되고 취약한 환경에 처해 있는 작은학교에 대한 교육 환경 개선 및 교육 복지 증진 등을 통해, 통폐합 위기를 극복하도록 지역 발전과 연계하여 적정 규모의 학교로 육성하는 데 필요한 사항을 규정하고자 하는 것임.

▶ 주요 내용
가. 교육감은 작은학교 육성을 위한 종합적인 사업 계획을 수립·시행하도록 함(제4조).
나. 특색 있는 교육과정 운영, 교육 환경 개선 및 교육 복지 증진 사업 등을 주요 내용으로 하는 교육감 지원 사업을 명시함(제5조).
다. 지원 사업 및 대상 학교를 선정하여 선정 학교가 적정 규모 학교로 육성될 수 있도록 일정 기간 지속적으로 지원하도록 함(제6조).
라. 교육감 및 교육장은 필요할 경우 도지사 및 해당 자치단체장과의 협의를 거쳐 예산을 분담하게 할 수 있도록 함(제7조).
마. 작은학교에의 근무 희망 교원을 우선 배치하도록 함(제8조).
바. 포상 추천, 연수 기회의 부여, 업무 경감 지원 등에 있어 작은학교 교직원을 우대할 수 있도록 함(제9조).
사. 학생 유입을 통한 작은학교 활성화를 위해 학군 특례 적용 등의 제도적 방안을 마련하도록 함(제10조).

2) 교육감의 책무

「강원특별자치도 작은학교 지원에 관한 조례」 제3조(책무)는 "강원특별자치도 교육감(이하 "교육감"이라 한다)은 작은학교 학생들의 교육의 기회균등과 학습권을 보장하고 적정 규모 학교로 육성될 수 있도록 지원 방안에 대하여 노력해야 한다"고 규정하였다. 그리고 제4조(사업 계획 수립·시행) 제1항은 "교육감은 작은학교 육성을 위해 다음 각 호의 내용을 포함하는 종합적인 계획을 수립·시행해야 한다"고 규정하였다.

동법 제8조(교직원 배치) 제1항은 "교육감은 작은학교의 원활한 운영을 위해 적정수의 교직원이 배치되도록 노력해야 한다"고 규정하고, 제2항은 "교육감은 작은학교 교육의 질적 향상을 위해 작은학교 근무를 희망하는 교원을 우선적으로 배치하도록 노력해야 한다"고 규정하였다. 그리고 제10조(학생 유입 방안) 제1항은 "교육감은 학생 유입을 통한 작은학교 활성화를 위해 학군 특례 적용 등의 제도적 방안을 마련한다"고 규정하였다.

이에 따라 「강원특별자치도 작은학교 지원에 관한 조례」가 규정한 도교육감의 작은학교에 대한 책무는 다음과 같다.

첫째, 교육감은 작은학교 학생들의 교육의 기회균등과 학습권을 보장하고 적정 규모 학교로 육성될 수 있도록 지원 방안에 대하여 노력한다(조례 제3조). 이는 책무 규정의 형식을 취하고 있으나, 내용상 강제 규정으로 보기 어려우며 선언적인 규정으로 해석할 수 있다.

둘째, 교육감은 작은학교 육성을 위한 종합적인 계획 및 세부 계획을 수립·시행한다(조례 제4조).

셋째, 교육감은 '작은학교의 원활한 운영을 위해 적정수의 교직원이 배치되도록' 노력하고, '작은학교 교육의 질적 향상을 위해 작은학교 근무를 희망하는 교원을 우선적으로 배치하도록' 노력한다(조례 제8조). 이는 책무 규정의 형식을 취하고 있으나, 내용상 강제 규정으로 보기 어려우며 선언적인 규정으로 해석할 수 있다. 그럼에도 불구하고 이 규정을 작은학교에 적정수의 교직원 배치 및 희망 교원의 우선 배치 등을 추진할 수 있는 근거 조항으로 활용할 수 있다.

넷째, 교육감은 학생 유입을 통한 작은학교 활성화를 위해 학군 특례 적용 등의 제도적 방안을 마련한다(조례 제10조). 이 역시 책무 규정의 형식을 취하고 있으나, 내용상 강제 규정으로 보기 어려우며 선언적인 규정으로 해석할 수 있다. 그럼에도 불구하고 이 규정을 작은학교에 학생 유입을 위한 제도적 방안을 마련할 수 있는 근거 조항으로 활용할 수 있다.

> **강원특별자치도 작은학교 지원에 관한 조례**
>
> **제3조(책무)** 강원특별자치도교육감(이하 "교육감"이라 한다)은 작은학교 학생들의 교육의 기회균등과 학습권을 보장하고 적정 규모 학교로 육성될 수 있도록 지원 방안에 대하여 노력해야 한다.
> **제4조(사업 계획 수립·시행)** ① 교육감은 작은학교 육성을 위해 다음 각 호의 내용을 포함하는 종합적인 계획을 수립·시행해야 한다.
> 1. 작은학교 활성화를 위한 사업 계획 및 예산 지원 계획에 관한 사항
> 2. 지원 절차, 지원 대상 및 사업 선정, 지원 규모에 관한 사항
> 3. 지역공동체 일원으로서 지역 발전과 연계하는 사항
> 4. 작은학교 지원 사업 추진 실적 평가에 관한 사항
> 5. 그 밖에 작은학교 지원을 위하여 교육감이 필요하다고 인정하는 사항
> ② 교육장은 제1항에 따른 세부 계획을 수립·시행해야 한다. 〈개정 2014. 5. 9.〉
> ③ 교육감과 교육장이 계획을 수립할 때에는 해당 학교, 학부모, 지방자치단체, 관련 기관 및 단체 등의 의견을 들어야 한다.
> **제8조(교직원 배치)** ① 교육감은 작은학교의 원활한 운영을 위해 적정수의 교직원이 배치되도록 노력해야 한다.
> ② 교육감은 작은학교 교육의 질적 향상을 위해 작은학교 근무를 희망하는 교원을 우선적으로 배치하도록 노력해야 한다.
> **제10조(학생 유입 방안)** ① 교육감은 학생 유입을 통한 작은학교 활성화를 위해 학군 특례 적용 등의 제도적 방안을 마련한다.
> ② 교육감은 지방자치단체와의 협조를 통해 학생 유입을 위한 행·재정적 방안을 강구한다.

제4절 논의

지금까지 법령의 적용 범위와 농어촌 및 농어촌 교육 등의 개념을 중심으로 농어촌 교육법령의 범위, 농어촌 교육 소관 행정기관별 분류 체계, 주요 농어촌 교육법령의 입법 취지와 정부 책무 등에 대해 살펴보았다. 농어촌 교육법령의 구성과 체계 측면에서 논의가 필요한 점을 도출하면 다음과 같다.

첫째, 농어촌 교육에 대한 시대적 재해석이 필요하며, 이에 대한 법제 정비를 위한 실용적인 논의가 필요하다. 농어촌 교육의 법적 근거는 「헌법」 제10조 및 제31조 등 「헌법」상 여러 조항에서부터 찾을 수 있다. 이러한 「헌법」 조항들은 시대적 흐름과 가치를 반영하여 재해석할 필요가 있으며, 이러한 재해석을 향후 법령 정비 방향에 반영할 필요가 있다.

오늘날 한국의 주요한 시대적 흐름으로는 지역균형발전, 교육기회균등, 인구감소 대비, 고령화사회 대비, 4차산업혁명 대응, 디지털교육 대응, 교육격차 해소, 복지국가 지향 등을 들 수 있다. 특히 지역균형발전과 교육기회균등 등의 시대적 흐름이 농어촌 교육법령에 적절하게 반영되어 있는지 점검하고, 헌법적 재해석을 바탕으로 농어촌 교육의 가치를 실현하기 위한 법령 정비에 착수할 필요가 있다.

둘째, 농어촌 교육법령에서 규정하고 있는 농어촌 지역의 개념에 대한 정의를 신중하게 재검토할 필요가 있다. 농어촌 지역에 대한 정의는 농어촌 교육의 특수성과 취약성을 함축하는 기반이며, 지리적으로 불리한 지역의 교육을 법적으로 지원 또는 진흥 대상으로 결정하는 중요한 기준선으로 작용한다. 아울러 농어촌 교육 연구와 이에 기초한 정책 개발의 출발점으로서 농어촌 교육의 범위를 정확하게 구획하는 기능을 한다.

「농어업인삶의질법」에서는 농어촌 지역을 행정구역인 읍 지역과 면 지역을 중심으로 정의하고, 「도서 · 벽지교육진흥법」에서는 별도의 도서 · 벽지 지역을 지정하고 있다. 이에 따라 교육부 통계에서는 농어촌 지역을 읍 지역, 면 지역, 도서 · 벽지로 구분하고 있다. 도서 · 벽지는 읍 지역과 면 지역 그리고 시 지역에 분포하고 있어서 행정구역상의 읍 지역, 면 지역과 부분적으로 중복적이다. 그런데 농어촌 지역으로 분류하는 읍 지역, 면 지역, 도서 · 벽지는 매우 이질적이다. 이를테면 2000년 이후 20년간 초 · 중등 학교 학생 수 감소 추이를 보면 읍 지역은 11.9%, 면 지역은 28.1%, 도서 · 벽지는 66.0% 낮아졌지만, 읍지역과 면지역 그리고 도서 · 벽지를 농어촌으로 묶으면 평균 32.2%의 감소 비율을 나타낸다. 농어촌 지역에서 읍 지역은 전국의 도시 지역 22.7%보다 학생수 감소가 현저하게 낮은 수준이다(임연기 2022: 14-15 참조). 사교육

참여 등 여러 조사에서도 읍 지역은 시 지역과 유사한 성향을 보인다. 일부를 제외하고 읍 지역을 농어촌 지역으로 분류하는 데 무리가 있다고 본다.

지방자치단체가 제정한 「작은학교 지원조례」에서는 지원 대상을 대체로 학생 수 60명 기준 이하의 학교로 정하고 있다. 앞에서 설명한 「농어업인삶의질법」과 「도서·벽지교육진흥법」과는 지원대상의 차원이 다르다. 지역 기반이 아니고 개별 학교를 중심으로 지원한다. 지원대상을 개별 학교보다 해당 재학생들의 학구인 지역 즉, 공간의 개념으로 파악할 필요가 있다고 생각한다(임연기 외, 2021: 65). 학생 수 감소 상황에서 지역에 기반한 협동적인 학교 육성 노력이 중요하기 때문이다. 어떤 작은 학교가 폐교할 경우, 해당 학교의 학구를 인근 학구에 통합, 광역화하여 지속적인 지원을 이어가야 한다.

사실 정교한 농어촌 지역에 대한 정의로서 도시화 지역 이외의 지역을 농어촌으로 정의한 통계청의 분류를 주목할 필요가 있다. 통계청은 인구밀도와 도시토지이용면적비율 일정 기준 이상인 기초단위 구중에서 1가지 조건을 충족하면서 총인구가 3천명 이상인 지역을 도시지역으로 정하고, 이 도시화 지역 이외의 지역을 농어촌으로 분류하고 있기도 하다(통계개발원, 2008: 9). 이를 교육법령에서 단기간에 반영하기는 어렵기 때문에 교육적 관점에서 중장기적인 연구과제로 농어촌 지역의 재정의를 시도할 필요가 있다.

농어촌 지역 구분에 대한 국제적 동향을 한 걸음 더 깊이 검토해 보자. 외국에서도 농어촌 지역을 도시 지역과 구분함에 있어서 통일된 기준을 활용하고 있지 않다. 인구 수와 인구밀도, 도심과 떨어진 거리, 산업 등 지역 경제활동 등을 다양하게 고려하여 정하고 있다. 우리나라 통계청처럼 농어촌 지역을 일반적으로 도시 지역이 아닌 지역으로 규정하고 있는 경우도 있다. 예를 들면 미국에서 농어촌 지역은 농어업과 같은 1차 산업에 의존하고 있는 지역이라기보다, 도시화가 진행되지 않고 인구밀도가 상대적으로 낮은 지역을 지칭한다. 호주는 농촌을 인구 1,000명 미만의 지역으로 식별하거나, 인구 250,000명의 주요 도시 중심까지의 지리적 거리를 중심으로 구분, 혹은 20,000명 미만의 주민이 국가의 복지 지원을 받지 못하는 경우에 농어촌 지역으로 구분하고 있다(Cuervo, H, 2016: 18).

미국의 농어촌 지역 학교 구분은 NCES(National Center for Education Statistics, 국가교육통계센터)의 기준을 폭 넓게 활용하고 있다. NCES는 학교의 위치 및 제반 사항과 관련한 정보를 가지고 있는 통계청 자료(The Common Core of Data)를 바탕으로 학교가 어떤 지역에 속해 있는지 구분한다. NCES의 구분을 보면 도시화된 지역을 기준으로 얼마나 떨어져 있는지를 통해 농어촌 지역을 정한다. 이러한 NCES의 분류 기준은 인구 규모에 따라 학교의 지역을 구분하는 분류 체계와 달리 대도시 중심지에 근접해 있는 도시 지역과 농어촌 지역을 따로 구분할 수 있는 장점이 있다. 더불어, 상대적으로 도심지에서 멀리 떨어진 지역에 위치한 농어촌 학교 그리고 도시 중심 지역과 가까운 지역에 위치한 농어촌 학교를 구분할 수 있다.

세계적으로 통일된 기준의 부재에 따른 한계는 국가 수준의 표준화 자료를 제공하는 OECD 보고서에서도 확인할 수 있다(OECD, 2021: 57). OECD는 각 국의 자료를 기반으로 농어촌을 정의하고 이에 관한 자료를 제공하고 있는 실정이다. 다만 2개의 대표적인 교육 관련 자료인 15세 학생의 역량에 대한 OECD 국제 학생 평가 프로그램(PISA)과 학교 교사 및 교장에 대한 국제조사(TALIS, Teaching and Learning International Survey) 자료에서는 학교가 위치한 지역이 농어촌 지역인지 여부를 모든 참여국에 동일하게 적용하여 구분하고 있다. 여기에서 농어촌은 인구 3,000명 이하 지역이다.

국가 간 일관된 방식으로 농어촌 지역을 정의하는 OECD의 접근은 농어촌 지역 관련 자료를 국제적으로 비교하는 데 유용할 수 있다. 국가별 농어촌 지역 학생의 교육 결과, 학교 정책 및 환경을 평가하는 데 활용할 수 있으며, 나아가 각 국가 수준에서도 해당 지역 구분을 통해 농어촌 지역과 여타 다른 지역 간의 교육격차 등에 대한 타당한 비교를 시도할 수 있다. 물론 이 경우에도, 인구밀도와 행정 자료를 기준으로 지역을 구분함으로써 농어촌을 더욱 더 세밀하게 살펴보는 데 한계가 있다. 농어촌의 개념을 인구 수 혹은 인구밀도와 같은 객관적 지표에 한정함으로써 농어촌 지역의 다차원적인 속성을 포착하지 못한다. 고도로 도시화한 환경에서는, 작지만 행정적으로 자율적인 주거지가 있을 수 있으며, 이러한 여건에 처한 지역은 인구 규모는 작을 수 있어서 행정 상으로는 농어촌 지역으로 분류할 가능성이 있다.

한편, EU(European Union)는 회원 국가 간의 협약에 따라 EU 국가 간 자료의 비교 가능성을 높이고 지역을 정의하는 방식의 표준화를 위해 지역을 구분하는 유형(typology)에 관한 연구보고서를 작성하여 배포하였다(Eurostat, 2019). 농촌 정책 연구와 관련한 정책 입안자와 연구자의 논의가 더욱 더 효율적으로 이루어질 수 있도록 하기 위함이다. 이 보고서는 크게 3가지 지역 구분의 방법─지도를 1km²의 셀로 나눈 뒤, 셀별 인구 밀도를 기준으로 지역을 구분하는 방법인 '격자 유형', 행정 구역상의 특성을 바탕으로 지역의 유형을 구분하는 '행정구역 기반 유형', 가장 기초 수준 행정구역에서 '도시화 정도를 고려하는 유형'─을 제안하였다. 3가지 분류 유형 모두 EU가 공개하고 있는 통계자료에 적용하여 연구에 활용할 수 있다. 격자, 행정구역 기반, 도시화 정도 영역 모두 기본적인 지도(map)를 기반으로 작성하고 각 행정 자료를 반영한 것으로 각 유형은 서로 밀접하게 연관되어 있다.

셋째, 농어촌 교육법령에서 농어촌 교육 진흥과 육성의 주체로서 국가의 역할을 조정할 필요가 있다. 「도서·벽지교육진흥법」에서는 국가의 역할과 지방자치단체의 역할을 지방교육자치제의 진전에 부합하게 재규정해야 하고, 「농어업인삶의질법」에서는 국가와 지방자치단체 책무를 구분하여 명시해야 한다. 바람직하게는 「교육기본법」에 농어촌 교육 진흥에 관한 조항을 신설하고 여기에 국가 역할을 규율하도록 해야 한다.

국가의 역할은 외국의 사례에서 참고할 수 있다. 예시적으로 제안해보면, 국가 차원에서 농어촌 교육의 비전을 정립하고 전략을 수립하는 일, 농어촌 교육의 전반적인 실상을 조사하고 연구하여 국민에게 알리는 일, 공통적인 정책을 개발하고 각 지방에 권장하는 일, 관련 법제를 정비하는 일, 각 지방 간의 격차를 해소하고 우수사례를 공유하도록 하는 일 등을 들 수 있다. 특히 미국 연방 교육부가 공모를 통해 일정한 기준을 충족하는 농어촌 학교를 선정하여 추진하는 특별 재정지원사업의 법제화 사례를 벤치마킹할 필요가 있다. 이러한 책무를 다하기 위해 적절한 조직과 예산을 법적으로 확보하도록 해야 한다.

넷째, 농어촌 교육법령이 농어촌 교육지원 사무를 통합적·체계적으로 규율할 수 있는 방안을 모색해야 한다. 농어촌 교육법령은 전반적으로 특별법적 성격이 강하다. 농어촌이라는 지리적 위치보다는 상대적인 불리함 등의 특성을 고려하여 특별법적 성격을 갖게 된 것으로 이해할 수 있다(이덕난, 2021: 264-265). 교육부뿐만 아니라 타부처 소관의 특별법적 성격을 가진 여러 법률이 분담하여 농어촌 교육 지원을 규율하고 있어서 농어촌 교육 전반에 대한 사항을 통합적으로 규율하는 데 어려움이 있다. 특히 농어촌 교육법령의 중핵을 차지하고 있는 「농어업인삶의질법」은 주관 부처가 교육부가 아닌 농림축산식품부, 해양수산부라는 점을 상기할 필요가 있다. 향후 농어촌 교육법령을 개편하여 별도의 법령 개정을 추진하는 경우에도 이러한 특별법적 성격을 벗어나기 어려울 수 있으므로 적절한 대책이 필요하다.

특별법의 성격을 가진 농어촌 교육법령은 사무 소관의 모호성 및 융합성의 특성을 갖고 있기도 하다. 농어촌 교육법령의 해당 사무의 소관 기관을 살펴보면, 해당 사무의 소관 기관이 일반행정기관인지 교육행정기관인지 모호한 경우가 많다. 국가의 경우에도 어느 부처가 해당하는지 모호하고, 지자체의 경우에도 일반 지자체와 교육감을 모두 포함하는지, 일반 지자체만을 의미하는지, 교육감만 해당하는지 모호한 경우가 많다. 농어촌 교육법령상 규정하고 있는 사무의 소관 행정기관은 매우 다양하며, 해당 행정기관의 포함 범위에 대한 해석도 다를 수 있다(이덕난, 2021: 265-266 참조).

2004년에 제정한 「농어업인삶의질법」은 입법 목적으로 관련 부처 간 협업을 강조했지만 그다지 실효적이지 않은 점을 직시해야 한다. 사무의 소관 행정기관 간의 협업을 실질적으로 활성화시킬 수 있는 방안을 강구해야 한다. 우선적으로 교육법령에서 소관 행정기관과 그 책임을 보다 명확하게 규율할 필요가 있다고 본다. 그리고 농어촌 교육 사무를 하나의 행정기관이 담당하기에는 한계가 있으므로 교육부와 농식품부, 해수부, 행안부, 시·도교육감, 시·도지사 및 시·군·구(자치구)청장 등 소관 행정기관 간의 협업을 활성화하기 위한 역할과 책임을 명료화해야 한다.

제1부

헌법과 농어촌 교육

제1장 헌법적 가치와 농어촌 교육

교육은 모든 국민이 누려야 할 헌법상의 권리이자 의무이다. 교육을 받을 권리는 정규 교육과정인 영·유아교육, 초·중등교육뿐만 아니라 대학을 중심으로 하는 고등교육과 평생교육으로 이어져 국민의 모든 생애에 걸쳐서 보장된다. 교육을 받을 권리는 신분과 지역에 상관 없이 능력에 따라 균등하게 보장해야 한다. 교육을 받을 권리는 국민에 대한 국가의 의무이므로 효율성이나 경제적 논리로 제한할 수 없다.

교육은 보편적인 지식의 전달뿐만 아니라 문화의 계승, 인재의 발굴·양성의 기회이다. 이 때문에 국가는 교육영역에서 최소보장이 아닌 최대보장의 의무가 있다. 현재 인구구조 변화와 저출산으로 농어촌 교육에 대한 국가의 최대보장 의무는 공간과 인력, 재정의 효율화라는 논리에 점점 매몰되어 가고 있다.

본 장에서는 농어촌 교육의 헌법적 근거를 해석한다.

첫째, 농어촌 교육의 근거는 기본적으로 모든 기본권의 목적이자 기본이념을 표방한 「헌법」 제10조제1항의 인간의 존엄과 가치를 들 수 있다.

둘째, 「헌법」 제11조 평등의 원칙에서 농어촌 교육의 근거를 도출할 수 있다. 평등의 원칙은 '같은 것은 같게 다른 것은 다르게'라는 상대적 평등을 기본으로 합리적 이유가 있으면 차별할 수 있다는 것을 내용으로 한다. 농어촌 교육을 위하여 시설과 지원에 행정적, 재정적 지원을 하는 것이 편중적이고 비합리적이라고 하여도 평등의 원칙과 기회균등을 보장하기 위한 합리적 차별로 해석하고자 한다.

셋째, 「헌법」 제31조에 규정된 교육을 받을 권리가 중핵이다. 「헌법」 제31조제1항은 능력에 따라 균등하게 교육을 받을 권리를 중심으로 의무교육제도, 평생교육제도를 규정하고 있다. 헌법상 교육을 받을 권리 조항이 농어촌 교육의 근거라고 할 수 있다.

넷째, 헌법의 경제조항에서 농어촌 교육에 대한 근거를 도출하고자 한다. 헌법상 경제조항 특히 국토의 균형개발과 농어촌 지역의 육성에 대한 국가의 의무를 규정한 「헌법」 제119조와 제125조의 조항을 분석하여 농어촌 교육의 발전에 대하여 검토하고자 한다.

제1절 인간의 존엄과 가치

헌법 제10조	모든 국민은 <u>인간으로서의 존엄과 가치를 가지며</u>, 행복을 추구할 권리를 가진다. 국가는 개인이 가지는 불가침의 기본적 인권을 확인하고 이를 보장할 의무를 진다.

1. 인간으로서 존엄과 가치의 헌법적 의의

1) 헌법의 인간상

「헌법」제10조는 '인간으로서의 존엄과 가치'라는 표현을 통해서 '인격의 내용을 이루는 윤리적 가치'를 기본권 질서의 최고가치로 선언하고 있다. 「헌법」은 헌법질서가 요구하는 인간상을 구체적으로 제시하고 있다. 헌법재판소는 '헌법상의 인간상은 자기결정권을 지닌 창의적이고 성숙한 개체로서의 국민이다'라고 판시하고 있다.[2]

인간의 존엄과 가치에서 인간은 역사성이나 사회성에서 유리된 개인주의적 인간도 아니며 국가의 단순한 구성요소인 집단주의적 인간도 아니다. 우리 헌법에서의 인간은 고유한 윤리적 가치의 주체이면서 동시에 사회공동체의 구성원으로서의 고유한 인격 내지는 개성의 신장을 통해서 성장하는 자주적 인간을 의미한다.

2) 인간의 존엄과 가치의 의미

「헌법」제10조의 인간으로서의 존엄과 가치는 헌법의 최고 구성원리이기도 하면서 인간이 가지는 자율적 인격성과 그 정체성·완전성을 보호영역으로 하는 주관적 방어권이다. 이러한 인간의 존엄과 가치를 구체적으로 규정하고 보장한 것이 개별적 기본권이다.

---

2) 헌재재판소, 1998. 5. 28., 96헌가5.

인간의 존엄과 가치에서 인간은 자율적이고 윤리적인 인격의 주체이다. 인간의 본질은 자율적이고 윤리적인 인격의 주체성이므로 인간 누구나 그 자체로 존중되어야 하고 어떠한 경우에도 다른 목적을 위한 수단으로 사용되어서는 안 된다. 따라서 인간의 존엄과 가치는 인간 우선의 원리와 인격주의를 채택한 것이며, 국가의 기본적 실천목표이며, 법의 해석기준 및 법의 보완원리, 국가 작용의 가치판단 기준이다.

인간의 존엄과 가치는 여러 기본권들 가운데 가장 기본적이고 중요한 기본권이며, 동시에 모든 기본권의 근원이 되는 원리이다. 헌법재판소는 인권의 존엄과 가치를 '모든 기본권의 종국적 목적이자 기본이념이며, 인간의 본질적이고 고유한 가치로서 모든 경우에 최대한 존중되어야 한다'고 판시하였다.[3] 또한 우리 「헌법」에서 최고의 가치를 가지는 핵심적인 조항으로서 「헌법」에 의하여 창설된 모든 국가기관의 공권력 행사는 이를 효과적으로 실현하고 이에 봉사하기 위하여 존재하는 것으로 체계적으로 최상위의 목표규정이며, 규범적으로는 모든 국가작용뿐만 아니라 사회생활에서도 국민 개개인은 통치의 대상이나 지배의 객체가 되어서는 안 되고 그 자체가 목적적 존재로서 섬김의 대상이 되어야 하는 것이고, 국민 개개인의 인격이 최고도로 자유롭게 발현될 수 있도록 최대한으로 보장되어야 한다고 판시하였다.[4]

2. 인간의 존엄, 가치와 타 기본권과의 관계

「헌법」 제10조의 인간의 존엄과 가치는 헌법의 최고 구성원리이지만, 인간이 가지는 자율적 인격성과 그 정체성·완전성을 보호영역으로 하는 주관적 방어권이다. 인간의 존엄과 가치를 보다 세분화하고 기본권으로 보장한 것이 개별적 기본권이다. 행복추구권과 평등권, 자유권적 기본권, 사회권적 기본권 등도 궁극적으로 인간의 존엄과 가치의 내용을 보장하기 위한 수단적 권리라고 할 수 있다. 헌법상 보장된 기본권에 의하여 보호되지 않는 인간가치의 고유하고 핵심적인 영역이 있을 수 있다. 이 때문에 인간의 존엄과 가치는 이러한 영역을 주관적 권리로서 보호하고 있다고 볼 수 있다.

---

3) 헌법재판소, 2001. 7. 19., 2000헌마549.
4) 헌법재판소, 2005. 5. 26., 99헌마513.

헌법상 열거되지 않은 기본권의 영역도 존재하지만, 기존에 보장된 기본권의 새로운 해석의 필요성이 대두된다. 예를 들면 현재 디지털 기술의 발달과 인공지능의 등장으로 새로운 기본권 주체와 개별적 기본권의 등장, 인구감소와 지역소멸에 따른 사회적 기본권의 보완 등을 들 수 있다. 이와 같이 새로이 보호의 필요성이 대두되는 경우 개인이 가지는 기본적인 인권을 확인할 수 있는 기준이 되는 것이 바로 인간의 존엄과 가치라고 할 수 있다.

교육은 개개인이 자신의 잠재력을 최대한 발휘할 수 있도록 해야 한다. 농어촌 지역에서도 학생들이 자신의 능력을 최대한 이용하고 개발할 수 있는 교육 기회를 제공함으로써, 이들의 인간적 존엄성을 존중해야 한다. 농어촌 지역에서의 교육은 그 지역의 문화와 전통을 이해하고 가치를 인식하는 데 중요한 역할을 한다. 이 때문에 농어촌 커뮤니티의 가치를 인정하고 존중하는 것이며, 이는 헌법상 인간의 존엄 가치와 직결된다.

이와 관련하여 헌법재판소는 '자유와 권리의 보장은 1차적으로 헌법상 개별적 기본권 규정을 매개로 이루어지지만, 기본권 제한에 있어서 인간의 존엄과 가치를 침해한다거나 기본권 형성에 있어서 최소한의 필요한 보장조차 규정하지 않음으로써 결과적으로 인간으로서의 존엄과 가치를 훼손한다면 「헌법」 제10조에서 규정한 인간의 존엄과 가치에 위반된다'고 판시하였다.[5]

3. 관련 헌법재판소 판례

〈표 1-1〉 인간의 존엄과 가치에 관한 헌법재판소 판례

사건번호	내용
89헌마81	「헌법」 제10조는 모든 기본권을 보장의 종국적 목적(기본이념)이라 할 수 있는 인간의 본질이며 고유한 가치인 개인의 인격권과 행복추구권을 보장하고 있다.
91헌마31	우리 「헌법」 제10조는 "모든 국민은 인간으로서의 존엄과 가치를 가지며, 행복을 추구할 권리를 가진다. 국가는 개인이 가지는 불가침의 기본적 인권을 확인하고 이를 보장할 의무를 진다."라고 하여 인간으로서의 존엄과 가치를 핵으로 하는 헌법상의 기본권보장이 다른 「헌법」 규정을 기속하는 최고의 「헌법」 원리임을 규정하고 있으며, 나아가 우리 「헌법」은 여러 규정에서 국가는 국민의 생명·재산·자유를 보장할 질서유지의 책무를 지고 있음을 명백히 하고 있다.

---

5) 헌법재판소, 2000. 6. 1., 98헌마216.

95헌가14	「헌법」 제10조는 모든 국민은 인간으로서의 존엄과 가치를 가지며 행복을 추구할 권리가 있다고 규정하고 있는바, 이로써 모든 국민은 그의 존엄한 인격권을 바탕으로 하여 자율적으로 자신의 생활영역을 형성해 나갈 수 있는 권리를 가지는 것이다.
96헌가5	국민은 자신이 스스로 선택한 인생관·사회관을 바탕으로 사회공동체 안에서 각자의 생활을 자신의 책임하에서 스스로 결정하고 형성하는 성숙한 민주시민으로 발전하였다. 우리 「헌법」의 인간상인 자기결정권을 지닌 창의적이고 성숙한 개체로서의 국민을 마치 다 자라지 아니한 어린이처럼 다루면 안 된다.
98헌마216	「헌법」 제10조에서 규정한 인간의 존엄과 가치는 「헌법」 이념의 핵심으로, 국가는 「헌법」에 규정된 개별적 기본권을 비롯하여 「헌법」에 열거되지 아니한 자유와 권리까지도 이를 보장하여야 하며, 이를 통하여 개별 국민이 가지는 인간으로서의 존엄과 가치를 존중하고 확보하여야 한다는 「헌법」의 기본원리를 선언한 조항이다. 따라서 자유와 권리의 보장은 1차적으로 헌법상 개별적 기본권규정을 매개로 이루어지지만, 기본권제한에 있어서 인간의 존엄과 가치를 침해한다거나 기본권형성에 있어서 최소한의 필요한 보장조치 규정하지 않음으로써 결과적으로 인간으로서의 존엄과 가치를 훼손한다면, 「헌법」 제10조에서 규정한 인간의 존엄과 가치에 위반된다고 할 것이다.

4. 인간의 존엄, 가치와 농어촌 교육

농어촌 교육의 근거는 개별적 기본권과 법률에서 도출하기 전에 헌법상 인간의 존엄에서 그 근거를 도출할 수 있다. 헌법재판소도 '「헌법」 제31조제1항은 모든 국민은 능력에 따라 균등하게 교육을 받을 권리를 가진다고 규정하여서 모든 국민에게 균등하게 교육을 받을 권리를 기본권으로 보장하는 이유는 모든 국민에게 노동에 의한 생활유지의 기초를 다지게 하여 국민의 인간으로서의 존엄과 법 앞에서의 평등을 교육의 측면에서 실현하고자 함에 있다'고 판시하였다.[6] 농어촌 교육의 보장은 현재 낙후되고 소멸되어 가는 농어촌 학교와 학생들의 인간으로서 존엄을 보장하고, 가까운 장래에 생활유지를 위한 교육의 필요성, 법 앞에서의 평등을 교육적 측면에서 실현하고자 하는 데에 있다.

교육을 받을 권리는 인간으로서의 존엄과 가치를 가지며 행복을 추구하고 인간다운 생활을 영위하는 것이 필수적인 전제이자 다른 기본권을 의미있게 행사하기 위한 기초이고, 민주국가에서 교육을 통한 국민의 능력과 자질의 향상은 바로 그 나라의 번영과 발전의 토대가 되는 것이므로 헌법이 교육을 국가

---

6) 헌법재판소, 1990. 10. 8., 89헌마89.

의 중요한 과제로 규정하고 있다.[7] 농어촌 교육의 목적은 농어촌 지역에서 각급 학교의 유지와 거주하는 학생의 교육을 받을 권리의 보장이라고 할 수 있다. 더 나아가 농어촌 지역의 학생들이 가지고 있는 능력과 자질을 학교교육을 통하여 신장하는 것, 즉 「헌법」에서 추구하는 인간상을 밀도있게 보장하는 것이 본질이라고 볼 수 있다.

제2절 행복추구권

헌법 제10조	모든 국민은 인간으로서의 존엄과 가치를 가지며, 행복을 추구할 권리를 가진다. 국가는 개인이 가지는 불가침의 기본적 인권을 확인하고 이를 보장할 의무를 진다.

1. 행복추구권의 개념과 내용

행복추구권에서 '행복'이란 주관적이다. 사람마다 똑같은 상황에서 어떤 사람은 행복을 느낄 수 있고, 또 다른 사람은 그렇지 않을 수 있기 때문이다. 이처럼 행복은 매우 주관적인 개념이므로 법적으로 정의하기가 어렵다. 개인의 주관적인 만족을 의미하는 행복을 헌법상 해석하고, 법적으로 명확하게 규정하는 것은 현실적으로 어렵다. 이 때문에 행복 자체를 헌법과 법으로 보장한다는 것도 현실적으로 곤란하다(장영수, 2003: 226). 행복은 개념에 따라서 상대적 · 주관적 · 다의적일 수밖에 없다. 결국 행복이란 생활환경이나 조건도 중요하지만 그 안에서 살고 있는 개인에 따라 다를 수밖에 없다. 즉 행복이란 각자의 인격에 따라 다르다. 여기서 행복의 내용은 각자의 인격과 삶에 밀접한 관계가 있다.

헌법재판소는 행복추구권을 하나의 구체적이고 독자적인 기본권으로 인정하는 입장을 취하면서 행복추구권 속에 '일반적 행동자유권'과 '개성의 자유로운 발현권' 등이 함축되어 있다고 이해하며 '계약의 자유'도 일반적 행동자유권에서 파생된다고 판시하는 등 행복추구권이 하나의 포괄적인 권리와 구체적 권리의 양 측면을 모두 가진 것으로 넓게 보고 있다.

---

7) 헌법재판소, 2000. 4. 27., 98헌마16.

일반적 행동자유권이란 적극적으로 자유롭게 행동하는 것은 물론 소극적으로 행동하지 않을 자유, 즉 부작위의 자유도 포함하며, 포괄적인 의미의 자유권으로서 일반적 조항적인 성격을 가진다. 일반적 행동자유권은 행위를 할 자유와, 하지 않을 자유로서 가치있는 행동만 그 보호영역에 속하지 않는다.[8]

자기결정권이란 국가권력으로부터 간섭없이 일정한 사적 사항에 관하여 스스로 결정할 수 있는 권리를 의미한다. 자기결정권에는 이성적이고 책임감 있는 사람의 자기운명에 대한 결정과 선택을 존중하되 그에 대한 책임을 부담한다는 것을 전제로 한다.[9]

2. 관련 헌법재판소 판례

〈표 1-2〉 행복추구권에 관한 헌법재판소 판례

사건번호	내용
89헌가204	우리 헌법 제10조 전문은 "모든 국민은 인간으로서의 존엄과 가치를 지니며, 행복을 추구할 권리를 가진다"고 규정하여 행복추구권을 보장하고 있고, 행복추구권은 그의 구체적인 표현으로서 일반적인 행동자유권과 개성의 자유로운 발현권을 포함하고 있다.
94헌마13	행복추구권도 국가안전보장 · 질서유지 또는 공공복리를 위하여 제한될 수 있는 것이므로, 목적의 정당성, 방법의 적정성 등의 요건을 갖추고 있는 위 조항들이 청구인이나 18세 미만의 청소년들이 행복추구권을 침해한 것이라고 할 수 없다.
93헌가14	헌법 제10조의 행복추구권은 국민이 행복을 추구하기 위하여 필요한 급부를 국가에게 적극적으로 요구할 수 있는 것을 내용으로 하는 것이 아니라, 국민이 행복을 추구하기 위한 활동을 국가권력의 간섭없이 자유롭게 할 수 있다는 포괄적인 의미의 자유권으로서의 성격을 가진다.

---

8) 헌법재판소는 일반적 행동자유권에는 위험한 스포츠를 즐길 권리와 같은 위험한 생활방식으로 살아갈 권리도 포함되며(헌법재판소, 2003. 10. 30., 2002헌마518), 계약의 자유(헌법재판소, 1991. 6. 3., 89헌마204), 대마를 자유롭게 수수하고 흡연할 자유(헌법재판소, 2005. 11. 24., 2005헌바46), 공원탐방객이 자연공원지역을 자유롭게 출입할 자유(헌법재판소, 2012. 2. 23., 2010헌바99)도 행복추구권에서 파생되는 일반적 행동자유권에서 파생된다.

9) 헌법재판소는 자기결정권에는 자기운명결정권(헌법재판소, 2009. 11. 26., 2008헌바58)과 임신과 출산의 과정에서 내재하는 특별한 희생을 강요당하지 않을 자유 낙태의 자유가 포함되어 있다(헌법재판소, 2012. 8. 23., 2010헌바402). 또한 연명치료를 거부할 권리도 헌법상 자기결정권에 의하여 보호된다고 보았다(헌법재판소, 2009. 11. 6., 2008헌마385).

95헌가6	행복추구권이란 소극적으로는 고통과 불쾌감이 없는 상태를 추구할 권리, 적극적으로는 만족감을 느끼는 상태를 추구할 수 있는 권리라고 일반적으로 해석되고 있으나, 행복이라는 개념 자체가 역사적 조건이나 때와 장소에 따라 그 개념이 달라질 수 있으며, 행복을 느끼는 정신적 상태는 생활환경이나 생활조건, 인생관, 가치관에 따라 각기 다른 것이므로 일률적으로 정의하기가 어려운 개념일 수밖에 없고, 이와 같이 불확실한 개념을 헌법상의 기본권으로 규정한 데 대한 비판적 논의도 없지 아니하며 우리 헌법은 인간의 기본권리로서 인간의 존엄과 가치의 존중, 사생활의 비밀의 자유, 환경권 등 구체적 기본권을 따로 규정해 놓으면서 또 다시 그 개념이나 법적성격, 내용 등에 있어서 불명확한 행복추구권을 규정한 것은 추상적 권리를 중복하여 규정한 것이고 법해석의 혼란만 초래할 우려가 있다는 비난도 나오고 있다. 어떻든 이 행복추구권의 법적 성격에 관하여 자연권적 권리이고 인간으로서의 존엄과 가치의 존중 규정과 밀접 불가분의 관계가 있고, 헌법에 규정하고 있는 모든 개별적, 구체적 기본권은 물론 그 이외에 헌법에 열거되지 아니하는 모든 자유와 권리까지도 그 내용으로 하는 포괄적 기본권으로 해석되고 있다.

3. 행복추구권과 농어촌 교육

교육은 개인이 자신의 삶을 향상시키는 데 중요한 도구이다. 학습을 통해 개인은 지식과 기술을 습득하고, 그로 인해 더 많은 기회를 얻고, 더 좋은 삶의 질을 추구할 수 있다. 이런 관점에서 봤을 때, 농어촌 교육과 행복추구권은 밀접하게 연결되어 있다. 농어촌 지역의 학생들이 도시 지역 학생들과 동일한 교육 기회를 갖게 되면, 자신들의 삶을 개선하는 데 필요한 기술과 지식을 습득할 수 있다. 이를 통하여 그들이 자신의 삶을 통제하고, 자신의 삶의 방향을 결정하는 데 중요한 역할을 한다. 따라서, 농어촌 교육은 학생들의 행복추구권을 지원하며, 그들이 자신의 삶의 질을 향상시키고 자신들이 원하는 삶을 살아가는 데 필요한 기회를 제공하는 중요한 역할을 한다.

행복추구권과 교육에 관련된 헌법재판소의 판례는 '헌법이 보장하는 인간의 존엄성 및 행복추구권은 국가의 교육 권한과 부모의 교육권의 범주 내에서 아동에게도 자신의 교육환경에 관하여 스스로 결정할 권리를 갖는다'고 하였다.[10] 헌법재판소는 행복추구권에서 교육을 받을 권리와 연관성이 크지는 않지만 부모의 양육권이 파생된다고 판시하였다.

농어촌 지역에서 자녀의 양육은 정규교육 이외에 학생의 능력과 개성의 신장을 위한 개별 교육이나 사교육을 받기 어려운 현실에 처해 있다. 또한 정규교육

---

10) 헌법재판소, 2004. 5. 27., 2003헌가1.

의 경우 학교의 통·폐합으로 인하여 원거리 통학을 하거나 학생이 원치 않은 기숙형 학교로 진학시켜야 하는 상황이 발생할 수 있다. 특히 농어촌 지역에서 기숙형 학교로만 진학을 시켜야 하는 경우가 발생할 수 있다. 이 경우 학부모가 가정에서 자녀의 양육과 사교육을 시킬 자유를 침해할 수 있다. 또한 원거리 통학을 하는 자녀를 둔 학부모의 경우에는 통학권 보장을 위하여 국가와 지방자치단체에 청구할 권리가 행복추구권에서 도출된다고 볼 수 있다. 농어촌 교육의 지원은 해당 지역에서 자녀를 양육하고 있는 학부모의 자녀 양육권과 학생들이 가까운 장래의 주체적인 삶을 살아가기 위한 필수요건이라고 해석할 수 있다.

제3절 | 평등권

헌법 제11조제1항	모든 국민은 법 앞에 평등하다. 누구든지 성별·종교 또는 사회적 신분에 의하여 정치적·경제적·사회적·문화적 생활의 모든 영역에 있어서 차별을 받지 아니한다.

1. 법 앞의 평등의 개념

1) 평등의 의미

「헌법」 제11조 법 앞의 평등에서 '법'은 의회에 의하여 제정되는 형식적 의미의 법률뿐만 아니라 명령, 규칙, 조례 등 모든 법규범을 말한다. 또한 성문법과 불문법을 불문하고 국내법과 국제법을 가리지 아니한다.

'법 앞에'의 규범적 의미에 관하여는 법적용평등설과 법내용평등설이 있다. 법적용평등설은 법을 구체적으로 집행하고 적용하는 국가작용인 집행과 사법의 평등을 의미한다. 법내용평등설은 집행과 적용뿐만 아니라 법의 제정까지의 평등을 강조한다(권영성, 2009: 391).

평등권은 국가권력이 입법·사법·행정의 모든 분야에서 '같은 것'과 '같지 아니한 것'을 구별하는 판단기준이 쟁점이 된다. 이에 관한 대표적인 이론은

'합리성의 원칙'11)과 '자의금지 원칙'12)등이 그 판단의 기준으로 제시된다.13) 그러나 합리성 여부와 자의성을 구별하는 것은 가치판단이 필요하다. 헌법재판소는 합리성과 자의금지, 정의와 형평 등을 그 기준으로 합리적 차별 여부는 인간의 존엄성 존중이라는 헌법의 최고원리와 정당한 입법목적의 달성, 수단의 적정성이라는 복합적 요소를 기준으로 판단하여야 한다고 판시하였다.14)

2) 평등규정의 적용

「헌법」은 일반적 평등원칙과 달리 직접 명문으로 평등의 내용을 구체적으로 언급하고 있는 개별적 평등의 원칙을 규정하고 있다. 그러한 구체적 내용으로서 「헌법」 제11조제1항제2문의 차별금지 규정은 차별금지의 사유와 차별금지의 영역을 명시적으로 규정하고 있다. 제11조제2항은 사회적 특수계급의 부인과 창설금지를, 또한 제3항은 영전일대의 원칙 및 특권제도의 금지를 규정하고 있다(계희열, 2003: 224).

3) 관련 헌법재판소 판례

〈표 1-3〉 평등권에 관한 헌법재판소 판례

사건번호	내용
90헌마110	평등원칙은 행위규범으로서 입법자에게, 객관적으로 같은 것은 같게 다른 것은 다르게, 규범의 대상을 실질적으로 평등하게 규율할 것을 요구하고 있다. 그러나 헌법재판소의 심사기준이 되는 통제규범으로서의 평등원칙은 단지 자의적인 입법의 금지기준만을 의미하게 되므로 헌법재판소는 입법자의 결정에서 차별을 정당화할 수 있는 합리적인 이유를 찾아 볼 수 없는 경우에만 평등원칙의 위반을 선언하게 된다. 즉 헌법에 따른 입법자의 평등실현의무는 헌법재판소에 대하여는 단지 자의금지원칙으로 그 의미가 한정축소된다.
93헌바43	「형법」 제35조가 누범에 대하여 형을 가중한다고 해서 그것이 인간의 존엄성 존중이라는 헌법의 이념에 반하는 것도 아니며, 누범을 가중하여 처벌하는 것은 사회방위, 범죄의 특별예방 및 일반예방, 더 나아가 사회 질서유지 목적을 달성하기 위한 하나의 수단이기도 하는 것이므로 이는 합리적 근거 있는 차별이어서 헌법상의 평등의 원칙에 위배되지 아니한다.

---

11) 미연방대법원의 평등에 대한 사법심사기준은 합리성 기준에서 이중심사 기준으로 그리고 3중심사 기준으로 발전하고 있다(홍성방, 2009: 421).
12) 자의의 판단기준은 기본법의 원칙적 가치결정과 사회적 질서원리로부터 도출될 수 있다. (BVerfGE 7, 198, 215), 자의는 주관적 동기의 문제가 아니라 어떤 조치가 그것이 적용되는 사실적 상황과의 관계에서 객관적으로 부적합한가의 문제이다(BVerfGE 51, 1, 27.).
13) 헌법재판소, 1997. 1. 16., 90헌마110·136(병합).
14) 헌법재판소, 1995. 2. 23., 93헌바43.

98헌마363	평등위반 여부를 심사함에 있어 엄격한 심사척도에 의할 것인지, 완화된 심사척도에 의할 것인지는 입법자에게 인정되는 입법형성권의 정도에 따라 달라지게 될 것이나, 헌법에서 특별히 평등을 요구하고 있는 경우와 차별적 취급으로 인하여 관련 기본권에 대한 중대한 제한을 초래하게 된다면 입법형성권은 축소되어 보다 엄격한 심사척도가 적용되어야 할 것인바
2000헌마25	자의심사의 경우에는 차별을 정당화하는 합리적인 이유가 있는지만을 심사하기 때문에 그에 해당하는 비교대상간의 사실상의 차이나 입법목적(차별목적)의 발견·확인에 그치는 반면에, 비례심사의 경우에는 단순히 합리적인 이유의 존부문제가 아니라 차별을 정당화하는 이유와 차별간의 상관관계에 대한 심사, 즉 비교대상간의 사실상의 차이의 성질과 비중 또는 입법목적(차별목적)의 비중과 차별의 정도에 적정한 균형관계가 이루어져 있는가를 심사한다.
2002헌바45	평등권 위반여부를 심사함에 있어서 엄격한 심사척도에 의할 것인지 완화된 심사척도에 의할 것인지는 입법자에게 인정되는 입법형성권의 정도에 따라 달라진다.
2003헌마30	입법자가 설정한 차별이 기본권에 관련된 차별을 가져온다면 헌법재판소는 그러한 차별에 대해서는 자의금지 내지 합리성 심사를 넘어서 목적과 수단 간의 엄격한 비례성이 준수되었는지를 심사하여야 한다. 이 경우 사람이나 사항에 대한 불평등대우가 기본권으로 보호된 자유의 행사에 불리한 영향을 미칠 수 있는 정도가 크면 클수록, 입법자의 형성의 여지에 대해서는 그만큼 더 좁은 한계가 설정되므로, 헌법재판소는 보다 엄격한 심사척도를 적용한다.

2. 평등권의 내용

「헌법」제11조제1항제2문은 "누구든지 성별·종교 또는 사회적 신분에 의하여 정치적·경제적·사회적·문화적 생활의 모든 영역에 있어서 차별을 받지 아니한다"고 하여 차별금지 사유를 명시하고 있다. 「헌법」에서 규정한 성별·종교·사회적 신분과 같은 차별금지 사유와 차별금지 영역에 관해서는, 한정적으로 정한 것인가 아니면 예시한 것인가가 쟁점이다. 한정설에 의하면, 「헌법」에 규정된 사유와 영역은 차별을 받지 아니하는 사유와 영역을 한정하는 것이기 때문에, 「헌법」에 열거된 사유의 영역이 아니면 차별이 가능하다고 한다. 그러나 예시설에 의하면, 「헌법」에 규정된 사유와 영역은 예시적인 것이므로, 그 이외의 사유와 영역일지라도 그 차별이 불합리한 것이면 허용되지 아니한다고 한다(권영성, 2009: 371~372).

1) 성별에 의한 차별금지

성별에 의한 차별금지는 양성평등을 의미한다. 모든 국가작용 영역에서도 성을 기초로 하는 차별대우는 허용되지 아니한다. 그러나 성에 관한 가치판단의 결과가 아니라 남녀의 생리·능력에 따른 차별 또는 그 밖의 합리적 이유가 있는 차별은 허용된다(권영성, 2009: 372). 가령 여성 근로자에게만 생리휴가를 주는 것이나 남성에게만 병역의무를 지우는 것도 부당한 차별로 보지 않는다. 「헌법」은 성별에 의한 차별을 엄격하게 금지하고 있지만, 제도적 차별이 아닌 신체적 차이에서 오는 차이는 차별이 아니라고 해석해야 한다.

2) 종교에 의한 차별금지

우리 헌법은 종교의 자유를 보장함으로써 모든 종교에 대한 균등한 기회를 부여하고 국교를 인정하지 않을 뿐만 아니라 정교분리의 원칙을 규정함으로써 국가는 모든 종교에 대하여 중립의무를 부담한다. 이처럼 우리 헌법은 제도적으로 종교의 평등을 보장하고 이를 차별근거로 삼는 것을 배제하고 있다.

3) 사회적 신분에 의한 차별금지

사회적 신분이 무엇을 의미하는가에 관해서는 학설이 갈리고 있다. 선천적 신분설은 사회적 신분을 출생에 의하여 고정되는 사회적 지위로 이해한다. 후천적 신분설에 의하면, 선천적 신분은 물론이고 인간이 후천적으로 사회에서 장기간 점하는 지위로서 일정한 사회적 평가를 수반하는 것을 사회적 신분이라고 한다.

예를 들면 귀화인, 전과자, 존·비속, 근로자 등이 그것에 해당한다고 한다. 평등의 이념을 보다 적극적으로 실현하기 위해서는 후천적으로 획득한 신분에 의한 차별도 허용되지 않는다고 보는 것이 타당하다. 따라서 귀화인, 전과자, 부자, 빈자, 사용자 등의 사회적 신분을 이유로 차별하는 것은 금지된다(계희열, 2003: 234~235).

4) 관련 헌법재판소 판례

〈표 1-4〉 차별금지에 관한 헌법재판소 판례

사건번호	내용
93헌바43	「형법」 제35조가 누범에 대하여 형을 가중한다고 해서 그것이 인간(人間)의 존엄성(尊嚴性) 존중이라는 헌법의 이념에 반하는 것도 아니며, 누범을 가중하여 처벌하는 것은 사회방위, 범죄의 특별예방 및 일반예방, 더 나아가 사회의 질서유지의 목적을 달성하기 위한 하나의 수단이기도 하는 것이므로 이는 합리적 근거 있는 차별이어서 헌법상의 평등(平等)의 원칙(原則)에 위배되지 아니한다.
97헌가12	부계혈통주의 원칙을 채택한 구법 조항은 출생한 당시의 자녀의 국적을 부의 국적에만 맞추고 모의 국적은 단지 보충적인 의미만을 부여하는 차별을 하고 있다. 이렇게 한국인 부와 외국인 모 사이의 자녀와 한국인 모와 외국인 부 사이의 자녀를 차별취급 하는 것은, 모가 한국인인 자녀와 그 모에게 불리한 영향을 끼치므로 헌법 제11조 제1항의 남녀평등원칙에 어긋난다.
2000헌마159	사법시험 제1차 시험 시행일을 일요일로 정한 피청구인의 이 사건 공고가 청구인이 신봉하는 종교를 다른 종교에 비하여 불합리하게 차별대우하는 것으로 볼 수도 없다.
2004헌마670	산업연수생이 연수라는 명목하에 사업주의 지시·감독을 받으면서 사실상 노무를 제공하고 수당 명목의 금품을 수령하는 등 실질적인 근로관계에 있는 경우에도, 근로기준법이 보장한 근로기준 중 주요사항을 외국인 산업연수생에 대하여만 적용되지 않도록 하는 것은 합리적인 근거를 찾기 어렵다. 특히 이 사건 중소기업청 고시에 의하여 사용자의 법 준수능력이나 국가의 근로감독능력 등 사업자의 근로기준법 준수와 관련된 제반 여건이 갖추어진 업체만이 연수업체로 선정될 수 있으므로, 이러한 사업장에서 실질적 근로인 산업연수생에 대하여 일반 근로자와 달리 근로기준법의 일부 조항의 적용을 배제하는 것은 자의적인 차별이라 아니할 수 없다.
2010헌바98	상습절도 계열 범죄의 종류나 구체적 행위·태양 및 그 결과가 가지는 불법성에 대한 평가의 차이는 법관의 양형 과정에서 충분히 해소될 수 있는 문제이므로, 이 사건 법률조항은 형벌체계상 균형성을 상실하거나 평등원칙에 위반되지 아니한다.
2012헌바112	사실적시에 의한 후보자비방행위와 허위사실공표행위를 같은 법정형으로 규율한 것 역시 지역농협 임원 선거에서 나타나는 특수한 사정들을 고려한 입법적 결단이며, 단순히 벌금형 액수의 비교만으로 이 사건 법률조항의 법정형이 「공직선거법」 제250조 제1항 및 제251조의 법정형(벌금형 외 징역형도 규정)보다 중하다고 볼 수 없다. 따라서 이 사건 법률조항의 법정형은 책임원칙 내지 평등원칙에 위배되지 아니한다.
2016헌바270	반의사불벌죄에서의 자복은, 형사소추권의 행사 여부를 좌우할 수 있는 자에게 자신의 범죄를 알리는 행위란 점에서 자수와 그 구조 및 성격이 유사하므로, 이 사건 법률조항이 청구인과 같이 반의사불벌죄 이외의 죄를 범하고 피해자에게 자복한 사람에 대하여 반의사불벌죄를 범하고 피해자에게 자복한 사람과 달리 임의적 감면의 혜택을 부여하지 않고 있다 하더라도 이를 자의적인 차별이라고 보기 어렵다.
2017헌가7	집행유예는 실형보다 죄질이나 범정이 더 가벼운 범죄에 관하여 선고하는 것이 보통인데, 이 사건 구법 조항은 집행유예보다 중한 실형을 선고받고 집행이 종료되거나 면제된 경우에는 자격에 관한 법령의 적용에 있어 형의 선고를 받지 아니한 것으로 본다고 하여 공무원 임용 등에 자격제한을 두지 않으면서 집행유예를 선고받은 경우에 대해서는 이와 같은 특례조항을 두지 아니하여 불합리한 차별을 야기하고 있다.

대판 2005다30566	종중은 공동선조의 분묘수호와 제사, 그리고 종원 상호간의 친목도모 등을 목적으로 자연발생적으로 성립한 종족 집단체로서, 종중이 규약이나 관습에 따라 선출된 대표자 등에 의하여 대표되는 정도로 조직을 갖추고 지속적인 활동을 하고 있다면 비법인 사단으로서의 단체성이 인정된다. 이와 같은 종중의 성격과 법적 성질에 비추어 보면, 종중에 대하여는 가급적 그 독자성과 자율성을 존중해 주는 것이 바람직하고, 따라서 원칙적으로 종중규약은 종원이 가지는 고유하고 기본적인 권리의 본질적인 내용을 침해하는 등 종중의 본질이나 설립 목적에 크게 위배되지 않는 한 그 유효성을 인정하여야 한다.
대판 2009다26596	대표자를 선임하기 위하여 개최되는 종중총회의 소집권을 가지는 연고항존자를 확정함에 있어서 여성을 제외할 아무런 이유가 없으므로, 여성을 포함한 전체 종원 중 항렬이 가장 높고 나이가 가장 많은 사람이 연고항존자가 된다. 다만 이러한 연고항존자는 족보 등의 자료에 의하여 형식적·객관적으로 정하여지는 것이지만 이에 따라 정하여지는 연고항존자의 생사가 불명한 경우나 연락이 되지 아니한 경우도 있으므로, 사회통념상 가능하다고 인정되는 방법으로 생사 여부나 연락처를 파악하여 연락이 가능한 범위 내에서 종중총회의 소집권을 행사할 연고항존자를 특정하면 충분하다.

3. 차별금지 영역

「헌법」 제11조제1항제2문 후단은 "누구든지…정치적·경제적·사회적·문화적 생활의 모든 영역에 있어서 차별을 받지 아니한다"라고 규정함으로써 차별금지의 생활영역으로서 모든 헌법생활의 영역을 언급하고 있다. 이에 따라 「헌법」 제11조제1항제2문 전단에 열거된 사유들은 정치적·경제적·사회적·문화적 생활의 모든 영역에 있어서 법적 불평등 대우를 준거로 사용되어서는 안 된다.

1) 정치적 생활영역

정치적 영역에서의 차별금지, 곧 선거권, 공무담임권,[15] 피선거권, 국민투표권에서 평등을 의미한다(홍성방, 2009: 403). 특히 선거구의 임의적 획정으로 인한 투표결과가치의 불균형이 문제가 된다(권영성, 2009: 374). 따라서 대통령과 국회의원의 선거 및 지방선거는 물론이고 국민투표 등에서도 선거권과 투표권의 평등이 실현될 수 있는 선거제도와 국민투표제도가 마련되어야 한다. 그러기 위해서는 각종 선거에서 투표의 산술적인 계산가치의 평등뿐만 아니라 그 성과가치의 평등까지도 함께 실현되도록 선거구의 분할과 의석배분방식에 이르기까지 합리적인 제도가 연구되어야 하며 선거운동의 기회균등도 보장되어야 한다(허영, 2016: 331~332).

---

15) 헌법재판소, 1999. 12. 23., 98헌바33.

2) 경제적 생활영역

우리 「헌법」은 모든 국민에게 경제생활에서도 각인의 기회를 균등히 하고 능력을 최고도로 발휘하게 하여(전문), 개인과 기업의 경제상의 자유와 창의를 존중하는 자유경제질서를 추구하면서도(제119조제1항) 소득분배를 유지하고 시장의 지배와 경제력의 남용을 방지하는, 사회정의의 실현과 균형 있는 국민경제의 발전을 위해서는 필요한 범위 안에서 경제에 관한 규제와 조정을 함으로써(제119조제2항) 경제질서에서의 사회적 평등을 실현하는 것을 경제질서의 목표로 삼고 있다(허영, 2016: 332). 그래서 경제적 생활영역에서도 평등이 보장되어야 하므로 불합리한 차별은 허용되지 아니한다. 고용에서도 동일자격·동일취업의 원칙이, 임금에 있어서는 동일노동·동일임금의 원칙이, 과세에 있어서는 담세평등16)의 원칙이 준수되어야 한다. 헌법은 특히 근로관계에 있어서 여성의 차별을 금지하고 있으므로 고용·취업·임금·근로조건 등에서 여성을 부당하게 차별하여서는 아니된다(권영성, 2009: 374).

3) 사회적 생활영역

사회적 생활영역에 있어서도 평등이 보장되어야 하기 때문에 주거·여행·공공시설이용 등에서의 차별, 적자와 서자의 차별, 혼인과 가족생활17)에서 남녀차별을 허용하지 아니한다(권영성, 2009: 375).

4) 문화적 생활영역

문화적 생활영역에서의 평등이 보장되어야 하므로 교육에 있어서의 기회의 균등이 보장되고, 문화적 활동이나 문화적 자료의 이용 또는 정보의 접근 등에서의 차별은 허용되지 아니한다. 또한 우리 「헌법」 제31조제1항은 모든 국민은 능력에 따라 균등하게 교육을 받을 권리를 보장하고 이를 뒷받침해 주기 위해 적어도 초등교육은 무상의무교육으로 함으로써 누구나 최소한의 교육을 받을 수 있는 길을 마련해 놓고 있다. 그뿐 아니라 교육에 있어서의 기회균등의 원

---

16) 헌법재판소, 1997. 10. 30., 96헌바14., 헌법재판소, 1999. 11. 25., 98헌마55.
17) 헌법재판소, 1997. 7. 16., 95헌가6등.

칙은 중·고등교육과 대학교육 그리고 평생교육에서도 존중되어야 하기 때문에 국가는 교육여건의 개선을 위해 노력해야 할 의무가 있다(허영, 2016: 331면). 다만「헌법」제31조제1항의 규정에 따라 교육에 있어서 능력에 의한 차별은 허용된다.[18)]

5) 관련 헌법재판소 판례

〈표 1-5〉 차별영역에 관한 헌법재판소 판례

사건번호	내용
95헌가6	「헌법」제36조제1항은 "혼인과 가족생활은 개인의 존엄과 양성의 평등을 기초로 성립되고 유지되어야 하며, 국가는 이를 보장한다"고 규정하고 있는바, 이는 혼인제도와 가족제도에 관한 헌법원리를 규정한 것으로서 혼인제도와 가족제도는 인간의 존엄성 존중과 민주주의의 원리에 따라 규정되어야 함을 천명한 것이라 볼 수 있다. 따라서 혼인에 있어서도 개인의 존엄과 양성의 본질적 평등의 바탕 위에서 모든 국민은 스스로 혼인을 할 것인가 하지 않을 것인가를 결정할 수 있고 혼인을 함에 있어서도 그 시기는 물론 상대방을 자유로이 선택할 수 있는 것이며, 이러한 결정에 따라 혼인과 가족생활을 유지할 수 있고, 국가는 이를 보장해야 하는 것이다.
96헌바14	조세평등주의라 함은「헌법」제11조제1항에 규정된 평등원칙의 세법적 구현으로서, 조세의 부과와 징수를 납세자의 담세능력에 상응하여 공정하고 평등하게 할 것을 요구하며 합리적인 이유없이 특정의 납세의무자를 불리하게 차별하거나 우대하는 것을 허용하지 아니한다. 조세평등주의가 요구하는 이러한 담세능력에 따른 과세의 원칙은 한편으로 동일한 소득은 원칙적으로 동일하게 과세될 것을 요청하며, 다른 한편으로 소득이 다른 사람들간의 공평한 조세부담의 배분을 요청한다
97헌마38	대입전형자료로 학생부의 평가방법을 개선보완하는 것은 균등한 교육을 받을 권리의 침해가 아니다.
98헌바33	「헌법」제25조의 공무담임권 조항은 모든 국민이 누구나 그 능력과 적성에 따라 공직에 취임할 수 있는 균등한 기회를 보장함을 내용으로 하므로, 공직자 선발에 관하여 능력주의에 바탕한 선발기준을 마련하지 아니하고 해당 공직이 요구하는 직무수행능력과 무관한 요소를 기준으로 삼는 것은 국민의 공직취임권을 침해하는 것이 되는바, 제대군인 지원이라는 입법목적은 예외적으로 능력주의를 제한할 수 있는 정당한 근거가 되지 못하는데도 불구하고 가산점제도는 능력주의에 기초하지 아니하고 '현역복무를 감당할 수 있을 정도로 신체가 건강한가'와 같은 불합리한 기준으로 장애인 등의 공직취임권을 지나치게 제약하는 것으로서「헌법」제25조에 위배되고, 이로 인하여 청구인의 공무담임권이 침해된다.
2011헌바42	초·중등학교 교원에 대하여는 정당가입을 금지하면서 대학교원에게는 허용하는 것은, 기초적인 지식전달, 연구기능 등 직무의 본질이 서로 다른 점을 고려한 합리적 차별이므로 평등원칙에 반하지 아니한다.

---

18) 헌법재판소, 1997. 7. 16., 97헌마38.

2002헌마152	경상남도 교육감이 가산점을 축소한 것은 도서·벽지학교의 축소, 근무여건의 개선 등 교육환경의 변화를 반영하여 변경한 것이지, 종전의 가산점제도가 잘못이어서 수정한 것이 아닌 점, 벽지근무를 유인할 필요성이 높은 시기에 종전의 제도에 따라 이미 높은 벽지가산점을 취득한 교사들의 신뢰를 보호할 필요성이 있는 점, 1998년 이후에 낮은 벽지가산점을 취득한 교사들이 승진경쟁에서 상대적으로 불리해진다고 하더라도, 교육환경의 변화에 따른 제도의 변경으로 말미암은 것인 점, 이러한 정책이 1998년부터 계속 시행되어 온 점 등을 종합하면, 이 사건 평정규정이 1998년 이후에 벽지가산점을 취득한 교사들을 불합리하게 차별대우한다거나 헌법상의 평등원칙에 위반된다고 보기 어렵다.
2005헌가11	지방의 교육사정이 열악해지고 있는 우리의 현실에서 지방 혹은 발전이 더딘 지역의 교육기반을 강화할 필요성은 더욱 크다고 할 것이고, 열악한 예산 사정과 교육환경의 급격한 변화라는 현실적인 사정을 고려할 때 지역교육의 질적 수준의 향상을 위하여는 우수 고교졸업생을 지역에 유치하고 그 지역 사범대 출신자의 우수역량을 다시 지역으로 환원하는 것도 합리적인 방법인 점, 이 사건 지역가산점은 자신의 선택에 따라 이익이 될 수도 불이익이 될 수도 있으므로, 이 사건 법률조항으로 인하여 타 지역 사범대 출신 응시자들이 받는 피해는 입법 기타 공권력행사로 인하여 자신의 의사와 관계없이 받아야 하는 기본권의 침해와는 달리 보아야 할 여지가 있고, 이 사건 법률조항은 한시적으로만 적용되는 점을 고려해 보면 이 사건 법률조항이 비례의 원칙에 반하여 제청신청인의 공무담임권이나 평등권을 침해한다고 보기 어려우므로 헌법에 위반되지 아니한다.
2012헌마494	교장 등의 관리직 교원에게는 교무를 통할하고 소속 교직원을 지도·감독하는 관리 임무가 부여되는 반면에, 수석교사에게는 교사로서의 기본 직무 이외에 교수·연구활동 지원이라는 특수한 임무가 부여된다. 한편, 「교육공무원법」 제29조의4제3항은 수석교사가 연구업무에 전념할 수 있도록 수업부담을 경감해 줄 수 있도록 정하고 있다. 이와 같이 수석교사의 직무 특성을 반영하여 수석교사에게 연구활동비를 지급하고 수업부담을 경감할 수 있도록 우대하고 있는 점을 고려한다면, 이 사건 수당규정조항들로 인하여 발생하는 교장 등의 관리직 교원과 수석교사 간의 차별에는 합리적인 이유가 있으므로, 청구인들의 평등권을 침해하지 아니한다.
2013헌마692	국·공립대학에는 사립대학의 학교법인이나 이사회와 같은 기관이 존재하지 아니하고, 국·공립대학의 회계에 대하여는 '국립대학의 회계 설치 및 재정 운영에 관한 법률'이, 사립대학에 대하여는 사립학교법이 적용되어 예산과 결산의 절차가 전혀 다르게 이루어지기 때문에 사립대학과 국·공립대학을 달리 취급하는 것에는 합리적인 이유가 있으므로, 이 사건 등록금위원회 조항은 청구인들의 평등권을 침해하지 아니한다.
2015헌마236	부정청탁금지조항과 금품수수금지조항 및 신고조항과 제재조항은 전체 민간부문을 대상으로 하지 않고 사립학교 관계자와 언론인만 '공직자 등'에 포함시켜 공직자와 같은 의무를 부담시키고 있는데, 이들 조항이 청구인들의 일반적 행동자유권 등을 침해하지 않는 이상, 민간부문 중 우선 이들만 '공직자 등'에 포함시킨 입법자의 결단이 자의적 차별이라 보기는 어렵다.

4. 농어촌 교육과 평등의 원칙

교육영역에서 기회균등의 원칙과 분배는 여러 가지 요인이 작용하지만, 사회경제적 요인이 강하게 작용하는 영역이다. 사회적 기회균등은 개인의 사회적 신분이나 경제적 격차, 능력과 상관없이 동등한 기회를 부여하는 것이다. 또한, 여성, 청소년, 장애인, 고령자 등의 합리적인 이유가 있으면 차별을 허용하는 것이 헌법상 평등의 원칙이다. 그러나 교육의 영역에서의 기회균등은 각 개인의 지적능력의 차이뿐만 아니라 부모의 사회·경제적 배경에 의해 달라지게 된다는 특징이 있다.

이러한 특징 때문에 학교교육에 있어서 차별하지 않고 공정하게 대우한다는 것은 한계가 있다. 사회적으로 인간은 동일한 조건과 환경에서 성장하지 않았고, 능력도 다르기 때문이다. 평등은 기본적으로 형식적 평등과 실질적 평등으로 구분할 수 있다. 형식적 평등은 흔히 말하는 법 앞의 평등으로 기회의 균등을 의미한다. 즉 사람의 신체적 능력이나 개인이 처한 상황을 전혀 고려하지 않고 동등하게 대우하면 된다. 선천적·후천적 조건을 고려하지 않고 모든 사람을 동등하게 대우한다는 것이다. 국가는 교육의 영역에서도 학생의 선천적·후천적 조건을 고려하지 않고, 동등하게 교육의 기회를 제공해야 한다. 국가는 농어촌이라는 지역, 작은 규모의 학교, 학생 수와 관련 없이 도시 지역과 동등한 교육의 기회를 제공해야 한다.

1) 적극적 평등실현조치

적극적 평등실현조치(Affirmative Action)는 미국연방대법원이 유색인종, 여성 등 경제적·사회적 약자에 대하여 특혜나 우선적 조치를 취하여 실질적 평등을 실현하려는 개념이다. 적극적 평등의 실현조치는 취업에서 양성평등할당제로 실현한다.[19]

---

19) '적극적 평등실현조치'는 미국연방대법원 판례와 연방의회의 입법과정, 이론적 정립을 통하여 발전한 이론이다. 미국 사회에서 흑인과 여성과 같은 사회적·경제적 약자에게 우선적 처우와 같은 특혜가 주어지는 것은 이들 약자와 소수자에게 어느 정도 실질적 평등의 처우가 이루어질 때까지 시행되는 일시적·잠정적인 제도이다.

이러한 적극적 평등실현조치는 경제적 · 사회적 약자들에게 기회의 균등을 부여하려고 시행되었던 잠정적 우대조치였다. 그러나 이들에 대한 우대조치는 경제적으로 안정된 계층이나 백인 등에게는 역차별(Reverse Discrimination)의 문제가 발생하였다. 이를 해결하기 위하여 연방대법원은 첫째, 적극적 평등실현 조치를 시행하기 위해서는 긴절하고 필요한 공익적 이유가 있어야 한다. 둘째, 의회에서 적극적 평등실현조치에 관한 입법을 하는 경우 공익을 달성하기 위한 실질적 관련성이 있어야 한다.[20]

미국연방대법원의 판례를 통하여 확립되어온 적극적 평등실현조치를 검토하면 평등의 영역에서 여러 단계의 심사기준을 마련하고 점진적으로 보완해왔다. 우리나라 헌법재판소는 평등에 관한 심사기준은 엄격심사와 완화된 심사를 기준을 적용하고 있다. 엄격심사를 적용하는 기준은 헌법상 명시적으로 차별을 금지한 영역이다. 「헌법」제11조제1항에 열거된 성별, 종교, 사회적 신분, 「헌법」제36조제1항의 혼인과 가족생활에서 개인의 존엄과 양성의 평등, 제31조제1항 교육의 기회균등의 영역은 엄격심사를 적용하고 있다.

우리 헌법재판소는 엄격심사의 대상이 되는 헌법적 사유를 판시하였지만, 엄격심사와 완화된 심사 기준의 차이점이 무엇인지, 엄격심사를 통과하기 위한 구체적 기준은 미국과 달리 아직도 미비한 부분이 있다. 이러한 부분은 감안하여 차별의 영향과 고의성을 구별하고 세밀한 심사기준을 마련할 필요가 있다.

2) 농어촌 교육과 적극적 평등실현조치

농어촌 교육에서의 적극적 평등실현조치에 관하여 미국연방대법원의 판례를 적용하면 첫째, 농어촌 교육을 위한 긴절한 공익적 이유가 있어야 하는지 여부를 검토해야 한다. 농어촌 교육의 현실의 어려움은 사회적 요인에서 도출된다. 이러한 사회적 현실 속에서 농어촌 교육의 정상화와 학생들이 지적 · 정서적 성장을 위하여 도시지역과 다른 제도적 지원이 필요하다. 농어촌 교육의

---

20) 연방대법원 Fullilove v. Klutznick 사건에서는 지방공무 프로젝트에 부여된 연방기금의 10%는 법이 확정한 소수인종 집단의 구성원들에 의해 소유되고 컨트롤되는 사업들로부터의 서비스나 물자공급을 획득하기 위해 쓰여야만 한다는 연방 법률은 「수정헌법」제5조에 의해 인정되는 평등보호조항에 위배되지 않는다고 판시했다. 이 프로그램은 제한적이고 좁게 짜인 프로그램이며 미래에 효과를 발휘하고 과거의 차별을 보상하기 위하여 고안되었다고 본다(법제처, 2010: 415).

지원은 현재 법적인 근거가 미비한 채로 「교육기본법」과 「초·중등교육법」 등에 산재된 법률의 해석과 조례를 통하여 이루어지고 있다.

역차별 논리가 적용되는 부분은 대학입시에서의 농어촌 특별전형이다. 계층 사다리 역할을 하는 교육이 그 역할을 제대로 수행하지 못하면서 각종 불공정 논란을 낳고 있다. 최근 학생부 종합 전형 등 수시보다 정시가 공정하다는 여론이 강해지면서 특별전형의 역차별 논란이 더욱더 가중되고 있다. 농어촌 특별전형은 지역 간 발생하는 교육 불균형 문제를 해소하고자 기회 균형을 보장하기 위한 제도이지만 수도권 학생들에게는 '역차별'이라는 인식이 퍼져있다.[21]

농어촌 교육에서 대학입시와 수학능력시험을 가지고 공정을 논의하는 것은 무리가 있다. 외견적으로 정시가 공정하다고 하여 정시만 확대한다면 지역이나 소득 등 경제적·사회적 환경을 전면적으로 배제하는 결과이다. 이 때문에 사교육 시장이 팽배하게 되면, 공교육 이외의 교육의 접근성이 낮은 농어촌 지역을 철저하게 배제하는 불공정한 환경을 조성하는 것이다.

농어촌 특별전형으로 인하여 부작용도 존재한다. 좋은 대학에 진학하기 위하여 농촌지역 학교로 전학을 가거나, 상급 행정지역으로 승격을 반대하는 경우도 있다. 이에 편승하여서 일부 농어촌 학교는 대학 진학을 위하여 기숙형 진학학교로 전환하는 등의 모습을 보이고 있다. 적극적 평등실현조치라고 할 수 있는 농어촌 전형의 제도적 부작용도 존재하지만 이 제도가 '긴절한 공익적 목적을 달성하기 위하여 필요한 경우인지'와 '이러한 목적에 합리적 연관성이 있는지'에 대하여 좀 더 검토할 필요가 있다. 농어촌 학교에 대한 이러한 조치가 도시지역 학교와의 역차별이 구체적으로 어떠한 범위와 내용으로 이루어지는지에 대하여 상세하게 검토해야 한다.

3) 논의

실질적 평등은 타고난 재능과 능력에 따라 다르게 대우한다는 것을 의미한다. 이는 학생의 재능과 능력에 따른 교육의 기회를 제공하는 것이다. 국가는 교육의 실질적 평등을 이루기 위하여 다양한 학교제도와 교육과정을 마련해야 한다.

---

21) 이런 논란을 의식했는지 수도권 대학은 기회 균형 선발에 더 소극적이다. 대학정보공시에 따르면 지난해 비수도권 대학의 기회 균형 선발 비율은 13.1%였지만, 수도권 대학은 9.4%에 불과했다. 서울 주요 15개 대학은 평균 10%에도 못 미쳤다.(https://www.ohmynews.com/NWS_Web/View/at_pg.aspx?CNTN_CD=A0002695200)

농어촌 교육에서 기회균등은 첫째, 교육기회의 허용적 평등이다. 농어촌 지역에서도 교육받을 기회가 동등하게 주어져야 한다는 의미이다. 또한 학생과 학급 수가 급감했다는 이유로 교육기회에서 차별 즉, 전문적 교육과정과 교사의 부재, 교육과정 운영의 단편화는 지양해야 한다.

둘째, 교육기회의 보장적 평등이다. 농어촌 교육은 허용적 평등 같은 제도적 차원의 노력으로는 교육의 평등실현은 불가능하다. 농어촌 교육에서 기회균등을 실현하기 위해서는 기본적으로 경제적 어려움의 해소 즉, 농어촌 지역의 의무교육 취학에 필요한 부분들의 무상화가 이루어져야 한다. 또한 지리적 어려움도 해소해야 한다. 농어촌 지역은 이미 학교간 통·폐합이 적극적으로 진행되고 있어 원거리 통학생이 증가하고 있다. 원거리 통학생의 지리적 어려움을 해소하기 위한 통학지원 및 기숙형 학교의 지원이 선행되어야 한다. 사회적 제반 장벽을 제거해주어야 한다. 농어촌 지역에 디지털 인프라의 적극적 보급과 소수학생의 능력을 위한 교과외 수업의 지원을 적극적으로 검토해야 한다.

셋째, 교육조건과 과정의 기회균등을 실현해야 한다. 전술한 보장적 평등이 이루어졌다 하더라도 학교의 시설, 교육과정, 교사의 자질 등에 있어서 학교간 차이를 줄여야 한다. 농어촌 학교를 중심으로 한 통합교육과정 운영시도에 따른 관련 시설지원이 이루어져한다. 또한 교육과정의 다양화와 교사의 자질도 같이 선행되어야 한다. 교육조건과 과정의 기회균등은 학교교육 내에서의 평등뿐만 아니라 학생들의 진학 문제와 직접적으로 연관이 있다.

제4절 능력에 따라 균등하게 교육을 받을 권리

헌법 제31조제1항	모든 국민은 능력에 따라 균등하게 교육을 받을 권리를 가진다.

「헌법」 제31조제1항에서는 모든 국민은 능력에 따라 균등하게 교육을 받을 권리를 가진다고 하여 교육을 받을 권리를 규정하고 있다. 「헌법」 제31조제2항 이하에서는 교육을 받을 권리의 실체적 보장을 위하여 학부모의 자녀교육 의무, 의무교육의 무상성, 교육의 자주성·전문성·정치적 중립성과 국가의 평생교육진흥의무, 교육제도 법정주의를 규정하고 있다.

교육을 받을 권리는 교육여건의 형성과 개선을 요구할 수 있는 권리와 교육기회의 균등한 보장을 요구할 수 있는 권리를 의미한다(성낙인, 2023: 1525).[22] 즉 능력이 있으면서도 사회적·경제적 이유로 교육을 받지 못하는 일이 없도록 국가의 재정적 상황이 허용되는 범위 내에서 모든 국민에게 취학의 기회를 보장받도록 필요한 교육시설 및 제도를 마련할 의무를 국가에게 지우는 것이다.[23]

수학권의 보장은 국민의 인간으로서 존엄과 가치를 가지며, 행복을 추구하고 인간다운 생활을 영위하는 데 필수적 조건이며, 대전제이다(법제처, 2003: 272). 헌법재판소 판례에 의하면 교육을 받을 권리는 국가에게 교육여건 및 환경 조성을 요구할 권리, 교육기회의 균등한 보장을 요구할 수 있는 권리를 의미한다(양건, 2021: 960).

1. 능력에 따라 교육을 받을 권리

1) 능력에 따라 교육을 받을 권리의 의의

「헌법」 제31조제1항에 의하여 보장되는 교육을 받을 권리는 개인적 성향·능력 및 정신적·신체적 발달상황 등을 고려하지 아니한 채 동일한 교육을 받을 권리를 의미하는 것은 아니다. 「헌법」 제31조제1항에서 '능력'이라 함은 학생 개개인의 수학능력을 의미한다. 교육제도에서 수학능력은 개인의 인격발현과 밀접한 관계에 있는 인격적 요소이고 학교 입학에 있어서 고려할 수 있는 합리적 차별기준이다.[24] 개인의 경제적 상황이나 가정환경의 조건이 아니다.

따라서 능력에 따른 교육이란 정신적·육체적 능력에 상응한 적절한 교육을 말한다. 즉 능력에 따라 교육을 받는다는 것은 학습능력에 상응하는 적절한 교육을 받을 권리를 의미하며 능력이 있는 자만 교육을 받을 권리가 있다는 것을 뜻하는 것이 아니다(대한교육법학회, 2022: 299). 헌법재판소는 입학시험에 있어서 공정경쟁시험을 치르게 하는 것이 능력에 따른 교육을 하기 위한 하나의 방법이므로 합헌으로 판단하였다. 장애를 가진 학생 등 신체적·정신적 능

---

22) 교육을 받을 권리는 국가로부터 교육에 필요한 시설의 제공을 요구할 수 있는 권리 및 각자의 능력에 따라 교육시설에 입학하여 배울 수 있는 권리를 의미한다.(헌법재판소, 2013. 5. 30., 2011헌바227.)
23) 헌법재판소, 2000. 4. 7., 98헌가16.
24) 헌재재판소, 2017. 12. 28., 2016헌마649.

력이 다소 부족한 학생들에게도 그에 상응하는 교육을 받을 권리가 있으므로
이들에 대한 교육을 보장해야 한다.

17명의 재학생이 있는 초등학교 분교의 폐교처분이 균등한 교육을 받을 권리
침해한 것이 아니라는 판례도 존재한다.[25] 그러나 국가가 설립하는 교육기관
의 지역적 편중으로 균등하게 교육을 받을 권리를 침해받는다면 시정을 요구
할 수 있다. 또한 국가는 학교 등의 교육시설을 설치하는 데 특정 지역이나 특
정 종류별로 편중하여 분포되지 않도록 해야 한다(정종섭, 2016: 805).

2) 관련 헌법재판소 판례

〈표 1-6〉 능력에 따라 교육을 받을 권리에 관한 헌법재판소 판례

사건번호	내용
90헌가27	• 「교육법」제8조의2에 관한 위헌심판 ▸「교육법」제8조의2는 「교육법」제8조에 정한 의무교육으로서 3년의 중등교육의 순차적인 실시에 관하여만 대통령령이 정하도록 하였으므로 우선 제한된 범위에서라도 의무교육을 실시하되 순차로 그 대상을 확대하도록 되어 있음은 「교육법」의 각 규정상 명백하고, 다만 그 확대실시의 시기 및 방법만을 대통령령에 위임하여 합리적으로 정할 수 있도록 한 것이므로 포괄위임금지를 규정한 「헌법」제75조에 위반되지 아니한다.
98헌가16	• 「학원설립운영에관한법률」제22조제1항제1호 위헌제청 ▸「헌법」제31조제1항은 "모든 국민은 능력에 따라 균등하게 교육을 받을 권리를 가진다"고 규정하여 국민의 교육을 받을 권리를 보장하고 있다. '교육을 받을 권리'란, 모든 국민에게 저마다의 능력에 따른 교육이 가능하도록 그에 필요한 설비와 제도를 마련해야 할 국가의 과제와 아울러 이를 넘어 사회적·경제적 약자도 능력에 따른 실질적 평등교육을 받을 수 있도록 적극적인 정책을 실현해야 할 국가의 의무를 뜻한다.
2003헌바39	• 「국가유공자등예우및지원에관한법률」제12조제2항 ▸성년인 유족에게 연금수급권을 주지 않는다 하더라도 유족연금 자체가 교육비에 충당될 것을 예정하고 지급되는 것은 아니므로 유족연금의 지급 여부와 교육을 받을 권리의 침해 여부는 직접적 관련성을 가지지 못하며 청구인의 교육을 받을 권리가 침해되었다고 할 수 없다.
2016헌마649	• 교육영역에서 평등원칙의 구체화 ▸수시모집은 더 이상 대학입학전형에서 소수의 학생만을 선발하는 예외적인 형태가 아니라, 정시모집과 같거나 오히려 더 큰 비중을 차지하는 입시전형의 형태로 자리 잡고 있다. 이러한 상황에서는 수시모집의 경우라 하더라도 응시자들에게 동등한 입학 기회가 주어질 필요가 있다. 동등한 입학 기회가 주어진다는 의미는 수학능력에 차이가 없다면 누구에게나 동등하게 입학할 수 있는 기회가 열려 있어야 함을 의미한다.

[25] 서울고등법원, 1995. 5. 16., 94구11554.

2005구합2655	• 조례무효확인 ▸「헌법」제31조는 "모든 국민은 능력에 따라 균등하게 교육을 받을 권리를 가지며"(제1항), "모든 국민은 그 보호하는 자녀에게 적어도 초등교육과 법률이 정하는 교육을 받게 할 의무를 진다"(제2항)고 규정하고 있고, 「초·중등교육법」제13조는 "모든 국민은 보호하는 자녀를 초등학교에 취학시킬 일반적인 의무를 진다"고 규정하고 있다. 또한, 「지방자치법」제9조제2항제5호, 「초·중등교육법」제12조제2항에 의하면, "지방자치단체는 그 관할구역의 교육에 관한 사무를 처리하고, 그 일환으로서 그 관할구역 안의 의무교육대상 아동 전원을 취학시킴에 필요한 초등학교를 설치, 경영하여야" 하는데, 한편 초등학교는 「지방자치법」제135조 소정의 공공시설에 해당하고, 그 설치 및 관리에 관하여 다른 법령에 규정이 없는 경우에는 조례로 정하도록 되어 있다
2022다204708	• 학교의 설립·운영 주체 또는 학교교육의 단계에 따라 법적 근거를 달리한다고 볼 수 있는지 여부 ▸「헌법」은 모든 국민이 능력에 따라 균등하게 교육을 받을 권리를 가진다고 하여 국민의 기본권으로 학습권을 규정하였고(제31조제1항), 교육에 관한 국민의 권리 등에 관한 기본적 사항을 정한 「교육기본법」은 모든 국민에 대하여 평생에 걸쳐 학습하고 능력과 적성에 따라 교육받을 권리가 있음과 동시에 의무교육을 받을 권리로 6년의 초등교육과 3년의 중등교육을 명시하였으며(제3조, 제8조), 사립학교의 설립·운영의 근거로 법인이나 사인(私人)이 법률로 정하는 바에 따라 학교 등을 설립·경영할 수 있음을 규정하였고(제11조제2항), 학생을 포함한 학습자의 기본적 인권이 학교교육 과정에서 존중되고 보호되어야 함을 규정하였다(제12조)

3) 능력에 따라 교육을 받을 권리와 농어촌 교육

「헌법」제31조제1항의 '능력에 따라 균등하게' 라는 문언의 의미는 교육영역에서 평등의 구체화이다. 「헌법」제31조제1항은 「헌법」제11조의 평등조항에 대한 특별규정으로 교육 영역에서의 평등원칙을 실현하고자 하는 것이다.[26] 이는 각자의 능력에 상응하는 교육을 받을 수 있도록 국가에 의무를 부과하는 것이고, 학교의 교육에서의 자의적 차별 금지를 의미한다.

또한 법률이 정하는 일정한 교육을 받을 전제조건으로서의 학생이 수학능력이 있다면 차별없이 교육을 받을 기회가 보장되어야 한다.[27] 능력에 따라 교육을 받을 권리는 특히 교육환경이 열악한 학생을 위하여 새로운 교육기회를 부여할 국가의 의무가 도출된다고 볼 수 있다.

현재 농어촌 학교는 학교의 외관적인 부분은 집중적 투자가 이루어졌지만, 교육의 다양성과 내용은 도시학교에 비하여 열악하다고 볼 수 있다. 헌법상 능

---

26) 헌법재판소, 2017. 12. 28., 2016헌마649.
27) 헌법재판소, 1994. 2. 24., 93헌마192.

력에 따라 교육을 받을 권리를 보장받기 위해서는 농어촌 학교 학생의 교육환경 개선도 중요하지만, 실질적인 학습권 보장을 위한 다각적인 조치를 강구해야 한다. 도시학교와 달리 농어촌 학교의 경우 소규모 학교가 많기 때문에 학생들의 능력과 수준에 맞는 교육과정의 탄력적 운영, 기초학력 보장제 등을 시행하여 실질적 평등과 공공성 강화정책이 이루어져야 한다(임연기, 2022: 5).

2. 균등하게 교육을 받을 권리

1) 균등하게 교육을 받을 권리의 의미

「헌법」제31조제1항의 "균등하게 교육을 받을 권리"는 「헌법」제11조에 열거된 차별사유인 성별·종교·사회적 신분 등에 의하여 교육적 차별을 금지하는 의미이다. 균등하게 교육을 받을 권리는 헌법상 평등원칙이 구체적으로 적용된 것이다. 교육에 있어서 원칙적으로 차별은 엄격하게 금지되어 있으며, 취학의 평등보장, 교육의 실질적 평등을 보장하기 위하여 교육시설의 설치·운영하며, 경제적 능력에 따른 교육 차별을 예방하기 위한 지원정책을 시행할 적극적 의무가 있다(이준일, 2019: 779).

이에 따라 국가는 장애인이나 경제적 능력이 없는 자를 포함하여 모든 국민이 균등하게 교육을 받을 수 있도록 교육 시설을 설치·운용하고 장학정책을 시행하는 등 교육의 외적조건의 정비를 요구할 수 있다(장영철, 2022: 605).

헌법재판소도 "우리 「헌법」제31조제1항에서는 교육의 기회균등을 보장하고 있다. 이는 정신적·육체적 능력 이외의 성별·종교·경제적·사회적 신분 등에 의하여 교육을 받을 기회를 차별받지 아니하고, 즉 합리적 차별 사유 없이 교육을 받을 권리를 제한하지 아니함과 동시에 국가가 모든 국민에게 균등한 교육을 받게 하고 특히 경제적 약자가 실질적인 평등교육을 받을 수 있도록 적극적 정책을 실현해야 한다"고 판시하였다.[28]

헌법재판소는 "「헌법」제31조제1항에서 보장되는 교육의 기회균등권으로부터 국민이 직접 실질적 평등교육을 위한 교육비를 청구할 권리가 도출되지 않는다"고 하여 균등하게 교육을 받을 권리에 대한 적극적 청구권을 배제하였다.

---

28) 헌법재판소, 1992. 2. 24., 93헌마192.

2) 관련 헌법재판소 판례

〈표 1-7〉 균등하게 교육을 받을 권리에 관한 헌법재판소 판례

사건번호	내용
2001헌마814	• 교육환경을 이유로 한 편입학 금지요구 ▶ 「헌법」 제31조제1항에 의해서 보장되는 교육을 받을 권리는 교육영역에서의 기회 균등을 내용으로 하는 것이지, 자신의 교육환경을 최상 혹은 최적으로 만들기 위해 타인의 교육시설 참여 기회를 제한할 것을 청구할 수 있는 기본권이 아니므로, 기존의 재학생들에 대한 교육환경이 상대적으로 열악해질 수 있음을 이유로 새로운 편입학 자체를 하지 말도록 요구하는 것은 교육을 받을 권리의 내용으로는 포섭할 수 없다.
2008헌마456	• 서울대학교 2009년 대학신입학생 입학전형안내 ▶ 농·어촌학생특별전형의 모집인원은 증가되지 않은 상태에서 특별전형의 지원자 격이 확대되므로, 그 자격확대로 인하여 청구인들이 서울대학교에서 수학할 수 있는 기회가 축소되어 교육을 받을 권리가 제한될 수는 있으나 그러한 불이익은 사실상의 불이익에 불과할 뿐이므로 지원자격의 확대로 인하여 청구인들의 자유의 제한, 의무의 부과, 권리 또는 법적 지위의 박탈이 생긴 경우라고 볼 수 없으므로 이로써 청구인들의 헌법상 기본권의 침해 문제가 생길 여지는 없다.
2010헌마144	• 전문대학 미졸업자의 편입불허 ▶ 평생교육을 포함한 교육시설의 입학자격에 관하여는 입법자에게 광범위한 형성의 자유가 있다고 할 것이어서, 3년제 전문대학의 2년 이상의 이수자에게 의무교육 기관이 아닌 대학에의 일반 편입학을 허용하지 않는 것이 교육을 받을 권리나 평생교육을 받을 권리를 본질적으로 침해하지 않는다.
2016헌마649	• 검정고시를 제외한 서울교육대학교 수시모집 입시요강 ▶ 수시모집의 학생선발방법이 정시모집과 동일할 수는 없으나, 이는 수시모집에서 응시자의 수학능력이나 그 정도를 평가하는 방법이 정시모집과 다른 것을 의미할 뿐, 수학능력이 있는 자들에게 동등한 기회를 주고 합리적인 선발 기준에 따라 학생을 선발하여야 한다는 점은 정시모집과 다르지 않다. 따라서 수시모집에서 검정고시 출신자에게 수학능력이 있는지 여부를 평가받을 기회를 부여하지 아니하고 이를 박탈한다는 것은 수학능력에 따른 합리적인 차별이라고 보기 어렵다. 피청구인들은 정규 고등학교 학교생활기록부가 있는지 여부, 공교육 정상화, 비교내신 문제 등을 차별의 이유로 제시하고 있으나 이러한 사유가 차별취급에 대한 합리적인 이유가 된다고 보기 어렵다.
2018헌마221	• 자사고와 후기학교의 동시선발 및 중복지원금지 ▶ 어떤 학교를 전기학교로 규정할 것인지 여부는 해당 학교의 특성상 특정 분야에 재능이나 소질을 가진 학생을 후기학교보다 먼저 선발할 필요성이 있는지에 따라 결정되어야 한다. 과학고는 '과학분야의 인재 양성'이라는 설립 취지나 전문적인 교육과정의 측면에서 과학 분야에 재능이나 소질을 가진 학생을 후기학교보다 먼저 선발할 필요성을 인정할 수 있으나, 자사고의 경우 교육과정 등을 고려할 때 후기학교보다 먼저 특정한 재능이나 소질을 가진 학생을 선발할 필요성은 적다. 따라서 이 사건 동시선발 조항이 자사고를 후기학교로 규정함으로써 과학고와 달리 취급하고, 일반고와 같이 취급하는 데에는 합리적인 이유가 있으므로 청구인 학교법인의 평등권을 침해하지 아니한다.

3) 균등하게 교육을 받을 권리와 농어촌 교육

우리 헌법은 교육을 민주주의, 문화국가, 복지국가의 구체적 실현을 위한 국가와 국민의 공동의무임을 명백히 하고 있다(법제처, 2010: 273). 이 때문에 농어촌 교육에 대한 국가와 지역의 의무는 헌법상 교육을 받을 권리에서 도출된다고 볼 수 있다. 첫째, 교육을 받을 권리는 국민의 잠재적 능력의 계발과 문화생활의 영위, 인간다운 생활을 할 수 있는 기초이다. 농어촌 교육은 해당 지역에 거주하는 학생들뿐만 아니라 지역주민들을 교육의 장으로 유도하는 도구이다. 즉 농어촌 교육은 지역의 학생과 주민들이 교육을 통하여 새로운 문화생활을 영위하고, 이 과정을 통하여 인간다운 생활할 수 있는 기회를 제공하는 역할을 한다.

둘째, 교육을 받을 권리는 지역의 문화적 특성을 조성 및 보존을 촉진하기 위한 기초이다. 농어촌 교육은 국가의 문화적 특성의 계승뿐만 아니라, 지역의 지리적, 문화적 특성을 알리고 전승하기 위하여 보장해야 한다.

셋째, 능력에 따른 균등한 교육을 통해서 직업과 경제영역에서 실질적 평등을 실현하여 「헌법」이 추구하는 민주사회 원칙이라는 이념을 실현하기 위한 기초이다. 농어촌 지역에 거주하고 있는 학생에 대한 균등하게 교육을 받을 권리의 보장은 도시지역 학생들과의 교사, 교육과정, 학습지원 등의 교육의 본질적 내용뿐만 아니라, 교육시설과 같은 외적인 부분도 균등하게 보장해야 한다고 해석할 수 있다.

헌법재판소는 교육의 기회균등 보장의 요소를 학생 개개인이 능력, 성별·종교·경제적·사회적 신분이라고 제시하고 있다. 이러한 영역에서의 교육적 차별은 위헌이라는 의미이다. 교육적 차별 요소에서 농어촌이라는 '지역'은 포함되지 않는다. 그러나 헌법재판소가 판시한 차별적 요소는 열거가 아닌 예시적으로 해석할 수 있으므로 '지역'이라는 요소도 포함될 수 있는지도 검토해야 한다.

제5절 평생교육

헌법 제31조제5항	국가는 평생교육을 진흥하여야 한다.

1. 평생교육의 의미

평생교육이란 영·유아교육부터 초·중등교육을 거쳐 대학으로 이어지는 정규교과정 이외의 사회교육을 포괄하는 개념이다(강경근, 1999: 121). 학교의 정규교육과정을 제외한 학력보완교육, 성인들의 문해교육, 직업교육, 교양교육, 문화예술교육 등을 포함하는 모든 형태의 조직적인 교육활동을 모든 국민 평생동안 누릴 수 있는 교육을 총칭한다.[29]

헌법재판소는 평생교육의 범위를 넓게 해석하고 있다. 헌법재판소는 개인학원에서 이루어지는 사교육도 평생교육으로 보고 양질의 교육이 이루어져야 한다고 강조하고 있다. 즉 '학원이 사회교육기관으로서 교육'이라는 공공재적 성격을 지닌 재화를 공급함으로써 학교교육의 부족분을 보충해주는 공적 기능을 수행한다는 측면도 있지만, 부작용도 존재하다. 이 때문에 어느 정도 국가가 개입하여서 규제·감독을 하는 것은 불가피하다고 볼 수 있다. 이러한 국가의 규제·감독은 교육당국이 학원의 물적 시설과 설비, 설립·운영자 및 강사의 자질 또는 자격, 교습과정 및 교육내용 등에 대한 일정한 기준을 설정하여 통제함으로써 양질의 교육서비스를 보장하는 방향으로 이루어져야 할 것으로 보고 있다.[30]

---

29) 「평생교육법」 제20조제2항 및 제3항, 같은 법 시행령 제10조제1항, 「고등학교이하각급학교 설립·운영규정」 제7조의 입법취지는 교육시설의 부실 또는 교육환경의 불안정을 방지하고 학습자들의 학습권을 지속적으로 안전하게 보호하는 데 있는바, 그 입법목적의 정당성이 인정되며, 학력인정시설의 설치자로 하여금 교사·교지에 대한 소유의무를 부과하는 것은 위 입법목적으로 달성하기 위한 적절한 방법이다.(헌법재판소, 2004. 8. 26., 2003헌마337.)
30) 헌법재판소, 2003. 9. 25., 2002헌마529.

2. 관련 헌법재판소 판례

〈표 1-8〉 평생교육 법정주의에 관한 헌법재판소 판례

사건번호	내용
2003헌마337	• 「평생교육법」 제20조제2항 위헌확인 등 ▸ 평생교육시설이라 함은 교육과정 및 시설·설비 등이 중학교 또는 고등학교와 유사한 시설로서 경제적 이유 등 개인사정으로 중·고등학교에 진학하지 못한 근로청소년, 성인 등을 대상으로 하는 평생교육시설을 말하며, 교육감에게 등록한 학교형태의 평생교육시설 중 일정 기준 이상의 요건을 갖춘 경우 중·고등학교 졸업자와 동등한 학력이 인정되는 시설로 지정된 것을 학력인정 학교형태의 평생교육시설이라 한다.
2003헌바110	• 「평생교육법」 제20조제3항 위헌소원 ▸ 「평생교육법」 제20조제2항과 제3항, 그리고 학교형태의 평생교육시설의 등록에 관한 「평생교육법」 제20조제1항 등 관련 법률조항들을 전체적·체계적으로 해석하면 학력인정시설로 지정되기 위하여는 일정한 시설·설비를 갖추어 등록한 학교형태의 평생교육시설일 것을 그 요건으로 하고, 하위법규인 대통령령에 위임하고 있는 사항은 학력인정시설의 지정기준·절차 등과 같은 세부적인 사항의 규율에 국한되어 있다. 따라서 이 사건 법률조항이 포괄적 위임입법을 금지한 헌법 제75조에 반한다고 할 수 없다.
2010헌마503	• 「평생교육법 시행령」 제27조제2항제1호 위헌확인 ▸ 「헌법」 제31조제5항은 "국가는 평생교육을 진흥하여야 한다."고 규정하고, 제6항은 "학교교육 및 평생교육을 포함한 교육제도와 그 운영, 교육재정 및 교원의 지위에 관한 기본적인 사항은 법률로 정한다."고 규정하고 있어 학교교육 및 평생교육을 준별하고 있고, 「교육기본법」도 양자를 구별하여 정하고 있어, 평생교육은 학교교육 이외에 취미활동이나 취업 등을 이유로 한 계속학습의 형태로 이해되고 있으며, 국민의 교육을 받을 권리 등 다른 기본권을 침해하지 아니하는 한, 원칙적으로 교육제도의 형성에 관하여 입법자의 정책적 판단 및 선택권은 널리 인정된다고 할 것이다.

3. 평생교육과 농어촌 교육

평생교육은 초·중등교육과 대학교육 과정에 있는 학생 이외의 성인을 대상으로 하는 교육이다. 농어촌 교육에 대한 관심은 영·유아교육과 초·중등교육에 집중하는 경향이 있다. 평생교육을 지원하는 법은 1983년 「사회교육법」으로 제정하였고, 2000년에 「평생교육법」으로 개정하였다. 평생교육은 정규교육과정 이후의 성인들과 직장인, 장애인까지 대상 범위를 확장하였고, 국가와 지방자치단체의 유기적인 협조체제를 구축하였다.

농어촌 교육은 정규교육과정에 속한 학생들뿐만 아니라 농어촌 지역에 거주하는 성인, 직장인, 장애인까지 대상과 범위를 확대할 국가와 지방자치단체의 의무가 존재한다. 농어촌 학교 시설은 기본적으로 정규교육의 장으로 활용하고, 남는 공간은 지역 주민들이 평생교육의 장으로 활용할 필요가 있다. 이러한 활용을 통하여 첫째, 농어촌 직업 기술 향상을 도모할 수 있다. 평생교육은 농어촌 지역에서 일하는 사람들이 새로운 기술을 배우고, 기존의 기술을 개선하는 데 유용하다. 예를 들어, 농업 기술, 어업 기술, 환경 관리 등의 분야에서 지속적인 학습은 농어촌 생태계를 향상시키고 경제적 안정성을 제공할 수 있다.

둘째, 사회 참여와 커뮤니티 강화이다. 평생교육은 개인이 자신의 지역사회에 더 적극적으로 참여하도록 유인한다. 교육을 통해 사람들은 자신의 권리와 의무를 더 잘 이해하고, 지역사회의 문제를 해결하는 데 더 적극적으로 참여할 수 있어 농어촌 커뮤니티의 연대감을 높이는 데 중요한 역할을 한다.

셋째, 디지털 능력 향상이다. 평생교육의 일환으로 디지털 기술 교육을 받는 것은 농어촌 지역의 사람들이 정보화 사회에 더 잘 적응하도록 하여 디지털 격차를 줄이는 데 기여하며, 농어촌 지역의 경제적 기회를 확장하는 데 유용하다. 따라서, 평생교육제도는 농어촌 지역의 교육, 사회, 경제적 측면에서 큰 영향을 미친다. 이를 통해 농어촌 지역의 지속 가능한 발전을 돕고, 사람들이 삶의 질을 향상시키는 데 필요한 지식과 기술을 갖추도록 한다.

제6절 지방교육자치

헌법 제31조제4항	교육의 자주성·전문성·정치적 중립성 및 대학의 자율성은 법률이 정하는 바에 의하여 보장된다.
헌법 제117조제1항	지방자치단체는 주민의 복리에 관한 사무를 처리하고 재산을 관리하며, 법령의 범위 안에서 자치에 관한 규정을 제정할 수 있다.

1. 지방교육자치의 의의

교육의 자주성과 전문성 및 정치적 중립성을 보장하기 위하여 교육자치를 확대하여 실시해야 한다. 교육자치의 개념을 정립하기 위해서는 교육분야에서의 자치

개념을 도출해야 한다. 자치라는 분권적인 측면으로 보아도 교육자치는 교육공동체를 전제로 하여 교육이라는 특정한 업무영역을 대상으로 한다는 점에서 지역을 기초로 주민의 전생활 영역을 대상으로 하는 지방자치와 구별되는 기능적 자치에 속한다고 할 수 있다(이기우, 1999: 297). 그러나 자치를 참여로 해석한다면 교육자치는 지역의 주민들이 참여하여 교육에 관련된 문제를 스스로 해결하는 것이다.

교육의 자주성 보장은 교원과 학부모의 교육의 자유를 보장하기 위하여 교육자치의 제도적 보장이 요구되는 것이므로 「헌법」 제31조제4항은 교육의 자유를 보장하는 근거조항이며 교육자치를 보장하는 조항이다(법제처, 2010: 298). 지방교육자치의 실현으로 교육의 자주성과 전문성을 보장하지만, 교육을 중앙교육과 지방교육으로 분리함에 따른 교육행정의 효율성 저하와 편협성의 문제를 극복해야 한다.

2. 관련 헌법재판소 판례

〈표 1-9〉 지방교육자치에 관한 헌법재판소 판례

사건번호	내용
97헌마130	• 「지방교육자치에관한법률」 제44조의2제2항 위헌확인 ▶ 「헌법」이 교육제도와 그 운영에 관한 기본적인 사항을 법률로 정할 수 있도록 한 것은 국가의 백년대계인 교육이 일시적인 특정정치 세력에 영향을 받거나 집권자의 통치상의 의도에 따라 수시로 변경되는 것을 예방하고 장래를 전망한 일관성이 있는 교육체계를 유지·발전시키기 위한 것으로 국민의 대표기관인 국회의 통제하에 두는 것이 가장 온당하다는 의회민주주의 내지 법치주의 이념에서 비롯된 것이다.
92헌마23	• 「지방교육자치에관한법률」 제13조제1항 위헌확인 ▶ 교육의 자주성, 전문성 및 정치적 중립성은 교육의 공공성과 민주적 통제를 전제로 하여 인정되어야 할 것이며, 특히 정치적 중립성은 교육의 권력으로부터의 상대적 독립을 뜻하는 것이어야 하지 절대적 의미의 정치적 중립을 의미하는 것은 아니다. 이러한 견지에서 시·도의 교육·학예사무를 관장, 처리하는 기관의 설치에 있어서 교육의 자주성, 전문성 및 정치적 중립성의 보장은 대외적으로 교육에 관한 전문적이고 정치적으로 중립적인 집행기관을 둠으로써 달성되는 것이고, 지방자치단체의 기관 내부에서의 교육에 관한 의사결정과정을 어떻게 할 것인지의 여부는 교육에 관한 지방자치단체의 의사를 합리적으로 결정하도록 하기 위한 문제로서 입법부에 위임된 사항이다.
2002헌마4	• 「지방교육자치에관한법률」 제58조제2항 ▶ 도시와 농촌으로 비교될 수 있는 시와 군 사이에 인구편차나 개발불균형 등에서 야기되는 이질적 요소가 교육분야에서도 발견되는 것은 사실이나, 그렇다 하더라도 동일한 선거구에 속해 있는 시나 군은 모두 인접한 지역들로서 교육여건이나 교육현실에 있어서 유사한 점이 많고 교통사정, 생활권, 문화적 정서 등 교육외적 측면에서도 동질감을 공유하고 있다는 것 역시 부인할 수 없다.

3. 지방교육자치와 농어촌 교육

지방교육자치는 교육정책 결정과 실행을 중앙정부에서 지방정부나 지역 공동체로 이관하는 제도이다. 이 제도는 교육의 다양성을 증진하고, 교육에 대한 지역 공동체의 참여와 책임감을 높이며, 교육 서비스를 지역의 특정 요구와 상황에 맞게 설정할 후 있다. 농어촌 교육에 있어서 지방교육자치는 다음과 같은 영향을 미칠 수 있다.

첫째, 맞춤형 교육 프로그램 개발이다. 지방교육자치는 농어촌 지역의 특별한 요구와 상황을 고려한 교육 프로그램을 개발할 수 있다. 예를 들어, 농어촌 학교에서는 일반적인 교육과정 이외 그 지역에 적합한 농업, 어업, 자원 관리 등 농어촌 생활과 관련된 교육 커리큘럼을 개발할 수 있다.

둘째, 지역 커뮤니티의 참여 촉진이 가능하다. 교육에 기본적인 사항에 관련된 결정권을 지역 공동체에게 일부 부여하면, 지역 주민들이 교육과정에 더 적극적으로 참여할 수 있다. 이는 교육과정이 지역 사회의 요구와 가치를 반영하도록 하며, 교육의 질을 향상시키는 데 유용하다.

셋째, 교육자원의 효과적 분배의 효과가 발생할 수 있다. 지방정부는 교육자원을 지역의 특성에 따라 효과적으로 배분할 수 있다. 예를 들어, 농어촌 지역에서는 교육자원을 농업과 자원 관리, 그리고 지역의 생태계 보호 등에 초점을 맞출 수 있으며, 이와 관련된 인프라의 구축으로 도·농 연계 교육과정을 포함한 교류 활성화를 시도할 수 있다.

넷째, 지역적 불평등 해소이다. 지방교육자치는 교육의 지역적 불평등 문제를 해결하는 방법이 될 수 있다. 지방정부는 자신의 지역 내에서 교육 불평등이 어떻게 나타나는지를 더 잘 이해하고, 이를 해결하기 위한 정책을 만들 수 있다. 따라서, 지방교육자치는 농어촌 교육에 대한 맞춤형 해결책을 제공하고, 교육의 질을 향상시키며, 지역 사회의 참여를 촉진하고, 교육 불평등을 해결하는 데 중요한 역할을 한다.

제7절　경제헌법

1. 경제헌법상 국토의 균형개발

헌법 제122조	국가는 국민 모두의 생산 및 생활의 기반이 되는 국토의 효율적이고 균형있는 이용·개발과 보전을 위하여 법률이 정하는 바에 의하여 그에 관한 필요한 제한과 의무를 과할 수 있다.

　우리 헌법상 경제질서는 사유재산제를 바탕으로 하고 자유경쟁을 존중하는 자유시장경제질서를 기본으로 하면서 이에 수반되는 갖가지 모순들을 사회복지 사회정의를 실현하기 위하여 국가적 규제와 조정을 용인하는 사회적 시장경제질서로의 성격을 가지고 있다.[31]

　「헌법」 제122조는 국가로 하여금 국토의 효율적이고 균형있는 이용·개발·보존을 위하여 제한과 의무를 과할 수 있도록 한 것이다. 이에 관한 주요 현행 법률은 「국토기본법」과 「국토의 계획 및 이용에 관한 법률」, 「개발이익환수에 관한 법률」, 「공익사업을 위한 토지 등의 취득 및 보상을 위한 법률」 등이 대표적이다.

2. 농어촌 종합개발 및 지역 간 균형발전에 관한 국가의 의무

　산업화의 진행과 더불어 발생할 수 있는 농업과 어업의 상대적 불이익 및 도시와 농·어촌간의 소득격차를 해소하고 지역 간의 균형 있는 발전을 이루는 것이 필요하기 때문에 「헌법」 제123조제1항은 국가는 농업 및 어업을 보호·육성하기 위하여 농·어촌종합개발과 그 지원 등 필요한 계획을 수립·시행하여야 한다고 규정하고 있다(성낙인, 2023: 290).

　「헌법」 제123조제1항은 일정 지역에 대한 국가의 지원이나 보호는 차별적 대우에 해당하여 평등원칙 위반이나 평등권 침해의 문제를 야기할 수도 있다. 그러나 이 규정은 「헌법」에 명시적으로 낙후된 지역이나 산업·직역을 배려하고자 하는 헌법적 의지를 천명하는 것으로 해석할 수 있다(법제처, 2010: 522).

---

31) 헌법재판소, 1989. 12. 22., 88헌가13.

헌법재판소도 "「헌법」 제123조는 농수산업정책, 지역적 경제촉진과 중소기업정책의 필요성을 구체적으로 강조함으로써, 지역 간의 경제적 차이를 조정하고, 국민경제적 이유에서 일정 경제부문이 변화한 시장조건에 적응하는 것을 용이하게 하거나 또는 경쟁에서의 상이한 조건을 수정하기 위하여, 경제적으로 낙후한 지역이나 일정 경제부문을 지원할 국가의 과제를 규정하고 있다. 즉 국가가 보조금이나 세제상의 혜택 등을 통하여 시장의 형성과정에 지역적으로 또는 경제부문별로 관여함으로써, 시장에서의 경쟁이 국가의 지원 조치에 의하여 조정된 새로운 기초 위에서 이루어질 수 있도록 하는 것이 「헌법」 제123조의 목적이다"라고 하여 적극적으로 해석하고 있다.[32]

「헌법」 제123조제2항은 국가는 지역 간의 균형 있는 발전을 위하여 지역경제를 육성할 의무를 진다고 규정하고 있다. 「헌법」 제123조제5항은 농업과 어업의 보호·육성을 위한 방안으로 국가는 농·어민의 자조조직을 육성하며, 그 자율적 활동과 발전을 보장한다는 규정을 두고 있다.[33]

농업에서 공업, 정보산업으로 국가기반사업이 변화하면서 농어촌 지역의 영세화 및 낙후의 문제가 오래전부터 제기되었다. 우리 「헌법」에서는 소외되고 있는 농업과 어업의 보호와 육성을 통하여 공업과 농어업의 불균형을 시정하기 위한 헌법적 의지를 규정하고 있다.

헌법재판소는 지역경제육성과의 관계에 관하여 "「헌법」 제123조가 규정하고 있는 지역경제육성의 목적은 일차적으로 지역 간의 경제적 불균형의 축소에 있다. 특히 농업과 수산업에 의존하는 지역이 지역적 경제구조에 있어서 심한 불균형을 나타내고 있다. 국가지역 정책은 농·어촌의 이주현상과 대도시에로의 지나친 인구집중을 방지하고 국토의 균형 있는 인구분산을 이루게 함으로써, 궁극적으로 경제성장과 안정이라는 경제적 목표를 달성하는 데 기여할 뿐만 아니라 전국적으로 균형 있는 경제, 사회, 문화적 관계를 형성하는 사회정책적 목표를 촉진토록 하는 데 있다"라고 판시하였다.[34]

---

32) 헌법재판소, 1996. 12. 26., 96헌가18.
33) 헌법재판소, 1996. 12. 26., 96헌가18.
34) 헌법재판소, 1996. 12. 26., 96헌가18.

농어민의 이익보호는 현행 「헌법」에서 신설된 항이다. 본항의 취지는 농어민이 감당하여야 하는 경제적 불이익을 국가 경제정책적 차원에서 시정함으로써 궁극적으로는 농어민의 경제적 이익을 보호함과 아울러 국민 경제질서의 건전화를 도모함으로써 최종적인 농수산물 소비자인 전체국민의 이익을 보호하려는 조항이다. 이 조항은 제1항에 규정되어 있는 국가의 농어업 보호육성의 연장선상에서 농업과 어업에 종사하는 농어민의 이익보호를 특별히 구체적으로 규정하고 있는 것으로 해석할 수 있다.

헌법재판소는 "국가의 농·어민의 자조조직을 육성할 의무와 자조조직의 자율적 활동과 발전을 보장할 의무의 범위를 명확히 하였다. 농어민과 중소기업의 자조조직 육성의무는 자조조직이 제대로 활동하고 기능하는 시기에는 그 조직의 자율성을 침해하지 않도록 해야 할 국가의 의무를 다 하면 된다고 할 수 있지만, 그 조직이 제대로 기능하지 못하고 향후의 전망도 불확실한 경우라면 단순히 그 조직의 자율성을 보장하는 것에 그쳐서는 아니 되고, 적극적으로 이를 육성하여야 할 전자의 의무까지도 수행하여야 한다"고 하였다.[35] 국가의 자조조직 육성의무를 명확히 하고 있다.

3. 관련 헌법재판소 판례

〈표 1-10〉 경제헌법에 관한 헌법재판소 판례

사건번호	내용
96헌가18	• 경제에 관한 규제조정과 민주복지국가 ▸「헌법」 제123조가 규정하는 지역경제육성의 목적은 일차적으로 지역 간의 경제적 불균형의 축소에 있다. 입법자가 개인의 기본권침해를 정당화하는 입법목적으로서의 지역경제를 주장하기 위하여는 문제되는 지역의 현존하는 경제적 낙후성이라든지 아니면 특정 입법조치를 취하지 않을 경우 발생할 지역 간의 심한 경제적 불균형과 같은 납득할 수 있는 구체적이고 합리적인 이유가 있어야 한다.

---

35) 헌법재판소, 2000. 6. 1., 99헌마553.

98헌마55	• 「헌법」 제119조제2항의 적정한 소득분배의 의미 ▶ 「헌법」 제119조제2항은 국가가 경제영역에서 실현하여야 할 목표의 하나로서 "적정한 소득의 분배"를 들고 있지만, 이로부터 반드시 소득에 대하여 누진세율에 따른 종합과세를 시행하여야 할 구체적인 헌법적 의무가 조세입법자에게 부과되는 것이라고 할 수 없다. 오히려 입법자는 사회·경제정책을 시행함에 있어서 소득의 재분배라는 관점만이 아니라 서로 경쟁하고 충돌하는 여러 목표, 예컨대 "균형있는 국민경제의 성장 및 안정", "고용의 안정" 등을 함께 고려하여 서로 조화시키려고 시도하여야 하고, 끊임없이 변화하는 사회·경제상황에 적응하기 위하여 정책의 우선순위를 정할 수도 있다. 그러므로 "적정한 소득의 분배"를 무조건적으로 실현할 것을 요구한다거나 정책적으로 항상 최우선적인 배려를 하도록 요구하는 것은 아니라 할 것이다.
99헌마553	• 농·어민 자조조직의 육성 및 보장 ▶ 「헌법」 제123조제5항은 국가에게 "농·어민의 자조조직을 육성할 의무"와 "자조조직의 자율적 활동과 발전을 보장할 의무"를 아울러 규정하고 있는데, 이러한 국가의 의무는 자조조직이 제대로 활동하고 기능하는 시기에는 그 조직의 자율성을 침해하지 않도록 하는 후자의 소극적 의무를 다하면 된다고 할 수 있지만, 그 조직이 제대로 기능하지 못하고 향후의 전망도 불확실한 경우라면 단순히 그 조직의 자율성을 보장하는 것에 그쳐서는 아니 되고, 적극적으로 이를 육성하여야 할 전자의 의무까지도 수행하여야 한다.
2001헌바35	• 「헌법」 제119조제2항의 경제민주화의 의미 ▶ 「헌법」 제119조제2항에 규정된 '경제주체 간의 조화를 통한 경제민주화'의 이념은 경제영역에서 정의로운 사회질서를 형성하기 위하여 추구할 수 있는 국가목표로서 개인의 기본권을 제한하는 국가행위를 정당화하는 헌법규범이다.

4. 경제헌법과 농어촌 교육

경제헌법은 「헌법」 내에서 국가의 경제 행동과 개인의 경제적 권리 및 의무를 규정한 부분이다. 헌법상 경제조항은 경제적 정의의 실현, 불평등의 해소, 경제의 민주화, 사회적 복지 확보 등의 원칙을 포함한다. 농어촌 교육은 농어촌 지역에 거주하는 학생들의 교육뿐만 아니라 지역의 교육 수준을 향상시키는 역할도 수행한다. 농어촌 교육을 통하여 농어민들에게 필요한 지식과 기술을 전수하며, 지역사회 발전에 기여하는 역할을 할 수 있다. 이러한 역할과 관련성을 살펴보면 경제헌법의 목표는 사회적·경제적 평등과 공정성의 추구이다. 이러한 목표를 달성하기 위해서는 교육의 평등한 접근이 중요하게 작용한다. 농어촌 지역에서 교육 수준을 높이는 것은 이러한 경제적 평등의 원칙을 실현하는 데 중요한 역할을 한다.

보다 구체적으로 언급하면 첫째, 교육의 평등성이다. 교육은 개인의 사회·경제적 성장과 기회의 확대를 위한 핵심 요소이다. 도시와 농어촌 간 교육 수준의 차이는 개인의 기회 불평등을 증가시킬 수 있다. 농어촌 지역에서의 교육 수준을 높이는 것은 모든 사람들이 동등한 기회를 갖도록 보장하는 데 중요한 역할을 하기 때문이다.

둘째, 경제적 기회의 확대이다. 교육 수준이 높아짐에 따라 농어민들이 더 많은 기술을 습득하고, 이를 통해 생산성을 높일 수 있다. 더 나아가, 다양한 사업 기회를 탐색하거나 새로운 직업을 가질 수 있는 가능성이 높아진다. 이는 농어민들의 소득 수준을 향상시키고 경제적 평등을 실현하는 데 유용하다. 경제적 기회의 확대를 구체적으로 실천하기 위해서는 농어촌 교육이 학생교육 이외 평생교육, 직업교육의 장으로 활용할 수 있도록 국가의 제도개선을 선행해야 한다.

셋째, 지역 간 발전 격차 해소이다. 교육 수준이 높아지면 농어촌 지역의 전반적인 발전 수준도 함께 높아질 가능성이 있다. 이는 도시와 농어촌 간의 발전 격차를 줄이는 데 기여할 수 있다. 헌법상 경제조항은 지역의 균형개발과 농어촌 자조조직의 육성에 관하여 규정하고 있다. 특히 지역의 균형개발은 경제적 민주화를 구체적으로 실현하기 위한 규정이다. 경제조항이 농어촌 교육의 근거가 되는 이유는 균형개발은 경제적인 개발도 있지만, 지역인재의 균형 육성도 포함한다고 볼 수 있다. 지역의 균형개발은 현재 수도권 집중화 현상으로 인하여 지역의 쇠퇴를 완화하기 위한 조치이다.

수도권 집중화는 경제적 부분뿐만 아니라 사회·문화적 부분까지 확장하고, 인재의 유출까지 같이 이루어지고 있다. 지역 인재의 유출은 수도권 대학 진학 선호현상과 함께 지역 경제의 쇠락으로 인하여 청년 계층의 능력계발과 취업의 기회가 좁아지기 때문에 발생한다. 농어촌 지역의 교육에 대한 국가의 관심과 지방자치단체의 적극적인 투자에 대한 근거 조항으로서의 의의가 있다.

제2장 헌법적 가치 실현을 위한 농어촌 교육 유관 법률

제1절 지역개발 및 지원에 관한 법

1. 지역개발 및 지원에 관한 법의 목적

「지역개발 및 지원에 관한 법」(이하, 「지역개발지원법」)은 지역의 성장 잠재력을 개발하고 공공과 민간의 투자를 촉진하여 지역개발사업이 효율적으로 시행될 수 있도록 종합적·체계적으로 지원함으로써 지역경제를 활성화하고 국토의 균형 있는 발전에 이바지함을 목적으로 제정한 법이다. 「지역개발지원법」은 국토와 농지 및 자원에 관한 규제를 국가의 의무로 규정한 「헌법」 제120조와 국가는 농업 및 어업을 보호·육성하기 위하여 농·어촌종합개발과 그 지원 등 필요한 계획을 수립·시행하도록 「헌법」 제123조제1항을 근거로 규정한 법이다.

「지역개발지원법」은 기존의 지역균형개발 및 지방중소기업 육성에 관한 법, 신발전지역 육성을 위한 투자촉진 특별법, 동·서·남해안 및 내륙권 특별발전법 등 3개의 법과 7개의 지역개발계획들을 하나로 통합하여 지역개발의 추진 주체와 투자 활성화를 위한 지원 근거를 위하여 제정하였다(김해룡, 2012: 3).

2. 지역개발 및 지원에 관한 법의 특징

「지역개발지원법」의 특징은 첫째, 기반시설의 설치에 대한 지원의 종류와 지원의 주체에 대하여 규정하였다. 국가와 지방자치단체는 「국토의 계획 및 이용에 관한 법률」 제2조의6[36])에 규정된 시설을 직접 설치하거나 비용을 지원하도

---

36) 「국토의 계획 및 이용에 관한 법률」 제2조6에서 사용하는 용어의 뜻은 다음과 같다. "기반시설"이란 다음 각 목의 시설로서 대통령령으로 정하는 시설을 말한다. 가. 도로·철도·항만·공항·주차장 등 교통시설, 나. 광장·공원·녹지 등 공간시설, 다. 유통업무설비, 수도·전기·가스공급설비, 방송·통신시설, 공동구 등 유통·공급시설, 라. 학교·공공청사·문화시설 및 공공 필요성이 인정되는 체육시설 등 공공·문화체육시설

록 규정하고 있다. 이 중 학교도 기반시설의 범위 내에 속한다. 또한 지역주민의 생활 편의 증진을 위한 사업 추진도 규정하였다. 이에 따라 생활 편의 증진 속에 주민들의 삶의 질 향상을 위한 지원도 이루어지도록 규정하였다.

둘째, 사립학교 설립과 학교 및 교육과정 운영에 관한 특례를 규정하였다. 지역개발사업 구역의 특성에 맞는 인력양성과 교육여건의 개선을 위하여 학교 설립계획을 작성하도록 하였다. 지역개발이 단순한 개발에 그치지 않고 개발의 목적과 방향성을 중심으로 교육기관의 설립도 규정하였다. 또한 일반적인 교육과정이 아닌 개별적 교육과정을 운영하도록 하였다.

셋째, 지역활성화 지역의 지정 및 지원을 규정하였다. 국토교통부 장관은 낙후지역 중 개발수준이 다른 지역에 비하여 현저하게 열악하고 낙후도가 심한 지역에 대하여 도지사의 요청을 받아 지역활성화지역으로 지정할 수 있도록 하였다. 낙후지역은 농어촌 지역을 중심으로 인구가 급감하여서 기초행정단위 조차 유지하기 어려운 지역으로 해석할 수 있다. 이러한 낙후지역을 중심으로 지역활성화 지역으로 지정 후 농어촌 교육을 지원할 수 있는 근거로 적용할 수 있다.

3. 주요 내용

「지역개발지원법」 제55조제1항은 기반시설 설치 등에 대한 지원에 관한 조항이다. 제55조제1항은 "국가와 지방자치단체는 지역개발사업의 원활한 시행과 투자유치를 위하여 교통시설 및 공공·문화체육시설 등…"이라고 규정하였다. 이 규정에는 지역개발 사업 공공·문화시설에 학교도 포함되어 있다.[37] 제55조제2항에는 "제1항에 따른 시설의 설치 외에 지역주민의 생활 편의 증진 등을 위한 사업을 추진하거나 이에 필요한 비용을 지원할 수 있다"고 규정하였다. 이 규정은 생활편의 증진 사업의 추진과 비용지원의 근거조항으로 지역주민의 생활편의 증진을 위한 교육시설도 포함된다고 해석할 수 있다. 생활편의

---

37) 국가는 법 제55조제1항에 따라 지역개발사업의 원활한 시행과 투자유치를 위하여 「국토의 계획 및 이용에 관한 법률」 제2조제6호 가목부터 라목까지의 규정에 따른 기반시설의 설치를 우선적으로 지원할 수 있다.(「국토의 계획 및 이용에 관한 법률」 제2조(정의) 이 법에서 사용하는 용어의 뜻은 다음과 같다. 6. "기반시설"이란 다음 각 목의 시설로서 대통령령으로 정하는 시설을 말한다. 라. 학교·공공청사·문화시설 및 공공필요성이 인정되는 체육시설 등 공공·문화체육시설)

증진 사업은 지역 주민의 주거, 환경을 위한 사업도 있지만, 국가의 평생교육 진흥의무 이행을 위하여 학교 시설을 평생교육 진흥과 그 외 교육시설 설치의 추진을 위한 근거 조항이라고 할 수 있다.

「지역개발지원법」 제61조는 지역개발 구역에서 개발의 목적과 방향에 부합하는 교육기관 설립의 특례 규정이다. 이 규정은 사립학교에 대한 특례만 있을 뿐 국·공립에 대한 특례를 규정하지 않았다. 이 때문에 지역개발이 순수한 개발논리와 지역 이익에만 매몰되면 교육기관의 설립을 배제할 가능성이 있다. 현재 농어촌 지역의 학령인구가 감소하고 있는 상황에서는 사립학교의 특례도 중요하지만, 학생 수 감소와 관계없이 학교운영과 다양한 교육과정을 운영할 수 있는 국·공립학교 특례의 규정도 적극적으로 검토할 필요가 있다.

「지역개발지원법」 제62조는 학교 및 교육과정 운영의 특례를 규정하였다. 지역개발 구역으로 지정된 지역의 특성에 맞는 인재양성과 교육여건, 즉 환경에 적합한 교육과정의 자율화 또는 유연화를 규정하였다. 농어촌 학교는 소규모 학생이 재학 중인 학교가 대다수이다. 이러한 특성을 활용하여 학생에 대한 개별학습, 능력별 교육과정의 운영이 가능하다. 이 법 제62조는 농어촌 학교 운영상 유연한 교육과정 운영의 근거가 될 수 있다. 이를 구체화하여 「지역개발지원법 시행령」 제61조에는 지방자치단체장은 지역개발사업구역에 설립된 고등학교를 대상으로 교육과정을 특례의 적용을 받아 운영하는 학교로 지정하여 줄 것을 관할 교육감에게 추천할 수 있도록 하였다. 이는 농어촌 지역에서 특성에 맞는 교육과정이 필요한지 여부는 기본적으로 교육감이 판단하지만, 지역의 지리적·문화적 특성을 검토하여 지방자치단체장이 교육감에게 추천할 있도록 하여 농어촌 교육의 질적 향상을 위한 규정이라고 볼 수 있다.

「지역개발지원법」 제70조는 국가와 지방자치단체는 지역활성화지역의 발전을 위하여 교육·문화시설에 우선적으로 지원할 수 있도록 규정하였다. 지역활성화 지역으로 지정 시 교육시설에 대한 우선적 지원이 가능한 단서조항을 삽입하였다. 이는 농어촌 지역이나 낙후 지역을 개발할 경우 교육시설을 우선적으로 지원할 수 있는 근거조항이다.

〈표 2-1〉「지역개발지원법」주요 내용

법령	내용
제55조 (기반시설 설치 등에 대한 지원)	① 국가와 지방자치단체는 지역개발사업의 원활한 시행과 투자유치를 위하여 교통시설 및 공공·문화체육시설 등 대통령령으로 정하는 시설을 직접 설치하거나 설치비용을 지원할 수 있다. ② 국가와 지방자치단체는 지역개발사업과 관련하여 제항에 따른 시설의 설치 외에 지역주민의 생활 편의 증진 등을 위한 사업을 추진하거나 이에 필요한 비용을 지원할 수 있다.
제61조 (사립학교의 설립에 관한 특례)	① 시행자가 지역개발사업구역의 특성에 맞는 인력 양성과 교육 여건의 개선을 위하여 학교를 설립하려는 경우에는 지역개발사업계획과 실시계획에 학교설립계획을 포함하여 작성하여야 한다. ② 지정권자는 제1항에 따른 학교설립계획이 포함되어 있는 지역개발사업계획 또는 실시계획을 승인하려는 경우에는 미리 교육부장관 또는 교육감과 협의하여야 한다.
제62조 (학교 및 교육과정 운영의 특례)	① 지역개발사업구역에서 해당 지역의 특성에 맞는 인력 양성과 교육 여건 개선을 위하여 「초·중등교육법」제61조[38]에 따른 특례를 적용받는 학교 또는 교육과정을 운영하려는 학교의 장은 시장·군수의 추천으로 관할 교육감의 지정을 받아야 한다. ② 제1항에 따른 특례를 적용받는 학교의 추천기준은 대통령령[39]으로 정한다. ③ 제1항에 따라 운영되는 학교 또는 교육과정에 참여하는 교원 및 학생 등은 이로 인하여 불이익을 받지 아니한다.
시행령 제61조 (자율학교 추천기준)	제61조(자율학교 추천기준) 시장·군수는 지역개발사업구역에 설립된 「초·중등교육법」제2조제3호에 따른 고등학교 중 다음 각 호의 기준에 해당하는 경우에는 법 제62조제1항에 따라 「초·중등교육법」제61조에 따른 특례의 적용을 받는 학교 또는 교육과정을 운영하는 학교로 지정하여 줄 것을 관할 교육감에게 추천할 수 있다. 1. 지역개발사업구역에 해당 지역의 특성에 맞는 인력양성과 교육여건 개선이 필요한 경우로서 시행자가 요청하는 경우 2. 지역개발사업구역에 고등학교가 2개교 이상으로서 해당 지역의 특성에 맞는 인력양성과 교육여건 개선이 필요하다고 판단되는 경우
제70조 (지역활성화 지역에 대한 지원)	국가와 지방자치단체는 지역활성화지역의 발전을 위하여 다음 각 호에 대하여 대통령령으로 정하는 바에 따라 우선적으로 지원할 수 있다. 2. 교육·문화·관광시설 설치 및 유치, 교통서비스의 개선에 관한 사항

---

38)「초·중등교육법」제61조(학교 및 교육과정 운영의 특례) ① 학교교육제도를 포함한 교육제도의 개선과 발전을 위하여 특히 필요하다고 인정되는 경우에는 대통령령으로 정하는 바에 따라 제21조제1항·제24조제1항·제26조제1항·제29조제1항·제31조·제39조·제42조 및 제46조를 한시적으로 적용하지 아니하는 학교 또는 교육과정을 운영할 수 있다. ② 제1항에 따라 운영되는 학교 또는 교육과정에 참여하는 교원과 학생 등은 이로 인하여 불이익을 받지 아니한다.

39)「지역 개발 및 지원에 관한 법률 시행령」제61조(자율학교 추천기준) 시장·군수는 지역개발사업구역에 설립된 「초·중등교육법」제2조제3호에 따른 고등학교 중 다음 각 호의 기준에 해당하는 경우에는 법 제62조제1항에 따라 「초·중등교육법」제61조에 따른 특례의 적용을 받는 학교 또는 교육과정을 운영하는 학교로 지정하여 줄 것을 관할 교육감에게 추천할 수 있다. 1. 지역개발사업구역에 해당 지역의 특성에 맞는 인력양성과 교육여건 개선이 필요한 경우로서 시행자가 요청하는 경우 2. 지역개발사업구역에 고등학교가 2개교 이상으로서 해당 지역의 특성에 맞는 인력양성과 교육여건 개선이 필요하다고 판단되는 경우

4. 논의

　「지역개발지원법」은 농어촌 교육과 관련지어 평가하면 첫째, 지역개발의 범위가 공공이익보다는 개발사업자에게 유리하다. 농어촌 교육은 효율성과 개발논리로 인하여 발생되는 도농격차가 교육격차로 이어지는 것을 선제적으로 예방해야 할 필요성이 커지고 있다. 지역의 개발 및 지원에 관한 법률의 규정은 지역의 교육·문화 인프라 구축에 중심을 두고 있지만, 내용을 분석해 보면 개발사업자가 추구하는 사적 이익에 유리한 거시적 계획이 주가 되고 있다고 볼 수 있다.

　둘째, 지역개발의 주체에 지역주민의 참여 조항의 부재이다. 지역개발의 사업과 지원에 대한 법률이지만, 지역개발에 중요한 당사자인 지역주민들의 참여는 계획단계는 물론이고, 사업선정, 시행과정에서 제외될 수밖에 없다. 지역주민들의 참여 부재로 특히 낙후지역에 필요한 교육과 문화시설에 대한 수요를 충족할 수 있는지 의문이 있다. 특히 학교 시설의 경우 설립과 교육과정에 대한 특례 규정을 두었지만, 지역개발의 주체가 국가와 지방자치단체로 설정되어 있어 효율성과 경제적 논리에만 집중될 가능성이 크다.

　셋째, 지역활성화 지역 선정기준에 대하여 추상적으로 규정하였다. 「지역개발지원법」은 지역활성화 지역 선정기준을 대통령령으로 위임하고 있다. 또한 낙후지역, 낙후도에 대한 명확한 기준이 없어서 이에 대한 구체적인 범위를 명확하게 정의할 필요가 있다. 「지역개발지원법」의 내용을 해석하면 지역활성화 지역은 일반적인 농어촌 지역으로 해석될 수 있지만, 그 개념과 기준이 통일법제가 아닌 여러 법제에 규정되어 있어서 명확한 규정이 필요하다.

　농어촌 교육은 그 지역의 주민들에게 필요한 기술과 지식을 제공함으로써 지역 사회의 경제적·사회적 발전에 기여하는 데 중점을 두어야 한다. 또, 농어촌 교육은 지역 커뮤니티의 강화, 새로운 기회의 창출, 지역 문화의 보존 및 전파 등을 통해 지역의 지속 가능한 발전을 촉진하는 역할을 하도록 해야 한다.

「지역개발지원법」은 특정 지역의 개발을 촉진하고, 지역 간 발전 격차를 줄이고, 지역 경제를 활성화하며, 고용을 증가시키는 것을 목표로 한다. 이 법은 지역 간 격차 해소를 위한 다양한 정책과 프로그램을 통해 이러한 목표를 달성하려고 한다. 농어촌 교육의 향상은 지역의 인력 자원을 개발하고, 지역 경제의 다양화와 성장을 촉진하며, 지역사회의 연대와 상호 작용을 강화하는 데 중요한 역할을 한다. 이 모든 요소는 「지역개발지원법」의 주요 목표와 조화를 이룬다. 농어촌 교육은 「지역개발지원법」의 효과적인 실행을 지원하고, 그 결과를 향상시키는 데 기여할 수 있도록 해야 한다.

농어촌 교육과 「지역개발지원법」의 연관성은 둘 다 지역 사회의 지속 가능한 발전과 복지 향상을 추구하는 공통의 목표를 가지고 있다는 점이다. 농어촌 교육이 지역개발에 크게 기여할 수 있는만큼, 이를 지원하고 강화하는 것이 「지역개발지원법」의 효과적인 집행에 중요하다. 이 관점에서 보면, 농어촌 교육과 「지역개발지원법」은 서로 상호 보완적이며, 이 둘 사이의 긴밀한 연계는 농어촌 지역의 지속 가능한 발전을 위해 필수적이다.

제2절 인구감소지역 지원특별법

1. 「인구감소지역 지원특별법」의 목적

저출산·고령화로 인하여 본격적인 인구감소 시대에 접어들었다. 또한 2019년 말 기준 국가 전체 인구의 과반수가 수도권에 집중되어 있고, 수도권 지역내총생산(GRDP)이 전국의 52%를 초과하는 등 경제적 집중현상도 심화하고 있다. 이러한 인구의 자연감소와 수도권 인구집중으로 인구구조와 경제의 불균형 현상으로 일부 지역은 소멸과 생산성 저하의 문제가 제기되고 있다. 지역소멸과 생산성 저하는 일자리 부족의 문제와 연결되고 특히 청년층인구의 유출로 이어지면서 악순환을 지속하고 있다.

「인구감소지역 지원특별법」(이하, 「인구감소지역법」)은 첫째, 인구감소 위기 대응을 위한 지방자치단체의 자율적·주도적 지역발전과 국가 차원의 지역 맞춤형 종합지원 체계를 구축, 둘째, 지방자치단체 간 및 국가와 지방자치단체 간 연계·협력 활성화 방안과 인구감소지역에 대한 특례 등을 규정, 셋째, 인구감소지역의 정주 여건을 개선 및 지역의 활력을 도모하여 국가 균형발전에 기여하는 것을 목적으로 2023년 1월부터 시행되고 있는 법률이다.

2. 「인구감소지역법」의 특징

「인구감소지역법」상 인구감소지역은 농어촌 지역에 한정하지 않고, 「국가균형발전법」상 특별시를 제외한 시·군·구를 대상으로 65세 이상 고령인구와 14세 이하 유소년 인구 또는 생산인구의 수, 인구감소율, 출생률, 인구감소의 지속성, 인구의 이동 추이 및 재정여건을 고려한 지역을 의미한다. 2021년 10월 기준으로 인구감소지역은 89개로 대부분 농어촌 지역이다.[40]

「인구감소지역법」 제22조제1항부터 제12항까지 인구감소지역의 교육기반의 확충과 구체적 지원에 관하여 규정하고 있다. 첫째, 교육기반의 확충과 효율적 교육을 위하여 유치원과 초·중등학교의 시설·설비 및 교원 등의 통합운영과 비용지원을 규정하였다.

---

40) 행정안전부고시 제2021-66호

지역구분	인구감소지역
부산	동구, 서구, 영도구
대구	남구, 서구
인천	강화군, 옹진군
경기	가평군, 연천군
강원	고성군, 삼척시, 양구군, 양양군, 영월군, 정선군, 철원군, 태백시, 평창군, 홍천군, 화천군, 횡성군
충북	괴산군, 단양군, 보은군, 영동군, 옥천군, 제천시
충남	공주시, 금산군, 논산시, 보령시, 부여군, 서천군, 예산군, 청양군, 태안군
전북	고창군, 임실군, 남원시, 무주군, 부안군, 순창군, 임실군, 장수군, 정읍시, 진안군
전남	강진군, 고흥군, 곡성군, 구례군, 담양군, 보성군, 신안군, 영광군, 영암군, 완도군, 장성군, 장흥군, 진도군, 함평군, 해남군, 화순군
경북	고령군, 군위군, 문경시, 봉화군, 상주시, 성주군, 안동시, 영덕군, 영양군, 영주시, 영천시, 울릉군, 울진군, 의성군, 청도군, 청송군
경남	거창군, 고성군, 남해군, 밀양시, 산청군, 의령군, 창녕군, 하동군, 함안군, 함양군, 합천군

둘째, 학교의 통·폐합 절차에 대하여 규정하였다. 인구감소지역 공립유치원과 공립 초·중등학교 및 그 분교를 폐교하려는 경우에는 해당 시장·군수·구청장의 의견을 청취하도록 하여 지역의 의견을 충분하게 반영할 수 있도록 규정하였다. 또한 인구감소지역 내 사립학교를 제외한 초·중등학교에 대하여 학교의 설립 기준과 인가에 대한 특례를 정할 수 있도록 하였다.

셋째, 교육재정에 관하여 규정하였다. 교육부장관은 지방교육재정교부금법에 따른 교부금을 인구감소지역 내 유치원 및 학교의 교육여건 개선과 교육과정의 운영을 위해 지원하도록 규정하였다.

넷째, 인구감소지역 내 학교의 특별교육과정과 평생교육에 관하여 규정하였다. 정규 교육과정 이외의 교과 및 특기·적성 프로그램, 초등학교의 돌봄활동 프로그램, 유치원의 방과 후 과정에 행정·재정적 지원을 규정하였다. 또한 교육부장관과 지방자치단체의 장은 인구감소지역에서 「평생교육법」 제2조제4호에 따른 평생교육사업을 수립·추진하고 이에 필요한 행정적·재정적 지원을 할 수 있도록 하였다.

3. 주요 내용

1) 국가와 지방자치단체의 책무와 정보통신기술의 활용

「인구감소지역법」은 인구감소 위기에 대응하고 지원체계를 구축하기 위한 국가와 지방자치단체의 책무를 제3조에 규정하였다. 「인구감소지역법」 제3조제1항은 인구감소지역의 인구활력을 높이고 지속적인 발전을 이루기 위하여 부처 간 연계를 기반으로 필요한 예산을 확보하고 종합적인 지원계획 및 시책을 수립·추진할 의무를 규정하였다. 또한 「인구감소지역법」 제3조제2항에서는 지방자치단체의 인구감소대응 기본계획 시행을 위한 연계·협력의무를 명확하게 규정하였다. 또한 「인구감소지역법」 제3조제3항에서는 인구감소대응 계획을 시행하기 위하여 민간부분까지 협력할 수 있는 근거조항을 신설하였다.

「인구감소지역법」은 인구감소지역 내에 거주하는 정보취약계층의 디지털 환경 접근·이용권 보장을 위한 지원근거를 규정하였다. 「인구감소지역법」 제19조제2항에서는 "정보취약계층을 지원하기 위한 디지털 전환, 스마트도시 확산, 사물인터넷 등의 사업을 우선 지원"할 수 있도록 하였다. 농어촌 교육은 영유아, 초·중등 교육 이외에 성인들을 대상으로 하는 평생교육까지 대상범위를 확대해야 한다. 농어촌 지역은 도시지역보다 디지털 교육의 기회뿐만 아니라 접근도 어려운 상황이다. 「인구감소지역법」 제19조제2항은 농어촌 지역에서도 국가의 평생교육진흥 의무의 이행을 위한 근거조항이 될 수 있다. 그러나 이 규정은 정보취약계층의 범위와 요건을 명확하게 규정하지 않았기 때문에 추후 이에 관한 입법적 개선이 필요하다.

〈표 2-2〉「인구감소지역법」 주요 내용

법령	내용
제3조 (국가 및 지방자 치단체의 책무)	② 국가는 인구감소지역의 인구활력을 높이고 지속적인 발전을 이루기 위하여 부처 간 연계를 기반으로 필요한 예산을 확보하고 종합적인 지원계획 및 시책을 수립·추진하여야 한다. ③ 지방자치단체는 제6조에 따른 시·군·구 인구감소지역대응기본계획 및 시행계획과 제7조에 따른 시·도 인구감소지역대응기본계획 및 시행계획의 원활한 시행을 위하여 상호 간 행정구역을 넘어서 주민 서비스 제공, 지역경제 발전 등을 위하여 연계·협력하여야 한다. ④ 국가는 국가 인구감소지역대응계획에 따른 시책을 효율적으로 수행하기 위하여 지방자치단체 및 민간부문과 협력체계를 구축하는 등 필요한 노력을 하여야 한다.
제19조 (정보통신기술의 활용)	② 국가와 지방자치단체는 인구감소지역에 정보취약계층을 지원하기 위한 디지털 전환, 스마트도시 확산, 사물인터넷 등의 사업을 우선 지원할 수 있다.

2) 학교의 통합운영과 재정적 지원

「인구감소지역법」 제21조는 인구감소지역의 영유아 교육을 위한 교육시설 설치에 대하여 규정하였다. 인구감소지역은 출생자보다 사망자가 많아지는 자연감소율이 높고, 노령인구가 증가하고 있다. 이러한 사회현상으로 노인관련 일자리와 시설의 설치는 노인복지의 개념이 구체화되면서 증가하고 있다. 농어촌 교육에서 영유아 교육은 대상 영유아가 적은 관계로 인하여 민간 사업자의 진입이 적다 (서문희, 도남희, 송신영, 2011). 이 때문에 우수한 교사 채용도 어려워 교육적 자원의 활용 측면에서 도시에 비하여 취약하다. 국·공립학교에서 병설유치원이 담당하고 있지만, 영아교육 시설은 부족한 현실이다(김은설, 2016: 4).

이러한 문제를 해결하기 위하여 「인구감소지역법」 제21조는 민간어린이집이나 가정어린이집 등 인구감소로 인하여 시설운영이 어려운 곳을 국공립으로 전환할 수 있도록 규정하였다. 또한 어린이집 보육환경 개선을 위한 지원의 근거조항을 제정하였다. 그러나 보육환경 개선의 지원과 전환에 대한 구체적 내용을 보건복지부 장관의 재량으로 규정하였다.

「인구감소지역법」 제22조제1항은 인구감소지역의 학교와 교육과정의 통합운영과 지원에 관한 근거조항을 신설하였다. 「인구감소지역법 시행령」 제8조에는 유치원 및 학교의 통합과정 절차에 대하여 상세하게 규정하였다. 유치원과 학교를 통합하려면 해당 유치원 및 학교의 학생과 학부모의 의견을 수렴하도록 하였다. 학생과 학부모가 통합에 관한 실태조사를 요구할 수 있도록 하였다. 이는 과거 학교 통합과정에서 제기된 참여문제 등을 해소하기 위하여 신설하였다.

「인구감소지역법」 제22조제2항에서는 교육감은 공립유치원과 공립학교 및 분교를 폐교하려면 해당 자치단체장의 의견을 청취할 수 있도록 하였다. 기존에 공립학교와 분교의 폐교는 교육감의 처분으로 이루어졌지만, 해당 지자체장의 의견청취에 관한 근거를 추가하였다. 이는 농어촌 지역의 학교와 분교를 통폐합하는 과정에서 의견수렴의 다양화를 시도한 것으로 보인다. 「인구감소지역법 시행령」 제8조는 통·폐합과정에서의 학생과 학부모의 의견수렴을 필수조항으로 규정하였지만, 「인구감소지역법」 제22조제2항 지방자치단체장의 의견수렴은 임의규정으로 제정함으로써 학생과 학부모의 의견에 무게를 둔 것이 특징이다.

「인구감소지역법」은 농어촌 학교에 관련된 재정지원의 근거를 마련하였다. 동법 제22조제2항은 지방자치단체장의 지역 내 유치원 및 학교의 교육여건 개선과 교육과정 운영 경비를 지원할 수 있도록 규정하였다. 또한 동법 제22조제3항과 제4항, 동법 시행령 제9조는 「지방교육재정교부금법」의 규정과 별도의 교육경비과 교육과정을 운영할 수 있는 재정적 지원을 규정하였다.

「인구감소지역법」 제22조제5항은 인구감소지역의 유치원·초등학교의 경우 돌봄활동 프로그램의 운영, 중·고등학교는 교과와 학생 개성과 특기교육에 대한 우선적 지원을 규정하였다. 이는 농어촌 학교에서 학생의 적성과 개성의 신장을 위한 개별교육과 돌봄교실의 운영을 위한 행정적·재정적 지원의 근거 규정으로 볼 수 있다.

「인구감소지역법」 제22조제7항은 인구감소지역의 주민들의 평생교육진흥을 위한 사업의 수립과 지원을 규정하였다. 이 규정은 농어촌 지역 주민들의 학습형 일자리와 고용 및 복지연계 관련 평생교육사업에 대한 근거가 된다. 또한 농어촌 학교 시설을 지역주민의 평생교육의 장으로 활용하여 농어촌 학교가 지역의 다양한 교육의 장으로 이용될 수 있는 근거로 볼 수 있다.

「인구감소지역법」 제22조제8항은 국가와 지방자치단체의 인구감소지역의 교육시설을 유지할 의무를 규정하였다. 이는 농어촌 지역의 유치원, 초·중·고, 평생교육시설 및 대학까지 포함한 모든 교육시설의 설치와 유치 의무를 규정하여서 농어촌 교육의 외적인 시설과 환경을 유지하기 위한 규정이라고 볼 수 있다.

「인구감소지역법」은 인구감소지역에 대학의 설립 및 이전에 대한 특례조항을 설치하여 고등교육기관의 신설에 관한 특례를 규정하였고, 시행령 제10조에서는 지역별 특성을 고려하여 설립기준을 완화할 수 있도록 하였다. 시행령 10조의 완화규정은 고등학교 이하 각급 학교 설립·운영규정 제3조에 규정한 "교육상 지장이 없는 범위에서 시·도 조례로 기준면적을 3분의 1 범위에서 완화할 수 있다"이다. 이는 적정규모가 되지 않는 농어촌 학교에서 시설 등의 설치를 완화할 수 있도록 한 것이다.

현재 인구감소지역으로 고시된 지역의 대학들은 학령인구 감소와 수도권 대학진학 선호에 따라 어려움에 처해 있다. 이 때문에 농어촌의 인재들이 능력에 따라 교육을 받고, 지역대학에 진학하여 지역의 발전에 기여할 기회를 부여하기 위하여 고등교육기관의 이전 및 유치 유도를 법제화하였다. 「인구감소지역법」 제22조제9항은 인구감소지역의 대학 등의 교육시설의 설치·이전에 대한 행정적·재정적 우선 지원을 규정하였다.

〈표 2-3〉「인구감소지역법」의 학교 통합과 지원 조항

법령	내용
「인구감소지역법」 제21조 (보육기반의 확충)	① 국가와 지방자치단체는 「영유아보육법」 제12조에 따라 인구감소지역에 국공립어린이집을 우선적으로 설치할 수 있다. ② 국가와 지방자치단체는 인구감소지역에서 보건복지부장관이 정하는 바에 따라 기부채납이나 무상임대의 방식으로 민간어린이집 또는 가정어린이집을 국공립어린이집으로 전환할 수 있다. ③ 국가와 지방자치단체는 인구감소지역에 소재하는 어린이집의 보육환경 개선을 위하여 보건복지부장관이 정하는 바에 따라 행정적·재정적 지원을 할 수 있다.
「인구감소지역법」 제22조 (교육기반의 확충)	① 교육감은 인구감소지역 내의 시설·설비 및 교원 등을 대통령령으로 정하는 바에 따라 통합하여 운영할 수 있다. 이 경우 국가와 지방자치단체는 유아와 학생의 교육권 확보를 위하여 필요한 비용을 지원할 수 있다. ② 교육감은 인구감소지역 내 유치원 중 「유아교육법」 제7조제2호에 따른 공립유치원과 학교 중 「초·중등교육법」 제3조제2호에 따른 공립학교 및 그 분교를 폐교하려는 경우에는 해당 시장·군수·구청장의 의견을 청취할 수 있다. ③ 인구감소지역의 시장·군수·구청장은 「지방교육재정교부금법」 제11조제8항[41]에도 불구하고 관할구역에 있는 유치원 및 학교의 교육에 드는 경비를 보조할 수 있다. ④ 교육부장관은 「지방교육재정교부금법」에 따른 교부금을 인구감소지역 내 유치원 및 학교의 교육여건 개선과 교육과정의 운영을 위하여 대통령령으로 정하는 바에 따라 지원할 수 있다. ⑤ 인구감소지역 내 학교는 정규 교육과정 이외의 교과 및 특기·적성 프로그램을 운영할 수 있고, 유치원은 「유아교육법」 제2조제6호에 따른 방과 후 과정을 운영할 수 있다. 이 경우 교육감은 우선적으로 행정적·재정적 지원을 할 수 있다. ⑥ 교육감은 「초·중등교육법」 제4조에도 불구하고 인구감소지역 내 학교에 대하여 대통령령으로 정하는 바에 따라 학교의 설립 기준과 인가에 대한 특례를 정할 수 있다. ⑦ 교육부장관과 지방자치단체의 장은 인구감소지역에서 다음 각 호의 사항과 관련하여 「평생교육법」 제2조제4호[42]에 따른 평생교육사업을 수립·추진하고 이에 필요한 행정적·재정적 지원을 할 수 있다.

---

41) 「지방교육재정교부금법」 제11조제8항 "시·도 및 시·군·자치구는 대통령령으로 정하는 바에 따라 관할구역에 있는 고등학교 이하 각급학교의 교육에 드는 경비를 보조할 수 있다."

42) 「평생교육법」 제2조의4. "평생교육사업"이란 국가 및 지방자치단체가 국민과 주민의 평생교육을 위하여 예산 또는 기금으로 조직적인 교육활동을 직·간접적으로 지원하는 사업을 말한다.

「인구감소지역법」 제22조 (교육기반의 확충)	⑧ 국가와 지방자치단체는 인구감소지역에 대학 등의 교육시설(「교육시설 등의 안전 및 유지관리 등에 관한 법률」 제2조제1호[43])에 따른 교육시설을)이 적절히 설치되고 유치될 수 있도록 하여야 한다. ⑨ 국가와 지방자치단체는 제8항에 따라 인구감소지역에 대학 등의 교육시설을 설치하거나 인구감소지역 밖의 지역에 설치된 대학 등의 교육시설을 인구감소지역으로 이전하려는 자에게는 우선적으로 행정적 · 재정적인 지원을 할 수 있다.
「인구감소지역법 시행령」 제8조	제8조(유치원 및 학교의 통합 · 운영) ① 교육감은 법 제22조제1항 전단에 따라 「유아교육법」에 따른 유치원(이하 "유치원"이라 한다) 및 「초 · 중등교육법」 제2조에 따른 학교(이하 "학교"라 한다)를 통합 · 운영하려는 경우에는 해당 유치원 및 학교의 학생과 학부모의 의견을 수렴해야 한다. ② 교육감은 제1항에 따른 학생 및 학부모의 실태조사 요구가 있는 경우에는 유치원 및 학교의 통합 · 운영 여건에 관한 실태조사를 실시하고, 그 결과를 해당 기관의 인터넷 홈페이지에 공개할 수 있다.
「인구감소지역법 시행령」 제9조	제9조(지방교육재정교부금의 특별지원) 교육부장관은 법 제22조제4항에 따라 교육감이 유치원 및 학교의 교육여건 개선 또는 교육과정의 운영을 위한 특별한 재정수요에 대해 「지방교육재정교부금법」 제5조의2제1항제2호에 따른 특별교부금의 교부를 신청하는 경우에는 이를 심사하여 특별교부금을 교부할 수 있다.
「인구감소지역법 시행령」 제10조	제10조(학교의 설립 기준 완화) 교육감은 법 제22조제6항에 따라 인구감소지역에 있는 학교(「초 · 중등교육법」 제3조제3호에 따른 사립학교는 제외한다)에 대해서는 「고등학교 이하 각급 학교 설립 · 운영 규정」 제3조 및 제5조에도 불구하고 지역별 특성을 고려하여 인구감소지역을 관할하는 시 · 도의 조례로 그 설립 기준을 완화할 수 있다.

3) 농어촌 학교의 통학지원

농어촌 학교는 지속적인 통 · 폐합으로 인하여 원거리 통학 학생이 증가하고 있다. 이 때문에 농어촌 학교가 많은 지방자치단체는 조례를 또는 정책적으로 기숙형 학교와 통학 차량, 통학비를 지원하고 있다. 이에 대한 근거가 「인구감소지역법」 제24조이다. 이 규정은 인구감소지역 중 교통취약 지역에 거주하는 주민들에게 교통편의 지원을 규정하였다. 해당 지역 주민들의 이동권뿐만 아니라 학생들의 통학권을 보장하기 위한 지원의 근거 규정으로 해석할 수 있다.

---

43) 「교육시설 등의 안전 및 유지관리 등에 관한 법률」 제2조의1. "교육시설"이란 다음 각 목의 어느 하나에 해당하는 학교 등의 시설 및 설비를 말한다. 가. 「유아교육법」 제2조제2호에 따른 유치원, 나. 「초 · 중등교육법」 제2조에 따른 학교, 다. 「고등교육법」 제2조에 따른 학교, 라. 「평생교육법」 제31조제2항 및 제4항에 따른 학력 · 학위가 인정되는 평생교육시설, 마. 다른 법률에 따라 설치된 각급 학교(국방 · 치안 등의 사유로 정보공시가 어렵다고 대통령령으로 정하는 학교는 제외한다), 바. 그 밖에 대통령령으로 정하는 교육관련 시설

〈표 2-4〉「인구감소지역법」의 통학지원 조항

법령	내용
제24조 (주거·교통 기반의 확충)	⑥ 국가와 지방자치단체는 대중교통을 이용할 수 없거나 대중교통에 취약한 인구감소지역 주민의 교통편의를 위하여 해당 지역에 적합한 교통서비스를 지원할 수 있다.

4. 논의

「인구감소지역법」은 "인구감소 위기 대응을 위한 지방자치단체의 자율적·주도적 지역발전과 국가 차원의 지역 맞춤형 종합지원 등을 통하여 인구감소지역의 정주 여건을 개선하고 지역의 활력을 도모"하기 위하여 제정되었다. 이에 정주 여건을 개선하기 위한 보육, 교육, 의료, 주거·교통, 산업 등 다양한 분야에 대한 지원과 특례, 국가와 지자체 간 협력 등을 규정한 법률이라는 점에서 큰 의미를 가진다.

또한 시·군·구가 수립하는 기본계획을 바탕으로 시·도 및 국가 기본계획이 수립되며, 이는 보충성의 원칙에 입각하여 인구감소지역을 중심으로 국가전체의 계획이 수립된다는 의미가 있다. 다만 동법의 목표를 달성하기 위한 핵심은 재정적 지원이다. 다양한 분야에 대한 지원과 특례 등은 모두 재정이 뒷받침되어야 하며, '지방교부세'와 '지방소멸대응기금'의 활용으로는 모든 분야에 대한 지원을 충족시키기가 현실적으로 어렵다.

물론 동법상 대부분의 조문에서 재정적 지원을 할 수 있다고 명시하고 있으나, 이는 일반적 규정 즉 임의적 규정이다. 인구감소지역을 지원하는 법제는 인구감소지역에 대한 행정적·재정적 지원에 관한 근거로서 인구감소지역에 대한 지원을 목적으로 규정하였지만, 국가의 재정 규모뿐만 아니라 인구감소지역에 대한 정확한 분석과 추후 인구변동 상황 등을 고려하여 적용한다.

이러한 점을 고려하여 재정적 지원내용을 명확히 할 필요가 있다고 판단된다. 특히 소멸위기지역의 활성화를 위하여 재정분야에서 조세 감면, 농지보전부담금, 개발부담금 등 부담금의 감면, 인구감소지역 내 사업추진자에 대한 자금 지원 등 보다 폭넓은 재정적 지원방안을 규정할 필요가 있다.

현재 대부분의 인구감소지역은 농업, 축산업, 수산업 등 생산기반 중심의 1차 산업이 주류를 이루는 지역이다. 「인구감소지역법」에서는 일반적인 정주 여건 개선과 2차 이상의 산업단지에 대한 지원 및 특례만을 규정하여, 농촌 지역 등에 대한 지원은 명확하지 않다. 이 때문에 농림·해양·수산업 등의 생산기반 육성에 대한 지원과 인구감소지역에서 생산되는 농산물·축산물·수산물의 우선적 유통지원 등의 산업에 대한 지원을 적극적으로 규정해야 한다.

「인구감소지역법」은 지역 사회의 활력을 유지하고, 인구 감소 문제를 해결하는 방안을 제시하는 법제이므로 농어촌 지역의 교육 수준을 향상시키는 방안과 연관성이 있다. 농어촌 지역의 교육 투자는 젊은 세대를 유치하고, 그들이 지역에서 더 오래 머물며 일하고 살게끔 하는 데 중요한 역할을 한다. 교육의 활성화는 「인구감소지역법」의 주요 목표인 인구 감소 문제 해결에 직접적으로 기여할 수 있다. 「인구감소지역법」과 농어촌 교육은 서로 상호 보완적이며, 농어촌 지역의 지속 가능한 발전을 위해 함께 작동할 수 있다.

제3절 국가균형발전 특별법

1. 국가균형발전 특별법의 목적

「국가균형발전 특별법」(이하, 「국가균형발전법」)은 지방자치단체의 행정구역의 경계를 넘어 지역의 경제 및 생활권역의 발전을 도모하기 위하여 제정되었다. 「국가균형발전법」은 2개 이상의 지방자치단체가 상호 협의하여 설정하거나 특별지방자치단체가 설정한 권역을 초광역권으로 정의하고, 초광역권 발전계획과 시행계획의 수립 근거 및 절차를 규정하며, 초광역적 정책 및 행정 수요에 대응하고 지역의 경쟁력을 제고하기 위한 공동·협력 사업의 추진과 이에 대한 재정적·행정적 지원 근거를 마련하고 있다.

2. 주요 내용

「국가균형발전법」 지역의 교육여건 개선과 인재양성을 규정하였다. 법 제12조는 지역의 교육여건개선 및 우수인력 양성을 시책을 국가와 지방자치단체의 의무로 규정하였다. 특히 지역에서의 고등교육의 개선과 우선 인력 유입을 위하여 지방대학과 지역산업체 사이의 산학협동을 통한 고용촉진을 위하여 계약학과, 링크(LINC) 사업 등 정책적 근거를 마련하였다. 또한 지방대학 졸업자에 대한 할당제의 근거를 마련하였다. 이 규정에 의하여 공기업의 지방대 할당제와 법학전문대학원 입시에서의 지방대 할당제도를 시행하고 있다.

이러한 규정들은 농어촌 지역에서 인구유출과 수도권 집중화 현상에 따른 인재의 공동화를 예방하고, 농어촌 교육의 범위를 영ㆍ유아와 초ㆍ중등교육에서 대학으로 확대시킬 가능성을 가진 근거조항이다. 또한 「국가균형발전법」 제12조제6호는 지역 교육여건개선과 인재양성의 대상으로 초ㆍ중ㆍ고 재학중인 학생들이 교육권 보장을 위반 교육여건 강화 정책의 근거를 규정하였다. 이는 농어촌 학교의 시설과 환경의 개선을 위한 근거조항이라고 할 수 있다.

「국가균형발전법」 제16조는 농산어촌 등의 생활환경을 개선하고, 특성에 맞는 발전을 촉진하기 위하여 교육ㆍ의료ㆍ복지의 증진에 관한 사항에 관한 시책을 추진하도록 규정하였다. 이 규정은 생활개선 및 인구감소지역의 접근성과 내부의 생활편의를 위한 사회간접시설의 확충을 규정한 것으로 특히 농산어촌의 교육에 관한 시책 추진을 직접적으로 규정하였다.

「국가균형발전법」 제16조의2 제3호에서는 교통ㆍ물류망 및 통신망 확충에 관한 시책을 추진하도록 하여서 대중교통의 부족으로 통학에 어려움을 겪고 있는 농어촌 학교 학생들의 통학권 보장을 위한 근거조항을 마련하였다. 또한 제16조의3에서는 인구감소지역의 인프라 구축을 위한 행정적ㆍ재정적 지원 조항을 규정하였다. 특히 교육분야 확충에 대한 지원을 규정하여 농어촌 학교의 시설 및 교육여건 개선을 위한 근거조항으로 해석할 수 있다.

〈표 2-5〉「국가균형발전법」주요 조항

법령	내용
제12조 (지역 교육여건 개선과 인재 양성)	국가 및 지방자치단체는 <u>지역의 교육여건 개선과 국가균형발전에 필요한 우수인력의 양성을 위하여 다음 각 호의 사항에 관한 시책을 추진하여야 한다.</u> 1. 지방대학과 산업체 간 산학협동을 통한 고용촉진에 관한 사항 2. 수도권이 아닌 지역에 있는 「초·중등교육법」제2조제3호에 따른 고등학교 또는 이에 준하는 학력을 인정받는 학교의 졸업자 또는 졸업예정자에 대한 지방대학 입학 지원에 관한 사항 3. 지방대학 졸업자 또는 졸업예정자에 대한 <u>지방대학의 대학원 입학 우대 및 국가·지방자치단체·공공기관 등의 고용우대를 포함한 채용장려에 관한 사항</u> 4. 지방대학 우수졸업인력의 지역정착을 위한 지원에 관한 사항 5. <u>지방대학 특성화 및 지방대학의 대학원 교육·연구 역량 강화와 산학연 협력 강화에 관한 사항</u> 6. <u>지역 초등학교·중학교·고등학교 교육여건 개선에 관한 사항</u> 7. 지방대학 역량 강화와 교육 개선 지원에 관한 사항 8. 그 밖에 지역 교육여건 개선 및 지역 인적자원개발에 필요한 사항
제16조 (성장촉진지역 등의 개발)	국가와 지방자치단체는 성장촉진지역, 특수상황지역, 농산어촌 등의 생활환경을 개선하고, 특성에 맞는 발전을 촉진하기 위하여 다음 각 호의 사항에 관한 시책을 추진하여야 한다. 1. 교통망 등 지역사회기반시설의 확충에 관한 사항 4. 도시환경의 개선과 교육·의료·복지의 증진에 관한 사항
제16조의2 (인구감소지역에 대한 시책추진)	국가와 지방자치단체는 인구감소지역에서 다음 각 호의 시책을 추진하여야 한다. 1. <u>교육·의료·복지·문화 등 인구감소지역의 생활서비스 적정공급기준에 관한 사항</u> 2. 지역 간 생활서비스 격차의 해소 등 생활서비스 여건 개선 및 확충에 관한 사항 3. <u>교통·물류망 및 통신망 확충에 관한 사항</u> 4. 기업유치, 지역특화산업 육성 등 일자리 창출에 관한 사항 5. 청년 창업 및 정착 지원 등 청년 인구 유출 방지 및 유입 촉진에 관한 사항 6. 공동체 자립기반 조성 등 공동체 지원 및 활성화에 관한 사항 7. <u>주민의 자율적인 교육 및 훈련 지원, 마을·공동체 전문가 양성 등 주민 및 지역 역량 강화에 관한 사항</u> 8. 자치단체 간 시설 및 인력 공동 활용, 행정기관 기능 조정 등 공공서비스 전달체계 개선에 관한 사항
제16조의3 (인구감소지역에 대한 지원)	① 국가와 지방자치단체는 인구감소지역에 사회간접자본 정비, 교육·문화·관광시설 확충, 농림·해양·수산업 지원, 주택건설 및 개량, 산업단지 지정특례에 관한 사항 등에 관하여 대통령령으로 정하는 바에 따라 재정적·행정적 지원을 할 수 있다.

3. 논의

「국가균형발전법」은 국가 전체의 균형 잡힌 발전을 촉진하고, 지역 간의 경제적·사회적 격차를 줄이는 데 그 목적이 있다. 지역 간의 격차를 줄이기 위해 지역 인프라의 개선, 고용 창출, 지역 경제 활성화, 교육 및 훈련 프로그램의 향상 등 다양한 방법을 활용한다.

농어촌 교육과 「국가균형발전법」의 연관성은 둘 다 지역 사회의 지속 가능한 발전과 복지 향상을 추구하는 공통의 목표를 가지고 있다. 농어촌 교육이 국가 전체의 균형 잡힌 발전에 크게 기여할 수 있으므로, 「국가균형발전법」은 이를 지원하고 강화하는 규정이라고 할 수 있다. 이 관점에서, 농어촌 교육과 「국가균형발전법」은 서로 상호 보완적이며, 이 둘 사이의 유기적인 연계는 국가 전체의 균형 잡힌 발전을 위해 필수적이다.

아울러 이 법률은 지역의 교육여건 개선 및 우수인력 양성을 국가와 지방자치단체의 의무로 규정하고 있다는 점에서 농어촌 교육에 대한 근본적 목적을 제시하는 법제이다. 동시에 농어촌 지역의 초·중·고에 재학 중인 학생들의 교육권 보장을 위한 교육여건 강화 정책, 농어촌 교육여건의 개선을 위한 근거 조항을 두었다. 또, 교육 분야 확충에 대한 지원을 규정하여 농어촌 학교의 시설 및 교육여건 개선을 위한 근거를 규정하였다.

그리고 농어촌 지역의 초·중등학교 이외에 지방대학과 지역산업체 사이의 산학협동을 통한 고용촉진에 대하여 규정하고 있다. 소멸위기 지역의 인재유출을 방지하기 위한 근거 조항을 마련한 것이다. 생활개선 및 인구감소지역의 접근성과 내부의 생활편의를 위한 사회간접시설의 확충 및 인구감소지역의 인프라 구축을 위한 행정적·재정적 지원 조항을 규정하였다. 대중교통의 부족으로 통학에 어려움을 겪고 있는 농어촌 학교 학생들의 통학권 보장을 위한 근거로 활용할 수 있다.

〈표 2-6〉 농어촌 교육의 법적근거

농어촌 교육의 보장		

↑

헌법	기본 이념	• 「헌법」 제10조 인간의 존엄과 가치 행복추구권 • 「헌법」 제11조 평등권
	개별 기본권	• 「헌법」 제31조제1항 능력에 따라 균등하게 교육을 받을 권리 • 「헌법」 제31조제2항 의무교육 • 「헌법」 제31조제5항 평생교육제도 • 「헌법」 제122조 국토의 효율적인 개발 • 「헌법」 제123조제2항 농어촌 종합개발 지역 간 균형발전과 지역경제 육성

↑

국가 의무	1	농어촌 지역의 외견적 상황과 관련 없이 균등하게 교육을 받을 권리를 보장할 국가의 의무
	2	국가의 의무교육제도의 구체적 이행을 위하여 취학필수 지원 의무
	3	농어촌 지역의 초·중등학교 학생을 이외의 지역주민들의 평생교육진흥 보장을 위한 국가의 의무
	4	국토의 효율적 개발과 농어촌 지역의 균형발전의 범위 속에 교육환경 개선 및 교육인프라 개선

↑

법률	「지역개발 및 지원에 관한 법」	「인구감소지역 지원특별법」	「국가균형발전 특별법」
	• 지역개발 사업 범위에 공공·문화체육시설을 포함 • 지역개발 구역에서 인력양성과 교육여건 개선 • 해당 구역에서 교육과정의 유연화 • 낙후한 지역의 개발에 대한 우선지원	• 인구감소대응계획 수립과 정부와 지자체의 연계 • 인구감소지역의 교육시설 설치 • 인구감소지역의 교육시설 확충과 학교 통합운영 • 농어촌 학교 폐교할 경우 지역주민의 의견청취 • 별도의 교육경비 지원	• 지역의 교육여건 개선 및 우수인력양성 • 초·중고생 교육여건 강화 • 농어촌 지역의 생활환경 개선 • 인구감소지역의 인프라 구축을 위한 지원

제2부

농어촌 학교 학생

제3장 농어촌 학교 학생의 교육기회 보장

농어촌 학교 학생은 국민의 한 사람으로서 능력에 따라 균등하게 교육을 받을 권리를 갖는다. 그리고 무상의무교육의 대상으로서 6년의 초등교육과 3년의 중등교육을 보장받는다. 무상의무교육제도는 농어촌 학교 학생들에게 균등한 교육기회를 보장하는 최소한의 보루이다. 국가와 지방자치단체는 학습자가 평등하게 교육을 받을 수 있도록 직접 농어촌 지역을 명시하지 않고 있으나 지역 간의 교원 수급 등 교육여건 격차를 최소화하는 시책을 마련하여 시행하도록 규율하고 있다.

국가와 지방자치단체는 농어촌 교육여건의 개선을 위해 노력해야 하는 책임이 있다. 첫째, 교육기회의 지리적 접근성 차원에서 농어촌 학교 학생들의 가정과 학교 간의 안전한 등하교를 위한 통학수단을 지원하도록 규정하고 있다. 둘째, 학교 시설과 설비, 교구 확충, 교직원 확보와 우대, 교육과정 자료와 교수·학습방법 개선 지원 등의 교육 인프라를 구축하고 유지하는 책임을 명시하고 있다. 셋째, 농어촌 학교 학생에 대한 교육비 지원, 농어촌 학교에 대한 각종 교육프로그램 운영비 지원을 법제화하고 있다. 넷째, 농어촌 학교의 특성을 반영한 교육과정 편성과 운영을 강조하고 있다. 농어촌 학교 학생들이 정체성을 확립하고 학교 교육활동과 생활에 몰입하며, 학생 자신의 열망과 요구는 물론 부모와 지역사회의 기대에 부응하는 교육을 촉구하고 있다(임연기 외, 2021: 51).

이 장에서는 교육기회의 균등화를 위한 농어촌 학교 학생의 통학지원 법령에 대해 다룬다. 학생의 통학거리와 시간은 농어촌 교육의 지리적 불이익을 대표하는 요인 중의 하나이다. 교육과정, 교원, 시설과 재정 등의 교육여건 개선을 위한 법령은 다음 장에서 순차적으로 다룬다. 농어촌 교육의 여건 개선을 넘어서 결과적 평등을 시도한 법령 사례들을 확인할 수 있다. 우리나라에서 농어촌 학교 학생의 교육기회 확대 차원에서 주목할 제도는 농어촌 학교 학생 특별정원 대학입학전형과 대학입학 지역균형인재 선발제이다.

제1절 교육기회의 균등화

1. 교육기회 균등의 의미

헌법 제11조제1항	모든 국민은 법 앞에 평등하다. 누구든지 성별·종교 또는 사회적 신분에 의하여 정치적·경제적·사회적·문화적 생활의 모든 영역에 있어서 차별을 받지 아니한다.
헌법 제31조제1항	모든 국민은 능력에 따라 균등하게 교육을 받을 권리를 가진다.
헌법 제31조제6항	학교교육 및 평생교육을 포함한 교육제도와 그 운영, 교육재정 및 교원의 지위에 관한 기본적인 사항은 법률로 정한다.

우리 「헌법」의 기본적 질서는 자유민주주의적 기본질서이다. 자유민주주의의 기본질서의 근간에는 자유와 평등의 원칙이 존재한다. 국가는 국민의 자유와 평등이념을 실질적으로 보장하기 위하여 「헌법」에서 명문으로 자유권과 평등의 원칙을 보장하고 있다. 헌법상 자유권과 평등의 원칙 실현은 헌법의 기본적 이념이지만, 구체적인 실현은 「헌법」 규정의 해석방법, 경제적, 사회·문화적 여건 등에 따라서 다양한 편차가 존재한다.

우리 「헌법」 제12조에서 제23조까지 신체의 자유, 거주이전, 통신의 비밀, 양심, 언론·출판, 집회·결사, 사생활, 직업선택, 재산권 등 국민에게 보장해야 할 자유권을 열거하고 있으며, 기본권 제11조는 성별, 종교, 사회적 신분에 의한 차별을 절대적으로 금지하고 있다. 헌법재판소도 자유권적 기본권에 관한 입법형성의 자유를 제한적으로 해석하고 있으며, 침해에 대해서는 과잉금지 원칙을 적용하고 있다. 또한 「헌법」 제11조에 열거한 차별금지 사유 이외에 혼인과 가족생활에 있어 양성의 평등, 교육의 기회균등에 대한 차별심사에 엄격한 심사기준을 적용하고 있다. 그러나 현실 속에서 인정되는 자유와 평등의 현실적 편차는 사회의 성숙도가 높아져도 존재하고 있다.

국가는 모든 국민이 만족할 만한 삶의 수준을 보장하도록 노력할 의무가 있지만, 경제적·사회적 여건상 한계는 존재한다. 이 때문에 모든 국민의 자유와 평등을 보장하기 위한 국가의무를 헌법에 명시하고, 자유와 평등은 최대보장을 사회권적 기본권은 최소보장으로 보장밀도를 달리 하고 있다. 개인의 종교나 지역, 사회적 신분과 상관 없이 능력에 따른 기회를 보장해야 하는 기회균등은 민주주의 국가의 가장 중요한 목표이다.

우리 「헌법」 제31조제1항에서는 교육의 기회균등을 규정하고 있으며, 이를 구체적으로 실현하기 위하여 「헌법」 제31조제6항에서는 교육제도 법정주의를 규정하고 있다. 이는 교육제도가 정치적, 사회적 상황에 따라 변동되지 않도록 법정화를 명시한 것이다. 이를 기반으로 「교육기본법」과 「초·중등교육법」에 따라 대부분의 국민이 영유아교육, 초·중등학교, 고등교육 과정을 이수하고, 성인이 되어서는 평생교육 시스템을 통하여 교육을 받을 권리와 교육의 기회균등을 보장받고 있다.

　현재 우리 사회의 단면을 보면 모든 학생들과 국민들이 누리는 교육 수준이 동일한지에 대해서는 의문이 든다. 민주주의의 이념인 자유와 평등의 실현을 위해, 모든 사람들이 자신이 원하는 삶을 살 수 있는 평등한 기회를 갖기 위해서 가장 중요한 전제조건이 교육의 기회균등이다(장영수, 2018: 9)

2. 농어촌 교육과 허용적 기회균등

　우리 사회에서 교육은 국가교육 즉, 공교육 중심이다. 공교육이 중심이 되는 이유는 헌법상 국가가 국민에 대한 교육의 의무를 명문으로 규정하였고, 교육을 받을 권리를 사회권적 기본권으로 분류하여 국가는 국민에게 지식의 전달뿐만 아니라 삶의 질 향상을 위한 매개로서 교육의 중요성이 강조되기 때문이다. 교육제도는 국가를 중심으로 운영되지만, 영유아 교육과 대학을 중심으로 하는 고등교육은 국가의 정치적, 재정적 한계, 학생의 능력과 교육적 수요에 따라 사교육이 많은 부분을 담당하고 있다.

　우리 사회의 사교육시장의 규모는 크지만, 농어촌 교육은 특성화 교육과정을 운영하거나 대학입시 기숙형 학교, 대안학교를 제외하고는 공교육이 대부분을 차지하고 있다. 농어촌 교육이 공교육 중심으로 이루지면서 특성에 맞는 교육, 이른바 맞춤형 교육에 한계점 있다. 그러나 농어촌 교육의 기회균등을 보장하기 위해서는 농어촌 학교에서 개별화와 다양화 교육을 시도한다면 '교육의 기회균등'의 헌법적 의미를 보장할 수 있다.

　농어촌 교육의 강화는 경제적 교육 격차를 해소하고 교육의 기회균등을 실현하는 데 중요한 역할을 한다. 도시 지역의 학교에서는 학부모의 재정적 능력에 따라 교육의 품질에 차이가 발생하기 쉽다. 현대사회에서는 전통적인 신분제는 사라졌지만, 경제적 격차에 기반한 교육의 차이는 여전히 존재한다. 농어촌 지역의 학교에는 빈곤, 다문화, 조손가정 등 경제적으로 어려운 환경에서 자라는 학생들이 많다. 이러한 경제적 차이가 교육의 품질 차이로 이어질 경우, 그 결과는 사회적 지위의 불균등으로까지 이어질 수 있어, 이는 새로운 형태의 신분세습을 낳을 위험이 있다. 이 때문에 농어촌 교육의 강화는 교육의 기회균등 보장과 깊은 관련이 있다.

3. 농어촌 교육의 보장적 기회균등

헌법 제31조제2항	모든 국민은 그 보호하는 자녀에게 적어도 초등교육과 법률이 정하는 교육을 받게 할 의무를 진다.

1) 의무교육의 의미

「헌법」제31조제2항에 따라 초등교육과 법률이 정하는 교육은 의무적인 것으로 모든 국민은 「교육기본법」제8조의 규정에 의하여 6년의 초등교육과 3년의 중등교육을 받을 권리를 보장받고 있다.[44] 교육을 받을 권리의 주체는 영유아를 포함한 초·중·고등학교 및 그 외 특수한 교육기관에 재학하는 학생이다. 이 학생들은 경제적으로 독립하지 않은 미성년자이므로 보호자가 자녀의 양육과 교육의 의무를 이행하지 않으면 이 권리의 실효성은 없다(법제처, 2010: 281).

2) 의무교육제도의 성격

(1) 의무교육 무상원칙

우리 「헌법」제31조제2항에서는 "적어도 초등교육과 법률이 정하는 교육"으로 의무교육의 범위를 규정하고 있다. 이에 「교육기본법」제8조제1항은 "의무교육은 6년의 초등교육과 3년의 중등교육으로 한다"고 규정하였다. 헌법재판소는 구 「교육법」제8조의2의 의무교육의 단계적 실시 위헌사건에서 "중학교 의무교육을 일시에 전면 실시하는 대신 단계적으로 확대실시하도록 한 것은 주로 전면실시에 따르는 국가의 재정적 부담을 고려한 것으로 실질적 평등에

---

44) 헌법재판소, 1994. 2. 24., 93헌마192.

부합한다"고 하여 합헌결정을 하였다.[45]

「초·중등교육법」 제12조제1항은 의무교육 시행을 위하여 시설을 확보하는 등 필요한 조치를 강구하도록 국가의 의무를 규정하였다. 또한 제12조제2항은 지방자치단체 관할 구역의 의무교육대상자를 모두 취학시키는 데에 필요한 초·중학교 및 초·중학교의 과정을 교육하는 특수학교를 설립·경영하도록 하였다.

(2) 의무교육 무상의 범위

의무교육 무상의 범위는 무상의 범위를 법으로 규정해야 한다는 무상법정설, 학용품과 수업교구, 급식까지 무상으로 한다는 취학필수무상설, 수업료만 무상으로 한다는 수업료면제설이 있다. 헌법재판소는 "초등교육에 대한 의무교육과 달리 중등교육의 단계에 있어서는 어느 범위에서 어떠한 절차를 거쳐 어느 시점에서 의무교육을 실시할 것인가는 입법자의 입법형성의 범위에 속하는 사항으로서 국회가 입법정책적으로 판단하여 법률로써 구체적으로 규정할 때 비로소 헌법상의 권리로 구체화된다"고 하여 무상법정설의 입장을 취하고 있다.

3) 관련 헌법재판소 판례

〈표 3-1〉 의무교육제도에 관한 헌법재판소 판례

사건번호	내용
90헌가27	• 의무교육의 단계적 실시 ▶ 헌법상 초등교육에 대한 의무교육과는 달리 중등교육의 단계에 있어서는 어느 범위에서 어떠한 절차를 거쳐 어느 시점에서 의무교육으로 실시할 것인가는 입법자의 형성의 자유에 속하는 사항으로서 국회가 입법정책적으로 판단하여 법률로 구체적으로 규정할 때에 비로소 헌법상의 권리로서 구체화되는 것으로 보아야 한다.
93헌마192	• 취학연령을 만 6세로 제한하는 것 ▶ 「헌법」 제31조제1항에서 말하는 "능력에 따라 균등하게 교육을 받을 권리"란 법률이 정하는 일정한 교육을 받을 전제조건으로서의 능력을 갖추었을 경우 차별 없이 균등하게 교육을 받을 기회가 보장된다는 것이지 일정한 능력, 예컨대 지능이나 수학능력 등이 있다고 하여 제한 없이 다른 사람과 차별하여 어떠한 내용과 종류와 기간의 교육을 받을 권리가 보장된다는 것은 아니다. 따라서 의무취학 시기를 만 6세가 된 다음날 이후의 학년초로 규정하고 있는 「교육법」 제96조제1항은 의무교육제도 실시를 위해 불가피한 것이며 이와 같은 아동들에 대하여 만 6세가 되기 전에 앞당겨서 입학을 허용하지 않는다고 해서 「헌법」 제31조제1항의 능력에 따라 균등하게 교육을 받을 권리를 본질적으로 침해한 것으로 볼 수 없다.

45) 헌법재판소, 1991. 2. 11., 90헌가27.

2003헌가20	• 학교용지 부담금을 공동주택의 수분양자에게 부과하는 「학교용지특례법」 ▶ 의무교육제도는 국민에 대하여 보호하는 자녀들을 취학시키도록 한다는 의무부과의 면보다는 국가에 대하여 인적·물적 교육시설을 정비하고 교육환경을 개선하여야 한다는 의무부과의 측면이 보다 더 중요한 의미를 갖는다. 의무교육에 필요한 학교 시설은 국가의 일반적 과제이고, 학교용지는 의무교육을 시행하기 위한 물적 기반으로서 필수조건임은 말할 필요도 없으므로 이를 달성하기 위한 비용은 국가의 일반재정으로 충당하여야 한다. 따라서 적어도 의무교육에 관한 한 일반재정이 아닌 부담금과 같은 별도의 재정수단을 동원하여 특정한 집단으로부터 그 비용을 추가로 징수하여 충당하는 것은 의무교육의 무상성을 선언한 「헌법」에 반한다.
2007헌가1	• 학교용지부담금 부과대상을 수분양자가 아닌 개발사업자로 정하는 「학교용지특례법」 ▶ 의무교육의 무상성에 관한 헌법상 규정은 교육을 받을 권리를 보다 실효성 있게 보장하기 위해 의무교육 비용을 학령아동 보호자의 부담으로부터 공동체 전체의 부담으로 이전하라는 명령일 뿐 의무교육의 모든 비용을 조세로 해결해야 함을 의미하는 것은 아니므로, 학교용지부담금의 부과대상을 수분양자가 아닌 개발사업자로 정하고 있는 이 사건 법률조항은 의무교육의 무상원칙에 위배되지 아니한다.
2010헌바220	• 학교운영지원비를 학교회계 세입항목에 포함시키도록 한 「초·중등교육법」 ▶ 의무교육 무상의 원칙에 있어서 무상의 범위는 헌법상 교육의 기회균등을 실현하기 위해 필수불가결한 비용, 즉 모든 학생이 의무교육을 받음에 있어서 경제적인 차별 없이 수학하는 데 반드시 필요한 비용에 한한다고 할 것이며, 수업료나 입학금의 면제, 학교와 교사 등 인적·물적 기반 및 그 기반을 유지하기 위한 인건비와 시설유지비, 신규시설투자비 등의 재원마련 및 의무교육의 실질적인 균등보장을 위해 필수불가결한 비용은 무상의 범위에 포함된다.
2010헌바164	• 중학교 학부모들에게 급식비용 일부를 부담시키는 것 ▶ 학교급식은 학생들에게 한 끼 식사를 제공하는 영양공급 차원을 넘어 교육적인 성격을 가지고 있지만, 이러한 교육적 측면은 기본적이고 필수적인 학교 교육 이외에 부가적으로 이루어지는 식생활 및 인성교육으로서의 보충적 성격을 가지므로 의무교육의 실질적인 균등보장을 위한 본질적이고 핵심적인 부분이라고까지는 할 수 없다.
2016헌바374	• 의무교육 무상원칙에 의하여 학교법인의 경비까지 국가나 지방자치단체가 부담하는 것 ▶ 「헌법」 제31조제3항의 의무교육 무상의 원칙이 의무교육을 위탁받은 사립학교를 설치·운영하는 학교법인 등과의 관계에서 관련 법령에 의하여 이미 학교법인이 부담하도록 규정되어 있는 경비까지 종국적으로 국가나 지방자치단체의 부담으로 한다는 취지로 볼 수는 없다.
대법원 2019다277133	• 학교 시설사업비 ▶ 학교 시설 무상공급 의무를 부담하게 되는 경우에 해당 개발지역에서 관계 법령에서 정한 기준면적보다 도시공원 또는 녹지를 덜 조성하는 것을 허용하고 해당 토지를 주택용지나 상업용지 등으로 조성·분양하여 발생하는 개발이익을 학교 시설 설치비용에 충당하도록 함으로써, 학교 시설 무상공급으로 인해 야기되는 공영개발 사업시행자의 비용을 합리적 범위에서 일부라도 보전해 주고자 하는 데 그 입법 취지가 있고, 비용보전이 이루어지는 범위 내에서만 공영개발사업시행자가 학교 시설 설치비용을 부담하는 것이라고 볼 수는 없다.

4) 의무교육과 농어촌 교육

의무교육제도는 헌법상 교육기본권에 부수되는 제도 보장이다. 의무교육제도는 국민을 보호하는 자녀들을 취학시키도록 한다는 의무부과의 면보다는 국가에 대하여 인적·물적 교육시설을 정비하고 교육환경을 개선하도록 의무를 부과하고 있다. 의무교육의 무상성은 경제적 능력에 따른 차이를 좁히기 위하여 강조되어야 한다. 이에 따라 의무교육은 균등하게 교육을 받을 권리가 실현되기 위한 전제조건이다(정재황, 2014: 119).

농어촌 교육은 국가의 의무교육제도에 포섭되는 것은 명백하다. 현재 농어촌 교육과 의무교육의 관련성을 검토하면 형식적이라고 할 수 있다. 농어촌 지역에서 의무교육의 대상이 되는 학생들을 교육시키기만 하면 되는 개념으로 접근하고 있다. 농어촌 지역에 거주하는 학생들을 학습권만 제도적으로 보장하는 것에 집중이 되고 있으며, 학교의 시설에 관련된 교육환경권, 해당 학교에 통학할 수 있는 교육접근권은 의무교육의 범위에서 배제하고 있다. 교육환경과 교육접근이 의무교육의 범위에 속하지 않기 때문에 농어촌 교육은 통·폐합으로 귀결되고 되고 있다.

추후 농어촌 교육에서 헌법상 의무교육제도의 올바른 정착을 위하여 선행되어야 하는 문제는 첫째, 의무교육의 범위를 무상법정설에서 취학필수무상설로 해석하여서 보다 적극적인 의무교육이 이루어지도록 해야 한다(권영성, 2009: 671, 성낙인, 2023: 1535, 장영철, 2022: 609, 정재황, 2021: 1370, 허영, 2016: 462). 둘째, 의무교육의 보장범위를 단순한 취학이나 급식 등 학교교육 내에서 통학, 환경 등 외적인 부분으로 외연을 확장해야 한다.

4. 농어촌 학교 학생의 교육 접근성 보장

1) 농어촌 학교 학생을 위한 기숙형 학교 지원

(1) 기숙형 학교의 의의

농어촌 기숙형 학교는 농촌의 열악한 교육환경을 개선, 학생의 소질과 적성, 능력에 맞는 교육기회를 제공하기 위한 차원에서 일부 지자체에서 도입한 학교이다. 농어촌 소규모 학교를 통합해서 공교육의 역량을 강화해 모든 학생의 교육수준을 높일 수 있도록 지원하는 제도이다.

농어촌 기숙형 학교는 2008년도부터 본격적으로 설립되었다. 예컨대, 당시 교육부가 농어촌 학교 살리기 정책의 하나로 경남지역 10개 고등학교를 기숙형 고등학교를 지정했고,[46] 이들 학교는 기숙사 건립 등 준비를 거쳐 지난 2010년부터 기숙형 고등학교의 운영을 시작했다.

기숙형 학교는 농어촌 지역의 중·고등학교 학생들의 학습권 보장을 위한 제도이다. 중·고등학생들이 거주지로부터 원거리에 있는 학교에 통학하기 어렵거나, 교과 이외의 교육프로그램을 접하기 어려운 학생들을 위한 제도이다.

(2) 기숙형 학교 지원 내용

기숙형 학교는 교육부와 도교육청이 학교에 기숙사를 지어주고 지자체는 운영비와 급식비를 지원하는 방식으로 운영한다. 단순히 숙식을 해결하는 기숙사가 딸린 것이 아니라 일부 교육과정을 자율적으로 운영하고 기숙사와 연계해 방과후 다양한 교육프로그램으로 학생들을 가르칠 수 있다는 장점을 가지고 있다.

기숙형 학교의 지원 대상은 기본적으로 교육부장관이 지정하는 기숙형 학교가 지원대상이 된다. 세종특별자치도는 기숙사가 설치된 학교, 영암군 조례는 영암군 소재 고등학교로 대상범위를 설정하여 범위가 넓다고 볼 수 있다.

지원의 범위는 기본적으로 학생이 부담하는 기숙사비와 자치단체장이 인정하는 교육경비로 규정하였다. 영암군의 경우에는 기숙사비 이외에 기숙사에서 시행하는 교육프로그램도 지원하고 있다. 대부분의 지자체는 보편적 지원이지만, 태안군은 저소득층과 성적우수자로 지원의 범위를 규정하여서 선별적 지원을 하고 있다.

---

46) 경남지역의 경우 의령고, 함안고, 창녕 영산고, 고성 중앙고, 남해 제일고, 하동고, 산청고, 함양고, 거창여고, 합천고 등 10개 기숙형 고등학교가 설치되었다. 줄어드는 농촌 인구 탓에 매년 신입생 정원이 미달됐지만, 기숙형으로 전환된 뒤에는 신입생 충원율이 모두 100%를 넘어서 입학경쟁까지 벌어지고 있는 실정이다. 해당 군내 학생들은 물론, 인근 도시의 학생들까지 지원하고 있다. 신입생 수준도 덩달아 높아져 기본적으로 중학교 내신성적 상위 50% 이내 학생들이 지원하고 있고 일부 학교는 30% 이내의 우수학생들이 지원할 정도로 긍정적인 성과가 있었다.(http://news.heraldcorp.com/view.php?ud=20110509000787)

〈표 3-2〉 농어촌 기숙형 학교 지원 내용

조례명	지원대상	지원범위
고창군 농어촌 기숙형 학교 교육경비 보조에 관한 조례	교육부장관이 지정한 기숙형 학교	▸ 학생이 부담하는 기숙사비 ▸ 군수가 인정하는 교육경비
세종특별자치시 농촌 기숙형 학교 교육경비 지원 조례	기숙사가 설치된 학교	▸ 학생이 부담하는 기숙사비 ▸ 시장이 인정하는 교육경비
영암군 농어촌 기숙형 학교 교육경비 보조에 관한 조례	영암군 소재 고등학교	▸ 학생이 부담하는 기숙사비 ▸ 기숙사 특별프로그램 운영경비 ▸ 군수가 인정하는 교육경비
인천광역시 농어촌 기숙형 학교 교육경비 보조에 관한 조례	교육부장관이 지정한 기숙형 학교	▸ 학생이 부담하는 기숙사비 ▸ 시장이 인정하는 교육경비
태안군 농어촌 기숙형 학교 교육경비 보조에 관한 조례	교육부장관 또는 충남 교육감이 지정한 기숙형 학교	▸ 저소득층 성적우수자 기숙사비 및 급식비 ▸ 군수가 인정하는 교육경비

(3) 논의

기숙형 학교는 우려할 만한 현실적인 문제가 있다.

첫째, 소규모 학교를 통폐합하고 기숙형 학교로 만드는 정책은 농어촌 학교의 폐교를 가속화할 우려가 있다. 즉 일정한 지역에서 적정규모 학교를 유지하지 못한다면 일차적으로 인근 학교와의 통폐합과 함께 기숙형 학교로 전환을 시도할 우려가 있다. 이 경우 지역에서 가지고 있는 문화적·지역적 특성을 유지·보전한다는 농어촌 교육의 목적을 훼손할 우려가 있다.

둘째, 기숙형 학교를 설립하여 운영하는 지역과 다른 지역의 교육격차를 심화시켜 농어촌 지역 전체의 교육 부실화를 초래할 수 있다. 전술한 바와 같이 농어촌 지역의 기숙형 학교는 모든 지자체에서 시행하지 않고, 일부만 시행하고 있다. 이 때문에 지방자치단체의 정치적·재정적 상황에 따라서 시행 여부를 결정하기 때문에 일관성 있는 정책기조를 유지할 필요가 있다.

　　셋째, 해당 지역 학생의 교육선택권 침해의 문제이다. 기숙형 학교를 운영하는 농어촌 지역 학생들은 다른 지역으로 이주하지 않는 한 지역에 있는 기숙형 학교에 입학할 수 밖에 없다. 이 때문에 기숙형 학교 이외에는 선택지가 없을 수 있고, 선택한 기숙형 학교의 교육과정에 일률적으로 이수해야 하는 문제점이 있다. 또한 기숙형 학교의 생활적응의 문제점도 해결해야 할 과제이다.

　　이러한 문제점을 해결하기 위하여 먼저, 학생들이 기숙형 학교에 참여하려는 동기를 부여하는 프로그램이나 정책개발을 선행해야 한다. 특히 농어촌에 특화한 교육 프로그램이 필요하다. 농어촌 환경에서 적용할 수 있는 과학, 기술, 엔지니어링 및 수학(STEM) 교육과 같은 현대적인 교육 프로그램을 강화하고, 농어촌 지역의 문화와 역사를 이해하고 가치를 인식할 수 있도록 지역특화 교육프로그램을 개발해야 한다.

　　그리고 기숙형 학교의 시설개선도 선행해야 한다. 기숙형 학교는 학생들이 학교 생활을 편안하게 할 수 있는 적절한 시설을 갖추고 있어야 한다. 또한, 학교와 지역 커뮤니티와의 연계성이 매우 중요하다. 학교는 학생들에게 농어촌 생활에 대한 실질적인 경험을 제공하고, 커뮤니티는 학교를 지원하고 참여하는 교육프로그램을 제공해야 한다.

2) 농어촌 학교 학생의 통학지원

(1) 시 · 도 수준 농어촌 학교 학생의 통학지원 내용

① 통학지원 조례의 근거 및 목적

학생 통학지원에 관련 시 · 도 조례는 「초 · 중등교육법」 제60조의11,[47] 「농어업인 삶의 질 향상 및 농어촌 지역 개발촉진에 관한 특별법」 제23조제1항[48]을 근거로 제정하였다. 「초 · 중등교육법」 제60조의11은 교육감에게 학생의

---

[47] 「초 · 중등교육법」(통학 지원) ① 교육감은 학생이 안전하고 편리하게 통학할 수 있도록 필요한 지원을 할 수 있다. ② 제1항에 따른 통학 지원에 필요한 사항은 해당 시 · 도의 조례로 정한다.

[48] 「농어업인 삶의 질 향상 및 농어촌 지역 개발촉진에 관한 특별법」 제23조(농어촌 학교 학생의 교육 지원) ① 국가와 지방자치단체는 농어촌 학교 학생의 교육기회를 보장하기 위하여 입학금, 수업료, 급식비 및 통학에 필요한 교통수단과 그 운행에 드는 경비를 지원할 수 있다.

통학지원을 위해 필요한 지원을 할 수 있도록 규정하였고, 구체적인 내용은 조례로 위임을 하였다. 「농어업인 삶의 질 향상 및 농어촌 지역 개발촉진에 관한 특별법」 제23조는 국가와 지방자치단체에 농어촌 학교 학생의 교육기회 보장을 위한 경비지원 규정으로 입학금, 수업료, 급식비 지원 및 통학에 필요한 교통수단과 경비를 지원하도록 규정하였다. 이에 따라 서울특별시와 대전광역시를 제외하고 학생 통학지원 조례를 제정하였다.

경기도의 경우 농어촌 지역 학생들의 통학 지원을 위한 조례뿐만 아니라 농어촌 지역 이외의 학생들의 통학지원을 위한 조례도 제정하여 광범위하게 학생들의 통학을 지원하고 있다. 강원특별자치도, 경상북도, 광주광역시, 대구광역시, 부산광역시, 인천광역시, 제주특별자치도, 전라북도, 충청남도, 충청북도는 학생 통학지원 조례 명칭을 '학생 통학지원 조례'라고 하여 농어촌 학교 학생뿐만 아니라 농어촌 이외 학교에 재학중인 학생이라도 통학거리나 학교의 운영상황에 따라서 통학을 지원할 수 있도록 하였다.

경상남도, 인천광역시, 전라남도는 '농어촌 학교 학생 통학지원'이라고 하여 농어촌 학교 학생들을 중심으로 통학을 지원하도록 하였다.

〈표 3-3〉 통학지원 조례

통학지원 조례명	해당 지자체
학생 통학지원	강원특별자치도, 경기도, 경상북도, 광주광역시, 대구광역시, 부산광역시, 인천광역시, 제주특별자치도, 전라북도, 충청남도, 충청북도
농어촌 학교 학생 통학지원	경기도, 경상남도, 인천광역시, 전라남도

통학지원 조례의 설치목적은 공통적으로 통학지원에 필요한 사항을 정하는 것을 기본목적으로 하고 학생통학의 편의와 안전의 도모, 교육기회 보장, 농어촌 학교에 재학 중인 자녀를 둔 학부모의 경제적 부담 경감, 통학지원을 위하여 필요한 사항을 정하는 것을 목적으로 하고 있다.

② 지원 기준 및 대상

통학지원 대상은 통학거리가 멀거나 대중교통으로 이동하는 시간이 오래 걸려 통학 지원이 필요한 지역에 소재하는 학교에 재학하는 학생이다. 기본적으로 관내 초·중·고뿐만 아니라 유치원까지 포함하고 있다. 유치원생의 경우에는 「유아교육법」 제9조[49)]에 규정된 병설유치원을 지원대상으로 하고 있다. 또한 「장애인 등에 대한 특수교육법」 제2조[50)]에 의한 특수교육대상 학생을 통학지원의 대상으로 하고 있다.

통학지원 조례에 의한 지원대상 학교는 「농어업인 삶의 질 향상 및 농어촌지역 개발촉진에 관한 특별법」 제3조4의 농어촌 학교, 「도서·벽지교육진흥법」 제2조[51)]의 벽지지역학교, 「농업·농촌 및 식품산업 기본법」 제3조제5호[52)]에 규정된 농촌 지역 학교, 「수산업·어촌 발전 기본법」 제3조제6호[53)]의 어촌학교로 분류할 수 있다.

---

49) 「유아교육법」 제9조(유치원의 병설) 유치원은 「초·중등교육법」 제2조에 따른 초등학교·중학교 및 고등학교에 병설될 수 있다.

50) 「장애인 등에 대한 특수교육법」 제2조(정의) 이 법에서 사용하는 용어의 정의는 다음과 같다. 1. "특수교육"이란 특수교육대상자의 교육적 요구를 충족시키기 위하여 특성에 적합한 교육과정 및 제2호에 따른 특수교육 관련 서비스 제공을 통하여 이루어지는 교육을 말한다. 2. "특수교육 관련서비스"란 특수교육대상자의 교육을 효율적으로 실시하기 위하여 필요한 인적·물적 자원을 제공하는 서비스로서 상담지원·가족지원·치료지원·지원인력배치·보조공학기기지원·학습보조기기지원·통학지원 및 정보접근지원 등을 말한다.

51) 「도서·벽지교육진흥법」 제2조(정의) 이 법에서 "도서·벽지"란 지리적·경제적·문화적·사회적 혜택을 받지 못하는 다음 각 호의 지역으로서 교육부령으로 정하는 지역을 말한다. 1. 산간지역 2. 낙도(落島) 3. 수복지구(收復地區) 4. 접적지구(接敵地區) 5. 광산지구(鑛山地區)

52) 「농업·농촌 및 식품산업 기본법」 제3조(정의) 이 법에서 사용하는 용어의 뜻은 다음과 같다. 5. "농촌"이란 다음 각 목의 어느 하나에 해당하는 지역을 말한다. 가. 읍·면의 지역 나. 가목 외의 지역 중 그 지역의 농업, 농업 관련 산업, 농업인구 및 생활여건 등을 고려하여 농림축산식품부장관이 고시하는 지역

53) 「수산업·어촌 발전 기본법」 제3조제6호 6. "어촌"이란 하천·호수 또는 바다에 인접하여 있거나 어항의 배후에 있는 지역 중 주로 수산업으로 생활하는 다음 각 목의 어느 하나에 해당하는 지역을 말한다. 가. 읍·면의 전 지역 나. 동의 지역 중 「국토의 계획 및 이용에 관한 법률」 제36조제1항제1호에 따라 지정된 상업지역 및 공업지역을 제외한 지역

통학지원 조례에서 통학지원의 목적은 「재난 및 안전관리 기본법」 제3조제1호54) 재난발생지역으로 통학지원이 필요한 경우, 학교 통폐합 및 학교 신설·대체 이전 등 적정규모학교 육성에 따라 통학지원이 필요한 경우, 공립유치원 통학여건 개선을 위하여 통학지원이 필요한 경우, 과대·과밀 학습해소를 위하여 통학지원이 필요한 경우, 신설학교 개교 전 학생 임시배치 학교를 운영하여 통학지원이 필요한 경우로 규정하고 있다.

그 외 도교육감이 통학지원이 필요하다고 인정하는 경우 통학지원을 할 수 있도록 하였다. 통학지원 조례는 기본적으로는 지역내 농어촌 학교를 대상으로 지원하지만, 재난발생지역이나 학교의 통폐합으로 인하여 원거리 통학을 하는 학생, 과대·과밀학급의 해소 등 의무교육을 위하여 통학을 지원해야 하는 다양한 상황을 설정하여서 지원하고 있다.

〈표 3-4〉 학생 통학지원 조례 지원 기준 및 대상 분석

지원 기준	지원 기준 및 지역	해당 학생 통학지원 조례
대상 및 목적	「유아교육법」 제9조에 규정된 병설유치원	제주특별자치도
	「농업·농촌 및 식품산업 기본법」 제3조제5호 농촌지역	경기도, 전라남도
	「수산업·어촌 발전 기본법」 제3조제6호의 어촌 학교	경기도, 전라남도
	「농어업인 삶의 질 향상 및 농어촌 지역 개발촉진에 관한 특별법」 제3조, 제23조4의 농어촌 학교	강원특별자치도, 경상남도, 제주특별자치도, 광주광역시 인천광역시, 충청남도
	「도서·벽지교육진흥법」 제2조 벽지지역학교	강원특별자치도
	작은학교 지원 조례에 의한 작은학교	강원특별자치도, 충청남도
	「장애인 등에 대한 특수교육법」 제2조 특수교육 대상자	강원특별자치도, 전라북도, 충청남도

---

54) 「재난 및 안전관리 기본법」 제3조 1. "재난"이란 국민의 생명·신체·재산과 국가에 피해를 주거나 줄 수 있는 것으로서 다음 각 목의 것을 말한다. 가. 자연재난: 태풍, 홍수, 호우(豪雨), 강풍, 풍랑, 해일(海溢), 대설, 한파, 낙뢰, 가뭄, 폭염, 지진, 황사(黃砂), 조류(藻類) 대발생, 조수(潮水), 화산활동, 소행성·유성체 등 자연우주물체의 추락·충돌, 그 밖에 이에 준하는 자연현상으로 인하여 발생하는 재해. 나. 사회재난: 화재·붕괴·폭발·교통사고(항공사고 및 해상사고를 포함한다)·화생방사고·환경오염사고 등으로 인하여 발생하는 대통령령으로 정하는 규모 이상의 피해와 국가핵심기반의 마비, 「감염병의 예방 및 관리에 관한 법률」에 따른 감염병 또는 「가축전염병예방법」에 따른 가축전염병의 확산, 「미세먼지 저감 및 관리에 관한 특별법」에 따른 미세먼지 등으로 인한 피해

지원 목적	「재난 및 안전관리 기본법」 제3조제1호 재난발생 지역 통학지원	전라북도, 부산광역시, 광주광역시, 인천광역시
	학교 통폐합 및 학교 신설·대체 이전 등 적정규모학교 육성	강원특별자치도, 제주특별자치도, 전라북도, 부산광역시, 광주광역시, 대구광역시, 충청남도, 충청북도
	원거리 통학 및 장시간 대중교통이용	제주특별자치도, 전라북도, 광주광역시, 대구광역시, 인천광역시
	공립유치원 통학여건 개선	강원특별자치도, 전라북도, 충청남도, 충청북도
	과대·과밀 학습해소	전라북도, 충청남도, 충청북도
	신설학교 개교 전 학생 임시배치 학교 운영	전라북도, 광주광역시, 인천광역시
	통학로 안전 및 보행통학 지원	광주광역시, 대구광역시, 충청남도
	학생적정배치를 위한 공동통학구역 운영	대구광역시
기타	교육감이 필요하다 인정한 경우	강원특별자치도, 제주특별자치도, 광주광역시, 충청남도
	기타 통학지원에 관하여 필요한 경우	대구광역시, 인천광역시, 충청북도

③ 심의 위원회 구성과 운영

학생 통학지원 조례는 통학지원 대상 선정, 지원 종류, 방법, 기간, 통학지원 중단 및 통학차량에 관한 사항을 논의하는 합의제 기구인 학생통학지원심의위원회를 규정하고 있다. 경기도, 경상북도, 광주광역시, 대구광역시, 인천광역시, 제주특별자치도, 충청북도 학생 통학지원 조례에서는 학생통학지원심의위원회를 규정하였다.

강원특별자치도, 경기도 농어촌 학교 학생통학 교통비 지원 조례, 충청남도는 통학 관련 심의위원회에 관한 규정이 없다. 경상남도, 전라남도, 전라북도는 통학지원에 관련된 내용 등을 심의하는 합의제 심의위원회를 설치하지 않았다. 경상남도와 전라남도는 통학로 여건 및 안전사고 등에 관하여 전문기관에 위탁하는 안전컨설팅을 규정하였다. 전라북도는 컨설팅과 연구용역을 규정하였다.

학생통학지원심의위원회의 구성은 위원장, 부위원장 포함하여 11인~13인으로 구성한다고 규정하고 있다. 위원 구성은 대부분 당연직과 위촉직으로 구분한다. 대부분 교육청의 행정직 공무원이 당연직 위원이고, 위촉직 위원은 교육감이나 의회에서 추천하는 학교의 장, 학부모, 교통관련 전문가 등으로 구성한다. 임기는 2년으로 규정하고 있다.

〈표 3-5〉 학생통학지원 심의위원회

조례	심의위원회	내용
경기도 학생 통학지원 조례	심의위원회	학생통학지원심의위원회
	심의사항	▸ 지원 대상 선정, 지원 방법, 지원 중단 ▸ 그 밖에 통학 지원 등에 관하여 필요한 사항
	위원회 구성	▸ 위원장, 부위원장 포함 13인 ▸ 당연직 위원: 교육청 공무원 ▸ 위촉직 위원: 교육감이 위촉하는 사람 ▸ 임기: 2년
	위원회 회의	▸ 정기회의 없음. ▸ 통학지원 신청 또는 위원장 소집
	의견청취 및 현장방문	▸ 관계 공무원과 관계자
경상북도 학생 통학지원 조례	심의위원회	학생통학지원심의위원회
	심의사항	▸ 지원 대상 선정, 지원 종류, 방법 , 기간 ▸ 통학차량에 관한 사항
	위원회 구성	▸ 위원장, 부위원장 포함 11인 ▸ 당연직 위원: 교육청 공무원 ▸ 위촉직 위원: 도의회 및 교육감이 위촉하는 사람 ▸ 임기: 2년
	위원회 회의	▸ 정기회의 없음. ▸ 학교운영위원회의 심의 또는 자문을 거쳐 통학 지원을 신청하거나 위원장이 필요한 경우 소집
광주광역시 학생 통학지원 조례	심의위원회	학생통학지원심의위원회
	심의사항	▸ 통학지원대상 선정, 지원방법, 기간
	위원회 구성	▸ 위원장, 부위원장 포함 11인 ▸ 당연직 위원: 교육청 공무원 ▸ 위촉직 위원: 교육감이 위촉하는 사람 ▸ 임기: 2년
	위원회 회의	▸ 정기회의 없음. ▸ 학교운영위원회의 심의 또는 자문을 거쳐 통학 지원을 신청하거나 위원장이 필요한 경우 소집
대구광역시 학생 통학지원 조례	심의위원회	학생통학지원심의위원회
	심의사항	▸ 통학지원대상 선정, 지원방법, 중단
	위원회 구성	▸ 위원장, 부위원장 포함 11인 ▸ 당연직 위원: 교육청 공무원 ▸ 위촉직 위원: 교육감이 위촉하는 사람 ▸ 임기: 2년
	위원회 회의	▸ 정기회의 없음. ▸ 학교운영위원회의 심의 또는 자문을 거쳐 통학 지원을 신청하거나 위원장이 필요한 경우 소집

인천광역시 학생 통학지원 조례	심의위원회	학생통학지원심의위원회
	심의사항	‣ 통학지원대상 선정, 지원방법, 기간
	위원회 구성	‣ 위원장, 부위원장 포함 11인 ‣ 당연직 위원: 교육청 공무원 ‣ 위촉직 위원: 교육감이 위촉하는 사람 ‣ 임기: 2년
	위원회 회의	‣ 정기회의 없음. ‣ 학교운영위원회의 심의 또는 자문을 거쳐 통학 지원을 신청하거나 교육감, 위원장이 필요한 경우 소집
제주특별자치도 학생 통학지원 조례	심의위원회	학생통학지원심의위원회
	심의사항	‣ 통학지원대상 선정, 지원방법, 중단
	위원회 구성	‣ 위원장, 부위원장 포함 11인 ‣ 당연직 위원: 교육청 공무원 ‣ 위촉직 위원: 교육감이 위촉하는 사람 ‣ 임기: 2년
	위원회 회의	‣ 정기회의 없음. ‣ 위원장 소집
충청북도 학생 통학지원 조례	심의위원회	학생통학지원심의위원회
	심의사항	‣ 통학지원대상 선정, 지원방법
	위원회 구성	‣ 위원장, 부위원장 포함 11인 ‣ 당연직 위원: 교육청 공무원 ‣ 위촉직 위원: 지자체장, 교육감이 위촉하는 사람 ‣ 임기: 2년
	위원회 회의	‣ 정기회의 없음. ‣ 통학지원 신청 또는 위원장 소집
전라북도 학생 통학지원 조례	안전컨설팅 및 연구용역	‣ 통학차량의 안전사고 예방 ‣ 임차 차량의 합리적 비용 산정 ‣ 학생 통학지원의 구조적 개선 ‣ 전문기관에 위탁
전라남도 농어촌 학생 통학지원 조례	안전컨설팅	‣ 통학로 여건 및 안전사고 등에 대한 안전성 컨설팅 ‣ 전문기관에 위탁
경상남도 농어촌 학생 통학지원 조례	안전컨설팅	‣ 통학로 여건 및 안전사고 등에 대한 안전성 컨설팅 ‣ 전문기관에 위탁

〈표 3-6〉 시·도 학생 통학지원 조례 종합

조례명	지원계획	지원대상	지원방법	심의위원회	기타
강원특별 자치도 교육청 학생 통학 지원 조례	▷기본방향 ▷재원확보방안 ▷차량공동이용 ▷안전교육	▷벽지지역학교 ▷특수교육대상자 ▷작은학교 ▷통학지원필요 (통합, 이전, 재배치)			▶차량공용 이용 ▷인근학교별 공동이용 ▷학교급이 다 른 학교별 공 동이용
경기도 농어촌 학교 학생 통학 교통비 지원 조례	▷지원대상 ▷지원액 ▷지원절차	▷도내 농어촌 학교에 대중교통을 이용하 여 통학하는 중· 고등학생	교통비 전부 또는 일부 지원		▶환수조치 ▷다른 단체 등 의 지원 ▷부당수급
경기도 학생 통학 지원 조례	▷기본방향 ▷재원조달방안 ▷안전대책		▷교통비 지원 ▷통학차량 운영	학생통학지원 심의위원회	▶실태조사 ▷학생 수, 통학 차량 안전 ▷학생, 학부모 만족도
경상남도 교육청 농어촌 학교 학생 통학 지원 조례	▷기본방향 ▷재원확보방안 ▷차량공동이용 ▷안전교육	▷도내 농어촌 학교에 재학하는 학생 중 통 학시간, 거리 고려	▷차량운영· 지원 ▷교통비 지원		▶통학로 안정 성 컨설팅 ▶협력체계
경상북도 교육청 학생 통학 지원에 관한 조례	▷기본방향 ▷재원확보방안 ▷차량공동이용 ▷안전교육	▷학교별 특성과 통 학여건 등을 종합 적으로 고려	▷차량운영· 지원 ▷교통비 지원	학생통학지원 심의위원회	▶공동이용 ▶협력체계
광주광역시 교육청 학생 통학 지원 조례	▷기본방향 ▷지원방법 ▷재원확보방안 ▷차량공동이용 ▷안전대책	▷대중교통편의부족 ▷학교통폐합·신설· 이전에 따른 적정 규모학교 육성추진 ▷신설학교 개교 전 임시배치 학교지정 운영 ▷통학로 미확보 등 보행통학 불편 ▷농어촌 학교	▷차량운영· 지원 ▷교통비 지원	학생통학지원 심의위원회	▶중복지원금지 ▶협력체계

대구광역시 학생 통학 지원 조례	▷기본방향 ▷재원확보방안 ▷안전대책	▷학교통폐합·신설· 이전에 따른 적정규 모학교 육성추진 ▷공동통학구역을 운 영하는 지역 ▷대중교통편의부족 ▷보행·교통안전여 건 부족	▷교통비지원 ▷통학차량 운영 ▷교통안전 지도	학생통학지원 심의위원회	▶협력체계
부산광역시 교육청 학생 통학 지원 조례	▷기본방향 ▷지원평가 ▷재원조달방안 ▷안전대책	▷학교통폐합·신설 ·이전에 따른 적정 규모학교 육성추진 ▷농어촌 학교 ▷재난지역 통학지원 ▷통학거리 및 통학 로 안전 미확보	▷차량운영· 지원 ▷교통비 지원	학생통학지원 심의위원회	▶실태조사 ▷학생 수, 통 학차량 안전 ▷학생, 학부 모만족도 ▷통학환경 ▶안전교육 ▶협력체계
인천광역시 교육청 학생 통학 지원 조례	▷기본방향 ▷지원평가 ▷재원조달방안 ▷안전대책	▷학교통폐합·신설 ·이전에 따른 적정 규모학교 육성추진 ▷농어촌 학교 ▷재난지역 통학지원 ▷통학거리 및 통학 로 안전 미확보 ▷신설학교 전 임시배 치 학교지정	▷차량운영· 지원 ▷교통비 지원 ▷교통안전 지도	학생통학지원 심의위원회	▶실태조사 ▷학생 수, 통학 차량 안전 ▷학생 학부모 만족도 ▷통학환경 ▶안전교육 ▶협력체계
전라남도 교육청 농어촌 학교 학생 통학 지원 조례	▷기본방향 ▷예산확보 ▷차량공동이용 ▷안전교육	▷농어촌 학교 학생	▷차량운영· 지원 ▷교통비 지원		▶실태조사 ▷학생 수, 통 학차량 안전 ▷학생, 학부 모만족도 ▶통학로 안정 성 컨설팅 ▶안전교육 ▶협력체계
제주 특별자치도 교육청 학생의 통학 지원에 관한 조례	▷기본방향 ▷예산확보 ▷지원대상· 내용 ▷안전대책	▷읍·면소재 학생 ▷읍·면거주 학생 ▷농어촌 초등학교 ▷학교통폐합·신설· 이전에 따른 적정 규모학교 육성추진 ▷통학거리 및 대중 교통 이용 불편	▷차량운영· 지원 ▷교통비 지원	학생통학지원 심의위원회	▶차량공용 이용 ▶실태조사 ▷만족도조사 ▷지원현황 ▶안전교육

전라북도교육청 학생 통학지원 조례	▷기본방향 ▷예산확보 ▷차량공동이용 ▷안전교육	▷농어촌 학교 학생 ▷학교통폐합·신설·이전에 따른 적정규모학교 육성추진 ▷통학거리 및 대중교통 이용 불편 ▷과대과밀학급 해소 ▷공립유치원 통학		전문기관 컨설팅	▶실태조사 ▷만족도조사 ▷지원현황 ▶안전교육
충청남도교육청 학생 통학 지원 조례	▷기본방향 ▷예산확보 ▷차량공동이용 ▷안전교육	▷농어촌 학교 학생 ▷학교통폐합·신설·이전에 따른 적정규모학교 육성추진 ▷통학거리 및 대중교통 이용 불편 ▷과대과밀학급 해소 ▶특수교육대상자 ▷작은학교			▶안전교육
충청북도교육청 학생 통학 지원 조례	▷기본방향 ▷예산확보 ▷차량공동이용 ▷안전교육	▷농산어촌 학교 학생 ▷개교 전 임시배치 학교 ▷재난지역 통학지원 ▷과대과밀학급 해소 ▷학교통폐합·신설·이전에 따른 적정규모학교 육성추진 ▷공립유치원 통학		학생통학지원 심의위원회	▶실태조사 ▷만족도조사 ▷지원현황 ▶안전교육

(2) 시·군·구 수준 농어촌 학교 학생의 통학지원 내용

① 통학지원 조례의 근거 및 지원대상

조례를 제정한 지역은 시·군·구 지역 중 대부분 농어촌 지역이다. 조례의 명칭을 가평군, 양구군, 화천군의 경우 학생교통비 또는 통학지원으로 제정하였고, 곡성군, 무안군, 보은군, 옥천군, 인제군, 평창군, 횡성군은 농어촌 학교 학생 통학지원으로 제정하였다. 이들 지역은 관내 중·고등학교에 재학 중인 학생들의 통학을 보편적으로 지원하기 위한 조례를 제정하였다.

강화군은 모든 학생들의 통학을 지원하는 것이 아닌 저소득층, 다자녀, 다문화 가정으로 대상범위를 한정하였다. 남해군은 야간교통비 지원 조례를 제정하여서 관내 중·고등학교 재학 중인 학생들의 야간 귀가를 지원하고 있다. 남해군 교통비 지원조례는 대상범위뿐만 아니라 지원범위를 야간이라는 시간으로 한정하였다. 양산시는 관내 작은학교 재학생으로 대상 범위를 한정하였고, 울산시 남구 조례는 관외 지역에서 통학하는 학생들을 지원대상으로 한정하였다.

〈표 3-7〉 시·군·구 통학지원 조례명

통학지원 조례명	해당 지자체
학생교통비, 통학지원	가평군, 양구군, 화천군
농어촌 학교 학생 통학지원	곡성군, 무안군, 보은군, 옥천군, 인제군, 평창군, 횡성군
저소득 청소년 교통지원	강화군
야간교통비 비원	남해군
작은학교 학생	양산시
원거리 통학생	울산시 남구

시·군·구 통학지원 조례는 공통적으로 통학지원에 필요한 사항을 정하는 것을 기본목적으로 하고, 학생통학의 편의와 안전의 도모, 교육기회 보장, 농어촌 학교에 재학 중인 자녀를 둔 학부모의 경제적 부담 경감, 통학지원을 위하여 필요한 사항을 정하는 것을 목적으로 하고 있다.

② 통학지원 대상 및 방법

시·군·구 통학지원 조례의 적용대상은 대부분 농어촌 지역에 소재한 학교에 다니는 학생으로 한정하고 있다. 기본적으로는 중·고등학교 재학생을 기준으로 한다. 가평군, 남해군, 보은군, 평창군, 횡성군은 관내 중·고등학교 재학생을 통학지원의 대상으로 규정하였다. 곡성군, 무안군은 고등학교 재학생으로 대상을 한정하였다.

강화군의 경우에는 적용대상을 중·고등학교 재학생이지만, 저소득, 다자녀, 다문화 가정으로 한정하였다. 강화군은 농어촌 지역이지만, 인근 대도시 지역으로 통학하는 학생이 증가하면서 통학비 지원의 범위를 한정적으로 규정하였다.

울산시 남구의 경우 남구 지역 이외의 고등학교로 배정받아서 원거리 통학하는 학생들을 지원하고 있다. 통학지원 조례의 대상이 일반적인 학생이 아닌 원거리 통학하는 고등학생으로 한정하고 있다.

양구군과 옥천군의 경우 각급 학습단위로 보면 통학지원 대상의 범위가 넓다. 옥천군은 초·중·고등학생을 지원대상으로 하고, 농어촌의 모든 학교의 재학생을 지원하도록 규정하여 보편적 지원을 실현하고 있다. 양구군의 경우 초·중·고등학교뿐만 아니라 영유아까지 통학 지원 범위를 확대하고 있다. 즉 농어촌 지역의 경우 초·중등교육기관보다는 영유아 교육기관이 많지 않고, 거리상의 문제가 있기 때문에 영유아까지 지원범위를 확대하여 통학권 보장을 보다 강화하였다.

화천군은 초·중등교육기관 재학생으로 한정하지 않고, 지역 내에 있는 아동과 청소년으로 지원대상을 규정하였다. 즉 지역 내에 있는 모든 아동과 청소년의 학교교육을 위한 통학지원뿐만 아니라 화천군에서 운영하는 프로그램에 참여하는 아동, 청소년의 통학을 지원하고 있다. 화천군은 학생들의 정규교과에 학습이외에 지역 내 문화, 자기 계발을 위한 프로그램 참여와 지원까지 통학권의 보장범위에 포함하였다.

지원방법은 교통비 지원, 버스요금 지급, 택시비 지원, 통학버스 운영지원으로 나눌 수 있다. 교통비 지원과 버스요금은 지차제의 재정상황에 따라서 전부 또는 일부 지원하는 방식이다. 가평군, 강화군, 보은군, 화천군은 버스요금을 지원하고 있다. 교통비 지원은 통학에 들어가는 대중교통(버스 및 택시)를 지원하는 방식이다. 택시지원은 야간자율학습 이후 대중교통 이용이 어려운 학생들에게 지원한다. 무안군과 울산시 남구는 통학버스를 운영하는 교육기관이 일정한 요건을 충족하면 통학버스 운영비를 보조하는 방식이다. 대중교통을 이용하는 학생들의 비용을 전부 또는 일부 지원하는 방식보다는 학생들에게 직접적인 통학권 보장 수단으로 볼 수 있으며, 통학버스를 운영하는 학교에서 직접 관리할 수 있는 장점도 있는 제도이다.

〈표 3-8〉 시·군·구 통학지원 대상과 방법

지자체	지원대상	지원방법
가평군	중·고등학교 재학생	시내·외버스 청소년 요금 지급
강화군	저소득, 다자녀, 다문화 가정 중·고등학교 재학생	군내버스 청소년 요금 지급
곡성군	고등학교 재학생	▷버스 기본요금 지원 ▷통학택시비(야간자율학습시)
남해군	중·고등학교 재학생	▷통학택시비(야간자율학습시)
무안군	고등학교	통학버스 운영 지원
보은군	중·고등학교 재학생	시내버스 기본요금 지원
양구군	유·초·중·고등학생	교통비 지원
양산시	작은학교 학생	교통비 지원
옥천군	초·중·고등학생	버스기본요금
울산시 남구	남구 지역 외 고등학교를 배정받은 학생	통학버스 운영 지원
인제군	중·고등학교 재학생	▷버스나 택시요금 ▷통학택시비(야간자율학습시)
평창군	중·고등학교 재학생	통학택시비 지급
화천군	아동(18세 미만)55) 청소년(9세 이상 24세 미만)56)	버스요금 실비지급
횡성군	중·고등학교 재학생	통학택시비 지급

〈표 3-9〉 학생 통학지원 시·군·구 조례 종합

조례명	지원대상	지원절차	지원방법	환수조치
가평군 학생 교통비 지원 조례	▷주민등록이 되어 있고, 관내 중·고등학교에 대중교통을 이용하여 통학하는 학생 ▶거주지에서 학교와의 도로상 거리가 2킬로미터 이내 이거나, 학교 기숙사 입사 학생은 지원 대상에서 제외한다.	학생 신청▷학교장▷지자체장	▷교통비의 전부 또는 일부(예산범위)	▶국가 또는 다른 기관 및 단체 등에서 지원하는 교통수단을 제공받은 경우 ▶교통비를 부당하게 지원받은 경우

---

55) 「아동복지법」 제3조(정의) 이 법에서 사용하는 용어의 뜻은 다음과 같다. 1. "아동"이란 18세 미만인 사람을 말한다.

56) 「청소년 기본법」 제3조(정의) 이 법에서 사용하는 용어의 뜻은 다음과 같다. 1. "청소년"이란 9세 이상 24세 이하인 사람을 말한다. 다만, 다른 법률에서 청소년에 대한 적용을 다르게 할 필요가 있는 경우에는 따로 정할 수 있다.

강화군 저소득 등 청소년 교통비 지원 조례	▷강화군내 저소득 가정, 다자녀 가정 ▷버스를 이용하여 중·고등학교에 통학하는 학생	학생신청▷관할 읍·면사무소▷지자체장	▷교통비의 전부 또는 일부(예산 범위)	▶국가 또는 다른 기관 및 단체 등에서 지원하는 교통수단을 제 공받은 경우 ▶교통비를 부당하게 지원받은 경우
곡성군 농어촌 학교 학생 교통비 지원 조례	▷주민등록이 되어 있고, 관내 고등학교에 대중 교통을 이용하여 통학 하는 학생 ▷야간자율학습 이후 군 내버스의 운행시간이 종료된 지역에 거주하는 학생 ▶거주지에서 학교와의 도로상 거리가 2킬로 미터 이내 이거나, 학교 기숙사 입사 학생은 지원 대상에서 제외한다.		▷버스 기본요금을 지원 ▷야간자율학습의 경우 통학택시 비의 전부 또는 일부를 지원	▶국가 또는 다른 기관 및 단체 등에서 지원하는 교통수단을 제 공받은 경우 ▶교통비를 부당하게 지원받은 경우
남해군 농어촌 학교 학생 야간 통학택시비 지원 조례	▷야간자율학습을 마치고 귀가하는 경우 대중 교통 운행시간이 종료된 지역에 거주하는 통학생. ▶무료통학차량 운영지역 거주학생은 지원 대상에서 제외한다.	학생 1개월 간 사용한 증빙서류 첨부▷지자 체장	▷통학택시비의 전부 또는 일부 (예산범위) ▷통학택시를 이 용 시 - 1 인 당 100원	▶통학택시비 지 원을 받다가 해 당 학교의 기숙 사 거주로 통학 하지 않을 경우 ▶거짓이나 그 밖 의 부정한 방법 으로 통학택시비 를 신청하거나 지원 받은 경우 ▶그 밖에 군수가 필요하다고 인 정하는 경우
무안군 농어촌 고등학교 학생 통학 지원 조례	▷무안군에 주소를 두고 관내 농어촌 고등학교 에 재학 중인 학생 ▶지원대상 제외 - 통학생의 통학거리가 15킬로미터 이내인 경우 - 학교 기숙사에 입사 한 경우 - 거주지에서 학교까 지 통학이 가능한 단 일노선이 있는 경우 - 통학 관련 타 기관에 서 지원을 받는 경우		▷버스 기본요금을 기준으로 지원	▶국가 또는 다른 기관 및 단체 등 에서 지원하는 교통수단을 제 공 받은 경우 ▶기타 부당한 방 법으로 교통비를 지원받은 경우 ▶통학 목적 외의 용도로 통학버 스를 운영한 경 우 등 지원목적 에 벗어난 경우

보은군 농어촌 학교 학생 교통비 지원 조례	▷관내에 주소를 두고 농어촌 학교에 재학 중인 중·고등학생 ▶거주지에서 학교와의 도로상 거리가 2킬로미터 이내이거나 기숙사에 입사한 학생은 제외	학생 또는 학부모 신청▷학교▷지자체장	▷통학에 필요한 통학비(통학택시비 포함)	▶거짓이나 부정한 방법으로 지원받은 때 ▶국가 또는 다른 기관·단체 등에서 지원하는 교통수단을 제공받은 때 ▶휴학, 졸업 등으로 해당 지원 대상자의 자격을 상실한 때 ▶그 밖에 군수가 제1호부터 제3호까지에 준하는 사유가 있다고 판단된 때
양구군 학생 통학 교통비 지원 조례	▷관내에 주소를 두고 농어촌 학교에 재학 중인 유·초·중·고등학생 ▶거주지에서 학교와의 도로상 거리가 3킬로미터 이상인 경우 지원	학생 또는 학부모 신청▷지자체장	▷통학비의 전부 또는 일부	▶국가 또는 다른 기관 및 단체 등에서 지원하는 교통수단을 제공 받은 경우 ▶허위, 거짓 등 부당한 방법으로 교통비를 지원받은 경우
양산시 작은학교 학생 통학 교통비 지원 조례	▷관내에 주소를 두고 작은학교에 재학 중 학생 ▶거주지에서 학교와의 도로상 거리가 3킬로미터 이상인 경우 지원	학생 또는 학부모 신청▷지자체장	▷통학비의 전부 또는 일부	▶국가 또는 다른 기관 및 단체 등에서 지원하는 교통수단을 제공 받은 경우 ▶허위, 거짓 등 부당한 방법으로 교통비를 지원받은 경우
옥천군 농어촌 학교 학생 교통비 지원 조례	▷관내에 주소를 두고 초·중·고에 재학 중 학생 ▶거주지에서 학교와 직선거리가 2킬로미터 이내인 경우 지원 제외		▷버스기본요금	▶국가 또는 다른 기관 및 단체 등에서 지원하는 교통수단을 제공 받은 경우 ▶그 밖의 방법으로 교통비를 부당하게 지원받은 경우

조례	대상	신청	지원	제외/환수
울산광역시 남구 원거리 통학생 통학버스 지원에 관한 조례	▷관내에 주소를 둔 고등학생 ▶학교행 단일노선이 없거나 노선이 있지만 배차시간이 1시간 이상을 초과하는 지역에 거주하는 학생	학생▷학부모동의▷남구청에 지원요청	▷통학버스 지원	▶노선이 신설되는 경우 ▶버스승객 정원 30% 미만으로 1개월 이상 운행할 경우
인제군 농어촌 학교 학생 교통비 지원 조례	▷관내 중·고등학교에 재학 중인 학생 ▷관내 고등학교 야간학습을 마치고 대중교통 운행시간이 종료된 후 귀가하는 학생 ▶거주지에서 재학 중인 학교와의 도로상 거리가 2킬로미터 이내이거나, 기숙사에 입사한 학생은 제외	학생신청▷학교장▷교육장 경유▷지자체장	▷교통비의 전부 또는 일부	▶국가 또는 다른 기관 및 단체 등에서 지원하는 교통수단을 제공 받은 경우 ▶그 밖의 방법으로 교통비를 부당하게 지원받은 경우
평창군 농촌학교학생 통학택시비 지원에 관한 조례	▷관내 농촌학교에 재학 중인 중·고등학생 ▷대중교통을 이용할 수 없는 시간에 통학하는 학생	보호자신청▷지자체장	▷통학택시비 전부 또는 일부 지원	▶확인 또는 검사 결과 거짓이나 그 밖의 부정한 방법 등으로 지원받은 비용이 있는 경우
화천군 학생 통학 지원 조례	▷관내 학교에 통학하는 학생 ▷화천군수가 운영하는 프로그램에 참가하는 아동 및 청소년 ▶거주지에서 재학 중인 학교와의 도로상 거리가 2킬로미터 이내이거나, 기숙사에 입사한 학생은 제외	학생신청▷학교장▷지자체장	▷교통요금실비 지원	▶국가 또는 다른 기관 및 단체 등에서 지원하는 교통수단을 제공받은 경우 ▶그 밖의 방법으로 교통비를 부당하게 지원받은 경우
횡성군 농촌학교학생 통학택시비 지원 조례	▷관내 학교에 통학하는 중·고등학생 ▷야간자율학습을 마치고 귀가하는 학생 중 대중교통 운행시간이 종료된 지역에 거주하는 학생	보호자 신청▷읍·면장▷지자체장	▷통학택시비 전부 또는 일부 지원	▶확인 또는 검사 결과 거짓이나 그 밖의 부정한 방법 등으로 지원받은 비용이 있는 경우

(3) 농어촌 학교 학생의 통학권 보장 사례

농어촌 학교 학생의 교육여건 중 가장 필요한 사항이 학교 통학에 관련된 편의이다. 전술한 바와 같이 농어촌 지역 지방자치단체에서는 통학지원 조례를 제정하여 학생들의 통학권을 보장하는 곳이 있다. 통학 관련 조례는 제정하지 않았지만 지방자치단체가 정책적으로 학생들의 통학을 보장해 주는 지역도 있다.

일부 지방자치단체를 중심으로 〈표 3-10〉과 같이 통합택시, 행복택시, 하교택시, 희망택시, 다람쥐 택시라는 이름으로 농어촌 학교 학생들의 통학을 지원하고 있다(조창희, 이화룡, 2015: 7). 농어촌 지역은 대중교통 이용객의 감소로 노선은 지·간선제를 혼용하고 있으며, 배차도 많지 않아서 야간에 학생들의 귀가에 어려움이 많다. 이러한 점을 고려하여 최근 지자체에서는 학생 귀가에 안전과 통학권 보장뿐만 아니라 지역주민들의 이동권과 지역 대중교통 기업의 경영난을 해소하기 위하여 정책적으로 통학권을 보장하는 사례가 증가하고 있다.

농어촌 학교 학생의 통학권 보장은 지자체 관할 구역 내에서 이루어지는 경우도 있지만, 광역지자체를 중심으로 원거리 통학을 지원하는 사례도 등장하고 있다. 대표적인 사례가 강원특별자치도의 에듀버스(Edu-Bus)이다. 기존의 학교 단위 통학버스 운영을 지역 교육청 단위의 에듀버스로 통합운영한다. 통학수단을 최대한 활용하여 최대한의 학생을 통학지원을 하는 시스템으로 2015년 시범사업을 시작하여 현재 지원지역을 확대해 나아가고 있다(홍은광, 2018: 25).

〈표 3-10〉 특별 통학지원 사례

지역	명칭	비용	이용대상	이용내용
완주군	통학택시	기본: 1,000원 수급자: 500원	중·고교생	▷통학거리 편도 2킬로미터 이상 ▷도보로 30분 이상
김제시	통학택시	기본: 1,000원 수급자: 면제	중·고교생	▷신청제 ▷통학거리 편도 2킬로미터 이상 ▷버스운행간격 1시간 이상 ▷집에서 버스승강장까지 거리 1킬로미터 이상
진천군	통학택시	1,000원	고교생	▷야간자율학습 이후 ▷3~4명이 모여서 거리 무관 이용
남원시	통학택시	1,000원	중·고교생	▷버스노선이 불편한 지역 거주학생
울진군	행복택시	1,000원	학생	▷농어촌버스 미운행지역 이용가능

춘천시	하교택시	1,000원	중·고교생	▷신청제 ▷야간자율학습 이후
해남군	안심택시	1,000원	중·고교생	▷야간자율학습 이후 ▷귀가거리 편도 1킬로미터 이상 ▷지원상한액 학생 1인당 월 30만 원
순창군	마을택시	1,000원	학생, 주민	▷군내버스 미운행지역
고창군	통학택시	1,000원	중·고교생	▷통학거리 편도 2킬로미터 이상
진안군	통학택시	1,000원	중·고교생	▷통학거리 편도 2킬로미터 이상
임실군	통학택시	기본: 1,000원 수급자: 면제	중·고교생	▷통학거리 편도 2킬로미터 이상
여주시	행복택시	읍·면: 1,000원 시내: 1,500원	학생,주민	▷농촌버스가 노선 제외지역 ▷통학시간이 안 맞는 경우
영동군	통학지원금	1,000원	중·고교생	▷통학교통비 지원 ▷야간자율학습 후 ▷버스: 출석일수×왕복교통비로 산정 ▷택시: 1,000원 지원

3) 농어촌 학교 학생 통학권 보장을 위한 입법적 검토

현재 농어촌 학교 학생들의 통학은 지역의 시·군·구의 조례로 지원하고 있다. 농어촌 학교 학생들의 통학지원을 위한 통합적·체계적 법제가 필요하지만, 거리나 환경과 같은 지역적 요건이 다르기 때문에 조례로 제정하는 것이 효율적일 수 있다. 그러나 모든 지역에서 조례로 통학을 보장하지 않고 있으며, 조례나 지방자치단체의 정책으로 통학지원을 받지 못하는 지역이 더 많다. 이러한 상황에서 농어촌 학교 학생들의 통학지원을 위한 기본적인 법제가 필요하다.

기본적 법제에는 첫째, 안전한 통학 수단을 규정해야 한다. 학생들이 안전하게 학교에 다닐 수 있도록 교통 수단을 지정해야 한다. 지역과 거리, 환경을 고려하여 통학버스와 같은 교통수단 서비스의 제공, 근거리 통학 학생들을 위한 안전한 보행자 도로의 구축 등도 포함해야 한다. 이런 제도의 구체화를 위한 재정 지원과 운영 방안의 근거규정도 마련해야 한다.

둘째, 통학 시간이다. 통학 시간이 너무 길면 학생들의 학업 성과와 건강에 부정적인 영향을 미칠 수 있다. 학생들의 통학 시간을 적절하게 제한하는 규정이 필요하다. 통학권은 학생들이 안전하게 학교에 다닐 수 있는 권리까지 포함하는 개념이다. 통학 시간이 너무 길면 학생들의 학업 성과와 건강에 부정적인 영향을 미칠 수 있다. 과도한 통학 시간은 학생들의 피로도를 높여 학업 성취도를 떨어뜨리고, 필요한 휴식 시간을 감소시켜 체력과 집중력을 약화시킨다. 또한, 통학 중 발생하는 여러 위험요소(교통사고, 기상악화 등)에 노출될 위험성이 있다. 원거리 통학이 많은 농어촌 학교에 재학 중인 학생들의 통학권 보장에는 적정한 통학 시간 제한을 포함해야 한다. 학생들의 건강과 학업 성취도를 보호하고, 안전하게 학교에 다닐 수 있는 환경을 구축해야 한다. 적정한 통학 시간에 대한 명확한 기준은 국가, 지역, 교통 상황 등에 따라 다를 수 있지만, 일반적으로 한 방향으로 1시간 내외를 적정 통학 시간으로 제한하는 것이 바람직하다.

셋째, 특별한 상황을 고려해야 한다. 특별한 상황(예: 기상 상황, 사고, 통학 도중의 긴급 상황 등)에 대비하여 학생들의 안전을 보장하는 방안도 입법적으로 검토해야 한다. 통학 도중 사고가 발생한 경우, 즉시 응급 처치를 할 수 있는 기능을 갖춘 대체 통학수단을 마련해야 한다. 대규모 행사나 교통사고로 인해 예상치 못한 교통 체증이 발생하는 경우, 학교는 학생들을 안전하게 학교로 데려다 줄 대체 통학 경로의 설정을 의무화해야 한다. 이런 상황들에 대비하기 위해 학교와 행정기관이 정확한 대응 계획을 수립하고, 주기적으로 검토하여 필요한 경우 최신화해야 한다. 이와 같은 내용들을 통합 통학법제에 포함해야 한다. 법제화 과정을 통하여 농어촌 학교 학생뿐만 아니라 학생들이 안전하게 학교에 다니면서 균등한 교육 기회를 가질 수 있도록 해야 한다.

제2절   농어촌 학교 학생의 고등교육 기회 확대

농어촌 학교 학생의 고등교육 기회 확대에 관한 사항은 「고등교육법」 및 동법 시행령과 「지방대학 및 지역균형인재 육성에 관한 법률」(이하 「지방대학육성법」이라 한다) 및 동법 시행령에서 확인할 수 있다. 여기에서는 「고등교육법」에 따른 대학입시 농어촌 특별전형과 「지방대학육성법」에 따른 지방대학의 지역균형인재 선발 특별전형 등 농어촌 학교 학생의 고등교육 기회 확대 제도에 대해 살펴보고자 한다.

1. 대입 농어촌 특별전형

1) 대학입학전형의 유형 및 선발 기준

「고등교육법」 제34조(학생의 선발방법 등) 제1항은 "대학(산업대학·교육대학·전문대학 및 원격대학을 포함하며, 대학원대학은 제외한다)의 장은 제33조 제1항에 따른 자격이 있는 사람 중에서 일반전형이나 특별전형(이하 "입학전형"이라 한다)에 의하여 입학을 허가할 학생을 선발한다"고 규정하였다. 대학의 학생 선발 방법을 일반전형과 특별전형으로 구분한 것이다.

제2항은 "입학전형의 방법과 학생선발일정 및 그 운영에 필요한 사항은 대통령령으로 정한다"고 규정하였다. 이에 따라 대학입학전형의 방법 및 운영에 필요한 구체적인 사항은 대통령령으로 정한다.

고등교육법

제34조(학생의 선발방법 등) ① 대학(산업대학·교육대학·전문대학 및 원격대학을 포함하며, 대학원대학은 제외한다)의 장은 제33조제1항에 따른 자격이 있는 사람 중에서 일반전형(一般銓衡)이나 특별전형(이하 "입학전형"이라 한다)에 의하여 입학을 허가할 학생을 선발한다.

② 입학전형의 방법과 학생선발일정 및 그 운영에 필요한 사항은 대통령령으로 정한다.

③ 교육부장관은 입학전형 자료로 활용하기 위하여 대통령령으로 정하는 시험을 시행할 수 있다.

④ 교육부장관은 제3항에 따른 시험에서 「장애인복지법」 제2조제1항 및 제2항에 따른 장애인 응시자, 그 밖에 이에 준하는 응시자에게 필요하다고 판단되는 경우 장애인 보조기구 지참 허용, 시험시간 연장, 확대 문제지 및 확대 답안지 제공, 시험실 별도 배정 등을 포함한 편의제공 계획을 마련하여 시행하여야 한다.

⑤ 제3항에 따른 시험에서 부정행위를 한 사람에 대하여는 그 시험을 무효로 하고, 그 시험의 시행일이 속한 연도의 다음 연도 1년 동안 시험의 응시자격을 정지한다. 다만, 시험의 공정한 관리를 위하여 금지된 물품을 소지 또는 반입하거나 감독관의 지시사항을 지키지 아니하는 등 교육부장관이 정하는 경미한 부정행위를 한 사람에 대하여는 응시자격을 정지하지 아니한다. 〈개정 2013. 3. 23., 2017. 11. 28.〉

⑥ 제5항에 따라 응시자격이 정지된 사람은 정지기간 동안에는 제3항에 따른 시험에 응시할 수 없다.

⑦ 제5항에 따라 응시자격이 정지된 사람이 정지기간이 끝난 후 제3항에 따른 시험에 응시하려면 교육부장관이 정하는 바에 따라 20시간 이내의 인성교육(人性敎育)을 이수하여야 한다.

⑧ 시·도교육감은 제3항에 따른 시험의 시행에 대비하여 그 시험의 출제기관에 위탁하여 유사한 형태의 모의시험을 시행할 수 있다.

⑨ 누구든지 제3항 및 제8항에 따른 시험의 문제가 공개되기 전에 그 전부 또는 일부를 유출하거나 유포하여서는 아니 된다.

이에 따른 「고등교육법 시행령」 제31조(학생의 선발) 제1항은 "대학(원격대학은 제외한다. 이하 이 조에서 같다)의 장이 법 제34조제1항에 따라 입학자를 선발함에 있어서는 모든 국민이 능력에 따라 균등하게 교육받을 권리를 보장하고 초·중등교육이 교육 본래의 목적에 따라 운영되는 것을 도모하도록 하여야 한다. 이 경우 국립대학의 장은 국가의 균형발전을 도모하도록 하는 방안을 함께 강구하여야 한다"고 규정하였다. 이는 대학입학전형에서 학생 선발 시 '교육받을 권리 보장'과 '초·중·등교육의 목적에 따른 (정상적인)운영'을 고려해야 하며, 국립대학은 '국가의 균형발전 도모'까지 고려해야 한다는 의미이다.

제2항은 "대학의 장은 법 제34조제1항의 규정에 의한 입학전형을 함에 있어서 학생의 소질·적성 및 능력 등이 반영될 수 있도록 그 방법 및 기준을 다양하게 마련하여 시행하여야 한다"고 규정하였다. 대학입학전형에서 '학생의 소질·적성 및 능력 등의 반영'도 고려해야 한다는 것이다.

그리고 「고등교육법 시행령」 제34조(입학전형의 구분) 제1항은 "법 제34조에 따른 일반전형은 일반학생을 대상으로 보편적인 교육적 기준에 따라 학생을 선발하는 전형으로서 대학(원격대학은 제외한다. 이하 이 조에서 같다)의 교육목적에 적합한 입학전형의 기준 및 방법에 따라 공정한 경쟁에 의하여 공개적으로 시행되어야 한다"고 규정하였다. 일반전형의 의미를 "일반학생을 대상으로 보편적인 교육적 기준에 따라 학생을 선발하는 전형"으로 정의하였다.

제2항은 "법 제34조에 따른 특별전형은 특별한 경력이나 소질 등 대학이 제시하는 기준 또는 차등적인 교육적 보상기준에 의한 전형이 필요한 자를 대상으로 학생을 선발하는 전형으로서 사회통념적 가치기준에 적합한 합리적인 입학전형의 기준 및 방법에 따라 공정한 경쟁에 의하여 공개적으로 시행되어야 한다"고 규정하였다. 특별전형의 의미를 "특별한 경력이나 소질 등 대학이 제시하는 기준 또는 차등적인 교육적 보상기준에 의한 전형이 필요한 자를 대상으로 학생을 선발하는 전형"으로 정의하였다. 2가지 전형에 대해 모두 "공정한 경쟁에 의하여 공개적인 시행"을 요구하였고, 특별전형에 대해서는 "사회통념적 가치기준에 적합한 합리적인 입학전형의 기준 및 방법"을 주문하였다.

고등교육법 시행령

제31조(학생의 선발) ① 대학(원격대학은 제외한다. 이하 이 조에서 같다)의 장이 법 제34조제1항에 따라 입학자를 선발함에 있어서는 모든 국민이 능력에 따라 균등하게 교육받을 권리를 보장하고 초·중등교육이 교육 본래의 목적에 따라 운영되는 것을 도모하도록 하여야 한다. 이 경우 국립대학의 장은 국가의 균형발전을 도모하도록 하는 방안을 함께 강구하여야 한다.
② 대학의 장은 법 제34조제1항의 규정에 의한 입학전형을 함에 있어서 학생의 소질·적성 및 능력 등이 반영될 수 있도록 그 방법 및 기준을 다양하게 마련하여 시행하여야 한다.
제34조(입학전형의 구분) ① 법 제34조에 따른 일반전형은 일반학생을 대상으로 보편적인 교육적 기준에 따라 학생을 선발하는 전형으로서 대학(원격대학은 제외한다. 이하 이 조에서 같다)의 교육목적에 적합한 입학전형의 기준 및 방법에 따라 공정한 경쟁에 의하여 공개적으로 시행되어야 한다.
② 법 제34조에 따른 특별전형은 특별한 경력이나 소질 등 대학이 제시하는 기준 또는 차등적인 교육적 보상기준에 의한 전형이 필요한 자를 대상으로 학생을 선발하는 전형으로서 사회통념적 가치기준에 적합한 합리적인 입학전형의 기준 및 방법에 따라 공정한 경쟁에 의하여 공개적으로 시행되어야 한다.

2) 대학입학전형의 모집 정원

「고등교육법」 제32조(학생의 정원)는 "대학(산업대학·교육대학·전문대학·원격대학·기술대학 및 각종학교를 포함한다)의 학생 정원에 관한 사항은 대통령령으로 정하는 범위에서 학칙으로 정한다"고 규정하였다. 대학입학전형에서 중요한 요소 중 하나인 모집 정원을 포함한 학생의 정원에 대해서는 대통령령으로 정하고 있다.

이에 따른 동법 시행령 제27조(학생정원 운영의 원칙)는 "법 제32조에 따라 대학(산업대학·교육대학·전문대학·기술대학·원격대학 및 각종학교를 포함한다. 이하 이 조에서 같다)이 학생정원을 정할 때에는 당해 대학의 교육여건과 사회적 인력수급 전망 등을 반영하여 대학이 특성있게 발전할 수 있도록 정하여야 한다"고 규정하였다. 학생정원 운영의 기본적인 원칙을 정한 것이다.

동 시행령 제28조(학생의 정원) 제1항은 "법 제32조에 따른 대학(산업대학·교육대학·전문대학·기술대학·원격대학 및 각종학교를 포함하되, 대학원 및 대학원대학을 제외한다)의 학생정원은 입학정원을 기준으로 하여 학칙이 정하는 모집단위(이하 "모집단위"라 한다)별로 학칙으로 정하되, 「대학설립·운영 규정」에 따른 교사, 교지, 교원 및 수익용 기본재산에 따라 정해지는 학생 수의 범위에서 정하여야 한다"고 규정하였다. 대학 학생정원은 입학정원을 기준으로 하여 모집단위별로 학칙으로 정하되, 대학 설립·운영의 4대 요건을 충족하는 범위 내에서 가능하다는 의미이다.

그리고 제3항은 "제1항의 규정에 의하여 학칙으로 모집단위별 입학정원을 정함에 있어서 교육부장관이 정하는 다음 각 호의 사항에 관하여는 이에 따라야 한다"고 규정하였다. 교원 양성과정 정원, 보건·의료 정원, 수도권 총량규제에 따른 정원, 국·공립학교 정원에 대해서는 교육부장관이 정한 기준 내에서 학칙으로 정할 수 있다는 의미이다.

고등교육법

제32조(학생의 정원) 대학(산업대학·교육대학·전문대학·원격대학·기술대학 및 각종학교를 포함한다)의 학생 정원에 관한 사항은 대통령령으로 정하는 범위에서 학칙으로 정한다.

고등교육법 시행령

제27조(학생정원 운영의 원칙) 법 제32조에 따라 대학(산업대학·교육대학·전문대학·기술대학·원격대학 및 각종학교를 포함한다. 이하 이 조에서 같다)이 학생정원을 정할 때에는 당해 대학의 교육여건과 사회적 인력수급 전망 등을 반영하여 대학이 특성있게 발전할 수 있도록 정하여야 한다.

제28조(학생의 정원) ① 법 제32조에 따른 대학(산업대학·교육대학·전문대학·기술대학·원격대학 및 각종학교를 포함하되, 대학원 및 대학원대학을 제외한다)의 학생정원은 입학정원을 기준으로 하여 학칙이 정하는 모집단위(이하 "모집단위"라 한다)별로 학칙으로 정하되, 「대학설립·운영 규정」에 따른 교사, 교지, 교원 및 수익용 기본재산에 따라 정해지는 학생수의 범위에서 정하여야 한다. 다만, 사이버대학은 「사이버대학 설립·운영 규정」에 따른 교사, 교원, 원격교육설비 및 수익용 기본재산에 따라 정해지는 학생수의 범위에서 정하되, 사이버대학의 입학정원은 해당 학년도 신입학 또는 3학년 편입학으로 학칙에 정하여 모집할 수 있다.
② 삭제
③ 제1항의 규정에 의하여 학칙으로 모집단위별 입학정원을 정함에 있어서 교육부장관이 정하는 다음 각 호의 사항에 관하여는 이에 따라야 한다.
  1. 교원의 양성과 관련되는 모집단위별 정원
  2. 다음 각 목에 해당하는 인력의 양성과 관련되는 모집단위별 정원
   가. 「의료법」 제2조제1항의 규정에 의한 의료인
   나. 「의료기사 등에 관한 법률」 제1조의 규정에 의한 의료기사
   다. 「약사법」 제2조제2호에 따른 약사 및 한약사
   라. 「수의사법」 제2조제1호의 규정에 의한 수의사
  3. 「수도권정비계획법」 제18조제3항의 규정에 의하여 총량규제가 적용되는 학교의 정원
  4. 국립학교의 정원
  5. 공립학교의 정원
④ 제3항의 규정에 의하여 교육부장관이 제2호 내지 제4호에 관한 사항을 정하는 때에는 관계중앙행정기관의 장과 협의하여야 하며, 제5호에 관한 사항을 정하는 때에는 관계지방자치단체의 장의 의견을 들어야 한다.
⑤ 제25조제2항의 규정에 의한 대학의 약학대학 입학정원은 제3항제2호의 규정에 의하여 교육부장관이 약학대학의 모집단위별 전공교육 대상자로 인정하는 정원으로 한다.

3) 농어촌 특별전형

「고등교육법 시행령」 제29조(입학·편입학 등) 제1항은 "대학(산업대학·교육대학·전문대학·기술대학·원격대학 및 각종학교를 포함하되, 대학원 및 대학원대학을 제외한다)의 장은 제28조제1항에도 불구하고 교육환경 변화에 대응하기 위한 학과 간의 정원 조정이 필요한 경우 등 교육부장관이 정하는 사유가 있는 경우에는 교육부장관이 정하는 기준에 따라 입학정원을 조정한 모집인원의 범위에서 입학(편입학을 포함한다. 이하 이 조에서 같다)을 허가해야 한다"고 규정하였다. 이는 동 시행령 제28조제1항이 정한 학생 입학정원 등에도 불구하고 교육부장관이 정하는 사유가 있는 경우에는 조정한 모집인원을 적용해서 학생을 선발해야 한다는 의미이다.

제2항은 "다음 각 호의 사람의 입학의 경우에는 제28조제1항에도 불구하고 그 정원이 따로 있는 것으로 본다. 이 경우 제2호·제3호·제8호·제9호·제11호·제12호·제12호의2·제13호 또는 제14호에 해당하는 사람의 총학생 수는 별표 1의 기준을 따른다"고 규정하였다. 이는 정원 외로 선발할 수 있는 경우와 그 모집 정원에 대해 규정한 것이다.

정원 외로 선발할 수 있는 경우에는 "고등교육을 받을 기회를 균등하게 제공하기 위하여 소득·지역 등의 차이를 고려하여 선발할 필요가 있는 사람으로서 다음 각 목의 사람"이 포함된다. 각 목으로 정한 세부적인 해당 학생은 다음과 같다.

첫째, 학교의 장이 정하는 농어촌 지역 또는 「도서·벽지교육진흥법」 제2조에 따른 도서·벽지의 학생

둘째, 「초·중등교육법 시행령」 제91조제1항에 따른 특성화고등학교 중 자연현장실습 등 체험위주의 교육을 전문으로 실시하는 고등학교를 제외한 학교(「초·중등교육법 시행령」 제76조의2제1호에 따른 일반고등학교에 설치된 학과 중 특성화고등학교에서 제공하는 것과 같은 교육과정으로 운영되는 학과를 포함한다. 이하 "특성화고등학교 등"이라 한다)의 졸업자(법 제2조제1호·제2호·제4호 및 제6호에 따른 학교에 입학하는 경우로서 해당 학교의 장이 졸업자가 이수한 학과와 동일 계열이라고 인정하는 모집단위만 해당한다)

셋째, 다음의 요건을 모두 갖춘 사람으로서 산업체에 재직 중인 사람(법 제2조 제1호·제2호·제4호 및 제6호에 따른 학교에 입학하는 경우로 한정한다)

넷째, 다음의 어느 하나에 해당하는 사람

• 국민기초생활 보장법」제2조제1호에 따른 수급권자
•「국민기초생활 보장법」제2조제10호에 따른 차상위계층
•「한부모가족지원법」제5조 및 제5조의2에 따른 지원대상자

이에 따라 "학교의 장이 정하는 농어촌 지역 또는 「도서·벽지교육진흥법」 제2조에 따른 도서·벽지의 학생"에 대해서는 동 시행령 제28조제1항이 정한 학생 입학정원 등에도 불구하고 정원 외로 학생을 선발할 수 있다. 이러한 정원 외 선발의 목적은 "고등교육을 받을 기회를 균등하게 제공하기 위하여 소득· 지역 등의 차이를 고려하여 선발할 필요가 있는 사람"을 선발하려는 데에 있 다. 이는 앞에서 살펴본 '차등적인 교육적 보상기준에 의한 전형이 필요한 자를 대상으로 학생을 선발하는 전형'에 해당하므로, 전형의 종류 중 특별전형에 해 당한다.

고등교육법 시행령

제29조(입학·편입학 등) ① 대학(산업대학·교육대학·전문대학·기술대학·원격대학 및 각종학교를 포함하되, 대학원 및 대학원대학을 제외한다)의 장은 제28조제1항에도 불구하고 교육환경 변화에 대응하기 위한 학과 간의 정원 조정이 필요한 경우 등 교육부장관이 정하는 사유가 있는 경우에는 교육부장관이 정하는 기준에 따라 입학정원을 조정한 모집인원의 범위 에서 입학(편입학을 포함한다. 이하 이 조에서 같다)을 허가해야 한다.
② 다음 각 호의 사람의 입학의 경우에는 제28조제1항에도 불구하고 그 정원이 따로 있는 것으로 본다. 이 경우 제2호·제3호·제8호·제9호·제11호·제12호·제12호의2·제13호 또는 제14호에 해당하는 사람의 총학생수는 별표 1의 기준을 따른다.
 1. 제53조의2에 따른 산업체 위탁학생 그 밖에 교육부령이 정하는 위탁학생
 2. 재외국민 및 외국인(제6호와 제7호에 따른 재외국민 및 외국인을 제외한다)
 3. 학사학위를 취득한 사람 또는 이와 같은 수준 이상의 학력이 있다고 인정되는 사람으로서 3학년에 편입학하는 사람. 다만, 대학의 의과대학으로 편입학하는 사람 및 전문대학의 학과 중 수업연한이 3년 이하인 학과로 편입학하는 사람은 제외한다.
 4. 각종 장애 또는 지체로 인하여 특별한 교육적 요구가 있는 자로서 대학의 장이 정하는 자
 5. 삭제
 6. 북한이탈주민 및 부모가 모두 외국인인 외국인

7. 외국에서 우리나라 초·중등교육에 상응하는 교육과정을 전부 이수한 다음 각 목의 사람
  가. 재외국민
  나. 외국인
  다. 「국적법」 제6조제2항에 따라 귀화허가를 받은 사람
8. 대학·산업대학·교육대학·전문대학·기술대학 및 원격대학의 졸업자 또는 이와 같은 수준이상의 학력이 있다고 인정되는 자(전문대학에 입학하는 경우에 한정한다)
9. 전문학사학위를 취득한 전문대학과 교육과정을 연계하여 운영하는 대학(「수도권정비계획법」 제2조제1호에 따른 수도권에 소재하는 대학은 제외한다), 산업대학 또는 원격대학의 3학년에 편입학하는 사람
10. 삭제
11. 의료인력(간호사·임상병리사·방사선사·물리치료사·작업치료사·치과기공사 및 치과위생사를 말한다)의 양성을 위한 관련학과의 전문학사학위를 소지한 자 및 유치원교사의 양성을 위한 관련학과의 전문학사학위를 소지한 자
12. 전문대학(「수도권정비계획법」 제2조제1호에 따른 수도권에 소재하는 전문대학은 제외한다)에 입학하는 25세 이상인 자 또는 산업체 근무 경력이 2년 이상 있는 자
12의2. 대학·산업대학·기술대학(「수도권정비계획법」에 따른 수도권에 소재하는 대학·산업대학·기술대학은 제외한다)에 입학하는 30세 이상인 사람
13. 법 제50조의2에 따라 학사학위가 수여되는 전공심화과정에 입학하는 자
14. 고등교육을 받을 기회를 균등하게 제공하기 위하여 소득·지역 등의 차이를 고려하여 선발할 필요가 있는 사람으로서 다음 각 목의 사람
  가. 학교의 장이 정하는 농어촌 지역 또는 「도서·벽지교육진흥법」 제2조에 따른 도서·벽지의 학생
  나. 「초·중등교육법 시행령」 제91조제1항에 따른 특성화고등학교 중 자연현장실습 등 체험위주의 교육을 전문으로 실시하는 고등학교를 제외한 학교(「초·중등교육법 시행령」 제76조의2제1호에 따른 일반고등학교에 설치된 학과 중 특성화고등학교에서 제공하는 것과 같은 교육과정으로 운영되는 학과를 포함한다. 이하 "특성화고등학교 등"이라 한다)의 졸업자(법 제2조제1호·제2호·제4호 및 제6호에 따른 학교에 입학하는 경우로서 해당 학교의 장이 졸업자가 이수한 학과와 동일 계열이라고 인정하는 모집단위만 해당한다)
  다. 다음의 요건을 모두 갖춘 사람으로서 산업체에 재직 중인 사람(법 제2조제1호·제2호·제4호 및 제6호에 따른 학교에 입학하는 경우로 한정한다)
    1) 다음의 어느 하나에 해당하는 사람일 것
      가) 「초·중등교육법 시행령」 제76조의3제1호에 따른 일반고등학교에 재학하는 동안 시·도 교육감이 「직업교육훈련 촉진법」에 따른 직업교육훈련기관 중 직업교육훈련위탁기관으로 선정한 기관에서 1년 이상의 직업교육훈련과정을 이수하고 해당 일반고등학교를 졸업한 사람
      나) 「초·중등교육법 시행령」 제90조제1항제10호에 따른 산업수요 맞춤형 고등학교를 졸업한 사람
      다) 특성화고등학교 등을 졸업한 사람
      라) 「평생교육법」 제31조제2항에 따른 학력인정 평생교육시설 중 특성화고등학교 등에서 제공하는 것과 같은 교육과정을 운영하는 평생교육시설에서 해당 교육과정을 이수한 사람

    2) 다음의 어느 하나에 해당하는 산업체 근무 경력 기간의 합이 3년 이상일 것
      가) 1)의 가)부터 라)까지의 규정에 따라 학교를 졸업하거나 평생교육시설의 교육과정을 이수하기 전의 기간으로서 해당 학교나 평생교육시설에 재학하지 않은 기간 중에 산업체에서 근무한 기간
      나) 1)의 가)부터 라)까지의 규정에 따라 학교를 졸업하거나 평생교육시설의 교육과정을 이수하기 직전 학기의 재학 중에 산업체에서 근무한 기간
      다) 1)의 가)부터 라)까지의 규정에 따라 학교를 졸업하거나 평생교육시설의 교육과정을 이수한 후 산업체에서 근무한 기간
  라. 다음의 어느 하나에 해당하는 사람
    1)「국민기초생활 보장법」제2조제1호에 따른 수급권자
    2)「국민기초생활 보장법」제2조제10호에 따른 차상위계층
    3)「한부모가족지원법」제5조 및 제5조의2에 따른 지원대상자
15. 법 제4조제3항에 따른 학교의 폐지 또는 법 제62조제1항에 따른 학교의 폐쇄로 인하여 다른 학교의 동일한 모집단위 또는 유사한 모집단위로 편입학하는 자
16. 법 제60조제2항에 따른 학과의 폐지에 따라 제28조제3항제2호 각 목에 해당하는 인력의 양성과 관련되는 모집단위가 폐지되어 다른 학교의 동일한 모집단위로 편입학하는 자
③ 대학의 장은 제28조제1항에도 불구하고 학칙이 정하는 바에 따라 2학년 이상인 학생이 같은 학년의 다른 모집단위로 옮기는 것을 허가할 수 있다. 다만, 제28조제3항제1호에 해당하는 모집단위로 옮기는 경우에는 그 입학정원의 100분의 20을 초과할 수 없으며, 제28조제3항제2호에 해당하는 모집단위로 옮기는 경우에는 그 입학정원의 범위를 초과할 수 없다.
④ 대학의 장은 제1항과 제3항에 따라 대학의 약학대학(한약학과를 제외한다)에 편입학하거나 모집단위를 옮기는 것을 허가하고자 하는 경우에는 다른 학과 또는 학부 등에서 2년 이상 수료한 자 또는 이와 동등 이상의 학력이 있다고 인정되는 자를 대상으로 하되, 학칙이 정하는 바에 따라야 한다.
⑤ 산업대학·전문대학, 원격대학 및 각종학교의 장은 제28조제1항에도 불구하고 학칙이 정하는 바에 따라 학생이 같은 학년의 다른 모집단위로 옮기는 것을 허가할 수 있다.
⑥ 제2항제14호다목에 따라 입학한 학생에 대해서는 학칙에서 정하는 바에 따라 교육과정을 별도로 운영할 수 있다.
⑦ 제28조제1항에도 불구하고 모집단위의 폐지로 폐지된 모집단위의 재적생이 다른 모집단위로 학적을 바꾸는 경우에는 그 모집단위에 계속 재적하는 동안에 그 정원이 따로 있는 것으로 본다.

이러한 정원 외 특별전형 총학생 수 기준(시행령 제29조제2항 관련)에 대해서는 「고등교육법 시행령」[별표 1]로 규정하였다. "학교의 장이 정하는 농어촌 지역 또는 「도서·벽지교육진흥법」제2조에 따른 도서·벽지의 학생"을 포함한 '고등교육 기회균등 대상 학생'(제14호)의 학년별·연도별 총학생 수, 모집단위별 총학생 수는 다음과 같다.

■「고등교육법 시행령」 [별표 1] 〈개정 2018. 10. 16.〉

정원 외 특별전형 총학생 수 기준 (제29조제2항 관련)

해당 호	학년별·연도별 총학생 수	모집단위별 총학생 수
8. 제29조제2항 제14호	제29조제2항제14호에 해당하는 자의 학년별 총학생 수는 해당 학년 입학정원의 100분의 11을 초과할 수 없다. 이 경우 제29조제2항제14호 가목·나목 또는 라목에 해당하는 자의 학년별 총학생 수는 해당 학년 입학정원의 1,000분의 55를 초과할 수 없다. – 제29조제2항제14호가목에 해당하는 자의 학년별 총학생 수는 해당 학년 입학정원의 100분의 4를 초과할 수 없다. – 제29조제2항제14호나목에 해당하는 자의 학년별 총학생 수는 해당 학년 입학정원의 1,000분의 15를 초과할 수 없다.	제29조제2항제14호 가목 및 나목에 해당하는 자의 모집단위별 총학생 수는 각각 해당 학년 모집단위별 입학정원의 100분의 10을 초과할 수 없고, 같은 호 라목에 해당하는 자의 모집단위별 총학생 수는 해당 학년 모집단위별 입학정원의 100분의 20을 초과할 수 없다. 다만, 제29조제2항제14호 각 목에 해당하는 자의 의과대학, 치과대학 및 한의과대학 입학의 경우에는 각각 100분의 5를 초과할 수 없고, 교육대학 및 원격대학 입학의 경우에는 각각 100분의 20을 초과할 수 없다.

2. 대입 지역균형인재 선발제

1) 「지방대육성법」의 목적 및 제정 배경

「지방대육성법」 제1조(목적)는 법률의 목적에 대해 "지방대학 및 지역균형인재의 육성 및 지원에 관한 사항을 규정함으로써 지방대학의 경쟁력 강화 및 지역 간의 균형 있는 발전에 이바지함을 목적으로 한다"고 규정하였다. 이는 「지방대육성법」의 목적이 '지방대학 및 지역균형인재의 육성 및 지원'에 있다는 의미이다.

여기에서 "지방대학"이란 「수도권정비계획법」 제2조제1호에 따른 수도권(이하 "수도권"이라 한다)이 아닌 지역에 소재하는 「고등교육법」 제2조 각 호에 따른 학교(원격대학 및 각종학교는 제외한다)를 말한다(법 제2조제1호). 그리고 "지역균형인재"(이하 "지역인재"라 한다)란 지방대학의 학생 또는 지방대학을 졸업한 사람을 말한다(법 제2조제2호).

2014년 1월 28일에 제정된 「지방대육성법」의 제정 배경에는 "지방대학의 경쟁력 저하에 따른 우수인력 유출로 지역산업이 침체되고 일자리가 부족해져 지역인재가 다시 유출되는 악순환을 막고 지역인재가 해당 지역에 정주하면서 지역발전에 공헌하도록 할 필요가 있다"는 당시의 현실 인식이 자리하고 있다. 이에 "지방대학에 대한 종합적인 지원대책을 수립하고 지역발전을 위한 지역인재 육성의 법률적 토대를 마련함으로써 장기적이고 균형적으로 지역인재를 양성하고 지방대학의 경쟁력을 강화하여 지역의 균형발전을 도모하려는 것"이라는 설명이다.

지방대학 및 지역균형인재 육성에 관한 법률

제1조(목적) 이 법은 지방대학 및 지역균형인재의 육성 및 지원에 관한 사항을 규정함으로써 지방대학의 경쟁력 강화 및 지역간의 균형 있는 발전에 이바지함을 목적으로 한다.

제2조(정의) 이 법에서 사용하는 용어의 뜻은 다음과 같다.

1. "지방대학"이란 「수도권정비계획법」 제2조제1호에 따른 수도권(이하 "수도권"이라 한다)이 아닌 지역에 소재하는 「고등교육법」 제2조 각 호에 따른 학교(원격대학 및 각종학교는 제외한다)를 말한다.
2. "지역균형인재"(이하 "지역인재"라 한다)란 지방대학의 학생 또는 지방대학을 졸업한 사람을 말한다.
3. "고등교육혁신특화지역"이란 규제특례를 통하여 지방대학의 혁신을 지원하기 위하여 조성된 지역으로서 제22조에 따라 지정된 지역을 말한다.

지방대학 및 지역균형인재 육성에 관한 법률 (2014. 1. 28. 제정)

【제정·개정이유】
▶ 제정이유

지역의 경쟁력이 국가 경쟁력의 근원이 되는 지방화시대에 지방대학은 지역발전의 주체로서 중요한 역할과 기능을 담당하고 있음에도 불구하고, 지방대학 졸업생의 취업난과 지방대학의 열악한 교육여건 등으로 지방대학의 경쟁력이 저하되고 있고, 수도권 대학과 지방대학의 불공정한 경쟁구도와 대학 간 수직적 서열구조로 지역간 불균형 문제가 심각한 실정이며, 지방대학의 경쟁력 저하에 따른 우수인력 유출로 지역산업이 침체되고 일자리가 부족해져 지역인재가 다시 유출되는 악순환을 막고 지역인재가 해당 지역에 정주하면서 지역발전에 공헌하도록 할 필요가 있는바, 지방대학에 대한 종합적인 지원대책을 수립하고 지역발전을 위한 지역인재 육성의 법률적 토대를 마련함으로써 장기적이고 균형적으로 지역인재를 양성하고 지방대학의 경쟁력을 강화하여 지역의 균형발전을 도모하려는 것임.

---

2) 지방대학의 지역균형인재 선발 특별전형

「지방대육성법」 제15조(대학의 입학기회 확대) 제1항은 "지방대학의 장은 「고등교육법」 제34조에 따른 특별전형으로 해당 지역의 고등학교 또는 지방대학을 졸업한 사람(졸업예정자 포함. 이하 이 조에서 같음)을 선발할 수 있다"고 규정하였다. 수도권 외의 지방대학에서 특별전형으로 해당 지역 고교 또는 대학 졸업자(예정자 포함)를 선발할 수 있는 근거를 마련한 것이다.

제2항은 "지방대학의 장은 지역의 우수인재를 선발하기 위하여 의과대학, 한의과대학, 치과대학, 약학대학 및 간호대학 등의 입학자 중 대통령령으로 정하는 바에 따라 다음 각 호의 요건을 모두 충족한 사람의 수가 학생 입학 전체인원의 일정비율 이상이 되도록 하여야 한다. 이 경우 지방대학의 장은 해당 지역의 시·군·구 간 균형 있는 선발을 하기 위하여 노력하여야 한다"고 규정하였다.

각 호의 요건은 첫째, 수도권이 아닌 지역에 소재한 중학교를 졸업할 것, 둘째, 해당 지방대학이 소재한 지역의 고등학교를 졸업할 것(졸업예정자를 포함한다), 셋째 제1호 및 제2호에 따른 학교의 재학기간 내에 해당 학교가 소재한 지역에 거주할 것이다.

이는 수도권 외의 지방대학은 의·치·한·약대 및 간호대 학생 선발 시 위의 3가지 요건을 모두 충족시키는 사람을 학생 입학 전체인원의 일정비율 이상 선발해야 한다는 의미이다. 그리고 지방대학은 해당 지역의 시·군·구 간 균형 있는 선발을 위해서 노력해야 한다. 다만, 시·군·구 간 균형 있는 선발은 의무 규정은 아니다.

그리고 제3항은 "지방대학의 장은 지역의 우수인재를 선발하기 위하여 법학전문대학원, 의학전문대학원, 치의학전문대학원 및 한의학전문대학원 입학자 중 해당 지역의 지방대학을 졸업한 사람의 수가 학생 입학 전체인원의 일정비율 이상이 되도록 하여야 한다"고 규정하였다. 이는 지방대학은 법학전문대학원, 의학전문대학원, 치의학전문대학원 및 한의학전문대학원 학생 선발 시 해당 지역 지방대학 졸업생을 학생 입학 전체인원의 일정비율 이상 선발해야 한다는 의미이다.

제4항은 "해당 지역의 범위, 비율 및 그 밖에 필요한 사항은 대통령령으로 정하는 범위에서 학칙으로 정한다"고 규정하였다. 해당 지역의 범위, 비율 등에 필요한 사항은 대통령령으로 정하고, 그 범위 안에서 해당 대학의 학칙으로 정하도록 한 것이다.

지방대학 및 지역균형인재 육성에 관한 법률

제15조(대학의 입학기회 확대) ① 지방대학의 장은 「고등교육법」 제34조에 따른 특별전형으로 해당 지역의 고등학교(「초·중등교육법」 제2조에 따른 고등학교를 말한다. 이하 이 조에서 같다) 또는 지방대학을 졸업한 사람(졸업예정자를 포함한다. 이하 이 조에서 같다)을 선발할 수 있다.

② 지방대학의 장은 지역의 우수인재를 선발하기 위하여 의과대학, 한의과대학, 치과대학, 약학대학 및 간호대학 등의 입학자 중 대통령령으로 정하는 바에 따라 다음 각 호의 요건을 모두 충족한 사람의 수가 학생 입학 전체인원의 일정비율 이상이 되도록 하여야 한다. 이 경우 지방대학의 장은 해당 지역의 시·군·구 간 균형있는 선발을 하기 위하여 노력하여야 한다.

　1. 수도권이 아닌 지역에 소재한 중학교를 졸업할 것

　2. 해당 지방대학이 소재한 지역의 고등학교를 졸업할 것(졸업예정자를 포함한다)

　3. 제1호 및 제2호에 따른 학교의 재학기간 내에 해당 학교가 소재한 지역에 거주할 것

③ 지방대학의 장은 지역의 우수인재를 선발하기 위하여 법학전문대학원, 의학전문대학원, 치의학전문대학원 및 한의학전문대학원 입학자 중 해당 지역의 지방대학을 졸업한 사람의 수가 학생 입학 전체인원의 일정비율 이상이 되도록 하여야 한다.

④ 지방대학의 장은 제2항 및 제3항에 따라 학생을 선발하는 경우(법학전문대학원은 제외한다)에는 다음 각 호의 어느 하나에 해당하는 사람을 대통령령으로 정하는 범위에서 선발하여야 한다.

　1. 「국민기초생활 보장법」 제2조제2호에 따른 수급자

　2. 「국민기초생활 보장법」 제2조제10호에 따른 차상위계층에 속하는 사람

　3. 「한부모가족지원법」 제5조 및 제5조의2에 따른 지원대상자

　4. 그 밖에 저소득층 등으로서 대통령령으로 정하는 사람

⑤ 국가와 지방자치단체는 제2항 또는 제3항에 따른 선발 실적이 우수한 지방대학에 대하여 대통령령으로 정하는 바에 따라 행정적·재정적 지원을 할 수 있다.

⑥ 해당 지역의 범위, 비율 및 그 밖에 필요한 사항은 대통령령으로 정하는 범위에서 학칙으로 정한다.

「지방대육성법」 제15조에 따른 동법 시행령 제10조(대학의 입학기회 확대) 제1항은 "법 제15조제2항제1호 및 제2호를 적용할 때 졸업요건은 수도권이 아닌 지역에 소재한 중학교 및 해당 지방대학이 소재한 지역의 고등학교에서 입학부터 졸업까지의 모든 교육과정을 이수하고 졸업(고등학교의 경우에는 졸업예정인 경우를 포함한다)할 경우에 그 요건을 충족한 것으로 본다"고 규정하였다. 이에 따라 중학교를 비수도권 지역에서 입학부터 졸업까지 이수하고, 고등학교를 해당 지방대학 소재 권역에서 입학부터 졸업까지 이수한 학생에 대해 지역균형인재 선발 특별전형을 적용한다.

제2항은 "교육부장관은 법 제15조제5항에 따라 [별표] 제1호 또는 제2호에 따른 학생 최소 입학 비율을 충족한 지방대학에 다음 각 호의 지원을 할 수 있다"고 규정하였다. 제3항은 "법 제15조제2항부터 제4항까지 및 제6항에 따른 해당 지역의 범위와 학생 최소 입학 비율 등은 [별표]와 같다"고 규정하였다.

> **지방대학 및 지역균형인재 육성에 관한 법률 시행령**
>
> 제10조(대학의 입학기회 확대) ① 법 제15조제2항제1호 및 제2호를 적용할 때 졸업요건은 수도권이 아닌 지역에 소재한 중학교 및 해당 지방대학이 소재한 지역의 고등학교에서 입학부터 졸업까지의 모든 교육과정을 이수하고 졸업(고등학교의 경우에는 졸업예정인 경우를 포함한다)할 경우에 그 요건을 충족한 것으로 본다.
> ② 교육부장관은 법 제15조제5항에 따라 [별표] 제1호 또는 제2호에 따른 학생 최소 입학 비율을 충족한 지방대학에 다음 각 호의 지원을 할 수 있다.
> 　1. 지역인재 육성을 위한 교육·연구 여건 개선 지원
> 　2. 지역인재의 해당 지역 정착을 위한 지원
> 　3. 지역인재 육성과 관련된 각종 평가에서의 우대 조치
> 　4. 그 밖에 지역인재 육성을 위하여 필요한 지원
> ③ 법 제15조제2항부터 제4항까지 및 제6항에 따른 해당 지역의 범위와 학생 최소 입학 비율 등은 별표와 같다.

「지방대육성법 시행령」제10조 관련 [별표] '해당 지역의 범위 및 학생 최소 입학 비율 등'에 따라 수도권 외의 지방대학은 해당 광역 권역(충청권, 호남권, 대구·경북권, 부산·울산·경남권, 강원권, 제주권)의 고등학교 졸업생(고교는 졸업예정자 포함)을 해당 권역 대학의 의·치·한·약대(학약학과 제외), 간호대학, 한약학과에 일정 비율(15~40%) 이상 입학시켜야 한다. 또한 수도권 외의 지방대학은 해당 광역 권역의 지방대학 졸업생을 해당 권역 대학의 법전원, 의전원·치전원, 한의전원에 일정 비율(5~20%) 이상 입학시켜야 한다.

이러한 지방대학 의·치·한·약대, 간호대학과 법전원, 의전원·치전원, 한의전원의 지역균형인재 선발 특별전형 실시 의무는 강제조항이다. 그러나 위반 시 벌칙 규정은 마련되어 있지 않다. 대신에 「지방대육성법」제15조제3항은 "국가와 지방자치단체는 제2항 또는 제3항에 따른 선발 실적이 우수한 지방대학에 대하여 대통령령으로 정하는 바에 따라 행정적·재정적 지원을 할 수 있도록" 규정하였다. 지방대학의 지역균형인재 선발 특별전형 비율 우수 충족 시 행·재정적 인센티브를 부여할 수 있도록 한 것이다.

■ 지방대학 및 지역균형인재 육성에 관한 법률 시행령 [별표]

해당 지역의 범위 및 학생 최소 입학 비율 등 (제10조 관련)

1. 지방대학(법 제15조제2항에 따른 해당 지역의 범위 및 학생 입학 비율)

   가. 의과대학, 한의과대학, 치과대학 및 약학대학(한약학과는 제외한다)

해당 지역	범위	학생 최소 입학 비율
1) 충청권	대전광역시, 세종특별자치시, 충청남도, 충청북도	40%
2) 호남권	광주광역시, 전라남도, 전라북도	40%
3) 대구·경북권	대구광역시, 경상북도	40%
4) 부산·울산·경남권	부산광역시, 울산광역시, 경상남도	40%
5) 강원권	강원특별자치도	20%
6) 제주권	제주특별자치도	20%

   나. 간호대학

해당 지역	범위	학생 최소 입학 비율
1) 충청권	대전광역시, 세종특별자치시, 충청남도, 충청북도	30%
2) 호남권	광주광역시, 전라남도, 전라북도	30%
3) 대구·경북권	대구광역시, 경상북도	30%
4) 부산·울산·경남권	부산광역시, 울산광역시, 경상남도	30%
5) 강원권	강원특별자치도	15%
6) 제주권	제주특별자치도	15%

   다. 한약학과

해당 지역	범위	학생 최소 입학 비율
비수도권	「수도권정비계획법」 제2조제1호에 따른 수도권이 아닌 지역	40%

2. 지방 소재 전문대학원(법 제15조제3항에 따른 해당 지역의 범위 및 학생 입학 비율)

   가. 법학전문대학원

해당 지역	범위	학생 최소 입학 비율
1) 충청권	대전광역시, 세종특별자치시, 충청남도, 충청북도	15%
2) 호남권	광주광역시, 전라남도, 전라북도	15%
3) 대구·경북권	대구광역시, 경상북도	15%
4) 부산·울산·경남권	부산광역시, 울산광역시, 경상남도	15%
5) 강원권	강원특별자치도	10%
6) 제주권	제주특별자치도	5%

나. 의학전문대학원 및 치의학전문대학원

해당 지역	범위	학생 최소 입학 비율
1) 충청권	대전광역시, 세종특별자치시, 충청남도, 충청북도	20%
2) 호남권	광주광역시, 전라남도, 전라북도	20%
3) 대구 · 경북권	대구광역시, 경상북도	20%
4) 부산 · 울산 · 경남권	부산광역시, 울산광역시, 경상남도	20%
5) 강원권	강원특별자치도	10%
6) 제주권	제주특별자치도	5%

다. 한의학전문대학원

해당 지역	범위	학생 최소 입학 비율
비수도권	「수도권정비계획법」 제2조제1호에 따른 수도권이 아닌 지역	20%

3. 「국민기초생활 보장법」 제2조제2호에 따른 수급자 등 법 제15조제4항 각 호에 해당하는 학생 선발인원

모집단위별 모집인원	학생 최소 선발인원
50명 이하	1명
50명 초과 100명 이하	2명
100명 초과 150명 이하	3명
150명 초과 200명 이하	4명
200명 초과	5명

4. 제1호 및 제2호의 학생 최소 입학 비율은 다음 각 목의 방법으로 계산한다.

가. 제1호의 최소입학비율 $= \dfrac{\text{모집단위별 입학 전체 인원 중 법 제15조제2항에 따른 요건을 갖춘 인원}}{\text{모집단위별 입학 전체인원}}$

나. 제2호의 최소입학비율 $= \dfrac{\text{전문대학원 입학 전체 인원 중 해당 지역의 지방대학을 졸업한 인원}}{\text{전문대학원 입학 전체 인원}}$

제4장 농어촌 학교 학생 복지의 확충

그간 농어촌 교육진흥의 일환으로 도시 학생보다 농어촌 학교 학생에게 우선적으로 복지 혜택을 제공하는 정책을 펴왔다. 이를테면 중학교 의무교육을 농어촌 지역부터 우선 실시한 사례를 꼽을 수 있다. 중학교 의무교육은 1985년 도서·벽지 중학교에 이어 1992년 읍·면 지역 중학교로 확대하였다. 중학교 의무교육은 2002년에 모든 지역으로 확대하였다(임연기, 2021a: 177). 재정적 부담을 완화하기 위한 단계적 도입 조치이기는 하지만 농어촌 학교 학생복지 우선 원칙을 충실히 적용한 대표적 사례라고 평가할 수 있다.

무상급식 실시, 고등학교 단계 무상교육 실현 등 선택적 복지보다 보편적 복지를 중시하는 상황에서 농어촌 학교 학생만을 대상으로 하는 복지 우대조치는 수면 아래로 내려가고 있다. 법령으로 정하여 학생의 교육경비를 금전적으로 제공하는 교육급여와 교육비 지원 대상은 국민의 기본생활 보장을 목표로 특정 보호 학생에게 한정한다. 교육급여는 저소득층 학생들의 교육기회 보장을 위해 일정한 소득수준 이하 가구의 자녀, 즉 「국민기초생활 보장법」에 따라 가구 경상소득의 중간값인 해당 연도 기준 중위소득을 산정하고, 중위소득의 50% 이하에게 교육활동지원비로 지급한다. 교육비 지원은 시·도교육청 예산에 따라 지원하는 사업으로 시·도별로 항목별로 지원기준이 다른데, 통상 중위소득 50~70%를 대상으로 한다. 입학금, 수업료, 학교운영비원비, 급식비, 방과후학교 자유수강권, 교육정보화 등을 지원한다. 교육급여와 교육비 지원 제도는 취약계층 학생의 비중이 상대적으로 높은 농어촌의 학생들에게 소중한 복지 혜택으로 의의가 있다.

「학교급식법」에 따라 학부모가 부담해야 할 학교급식 경비의 일부 또는 전부를 국가 및 지방자치단체가 부담할 수 있다. 학교급식 경비 우선 지원 대상으로 도서·벽지와 함께 농어촌 학교를 명시하고 있다.

제1절 **농어촌 학교 학생 교육비 지원**

농어촌 학교 학생의 교육비 지원만을 별도의 법령으로 규정하고 있지 않다. 그러나 교육비 지원의 대상에 농어촌 학교 학생을 포함하고 있으며, 지원 대상 학생 중 상당수가 농어촌 학교 학생이다. 그러므로 농어촌 학교 학생 교육비 지원에 대해 알아보기 위하여 전체적인 교육비 지원 제도를 살펴보고자 한다.

1. 교육비 지원 대상

「초·중등교육법」제60조의4(교육비 지원) 제1항은 "국가 및 지방자치단체는 다음 각 호의 어느 하나에 해당하는 학생에게 입학금, 수업료, 급식비 등 대통령령으로 정하는 비용(이하 "교육비"라 한다)의 전부 또는 일부를 예산의 범위에서 지원할 수 있다"고 규정하였다. 이는 교육비 지원 대상의 근거 규정이다.

법률에서 직접 규정한 교육비 지원 대상은 다음과 같다.

첫째, 본인 또는 그 보호자가 「국민기초생활 보장법」제12조제3항 및 제12조의2에 따른 수급권자인 학생이다.

둘째, 「한부모가족지원법」제5조에 따른 보호대상자인 학생이다.

셋째, 그 밖에 가구 소득 등을 고려하여 교육비 지원이 필요하다고 인정되는 학생으로서 대통령령으로 정하는 학생이다.

초·중등교육법

제60조의4(교육비 지원) ① 국가 및 지방자치단체는 다음 각 호의 어느 하나에 해당하는 학생에게 입학금, 수업료, 급식비 등 대통령령으로 정하는 비용(이하 "교육비"라 한다)의 전부 또는 일부를 예산의 범위에서 지원할 수 있다.
  1. 본인 또는 그 보호자가 「국민기초생활 보장법」제12조제3항 및 제12조의2에 따른 수급권자인 학생
  2. 「한부모가족지원법」제5조에 따른 보호대상자인 학생
  3. 그 밖에 가구 소득 등을 고려하여 교육비 지원이 필요하다고 인정되는 학생으로서 대통령령으로 정하는 학생
② 제1항에 따른 교육비 지원은 소득 수준과 거주 지역 등에 따라 지원의 내용과 범위를 달리할 수 있다.
③ 「국민기초생활 보장법」, 「한부모가족지원법」 등 다른 법령에 따라 제1항과 동일한 내용의 지원을 받고 있는 경우에는 그 범위에서 제1항에 따른 교육비 지원을 하지 아니한다.

이 가운데 '그 밖에 가구 소득 등을 고려하여 교육비 지원이 필요하다고 인정되는 학생으로서 대통령령으로 정하는 학생'(「초·중등교육법」 제60조의4제1항제3호)에 대해서는 「초·중등교육법 시행령」 제104조의2(교육비 지원 대상 및 기준 등) 제2항에서 정하고 있다.

「초·중등교육법 시행령」 제104조의2제2항은 "법 제60조의4제1항제3호에서 "대통령령으로 정하는 학생"이란 다음 각 호의 어느 하나에 해당하는 학생을 말한다"고 규정하였다. 여기에는 해당하는 학생은 다음과 같다.

첫째, 해당 가구의 소득금액(소득과 교육부령으로 정하는 바에 따라 재산을 소득으로 환산한 금액을 합한 금액을 말한다. 이하 같다)이 매년 교육부장관 또는 교육감이 정하는 기준에 해당하는 학생이다.

근로소득은 근로를 제공하고 얻는 소득, 사업소득은 농업소득, 임업소득, 어업소득, 그 밖의 사업소득, 재산소득은 임대소득, 이자소득, 연금소득, 공적이전소득(公的移轉所得)은 관련 법률에 따라 정기적으로 지급되는 각종 수당·연금·급여나 그 밖의 금품을 말한다.

둘째, 보호자가 다음 각 목의 어느 하나에 해당하게 되어 경제적으로 곤란하게 된 학생으로서 해당 학교의 장이 교육비의 지원이 필요하다고 인정하는 학생이다. 다음의 4가지 사유(제2항제2호 각 목의 사유)에 해당하는지에 대한 구체적인 기준은 교육감이 정한다. 사망 또는 행방불명, 질병, 사고(事故) 또는 장애로 인하여 근로 능력을 상실한 경우, 파산 또는 실직 등으로 경제적 능력을 상실한 경우, 그 밖에 가목부터 다목까지에 준한다고 교육감이 인정하는 사유에 해당하는 경우을 말한다.

초·중등교육법 시행령

제104조의2(교육비 지원 대상 및 기준 등)
② 법 제60조의4제1항제3호에서 "대통령령으로 정하는 학생"이란 다음 각 호의 어느 하나에 해당하는 학생을 말한다.
  1. 해당 가구의 소득금액(소득과 교육부령으로 정하는 바에 따라 재산을 소득으로 환산한 금액을 합한 금액을 말한다. 이하 같다)이 매년 교육부장관 또는 교육감이 정하는 기준에 해당하는 학생
  2. 보호자가 다음 각 목의 어느 하나에 해당하게 되어 경제적으로 곤란하게 된 학생으로서 해당 학교의 장이 교육비의 지원이 필요하다고 인정하는 학생
  가. 사망 또는 행방불명
  나. 질병, 사고(事故) 또는 장애로 인하여 근로 능력을 상실한 경우
  다. 파산 또는 실직 등으로 경제적 능력을 상실한 경우
  라. 그 밖에 가목부터 다목까지에 준한다고 교육감이 인정하는 사유에 해당하는 경우

③ 제2항제1호에 따른 소득금액에 포함되는 소득의 범위는 다음 각 호와 같다.
  1. 근로소득: 근로를 제공하고 얻는 소득. 다만, 「소득세법」에 따라 비과세되는 근로소득은 제외하되, 다음 각 목의 급여는 근로소득에 포함한다.
    가. 「소득세법」 제12조제3호더목에 따라 비과세되는 급여
    나. 「소득세법 시행령」 제16조제1항제1호에 따라 비과세되는 보수
  2. 사업소득
    가. 농업소득: 경종업(耕種業), 과수·원예업, 양잠업, 종묘업, 특수작물 생산업, 가축 사육업, 종축업(種畜業) 또는 부화업과 이에 딸린 업무에서 얻는 소득
    나. 임업소득: 영림업(營林業), 임산물 생산업, 야생조수 사육업과 이에 딸린 업무에서 얻는 소득
    다. 어업소득: 어업과 이에 딸린 업무에서 얻는 소득
    라. 그 밖의 사업소득: 도매업, 소매업, 제조업 또는 그 밖의 사업에서 얻는 소득
  3. 재산소득
    가. 임대소득: 부동산, 동산, 권리나 그 밖의 재산의 대여로 발생하는 소득
    나. 이자소득: 예금·주식·채권의 이자와 배당 또는 할인에 의하여 발생하는 소득 중 교육부장관이 정하는 금액 이상의 소득
    다. 연금소득: 「소득세법」 제20조의3제1항제2호에 따라 발생하는 연금 또는 소득과 「보험업법」 제4조제1항제1호나목에 따라 발생하는 소득
  4. 공적이전소득(公的移轉所得): 「국민연금법」, 「공무원연금법」, 「공무원 재해보상법」, 「군인연금법」, 「군인 재해보상법」, 「별정우체국법」, 「사립학교교직원 연금법」, 「고용보험법」, 「산업재해보상보험법」, 「독립유공자예우에 관한 법률」, 「국가유공자 등 예우 및 지원에 관한 법률」, 「보훈보상대상자 지원에 관한 법률」, 「고엽제후유의증 등 환자지원 및 단체설립에 관한 법률」, 「자동차손해배상 보장법」, 「참전유공자 예우 및 단체설립에 관한 법률」 등 법률에 따라 정기적으로 지급되는 각종 수당·연금·급여나 그 밖의 금품. 다만, 다음 각 목의 금품은 제외한다.
    가. 「독립유공자예우에 관한 법률」 제14조, 「국가유공자 등 예우 및 지원에 관한 법률」 제14조 및 「보훈보상대상자 지원에 관한 법률」 제13조에 따른 생활조정수당
    나. 「참전유공자 예우 및 단체설립에 관한 법률」 제6조에 따른 참전명예수당
    다. 「국가유공자 등 예우 및 지원에 관한 법률」 제16조의2에 따른 무공영예수당
    라. 「국가유공자 등 예우 및 지원에 관한 법률」 제15조 및 「보훈보상대상자 지원에 관한 법률」 제17조에 따른 간호수당
    마. 「자동차손해배상 보장법」 제30조제2항 및 같은 법 시행령 제21조·제22조에 따른 지원금
④ 제2항제1호에 따른 소득금액에 포함되는 재산의 범위는 다음 각 호와 같다.
  1. 일반재산
    가. 「지방세법」 제104조제1호부터 제5호까지의 규정에 따른 토지, 건축물, 주택, 항공기 및 선박
    나. 주택·상가 등에 대한 임차보증금(전세금을 포함한다)
    다. 100만원 이상의 가축, 종묘(種苗) 등 동산(장애인 재활보조기구 등 교육부장관이 정하는 동산은 제외한다) 및 「지방세법」 제6조제11호에 따른 입목
    라. 「지방세법」 제6조제14호부터 제18호까지의 규정에 따른 회원권
    마. 「소득세법」 제89조제2항에 따른 조합원입주권
    바. 건물이 완성되는 때에 그 건물과 이에 부수되는 토지를 취득할 수 있는 권리(마목에 따른 조합원입주권은 제외한다)
    사. 「지방세법」 제6조제13호에 따른 어업권

2. 금융재산

　가. 「금융실명거래 및 비밀보장에 관한 법률」 제2조제2호에 따른 금융자산

　나. 「보험업법」 제4조제1항에 따른 각종 보험

3. 「지방세법」 제124조에 따른 자동차. 다만, 다음 각 목의 자동차는 제외하되, 화물자동차 등 교육부장관이 정하는 자동차는 제1호에 따른 일반재산으로 본다.

　가. 「장애인복지법」 제39조에 따라 장애인이 사용하는 자동차

　나. 「국가유공자 등 예우 및 지원에 관한 법률」 제4조, 제73조 및 제74조에 따른 국가유공자 등(법률 제11041호로 개정되기 전의 「국가유공자 등 예우 및 지원에 관한 법률」 제73조의 2에 따른 국가유공자 등을 포함한다)으로서 같은 법 제6조의4에 따른 상이등급 판정을 받은 사람 또는 「보훈보상대상자 지원에 관한 법률」 제2조에 따른 보훈보상대상자로서 같은 법 제6조에 따른 상이등급 판정을 받은 사람이 사용하는 자동차

　다. 그 밖의 자동차 중 교육부장관이 정하는 자동차

⑤ 제4항의 재산 가액은 법 제60조의7에 따른 조사일(이하 "조사일"이라 한다)을 기준으로 다음 각 호의 구분에 따른 방법에 따라 산정한 가액으로 한다. 다만, 재산의 가액을 산정하기 어려운 경우에는 해당 재산의 종류 및 거래상황 등을 고려하여 교육부장관이 정하는 바에 따라 산정한 가액으로 한다.

1. 제4항제1호가목: 「지방세법」 제4조에 따른 시가표준액 등을 고려하여 교육부장관이 정하는 가액

2. 제4항제1호나목: 임대차 계약서상의 보증금 및 전세금

3. 제4항제1호다목: 동산은 조사일 현재의 시가, 입목은 「지방세법 시행령」 제4조제1항제5호에 따른 시가표준액

4. 제4항제1호라목: 「지방세법 시행령」 제4조제1항제9호에 따른 시가표준액

5. 제4항제1호마목: 다음 각 목의 구분에 따른 금액

　가. 청산금을 납부한 경우: 「도시 및 주거환경정비법」 제74조에 따른 관리처분계획에 따라 정해진 가격(이하 "기존건물평가액"이라 한다)과 납부한 청산금을 합한 금액

　나. 청산금을 지급받은 경우: 기존건물평가액에서 지급받은 청산금을 뺀 금액

6. 제4항제1호바목: 조사일 현재까지 납입한 금액

7. 제4항제1호사목: 「지방세법 시행령」 제4조제1항제8호에 따른 시가표준액

8. 제4항제2호: 제104조의4제3항 및 제5항의 기준에 따른 금융재산별 가액

9. 제4항제3호: 차의 종류, 정원, 적재정량, 제조연도별 제조가격(수입하는 경우는 수입가격을 말한다) 및 거래가격 등을 고려하여 교육부장관이 정하는 가액

⑥ 제2항제2호 각 목의 사유에 해당하는지에 대한 구체적인 기준은 교육감이 정한다.

2. 교육비 지원 항목

교육비 지원 항목의 법률적 근거는 「초·중등교육법」 제60조의4(교육비 지원) 제1항이다. 동법 동조 제1항은 "국가 및 지방자치단체는 다음 각 호의 어느 하나에 해당하는 학생에게 입학금, 수업료, 급식비 등 대통령령으로 정하는 비용(이하 "교육비"라 한다)의 전부 또는 일부를 예산의 범위에서 지원할 수 있다"고 규정하였다.

법률에서 직접 규정한 교육비 지원 항목은 "입학금, 수업료, 급식비"이다. 그리고 '등'에 대해서는 직접 열거된 항목들에 비추어 해석의 여지가 있다. 이를 종합하여 '대통령령으로 정하는 비용'으로 규정하도록 하였다.

이에 따른 동법 시행령 제104조의2(교육비 지원 대상 및 기준 등)제1항은 "법 제60조의4제1항에서 '대통령령으로 정하는 비용'이란 다음 각 호의 비용(이하 '교육비'라 한다)을 말한다"고 규정하였다. 여기에 포함되는 교육비 지원 항목은 다음과 같다.

첫째, 입학금 및 수업료

둘째, 학교급식비

셋째, 학교운영지원비

넷째, 교과용도서 구입비

다섯째, 가정에서의 정보통신매체를 이용한 학습을 위한 교육 정보화 지원비

여섯째, 진로체험 등 진로관련 교육경비

일곱째, 그 밖에 제1호부터 제5호까지 및 제5호의2의 비용에 준하는 비용으로서 교육부장관 또는 교육감이 정하는 비용

 초·중등교육법 시행령

제104조의2(교육비 지원 대상 및 기준 등) ① 법 제60조의4제1항에서 "대통령령으로 정하는 비용"이란 다음 각 호의 비용(이하 "교육비"라 한다)을 말한다.
1. 입학금 및 수업료
2. 학교급식비
3. 학교운영지원비
4. 교과용도서 구입비
5. 가정에서의 정보통신매체를 이용한 학습을 위한 교육 정보화 지원비
  5의2. 진로체험 등 진로관련 교육경비
6. 그 밖에 제1호부터 제5호까지 및 제5호의2의 비용에 준하는 비용으로서 교육부장관 또는 교육감이 정하는 비용

---

3. 교육비 지원 범위

교육비 지원 범위에 대해서는 명확하게 규정하지 않았다. 다만, 「초·중등교육법」 제60조의4(교육비 지원) 제2항은 "제1항에 따른 교육비 지원은 소득 수준과 거주 지역 등에 따라 지원의 내용과 범위를 달리할 수 있다"고 규정하였

다. 이에 따라 교육비 지원 대상에 대해 교육비 지원 항목별로 지원하는 과정에서 소득 수준과 거주 지역(농어촌 지역/도시 지역 등) 등에 따라 지원하는 내용과 지원 범위를 차등하여 정할 수 있다.

지원의 내용과 범위를 달리 정할 수 있는 주체는 국가 및 지자체이다. 대통령령에 특별한 규정이 없다면 국가가 지원하는 대상 및 항목에 대해서는 국가가 정할 수 있으며, 지자체가 지원하는 대상과 항목에 대해서는 지자체가 정할 수 있는 것으로 해석된다.

그리고 동법 동조 제3항은 "「국민기초생활 보장법」, 「한부모가족지원법」 등 다른 법령에 따라 제1항과 동일한 내용의 지원을 받고 있는 경우에는 그 범위에서 제1항에 따른 교육비 지원을 하지 아니한다"고 규정하였다. 이에 따라 「국민기초생활 보장법」, 「한부모가족지원법」 등 다른 법령에 근거하여 제1항에 따른 교육비 지원 항목 등에 해당하는 지원을 받고 있을 경우에는 중복하여 지원하지 않도록 하였다.

초·중등교육법

제60조의4(교육비 지원)
② 제1항에 따른 교육비 지원은 소득 수준과 거주 지역 등에 따라 지원의 내용과 범위를 달리할 수 있다.
③ 「국민기초생활 보장법」, 「한부모가족지원법」 등 다른 법령에 따라 제1항과 동일한 내용의 지원을 받고 있는 경우에는 그 범위에서 제1항에 따른 교육비 지원을 하지 아니한다.

---

4. 교육비 신청 및 지급 방법

교육비 지원 방법에 대해서는 지원대상의 신청에 따라 진행되도록 규정하였다. 이는 신청하지 않은 경우에는 지원받지 못한다는 것을 의미한다.

「초·중등교육법」 제60조의5(교육비 지원의 신청)제1항은 "제60조의4제1항에 따른 지원을 받으려는 경우에는 해당 학생 또는 그 학생을 법률상·사실상 보호하고 있는 사람은 교육부장관 또는 교육감에게 교육비 지원을 신청하여야 한다"고 규정하였다. 이에 따라 지원을 받으려는 학생 또는 보호자가 교육부장관 또는 교육감에게 교육비 지원을 신청하여야 지원 여부 등에 대한 검토가 시작된다.

동법 동조 제2항은 "제1항에 따른 신청을 하는 경우에는 다음 각 호의 자료 또는 정보의 제공에 대한 지원 대상 학생 및 그 가구원(해당 학생과 생계 또는 주거를 같이 하는 사람으로서 대통령령으로 정하는 사람을 말한다. 이하 같다)의 동의 서면을 제출하여야 한다"고 규정하였다. 이에 따라 지원 신청을 하려는 학생 및 보호자는 학생 및 그 가구원의 금융정보, 신용정보, 보험정보 제공에 대한 동의를 서면으로 제출하여야 한다.

초 · 중등교육법

제60조의5(교육비 지원의 신청) ① 제60조의4제1항에 따른 지원을 받으려는 경우에는 해당 학생 또는 그 학생을 법률상 · 사실상 보호하고 있는 사람은 교육부장관 또는 교육감에게 교육비 지원을 신청하여야 한다. 〈개정 2013. 3. 23., 2016. 2. 3.〉
② 제1항에 따른 신청을 하는 경우에는 다음 각 호의 자료 또는 정보의 제공에 대한 지원 대상 학생 및 그 가구원(해당 학생과 생계 또는 주거를 같이 하는 사람으로서 대통령령으로 정하는 사람을 말한다. 이하 같다)의 동의 서면을 제출하여야 한다.
  1. 「금융실명거래 및 비밀보장에 관한 법률」제2조제2호에 따른 금융자산 및 제3호에 따른 금융거래의 내용에 대한 자료 또는 정보 중 예금의 평균잔액과 그 밖에 대통령령으로 정하는 자료 또는 정보(이하 "금융정보"라 한다)
  2. 「신용정보의 이용 및 보호에 관한 법률」제2조제1호에 따른 신용정보 중 채무액과 그 밖에 대통령령으로 정하는 자료 또는 정보(이하 "신용정보"라 한다)
  3. 「보험업법」제4조제1항 각 호에 따른 보험에 가입하여 납부한 보험료와 그 밖에 대통령령으로 정하는 보험 관련 자료 또는 정보(이하 "보험정보"라 한다)
③ 제1항에 따른 교육비 지원의 신청 방법 · 절차 및 제2항에 따른 동의의 방법 · 절차 등에 필요한 사항은 교육부령으로 정한다.

「초 · 중등교육법」제60조의5제3항은 "제1항에 따른 교육비 지원의 신청 방법 · 절차 및 제2항에 따른 동의의 방법 · 절차 등에 필요한 사항은 교육부령으로 정한다"고 규정하였다. 이에 따른 「초 · 중등교육법 시행규칙」제91조(교육비 신청 방법 및 절차 등)제1항은 "법 제60조의5제1항 및 영 제106조의2제3항 제1호에 따라 교육비 지원을 신청하려는 학생 또는 그 학생을 법률상 · 사실상 보호하고 있는 사람(이하 "교육비신청자"라 한다)은 교육비 지원 신청서에 다음 각 호의 서류(전자문서를 포함한다)를 첨부하여 관할 특별자치시장 · 특별자치도지사 · 시장 · 군수 · 구청장(자치구의 구청장을 말한다. 이하 같다)에게 제출하여야 한다"고 규정하였다.

이에 따라 교육비신청자(교육비 지원을 신청하려는 학생 또는 보호자)는 교육비 지원 신청서에 추가 서류(전자문서 포함)를 첨부하여 관할 시 · 도지사(특별자치시 · 도의 경우) 및 시장 · 군수 · 구청장(자치구)에게 제출하여야 한다. 추가 서류에는 "소득 · 재산 신고서, 앞의 신고서에 따른 소득 · 재산을 확인할 수 있는 서류, 금융정보, 신용정보 또는 보험정보의 제공 동의서, 신분증과 증명서"를 포함한다.

그 외에도 「초·중등교육법 시행규칙」 제91조제2항부터 제7항까지는 교육비 신청자의 신청 이후 일반 지자체장의 행정정보 공동이용망을 통한 확인, 일반 지자체장의 교육부장관·교육감에 대한 조사 결과 통보, 교육부장관·교육감의 학교장에 대한 교육비 지원 대상 해당 여부 및 지원 내용 통보, 학교장의 교육비 신청자에 대한 결과 통보 등을 규정하고 있다. 이외의 교육비 지원 신청 및 통보의 방법과 절차 등에 관하여 필요한 사항은 교육부장관이 정하여 고시한다.

초·중등교육법 시행규칙

제91조(교육비 신청 방법 및 절차 등) ① 법 제60조의5제1항 및 영 제106조의2제3항제1호에 따라 교육비 지원을 신청하려는 학생 또는 그 학생을 법률상·사실상 보호하고 있는 사람(이하 "교육비신청자"라 한다)은 교육비 지원 신청서에 다음 각 호의 서류(전자문서를 포함한다)를 첨부하여 관할 특별자치시장·특별자치도지사·시장·군수·구청장(자치구의 구청장을 말한다. 이하 같다)에게 제출하여야 한다.
 1. 소득·재산 신고서
 2. 제1호의 신고서에 따른 소득·재산을 확인할 수 있는 서류[해당 특별자치시·특별자치도·시·군·구(자치구를 말한다) 소속 공무원이 그 내용을 확인할 수 없는 경우나 신청서의 기재사항과 공부(公簿)상의 내용이 다른 경우만 해당한다]
 3. 법 제60조의5제2항에 따른 금융정보, 신용정보 또는 보험정보의 제공에 관한 지원 대상 학생 및 그 가구원의 동의서
 4. 교육비신청자의 신분을 확인할 수 있는 다음 각 목의 어느 하나에 해당하는 신분증과 지원 대상 학생을 법률상·사실상 보호하고 있는 사람이 교육비신청자인 경우 보호자임을 증명하는 서류
 가. 주민등록증
 나. 운전면허증
 다. 장애인등록증
 라. 여권
 마. 그 밖에 교육부장관이 정하는 신분증
② 특별자치시장·특별자치도지사·시장·군수·구청장은 제1항에 따라 교육비 지원 신청을 받으면 「전자정부법」 제36조제1항에 따른 행정정보의 공동이용을 통하여 지원 대상 학생 및 그 가구원의 외국인등록 사실증명과 소득·재산 관계 서류 중 토지 등기사항증명서 및 건물 등기사항증명서를 확인하여야 한다. 다만, 지원 대상 학생과 그 가구원이 외국인등록 사실증명의 확인에 동의하지 아니하는 경우에는 해당 서류를 제출하게 하여야 한다.
③ 제1항에 따라 교육비 지원 신청을 받은 특별자치시장·특별자치도지사·시장·군수·구청장은 신청서를 받은 날부터 30일 이내에 교육부장관 또는 교육감에게 지원 대상 학생과 그 가구원의 소득·재산 등에 대한 조사 결과를 통보하여야 한다. 다만, 소득·재산 등의 조사에 시간이 걸리는 등 특별한 사유가 있는 경우에는 60일 이내에 통보할 수 있다.

④ 교육부장관 또는 교육감은 제3항에 따라 조사 결과를 통보받은 날부터 30일 이내에 해당 학생이 재학 중인 학교의 장에게 해당 학생이 교육비 지원 대상에 해당하는지와 교육비 지원 내용을 알려주어야 한다.

⑤ 학교의 장은 제4항에 따라 통보받은 내용을 영 제104조의3제1항에 따라 교육비신청자에게 알려주어야 한다.

⑥ 제1항에 따른 교육비 지원 신청서, 소득·재산 신고서 및 금융정보 등 제공 동의서는 사회복지 관련 사업 및 서비스와 관련하여 보건복지부장관이 정하여 고시하는 공통서식에 따른다.

⑦ 제1항부터 제6항까지에서 규정한 사항 외에 교육비 지원 신청 및 통보의 방법과 절차 등에 관하여 필요한 사항은 교육부장관이 정하여 고시한다.

5. 기타 교육비 지원업무 처리

기타 교육비 지원업무 처리에 대해서는 「초·중등교육법」 제60조의6부터 제60조의10까지로 정하였다. 제60조의6는 금융정보등의 제공에 대해 규정하였으며, 제60조의7은 교육비신청자에 대한 조사·질문에 대해 규정하였다.

그리고 제60조의8은 교육비 지원 업무의 전자적 처리를 위한 교육비지원정보시스템의 구축·운영 및 활용, 「사회복지사업법」 제6조의2제2항에 따른 정보시스템과 연계하여 활용에 대해 규정하였다. 제60조의9는 교육비 지원을 위한 자료 또는 정보의 수집·관리·보유·활용에 대해 규정하였다. 그리고 제60조의10은 속임수나 그 밖의 부정한 방법으로 교육비를 지원받거나 학생으로 하여금 지원받게 한 경우에 대해 전부 또는 일부를 징수할 수 있도록 규정하였다.

초·중등교육법

제60조의6(금융정보 등의 제공) (생략)
제60조의7(조사·질문) ① 교육부장관 및 교육감은 제60조의5에 따라 교육비 지원을 신청한 사람(이하 "교육비신청자"라 한다) 또는 지원이 확정된 자에게 교육비 지원 대상 자격확인을 위하여 필요한 서류나 그 밖의 소득 및 재산 등에 관한 자료의 제출을 요구할 수 있으며, 지원 대상 자격확인을 위하여 필요한 자료를 확보하기 곤란하거나 제출한 자료가 거짓 등의 자료라고 판단하는 경우 소속 공무원으로 하여금 관계인에게 필요한 질문을 하게 하거나, 교육비신청자 및 지원이 확정된 자의 동의를 받아 주거 또는 그 밖의 필요한 장소에 출입하여 서류 등을 조사하게 할 수 있다.

② 교육부장관 및 교육감은 제1항에 따른 업무를 수행하기 위하여 필요한 국세 · 지방세, 토지 · 건물 또는 건강보험 · 국민연금 · 고용보험 · 산업재해보상보험 · 가족관계증명 등에 관한 자료의 제공을 관계 기관의 장에게 요청할 수 있다. 이 경우 관계 기관의 장은 특별한 사유가 없으면 이에 따라야 한다.

③ 제1항에 따라 출입 · 조사 또는 질문을 하는 사람은 그 권한을 표시하는 증표를 지니고 이를 관계인에게 내보여야 한다.

④ 교육부장관 및 교육감은 교육비신청자 또는 지원이 확정된 자가 제1항에 따른 서류 또는 자료의 제출을 거부하거나 조사 또는 질문을 거부 · 방해 또는 기피하는 경우에는 제60조의5제1항에 따른 교육비 지원의 신청을 각하하거나 지원결정을 취소 · 중지 또는 변경할 수 있다.

제60조의8(교육비 지원 업무의 전자화) ① 교육부장관 및 교육감은 제60조의4에 따른 교육비 지원 업무를 전자적으로 처리하기 위한 정보시스템(이하 "교육비지원정보시스템"이라 한다)을 구축 · 운영할 수 있다.

② 교육부장관 및 교육감은 교육비지원정보시스템을 구축 · 운영하는 경우 제30조의4제1항에 따른 교육정보시스템을 활용할 수 있다.

③ 교육비지원정보시스템은 「사회복지사업법」 제6조의2제2항에 따른 정보시스템과 연계하여 활용할 수 있다.

제60조의9(교육비 지원을 위한 자료 등의 수집 등) 교육부장관 및 교육감은 제60조의4에 따른 교육비 지원을 위하여 필요한 자료 또는 정보로서 다음 각 호의 어느 하나에 해당하는 자료 또는 정보를 수집 · 관리 · 보유 · 활용할 수 있다.

　1. 「전자정부법」 제36조제1항에 따라 행정정보의 공동이용을 통하여 제공받은 자료 또는 정보
　2. 그 밖에 이 법에 따른 업무를 수행하는 데에 필요한 자료 또는 정보로서 교육부령으로 정하는 자료 또는 정보

제60조의10(비용의 징수) ① 속임수나 그 밖의 부정한 방법으로 제60조의4제1항에 따른 교육비를 지원받거나 학생으로 하여금 지원받게 한 경우에는 교육부장관 또는 교육감은 그 교육비의 전부 또는 일부를 교육비를 지원받은 자 또는 지원받게 한 자로부터 징수할 수 있다.

② 제1항에 따라 징수할 금액은 교육비를 지원받은 자 또는 지원받게 한 자에게 통지하여 징수하고, 교육비를 지원받은 자 또는 지원받게 한 자가 이에 따르지 아니하는 경우 국세 또는 지방세 체납처분의 예에 따라 징수한다.

제2절　농어촌 학교 학생 교육급여

　농어촌 학교 학생의 교육급여 지급에 대해서는 별도의 법령으로 규정하고 있지 않다. 그러나 교육급여 수급자 중에 농어촌 학교 학생을 포함하고 있으며, 지원 대상 학생 중 상당수가 농어촌 학교 학생이다. 그러므로 농어촌 학교 학생 교육급여 지급에 대해 알아보기 위하여 전체적인 교육급여 제도를 살펴

보고자 한다.

1. 국민기초생활 보장을 위한 급여의 종류

「국민기초생활 보장법」은 "생활이 어려운 사람에게 필요한 급여를 실시하여 이들의 최저생활을 보장하고 자활을 돕는 것을 목적으로" 제정하였다. 생활이 어려운 사람에게 필요한 급여를 실시하는 것이 주요한 목적이다.

「국민기초생활 보장법」 제7조(급여의 종류)제1항은 "이 법에 따른 급여의 종류"를 생계급여, 주거급여, 의료급여, 교육급여, 해산급여(解産給與), 장제급여(葬祭給與), 자활급여로 열거하였다. 여기에 교육급여를 포함하고 있음을 알 수 있다.

국민기초생활 보장법

제1조(목적) 이 법은 생활이 어려운 사람에게 필요한 급여를 실시하여 이들의 최저생활을 보장하고 자활을 돕는 것을 목적으로 한다.

제7조(급여의 종류) ① 이 법에 따른 급여의 종류는 다음 각 호와 같다.
  1. 생계급여
  2. 주거급여
  3. 의료급여
  4. 교육급여
  5. 해산급여(解産給與)
  6. 장제급여(葬祭給與)
  7. 자활급여
② 수급권자에 대한 급여는 수급자의 필요에 따라 제1항제1호부터 제7호까지의 급여의 전부 또는 일부를 실시하는 것으로 한다. 〈개정 2014. 12. 30.〉
③ 차상위계층에 속하는 사람(이하 "차상위자"라 한다)에 대한 급여는 보장기관이 차상위자의 가구별 생활여건을 고려하여 예산의 범위에서 제1항제2호부터 제4호까지, 제6호 및 제7호에 따른 급여의 전부 또는 일부를 실시할 수 있다. 이 경우 차상위자에 대한 급여의 기준 및 절차 등에 관하여 필요한 사항은 대통령령으로 정한다.
④ 삭제

수급권자에 대한 급여는 수급자의 필요에 따라 제1항제1호부터 제7호까지의 급여의 전부 또는 일부를 실시하는 것으로 한다(법 제7조제2항). 여기에서 "수급권자"는 "이 법에 따른 급여를 받을 수 있는 자격을 가진 사람"을 말하며, "수급자"는 "이 법에 따른 급여를 받는 사람"을 말한다(법 제2조제1호 및 제2호). 그러므로 '급여를 받을 수 있는 자격을 가진 사람'의 필요에 따라 급여의

종류와 지급 범위(전부 또는 일부)가 정해지게 된다.

그리고 차상위계층에 속하는 사람(이하 "차상위자"라 한다)에 대한 급여는 보장기관이 차상위자의 가구별 생활여건을 고려하여 예산의 범위에서 제1항제2호부터 제4호까지, 제6호 및 제7호에 따른 급여의 전부 또는 일부를 실시할 수 있다. 이 경우 차상위자에 대한 급여의 기준 및 절차 등에 관하여 필요한 사항은 대통령령으로 정하도록 하였다(법 제7조제3항). 여기에서 "차상위계층"이란 "수급권자(제14조의2에 따라 수급권자로 보는 사람은 제외한다)에 해당하지 아니하는 계층으로서 소득인정액이 대통령령으로 정하는 기준 이하인 계층"을 말한다(법 제2조제10호). "보장기관"은 "이 법에 따른 급여를 실시하는 국가 또는 지방자치단체"를 말한다(법 제2조제4호).

국민기초생활 보장법

제2조(정의) 이 법에서 사용하는 용어의 뜻은 다음과 같다.
1. "수급권자"란 이 법에 따른 급여를 받을 수 있는 자격을 가진 사람을 말한다.
2. "수급자"란 이 법에 따른 급여를 받는 사람을 말한다.
3. "수급품"이란 이 법에 따라 수급자에게 지급하거나 대여하는 금전 또는 물품을 말한다.
4. "보장기관"이란 이 법에 따른 급여를 실시하는 국가 또는 지방자치단체를 말한다.
5. "부양의무자"란 수급권자를 부양할 책임이 있는 사람으로서 수급권자의 1촌의 직계혈족 및 그 배우자를 말한다. 다만, 사망한 1촌의 직계혈족의 배우자는 제외한다.
6. "최저보장수준"이란 국민의 소득·지출 수준과 수급권자의 가구 유형 등 생활실태, 물가상승률 등을 고려하여 제6조에 따라 급여의 종류별로 공표하는 금액이나 보장수준을 말한다.
7. "최저생계비"란 국민이 건강하고 문화적인 생활을 유지하기 위하여 필요한 최소한의 비용으로서 제20조의2제4항에 따라 보건복지부장관이 계측하는 금액을 말한다.
8. "개별가구"란 이 법에 따른 급여를 받거나 이 법에 따른 자격요건에 부합하는지에 관한 조사를 받는 기본단위로서 수급자 또는 수급권자로 구성된 가구를 말한다. 이 경우 개별가구의 범위 등 구체적인 사항은 대통령령으로 정한다.
9. "소득인정액"이란 보장기관이 급여의 결정 및 실시 등에 사용하기 위하여 산출한 개별가구의 소득평가액과 재산의 소득환산액을 합산한 금액을 말한다.
10. "차상위계층"이란 수급권자(제14조의2에 따라 수급권자로 보는 사람은 제외한다)에 해당하지 아니하는 계층으로서 소득인정액이 대통령령으로 정하는 기준 이하인 계층을 말한다.
11. "기준 중위소득"이란 보건복지부장관이 급여의 기준 등에 활용하기 위하여 제20조제2항에 따른 중앙생활보장위원회의 심의·의결을 거쳐 고시하는 국민 가구소득의 중위값을 말한다.

2. 교육급여의 소관 및 지원 대상

「국민기초생활 보장법」 제12조(교육급여)제2항은 "교육급여는 교육부장관의 소관으로 한다"고 규정하였다. 교육부장관이 교육급여 사무와 예산 등을 관장한다는 의미이다.

법률에서는 지원대상인 교육급여 수급권자를 구체적으로 정하지 아니하였다. 다만, 동법 동조 제1항에서 "교육급여는 수급자에게 입학금, 수업료, 학용품비, 그 밖의 수급품을 지급하는 것으로 하되, 학교의 종류·범위 등에 관하여 필요한 사항은 대통령령으로 정한다"고 규정하였으며, 이에 따라 대통령령으로 지원대상을 정하고 있다.

✒ 국민기초생활 보장법

제12조(교육급여) ① 교육급여는 수급자에게 입학금, 수업료, 학용품비, 그 밖의 수급품을 지급하는 것으로 하되, 학교의 종류·범위 등에 관하여 필요한 사항은 대통령령으로 정한다.

② 교육급여는 교육부장관의 소관으로 한다.

③ 교육급여 수급권자는 부양의무자가 없거나, 부양의무자가 있어도 부양능력이 없거나 부양을 받을 수 없는 사람으로서 그 소득인정액이 제20조제2항에 따른 중앙생활보장위원회의 심의·의결을 거쳐 결정하는 금액(이하 "교육급여 선정기준"이라 한다) 이하인 사람으로 한다. 이 경우 교육급여 선정기준은 기준 중위소득의 100분의 50 이상으로 한다.

「국민기초생활 보장법 시행령」 제16조(교육급여) 제1항은 "법 제12조에 따른 교육급여는 다음 각 호의 학교 또는 시설에 입학하거나 재학하는 사람에게 입학금, 수업료(제6호의 경우에는 학습비를 말한다) 및 학용품비와 그 밖의 수급품(이하 '학비'라 한다)을 지급하는 것으로 한다"고 규정하였다.

이에 따른 교육급여 지급 대상 기관은 초등학교·공민학교, 중학교·고등공민학교, 고등학교·고등기술학교, 특수학교, 각종학교, 고등학교 졸업 이하 학력을 인정하는 평생교육시설이다.

이에 따라 초등학교, 중학교, 고등학교, 특수학교에 입학하거나 재학하는 학생은 교육급여를 받을 수 있다. 그리고 각종학교 중 초·중·고교 및 특수학교와 유사한 학교, 학력인정 평생교육시설에 입학하거나 재학하는 학생도 교육급여를 받을 수 있다.

「국민기초생활 보장법 시행령」 제16조(교육급여)제2항은 "제1항에 따른 수급자가 「초·중등교육법 시행령」 등 다른 법령에 따라 의무교육을 받거나 학비를 감면 또는 지원받는 경우에는 이에 해당하는 학비는 지원하지 아니한다. 다만, 교육부장관이 정하는 장학상 필요한 사람에게는 다른 법령에 따라 학비를 감면 또는 지원받는 경우에도 학비를 전액 지원할 수 있다"고 규정하였다. 이에 따라 교육급여 수급자가 다른 법령에 따라 학비를 감면 또는 지원받는 경우에는 그에 해당하는 학비를 지원할 수 없다. 다만, 교육부장관이 따로 정하는 사람에 대해서는 지원 가능하다.

국민기초생활 보장법

제16조(교육급여) ① 법 제12조에 따른 교육급여는 다음 각 호의 학교 또는 시설에 입학하거나 재학하는 사람에게 입학금, 수업료(제6호의 경우에는 학습비를 말한다) 및 학용품비와 그 밖의 수급품(이하 "학비"라 한다)을 지급하는 것으로 한다.
1. 「초·중등교육법」 제2조제1호에 따른 초등학교·공민학교
2. 「초·중등교육법」 제2조제2호에 따른 중학교·고등공민학교
3. 「초·중등교육법」 제2조제3호에 따른 고등학교·고등기술학교
4. 「초·중등교육법」 제2조제4호에 따른 특수학교
5. 「초·중등교육법」 제2조제5호에 따른 각종학교로서 제1호부터 제4호까지의 규정에 따른 학교와 유사한 학교
6. 「평생교육법」 제31조에 따른 학교형태의 평생교육시설(「평생교육법」 제31조제2항에 따라 교육감이 고등학교졸업 이하의 학력이 인정되는 시설로 지정한 시설만 해당한다)
② 제1항에 따른 수급자가 「초·중등교육법 시행령」 등 다른 법령에 따라 의무교육을 받거나 학비를 감면 또는 지원받는 경우에는 이에 해당하는 학비는 지원하지 아니한다. 다만, 교육부장관이 정하는 장학상 필요한 사람에게는 다른 법령에 따라 학비를 감면 또는 지원받는 경우에도 학비를 전액 지원할 수 있다.

3. 교육급여 지원 항목

교육급여 지원 항목의 법률적 근거는 「국민기초생활 보장법」 제12조(교육급여)이다. 동법 동조 제1항은 "교육급여는 수급자에게 입학금, 수업료, 학용품비, 그 밖의 수급품을 지급하는 것으로 하되, 학교의 종류·범위 등에 관하여 필요한 사항은 대통령령으로 정한다"고 규정하였다.

법률에서 직접 규정한 교육비 지원 항목은 "입학금, 수업료, 학용품비, 그 밖의 수급품"이다. 그 밖에 필요한 사항은 대통령령으로 정하도록 하였다.

이에 따른 동법 시행령 제16조(교육급여)제1항은 "법 제12조에 따른 교육급여는 다음 각 호의 학교 또는 시설에 입학하거나 재학하는 사람에게 입학금, 수업료(제6호의 경우에는 학습비를 말한다) 및 학용품비와 그 밖의 수급품(이하 '학비'라 한다)을 지급하는 것으로 한다"고 규정하였다. 지원항목은 법률에서의 규정과 동일하다. 다만, 수업료의 경우에 학력인정 평생교육시설에 입학하거나 재학하는 사람에 대해서는 학습비를 지급하는 것으로 정하였다.

4. 교육급여 신청 및 지급 방법

교육급여의 지원 방법에 대해서는 수급권자의 신청에 따라 진행하도록 규정하였다. 이는 교육급여의 경우에도 교육비 지원과 마찬가지로 신청하지 않은 경우에는 지원받지 못한다는 것을 의미한다.

「국민기초생활 보장법」 제12조(교육급여) 제4항은 "교육급여의 신청 및 지급 등에 대하여는 「초·중등교육법」 제60조의4부터 제60조의9까지 및 제62조 제3항에 따른 교육비 지원절차를 준용한다"고 규정하였다. 「초·중등교육법」 제60조의4는 교육비 지원이고, 제60조의5는 교육비 지원의 신청이다. 제60조의6은 금융정보 등의 제공이며, 제60조의7은 교육비신청자에 대한 조사·질문이다. 제60조의8은 교육비 지원 업무의 전자적 처리이며, 제60조의9는 교육비 지원을 위한 자료 또는 정보의 수집·관리·보유·활용이다.

그리고 「초·중등교육법」 제62조는 권한의 위임이다. 동법 동조 제3항은 "이 법에 따른 교육부장관 및 교육감의 업무 중 제60조의5부터 제60조의7까지에 따른 교육지원 업무는 대통령령으로 정하는 바에 따라 그 일부를 보건복지부장관 또는 지방자치단체의 장에게 위임할 수 있다"고 규정하였다. 이는 "교육비 지원의 신청, 금융정보 등의 제공, 교육비신청자에 대한 조사·질문"에 따른 교육지원 업무를 위임할 수 있도록 규정한 것이다.

「국민기초생활 보장법」 제12조제4항의 준용 규정에 따라 교육급여의 신청 및 지급 등에 대해서는 「초·중등교육법」의 해당 조항이 정한 교육비 지원절차를 준용한다. 이에 따라 교육급여 신청자(교육비 지원을 신청하려는 학생 또는 보호자)는 교육급여 지급 신청서에 추가 서류(전자문서 포함)를 첨부하여 관할 시·도지사(특별자치시·도의 경우) 및 시장·군수·구청장(자치구)에게 제출하여야 한다. 추가 서류에는 "소득·재산 신고서, 제1호의 신고서에 따른 소득·재산을 확인할 수 있는 서류, 금융정보, 신용정보 또는 보험정보의 제공 동의서, 신분증과 증명서"를 포함한다.

그 외에도 「초·중등교육법 시행규칙」 제91조제2항부터 제7항까지에서 규정한 "교육급여 신청자의 신청 이후 일반 지자체장의 행정정보 공동이용망을 통한 확인, 일반 지자체장의 교육부장관·교육감에 대한 조사 결과 통보, 교육부장관·교육감의 학교장에 대한 교육급여 지원 대상 해당 여부 및 지원 내용 통보, 학교장의 교육급여 신청자에 대한 결과 통보 등"을 준용한다. 그리고 교육비 지원 신청 및 통보의 방법과 절차 등에 관하여 필요한 사항을 교육부장관이 정하여 고시한 것도 교육급여 신청 및 지급에 대해 준용한다.

국민기초생활 보장법

제12조(교육급여)
④ 교육급여의 신청 및 지급 등에 대하여는 「초·중등교육법」 제60조의4부터 제60조의9까지 및 제62조제3항에 따른 교육비 지원절차를 준용한다.

초·중등교육법

제62조(권한의 위임)
③ 이 법에 따른 교육부장관 및 교육감의 업무 중 제60조의5부터 제60조의7까지에 따른 교육지원 업무는 대통령령으로 정하는 바에 따라 그 일부를 보건복지부장관 또는 지방자치단체의 장에게 위임할 수 있다.

제60조의5(교육비 지원의 신청)제1항은 "제60조의4제1항에 따른 지원을 받으려는 경우에는 해당 학생 또는 그 학생을 법률상·사실상 보호하고 있는 사람은 교육부장관 또는 교육감에게 교육비 지원을 신청하여야 한다"고 규정하였다. 이에 따라 지원을 받으려는 학생 또는 보호자가 교육부장관 또는 교육감에게 교육비 지원을 신청하여야 지원 여부 등에 대한 검토가 시작된다.

제3절 학교급식 지원

농어촌 학교 학생의 학교급식 지원에 대해서는 「학교급식법」에서 규정하고 있다. 또한 시·도 교육조례에도 농어촌 학교 학생의 학교급식 지원에 대해 규정한 사례들이 있다. 여기에서는 「학교급식법」과 동법 시행령에 규정된 학교급식 경비의 다양한 지원에 대해 살펴보고자 한다.

1. 학교급식 지원 대상

"학교급식"이라 함은 제1조의 목적을 달성하기 위하여 제4조의 규정에 따른 학교 또는 학급의 학생을 대상으로 학교의 장이 실시하는 급식을 말한다(「학교급식법」 제2조제1호). 제1조의 목적은 "학교급식 등에 관한 사항을 규정함으로써 학교급식의 질을 향상시키고 학생의 건전한 심신의 발달과 국민 식생활 개선에 기여함"을 의미한다.

「학교급식법」 제4조(학교급식 대상)는 "학교급식은 대통령령으로 정하는 바에 따라 다음 어느 하나에 해당하는 학교 또는 학급에 재학하는 학생을 대상으로 실시한다"고 규정하였다.

이에 따라 「학교급식법」이 정한 학교급식의 대상에는 대통령령으로 정하는 규모 이하의 유치원, 초등학교, 중학교, 고등학교, 특수학교, 근로청소년을 위한 특별학급 및 산업체부설 중·고등학교, 학력인정 대안학교, 그 밖에 교육감이 필요하다고 인정하는 학교가 포함된다. 이 가운데 '대통령령으로 정하는 규모 이하의 유치원'이란 "사립유치원 중 원아 수가 50명 미만인 유치원"을 말한다(「학교급식법 시행령」 제2조의2).

그리고 '근로청소년을 위한 특별학급 및 산업체부설 중·고등학교'는 "산업체에 근무하는 청소년이 중학교·고등학교 과정의 교육을 받을 수 있도록 하기 위하여 산업체에 인접한 중학교·고등학교에 야간수업을 주로 하는 특별학급"과 "하나 또는 둘 이상의 산업체에 근무하는 청소년 중에서 중학교 또는 고등학교 입학을 희망하는 청소년이 교육을 받을 수 있도록 하기 위하여 하나의 산업체 또는 둘 이상의 산업체가 공동으로 설립·경영하는 중학교 또는 고등학교"(산업체 부설 중·고등학교)를 의미한다(「초·중등교육법」 제52조). 그리고 학력인정 대안학교는 「초·중등교육법」 제60조의3(대안학교)에 따라 "학업을 중단하거나 개인적 특성에 맞는 교육을 받으려는 학생을 대상으로 현장 실습 등 체험 위주의 교육, 인성 위주의 교육 또는 개인의 소질·적성 개발 위주의 교육 등 다양한 교육을 하는 학교로서 각종학교에 해당하는 학교"(대안학교)로 교육감으로부터 인가받은 학교를 말한다.

'그 밖에 교육감이 필요하다고 인정하는 학교'는 교육감이 지정하는 학교를 말한다. 시·도별로 교육감이 지정할 수 있다.

학교급식법

제1조(목적) 이 법은 학교급식 등에 관한 사항을 규정함으로써 학교급식의 질을 향상시키고 학생의 건전한 심신의 발달과 국민 식생활 개선에 기여함을 목적으로 한다.

제2조(정의) 이 법에서 사용하는 용어의 정의는 다음과 같다.

1. "학교급식"이라 함은 제1조의 목적을 달성하기 위하여 제4조의 규정에 따른 학교 또는 학급의 학생을 대상으로 학교의 장이 실시하는 급식을 말한다.
2. "학교급식공급업자"라 함은 제15조의 규정에 따라 학교의 장과 계약에 의하여 학교급식에 관한 업무를 위탁받아 행하는 자를 말한다.
3. "급식에 관한 경비"라 함은 학교급식을 위한 식품비, 급식운영비 및 급식시설·설비비를 말한다.

제4조(학교급식 대상) 학교급식은 대통령령으로 정하는 바에 따라 다음 각 호의 어느 하나에 해당하는 학교 또는 학급에 재학하는 학생을 대상으로 실시한다.

1. 「유아교육법」 제2조제2호에 따른 유치원. 다만, 대통령령으로 정하는 규모 이하의 유치원은 제외한다.
2. 「초·중등교육법」 제2조제1호부터 제4호까지의 어느 하나에 해당하는 학교
3. 「초·중등교육법」 제52조의 규정에 따른 근로청소년을 위한 특별학급 및 산업체부설 중·고등학교
4. 「초·중등교육법」 제60조의3에 따른 대안학교
5. 그 밖에 교육감이 필요하다고 인정하는 학교

 학교급식법 시행령

제2조의2(학교급식 대상) 법 제4조제1호 단서에서 "대통령령으로 정하는 규모 이하의 유치원"이란 「유아교육법」 제7조제3호의 사립유치원(이하 "사립유치원"이라 한다) 중 원아 수(「교육관련기관의 정보공개에 관한 특례법 시행령」 별표 1의3에 따라 매년 10월에 공시되는 연령별 원아 수 현원의 합계를 말한다. 이하 같다)가 50명 미만인 유치원을 말한다.

2. 학교급식 경비의 부담 및 지원

「학교급식법」 제3조(국가·지방자치단체의 임무)제1항은 "국가와 지방자치단체는 양질의 학교급식이 안전하게 제공될 수 있도록 행정적·재정적으로 지원하여야 하며, 영양교육을 통한 학생의 올바른 식생활 관리능력 배양과 전통식문화의 계승·발전을 위하여 필요한 시책을 강구하여야 한다"고 규정하였다. 이에 따라 국가 및 지자체는 양질의 학교급식이 안전하게 제공될 수 있도록 행정적·재정적으로 지원하여야 하는 등의 책무가 있다.

「학교급식법」 제8조(경비부담 등)제1항은 "학교급식의 실시에 필요한 급식시설·설비비는 해당 학교의 설립·경영자가 부담하되, 국가 또는 지방자치단체가 지원할 수 있다"고 규정하였다. 이에 따라 급식시설·설비비는 해당 학교의 설립·경영자 부담이 원칙이나, 국가 및 지자체는 사립학교 급식시설·설비비를 지원할 수 있다.

제2항은 "급식운영비는 해당 학교의 설립·경영자가 부담하는 것을 원칙으로 하되, 대통령령으로 정하는 바에 따라 보호자(친권자, 후견인 그 밖에 법률에 따라 학생을 부양할 의무가 있는 자를 말한다. 이하 같다)가 그 경비의 일부를 부담할 수 있다"고 규정하였다. 이에 따라 급식운영비는 해당 학교의 설립·경영자와 학생의 보호자가 분담한다.

제3항은 "학교급식을 위한 식품비는 보호자가 부담하는 것을 원칙으로 한다"고 규정하였다. 이에 따라 식품비는 보호자 부담이 원칙이다.

제4항은 "시·도지사 및 시·군·구청(자치구)장은 학교급식에 품질이 우수한 농수산물 사용 등 급식의 질 향상과 급식시설·설비의 확충을 위하여 식품비 및 시설·설비비 등 급식에 관한 경비를 지원할 수 있다"고 규정하였다. 이에 따라 시·도지사 및 시·군·구청(자치구)장은 식품비 및 시설·설비비 등 급식 경비를 지원할 수 있다.

학교급식법

제3조(국가·지방자치단체의 임무) ① 국가와 지방자치단체는 양질의 학교급식이 안전하게 제공될 수 있도록 행정적·재정적으로 지원하여야 하며, 영양교육을 통한 학생의 올바른 식생활 관리능력 배양과 전통 식문화의 계승·발전을 위하여 필요한 시책을 강구하여야 한다.
② 특별시·광역시·도·특별자치도의 교육감(이하 "교육감"이라 한다)은 매년 학교급식에 관한 계획을 수립·시행하여야 한다.

제8조(경비부담 등) ① 학교급식의 실시에 필요한 급식시설·설비비는 해당 학교의 설립·경영자가 부담하되, 국가 또는 지방자치단체가 지원할 수 있다.
② 급식운영비는 해당 학교의 설립·경영자가 부담하는 것을 원칙으로 하되, 대통령령으로 정하는 바에 따라 보호자(친권자, 후견인 그 밖에 법률에 따라 학생을 부양할 의무가 있는 자를 말한다. 이하 같다)가 그 경비의 일부를 부담할 수 있다.
③ 학교급식을 위한 식품비는 보호자가 부담하는 것을 원칙으로 한다.
④ 특별시장·광역시장·도지사·특별자치도지사 및 시장·군수·자치구의 구청장은 학교급식에 품질이 우수한 농수산물 사용 등 급식의 질 향상과 급식시설·설비의 확충을 위하여 식품비 및 시설·설비비 등 급식에 관한 경비를 지원할 수 있다.

3. 보호자 부담 학교급식 경비의 지원

「학교급식법」 제9조(급식에 관한 경비의 지원) 제1항은 "국가 또는 지방자치단체는 제8조의 규정에 따라 보호자가 부담할 경비의 전부 또는 일부를 지원할 수 있다"고 규정하였다. "제8조의 규정에 따라 보호자가 부담할 경비"는 식품비의 전부와 급식운영비의 일부이다. 이에 따라 국가 및 지자체는 보호자가 부담해야 하는 급식 경비의 전부 또는 일부를 지원할 수 있다.

그리고 제2항은 "제1항의 규정에 따라 보호자가 부담할 경비를 지원하는 경우에는 다음 각 호의 어느 하나에 해당하는 학생을 우선적으로 지원한다"고 규정하였다. 이는 국가 및 지자체가 보호자 부담 급식 경비를 지원할 경우에 우선적으로 지원해야 하는 대상에 대해 규정한 것이다.

이에 따른 학교급식 경비 우선지원 대상 학생은 다음과 같다.

학생 또는 그 보호자가 「국민기초생활 보장법」 제2조에 따른 수급권자이거나 차상위계층에 속하는 학생, 「한부모가족지원법」 제5조의 규정에 따른 보호대상자인 학생, 「도서·벽지교육진흥법」 제2조의 규정에 따른 도서·벽지에 있는 학교와 그에 준하는 지역으로서 대통령령으로 정하는 지역의 학교에 재학하는 학생, 「농어업인 삶의 질 향상 및 농어촌 지역 개발촉진에 관한 특별법」 제3조제4호에 따른 농어촌 학교와 그에 준하는 지역으로서 대통령령으로 정하는 지역의 학교에 재학하는 학생, 그 밖에 교육감이 필요하다고 인정하는 학생 등이다.

학교급식 경비 우선지원 대상 학생 중 제1호는 기초생활 수급권자, 차상위계층, 한부모가족 보호대상자 학생이다. 제2호는 도서·벽지 학교와 대통령령으로 정하는 지역 학교의 재학생이다. 여기에서 대통령령으로 정하는 지역 학교는 "70% 이상에 해당하는 학생의 학부모가 도서·벽지의 학부모와 유사한 생활여건에 처하여 있다고 교육감이 인정하는 학교"를 의미한다(동법 시행령 제10조제2항제1호).

그리고 제3호는 농어촌 학교와 대통령령으로 정하는 지역의 학교에 재학하는 학생이다. 여기에서 대통령령으로 정하는 지역 학교는 "70% 이상에 해당하는 학생의 학부모가 농어촌의 학부모와 유사한 생활여건에 처하여 있다고 교육감이 인정하는 학교"를 의미한다(동법 시행령 제10조제2항제2호).

그리고 제4호는 교육감이 지정하는 학생을 말한다. 시·도별로 교육감이 지정할 수 있다.

✎ 학교급식법

제9조(급식에 관한 경비의 지원) ① 국가 또는 지방자치단체는 제8조의 규정에 따라 보호자가 부담할 경비의 전부 또는 일부를 지원할 수 있다.

② 제1항의 규정에 따라 보호자가 부담할 경비를 지원하는 경우에는 다음 각 호의 어느 하나에 해당하는 학생을 우선적으로 지원한다.

　1. 학생 또는 그 보호자가「국민기초생활 보장법」제2조에 따른 수급권자이거나 차상위계층에 속하는 학생,「한부모가족지원법」제5조의 규정에 따른 보호대상인 학생

　2.「도서·벽지교육진흥법」제2조의 규정에 따른 도서·벽지에 있는 학교와 그에 준하는 지역으로서 대통령령으로 정하는 지역의 학교에 재학하는 학생

　3.「농어업인 삶의 질 향상 및 농어촌 지역 개발촉진에 관한 특별법」제3조제4호에 따른 농어촌 학교와 그에 준하는 지역으로서 대통령령으로 정하는 지역의 학교에 재학하는 학생

　4. 그 밖에 교육감이 필요하다고 인정하는 학생

③ 교육감은「재난 및 안전관리 기본법」제3조제1호에 따른 재난이 발생하여 학교급식이 어려운 경우에는 제5조제1항에 따른 학교급식위원회의 심의를 거쳐 대통령령으로 정하는 바에 따라 학생의 가정에 식재료 등을 지원할 수 있다. 이 경우 지원 범위는 제8조제4항 및 제9조제1항에 따라 국가 또는 지방자치단체가 지원한 급식에 관한 경비에 한정한다.

✎ 학교급식법 시행령

제10조(급식비 지원기준 등) ① 법 제9조제1항에 따라 보호자가 부담할 경비를 지원하는 경우 그 지원액 및 지원대상은 학교급식위원회의 심의를 거쳐 교육감이 정한다.

② 법 제9조제2항제2호와 제3호에서 "대통령령이 정하는 지역의 학교"라 함은 각각 다음 각 호의 학교를 말한다.

　1. 법 제9조제2항제2호:「도서·벽지교육진흥법」제2조에 따른 도서벽지에 준하는 지역에 소재하는 학교로서 7할 이상에 해당하는 학생의 학부모가 도서벽지의 학부모와 유사한 생활여건에 처하여 있다고 교육감이 인정하는 학교

　2. 법 제9조제2항제3호:「농어업인 삶의 질 향상 및 농어촌 지역 개발촉진에 관한 특별법」제3조제1호에 따른 농어촌에 준하는 지역에 소재하는 학교로서 7할 이상에 해당하는 학생의 학부모가 농어촌의 학부모와 유사한 생활여건에 처하여 있다고 교육감이 인정하는 학교

③ 교육감은 법 제9조제3항 전단에 따라 학생의 가정에 식재료 등을 지원할 때에는 다음 각 호의 방법으로 한다.

　1. 다음 각 목의 센터 또는 업체로 하여금 법 제10조에 따른 품질관리기준에 적합한 식재료를 가정으로 배송하게 하는 방법

　가. 법 제5조제4항에 따른 학교급식지원센터

　나. 학교급식에 필요한 식재료나 제조·가공한 식품을 공급하는 업체

　2. 보호자에게 식재료를 구매하거나 교환할 수 있는 상품권 또는 교환권을 지급하는 방법

　3. 그 밖에 교육감이 학교급식위원회의 심의를 거쳐 정하는 방법

제4절 논의

지금까지 농어촌 학교 학생 교육비 지원, 농어촌 학교 학생 교육급여, 학교 급식 지원 등에 대해 살펴보았다. 이를 통해 향후 농어촌 학교 학생 복지의 확충 측면에서 신중한 검토가 필요한 점을 몇 가지 도출하였다.

첫째, 농어촌 학교 학생에게 필요한 맞춤형 복지 항목의 발굴에 대한 논의가 필요하다. 현재 핵심 복지 항목 중 교육비 지원, 교육급여 지원은 농어촌 학교 학생이 수혜 대상이나, 농어촌 학교 학생의 특성을 고려한 맞춤형 지원으로 보기는 어렵다. 이는 농어촌 교육여건 개선 및 농어촌 정주 여건 개선으로 이어지는 데에 한계가 있다는 의미이다.

향후 농어촌 학교 학생 맞춤형 복지 항목을 발굴하는 데에 정책적 노력을 기울일 필요가 있다. 이를 통해 농어촌 학교 학생의 교육 여건 개선 및 농어촌의 정주 여건 개선으로 이어지도록 하는 실용적인 정책이 요구된다. 이는 2004년「농어업인삶의질법」의 제정 목적에도 부합한다.

둘째, 농어촌 학교 학생 복지 항목에 대해 지원 방법을 수요자 친화적으로 개선하기 위한 논의가 필요하다. 현행 농어촌 학교 학생 교육비 지원, 농어촌 학교 학생 교육급여 지원 등은 학생 및 보호자의 신청을 전제조건으로 하고 있다.

농어촌 교육 현장에서 신청 시기와 내용, 방법을 파악하지 못하거나, 신청 절차에 어려움이 있어서 신청을 하지 않아 복지 혜택을 받지 못하는 사례가 발생하지 않도록 적절한 법제 개편이 요구된다. 이는「헌법」이 규정한 농어촌 학교 학생의 교육을 받을 권리의 적극적인 보장과「교육기본권」및「농어업인삶의질법」등 농어촌 교육법령의 입법 취지에도 부합한다.

MEMO

제3부

농어촌 학교 교육과정

제5장 농어촌 학교 교육과정의 자율화·특색화

「교육기본법」 제12조제2항은 "교육내용·교육방법·교재 및 교육시설은 학습자의 인격을 존중하고 개성을 중시하여 학습자의 능력이 최대한으로 발휘될 수 있도록 마련되어야 한다."라고 명시하고 있다.

교육기본법

제12조(학습자) ② 교육내용·교육방법·교재 및 교육시설은 학습자의 인격을 존중하고 개성을 중시하여 학습자의 능력이 최대한으로 발휘될 수 있도록 마련되어야 한다.

「농어업인삶의질법」 제8조와 「농어촌복지법」 제6조를 보면 정부는 농어업인의 복지 증진과 지역 개발을 위한 시책 추진을 위해 5년마다 복지실태 등에 대한 조사를 하도록 하고 있다. 2018년에 실시한 조사결과를 보면 농어촌 지역의 교육여건 개선을 위해 가장 필요한 사항으로 '지역특성에 맞춘 교육 프로그램 개발'과 '다양한 방과후 프로그램(강사) 지원'이라고 응답한 바 있다(농촌진흥청, 2019).

요컨대, 농어촌 지역의 학교와 시·도교육청은 학생들의 학습권 보장을 위해 교육과정 편성·운영에 있어 지역의 특성을 반영한 교육과정을 운영하기 위해 노력해야 한다. 그리고 이를 위해 각 지역 교육청 및 학교에 일정 부분 자율성을 부여하여 나름의 특색 있는 교육 프로그램을 운영하도록 하고 있다.

농어촌 교육의 자율화와 특색화는 두 가지 의미를 갖는다. 먼저, 농어촌 지역 학생들의 정체성을 갖도록 하는 것을 목적으로 한다. 아울러 농어촌 지역의 실정에 부합하는 맞춤 교육의 의미를 갖는다. 농어촌 학교 교육과정의 특색화가 필요하며, 이를 위해 교육과정 운영에 있어 자율성을 부여하고 있다.

1. 교육과정 운영의 자율성 보장

1) 교육과정의 분권화

농어촌 학교 교육과정 특색화를 위해서는 일정 부분 자율성을 부여해야 한다. 제6차 교육과정부터 교육과정의 분권화·자율화를 강화해 오고 있다. 제6차 교육과정은 1991년 「지방 교육 자치에 관한 법률」 제정 이후인 1992년에 고시하였다. 이때부터 국가가 국가 수준 교육과정을 고시하면 시·도교육청이 이를 근거로 시·도의 교육과정 편성·운영 지침을 작성하여 각 학교에 제시하는 체제로 전환하였다. 이는 과거 국가 수준 교육과정 중심의 획일적 학습 체제에서 벗어나 각 시·도교육청의 지역 수준 교육과정을 통해 지역교육의 자율성과 지역성을 강조함을 의미한다. 이전 교육과정이 국가 수준 교육과정을 학교에 그대로 전달하는 체제였다면 제6차 교육과정부터는 '국가-지역-학교'로 이어지는 삼중 체제로 변하게 된 것이다.

이에 따라 시·도교육청의 기능과 역할을 주목하게 되었는데, 이는 시·도교육청이 국가 수준 교육과정을 토대로 지역의 실정에 맞는 자체적인 교육과정을 개발하여 단위학교에 제공하는 교육과정의 지역화로 이어지게 되었다(한진호 등, 2022). 이처럼 교육과정의 자율화는 교육과정의 지역화를 전제하며, 각 지역의 시·도교육청은 각자 개발한 교육과정을 통해 각 지역교육의 지향점과 특징을 반영하려고 노력한다. 국가-지역-학교로 이어지는 수준별 교육과정의 체제는 다음과 같다.

〈표 5-1〉 국가-지역-학교 수준 교육과정 체제(이승미 등, 2013)

개발 수준	의미	주체	문서성격	문서종류
국가 수준	국가에서 개발하여 고시한 교육과정으로, 교육과정 지침에 해당하는 총론과 교육과정에 해당하는 각론을 포함함.	교육부	고시문	- 총론 - 각론: 교과 교육과정, 창의적 체험활동
		교육부	보완 및 후속 관련 문서	- 해설서(총론, 창의적 체험활동) - 교과별 성취기준 · 성취수준
지역 수준	지역에서 개발한 교육과정으로 지역교육의 지향점과 특징을 반영한 지역 교육과정 총론과 각론을 포함함.	시 · 도교육청	지침	- 시 · 도교육과정 편성 · 운영 지침
		교육지원청	장학자료	- 실천 중심 장학자료
학교 수준	학교에서 개발한 교육과정으로서 학교 구성원이 공동체의 가치와 철학 및 학생의 특성을 반영함.	학교		- 학교 교육과정

2) 교육과정의 자율화 추진

전술한 바와 같이 제1차부터 제5차 교육과정까지는 국가 수준 교육과정 중심 체제였다. 구「교육법」제150조는 "각 학교는 소정의 교육과정을 수업하여야 한다"라고 규정하였으며, 같은 법률 제155조제1항은 "각 학교의 학과 및 교과는 대통령령으로, 교육과정은 교육부장관이 정한다"라고 규정하여 국가 수준 교육과정이 중심이 되었다. 즉, 모든 학교에서 국가가 개발한 단일 교육과정에 따라 동일한 교육을 진행한 것이다(민창욱, 2015).

1990년대부터 시작된 교육과정 자율화의 방향은 교육법에서 그 변화의 움직임을 찾을 수 있다. 특히, 2021년 개정된 내용 중 교육과정 자율화를 뒷받침할 수 있는 부분이 눈에 띄게 증가하였다.

교육기본법

제4조(교육의 기회균등 등) ① 모든 국민은 성별, 종교, 신념, 인종, 사회적 신분, 경제적 지위 또는 신체적 조건 등을 이유로 교육에서 차별을 받지 아니한다.

② 국가와 지방자치단체는 학습자가 평등하게 교육을 받을 수 있도록 지역간의 교원 수급 등 교육 여건 격차를 최소화하는 시책을 마련하여 시행하여야 한다.

③ 국가는 교육여건 개선을 위한 학급당 적정 학생수를 정하고 지방자치단체와 이를 실현하기 위한 시책을 수립·실시하여야 한다. 〈개정 2021. 9. 24.〉

제5조(교육의 자주성 등) ① 국가와 지방자치단체는 교육의 자주성과 전문성을 보장하여야 하며, 국가는 지방자치단체의 교육에 관한 자율성을 존중하여야 한다. 〈신설 2021. 9. 24.〉

② 국가와 지방자치단체는 관할하는 학교와 소관 사무에 대하여 지역 실정에 맞는 교육을 실시하기 위한 시책을 수립·실시하여야 한다. 〈개정 2021. 9. 24.〉

③ 국가와 지방자치단체는 학교운영의 자율성을 존중하여야 하며, 교직원·학생·학부모 및 지역주민 등이 법령으로 정하는 바에 따라 학교운영에 참여할 수 있도록 보장하여야 한다. 〈개정 2021. 9. 24.〉

초·중등교육법

제23조(교육과정 등) ① 학교는 교육과정을 운영하여야 한다.

② 국가교육위원회는 제1항에 따른 교육과정의 기준과 내용에 관한 기본적인 사항을 정하며, 교육감은 국가교육위원회가 정한 교육과정의 범위에서 지역의 실정에 맞는 기준과 내용을 정할 수 있다. 〈개정 2013. 3. 23., 2021. 7. 20.〉

③ 교육부장관은 제1항의 교육과정이 안정적으로 운영될 수 있도록 대통령령으로 정하는 바에 따라 후속지원 계획을 수립·시행한다. 〈신설 2021. 7. 20.〉

④ 학교의 교과(敎科)는 대통령령으로 정한다. 〈개정 2021. 7. 20.〉

지방교육자치에 관한 법률

제20조(관장사무) 교육감은 교육·학예에 관한 다음 각 호의 사항에 관한 사무를 관장한다.
6. 교육과정의 운영에 관한 사항

이 가운데 「교육기본법」 제5조 교육의 자주성에 관한 조항을 보면 2021년 개정을 통해 자율성 부분이 크게 강화된 것을 확인할 수 있다. 해당 조항의 개정 이유를 다음과 같이 밝힌 바 있다(법제처, 2021).

"현행법 제5조는 학교의 자율성 존중 등에 대해 공동 주체로 규정하거나 불명확하게 규정하여 국가 및 지방자치단체의 권한 배분의 충돌과 책임의 불명확성이라는 문제를 야기할 수 있어 이를 명확히 할 필요가 있는바, 공동 주체의 모호성을 해소하고, 교육자치 실현을 위한 지방자치단체의 교육 시책 수립 실시 권한을 명시하여 국가와 지방자치단체의 학교운영 자율성과 참여 보장을 명확히 하려는 것이다."

이외에도 「초·중등교육법」과 「지방교육자치에 관한 법률」은 교육과정에 대한 사항을 법률에 명시함으로써 그 법적 지위를 보장하고 있다. 「초·중등교육법」의 경우 제23조에서 교육부에서 국가교육위원회로의 교육과정 업무 이관에 따라 교육과정에 대한 시·도 교육감의 역할을 규정하고 있다.

「초·중등교육법」 제23조제2항에 근거하여 고시한 2022 개정 교육과정 총론도 다음과 같이 명시하고 있다.

 교육부 고시 제2022-33호, 초·중등학교 교육과정 총론

국가 수준의 공통성을 바탕으로 지역, 학교, 개인 수준의 다양성을 추구할 수 있도록 학교 교육과정의 기준과 내용에 관한 기본사항을 제시한다

이처럼 2022 개정 교육과정의 경우도 '분권화를 통한 학교 교육과정 자율성 확대'를 강조하였다. 2022 개정 교육과정 총론의 학교급별 교육과정 편성·운영 기준을 보면 다음과 같다.

2022 개정 교육과정 총론 – 초등학교

Ⅲ. 학교급별 교육과정 편성·운영의 기준
  2. 초등학교
    나. 교육과정 편성·운영 기준
      1) 학교는 학년(군)별 교과(군)와 창의적 체험활동의 수업 시수를 학년별, 학기별로 자율적으로 편성할 수 있다.
                (중략)
      다) 학교는 학교의 특성, 학생·교사·학부모의 요구 및 필요에 따라 자율적으로 교과(군)별 및 창의적 체험활동의 20% 범위 내에서 시수를 증감하여 편성·운영할 수 있다. 단, 체육, 예술(음악/미술) 교과는 기준 수업 시수를 감축하여 편성·운영할 수 없다.
                (중략)
      3) 학교는 3~6학년별로 지역과 연계하거나 다양하고 특색 있는 교육과정 운영을 위해 학교자율시간을 편성·운영한다.
      가) 학교자율시간을 활용하여 이 교육과정에 제시되어 있는 교과 외에 새로운 과목이나 활동을 개설할 수 있으며, 이 경우 시·도 교육감이 정하는 지침에 따라 사전에 필요한 절차를 거쳐야 한다.
      나) 학교자율시간에 운영하는 과목과 활동의 내용은 지역과 학교의 여건 및 학생의 필요에 따라 학교가 결정하되, 다양한 과목과 활동으로 개설하여 운영한다.
      다) 학교자율시간은 학교 여건에 따라 연간 34주를 기준으로 한 교과별 및 창의적 체험활동 수업 시간의 학기별 1주의 수업 시간을 확보하여 운영한다.

이상 교육과정의 내용에서 학교 자율시간이란 학교가 자율적으로 다양하고 특색 있는 교육과정(학생 맞춤형 프로그램 및 활동)을 운영할 수 있는 시간을 의미하는데 자율시간 확보 및 운영 방안을 보면 다음과 같다.

〈표 5-2〉 2022 개정 교육과정에 따른 학교 자율시간 확보 및 운영 방안(교육부, 2021)

개발 수준	내용
국가 수준 교육과정	▸ 학교 자율시간 도입을 위한 교육과정 운영 근거를 총론에 마련 ▸ (교과) 한 학기 17주 기준 수업시수를 16회로 개발하고 1회 분량은 자율 운영할 수 있도록 내용요소와 성취기준 등을 유연하게 개발
지역 수준 교육과정	▸ 지역과 학교의 교육 여건 등에 적합한 기준과 내용 개발, 지역 특색을 살린 선택과목 및 체험활동 개발·운영(시·도교육청 개발 가능) ※ 예 지역 생태환경, 인공지능으로 알아보는 우리 고장, 지역과 민주시민, 역사체험 등
학교 수준 교육과정	▸ 지역과 연계한 다양한 교육과정 및 프로젝트 활동 편성·운영, 학교 자율적으로 지역 연계 선택과목 개발·활용, 교과 교육과정(지역 연계 단원 구성, 성취기준 등)에 대한 교사의 교육과정 편성·운영 자율권 확대

실제 학교 선택과목 개발·운영 예시를 보면 다음과 같다(교육부, 2021).

🚲 3학년	🔦 4학년	♿ 5학년	🎯 6학년
지역연계생태환경 디지털 기초소양	**지속 가능한 미래** 우리고장 알기	**지역과 시민** 지역 속 문화탐방	**인공지능과 로봇** 역사로 보는 지역

* 선택과목: 초등 학년별 선택과목 2개 운영 가능, 3~6학년 총 8개 과목 운영 가능

[그림 5-1] 다양한 학교 선택과목 개발·운영 예시(교육부, 2021)

3) 관련 판례

⚖️ 학교의 자율적 교육과정 편성 권한의 범위는 어디까지인가?

2013헌마838, 교육과학기술부 고시 제2012-31호 Ⅱ 위헌확인(초등학교 영어교육 사건)

【사건 개요】

1. 교육부장관(당시에는 '교육과학기술부장관'이었다.)은 2012. 12. 13. 구「초·중등교육법」(2013. 3. 23. 법률 제11690호로 개정되기 전의 것) 제23조제2항에 따라 교육과학기술부 고시 제2012-31호로 '초·중등학교 교육과정'(이하 '이 사건 고시'라 한다)을 고시하였다. 교육부장관은 2013. 7.경 전국 사

립초등학교에 대하여 '정규 영어교과 이외의 영어교육 및 외국 교과서(교재) 활용 실태'에 관한 조사를 실시하였다. 그 결과 전체 76개 사립초등학교 중 51개 학교가 영어교과 시간에 외국교과서를 교재로 사용하고, 32개 학교가 초등학교 1, 2학년에게 정규 교육과정이 아닌 영어수업을 하고, 16개 학교가 영어 이외의 교과시간에 영어로 수업을 실시하는 것으로 나타났다.

2. 교육부장관은 2013. 9.경 위 조사결과에 따라 "사립초 영어교육 관련 정상화 추진 계획"을 수립하였고, 이에 서울시교육감은 관내 교육장들에게 '영어교육 관련 교육과정이 정상적으로 운영될 수 있도록 적극 협조하여 달라'는 취지의 공문을 보냈다.

3. 이에 청구인들은 초등학교에게 보낸 공문이 청구인들의 기본권을 침해한다고 주장하며 헌법소원심판을 청구하였다.

【심판 대상】

교육과학기술부 고시 제2012-31호(2012. 12. 13.)
Ⅱ. 학교급별 교육과정 편성과 운영
  1. 초등학교
    나. 편제와 시간 배당
      (1) 편제
        ㈎ 초등학교 교육과정은 교과(군)와 창의적 체험활동으로 편성한다.
          ① 교과(군)는 국어, 사회/도덕, 수학, 과학/실과, 체육, 예술(음악/미술), 영어로 한다. 다만, <u>초등학교 1, 2학년의 교과는 국어, 수학, 바른 생활, 슬기로운 생활, 즐거운 생활로 한다.</u> (후략)

【결정 요지】

1. <u>초등학교의 교육목적과 교육목표를 달성하기 위한 교육과정은 국가 수준의 공통성뿐만 아니라 지역, 학교, 개인 수준의 다양성을 동시에 갖추어야 하는 과정으로서, 교육을 둘러싼 여러 여건에 따라 적절히 대처할 필요성이 있기 때문에 이에 관한 모든 사항을 법률에 규정하는 것은 입법기술상 매우 어렵다.</u> 특히, 초등학교 교육과정의 편제와 수업시간은 교육여건의 변화에 따른 시의적절한 대처가 필요하므로 교육현장을 가장 잘 파악하고 교육과정에 대해 적절한 수요 예측을 할 수 있는 해당 부처에서 정하도록 할 필요가 있다. 따라서 「초 · 중등교육법」 제23조제2항이 교육과정의 기준과 내용에 관한 기본적인 사항을 교육부장관이 정하도록 위임한 것 자체가 교육제도 법정주의

에 반한다고 보기 어렵다. 또한, 「초·중등교육법」 제23조제3항에서 대통령령에 위임하고 있는 '교과'는 초·중등학교에서 편성·운영하여야 할 기본적인 교과목을 의미하고, 동조 제2항의 위임에 따라 교육부장관은 대통령령에서 규정한 교과목을 고려하여 각 학년에 적합한 구체적인 교육과정을 편성할 수 있다. 따라서 이 사건 고시 부분에서 초등학교 1, 2학년의 교과에 영어를 배제하였다 하더라도, 이는 「초·중등교육법」 제23조제2항 및 제3항의 위임에 따라 「초·중등교육법 시행령」 제43조제1항제1호가 규정한 교과의 범위 내에서 그 내용을 구체화한 것이므로, 위임 범위를 벗어났다고 볼 수 없다.

2. 이 사건 고시 부분은 초등학생의 전인적 성장을 도모하고, 영어 사교육 시장의 과열을 방지하기 위한 것으로, 그 목적의 정당성이 인정되고, 이 사건 고시 부분으로 영어교육의 편제와 시간 배당을 통제하는 것은 위 목적을 달성하기 위한 적절한 수단이다. 초등학교 시기는 인격 형성의 토대를 마련하는 중요한 시기이므로, 한정된 시간에 교육과정을 고르게 구성하여 초등학생의 전인적 성장을 도모하기 위해서는 초등학생의 영어교육이 일정한 범위로 제한되는 것이 불가피하다. 또한, 초등학교 1, 2학년은 공교육 체계 하에서 한글을 처음 접하는 시기로, 이 시기에 영어를 배우게 되면 한국어 발달과 영어 교육에 문제점이 발생하게 될 가능성이 높다는 전문가의 의견이 있고, 이러한 의견을 반영한 해당 부처의 판단이 명백히 잘못되었다고 할 수 없다. 한편, 사립학교에게 그 특수성과 자주성이 인정된다고 하더라도, <u>자율적인 교육과정의 편성은 국가 수준의 교육과정 내에서 허용될 수 있는 것이지, 이를 넘어 허용한다면 교육의 기회에 불평등을 조장하는 결과를 초래하여, 종국에는 사회적 양극화를 초래하는 주요한 요소가 될 것이다. 따라서 이 사건 고시 부분은 청구인들의 인격의 자유로운 발현권과 자녀교육권을 침해하지 않는다.</u>

앞의 판례는 공교육에 대한 국가의 규율 권한에 관한 것이다. 공교육의 구체적인 내용은 교육과정 수립을 통해 채워진다. 즉, 학생들에게 무엇을 가르칠 것인가는 교육과정을 통해 그 내용을 선정·조직한다. 그 법률적 근거는 판례에서 밝히고 있는 바와 같이 「초·중등교육법」 제23조제2항에 따르는데 국가교육위원회에서 국가 수준 교육과정이 정해지고 시·도교육감은 국가 수준 교육과정의 범위 내에서 해당 지역의 실정에 따라 시·도 교육과정 편성·운영 지침을 마련한다. 그리고 학교는 이 교육과정을 실제 운영해야 한다(「초·중등교육법」 제23조제2항).

이상 초등학교 영어교육 사건은 국가 수준 교육과정에 대하여 본격적으로 문제를 제기한 첫 사례라는 점에서 의미가 있다. 헌법재판소는 "사립학교에게 그 특수성과 자주성이 인정된다고 하더라도, 자율적인 교육과정의 편성은 국가 수준의 교육과정 내에서 허용될 수 있는 것이지, 이를 넘어 허용한다면 교육의 기회에 불평등을 조장하는 결과를 초래하여, 종국에는 사회적 양극화를 초래하는 주요한 요소가 될 것이다"라고 판단하였다. 이는 교육과정에 관한 사항으로 사립학교에 한정되는 것은 아닐 것이다. 학교 수준 교육과정을 편성하는 데 있어 모든 학교는 국가 수준 교육과정의 범위 내에서 이루어져야 한다.

2. 농어촌 자율학교 운영

자율학교 제도는 1998년 공포된 「초·중등교육법 시행령」 제105조에서 처음 등장하였다. 시행령의 해당 조항은 「초·중등교육법」 제61조에 근거하여 교육과정을 자율적으로 운영할 수 있는 학교를 지정·운영할 수 있도록 하였는데 이름하여 자율학교이다. 즉, 자율학교는 법령에 따라 일정 부분 교육과정 운영의 자율성을 보장받는 학교를 의미한다.

그중 농어촌 지역에 소재하는 자율학교를 농어촌 자율학교라고 부르기도 하지만 이는 법령상의 명칭은 아니다. 농어촌 지역의 자율학교는 전술한 바와 같이 교육과정 운영에 있어 일정 부분 자율성을 부여하기 때문에 폐교 위기 극복, 지역교육 활성화 등의 목적으로 나름의 특색 있는 교육과정을 운영하면서 광역단위 혹은 전국단위로 신입생을 모집하며, 도시 지역과 떨어져 있기 때문에 기숙사를 운영하는 경우가 많다.

1) 자율학교 지정과 운영

초 · 중등교육법

제61조(학교 및 교육과정 운영의 특례)
① 학교교육제도를 포함한 교육제도의 개선과 발전을 위하여 특히 필요하다고 인정되는 경우에는 대통령령으로 정하는 바에 따라 제21조제1항 · 제24조제1항 · 제26조제1항 · 제29조제1항 · 제31조 · 제39조 · 제42조 및 제46조를 한시적으로 적용하지 아니하는 학교 또는 교육과정을 운영할 수 있다.
② 제1항에 따라 운영되는 학교 또는 교육과정에 참여하는 교원과 학생 등은 이로 인하여 불이익을 받지 아니한다.

자율학교는 「초 · 중등교육법」 제61조의 '학교 및 교육과정 운영의 특례' 규정에 근거한다. 이 조항은 제5장의 보칙 규정으로 1997년 제정되었다. 제21조제1항(교장과 교감의 자격), 제24조제1항(학년도의 시작과 끝), 제26조제1항(진급과 졸업), 제29조제1항(교과용도서의 사용), 제31조(학교운영위원회의 설치), 제39조(초등학교 수업연한), 제42조(중학교 수업연한), 제46조(고등학교 수업연한)를 한시적으로 적용하지 않는 학교 또는 교육과정을 운영할 수 있도록 규정하고 있다. 이에 따르면 자율학교란 교장이나 교감의 자격이 없는 사람을 학교 운영자로 둘 수 있으며, 학사운영과 관련해서도 학년도 시작, 진급과 졸업, 수업연한을 자율적으로 운영할 수 있다(정진환, 2002).

이상 법률에 따른 「초 · 중등교육법 시행령」 제105조는 학교 및 교육과정 운영의 특례에 관한 조항으로 교육감은 교육과정을 자율적으로 운영할 수 있는 자율학교를 지정 · 운영할 수 있으며, 그중 하나가 농어촌 학교이다. 여기서 농어촌 학교란 「농어업인 삶의 질 향상 및 농어촌 지역 개발촉진에 관한 특별법」 제3조제4호에 따른 학교로서 「유아교육법」 제2조제2호 및 「초 · 중등교육법」 제2조에 따른 학교 중 농어촌에 있는 학교를 말한다.

초 · 중등교육법 시행령

제105조(학교 및 교육과정 운영의 특례) ① 교육감은 다음 각 호의 어느 하나에 해당하는
국립 · 공립 · 사립의 초등학교 · 중학교 · 고등학교 및 특수학교를 대상으로 법 제61조에 따라
학교 또는 교육과정을 자율적으로 운영할 수 있는 학교(이하 "자율학교"라 한다)를 지정 · 운영
할 수 있다. 다만, 국립학교를 자율학교로 지정하려는 경우에는 미리 교육부장관과 협의해야
한다.
　1. 학습부진아 등에 대한 교육을 실시하는 학교
　2. 개별학생의 적성 · 능력 개발을 위한 다양하고 특성화된 교육과정을 운영하는 학교
　3. 학생의 창의력 계발 또는 인성함양 등을 목적으로 특별한 교육과정을 운영하는 학교
　4. 특성화중학교
　5. 산업수요 맞춤형 고등학교 및 특성화고등학교
　6. 「농어업인 삶의 질 향상 및 농어촌 지역 개발촉진에 관한 특별법」 제3조제4호에 따른
　　농어촌학교[57]
　7. 그 밖에 교육감이 특히 필요하다고 인정하는 학교
② 자율학교를 운영하려는 학교의 장은 다음 각 호의 사항이 포함된 신청서를 작성하여 교육감
　에게 제출하여야 한다.
　1. 학교운영에 관한 계획
　2. 교육과정 운영에 관한 계획
　3. 입학전형 실시에 관한 계획
　4. 교원배치에 관한 계획
　5. 그 밖에 자율학교 운영 등에 관하여 교육감이 정하여 고시하는 사항
③ 제2항에도 불구하고 교육감은 학생의 학력향상 등을 위하여 특히 필요하다고 인정되는
　공립학교를 직권으로 자율학교로 지정할 수 있다. 이 경우 지정을 받은 학교의 장은 지체
　없이 제2항 각 호의 사항을 작성하여 교육감에게 제출하여야 한다.
④ 자율학교는 5년 이내로 지정 · 운영하되, 교육감이 정하는 바에 따라 연장 운영할 수 있다.
⑤ 교육부장관 또는 교육감은 자율학교의 운영에 필요한 지원을 하여야 한다.
⑥ 제1항부터 제5항까지에서 규정한 사항 외에 자율학교의 지정 및 운영에 필요한 사항은
　교육감이 정하여 고시한다.

시행령 제105조에 따른 학교 및 교육과정 운영의 특례 조항을 통한 자율학
교의 설립 외에도 제91조의3, 제91조의4, 제105조의4에 따른 자율형 사립고
등학교와 자율형 공립고등학교를 설립할 수 있다. 해당 조항의 내용은 다음과
같다.

---

57) 「농어업인 삶의 질 향상 및 농어촌 지역 개발촉진에 관한 특별법」 제3조(정의)제4호에 따르면
　　"농어촌 학교"란 「초 · 중등교육법」 제2조에 따른 학교 중 농어촌에 있는 학교를 말한다.

초 · 중등교육법 시행령

제76조의3(고등학교의 구분) 고등학교는 교육과정 운영과 학교의 자율성을 기준으로 다음 각 호의 학교로 구분한다.
   1. 일반고등학교(특정분야가 아닌 다양한 분야에 걸쳐 일반적인 교육을 실시하는 고등학교를 말하되, 제2호부터 제4호까지의 규정에 따른 고등학교에 해당하지 않는 고등학교를 포함 한다. 이하 같다)
   2. 제90조에 따른 특수목적고등학교
   3. 제91조에 따른 특성화고등학교
   4. 자율고등학교(제91조의3에 따른 자율형 사립고등학교 및 제91조의4에 따른 자율형 공립고 등학교를 말한다)

제91조의3(자율형 사립고등학교) ① 교육감은 다음 각 호의 요건에 모두 해당하는 사립의 고등학교를 대상으로 법 제61조에 따라 학교 또는 교육과정을 자율적으로 운영할 수 있는 고등학교(이하 "자율형 사립고등학교"라 한다)를 지정 · 고시할 수 있다. 이 경우 미리 교육부장 관의 동의를 받아야 한다.
   1. 국가 또는 지방자치단체로부터 「지방교육재정교부금법 시행령」 별표 1에 따른 교직원 인건비 (교원의 명예퇴직 수당은 제외한다) 및 학교 · 교육과정운영비를 지급받지 아니할 것
   2. 교육부령으로 정하는 법인전입금기준 및 교육과정운영기준을 충족할 것
② 자율형 사립고등학교를 운영하려는 법인 또는 학교의 장은 다음 각 호의 사항이 포함된 신청서를 제출하여야 한다. 〈후략〉

제91조의4(자율형 공립고등학교) ① 교육감은 공립의 고등학교를 대상으로 법 제61조에 따라 학교 또는 교육과정을 자율적으로 운영하는 고등학교(이하 "자율형 공립고등학교"라 한다)를 교육부장관이 정하는 절차를 거쳐 지정 · 고시할 수 있다.
② 자율형 공립고등학교를 운영하려는 학교의 장은 다음 각 호의 사항이 포함된 신청서를 작성하여 교육감에게 제출하여야 한다.
   1. 학교운영에 관한 계획
   2. 교육과정 운영에 관한 계획
   3. 입학전형실시에 관한 계획
   4. 교원배치에 관한 계획
   5. 그 밖에 자율형 공립고등학교의 운영 등에 관하여 교육감이 정하여 고시하는 사항
③ 삭제 〈2020. 2. 28.〉
④ 교육부장관 및 교육감은 자율형 공립고등학교의 특성화된 교육과정 및 프로그램 개발, 교원 연수 등을 위하여 자율형 공립고등학교로 지정된 기간 동안 필요한 재정을 지원할 수 있다. 〈개정 2011. 12. 30., 2013. 3. 23.〉
⑤ 제1항부터 제4항까지에서 규정한 사항 외에 자율형 공립고등학교의 지정 및 운영에 필요한 사항은 교육부장관이 정하여 고시한다.

「초 · 중등교육법」 제61조 및 「초 · 중등교육법 시행령」 제105조의 규정에 의한 자율학교의 지정 및 운영에 대한 필요한 세부사항에 대해서는 「자율학교의 지정 및 운영에 관한 훈령」에서 규정하고 있다. 자율학교로 지정되면 훈령 제4조에 근거하여 초등학교 및 중학교는 교과(군)별 수업시수를 20% 범위 내에서 증감 · 운영할 수 있으며, 제7조에 근거하여 교장을 공모하여 임용할 수 있고, 정원의 50% 범위에서 교사를 초빙할 수 있다.

> **자율학교의 지정 및 운영에 관한 훈령**
>
> **제1조(목적)** 이 규정은 「초 · 중등교육법」(이하 '법'이라 한다) 제61조 및 「초 · 중등교육법 시행령」(이하 '영'이라 한다) 제105조의 규정에 의한 자율학교의 지정 및 운영에 대해 필요한 세부사항을 정함을 목적으로 한다.
>
> 〈중략〉
>
> **제4조(초등학교 및 중학교 교육과정 운영)** 자율학교로 지정된 초등학교 및 중학교는 교과(군)별 수업시수를 20% 범위 내에서 증감 · 운영할 수 있다.
> **제7조(교원 인사)** ① 자율학교로 지정된 학교는 교장을 공모하여 임용할 수 있다.
> ② 자율학교로 지정된 학교는 정원의 50%범위내에서 교사를 초빙할 수 있다.
>
> 〈후략〉

교육부 고시인 국가교육과정에서도 자율학교 등 법령에 따라 교육과정 편성 · 운영의 자율성이 부여되는 학교의 경우에는 학교의 설립 목적 및 특성에 따른 교육이 가능하도록 교육과정 편성 · 운영의 자율권을 부여하고, 이와 관련한 구체적인 사항은 시 · 도교육청의 지침에 따르도록 하고 있다. 강원특별자치도교육청은 2023학년 고등학교 교육과정 편성 운영 지침에서 자율학교의 수업일수에 대한 부분을 제시하고 있기도 하다.

〈표 5-3〉 교육과정상의 자율학교 관련 내용

법령	내용
교육부 고시 (2015 개정 교육과정 총론)[58]	5. 특수한 학교에서의 교육과정 편성·운영 바. 특성화 학교, 자율 학교, 재외한국학교 등 법령에 따라 교육과정 편성·운영의 자율성이 부여되는 학교의 경우에는 학교의 설립 목적 및 특성에 따른 교육이 가능하도록 교육과정 편성·운영의 자율권을 부여하고, 이와 관련한 구체적인 사항은 시·도교육청(재외한국학교의 경우 교육부)의 지침에 따른다.
강원특별자치도 교육청 고시 제2022-13호 (2023학년도 강원특별자치도 고등학교 교육과정 편성· 운영 지침)	3. 수업 일수 및 시수 가. 1학기는 3월 1일부터 학교의 수업 일수, 휴업일 및 교육과정 운영을 고려하여 학교의 장이 정한 날까지, 2학기는 1학기 종료일 다음 날부터 다음 해 2월 말일까지로 한다. 다만 자율학교 등의 장은 교육부 장관이 정하는 바에 따라 「초·중등교육법 시행령」 제105조의4에 따른 자율학교 지정·운영위원회의 심의를 거쳐 학기를 달리 정할 수 있다.(「초·중등교육법 시행령」 제44조) 나. 학교의 수업 일수는 매 학년 190일 이상으로 학교의 장이 정한다. 다만, 학교의 장은 천재지변, 연구학교의 운영 또는 「초·중등교육법 시행령」 제105조에 따른 자율학교의 운영 등 교육과정의 운영상 필요한 경우에는 기준(매 학년 190일 이상)의 10분의 1의 범위에서 수업 일수를 줄일 수 있으며, 이 경우 다음 학년도 개시 30일 전까지 '수업 일수 감축 운영 보고서'(「붙임 3」의 〈서식 1〉)를 해당 교육지원청을 경유하여 도교육청에 보고하여야 한다.(「초·중등교육법 시행령」 제45조)[59]

2) 자율학교 지정과 운영 규칙 사례

각 시·도교육청은 「초·중등교육법 시행령」에 따라 자율학교 등을 지정·운영하기 위한 규칙을 두고 있다. 각 시·도의 해당 규칙은 그 내용이 대동소이하다. 그중 「경상북도 자율학교 등 지정·운영에 관한 규칙」의 일부 조항을 소개하면 다음과 같다.

---

58) 교육부, 초·중등학교 교육과정 총론, 교육부 고시 제2015-74호, 28쪽.
59) 「초·중등교육법 시행령」 제45조(수업일수) ① 법 제24조제3항에 따른 학교의 수업일수는 다음 각 호의 기준에 따라 학교의 장이 정한다. 다만, 학교의 장은 천재지변, 연구학교의 운영 또는 제105조에 따른 자율학교의 운영 등 교육과정의 운영상 필요한 경우에는 다음 각 호의 기준의 10분의 1의 범위에서 수업일수를 줄일 수 있으며, 이 경우 다음 학년도 개시 30일 전까지 관할청에 보고하여야 한다.
  1. 초등학교·중학교·고등학교·고등기술학교 및 특수학교(유치부는 제외한다): 매 학년 190일 이상
  2. 공민학교 및 고등공민학교: 매 학년 170일 이상
② 초등학교·중학교·고등학교 및 특수학교의 장은 제1항제1호의 기준에 따라 수업일수를 정하려면 법 제31조제1항에 따른 학교운영위원회의 심의를 거쳐야 한다.

경상북도 자율학교 등 지정 · 운영에 관한 규칙

제1조(목적) 이 규칙은 「초 · 중등교육법 시행령」 제91조의3, 제91조의4, 제105조, 제105조의4에 따라 자율형 사립고등학교, 자율형 공립고등학교 및 자율학교의 지정 · 운영에 필요한 사항을 규정함을 목적으로 한다.

제10조(자율학교의 지정 절차) ① 자율학교로 지정받고자 하는 국 · 공 · 사립의 초 · 중 · 고등학교는 별지 제1호의 서식에 따라 다음 각 호의 사항이 포함된 자율학교 지정 · 운영계획서를 교육감에 제출하여 위원회의 심의를 받아야 한다. 다만, 개교 예정인 학교의 경우에는 교육청에서 계획서를 작성한다.

1. 학교운영에 관한 계획
2. 교육과정 운영에 관한 계획
3. 입학전형 실시에 관한 계획(2009. 3. 27. 이전에 지정된 자율학교, 전기고등학교, 영 제77조 제1항에 따라 학교장이 고등학교의 입학전형을 정하는 지역의 후기고등학교에 한한다.)
4. 교직원 배치에 관한 계획
5. <u>학교헌장</u>
6. 기타 교육감이 정하는 사항

② 교육감은 위원회의 심의를 받은 학교를 대상으로 자율학교로 지정한다.

제11조(자율학교의 교원 인사) ① 자율학교로 지정된 학교는 교장을 공모하여 임용할 수 있다.
② 자율학교로 지정된 학교는 정원의 30% 범위 내에서 교사를 초빙할 수 있다.

각 시 · 도의 규칙은 「초 · 중등교육법 시행령」의 제91조의2(자율형 사립고등학교), 제91조의4(자율형 공립고등학교), 제105조(학교 및 교육과정 운영의 특례)에 근거한 자율학교에 관한 지정 · 운영 규칙을 규정하고 있다. 지역에 따라 약간의 차이는 있으나 자율학교의 지정 절차 외에도 교원인사, 평가, 지정기간 등을 함께 규정하고 있다.

그리고 「경상북도 자율학교 등 지정 · 운영에 관한 규칙」(제10조) 등 각 지역의 조례를 보면 자율학교 신청 시 학교헌장을 제출하도록 하고 있다. 일부 내용을 보면 다음과 같다.

학교헌장

○ 학교헌장은 자율학교의 공공성·책무성을 확보하고, 학생들의 학습권 보장을 위한 교육 정보 제공을 위한 것으로,
  - 「초·중등교육법」 제61조 및 「고등학교 이하 각급학교 설립·운영규정」 제16조제2항의 규정에 의거 "학교헌장" 제도를 도입 적용하며,
  - 지정운영학교에 부여한 자율, 특례사항을 포함, 건학 이념, 교육과정, 인사, 재정 운용, 후생복지, 학교 발전 계획, 지정 해제 시 학생보호대책 등을 구체적으로 명료하게 담아 공표한 후 시행하는 제도임.
○ 다음 학교헌장(안)을 참조하여 학교별로 특성에 맞게 제정(안)·제출

제1장 총칙

제1조(설립목적): 학교설립 취지와 배경, 건학이념 및 육영의지

제2조(교육목표): 학교 교육목표

제3조(교육프로그램): 특성화된 교육프로그램 제시

제2장 교육과정

제4조(교육과정 편성·운영): 교육과정 편성 및 운영(수업시간표 첨부)

제5조(교과서): 교육과정 운영에 필요한 교육내용에 관한 사항

제6조(인성교육 및 진로지도 강화방안) 인성교육 및 진로지도 프로그램 제시

〈중략〉

제8장 학교발전계획

제22조(학교발전 계획): 중장기 학교발전계획

제23조(지역사회와의 연계방안): 지역사회와의 연계 강화 방안

제9장 보칙

제24조(학교헌장 변경): 학교헌장은 학교설립·운영주체의 심의를 거쳐 보완

제25조(지정 해제 시 재학생 보호대책): 지정 해제 시 재학생들에 대한 보호대책 기재

제26조(공표·시행): 이 헌장은   년   월   일 공표 후 시행한다.

* 출처: 「경상북도 자율학교 등 지정·운영에 관한 규칙」 [별지 제1호 서식] 〈신설 2021. 8. 12.〉 자율학교 지정 신청서 개요의 내용 중 일부 발췌

이상 자치법규상의 학교헌장을 보면 해당 자율학교의 설립목적, 교육목표, 특성화된 교육 프로그램 등을 헌장에 명시해야 하며, 이외에도 지역사회와의 연계 방안 등을 제시해야 한다. 이러한 헌장을 통해 자율학교는 그 학교 나름의 차별화된 교육목표와 교육과정을 제시해야 한다.

이러한 자율학교 모델은 미국의 헌장학교(Charter School)를 참고하였다. 미국의 헌장학교는 1990년대 초 공립학교 개혁을 위한 새로운 아이디어로 등장하였으며, 국가의 관료적 통제를 우회할 수 있는 대안으로 제시되었다. 본질적으로 헌장학교는 독립성을 가지며, 학부모와 교사가 운영방식에 대해 기존 공립학교와 비교하여 더 큰 발언권을 갖는다. 각 학교의 기본방향을 설정하는 헌장(Charter)은 학교의 목표를 상세히 설명하는 일종의 협약 혹은 계약의 의미를 지닌다.

우리의 자율학교와 비슷한 부분일 수 있으나 미국의 헌장학교는 전통적인 공립학교와 비교하여 몇 가지 차이가 있다. 첫째, 헌장학교는 공립학교와 비교하여 도심 지역에 위치하는 비율이 높으며, 지방에 위치하는 비율은 낮다. 둘째, 헌장학교와 전통적인 공립학교에 다니는 학생들의 특성에도 약간의 차이가 있다. 헌장학교는 소수민족 학생들의 비율이 더 높았다. 2015~16학년도를 보면 흑인의 경우 전통적인 공립학교는 9%, 헌장학교는 23%였다. 히스패닉계의 경우도 전통적인 공립학교는 16%, 헌장학교는 25%였다. 셋째, 빈곤율(FRPL)[60]의 경우도 2015~16학년도에 전통적인 공립학교의 24%, 헌장학교는 35%였다. 25% 미만의 학생이 FRPL 자격을 갖춘 학교는 전통적인 공립학교가 16%였으며, 헌장학교는 21%였다.[61] 그러나 헌장학교에 대한 평가는 미국 내에서도 찬반 의견이 존재하는데 수업의 질을 향상시킨다는 주장과 학교 간의 경쟁을 조장하여 공교육 시스템의 불균형을 초래한다는 의견이 맞서기도 한다(전윤경, 2021).

---

60) 빈곤율은 Free or Reduced-Price Lunch(FRPL) 즉 무료나 할인된 비용으로 급식을 제공받는 학생 수로 측정한다. FRPL이 전체 학생의 25% 이하면 낮은 빈곤율, 25.1%~50%까지 중간 빈곤율, 50.1%~75% 높은 빈곤율로 분류한다.(출처: 미국 국립교육통계센터 https://nces.ed.gov/programs/coe/indicator_clb.asp. 검색 2021. 7. 25.)

61) 본 수치는 NCES Blog(National Center for Education Statistics, 2018. 9. 20.), 'A Closer Look at Charter School Characteristics'에서 검색한 결과임.(https://nces.ed.gov/blogs/nces/post/a-closer-look-at-charter-school-characteristics. 검색 2021. 7. 25.)

3) 관련 판례

🔨 ○○면의 기업형 자사고는 해당 지역 학생들의 선발 비율을 늘려야 하는가?
2014년도 충남○○고등학교 신입생 입학전형요강 승인 위헌확인 [전원재판부, 2014헌마145, 2015. 11. 26.]

【판시사항】

모집정원의 70%를 임직원 자녀 전형으로 선발하고 10%만을 일반전형으로 선발하는 내용의 충남○○고 입학전형요강을 피청구인 충청남도 교육감이 승인한 것이 청구인들의 평등권을 침해하는지 여부(소극)

【사건의 개요】

청구인은 충청남도 소재 중학교를 졸업자, 졸업예정자, 학부모로서 각 충남○○고등학교에 지원하고자 하는 학생들이다. 충남○○고는 「초·중등교육법」 제6조, 제47조제2항 및 같은 법 시행령 제77조제1항에 따라, 2013. 9. 5. '2014학년도 충남○○고등학교 신입생 입학전형요강'에 대하여 피청구인(충남 교육감)에게 승인요청을 하였고, 피청구인은 2013. 9. 13. 이를 승인하였으며, 충남○○고는 2013. 9. 16. 이를 학교 홈페이지에 공고하였다. 이후 청구인은 이 사건 입학전형요강에서 신입생 모집정원의 10%만을 일반전형으로 선발하는 내용을 확인하고, 「초·중등교육법 시행령」 제81조에 따라 전기모집 고등학교 중 한 곳만을 지원할 수 있는 점을 고려하여 충남○○고에 지원하지 아니하였다. 이에 청구인들은 피청구인이 이 사건 입학전형요강을 승인한 것이 특정 집단에게 학교 우선선발 기회를 부여한 것으로 능력에 따라 균등한 교육을 받을 권리, 학교선택권, 평등권을 침해한다고 주장하며, 2014. 2. 24. 위 승인처분의 위헌확인을 구하는 헌법소원심판을 청구하였다.

【결정요지】

자율형 사립고등학교(이하 '자사고'라 한다)는 학교의 설립에서부터 운영에 이르기까지 국가와 지방자치단체로부터 재정적으로 독립되어 있어서 일반 사립고등학교에 비하여 더 폭넓은 자율권을 향유하며, 특히 기업형 자사고는 기업복지를 실현하여 생산성을 향상시키고 기업 주변의 정주환경을 개선하여서 우수 인재를 유치하는 데에 주요 목적이 있으므로, 임직원 자녀에게 더 많은 진학의 기회를 부여하는 것은 기업형 자사고 제도를 도입한 취지에 부합하며,

법이 허용하는 범위 내에서 사립학교가 자율적으로 학생선발권을 행사하는 것에 불과하다.

이 사건 입학전형요강에 대한 피청구인의 승인처분은 충남○○고의 설립배경과 지역적 특성을 고려한 것으로, ○○ 임직원 자녀 전형에 70%를 배정한 것은 ○○ 임직원 자녀에게 특혜를 준 것이라기보다는 ○○ 임직원 자녀들로 인하여 발생한 학교 내 과밀현상을 해소하기 위한 것이며, 동시에 인근에 학교가 없어서 원거리 통학을 할 수밖에 없는 ○○면 일대 중학교 졸업예정자들에게 근거리 통학의 기회를 부여해 준 것이라 할 수 있다.

또한 충남○○고 입학전형은 충청남도 전체를 모집단위로 하기 때문에, 일반 전형의 모집 비율을 다소 늘린다고 하더라도 ○○면 일대에 거주하는 일반 지원자들의 원거리 통학 문제를 해소하는 데에 별다른 도움이 되지는 않는 반면에, 현재의 전형 비율로도 ○○면 일대에 거주하는 ○○ 임직원 자녀들의 절반 이상은 여전히 원거리 통학이 불가피한 상황이어서, 임직원 자녀 전형의 비율을 현재보다 더 낮게 책정할 것을 기대하기도 힘들다.

전술한 바와 같이 자율학교는 「초·중등교육법 시행령」 제105조에 근거한 학교 및 교육과정 운영의 특례를 적용받는 학교 외에 시행령 제91조의2에 따른 자율형 사립고 및 제91조의4에 따른 자율형 공립고가 있다. 자율형 사립고의 경우는 다양한 교육수요를 수용할 필요성에 따라 출발하였으며, 사립학교로서 자율적으로 운영되는 것이 기본이나 일정 부분 국가의 교육에 관한 권한에 영향을 받을 수밖에 없다.

이상 사건은 기업형 자사고라는 특성에 기인한 것으로 헌법재판소는 충남○○고의 입학전형에서 낮은 비율의 지역학생 선발에 관한 사항을 합리적 차별이라고 보았다. 그러나 전국 단위로 모집하는 자율형 사립고의 경우에도 해당 지역 학생의 선발에 소홀하다는 비판이 존재하기도 하며, 동시에 입학전형에 있어 의무 조항을 두는 것이 역차별의 우려가 있음을 지적하는 의견이 공존한다.

3. 농어촌 특성화학교 운영

1) 특성화학교의 개념과 유형

　특성화학교는 다양한 모습으로 존재하는데 국가교육과정에 근거한 교과특성화학교와 「초·중등교육법 시행령」에 근거한 특성화 중·고등학교가 있다. 먼저 교과특성화학교는 특정 진로 분야에 소질·적성이 있는 학생이 관련 교과의 다양한 과목을 선택·이수하여 심화학습을 할 수 있도록 특성화된 교육과정을 운영하는 학교를 의미한다(교육부·한국교육개발원, 2022). 시행령에 근거한 특성화 중·고등학교는 소질과 적성 및 능력이 유사한 학생을 대상으로 특정 분야의 인재양성을 목적으로 하는 교육 또는 자연현장실습 등 체험위주의 교육을 전문적으로 실시하는 학교로 고등학교 단계에서는 실업계고가 전환한 경우가 있으며 대안학교의 경우도 여기에 속한다. 본 장에서는 이 둘 중 교과특성화학교에 대해 논의한다. 교과특성화학교는 일반고에서 교육과정을 특성화하기 위한 목적으로 운영하기 때문에 농어촌 학교의 특색화된 교육과정 운영과도 관련이 있다.

2) 교과특성화학교의 지정과 운영

　교과특성화학교의 법적 근거는 자율학교와 같이 「초·중등교육법」 제61조와 시행령 제105조의 학교 및 교육과정 운영의 특례에 관한 조항에서 찾을 수 있다.

> ✏ **초·중등교육법**
>
> 제61조(학교 및 교육과정 운영의 특례) ① 학교교육제도를 포함한 교육제도의 개선과 발전을 위하여 특히 필요하다고 인정되는 경우에는 대통령령으로 정하는 바에 따라 제21조제1항·제24조제1항·제26조제1항·제29조제1항·제31조·제39조·제42조 및 제46조를 한시적으로 적용하지 아니하는 학교 또는 교육과정을 운영할 수 있다.
> ② 제1항에 따라 운영되는 학교 또는 교육과정에 참여하는 교원과 학생 등은 이로 인하여 불이익을 받지 아니한다.

초·중등교육법 시행령

제105조(학교 및 교육과정 운영의 특례) ① 교육감은 다음 각 호의 어느 하나에 해당하는 국립·공립·사립의 초등학교·중학교·고등학교 및 특수학교를 대상으로 법 제61조에 따라 학교 또는 교육과정을 자율적으로 운영할 수 있는 학교(이하 "자율학교"라 한다)를 지정·운영할 수 있다. 다만, 국립학교를 자율학교로 지정하려는 경우에는 미리 교육부장관과 협의해야 한다.
1. 학습부진아 등에 대한 교육을 실시하는 학교
2. 개별학생의 적성·능력 개발을 위한 다양하고 특성화된 교육과정을 운영하는 학교
3. 학생의 창의력 계발 또는 인성함양 등을 목적으로 특별한 교육과정을 운영하는 학교
4. 특성화중학교
5. 산업수요 맞춤형 고등학교 및 특성화고등학교
6. 「농어업인 삶의 질 향상 및 농어촌지역 개발촉진에 관한 특별법」 제3조제4호에 따른 농어촌학교
7. 그 밖에 교육감이 특히 필요하다고 인정하는 학교

「초·중등교육법」 제61조 학교 및 교육과정 운영의 특례 조항에 따라 「초·중등교육법 시행령」 제105조제1항제2호는 '개별학생의 적성·능력 개발을 위한 다양하고 특성화된 교육과정을 운영하는 학교', '학생의 창의력 계발 또는 인성함양 등을 목적으로 특별한 교육과정을 운영하는 학교'를 명시하고 있다.

그리고 교과특성화학교에 관한 교육과정상의 근거는 초·중등학교 교육과정 총론에 근거한다. 2022 개정 교육과정은 특정 교과를 중심으로 교과중점학교를 운영할 수 있도록 규정하고 있다.

 2022 개정 교육과정 초·중등학교 교육과정 총론

(2) 일반고등학교
마) 학교는 교육과정을 특성화하기 위해 특정 교과를 중심으로 중점학교를 운영할 수 있다. 이 경우 자율 이수 학점의 30% 이상을 해당 교과(군)의 과목으로 편성하도록 권장하며, 이와 관련된 구체적인 사항은 시·도교육감이 정하는 지침에 따른다.

교과특성화학교는 일반고 학생들의 다양한 진로 및 학업 역량에 따른 맞춤식 교육을 위한 학생 및 학부모의 요구 증대에 따른 하나의 대안이 될 수 있다는 인식에서 추진하게 되었다. 학교 간 공동교육과정, 대학 등 지역사회 연계 등으로 중점교과의 과목 선택권을 확대·운영하고, 학교 여건에 따라 교과특성화 교육과정의 전부 또는 일부를 개방하여 지역 학생에게 선택 기회를 제공하는 등 인근 학교 및 지역사회 연계를 통해 다양한 중점 교과의 교육활동을 제공하는 공동교육과정 거점학교의 역할을 수행할 수 있다(교육부·한국교육

개발원, 2022). 또한, 시행령 제105조에 근거하여 '개별학생의 적성·능력 개발을 위한 다양하고 특성화된 교육과정을 운영하는 학교', '학생의 창의력 계발 또는 인성함양 등을 목적으로 특별한 교육과정을 운영하는 학교' 등을 기준으로 자율학교 지정 및 운영이 가능하다.

4. 농어촌 대안학교 운영

1) 대안학교의 개념과 유형

대안학교는 공교육 제도의 한계 극복 혹은 보완을 목적으로 설립된 학교로 학업을 중단하거나 개인적 특성에 맞는 교육이 필요한 학생을 대상으로 체험교육이나 인성교육 등 다양한 교육을 제공하는 학교이다. 우리나라에서 대안학교가 등장하기 시작한 것은 1990년대 후반 이후로 그 형태가 매우 다양하여 공교육 내에 있는 학교부터 공교육 밖에 존재하는 비인가 대안학교까지 다양한 유형이 존재한다(전윤경, 2022).

〈표 5-4〉 대안학교의 유형

구분	대안교육기관	각종학교로서 인가 대안학교	대안교육 특성화학교	
			특성화중학교	특성화고등학교
근거 법령	「대안교육기관에 관한 법률」(2022. 1. 13. 시행)	「초·중등교육법」 제60조의3 「대안학교의 설립·운영에 관한 규정」	「초·중등교육법 시행령」 제76조(특성화중학교)	「초·중등교육법 시행령」 제91조(특성화고등학교)
유형	규정 없음 (「대안교육기관법」에 따라 등록 시 학교명칭 병기 가능)	「초·중등교육법」 제2조 제5호에 따른 각종학교	「초·중등교육법」 제2조제2호에 따른 중학교	「초·중등교육법」 제2조제3호에 따른 고등학교
목적	학교 부적응 문제 해소, 다양한 교육구현 등 시설마다 다양한 교육 목적 추구	현장실습 등 체험위주교육, 인성위주교육, 개인의 소질 적성, 개발 위주 교육 등	교육과정의 운영 등 특성화	자연현장실습 등 체험위주 교육을 전문으로 실시
학력 인정	미인정	인정	인정	인정

* 출처: 이덕난·최재은, 대안교육기관 관련 법령 및 쟁점과 입법적·정책적 개선과제, NARS 입법·정책(국회입법조사처, 81, 2021), 11면. 이상 논문의 내용과 2022. 1. 23. 시행한 「대안교육기관에 관한 법률」에 근거하여 작성함.(전윤경, 2022 재인용)

전국의 대안학교 및 대안교육 특성화학교의 현황은 다음과 같다.

〈표 5-5〉 대안학교(각종학교) 현황

* 2023. 4. 1. 현재

시 · 도	학교명(과정)	설립구분	인가연도	소재지	시 · 도	학교명(과정)	설립구분	인가연도	소재지
서울	서울실용음악고등학교(고)	사립	'08	중구 신당동	강원	해밀학교(중)	사립	'18	홍천군 남면
	여명학교(중 · 고)	사립	'10	중구 남산동		노천초등학교(초)	공립	'19	홍천군 동면
	지구촌학교(초 · 중 · 고)	사립	'12	구로 오류동	충북	글로벌선진학교(중 · 고 통합)	사립	'10	음성군 원남면
	서울다솜관광고등학교(고)	공립	'12	종로 숭인동		한국폴리텍다솜고등학교(고)	사립	'12	제천시 강제동
부산	송정중학교(중)	공립	'19	강서구 송정동		다다예술학교(초 · 중 통합)	사립	'17	청주시 상당구
	장대현 중고등학교	사립	'23	강서구 신호동		은여울중학교	공립	'17	진천군 문백면
대구	대구해올고등학교	공립	'18	대구 달서구		은여울고등학교	공립	'21	진천군 문백면
인천	인천청담고등학교(고)	사립	'11	연수 동춘동	충남	여해학교(중)	공립	'13	아산군 염치읍
	인천해밀학교(중 · 고 통합)	공립	'12	남동 구월동		드림학교(고)	사립	'18	천안시 충절로
	인천한누리학교(초 · 중 · 고 통합)	공립	'12	남동 논현동		충남다사랑학교(고)	공립	'19	아산시 둔포면
광주	월광기독학교(초)	사립	'14	서구 화정동	전남	월광기독학교(중 · 고)	사립	'18	함평군 대동면
대전	새소리음악고등학교(고)	사립	'11	서구 도마동		성요셉상호문화고등학교(고)	사립	'18	강진군 강진읍
	새소리음악중학교(중)	사립	'16	서구 도마동		이음학교	공립	'20	광양시 광양읍
울산	울산고운중학교	공립	'21	울주군 두서면		송강고등학교	공립	'21	담양군 봉산면
경기	티엘비유글로벌학교(초 · 중 통합)	사립	'08	고양시 덕양구	경북	한동글로벌학교(초 · 중 · 고 통합)	사립	'11	포항시 북구
	화요일아침예술학교(고)	사립	'11	연천군 전곡읍		글로벌선진학교문경(중 · 고 통합)	사립	'12	문경시 영순면
	쉐마기독학교(초 · 중 · 고 통합)	사립	'11	양주시 은현면		산자연중학교(중)	사립	'13	영천시 화북면
	새나래학교(중 · 고 통합) *운영 중지	사립	'11	용인시(휴교중)		나무와중학교(중)	사립	'13	영천시 대창면
	경기새울학교(중)	공립	'13	이천시 율면		링컨중고등학교(중 · 고 통합)	사립	'17	김천시 대덕면
	광성드림학교(초 · 중 · 고 통합)	사립	'14	고양시 일산구		대경문화예술고등학교(고)	사립	'17	경산시 자인면
	하늘꿈중고등학교(중 · 고 통합)	사립	'15	성남시 수정구	경남	경상남도꿈키움중학교(중)	공립	'14	진주시 이반성면
	중앙예닮학교(중 · 고 통합)	사립	'18	용인시 수지구		경상남도고성음악고등학교(고)	공립	'17	고성군 하일면
	노비따스음악중고등학교(중 · 고 통합)	사립	'19	가평군 설악면		밀양영화고등학교(고)	공립	'17	밀양시 상남면
	군서미래국제학교(초 · 중 · 고 통합)	공립	'21	시흥시 정왕동		김해금곡고등학교(고)	공립	'20	김해시 한림면
	신나는 학교(중 · 고 통합)	공립	'22	안성시 보개면		거창연극고등학교(고)	공립	'20	거창군 위천면
						남해보물섬고등학교	공립	'21	남해군 창선면

* 출처: 교육부

〈표 5-6〉대안교육 특성화 중학교 현황

* 2023. 4. 1. 현재

시·도	학교명(과정)	설립구분	지정연도	소재지	시·도	학교명(과정)	설립구분	지정연도	소재지
대구	한울안중학교	사립	'18	달성군	강원	팔렬중학교	사립	'11	홍천군
	가창중학교	사립	'18	달성군		가정중학교	공립	'17	춘천시
광주	평동중학교	공립	'14	광주시	전북	전북동화중학교	공립	'09	정읍시
	살레시오여자중학교	사립	'22	광주시		지평선중학교	사립	'02	김제시
경기	두레자연중학교	사립	'03	화성시	전남	용정중학교	사립	'03	보성군
	이우중학교	사립	'03	성남시		성지송학중학교	사립	'02	영광군
	헌산중학교	사립	'03	용인시		청람중학교	공립	'13	강진군
	중앙기독중학교	사립	'06	수원시		나산실용예술중학교	공립	'18	함평군
	한겨레중학교	사립	'06	안성시	경남	상주중학교	사립	'15	남해군
						대병중학교	사립	'21	합천군

* 출처: 교육부

〈표 5-7〉대안교육 특성화 고등학교 현황

* 2023. 4. 1. 현재

시·도	학교명(과정)	설립구분	지정연도	소재지	시·도	학교명(과정)	설립구분	지정연도	소재지
대구	달구벌고등학교	사립	'04	동구	충남	공동체비전고등학교	사립	'03	서천군
인천	산마을고등학교	사립	'00	강화군	전북	세인고등학교	사립	'99	완주군
광주	동명고등학교	사립	'99	광산구		푸른꿈고등학교	사립	'99	무주군
경기	두레자연고등학교	사립	'99	화성시		지평선고등학교	사립	'09	김제시
	경기대명고등학교	공립	'02	수원시		고산고등학교	공립	'18	완주군
	이우고등학교	사립	'03	성남시	전남	영산성지고등학교	사립	'98	영광군
	한겨레고등학교	사립	'06	안성시		한빛고등학교	사립	'98	담양군
강원	전인고등학교	사립	'05	춘천시		한울고등학교	공립	'12	곡성군
	팔렬고등학교	사립	'06	홍천군	경북	경주화랑고등학교	사립	'98	경주시
	현천고등학교	공립	'14	횡성군	경남	간디고등학교	사립	'98	산청군
충북	양업고등학교	사립	'98	청주시		합천평화고등학교	사립	'98	합천군
충남	한마음고등학교	사립	'03	천안시		지리산고등학교	사립	'04	산청군
						태봉고등학교	공립	'10	창원시

* 출처: 교육부

2) 농어촌 대안학교 설립과 운영

전술한 바와 같이 학력이 인정되는 대안학교는 「초·중등교육법」 제60조의3에 따른 각종학교로서의 인가 대안학교와 「초·중등교육법 시행령」에 근거한 대안교육 특성화학교가 있다. 그리고 대안학교는 법령에서 명시하고 있는 바와 같이 자연현장실습 등 체험위주의 교육을 실시하기 때문에 읍·면지역의 농어촌에 위치하는 경우가 많다.

또한, 법령을 보면 「대안학교의 설립·운영에 관한 규정」 제3조의2제2항에는 사립 대안학교의 교사 및 교지 등에 관하여 「폐교재산의 활용촉진을 위한 특별법」 제2조제1호에 따른 폐교를 임대할 수 있도록 하고 있어 농어촌 지역의 폐교를 활용하여 다문화가족의 자녀, 재한외국인의 자녀, 학습부진아 등을 교육대상으로 하는 대안학교를 설립할 수 있다.[62]

---

62) 「대안학교의 설립·운영에 관한 규정」 제3조의2(사립 대안학교 교사·교지 등의 소유주체 등)
① 사립 대안학교의 교사 및 교지는 해당 대안학교를 설립·경영하는 자의 소유이어야 한다.
② 제1항에도 불구하고 대안학교의 정원을 기준으로 교육감이 정하여 고시하는 비율 이상의 「북한이탈주민의 보호 및 정착지원에 관한 법률」에 따른 북한이탈주민과 그 자녀, 「다문화가족지원법」에 따른 다문화가족의 자녀, 「재한외국인 처우 기본법」에 따른 재한외국인의 자녀 또는 법 제28조제1항에 따른 학습부진아 등을 교육대상으로 하는 대안학교를 설립하려는 자가 다음 각 호의 건물·시설 또는 부지를 교육감이 정하여 고시하는 기간 이상 임대하는 경우 그에 해당하는 교사와 교지의 요건을 갖춘 것으로 본다.
  1. 「폐교재산의 활용촉진을 위한 특별법」 제2조제1호에 따른 폐교
  2. 교육감이 안정적 사용이 가능하고 교육상 지장이 없다고 판단하는 건물이나 시설
③ 제1항에도 불구하고 대안학교를 설립하려는 자가 제3조의 기준에 적합한 국가나 지방자치단체의 일반재산을 분할 납부하는 조건으로 매입하는 경우 제1항의 요건을 갖춘 것으로 본다.
④ 제1항에도 불구하고 「도시공원 및 녹지 등에 관한 법률」 제2조제1호에 따른 공원녹지 또는 국·공립 체육시설 등의 체육장 대용시설을 임대 등을 통하여 확보하는 경우로서 교육감이 안정적 사용이 가능하고 교육상 지장이 없다고 판단하는 때에는 제3조제1항제2호의 옥외체육장을 갖춘 것으로 본다.

초·중등교육법

제60조의3(대안학교) ① 학업을 중단하거나 개인적 특성에 맞는 교육을 받으려는 학생을 대상으로 현장 실습 등 체험 위주의 교육, 인성 위주의 교육 또는 개인의 소질·적성 개발 위주의 교육 등 다양한 교육을 하는 학교로서 각종학교에 해당하는 학교(이하 "대안학교"라 한다)에 대하여는 제21조제1항, 제23조제2항·제3항, 제24조부터 제26조까지, 제29조 및 제30조 의4부터 제30조의7까지를 적용하지 아니한다.
② 대안학교는 초등학교·중학교·고등학교의 과정을 통합하여 운영할 수 있다.
③ 대안학교의 설립기준, 교육과정, 수업연한, 학력인정, 그 밖에 설립·운영에 필요한 사항은 대통령령으로 정한다.

이상과 같이 대안학교는 교육과정 운영에 있어 많은 부분에서 자율성을 부여하고 있다. 「대안학교의 설립·운영에 관한 규정」 제7조, 제8조, 제9조, 제10조 등을 보면 교육과정의 운영 및 교과용도서의 사용에 있어 일반학교보다더 많은 재량권을 부여하고 있다.

대안학교의 설립·운영에 관한 규정

제7조(학기운영 및 학년제) ① 대안학교의 학기 운영은 학교교육과정을 고려하여 학칙으로 정한다.
② 대안학교의 장은 교육과정 운영상 필요한 경우에는 학년 구분 없이 교육과정을 운영할 수 있다.
제8조(수업연한 및 수업일수) ① 대안학교의 수업연한은 법 제39조, 제42조 및 제46조 본문에 따른다. 〈개정 2009. 11. 5.〉
② 대안학교의 수업일수는 매 학년 180일 이상으로 한다. 다만, 대안학교의 장은 천재지변이나 그 밖에 교육과정의 운영상 필요한 경우에는 10분의 1의 범위에서 수업일수를 줄일 수 있으며, 이 경우 다음 학년도가 시작되기 30일 전까지 법 제6조에 따른 지도·감독기관에 보고해야 한다. 〈개정 2020. 5. 26.〉
제9조(교육과정) 대안학교의 교육과정은 대안학교의 장이 학칙으로 정한다. 다만, 「초·중등교육법 시행령」 제43조에 따른 교과 중에서 국어 및 사회(중학교와 고등학교 과정의 사회교과는 국사 또는 역사를 포함한다)를 교육부장관이 정한 교육과정상 수업시간 수의 100분의 50 이상을 운영하여야 한다.
제10조(교과용도서) ① 대안학교의 장은 「교과용도서에관한규정」에 따른 국정도서, 검정도서, 인정도서 중에서 선택하여 사용할 수 있다.
② 대안학교의 장은 자체 개발한 도서를 교과용으로 사용할 수 있다. 〈개정 2009. 11. 5., 2014. 12. 9.〉

각종학교로서 인가 대안학교는 교육과정의 운영에 관한 사항은 학칙으로 정하며, 다만「초·중등교육법 시행령」제43조에 따른 교과 중에서 국어 및 사회를 교육부장관이 정한 교육과정상 수업시간 수의 100분의 50 이상을 운영하도록 규정하고 있다.

그러나「대안교육기관에 관한 법률」에 따른 대안교육기관들은 교육과정 운영에 관한 사항 등을 법률 제14조에 따라 대안교육기관 운영위원회에서 정하도록 규정하고 있다. 교원의 자격에 대해서도 해당 분야의 전문학사 이상의 학위 또는 해당 전문분야의 경력을 갖춘 자로만 규정하고 있다(제17조).

제2절 농어촌 학교 교육과정의 특색화

1. 교육과정의 특색화 지원

농어촌 학교의 특색 있는 교육과정 운영을 지원할 수 있도록 명시하고 있다.「농어업인삶의질법」과 각 지자체별로 규정하고 있는「작은학교 지원에 관한 조례」에서 그 근거를 확인할 수 있다.

> **농어업인 삶의 질 향상 및 농어촌 지역 개발촉진에 관한 특별법**
>
> 제21조(농어촌학교 학생의 학습권 보장 등) ① 국가와 지방자치단체는 농어촌학교 학생의 학습권을 보장하고 학력을 향상하기 위하여 다음 각 호의 사항에 관한 시책을 마련하여야 한다. 〈개정 2012. 10. 22., 2013. 6. 12.〉
> 　1.「초·중등교육법」제23조에 따른 교육과정(이하 "교육과정"이라 한다)의 원활한 운영을 위한 적정 규모의 농어촌학교 육성
> 　2. 농어촌의 특성에 적합한 교육과정 및 수업운영 방법의 개발·보급
> 　3. 농어촌학교 학생의 적성을 살리기 위한 다양한 교육기회의 제공
> 　4. 그 밖에 농어촌학교 학생의 학습권을 보장하고 학력을 향상하기 위하여 필요한 사항
> ② 국가와 지방자치단체는 농어촌학교 중 지역 특성을 반영한 교육과정의 자체적인 개발 또는 운영이 우수한 학교에 대하여 필요한 지원을 할 수 있다.
> ③ 국가와 지방자치단체는 제1항에 따른 책무를 다하고 제2항에 따른 지원을 하기 위하여 이에 따르는 예산상의 조치를 취하도록 노력하여야 한다.

> **강원특별자치도 작은학교 지원에 관한 조례**
>
> **제1조(목적)** 이 조례는 강원특별자치도에 소재하는 작은학교를 살리기 위한 거주지원 등에 필요한 사항을 정함으로써 지역의 균형발전과 주민의 삶의 질 향상에 이바지함을 목적으로 한다.
> **제5조(지원 사업)** 교육감은 작은학교에 대해 다음 각 호의 사업 경비를 예산의 범위 안에서 우선 지원할 수 있다.
> 1. 학교 및 지역의 강점을 살리는 특색 있는 교육과정 운영
> 2. 교육 환경 개선 및 교육 복지 증진 사업
> 3. 배움과 돌봄이 함께하는 교육 프로그램 운영
> 4. 학생에 대한 통학 편의 제공
> 5. 농산어촌 유학 및 도·농 교육 교류 사업
> 6. 학부모 및 지역사회와 함께하는 교육 활동
> 7. 그 밖에 작은학교 육성을 위해 교육감이 필요하다고 인정하는 사업

「농어업인삶의질법」은 농어업인 등의 복지증진, 농어촌의 교육여건 개선 등을 목적으로 하는 법률로서 농어촌 지역 학교 학생들의 학습권 보장을 위해 해당 지역의 특성을 반영한 특색화된 교육과정 운영에 관하여 명시하고 있다. 또한, 각 지자체별로 마련하고 있는 「작은학교 지원에 관한 조례」의 경우도 교육감이 작은학교의 특색화된 교육과정 운영을 위한 지원을 할 수 있도록 하고 있다.

2. 지역화 교과서 활용

1) 개념과 사례

교육과정의 지역화는 지역화 교과서를 통해서도 실현된다. 교육과정의 지역화가 공식화되면서 이른바 지역화 교과서로써 지역의 특성을 반영한 개별 교과서가 도입되어 다양한 종류의 교과용도서 혹은 보충교재 개발이 이루어지고 있다. 여기서 지역화의 의미는 두 측면에서 이해할 수 있다. 첫째, '지역에 대한(about the region)' 학습으로서의 지역화이다. 이는 각각의 지역에 분포하는 지리적, 역사적, 사회적 현상과 사실 자체에 대하여 교수·학습하도록 하고자 하는 의미에서의 지역화이다. 둘째, 방법의 지역화, 곧 '지역으로써(by the region)' 학습한다는 뜻에서의 지역화이다. 교육과정에서 교수·학습하도록 정해 놓은 내용은 전국적으로 동일한 것이다(한춘희, 2015).

현재 지역화 교과서는 편찬 권한이 시·도교육청에 위임되어 있어 자율적으로 편찬되고 있다. 이로 인해 각 지역에 따라 지역화 교과서의 모습은 조금씩 다르게 나타나고 있는데, 특히 사회과 교과서의 경우 교육과정상 지역과 관련된 주제가 많아 활발하게 제작되고 있다. 2015 개정 교육과정의 경우도 사회과 교육과정의 내용 중 초등학교 3~4학년에 해당하는 내용이 지역화와 관련되어 있어 보조교재로 지역화 교과서가 제작되는 경우가 많았다.

지역화 교과서의 사례로 경기도와 경상남도 지역의 일부 사례를 소개하면 다음과 같다.

〈표 5-8〉 경기 지역 지역화 교과서 사례(2015 개정 교육과정)

지역명	도서명	학교급
양평	우리 고장 양평	
여주	우리 고장 여주	
가평	우리 고장 가평	초등학교 3학년
고양	우리 고장 고양 탐구	
안산	우리 고장 안산	

〈표 5-9〉 경남 지역 지역화 교과서 사례(2015 개정 교육과정)

지역	도서명	학교급
부산	부산의 환경과 미래	중학교
부산	인공지능 부산을 알려줘	중학교
부산	부산의 재발견	중학교
경남	우리 경상남도	초등학교 4학년
울산	울산의 생활	초등학교 4학년

과거, 제5차와 제6차 교육과정 해설서에서도 각각 지역화와 관련된 내용을 다음과 같이 언급한 바 있다.

"교육과정 내용의 지역화는 새 교육과정 개정에서 강조하고 있는 사항의 하나이다. 특히 사회과의 지도 내용 중에는 지역 사회의 특수성을 반영해야 할 내용이 많다. 지역 사회의 실정에 알맞은 교육과정을 운영할 수 있도록 사회과 교육과정의 부분적인 다원화를 실시할 필요가 있다. 4학년의 '우리 시·도의 생활'을 비롯하여 지역화에 적합한 단원의 내용 구성에서는 향토 사회에 관한 여러 가지 정보를 투입할 수 있도록 배려한다. 이는 교육 자치제의 추세와 발맞추어 교재의 내용 구성 자체를 각 지방 교육 기관에서 직접 담당하는 것이 바람직하다."(김회목, 1987).

"향토 교과서 및 보조 교재의 제작 활용은, 특히 3학년에서, 교육부가 제작한 교과서에 더불어 '고장 탐구 생활'과 같은 보조 교재를 만들어 활용할 수 있으며, 4학년 1학기의 경우에는 교육부의 지침에 따라 지역 교과서나 '지역 탐구 생활'과 같은 보조 교재를 제작 활용할 수 있을 것이다."(교육부, 1994).

2023학년도 경상남도 초등학교 교육과정 편성·운영 지침을 보면 사회과 교육과정에서 지역화 교육과정과 교과서를 강조한 부분을 확인할 수 있다.

사회과 교육과정은 사회 현상의 이해, 합리적 문제 해결 능력, 적극적인 사회 참여 등 민주시민으로서 갖추어야 할 자질 함양을 위해 참여와 문제 해결 중심의 학습, 지역사회와 함께하는 사회교육이 될 수 있도록 학교, 학년(군)별 협의를 기반으로 편성·운영한다.

- 사회과의 개념적 지식을 습득하는 데 그치는 것이 아니라 시민적 가치와 태도, 역량 신장, 참여와 실천 등으로 배움이 확장될 수 있도록 지도한다. 이를 위해 '민주주의', '선거', '미디어', '인권', '다양성', '노동', '평화', '연대', '정의', '안전' 등 민주시민교육 주제 영역과 연계하여 교육과정을 재구성할 수 있다.
- 학교공간혁신프로젝트, 학생자치활동 등 민주시민교육과 연계하여 학생이 자신의 권리, 의무, 책임을 이해하고 실천하며 자기 주도성을 지닌 능동적인 주체로 참여할 수 있는 경험을 제공한다.
- 지역의 인물, 생활사, 변천 과정 등의 지역화 자료를 적극 활용하고, 우리 지역의 사회문제에 관심을 갖고 체험·탐구할 수 있는 기회를 제공하여 역사의식과 사회탐구능력을 함양한다.
- 사회과 내용 체계에 제시된 영역과 핵심 개념, 일반화된 지식을 토대로 생태전환교육, 경상남도교육청 다문화교육과 연계하여 교육과정을 편성·운영할 수 있다.
- 경상남도의 다양한 문화유산과 역사적 인물을 통해 역사적 전통과 사회 변화, 문화의 독창성을 파악하고, 관찰, 조사, 견학, 탐구 등의 다양한 활동을 활성화하여 경상남도 및 우리나라의 역사와 문화를 알고 이를 계승·발전시키려는 태도를 함양한다.
- 배움의 장소를 마을로 확장하여 마을과 지역사회에 대한 이해를 높이고 문제를 합리적으로 해결하려는 실천적 태도를 함양한다.
- 일제잔재청산교육, 독도교육, 평화·통일교육 등을 사회과와 연계하여 지도함으로써 올바른 역사인식을 함양하고 평화·공존의 미래사회를 위한 가치를 내면화하여 나라 사랑하는 마음을 고취시킨다.

---

* 출처: 경상남도교육청, 2023학년도 경상남도 초등학교 교육과정 편성·운영 지침, 경상남도교육청, 2022.

2) 지역화 교과서 제작과 사용

현재는 인정도서가 지역화 교과서로서의 기능을 하고 있다. 인정도서는 국·검정도서가 없는 경우나 선정 및 사용하기 곤란한 경우, 국·검정도서의 보충이 필요한 경우에 선정할 수 있다.[63] 인정도서를 포함하여 교과서 관련 규정은 「초·중등교육법」 제29조(교과용도서의 사용)와 시행령 제55조(교과용도서의 사용), 그리고 이에 근거한 「교과용도서에 관한 규정」에 근거한다. 교육법령에서 교과용도서에 관한 구체적인 조항은 다음과 같다.

 초·중등교육법

제29조(교과용도서의 사용)
① 학교에서는 국가가 저작권을 가지고 있거나 교육부장관이 검정하거나 인정한 교과용도서를 사용하여야 한다.
② 교과용도서의 범위·저작·검정·인정·발행·공급·선정 및 가격 사정(査定) 등에 필요한 사항은 대통령령으로 정한다.

 초·중등교육법 시행령

제55조(교과용도서의 사용) 법 제29조제2항의 규정에 의한 교과용도서의 범위 등에 관하여 필요한 사항은 따로 대통령령으로 정한다.

---

63) 국정·검정·인정도서의 구분은 다음과 같다.

	국정도서	검정도서	인정도서
정의	교육부가 저작권을 가진 교과용도서	교육부장관의 검정을 받은 교과용도서	교육부장관의 인정을 받은 교과용도서
근거 규정	규정 제4조	규정 제6조	규정 제2조제6호, 제14조, 제16조
심의 권자	장관(심의위원 위촉)	장관(검정기관에 위탁)	장관 (시·도교육감에 위임)
저작 권자	교육부장관	저작자(발행사)	인정출원 도서–저작자(발행사) 교육청개발 도서–교육감 신설과목 도서–저작자(발행사)

* 출처: 사단법인 한국검인정교과서협회(www.ktbook.com) 자료를 수정·보완하였음.

교과용도서에 관한 규정

제1조(목적)

이 영은 「초·중등교육법」 제29조제2항에 따라 각 학교의 교과용도서의 범위·저작·검정·
인정·발행·공급·선정 및 가격결정에 관하여 필요한 사항을 규정함을 목적으로 한다.

제2조(정의) 이 영에서 사용하는 용어의 정의는 다음과 같다.

6. "인정도서"라 함은 국정도서·검정도서가 없는 경우 또는 이를 사용하기 곤란하거나
보충할 필요가 있는 경우에 사용하기 위하여 교육부장관의 인정을 받은 교과용도서를
말한다.

1977년 「교과용도서에 관한 규정」 입법 당시 이 규정의 제2조제1호에 '교과
용도서라 함은 교과서·지도서 및 인정도서를 말한다'라고 규정하여 인정도서
를 교과용도서의 하나로 포함하였다.

이후 2010년 정부는 교과서 선진화 방안을 통해 인정도서를 대폭 확대하여
인정 절차만 거치면 시중의 일반서적도 교과서로 사용 가능도록 하였다. 인
정도서로의 전환 취지는 빠른 사회 변화와 학생들의 다양한 요구를 반영하여
다양하고 창의적인 교과서를 보급하고 시·도교육청 및 단위학교의 자율성
을 강화하여 학교 교육의 만족도를 제고하기 위해서였다. 당시, 교육과학기
술부에서 발표한 교육과정기별 국·검정, 인정 구분 종수 현황을 보면 다음
과 같다.

〈표 5-10〉 교육과정기별 국정·검정·인정 구분 종수 현황

구 분	국 정	검 정	인 정	계
제7차 교육과정('97)	721(69%)	187(18%)	134(13%)	1,042
2007 개정 교육과정('07)	537(56%)	181(19%)	239(25%)	957
2009 개정 교육과정('09)	334(39%)	136(16%)	382(45%)	852

＊출처: 교육과학기술부, 교과서 선진화 방안 발표 보도자료, 2010. 1. 15.

3) 관련 판례

 국정교과서제도는 헌법상의 기본권을 침해하는가?

교육법 제157조에 관한 헌법소원(1992. 11. 12., 89헌마88)

【사건 개요】

청구인은 서울 휘경여자중학교의 교사로 재직하면서 국어 과목을 담당하여 학생들을 가르쳐 왔고, 한편으로 회원이 약 1,200명인 "국어교육을 위한 교사모임"의 대표로서 활동하여 왔다. 청구인은 1989. 3. 27. 위 교사모임이 창립된 이후 청구인과 같은 위치에서 국어교육을 담당해 온 교사들과 함께 중학교 국어교육에 대한 토론과 연구를 진행하여 왔고, 그 과정에서 토론·연구한 일부의 내용을 모아 1989. 2. 20.에는 위 교사모임을 엮은이로 하여 "통일을 여는 국어교육"이라는 저작물을 출간하고, 1989. 3. 25.에는 위 교사모임을 지은이로 하여 "개편 교과서 지침서 중학 국어 1-1"이라는 저작물을 출판하였다. 그리고 가까운 장래에 새로운 형태의 중학교 국어교과서를 저작·출판하기로 하고 그에 관하여 연구·토론하며 저작·출판을 모색하여 왔다.

그런데 「교육법」 제157조와 대통령령인 「교과용도서에관한규정」(이하 이를 「교과서규정」이라 한다) 제5조가 중학교 국어교과서를 1종도서로 정하여 교육부가 저작, 발행, 공급하도록 규정하고 있어, 청구인의 중학교 국어교과서의 저작·출판이 원천적으로 불가능함을 알고 청구인은, 위 법률 및 교과서규정의 각 조항이 「헌법」 제31조제4항, 제21조제1항, 제22조제1항에 의하여 보장되고 있는 헌법상의 기본권을 침해하고 있어 위헌이라고 주장하면서, 헌법재판소법 제68조제1항에 의거하여 1989. 5. 11. 헌법재판소에 이 사건 헌법소원심판을 청구하였다.

【결정 요지】

국민의 수학권과 교사의 수업의 자유는 다 같이 보호되어야 하겠지만 그 중에서도 국민의 수학권이 더 우선적으로 보호되어야 한다. 그것은 국민의 수학권의 보장은 우리 「헌법」이 지향하고 있는 문화국가, 민주복지국가의 이념구현을 위한 기본적 토대이고, 국민이 인간으로서 존엄과 가치를 가지며 행복을 추구하고(「헌법」 제10조 전문) 인간다운 생활을 영위하는 데(「헌법」 제34조) 필수적인 조건이고 대전제이며, 국민의 수학권이 교육제도를 통하여 충분히 실현될 때 비로서 모든 국민은 모든 영역에 있어서 각인의 기회를 균등히 하고 능력을 최고도로 발휘할 수 있게 될 것이기 때문이다.

국정교과서제도는 교과서라는 형태의 도서에 대하여 국가가 이를 독점하는 것이지만, 국민의 수학권의 보호라는 차원에서 학년과 학과에 따라 어떤 교과용도서에 대하여 이를 자유발행제로 하는 것이 온당하지 못한 경우가 있을 수 있고 그러한 경우 국가가 관여할 수밖에 없다는 것과 관여할 수 있는 헌법적 근거가 있다는 것을 인정한다면 그 인정의 범위내에서 국가가 이를 검·인정제로 할 것인가 또는 국정제로 할 것인가에 대하여 재량권을 갖는다고 할 것이다. 따라서 중학교의 국어교과서에 관한 한, 교과용도서의 국정제는 학문의 자유나 언론·출판의 자유를 침해하는 제도가 아님은 물론 교육의 자주성·전문성·정치적 중립성과도 무조건 양립되지 않는 것이라 하기 어렵다.

상기 판례에서의 구 「교육법」과 당시 「교과용도서에 관한 규정」의 내용은 다음과 같다.

구 「교육법」

제157조(교과서의 저작·검정·인정) ① 대학·교육대학·사범대학·전문대학을 제외한 각 학교의 교과용도서는 교육부가 저작권을 가졌거나 검정 또는 인정한 것에 한한다.
② 교과용도서의 저작검정·발행·공급 및 가격사정에 관한 사항은 대통령령으로 정한다.

교과용도서에 관한 규정

제5조(편찬) 1종도서는 교육부가 편찬한다. 다만, 교육부장관이 필요하다고 인정하는 1종도서는 연구기관 또는 대학 등에 위탁하여 편찬할 수 있다.

판례에서 밝히고 있는 바와 같이 당시 국정교과서제도는 국민의 수학권 보호를 위해 국가가 관여할 수밖에 없으며, 이에 대한 헌법적 근거를 인정하였다. 그러나 헌법재판소는 국정교과서제도가 다음과 같은 측면에서 개방될 필요도 있음을 지적한 바 있다.

"학생들의 창의력 개발이 활성화되지 않고 경우에 따라 저해되거나 둔화될 우려가 있다는 지적이다. 오늘날과 같이 급변하는 세계정세와 일신하는 첨단 과학기술, 폭증하는 각종 지식과 정보의 홍수 속에서 당면한 개인적·사회적 문제를 신속·적절하게 해결함에 있어서는 각자의 창의력의 개발이 필수적이라고 할 수 있는데, 이러한 사고력을 길러주는 데 있어서는 무엇보다도 교과서의 내용이 그러한 방향으로 집필되어야 하겠지만 다양한 사고방식이 수용될 수 있도록 교과서 발행제도가 개방될 필요가 있다는 것이다."

🔨 국가가 지역의 실정에 적합한 기준과 내용의 교과를 편성하지 않은 것은 부작위에 의한 기본권 침해인가?(교과용도서를 각기 다른 지방의 방언으로 제작할 수 있는가?)

2006헌마618, 「표준어 규정」제1장제1항 등 위헌확인(「국어기본법」제14조, 제18조)

【사건 개요】

(1) 청구인들은 전국 초·중·고등학교에 재학 중인 학생들이고, 나머지 청구인들은 자녀들에게 초·중등교육을 받게 할 의무가 있거나, 국가기관 등 공공기관에 근무하여 공문서를 작성하거나, 대한민국 국민으로서 공문서를 접해야 하는 사람들이다.

(2) 「표준어 규정」(1988. 1. 19. 문교부 고시 제88-2호) 제1부제1장제1항은 "교양 있는 사람들이 두루 쓰는 현대 서울말"을 표준어로 규정하고, 구 국어기본법(2008. 2. 29. 법률 제8852호로 개정되기 전의 것) 제14조제1항은 공공기관의 공문서를 표준어 규정에 맞추어 작성하도록 하며, 제18조는 교육인적자원부장관은 「초·중등교육법」제29조의 규정에 의한 교과용도서를 편찬하거나 검정 또는 인정하는 경우 「표준어 규정」을 준수하도록 하고 있다.

(3) 청구인들은 「표준어 규정」제1부제1장제1항과, 구 「국어기본법」제14조제1항, 제18조 및 국가 및 지방자치단체가 초·중등교육과정에 지역어 보전 및 지역의 실정에 적합한 기준과 내용의 교과를 편성하지 아니한 부작위가 청구인들의 행복추구권, 평등권 및 교육권 등을 침해한다며 위헌확인을 구하는 이 사건 헌법소원심판을 청구하였다.

【결정 요지】

1. 이 사건 「표준어 규정」은 "표준어는 교양 있는 사람들이 두루 쓰는 현대 서울말로 정함을 원칙으로 한다"는 내용인바, 이는 표준어의 개념을 정의하는 조항으로서 그 자체만으로는 아무런 법적 효과를 갖고 있지 아니하여 청구인들의 자유나 권리를 금지·제한하거나 의무를 부과하는 등 청구인들의 법적 지위에 영향을 미치지 아니하므로, 이로 인한 기본권 침해의 가능성이나 위험성을 인정하기 어렵다. 또한, 표준어의 정의는 서울지역어 가운데 교육을 받은 사람이 구사하는 언어라는 의미일 뿐 그 표준어를 쓰는지 여부와 교양이 있는 사람인지 여부에 관한 판단이 관련되어 있다고 보기 어려우므로, 이 사건 「표준어 규정」은 청구인들의 법적 지위에 영향을 미친다고 인정하기 어렵다.

2. 국가 및 지방자치단체에게 초·중등교육 과정에 지역어 보전 및 지역의 실정에 적합한 기준과 내용의 교과를 편성하지 아니한 부분에 대한 심판청구가 적법하려면 헌법 규범에서 국가 및 지방자치단체에게 '초·중등교육 과정에 지역어 보전 및 지역의 실정에 적합한 기준과 내용의 교과를 편성할 구체적인 의무'가 나온다고 인정되어야 할 것이다. 헌법이 국가 및 지방자치단체에게 청구인들이 주장하는 바와 같은 작위의무가 있다고 명시한 바 없고, 「헌법」 제10조(행복추구권), 제31조(교육을 받을 권리), 제9조(전통문화의 계승·발전과 민족문화의 창달에 노력할 국가의무)로부터도 위와 같은 작위의무가 도출된다고 할 수 없다.

3. 이 사건 법률조항들 중 공문서의 작성에 관하여 규율하는 부분에 관하여 보면, 국민들은 공공기관이 작성하는 공문서에 사용되는 언어의 통일성에 대하여 일정한 신뢰를 가지고 있다 할 것이고, 이는 공문서에 사용되는 국어가 표준어로 통일되지 않는 경우 의사소통상 혼란을 가져올 수 있다는 점에서 필요불가결한 규율이다. 또한, 이 사건 법률조항들 중 교과용도서에 관하여 규율하는 부분에 관하여 보면, 교과용도서의 경우 각기 다른 지방의 교과서를 각기 다른 지역의 방언으로 제작할 경우 각 지역의 방언을 사용하는 학생들은 표준어를 체계적으로 배울 기회를 상실하게 되고, 국가 공동체 구성원의 원활한 의사소통에 적지 않은 영향을 미칠 것이라는 점에서 공익을 위하여 필요불가결한 규율이다. 이 사건 법률조항들은 이 사건 표준어 규정에 따른 표준어의 범위를 그 규율 내용으로 하고 있다. 서울의 역사성, 문화적 선도성, 사용인구의 최다성 및 지리적 중앙성 등 다양한 요인에 비추어 볼 때, 서울말을 표준어의 원칙으로 삼는 것이 기본권을 침해하는 것이라 하기 어렵고, 또한 서울말에도 다양한 형태가 존재하므로 교양 있는 사람들이 사용하는 말을 기준으로 삼는 것은 합리적인 기준이라 할 수 있다. 결국, 이 사건 심판대상인 이 사건 법률조항들이 과잉금지원칙에 위배하여 행복추구권을 침해하는 것으로 보기 어렵다.

관련 법령에 따르면 인정도서의 심사 권한은 시·도교육감에게 위임하고 있다. 입법자는 검정도서에 비해 '보충적' 지위를 지니는 인정도서에 관한 업무를 지방자치단체에 위임함으로써 교과서 제도에서 지방교육자치의 원칙을 구현하고자 한 것이다(민창욱, 2015). 그러나 헌법재판소는 교과용도서에서 방언을 사용할 수 있는가에 대한 사안에 대해서는 "법률 조항들 중 교과용도서에 관하여 규율하는 부분에 관하여 보면, 교과용도서의 경우 각기 다른 지방의 교과서를 각기 다른 지역의 방언으로 제작할 경우 각 지역의 방언을 사용하는 학생들은 표준어를 체계적으로 배울 기회를 상실하게 되고, 국가 공동체 구성원의 원활한 의사소통에 적지 않은 영향을 미칠 것이라는 점에서 공익을 위하여 필요불가결한 규율"이라고 보았다. 즉, 국가 및 지방자치단체가 초·중등학교 교육과정에 지역어 보전 및 지역의 실정에 적합한 기준과 내용의 교과를 편성하지 않은 것은 국가의 부작위에 의한 기본권 침해라는 청구인들의 주장을 받아들이지 않은 것이다.

3. 농어촌 마을교육공동체 운영

농어촌 지역의 소규모 학교를 살리기 위한 노력은 농어촌 지역 학교의 폐교를 막는 데에만 국한되는 것이 아니라 인구감소로 인해 쇠락해 가는 지역공동체를 살리기 위한 목적과도 연관되어 있다. 그렇기 때문에 농어촌 학교의 활성화를 위한 학교와 지역사회의 연계는 양쪽 모두에게 긍정적인 의미를 갖는다.

학교와 지역사회의 연대를 위한 노력으로써 마을교육공동체는 지역의 교육주체들이 협력하고 교류하는 교육공동체를 의미한다. 2010년대 등장한 각 지자체의 '마을교육공동체' 사업은 바로 이러한 마을 단위 공동체 구축 사업 중 하나에 해당한다. 경기도교육청의 경우 마을교육공동체를 '학교 교육력 제고와 지역사회 발전을 위해 학교, 마을, 교육청, 지자체, 시민사회, 주민 등이 협력, 지원, 연대하는 교육공동체'로 정의한다(경기도교육청 마을교육공동체 기획단, 2016: 배영주, 2019). 교육을 중심에 놓고 생각하는 마을교육공동체 실천과 담론의 이면에 '마을 만들기 운동', '생태 마을 운동', '마을공동체 운동' 등 마을공동체가 자리하고 있다.

1) 마을교육공동체 활성화 지원

경기도는 2015년 「경기마을교육공동체 활성화 지원에 관한 조례」를 제정하였는데, 학교와 마을 간 교육적 연대 생태계를 조성하고자 마을교육공동체 활성화에 필요한 경기꿈의학교, 교육협동조합, 교육자원봉사활동 지원 사항을 규정하기 위한 목적"이라고 제정 이유를 밝히고 있다. 해당 조례의 법체계는 다음과 같다.

경기마을교육공동체 활성화 지원에 관한 조례

전남의 경우도 2019년 「전라남도교육청 마을교육공동체 활성화 지원 조례」를 제정하여 시행하고 있다.

전라남도교육청 마을교육공동체 활성화 지원 조례

제1조(목적) 이 조례는 전라남도 마을교육공동체를 통한 교육활동으로 아동 · 청소년들이 지역 사회의 공동체의식을 학습하며 마을과 함께 민주시민으로 성장하도록 마을교육공동체 활성화 지원에 관한 사항을 정하는 것을 목적으로 한다.

제2조(기본이념) 마을교육공동체 활성화는 지역사회의 공공성 · 공동체성 · 자발성과 참여자 들의 민주적 의사 결정으로 교육자치 기반 구축을 기본이념으로 한다.

제3조(정의) 이 조례에서 사용하는 용어의 뜻은 다음과 같다.

1. "마을"이란 생활환경을 같이 하는 아동 · 청소년, 교직원, 학부모, 지역주민이 교육 · 경제 · 문화 등의 가치를 공유하는 공간적 · 사회적 범위를 말한다.
2. "교육활동"이란 「교육기본법」 제9조의 학교교육과 제10조의 사회교육 활동을 말한다.
3. "마을교육공동체"란 학교와 마을이 아동 · 청소년을 함께 키우고 가르칠 수 있도록 학교와 마을, 교육청과 전라남도 및 시 · 군 그리고 학부모와 사회단체가 협력하고 연대하는 공동체를 말한다.
4. "아동 · 청소년"이란 만 19세 미만인 사람을 말하며, 만 12세 미만은 아동으로 만 12세 이상은 청소년으로 구분한다.
5. "마을학교"란 마을교육공동체 구성원이 지역사회 연계 체험활동이나 대안적 교육활동 및 돌봄 등으로 아동 · 청소년을 민주 시민으로 성장시키는 학교를 말한다.
6. "교육협동조합"이란 「협동조합 기본법」 제2조제3호의 사회적협동조합과 제4호의 사회적 협동조합연합회로서 교육활동을 목적으로 마을교육공동체 구성원이 자율적으로 설립한 협동조합을 말한다.
7. "교육거버넌스"란 전라남도교육청과 전라남도청, 교육지원청과 시 · 군, 학교, 학부모, 교사, 그 밖에 도내에 소재한 기관 및 민간단체 등과의 교육발전을 위한 민 · 관 · 학 협의체를 말한다.

2020년 전남교육청이 지정한 중심마을학교 현황을 보면 다음과 같다.

〈표 5-11〉 전라남도 중심마을학교 현황(2020년)

지역	마을학교명	지역	마을학교명
목포	함께평화마을학교	장흥	교육희망연대마을학교
여수	해드림마을학교	강진	강진온벗마을학교
순천	순천마을학교	해남	해남마을학교
나주	빛가람마을학교	영암	모정마을작은도서관
광양	사라실형형색색마을학교	무안	토브마을학교
담양	꿈꾸는마을학교	함평	해보면 해봄마을학교
곡성	길작은마을학교	장성	장성삼서온마을학교
구례	지리산마을학교	완도	햇살마루마을학교
고흥	고흥온마을학교	진도	돌다리마을학교
보성	보성군청소년수련원	신안	임자만났네협동조합
화순	꼼지락교육문화 사회적협동조합		

* 출처: 전라남도교육청 교육정보 모두(https://www.jne.go.kr/modoo/main.do)(검색일: 2022. 12. 20.)

마을교육공동체 외에도 각 지자체는 학교와 지역사회가 지역교육에 대한 협력을 위한 자치법규를 두고 있다. 여주시의 경우는 학교와 지역사회가 지역교육 공동체 구축을 위하여 지자체와 교육청 간의 협약을 통해 혁신교육지구를 지정한 바 있다.

> **여주시 혁신교육지구 운영 및 지원에 관한 조례**
>
> **제1조(목적)** 이 조례는 여주시와 여주교육지원청, 여주시 관내 각급 학교 및 학부모, 지역주민이 유기적으로 협력하여 지역 교육의 질을 향상시키고, 여주시 소재 학교 학생의 건전한 성장과 발달을 지원하기 위하여 여주시 혁신교육지구의 운영 및 지원에 필요한 사항을 규정함을 목적으로 한다.
>
> **제4조(혁신교육지구 사업의 범위)** 혁신교육지구사업의 범위는 다음 각 호와 같다.
> 1. 학교 공교육 혁신 및 운영 지원
> 2. 학교와 지역사회 연계 교육 지원
> 3. 미래역량 인재 육성
> 4. 학생들을 위한 방과 후 활동 및 교육체험활동 지원
> 5. 교육관련 인적·물적 자원 발굴 및 개발 지원
> 6. 교육인프라 네트워크 구축 지원
> 7. 교육관련 지역 특화사업
> 8. 마을교육공동체 활동 지원
> 9. 그 밖에 혁신교육지구 사업을 위해 시장이 필요하다고 인정하는 사업

이상과 같이 혁신교육지구사업은 학교와 지역사회의 연계를 위하여 마을교육공동체 활동 지원 외에 다양한 사업을 할 수 있도록 규정하고 있다.

2) 관련 입법 추진

다수의 광역·기초자치단체에서 마을교육공동체 활성화 지원을 위한 조례를 제정하고 관련 사업들을 추진하고 있으나, 명확한 법적 근거와 체계적이고 안정적인 제도적 뒷받침이 부족하여 마을교육공동체의 활성화에 한계가 있다는 지적이 있었다. 이에 「마을교육공동체 활성화 및 지원에 관한 법률안」을 제정하여 학교와 마을, 지역사회가 연대하고 협력을 강화하려는 입법적 노력이 진행되고 있다. 이 법률안에 따르면 "마을교육공동체란 주민자치와 교육자치의 결합으로 지역의 인적·물적 자원을 활용해 마을이 학생들의 배움터가 되도록

학교와 마을, 교육청과 지방자치단체 그리고 학부모와 시민사회가 협력하고 연대하는 교육생태계를 말한다"라고 정의하고 있다(제2조). 법률안의 일부 내용을 소개하면 다음과 같다.

✏️ 마을교육공동체 활성화 및 지원에 관한 법률안(권인숙 의원 대표발의, 2021. 11. 4.)

제1조(목적) 이 법은 학교, 마을, 지역사회가 연대하고 협력하는 교육생태계 조성을 위하여 마을교육공동체의 활성화와 지원에 필요한 사항을 규정함으로써 지역 교육공동체의 교육적 역량 강화와 지역사회의 지속가능한 발전에 이바지함을 목적으로 한다.

제2조(정의) 이 법에서 사용하는 용어의 뜻은 다음과 같다.
  1. "마을"이란 생활환경을 같이 하는 학생, 교직원, 학부모, 마을 주민 등이 교육 · 경제 · 문화 등의 가치를 공유하는 공간적 · 사회적 범위를 말한다.
  2. "마을교육공동체"란 주민자치와 교육자치의 결합으로 지역의 인적 · 물적 자원을 활용해 마을이 학생들의 배움터가 되도록 학교와 마을, 교육청과 지방자치단체 그리고 학부모와 시민사회가 협력하고 연대하는 교육생태계를 말한다.

제3조(기본원칙) ① 마을교육공동체는 공동체 구성원의 자발적 참여를 기반으로 한다.
② 마을교육공동체는 마을의 특성 및 문화의 다양성을 존중한다.
③ 마을교육공동체는 주민과 행정 기관의 상호 신뢰와 협력을 통하여 추진한다.
④ 마을교육공동체는 공동체 구성원의 이익에 기여하고 다른 마을교육공동체와의 조화로운 발전을 통하여 지속가능한 교육생태계를 구축하도록 노력한다

---

4. 농어촌 체험학습 지원

1) 현장체험학습 지원

각급 학교에서 농어촌 체험학습은 현장체험학습 중 하나의 형태로 운영되고 있다. 현장체험학습이 교육적 차원에서 주목받은 것은 제7차 교육과정에서 '재량활동'이 신설되면서 학교 여건에 맞는 직접적인 체험활동이나 창의적인 교육활동이 이루어질 수 있게 되면서부터이다. 그러나 학교 교육에서 재량활동이 체험 중심으로 이루어지기보다는 형식적으로 운영되고, 자율적이고 적극적인 활동을 하기 어렵다는 문제가 꾸준히 제기되어 이를 개선하기 위해 2009 개정 교육과정에서는 '특별활동'과 '재량활동'을 통합하여 '창의적 체험활동'으로 편성하여 운영하도록 하였다(안새롬, 2017). 이에

따라 2009 개정 교육과정부터는 창의적 체험활동의 영역을 자율활동, 동아리활동, 봉사활동, 진로활동으로 구성하여 각 학교는 학생들의 발달 수준, 학교의 여건 등을 고려하여 학년(군)별로 자율적으로 편성·운영하도록 하고 있다.

교육과정 내의 한 영역으로 운영되는 창의적 체험활동의 법적 근거는 「초·중등교육법」 제23조와 시행령 제48조에 근거한다. 이외에도 시행령 제48조제5항에 따르면 학교의 장은 교육상 필요한 경우 보호자의 동의를 얻어 교외체험학습을 허가할 수 있도록 하고 있다.

초·중등교육법

제23조(교육과정 등) ① 학교는 교육과정을 운영하여야 한다.
② 국가교육위원회는 제1항에 따른 교육과정의 기준과 내용에 관한 기본적인 사항을 정하며, 교육감은 국가교육위원회가 정한 교육과정의 범위에서 지역의 실정에 맞는 기준과 내용을 정할 수 있다.
③ 교육부장관은 제1항의 교육과정이 안정적으로 운영될 수 있도록 대통령령으로 정하는 바에 따라 후속지원 계획을 수립·시행한다.
④ 학교의 교과(教科)는 대통령령으로 정한다.

초·중등교육법 시행령

제48조(수업운영방법 등) ① 삭제 〈2005. 1. 29.〉
② 학교의 장은 교육상 필요한 때에는 학년 또는 학과 등을 달리하는 학생을 병합하여 수업할 수 있다.
③ 학교의 장은 방송프로그램을 수업에 활용할 수 있다.
④ 학교의 장은 교육상 필요한 경우에는 원격수업 등 정보통신매체를 이용하여 수업을 운영할 수 있다. 이 경우 교육 대상, 수업 운영 방법 등에 관하여 필요한 사항은 교육감이 정한다.
⑤ 학교의 장은 교육상 필요한 경우 보호자의 동의를 얻어 교외체험학습을 허가할 수 있다. 이 경우 학교의 장은 교외체험학습을 학칙이 정하는 범위 안에서 수업으로 인정할 수 있다.

이외에도 각 지자체는 현장체험학습을 지원하기 위한 조례를 두고 있는데, 다음은 광주광역시의 사례이다.

광주광역시 학생현장체험학습 활동 지원에 관한 조례

제1조(목적) 이 조례는 「교육기본법」 제4조에 따른 교육의 기회균등 실현을 위해 「초·중등교육법 시행령」 제48조에 따라 실시되는 현장체험학습 활동 지원에 필요한 사항을 규정함으로써, 교육 여건의 격차 해소 및 학부모의 교육비 경감을 목적으로 한다.

제2조(정의) 이 조례에서 "현장체험학습"이란 「초·중등교육법 시행령」 제48조에 따라 학교의 장이 보호자의 동의를 얻어 실시하는 수학여행, 수련활동 등을 포함한 교외체험학습을 말한다.

제3조(교육감의 책무) 광주광역시교육감(이하 "교육감"이라 한다)은 학생들이 평등하게 교육을 받을 수 있도록 교육여건의 격차를 최소화하는 시책을 수립하여 시행하여야 한다.

제4조(지원 사업) 이 조례에 따라 지원하는 사업은 다음 각 호와 같다.

1. 수학여행
2. 그 밖에 교육감이 특별히 필요하다고 인정하는 현장체험학습 활동

제5조(지원 대상자) ① 제4조제1호에 따른 수학여행 지원 대상자는 초등학교, 중학교, 고등학교에 재학하는 학생으로 한다. 다만, 고등학생은 교육재정여건 등을 고려하여 지원 대상자의 범위를 조정할 수 있다. 〈개정 2017. 12. 15., 2020. 8. 1.〉

② 삭제 〈2020. 8. 1.〉

③ 제4조제2호에 따른 지원 사업은, 교육감이 매년 지원계획을 수립할 때 지원 대상자를 정한다. 〈개정 2017. 12. 15.〉

제6조(지원 계획) 교육감은 매년 현장체험학습 지원 계획을 수립하여야 한다.

제7조(지원액) 현장체험학습에 참가하는 학생에 대한 경비 지원액은 예산의 범위에서 교육감이 정한다.

제8조(지원 방법 등) ① 교육감이 지원 대상자에 대한 지원금을 학교의 장에게 교부하여 집행한다.

② 지원 대상자가 다른 법령 등에 따라 지원을 받는 경우에는 차등 지원하거나 지원 대상에서 제외한다.

제9조(시행규칙) 이 조례의 시행에 필요한 사항은 규칙으로 정한다.

2) 도농 교류 지원

도시와 농촌 간의 교류 활성화를 목적으로 하는 법령에는 「도시와 농어촌 간의 교류촉진에 관한 법률」과 그 시행령이 있다. 이 법은 도시와 농어촌 간의 교류를 촉진하여 농어촌의 사회·경제적 활력을 증진시키고, 농어업·농어촌의 가치에 대한 국민적 인식을 높이며 도시민의 농어촌 생활에 대한 체험과 휴양 수요를 충족시킴으로써 도시와 농어촌의 균형발전과 국민의 삶의 질 향상에 이바지하는 것을 목적으로 한다(제1조).

　그리고 법률 제14조에서 농어촌체험교육의 활성화에 대해 규정하고 있는데 지방자치단체의 장은 초·중등학교에서 운영할 수 있는 농어촌체험 프로그램 등을 교육감에게 추천할 수 있고, 추천을 받은 교육감은 각급 학교에 이를 교육과정으로 운영하도록 권장할 수 있다.

도시와 농어촌 간의 교류촉진에 관한 법률

제14조(농어촌체험교육의 활성화) ① 국가와 지방자치단체는 대통령령으로 정하는 바에 따라 유치원의 원아 및 학교에 재학 중인 학생이 농업·어업 및 농어촌의 가치를 교육받을 수 있도록 농어촌체험교육을 활성화하기 위한 노력을 하여야 한다.
② 지방자치단체의 장은 「초·중등교육법」에 따른 초등학교·중학교·고등학교에서 운영할 수 있는 농어촌체험·휴양마을 프로그램이나 관광농원 체험 프로그램을 교육감에게 추천할 수 있고, 추천을 받은 교육감은 관할 지역의 초등학교·중학교·고등학교에 이를 교육과정으로 운영하도록 권장할 수 있다.
③ 국가와 지방자치단체는 농어촌체험교육의 활성화를 위하여 농어촌체험교육을 운영하는 「유아교육법」 제2조제2호에 따른 유치원과 「초·중등교육법」 제2조에 따른 학교에 예산의 범위에서 지원할 수 있다.

도시와 농어촌 간의 교류촉진에 관한 법률 시행령

제10조(농어촌체험교육의 활성화) ① 국가와 지방자치단체는 법 제14조제1항에 따라 농어촌체험교육 활성화를 위하여 다음 각 호의 사항을 포함한 시책을 추진할 수 있다.
　1. 농어촌체험교육 프로그램 개발 및 보급에 관한 사항
　2. 유치원의 원아 및 학교에 재학 중인 학생에 대한 농어촌체험교육 운영 지원에 관한 사항
　3. 그 밖에 농어촌체험교육 활성화에 필요한 사항
② 「초·중등교육법 시행령」 제48조제5항에 따라 초등학교·중학교·고등학교의 장에게 교외체험학습을 허가받은 학생이 법 제15조제2항에 따른 도농교류확인서를 발급받아 학교에 제출하는 경우 그 학교의 장은 학칙에서 정하는 범위에서 이를 수업으로 인정할 수 있다.

　각 지자체도 농촌 체험을 활성화하기 위한 조례를 마련하고 있는데, 해당 조례에서는 청소년의 참여를 위해 도지사와 교육감이 협의하도록 하고 있다. 이 외에 강원특별자치도의 경우 농촌체험교육장 육성을 위한 조례에서 농촌체험교육에 관하여 직접 명시하고 있다.

충청북도 농촌체험관광 활성화 지원 조례

제1조(목적) 이 조례는 도시와 농촌 간 교류를 촉진하고 농촌체험마을을 육성하여 관광과 체험을 접목함으로써 도시민들에게 휴식을 제공함은 물론 마을의 소득증대 및 농촌의 활력화를 위하여 필요한 사항을 규정함을 목적으로 한다.

제6조(청소년 등의 참여지원) ① 도지사는 교육감과 협의하여 청소년 등이 자연의 소중함과 농촌의 중요성을 체험하는 활동에 참여하도록 노력한다.

② 도지사는 교육감과 협의하여 제1항에 따라 농촌체험활동에 참여하는 청소년 등을 지원할 수 있다.

 부산광역시 기장군 농촌체험관광 활성화 및 지원에 관한 조례

제4조(청소년 등 참여 지원) ① 군수는 관내 어린이집·유치원·초등학교·중학교·고등학교에 재학 중인 학생(이하 "청소년 등"이라 한다)에게 자연의 소중함과 농촌의 중요성을 알리기 위한 체험활동에 참여하도록 사업을 적극적으로 홍보하여야 한다.

② 군수는 농촌체험관광에 참여하는 청소년 등, 인솔교사 및 학부모, 기타 참여단체 및 개인에게 참여 경비 등 소요되는 경비의 일부를 지원할 수 있다.

 강원특별자치도 농업·농촌 체험교육장 육성 및 지원 조례

제1조(목적) 이 조례는 농업과 농촌의 유·무형 자산을 활용한 체험교육장 운영 등에 필요한 사항을 정함으로써 미래세대인 아동과 청소년이 농촌의 가치와 중요성을 체험하게 하고 도·농간 교류 증대와 농촌경제 활성화에 이바지함을 목적으로 한다.

제2조(정의) 이 조례에서 사용하는 용어의 뜻은 다음의 각 호와 같다.

5. "농업·농촌체험교육"이란 다양한 농촌자원을 교육과정과 연계하거나 농업·농촌의 공익기능을 포함한 일련의 농촌체험학습을 말한다.

3) 농어촌 유학 지원

각 지방자치단체는 농어촌 유학에 관한 조례를 두고 있으며, 조례에서 규정하고 있는 농어촌 유학은 도시에 사는 초·중·고 학생들이 농산어촌에서 일정 기간 생활하면서 학교를 다니고 농어촌 생활을 체험하는 것을 의미한다.

농어촌 유학은 각 지방자치단체에서 이농과 고령화에 직면한 농어촌 지역에 활기를 불어 넣기 위한 방안으로 활용되고 있다. 그리고 장기적으로 도시 유학생 가족이 귀농·귀촌 형태로 정착하는 것이 목적이다. 이를 위해 지방자치단체 및 시·도교육청은 생태환경교육 등 특성화된 교육프로그램과 참여 학생·학부모에게 경제적 지원을 하는 방안을 마련하고 있다.

농어촌 유학을 지원하기 위한 조례를 최초로 제정한 지자체는 전라북도이다. 전라북도는 2012년 농어촌 유학을 지원하기 위한 지원계획수립, 지원센터 등에 관한 조항을 통해 행·재정적 지원 근거를 마련하여 농어촌 유학 정책이 안정적으로 추진될 수 있도록 제도적 근거를 마련하였다.

전라북도 농산어촌유학 지원 조례

제1조(목적) 이 조례는 농촌유학의 활성화를 통해 전라북도 지역교육과 문화의 중심지인 지역학교를 유지하고, 주민의 소득 증대와 지역마을 활력에 이바지하면서 도시와 농촌의 상생발전을 도모하고자 농산어촌 유학생 유치와 지원에 관한 사항을 규정함을 목적으로 한다.

제2조(정의) 이 조례에서 사용하는 용어의 뜻은 다음과 같다.

1. "농산어촌유학"이란 도시에 사는 초·중·고 학생들이 농산어촌에서 일정기간 동안 생활하면서 학교를 다니고 시골살이를 체험하는 것을 말한다.(이하 "농촌유학"이라 한다)
2. "농산어촌유학시설"은 유학생들이 농산어촌유학 활동가의 지도를 받으며 숙식 또는 생활을 하는 장소와 지방자치단체나 마을에서 제공한 유학생 부모가 생활하는 시설을 말한다.(이하 "농촌유학시설"이라 한다)
3. "농산어촌유학 활동가"란 농촌유학 시설에서 유학생의 학교 외 생활을 지원하고, 돌봄 기능을 도와주는 사람을 말한다.(이하 "농촌유학 활동가"라 한다)

강원특별자치도 농어촌유학 지원에 관한 조례

제1조(목적) 이 조례는 도시 학생의 강원특별자치도 내 농어촌유학 지원에 필요한 사항을 규정함으로써 농어촌 고유의 전통과 문화 속에서 교육받을 기회를 제공하고 도농교류 확대를 통한 지역학교 활성화와 지역주민 소득증대 및 마을 활력 증진에 이바지함을 목적으로 한다.

제2조(정의) 이 조례에서 사용하는 용어의 뜻은 다음과 같다.

1. "농어촌유학"이란 도시에 사는 초·중·고 학생들이 전입학하여 농어촌에 있는 학교에 다니며, 지역주민과 함께 농어촌(농어촌유학시설)에서 60일 이상 생활하는 것을 말한다.
2. "농어촌유학시설"이란 유학생들이 농어촌유학 활동가의 지도를 받으며 숙식 또는 생활을 하는 장소와 지방자치단체나 마을에서 제공한 시설을 말한다.
3. "농어촌유학 활동가"란 농어촌유학시설에서 유학생의 학교 외 생활을 지원하고, 돌봄 기능을 수행하는 사람으로 일정한 자격을 갖춘 자를 말한다.
4. 농어촌이란 「농업·농촌 및 식품산업 기본법」 제3조제5호 또는 「수산업·어촌 발전 기본법」 제3조제6호에 따른 지역을 말한다

강원특별자치도의 경우 2023년 「강원특별법」 전면개정을 통해 농어촌 유학에 관한 특례를 마련하였다. 해당 조항의 구체적인 내용은 다음과 같다.

강원특별자치도 설치 및 미래산업글로벌도시 조성을 위한 특별법

〈전부개정 2023. 6. 7.〉 [법률 제19427호, 시행 2024. 6. 8.]

제46조(농어촌유학에 관한 특례) ① 도지사 및 도교육감은 농어촌유학(강원특별자치도 외 지역의 학생들이 교육활동과 농어촌 생활을 체험하기 위하여 대통령령으로 정하는 농어촌학교로 전학하는 것을 말한다. 이하 이 조에서 같다.)이 활성화될 수 있도록 노력하여야 한다.

② 도지사 및 도교육감, 시장·군수는 각급 학교의 농어촌유학 활성화를 위한 행정적·재정적 지원을 할 수 있다.

③ 제1항 및 제2항에 따른 농어촌유학 운영 등에 필요한 사항은 도조례로 정한다.

제3절　논의

농어촌 학교 교육과정의 자율화·특색화 관련 법령에 대하여 살펴보았다. 이에 대한 시사점을 제시하면 다음과 같다.

첫째, 농어촌 학교 교육과정 운영의 자율화 추진에 관한 사항이다. 농어촌 학교의 경우 교육 환경을 고려한 교육과정의 특색화를 위해 일정 부분 자율성을 부여하고 있다. 국가 수준 교육과정 중심에서 벗어나 지역 수준 및 학교 수준 교육과정을 강조하고 있다. 그리고 자율학교, 특성화학교, 대안학교 등의 제도를 운영하여 교육과정 운영에 있어 자율성을 보장하고, 특색화를 추구할 수 있도록 하고 있다. 핵심 법적 근거는 「초·중등교육법」 제61조와 시행령 제105조에 규정하고 있는 '학교 및 교육과정 운영의 특례'에 관한 조항이다. 해당 법령 조항을 보면 개별 학생의 적성·능력 개발을 위한 다양하고 특성화된 교육과정을 운영하는 학교와 학생의 창의력 계발 또는 인성 함양 등을 목적으로 특별한 교육과정을 운영하는 학교를 자율학교로 지정·운영할 수 있도록 규정하고 있다. 그리고 여기에 농어촌 학교도 포함한다.

그러나 오히려 농어촌 지역의 특성과는 무관하게 교육과정을 운영하는 학교도 존재한다. 특히 고등학교 단계 자율학교의 경우 법령에 따라 교육과정의 운영의 자율성을 부여하고 있지만 학교가 농어촌 지역에 있을 뿐 해당 지역의 특수성을 반영한 교육과정을 운영하는 것이 아니라 입시 중심의 교육과정을 운영하는 경우도 허다하다. 즉, 단위 학교의 자율성을 강조하고 있으나 사회구조적 요인으로 인해 지역의 특수성을 반영한 교육과정 운영에 있어 일정 부분 한계가 존재한다.

둘째, 교육과정의 지역화에 관한 사항이다. 정부는 교육과정의 지역화 추진을 위해 지역화 교과서 제작과 활용, 마을 교육과정 운영, 농어촌 체험학습 등을 지원하고 있다. 그리고 이를 위해 지자체는 마을교육공동체 활성화에 관한 조례, 작은학교 지원에 관한 조례 등을 제정하여 지원하고 있다. 지역 교육청은 방과후학교 운영, 체험학습비 지원, 특색 있는 교육과정 운영비 지원 등 교육복지 측면에서 혜택을 확대함으로써 개별 학교의 경쟁력을 확보하려는 방식으로 대응해 왔다. 또한, 농어촌 지역의 인구 유출을 극복하기 위해 도농교류 및 농어촌 유학을 장려하고 있다. 앞으로도 지역 교육청과 지방정부는 농어촌 지역의 소규모 학교들에 대한 지원과 함께 지역의 소규모 학교가 해당 지역의 학습공간이자 생활공간이며, 지역의 커뮤니티 공간으로서 역할을 충실히 수행할 수 있도록 공동의 노력을 기울여야 한다. 또한, 지역 문화에 토착화된 교육정책과 지역사회 구성원들이 이해하고 공감할 수 있는 지역교육 프로그램을 개발하여 운영할 필요가 있다.

제6장 농어촌 학교 교육과정의 책무성 강화

앞의 5장에서 농어촌 학교 교육과정 운영의 자율화와 특색화 추진을 강조하였다. 여러 나라는 국가 교육과정에서 학생들이 지역적 뿌리와 정체성에 대한 감각을 익히고, 지역사회와 자연환경, 산업, 전통, 생활방식에 대한 지식과 유대감 획득을 강화해야 한다고 천명하고 있다. 농어촌 학교는 교육과정 운영의 자율화 기조를 바탕으로 지역사회에 기반을 둔 체험활동 위주의 특색 있는 교육과정을 운영하고 있는 추세이다.

다른 한편으로는 학교의 책무성을 강화해야 한다는 요구가 있음을 주목할 필요가 있다. 국가 교육과정에서 정한 기초교육을 충실히 하는 방향으로 농어촌 학교의 발전을 도모해야 한다고 본다. 교육과정 운영에 있어서 학업성취도 수준 향상, 학습부진 학생 감축과 같은 정량적 교육목표를 설정하고 모니터링을 강화해야 한다는 것이다. 농어촌 학교와 교사는 학교의 책무성 요구와 지역 중심의 자율적인 교육과정 운영에서 서로 충돌하는 가치로 인해 딜레마적 상황에 봉착해 있기도 하다.

농어촌 학교 교육과정 운영에 있어서 자율성과 함께 책무성을 조화롭게 추구해야 할 지점임을 알 수 있다. 교육과정 운영의 책무성 강화의 필요성은 도시와 농어촌 간의 교육격차를 드러낸 표준화된 시험 결과를 근거로 설명할 수 있다. 2021년 국가수준 학업성취도평가 결과를 보면 보통학력 이상의 비율이 중학교 3학년, 고등학교 2학년 모든 과목에서 도시 지역과 비교하여 읍·면 지역 학생들에게서 낮게 나타났다(교육부, 2021).

책무성 강화의 일환으로 농어촌 학교 학생의 학력 향상을 지원하기 위한 입법적 노력과 농어촌 소규모 학교의 취약점을 보완하기 위한 교육과정 운영 지원에 대해 다룬다.

제1절 농어촌 학교 교육과정의 질 관리 체계 구축

1. 국가수준 학업성취도 평가 시행

국가수준 학업성취도 평가는 초·중·고 학생들을 대상으로 1986년에 처음 실시하였다. 전수평가와 표집평가를 오가며 폐지와 부활을 반복하였으며, 2017년부터 현재까지는 중학교 3학년, 고등학교 2학년 전체의 3%를 대상으로 하는 표집평가로 치르고 있다. 그 법률적 근거는 「초·중등교육법」 제9조제1항과 시행령 제10조, 그리고 이에 따른 교육부장관의 고시(국가수준 교육과정)에 두고 있다.

초·중등교육법

제9조(학생·기관·학교 평가) ① 교육부장관은 학교에 재학 중인 학생을 대상으로 학업성취도를 측정하기 위한 평가를 할 수 있다.
② 교육부장관은 교육행정을 효율적으로 수행하기 위하여 특별시·광역시·특별자치시·도·특별자치도 교육청과 그 관할하는 학교를 평가할 수 있다.
③ 교육감은 교육행정의 효율적 수행 및 학교 교육능력 향상을 위하여 그 관할하는 교육행정기관과 학교를 평가할 수 있다.
④ 제2항 및 제3항에 따른 평가의 대상·기준·절차 및 평가 결과의 공개 등에 필요한 사항은 대통령령으로 정한다.
⑤ 평가 대상 기관의 장은 특별한 사유가 있는 경우가 아니면 제1항부터 제3항까지의 규정에 따른 평가를 받아야 한다.
⑥ 교육부장관은 교육감이 그 관할 구역에서 제3항에 따른 평가를 실시하려는 경우 필요한 지원을 할 수 있다.

초·중등교육법 시행령

제10조(학생의 평가) 법 제9조제1항의 규정에 의한 학생의 학업성취도 평가에 관하여 필요한 사항은 교육부장관이 정한다.

2022 개정 교육과정 초·중등교육과정 총론

가. 국가 수준의 지원

1) 이 교육과정의 질 관리를 위하여 주기적으로 학업 성취도 평가, 교육과정 편성·운영에 관한 평가, 학교와 교육 기관 평가를 실시하고 그 결과를 교육과정 개선에 활용한다.

가) 교과별, 학년(군)별 학업 성취도 평가를 실시하고, 평가 결과는 학생의 학습 지원, 학력의 질 관리, 교육과정의 적절성 확보 및 개선 등에 활용한다.

나) 학교의 교육과정 편성·운영과 교육청의 교육과정 지원 상황을 파악하기 위하여 학교와 교육청에 대한 평가를 주기적으로 실시한다.

다) 교육과정에 대하여 조사, 분석 및 점검을 실시하고 그 결과를 교육과정 개선에 반영한다.

2) 교육과정 편성·운영과 지원 체제의 적절성 및 실효성을 평가하기 위한 연구를 수행한다.

2. 학습자 학력 향상 지원

1) 학습부진학생 지원

농어촌 지역을 포함하여 학생들의 기초학력 보장을 위한 입법적 노력은 중요한 과제이다. 이에 따라 「초·중등교육법」과 그 시행령은 학습부진아 교육에 관한 조항을 마련하고 있다. 법령에 따르면 학습장애를 지닌 학생이나 학업중단위기 학생에 대한 시책을 마련하도록 하고 있다.

 초·중등교육법

제28조(학습부진아 등에 대한 교육) ① 국가와 지방자치단체는 다음 각 호의 구분에 따른 학생들을 위하여 대통령령으로 정하는 바에 따라 수업일수와 교육과정을 신축적으로 운영하는 등 교육상 필요한 시책을 마련하여야 한다.

1. 성격장애나 지적(知的) 기능의 저하 등으로 인하여 학습에 제약을 받는 학생 중 「장애인 등에 대한 특수교육법」 제15조에 따른 학습장애를 지닌 특수교육대상자로 선정되지 아니한 학생

2. 학업 중단 학생

② 국가 및 지방자치단체는 제1항에 따른 학습부진아 등에 대한 교육의 체계적 실시를 위하여 실태조사를 하여야 한다.

③ 국가와 지방자치단체는 제1항에 따른 학습부진아 등에 대한 정책에 필요한 예산을 지원할 수 있다.

④ 교육부장관 및 교육감은 제1항에 따른 학습부진아 등을 위하여 필요한 교재와 프로그램을 개발·보급하여야 한다.

⑤ 교원은 대통령령으로 정하는 바에 따라 제1항에 따른 학습부진아 등의 학습능력 향상을 위한 관련 연수를 이수하여야 하고, 교육감은 이를 지도·감독하여야 한다.

⑥ 학교의 장은 학업 중단의 징후가 발견되거나 학업 중단의 의사를 밝힌 학생에게 학업 중단에 대하여 충분히 생각할 기회를 주어야 한다. 이 경우 학교의 장은 그 기간을 출석으로 인정할 수 있다.

⑦ 제6항에 따른 학생에 대한 판단기준 및 충분히 생각할 기간과 그 기간 동안의 출석일수 인정 범위 등에 필요한 사항은 교육감이 정한다.

초·중등교육법 시행령

제54조(학습부진아 등에 대한 교육 및 시책) ① 법 제28조제1항에 따른 학습부진아 등(이하 "학습부진아등"이라 한다)에 대한 판별은 교육감이 정하는 기준에 따라 학교의 장이 한다.

② 학교의 장은 학습부진아등에 대하여 교육감이 정하는 수업일수의 범위에서 체험학습 등 필요한 교육을 실시하거나 교육감이 적합하다고 인정하는 교육기관 등에 위탁하여 교육을 실시할 수 있다.

이상 「초·중등교육법」 제28조에 근거하여 각 지자체는 학습부진 혹은 학습 더딤학생에 대한 교육 지원 조례를 두고 있다. 전북교육청의 조례의 일부 내용을 보면 다음과 같다.

전라북도교육청 학습더딤학생 교육 지원 조례

제1조(목적) 이 조례는 「초·중등교육법」 제28조제1항제1호 및 같은 법 시행령 제54조에 따라 전라북도내 학습더딤학생의 학습능력 향상을 지원하여 건강한 사회구성원으로 성장하도록 돕는 것을 목적으로 한다.

제2조(정의) 이 조례에서 사용하는 용어의 뜻은 다음과 같다.

1. "학습더딤학생"이란 「초·중등교육법」 제28조제1항제1호에 따른 학생을 말한다.

2. "학교"란 「초·중등교육법」 제2조에 따른 학교를 말한다.

제3조(교육감의 책무) 전라북도교육감(이하 "교육감"이라 한다)은 학습더딤학생을 위하여 교육에 필요한 대책을 마련하고, 이들에게 필요한 각종 프로그램을 제공하여야 한다.

2. 학습더딤학생 실태조사 및 진단검사에 관한 사항

3. 다양한 수준의 학습교재 및 학습 프로그램 운영지원 방안

4. 교원 연수방안

5. 학부모 교육과 정보제공 방안

6. 심리상담, 학습·진로상담, 가족상담 등의 유관기관 연계지원 방안

2) 기초학력 보장

더 나아가 2022년에는 기초학력 보장을 위한 「기초학력 보장법」을 제정하였는데, 그 제정 이유를 다음과 같이 밝히고 있다.

"모든 학생이 자신의 잠재된 역량과 소질을 계발하고, 궁극적으로 자아를 실현하고 인간다운 삶을 영위하도록 하는 최소한의 안전망으로서 학생의 기초학력 보장은 국가 차원의 중요한 책무이다. 그러나 최근 국가수준 학업성취도 평가 결과에 따르면 기초학력 미달 비율이 5년 전에 비해 전반적으로 높게 나타났으며, 특히 코로나19 이후 교육격차가 더욱 심화될 것이라는 우려도 제기되고 있어 국가 차원의 기초학력 보장은 더 이상 지체할 수 없는 매우 시급한 문제이다. 현재 정부에서도 기초학력 보장을 국정과제로 설정·추진하며 배움의 과정에서 소외되는 학생이 없도록 다양한 지원 사업과 제도를 마련하고 있으나 이를 뒷받침할 법적 근거가 충분하지 않은 상황이다. 이에 학생의 기초학력 보장을 지원하기 위한 체계적이고 종합적인 법적 근거를 마련하고 기초학력 보장에 대한 국가의 책임을 강화함으로써, 학생 개개인의 학습권을 보장하기 위한 기초학력 안전망 구축에 내실을 기하려는 것이다(법제처, 2022)."

법률과 시행령의 체계는 다음과 같다.

기초학력 보장법

제1조 목적
제2조 정의
제3조 국가 등의 책무
제4조 다른 법률과의 관계
제5조 기초학력 보장 종합계획의 수립 등
제6조 기초학력 보장위원회의 설치 등
제7조 기초학력진단검사
제8조 학습지원대상학생의 선정 및 학습지원교육
제9조 학습지원 담당교원
제10조 기초학력지원센터
제11조 권한의 위임·위탁

> **✎ 기초학력 보장법 시행령**
>
> 제1조 목적
> 제2조 최소한의 성취기준 등
> 제3조 기초학력 보장 종합계획 및 시행계획의 수립 등
> 제4조 기초학력 보장위원회의 구성
> 제5조 기초학력위원회의 운영 등
> 제6조 기초학력진단검사의 실시 방법 등
> 제7조 학습지원대상학생의 선정 등
> 제8조 학습지원 담당교원의 업무 등
> 제9조 국가기초학력지원센터의 지정·운영 등
> 제10조 시·도기초학력지원센터의 지정·운영 등
> 제11조 기초학력지원센터 지정 등의 게시

이상 법률 제5조에서는 교육부장관은 기초학력 보장 종합계획을 수립하도록 하고 있다. 이에 따라 법 제정 이후 2022년 처음으로 '제1차 기초학력 보장 종합계획(2023~2027)'을 마련하였다. 이를 통해 읍면·도서지역 대상 학생들을 위해서 방과후·주말 교과보충, 튜터링을 집중 지원하고 권역별 거점학교를 선정해 전문인력 교류와 지원 프로그램도 확대하는 것을 밝힌 바 있다(교육부, 2022). 「기초학력 보장법」의 주요 내용은 다음과 같다.

첫째, 이 법은 학습지원대상학생에게 필요한 지원을 실시함으로써 모든 학생의 기초학력을 보장하여 능력에 따라 교육을 받을 수 있도록 그 기반을 조성하는 것을 목적으로 한다(제1조).

둘째, 교육부장관은 관계 중앙행정기관의 장 및 특별시·광역시·특별자치시·도·특별자치도의 교육감과 협의한 후 제6조에 따른 기초학력 보장위원회의 심의를 거쳐 5년마다 기초학력 보장 종합계획을 수립하도록 한다(제5조).

셋째, 기초학력 보장에 관한 사항을 심의하기 위하여 교육부장관 소속으로 기초학력 보장위원회를 둔다(제6조).

넷째, 학교의 장은 학습지원대상학생을 조기에 발견하고 학생별 학력의 수준과 기초학력 미달의 원인 등을 종합적으로 진단하기 위하여 기초학력 진단검사를 실시할 수 있고 그 결과를 학생의 보호자에게 통지할 수 있도록 한다(제7조).

다섯째, 학교의 장은 기초학력진단검사 결과와 학급담임교사 및 해당 교과 교사의 추천, 학부모 등 보호자에 대한 상담결과 등에 따라 학습지원교육이 필요하다고 판단되는 학생을 학습지원대상학생으로 선정할 수 있도록 한다(제8조).

여섯째, 학교의 장은 효율적인 학습지원교육의 수행을 위하여 「초·중등교육법」에 따른 교원 중에서 학습지원교육을 담당하는 교원을 지정할 수 있도록 한다(제9조).

* 출처: 법제처

「기초학력 보장법」 제정을 전후로 각 지자체에서도 기초학력 보장을 위한 조례를 제정하였다. 그 현황을 보면 다음과 같다.

- 전라남도교육청 기초·기본학력 보장 조례 [시행 2020. 3. 12.] [전라남도조례 제5005호, 2020. 3. 12., 제정]
- 제주특별자치도교육청 기초학력 향상 지원 조례 [시행 2017. 11. 20.] [제주특별자치도조례 제1959호, 2017. 11. 20., 제정]
- 충청남도교육청 기초학력 보장·향상 지원 조례 [시행 2022. 3. 25.] [충청남도조례 제5186호, 2022. 2. 10., 제정]
- 충청북도교육청 기초학력 보장을 위한 교육환경 지원 조례 [시행 2022. 7. 8.] [충청북도조례 제4778호, 2022. 7. 8., 제정]

학습부진 학생에 대한 지원 및 기초학력 보장을 위한 「초·중등교육법」 제28조(학습부진아 등에 대한 교육)의 입법은 1997년 「초·중등교육법」 제정 당시에 이미 마련되었다. 그러나 이후 학습부진 학생에 대한 조례 제정 및 「기초학력 보장법」의 제정은 2020년 전후가 되어서야 이루어졌다. 각 지자체별 학습부진 학생에 대한 지원 조례의 경우 「경상남도교육청 학습부진 학생에 대한 교육 지원 조례」가 2017년에 제정된 것이 가장 빠른 입법이었으며, 「기초학력 보장법」의 경우도 전술한 바와 같이 그 제정 연도는 2021년(2022년 시행)이었다.

3. 학교 지도·감독 체계 구축

학교 운영의 자율성을 보장해 가면서 교육의 책무성을 강화하기 위해서 학교 교육의 지도·감독 체계를 구축하여 운영하고 있다. 「교육기본법」 제17조에 의하면 국가와 지방자치단체는 학교를 지도·감독할 수 있다. 「초·중등교육법」 제9조에서는 학교 교육 능력 향상을 위하여 학교를 평가할 수 있다고 명시하고 있다. 동법 제23조의2에서는 교육부장관은 법정 교육을 반영하는 내용의 법령을 제정 또는 개정하려는 경우 교육과정 영향에 대해 국가교육위원회와 사전에 협의하도록 규정하고 있다.

교육기본법

제17조(국가 및 지방자치단체) 국가와 지방자치단체는 학교와 평생교육시설을 지도·감독한다.

초·중등교육법

제9조(학생·기관·학교 평가)
③ 교육감은 교육행정의 효율적 수행 및 학교 교육능력 향상을 위하여 그 관할하는 교육행정기관과 학교를 평가할 수 있다.
제23조의2(교육과정 영향 사전협의) ① 중앙행정기관의 장은 제23조에 따른 교육과정에 소관 법령에 따라 교육실시, 교육횟수, 교육시간, 결과보고 등이 의무적으로 부과되는 법정교육을 반영하는 내용의 법령을 제정하거나 개정하려는 경우에는 사전에 국가교육위원회와 협의하여야 한다.
② 제1항에 따른 사전협의의 범위 및 방법 등에 필요한 사항은 대통령령으로 정한다.
[본조 신설 2022. 10. 18.]
[시행일: 2023. 4. 19.] 제23조의2

농어촌 소규모 학교 교육과정 운영 지원

1. 공동교육과정 운영

공동교육과정은 희망 학생이 적거나 교사 수급이 어려운 소인수 선택과목, 학생의 진로 희망과 적성을 고려한 진로 선택 과목에 대한 선택권과 학습권을 보장하기 위해 다른 학교와 협력하여 개설·운영하는 정규 교육과정이다.[64] 그렇기 때문에 공동교육과정은 농어촌 지역의 소규모 학교에서도 그 필요성이 강조되고 있다. 운영시간은 정규 일과 시간 내, 방과후, 주말, 방학 등 다양한 시간대를 활용하여 수업이 진행되며 환경에 따라 온·오프라인에 구애받지 않고 다양한 모습으로 개설된다. 공동교육과정의 운영 근거는 「초·중등교육법 시행령」제48조제2항과 제4항에 있다.

초·중등교육법 시행령

제48조(수업운영방법 등)
② 학교의 장은 교육상 필요한 때에는 학년 또는 학과 등을 달리하는 학생을 병합하여 수업할 수 있다.
④ 학교의 장은 교육상 필요한 경우에는 원격수업 등 정보통신매체를 이용하여 수업을 운영할 수 있다. 이 경우 교육 대상, 수업 운영 방법 등에 관하여 필요한 사항은 교육감이 정한다.

국가교육과정에서도 학생들의 과목 선택권 확대를 목적으로 학교 간 공동교육과정 편성에 관한 지침을 두고 있다.

---

64) 경북 교육과정지원포털(https://curri.gyo6.net/pageLink.do?link=%2Fcopercurri%2Fintrcn
%2Finqr.do&menuNo=5000)

2022 개정 교육과정 초·중등교육과정 총론

아) 학교는 다양한 방식으로 학생의 선택 과목 이수 기회를 확대하기 위해 노력하되, 다음의 각 호를 따른다.

(1) 학교에서 개설하지 않은 선택 과목 이수를 희망하는 학생이 있을 경우 그 과목을 개설한 다른 학교에서의 이수를 인정한다. 이와 관련된 구체적인 사항은 시·도 교육감이 정하는 지침에 따른다.

(2) 학교는 필요에 따라 이 교육과정에 제시되어 있는 과목 외에 새로운 과목을 개설할 수 있다. 이 경우 시·도 교육감이 정하는 지침에 따라 사전에 필요한 절차를 거쳐야 한다.

(3) 학교는 학생의 필요에 따라 지역사회 기관에서 이루어진 학교 밖 교육을 과목 또는 창의적 체험활동으로 이수를 인정한다. 이와 관련된 구체적인 사항은 시·도 교육감이 정하는 지침에 따른다.

(4) 학교는 필요에 따라 대학 과목 선이수제의 과목을 개설할 수 있고, 국제적으로 공인된 교육과정이나 과목을 개설할 수 있다. 이와 관련된 구체적인 사항은 시·도 교육감이 정하는 지침에 따른다.

각 시·도교육청에서 사용하는 공동교육과정의 명칭은 서로 다르지만 궁극적인 목적은 학교 자체적으로 개설하기 어려운 과목을 학교 간 공동교육과정을 통해 학생들의 선택권을 보장하고 교육의 기회를 제공하는 데 있다. 특히, 농어촌 소규모 학교의 경우 공동교육과정을 통해 소규모 학교가 갖는 취약점과 한계를 극복할 수 있는 방법이 될 수 있다. 각 시·도교육청의 공동교육과정 명칭을 보면 연합형 선택교육과정(서울), 학교 간 공동교육과정(강원), 참학력 공동교육과정(충남), 오순도순 공동교육과정(전북), 경남참 공동교육과정(경남) 등이 있다.

2. 복식학급 운영

복식학급은 교실이나 학생 혹은 교사의 부족으로 2개 이상의 학년을 한 교실에서 또는 한 교사에 의해 운영하는 학급을 말한다. 따라서 복식학급은 대체로 농어촌 지역에서 학생 수가 적어 소인수 학급으로 편성되는 경우가 많다. 2021년 교육통계연보에 따르면 초등학교 복식학급 운영 현황은 다음과 같다.

〈표 6-1〉 초등학교 복식학급 학교 수(2021년)

	서울	경기	강원	충북	충남	전북	전남	경북	경남	제주	총계
복식 학급 수	20	51	51	18	14	37	24	105	48	1	392

* 출처: 한국교육개발원, 2021 교육통계연보(https://kess.kedi.re.kr/index, 본 자료에서 총계는 대구, 인천 등 대도시 지역의 수를 포함한 수치임.)

1) 복식학급 편성과 운영

「초·중등교육법」 제24조제4항은 수업운영 및 학급 편성 등에 관한 사항을 대통령령으로 정하도록 하고 있다. 그리고 시행령 제46조에 따르면 학교의 장은 교육과정의 운영상 특히 필요한 경우에는 2개 학년 이상의 학생을 1학급으로 편성할 수 있도록 규정하고 있다.

> **초·중등교육법**
>
> 제24조(수업 등) ① 학교의 학년도는 3월 1일부터 시작하여 다음 해 2월 말일까지로 한다.
> ② 수업은 주간(晝間)·전일제(全日制)를 원칙으로 한다. 다만, 법령이나 학칙으로 정하는 바에 따라 야간수업·계절수업·시간제수업 등을 할 수 있다.
> ③ 학교의 장은 교육상 필요한 경우에는 다음 각 호에 해당하는 수업을 할 수 있다. 이 경우 수업 운영에 관한 사항은 교육부장관이 정하는 범위에서 교육감이 정한다.
> 1. 방송·정보통신 매체 등을 활용한 원격수업
> 2. 현장실습 운영 등 학교 밖에서 이루어지는 활동
> ④ 학교의 학기·수업일수·학급편성·휴업일과 반의 편성·운영, 그 밖에 수업에 필요한 사항은 대통령령으로 정한다.

> **초·중등교육법 시행령**
>
> 제46조(학급편성) 법 제24조제3항의 규정에 의한 학교의 학급편성은 같은 학년, 같은 학과로 하여야 한다. 다만, 학교의 장은 교육과정의 운영상 특히 필요한 경우에는 2개 학년 이상의 학생을 1학급으로 편성할 수 있다.
> 제48조(수업운영방법 등) ① 삭제 〈2005. 1. 29.〉
> ② 학교의 장은 교육상 필요한 때에는 학년 또는 학과 등을 달리하는 학생을 병합하여 수업할 수 있다.
> ③ 학교의 장은 방송프로그램을 수업에 활용할 수 있다.
> ④ 학교의 장은 교육상 필요한 경우에는 원격수업 등 정보통신매체를 이용하여 수업을 운영할 수 있다. 이 경우 교육 대상, 수업 운영 방법 등에 관하여 필요한 사항은 교육감이 정한다.

국가수준 교육과정에서도 복식학급에 대하여 다음과 같이 규정하고 있다.

2022 개정 교육과정 초 · 중등교육과정 총론

2. 초등학교
  나. 교육과정 편성 · 운영 기준
    2) 학교는 모든 학생의 학습 기회를 보장할 수 있도록 학교 교육과정을 편성 · 운영한다.
      다) 학년을 달리하는 학생을 대상으로 복식 학급을 편성 · 운영하는 경우에는 교육 내용의
      학년별 순서를 조정하거나 공통 주제를 중심으로 교재를 재구성하여 활용할 수 있다.

이외에도 「농어업인삶의질법」 제26조에서는 농어촌 학교 교직원을 우대하기 위한 조항을 두고 있는데, 이에 근거하여 교육부는 「농어촌 학교 순회교원수당 및 복식수업수당 지급에 관한 훈령」을 마련하고 있다. 이에 따르면 농어촌 학교에서 복식수업을 담당하는 교원에게 수당을 지급하도록 하고 있다.

농어업인 삶의 질 향상 및 농어촌 지역 개발촉진에 관한 특별법

제26조(농어촌학교 교직원의 우대) ① 국가와 지방자치단체는 농어촌학교 교직원이 높은 긍지와 사명감을 가지고 교육활동에 전념할 수 있도록 인사상의 우대. 연수 기회의 우선적 부여. 근무부담의 경감 등 근무여건 개선책을 마련하여야 한다.
② 국가와 지방자치단체는 농어촌학교 교직원이 농어촌에 거주하면서 학생의 교육 및 생활지도에 전념할 수 있도록 주거편의를 우선적으로 제공하여야 한다.
③ 국가와 지방자치단체는 농어촌학교에 근무하는 교원에게 대통령령으로 정하는 바에 따라 수당을 지급할 수 있다.

농어업인 삶의 질 향상 및 농어촌 지역 개발촉진에 관한 특별법 시행령

제11조(농어촌학교 교원의 수당) 법 제26조제3항에 따라 농어촌학교에 근무하는 교원에게는 수당을 지급하되. 그 지급액 · 지급범위 및 지급방법 등에 관하여는 교육부장관이 기획재정부장관 및 인사혁신처장과 미리 협의하여 정한다.

농어촌학교 순회교원수당 및 복식수업수당 지급에 관한 훈령

제1조(목적) 이 규정은 「농어업인 삶의 질 향상 및 농어촌 지역 개발촉진에 관한 특별법」 제26조 및 같은 법 시행령 제11조에 따라 농어촌학교의 순회교원 및 복식수업담당교원에게 수당을 지급하는 데 필요한 사항을 규정함을 목적으로 한다.
제3조(복식수업수당) ① 소규모 농어촌학교에서 학년별 학급편성이 곤란하여 2개 학년 이상의 학생들을 1개 학급으로 편성하여 수업하는 교원에게는 예산의 범위에서 월 50,000원의 복식수업수당을 지급한다.
② 제1항에도 불구하고 「공무원수당 등에 관한 규정」 제12조에 따라 도서 · 벽지수당을 지급받고 있는 교원에게는 월 30,000원의 복식수업수당을 지급한다

---

2) 복식학급 편성 · 운영 지침

시 · 도교육청은 교육과정 편성 · 운영 지침을 통해 복식학급 운영에 관한 사항을 규정하고 있다. 강원특별자치도의 경우는 소규모 학교의 교육과정 편성 · 운영 방안 중 하나로 복식학급에 대하여 규정하고 있는데 복식학급 운영을 위해 교육 내용의 학년별 순서를 조정하거나 공통 주제를 중심으로 교재를 재구성하여 활용할 수 있도록 하고 있다.

2022학년도 강원특별자치도 초등학교 교육과정 편성 · 운영 지침

6. 소규모 학교의 교육과정 편성 · 운영
  가. 2개교 이상 인근 학교가 통합하여 '교육과정 편성 · 운영 공동 위원(연구)회'를 조직 · 운영할 수 있다.
  나. '교육과정 편성 · 운영 공동 위원회'에서는 학교 교육과정 편성 및 운영에 관하여 연구하며, 각종 운영 자료와 학습 자료를 공동 개발할 수 있다.
    1) 학교 교육과정 공동 편성
    2) 교육과정 운영 자료 공동 제작 및 공동 활용
  다. 복식 학급을 편성 · 운영해야 할 경우는 인근 학교와 통합하여 운영할 수 있다.
    1) 교과(군) 활동, 창의적 체험활동 등의 통합 운영
    2) 학교 행사: 체육행사, 현장체험학습, 학예 행사 등
  <u>라. 복식 학급을 포함한 소규모 학교에서는 교육과정 편성 · 운영 시 교육 내용의 학년별 순서를 조정하거나 공통 주제를 중심으로 교재를 재구성하여 활용할 수 있다.</u>
  마. 2개교 이상 인근 학교와 통합하여 교육과정 운영에 필요한 교구 · 시설의 확충 및 활용을 공동으로 계획하고 실시할 수 있다.
  바. 2개교 이상 인근 학교와 통합하여 공동 교원 연수를 실시할 수 있다.
  사. 2개교 이상 인근 학교와 통합하여 예체능 교과(군)를 적성별, 특기별로 분담하여 실시할 수 있다.
  아. 도교육청 및 교육지원청은 소규모 학교 협동 체제 운영에 관련한 예산 및 지도 지원 체제를 구축 · 활용할 수 있다.

---

3. 무학년 교육과정 운영

농어촌 학교에서는 복식수업을 단순히 두 학년 이상을 모아 놓은 단순한 집합체의 의미를 넘어 학년의 틀을 벗어나 '생활공동체'나 '학습공동체'의 입장에서 복식교육과정을 편성 · 운영하려는 목적 하에 '무학년 교육과정'을 운영하기

도 한다. 이는 주로 창의적 체험활동이나 예체능 교과를 중심으로 편성한다. 이외에도 학점제와 무학년제를 통합하여 운영하는 경우도 있다.

복식수업 시 무학년 교육과정의 편성 방법(사례)은 다음과 같다.

〈표 6-2〉 초등 무학년 교육과정 편성 방법

같은 교과 같은 활동 일제 수업	두 개 이상의 학년의 학습 목표를 달성할 수 있도록 학년별 같은 단원을 설정하고 2년간 되풀이 지도하도록 교육과정을 편성하는 방법이다. 2년간 단원명은 같더라도 학습 내용은 질적으로 정선 발전시켜 가도록 계획되어야 한다.
같은 교과 같은 활동 수준별 수업	인접 학년에서 2개 학년의 단원을 같이 공부하지만 학년 수준에 맞게 내용을 학습하는 방법이다. 2차 년도에 해당하는 학년들이 심화된 내용을 학습함으로써 2년 동안에 모든 학습을 마치게 된다.
편성 지침	첫째, 학습 목표는 인접 학년의 공동 또는 유사한 목표를 설정한다. 둘째, 목표에 맞는 공통 또는 유사한 학습 내용을 선정한다. 셋째, 학습 집단의 능력을 고려하여 2년 단위의 지도 계획을 작성한다.

* 출처: 경남교육청, 초등복식학급운영길잡이, 2021.

4. 협력교사제 운영

협력교사제와 관련하여 각 시·도교육청에서 보조교사제, 협력수업, 수업 도우미, 더불어교사제 등의 다양한 이름으로 교사 협력에 기반을 둔 수업운영을 제도화하고 있다. 대부분의 교육청에서 운영하고 있는 이러한 '1수업 2교사제'는 한 수업을 두 명의 교사가 공동으로 운영하는 코티칭(co-teaching)의 형태를 갖고 있다.

협력교사제는 각 시·도 교육청에서 기초학력 보장 방안으로 운영되는 경우가 많은데, 전북교육청은 기초학력 보조교사제를 운영한 바 있다. 이 제도는 학습속도가 느린 초·중 학생들의 기초학력 신장을 위한 대학생, 학부모 교육봉사활동이다(전북교육청, 2021).

관련 법률로「초·중등교육법」제28조와 시행령 제54조에서는 학습부진아의 학습 능력 향상을 위한 교원 연수를 의무화하고, 이에 필요한 예산 지원의 근거를 제시하고 있다. (「초·중등교육법」제28조와 시행령 제54조의 내용은 본 장의 '학습부진학생 지원 및 기초학력 보장'에 관한 내용을 참고 바람.)

그리고 「기초학력 보장법」 제9조는 효율적인 학습지원을 위해 학습지원 담당교원을 두도록 규정하고 있다.

기초학력 보장법

제9조(학습지원 담당교원) ① 학교의 장은 효율적인 학습지원교육의 수행을 위하여 「초·중등교육법」 제19조에 따른 교원 중에서 학습지원교육을 담당하는 교원(이하 "학습지원 담당교원"이라 한다)을 지정할 수 있다.
② 교육부장관 및 교육감은 학습지원 담당교원에게 전문성 함양을 위한 연수를 제공하여야 한다.
③ 그 밖에 학습지원 담당교원의 지정, 연수 등에 필요한 사항은 대통령령으로 정한다.

---

5. 원격교육 지원

농어촌 학교의 열악한 교육환경을 개선하기 위한 방법으로 원격교육을 활용할 수 있다. 정부는 상대적으로 낙후된 도서·벽지지역의 수업의 질을 제고하기 위해 화상수업 등의 원격교육을 시행하고 있다. 예컨대, 복식학급이나 상치교사 문제를 해결하기 위한 방안으로서 활용하기도 하며, 소규모 학교 간 공동교육과정 운영을 위한 전략으로도 활용한다.

관련 법률로서 「디지털 기반의 원격교육 활성화 기본법」(약칭: 「원격교육법」)을 보면 원격교육은 교육기관이 지능정보기술(「지능정보화 기본법」 제2조제4호에 따른 지능정보기술을 말한다)과 정보통신매체를 이용하여 시간적·공간적 제약에 구애받지 아니하고 실시하는 일체의 교육활동(다수의 교육기관이 공동으로 운영하는 것을 포함한다)을 말한다.

그리고 동법 제3조에서는 학생이 생활수준 등을 이유로 차별받지 않도록 하는 것을 기본원칙으로 규정하고 있다. 그리고 시행령을 통해 「농어업인삶의질법」에 따른 농어촌 학교에 재학 중인 학생을 원격교육 취약계층 학생으로 규정하고 있다(제2조). 또한, 시행령 제3조(학교 등의 원격교육 운영 기준)에 따라 원격교육 편성 및 인정 기준, 학습 평가에 관한 사항을 포함하도록 하고 있다.

디지털 기반의 원격교육 활성화 기본법

제1조(목적) 이 법은 원격교육에 관한 기본적 사항과 원격교육 시 교육기관의 책무 및 이에 대한 국가 등의 지원에 관한 사항을 정함으로써 교육기관에서 양질의 원격교육이 운영될 수 있도록 하며, 원격교육을 활용한 디지털 기반의 교육 혁신을 지원하여 미래교육의 변화를 이끌어 가는 데 기여하는 것을 목적으로 한다.

제3조(기본원칙) ① 교육기관의 장은 교육 목적상 필요한 경우 원격교육을 운영할 수 있다.

② 교육기관의 장은 원격교육을 단독으로 운영하거나 대면(對面)교육과 병행함에 있어 학생에게 양질의 교육이 이루어질 수 있도록 노력하여야 한다.

③ 교육기관의 장은 원격교육을 운영할 때 다음 각 호의 사항이 실현되도록 하여야 한다.
　1. 학생이 신체적·정신적 장애, 생활수준 또는 국적 등을 이유로 차별받지 아니하도록 할 것
　2. 원격교육 운영과 관련하여 학생 또는 부모 등 보호자가 의견을 제시할 수 있도록 할 것
　3. 원격교육 운영과 관련한 교원의 전문성을 존중할 것

 디지털 기반의 원격교육 활성화 기본법 시행령

제2조(원격교육 취약계층 학생) 「디지털 기반의 원격교육 활성화 기본법」(이하 "법"이라 한다) 제4조제2항에서 "「장애인 등에 대한 특수교육법」에 따른 장애학생, 「국민기초생활 보장법」에 따른 수급자의 자녀 등 대통령령으로 정하는 원격교육 취약계층 학생"이란 교육기관에 재학하는 다음 각 호의 학생을 말한다.
1. 「장애인 등에 대한 특수교육법」에 따른 특수교육대상자 또는 「장애인복지법」에 따른 장애인 인 학생
2. 「국민기초생활 보장법」에 따른 수급자 또는 수급자의 자녀인 학생
3. 「한부모가족지원법」 제5조 및 제5조의2에 따른 지원대상자인 학생
4. 「농어업인 삶의 질 향상 및 농어촌 지역 개발촉진에 관한 특별법」에 따른 농어촌학교에 재학 중인 학생
5. 「다문화가족지원법」에 따른 다문화가족의 구성원인 학생
6. 「북한이탈주민의 보호 및 정착지원에 관한 법률」에 따른 북한이탈주민 또는 북한이탈주민의 자녀인 학생
7. 그 밖에 제1호부터 제6호까지의 규정에 준하는 학생으로서 원격교육과 관련한 지원이 필요하다고 교육부장관이 인정하여 고시하는 학생

원격수업 관련 자치법규로는 「충청남도교육청 원격수업 지원 조례」 등이 있다. 코로나19 확산에 따라 시간과 공간의 제약에서 벗어난 원활한 교수학습을 지원하고 원격수업 활성화에 필요한 사항을 규정하기 위해 해당 조례를 제정하였다.

이러한 원격수업의 제정 이유로 교육격차를 줄이는 데에도 목적을 두고 있기 때문에 자치법규의 경우도 취약계층에 대한 수업지원 조항을 두고 있다.

충청남도 교육청 원격수업 지원 조례

제1조(목적) 이 조례는 교사와 학생이 직접적인 대면 없이 다양한 매체를 통해 교수학습을 할 수 있는 교육환경 조성에 필요한 사항을 규정함으로써 지속 가능한 원격수업의 정착을 목적으로 한다.

제2조(정의) 이 조례에서 사용하는 용어의 뜻은 다음과 같다.

1. "각급 학교"란 「초·중등교육법」 제2조에 따른 학교를 말한다.
2. "원격수업"이란 교수–학습 활동이 서로 다른 시간 또는 공간에서 이루어지는 수업형태로 다음 각 목의 어느 하나에 해당하는 수업형태를 말한다.

    가. 실시간 쌍방향 수업 : 실시간 원격교육 기반(플랫폼)을 활용하여 교사·학생 간 화상 수업을 실시하며, 실시간 토론 및 소통 등 즉각적 피드백이 가능한 수업을 말한다.

    나. 콘텐츠 활용 중심 수업 : 학생이 지정된 녹화강의나 학습콘텐츠로 학습을 실시한 후 교사와 학생이 학습내용을 확인·피드백 하는 수업을 말한다.

    다. 과제 수행 중심 수업 : 교사가 온라인으로 교과별 성취기준에 따라 학생의 자기 주도적 학습내용을 확인할 수 있도록 과제를 제시하고 피드백 하는 수업을 말한다.

제11조(취약계층 원격수업 지원) ① 교육감은 다문화학생, 특수교육대상학생, 기초생활수급자 등 취약계층의 학생이 원격수업에 참여할 수 있도록 노력하여야 한다.

② 교육감은 예산의 범위에서 취약계층의 학생에게 스마트 기기(원격수업 기자재 등 원격수업에 필요한 물품)를 제공하고 조작방법을 안내하여야 한다.

제3절   농어촌 학교 방과후학교 활성화

1. 지역별 방과후학교 참여 격차

방과후학교는 정규 교육과정 이외의 시간에 운영되는 교육프로그램을 의미한다. 방과후학교 프로그램은 학교가 다양한 교육 기회를 제공하고 사교육을 줄이기 위한 목적으로 운영되고 있다. 또한, 방과후학교는 지역사회 내의 인적 자원을 활용하기 때문에 학교와 지역사회의 연계와 협력을 강조한다. 특히, 농어촌 학교는 도시 지역의 학교들과 비교하여 상대적으로 다양한 교육 기회가 적기 때문에 방과후학교의 활성화가 강하게 요구된다. 전술한 바와 같이 2018년에 실시한 농어업인 복지 실태조사에서 '다양한 방과후 프로그램(강사) 지원'이 필요하다는 응답이 가장 높게 나온 바 있다(농촌진흥청, 2019). 이러한 농어촌 학교의 설문 조사 결과는 사교육 참여 현황과도 연관이 있다.

다음은 지역별 사교육 참여 현황이다.

〈표 6-3〉 지역별 사교육 참여율 비교(2021년)

구분	사교육을 받지 않는 비율(%)
전체	24.5
대도시	21.8
서 울	18.5
광역시	24.0
대도시 이외	26.2
중소도시	23.7
읍·면 지역	32.8

* 출처: 통계청(https://kosis.kr/statHtml/statHtml.do?orgId=101&tblId=DT_1EA1012)

이처럼 대도시와 읍·면 지역의 사교육 참여 현황이 일정한 차이를 보인다. 전체 학생 1인당 월평균 사교육비 현황에서도 도시 지역과 농어촌 지역은 일정한 차이를 보이는데, 지출이 가장 많은 서울과 가장 적은 전남의 사교육비 지출 격차가 2021년의 경우 약 2.3배로 나타났다(교육부, 2022).[2021년의 경우 사교육비(평균)로 서울 529,000원, 전남 233,000원을 지출함.]

이와 비교하여 방과후학교 참여율은 도시 지역과 읍·면 지역의 참여율이 서로 바뀌는 모습을 보인다. 유상과 무상 방과후학교 수업을 합한 비율을 보면 서울 지역과 읍·면 지역이 두배 이상 차이가 나고 있다.(일반적으로 방과후학교는 유상을 원칙으로 하나 각 시·도교육청은 저소득층과 농어촌 소재 학교 학생에 대한 방과후학교 수강 지원을 확대하여 교육격차를 완화하려는 제도를 시행하고 있다.)

〈표 6-4〉 지역별 방과후학교 참여율(2021년)

유형	2021						
	평균 (%)	대도시 (%)	서울 (%)	광역시 (%)	대도시 이외(%)	중소도시 (%)	읍·면지역 (%)
방과후학교	19.3	22.2	16.8	25.7	17.4	15.9	21.4
방과후학교 (유상+무상)	28.9	27.9	20.8	32.6	29.4	22.5	48.1

* 출처: 통계청(https://kosis.kr/statHtml/statHtml.do?orgId=101&tblId=DT_1EA1012)

2. 방과후학교 운영 지원

방과후학교가 공식적인 문헌에 처음 등장한 것은 2004년 교육부의 「방과후학교 운영 기본계획」부터이다. 이어서 2006년부터는 기존의 특기·적성교육, 방과후 교실(초등), 수준별 보충 학습(고등)으로 사용되던 각각의 명칭과 프로그램을 「방과후학교」라는 용어로 통합하여 사용해 왔다(임연기, 2015). 이보다 더 거슬러 올라가서 방과후학교의 연원을 1995년 5. 31. 교육개혁안에서 찾기도 한다. 당시 교육개혁위원회의 제2차 대통령보고서에서 '개인의 다양성을 중시하는 교육방법 확립' 방안의 하나로 '각급 학교의 학교운영위원회는 방과 후 학생의 흥미, 취미 및 학교 실정과 지역 특성에 맞는 각종 교육활동을 수익자 부담으로 운영할 수 있다'고 제안하였다. 이어서 교육개혁위원회의 제5차 보고서(1997)에서는 '과외 대책을 통한 사교육비 경감' 방안의 하나로 방과후 교육활동을 제시하였다(임연기, 2015).

> **초·중등교육법**
>
> **제32조(기능)** ① 학교에 두는 학교운영위원회는 다음 각 호의 사항을 심의한다. 다만, 사립학교에 두는 학교운영위원회의 경우 제7호 및 제8호의 사항은 제외하고, 제1호의 사항에 대하여는 자문한다.
> 6. 정규학습시간 종료 후 또는 방학기간 중의 교육활동 및 수련활동
>
> **초·중등교육과정 총론, 교육부 고시 제2013-7호 및 제2015-74호**
>
> 학교는 학생과 학부모의 요구를 바탕으로 방과후학교 또는 방학 중 프로그램을 개설할 수 있으며, 학생들의 자발적인 참여를 원칙으로 한다.

이상과 같이 개인의 흥미와 적성에 맞춘 수익자 부담 교육활동으로써, 그리고 사교육비 경감을 목적으로 실시되었던 방과후학교는 현재 정규수업 이외의 돌봄교육까지 확대되는 추세이다. 교육부는 방과후학교를 "학생과 학부모의 요구와 선택을 반영하여 수익자 부담 또는 재정 지원으로 이루어지는 정규수업 이외의 교육 및 돌봄 활동으로, 학교 계획에 따라 일정한 기간 동안 지속적으로 운영하는 학교교육활동"이라고 정의하고 있다(한국교육개발원, 2020).

방과후학교 운영 길라잡이에서 제시하고 있는 방과후학교 편성 및 운영 원칙은 다음과 같다(한국교육개발원, 2020).

첫째, 방과후학교는 학교의 장이 학교 여건과 학생·학부모의 요구를 고려하여, 학교운영위원회의 심의(자문)를 거쳐 자율적으로 운영한다.

둘째, 방과후학교 프로그램은 학생과 학부모의 선택에 의한 자율적 참여를 기반으로 운영한다.

셋째, 단위학교는 방과후학교 연간 운영계획을 수립하여 학교교육계획에 반영하며 학년 초, 정규수업 시작과 동시에 방과후학교를 운영할 수 있도록 한다.

넷째, 방과후학교 프로그램은 학교교육과정을 앞서는 프로그램을 운영해서는 안 된다. 단, 다음 어느 하나에 해당되는 경우 편성된 학교교육과정을 앞서는 방과후학교 과정을 운영할 수 있다.

그러나 법률은 교육과정에서 벗어나는 혹은 선행하는 교육을 금지하고 있는데, 그 대표적인 법이 「공교육 정상화 촉진 및 선행교육 규제에 관한 특별법」이다. 그리고 여기서 선행학습을 금지하는 범위에 방과후학교도 포함되나 중·고등학교 중 농산어촌 지역 학교 및 도시 저소득층 밀집 학교에 대해서는 한시적으로 적용을 제외하고 있다.

공교육 정상화 촉진 및 선행교육 규제에 관한 특별법

제8조(선행교육 및 선행학습 유발행위 금지 등) ① 학교는 국가교육과정 및 시·도교육과정에 따라 학교교육과정을 편성하여야 하며, 편성된 학교교육과정을 앞서는 교육과정을 운영하여서는 아니 된다. 방과후학교 과정도 또한 같다.

② 제1항 후단에도 불구하고 방과후학교 과정이 다음 각 호의 어느 하나에 해당하는 경우 편성된 학교교육과정을 앞서는 교육과정을 운영할 수 있다.
  1. 「초·중등교육법」 제2조에 따른 고등학교에서 「초·중등교육법」 제24조제4항에 따른 학교의 휴업일 중 편성·운영되는 경우
  2. 「초·중등교육법」 제2조에 따른 중학교 및 고등학교 중 농산어촌 지역 학교 및 대통령령으로 정하는 절차 및 방법 등에 따라 지정하는 도시 저소득층 밀집 학교 등에서 운영되는 경우

③ 학교에서는 다음 각 호의 행위를 하여서는 아니 된다. 〈개정 2016. 5. 29.〉
  1. 지필평가, 수행평가 등 학교 시험에서 학생이 배운 학교교육과정의 범위와 수준을 벗어난 내용을 출제하여 평가하는 행위
  2. 각종 교내 대회에서 학생이 배운 학교교육과정의 범위와 수준을 벗어난 내용을 출제하여 평가하는 행위
  3. 그 밖에 이에 준하는 것으로서 대통령령으로 정하는 행위

④ 「학원의 설립·운영 및 과외교습에 관한 법률」 제2조에 따른 학원, 교습소 또는 개인과외교습자는 선행학습을 유발하는 광고 또는 선전을 하여서는 아니 된다.
[법률 제16300호(2019. 3. 26.) 부칙 제2조의 규정에 의하여 이 조 제2항은 2025년 2월 28일까지 유효함.]

세종시의 경우는 방과후학교 운영 및 지원에 관한 조례를 두고 있다.

세종특별자치시교육청 방과후학교 운영 및 지원에 관한 조례

제1조(목적) 이 조례는 방과후학교 운영 및 지원에 필요한 사항을 정함으로써, 학생 중심의 다양하고 창의적인 교육경험의 제공을 통해 창의융합형 인재를 육성하는데 이바지함을 목적으로 한다.

제6조(방과후학교 운영) ① 방과후학교는 학교의 여건과 학생·학부모의 요구를 고려하여 학교운영위원회의 심의(사립학교의 경우에는 자문을 거친다. 이하 같다)를 거쳐 학교장이 자율적으로 운영한다. 〈개정 2022. 12. 20.〉

② 방과후학교 운영에 필요한 수강료는 수익자 부담을 원칙으로 한다.

③ 방과후학교 프로그램은 학생 또는 학부모의 선택에 따라 자율적인 참여를 원칙으로 한다.

제7조(방과후학교의 지원) 교육감은 교육취약계층 학생에게 방과후학교 프로그램의 수강료를 예산의 범위에서 지원할 수 있다.

제8조(방과후학교 프로그램) ① 방과후학교에서 개설·운영할 수 있는 프로그램은 다음 각 호와 같다.

  1. 창의, 인성, 예·체능, 정보통신, 외국어 등 학생의 특기·적성을 신장하는 프로그램
  2. 교육과정 교과목 보충심화학습 프로그램
  3. 학습취약계층 등을 위한 맞춤형 프로그램
  4. 학부모 자원봉사 및 교육기부 활용 등 지역사회와의 연계·공동 프로그램

② 제1항의 방과후학교 프로그램의 개설·운영에 관한 사항은 학교운영위원회의 심의를 거쳐 학교장이 정한다.

이처럼 법령과 자치법규를 통해 교육청과 학교는 방과후학교를 운영할 수 있다. 이에 따라 시·도교육청 및 학교는 농어촌 지역의 교육 기회 확대를 위한 강사비 지원, 지역사회 인프라를 활용하는 등의 방과후학교 활성화 방안을 마련하고 있다.

제4절 논의

「농어업인삶의질법」과 그 시행령은 농어촌 지역의 부족한 공공서비스 기준을 높이기 위해 법률 제3조에서 공공서비스로서 교육서비스를 포함한 농어촌 서비스 기준을 대통령령으로 정하고 있다. 그 기준을 보면 초·중등교육의 내용 중에서 '농어촌 지역 여건에 맞는 초·중등학교의 육성'을 명시하고 있다.

그리고 「농어업인삶의질법」은 농어촌 소규모 학교 학생들의 학습권 보장과 관련하여 교육과정의 원활한 운영을 위한 적정 규모의 농어촌 학교 육성과 농어촌의 특성에 적합한 교육과정 및 수업운영 방법의 개발·보급에 관한 규정을 두고 있다(제21조제1항).

농어촌 학교의 특수성을 반영하기 위해서는 일정 부분 학교의 자율성을 강화해야 하는데, 이는 곧 학력 저하의 요인으로 작용하여 책무성을 약화시키는 문제를 일으킬 수 있다. 따라서 농어촌 학교 나름의 특수성을 반영하기 위해 교육과정 운영의 자율성을 부여하면서 이와 동시에 날로 심화하는 도농 간의 학력격차 문제를 해소하기 위한 책무성도 강화해야 한다.

이러한 맥락에서 농어촌 학교들은 도농 간의 교육격차 및 기초학력 부족 문제를 극복하기 위해 특색 있는 교육과정을 운영하거나 교육복지 혜택을 확대하는 방식으로 대응해 왔다. 특히, 소규모 학교의 장점을 살린 유연한 교육과정 운영을 통해 개별화 지도와 지역사회와의 연계 노력은 일정한 성과를 거두기도 하였다.

그러나 해결해야 할 과제도 많다. 「농어업인삶의질법」은 농어촌의 특성에 적합한 교육과정이자 농어촌 학교 학생의 학력을 향상에 대하여 규정하고 있으나 공동교육과정, 협력교사제, 방과후학교 등의 운영은 지역사회 기반 여건의 한계로 인해 어려움이 많다. 예컨대, 학교 간 공동교육과정의 경우 농어촌 소규모 학교 간의 거리가 멀리 떨어진 경우가 많아 실질적 운영이 어려운 부분이 있다. 또한, 협력교사제나 방과후학교의 경우 강사를 구해야 하나 지역사회 인적 구성의 한계로 강사를 구하기 어려운 부분이 존재한다.

도농 간의 학력 격차 문제는 더욱 심화하고 있다. 이에 대응하여 원격교육 법제를 정비하는 동시에 「작은학교 지원에 관한 법률」 제정을 통해 농어촌 소규모 학교의 교육 여건을 개선하기 위한 입법 노력을 기울여야 한다.

제4부

농어촌 학교 교원

제7장 농어촌 학교 교원의 안정적 확보

교원은 교육의 질적 수준을 결정하는 결정적 요소이다. 우수한 교원이 있는 학교에는 학생들이 몰려들며, 그 반대의 경우에는 학교를 떠나는 학생들이 많아진다. 농어촌 학교 교육의 질을 결정하는 중요한 요소 역시 교원이다. 근래에는 귀농·귀촌 인구가 조금씩 늘고 있지만, 1인 가구 형태로 귀농·귀촌하는 경우가 가장 많은데, 가구원의 직장 관계와 함께 자녀의 교육 때문에 혼자서 귀농·귀촌하는 경우가 많다(농림축산식품부, 2021. 2. 25.). 농어촌 교육 여건을 개선하면 이농을 어느 정도 막을 수도 있고, 귀농·귀촌 인구를 더 늘릴 수도 있다. 결국 농어촌 주민의 삶의 질을 개선하고 지역 균형 발전을 이루기 위해서 우수한 교원을 농어촌 학교에 배치하는 일이 매우 중요하다.

농어촌 학교 교육에서 교원에 관하여 일차적으로 중요한 과제는 우수한 교원을 확보하는 일, 더 구체적으로는 교원을 배치하는 일이다. 일반적으로는 교원 전보 제도를 활용하여 농어촌 학교 교원을 확보한다. 그러나 농어촌 지역의 정주 여건이 열악하여 전보 희망자가 충분하지 않고, 전보된 후에도 근무 기간이 상대적으로 단기간으로 학교 교육력을 제고하는 데 어려움을 겪는 경우가 많다. 이런 이유로 농어촌 학교 교원을 특별 양성하고 경력 경쟁 채용을 통하여 농어촌 학교에서 장기간 근무할 교원을 확보하고 있다.

일반적인 전보 외에 특별히 학교의 교육상 필요가 있을 때 교원 초빙 제도를 활용하여 우수한 교원을 확보하기도 하며, 영어회화 전문 강사, 다문화언어 강사, 강사 등 산학협력교원을 채용하여 농어촌 지역의 특색을 살리는 교육활동을 전개할 수도 있다.

세계적 견지에서 보면, 수학과 과학 등 교과를 지도할 우수한 교사를 확보하는 일에 어려움을 겪는 국가가 적지 않고, 다문화교육을 전개할 교사를 확보하는 일도 쉽지 않다. 우리나라에서는 교원 전보 제도에 따라 특정 교과 담당 교사를 확보하는 데 어려움이 특별히 크다고 말할 수는 없지만, 다문화학생을 내실있게 교육할 수 있는 교사를 확보하는 일은 도전적 과제이다.

교원배치 일반 기준

「헌법」제31조제6항은 교원에 관한 중요한 사항을 법률로 정하도록 하고 있다. 교육의 핵심 인적 요소인 교원 제도의 안정성을 갖추어 궁극적으로 학생의 교육받을 권리를 보장하고자 하기 위함이다. 교원 배치에 관하여 우리 법이 상정하고 있는 대원칙은 모든 국민의 교육받을 권리 보장과 평등한 교육 실현이다. 이 대원칙을 구현하기 위하여 다음과 같은 원칙을 설정하고 있다. 첫째, 교원 배치의 합리적 기준을 설정하고, 교원 인사 운용의 효율성을 기한다. 둘째, 지역 간 차이에도 불구하고 평등한 교육을 실현할 수 있도록 교원을 수급한다. 셋째, 지역 실정을 살려서 교육 활동을 전개할 수 있도록 교원을 배치한다. 교원 배치 관련 법률 조항은 다음과 같다.

〈표 7-1〉교원배치 관련 법률 조항

헌법 제31조	⑥ 학교교육 및 평생교육을 포함한 교육제도와 그 운영, 교육재정 및 교원의 지위에 관한 기본적인 사항은 법률로 정한다.
「교육기본법」	제4조(교육의 기회균등 등) ② 국가와 지방자치단체는 학습자가 평등하게 교육을 받을 수 있도록 지역간의 교원 수급 등 교육 여건 격차를 최소화하는 시책을 마련하여 시행하여야 한다. ③ 국가는 교육여건 개선을 위한 학급당 적정 학생수를 정하고 지방자치단체와 이를 실현하기 위한 시책을 수립·실시하여야 한다. 제5조(교육의 자주성 등) ② 국가와 지방자치단체는 관할하는 학교와 소관 사무에 대하여 지역 실정에 맞는 교육을 실시하기 위한 시책을 수립·실시하여야 한다.
「초·중등교육법」	제19조(교직원의 구분) ① 학교에는 다음 각 호의 교원을 둔다. 1. 초등학교·중학교·고등학교·고등공민학교·고등기술학교 및 특수학교에는 교장·교감·수석교사 및 교사를 둔다. 다만, 학생수가 100명 이하인 학교나 학급 수가 5학급 이하인 학교 중 대통령령으로 정하는 규모 이하의 학교에는 교감을 두지 아니할 수 있다. ④ 학교에 두는 교원과 직원(이하 "교직원"이라 한다)의 정원에 필요한 사항은 대통령령으로 정하고, 학교급별 구체적인 배치 기준은 제6조에 따른 지도·감독기관(이하 "관할청"이라 한다)이 정하며, 교육부장관은 교원의 정원에 관한 사항을 매년 국회에 보고하여야 한다. 제22조(산학겸임교사 등) ① 교육과정을 운영하기 위하여 필요하면 학교에 제19조제1항에 따른 교원 외에 산학겸임교사·명예교사 또는 강사 등을 두어 학생의 교육을 담당하게 할 수 있다. 이 경우 국립·공립 학교는 「교육공무원법」 제10조의3제1항 및 제10조의4를, 사립학교는 「사립학교법」 제54조의3제4항 및 제5항을 각각 준용한다 ② 제1항에 따라 학교에 두는 산학겸임교사 등의 종류·자격기준 및 임용 등에 필요한 사항은 대통령령으로 정한다.

「초·중등교육법 시행령」	**제36조의2(교감의 미배치)** ① 법 제19조제1항제1호 단서에서 "대통령령으로 정하는 규모 이하의 학교"란 학급수가 5학급 이하인 학교 중 법 제19조제4항에 따른 교원의 배치기준에 따라 배치된 교원의 수가 최소 배치기준 이하에 해당하는 학교를 말한다. ② 제1항의 규정에 불구하고 교육감이 교육인력이나 교육재정 등을 고려하여 특히 필요하다고 인정하는 경우에는 교감 1인을 둘 수 있다. 이 경우 교감은 수업을 담당하여야 한다. **제36조의5(학급담당교원)** ① 초등학교·중학교·고등학교 학급에는 학급담당교원을 두되, 학생의 수가 일정 규모 이상이거나 학급관리를 위하여 필요한 경우에는 학급담당교원 1명을 더 둘 수 있다. ② 학급담당교원의 증원에 필요한 구체적인 사항은 교육부장관이 정하는 기준에 따라 관할청이 정한다. ③ 학급담당교원은 학급을 운영하고 학급에 속한 학생에 대한 교육활동과 그와 관련된 상담 및 생활지도 등을 담당한다. ④ 수석교사는 학급을 담당하지 아니한다. 다만, 학교 규모 등 학교 여건에 따라 학급을 담당할 수 있다. **제40조의2(전문상담순회교사의 배치기준)** 법 제19조의2에 따라 시·도교육청 또는 교육지원청에 전문상담순회교사를 둔다. 이 경우 전문상담순회교사의 세부 배치기준은 교육감이 정한다. **제42조(산학겸임교사 등)** ① 법 제22조에 따른 산학겸임교사 등의 종류는 산학겸임교사, 명예교사, 영어회화 전문강사, 다문화언어 강사, 강사로 하고 그 자격기준은 별표 2와 같다. ② 제1항에 따른 산학겸임교사 등은 국·공립학교의 경우에는 학교의 장이, 사립학교의 경우에는 학교법인 또는 사립학교 경영자가 각각 임용한다. 다만, 사립학교의 경우에는 학교법인의 정관 등에서 정하는 바에 따라 그 임용권한을 학교의 장에게 위임할 수 있다. ③ 제2항에 따라 산학겸임교사 등을 임용하고자 하는 때에는 법 제31조에 따른 학교운영위원회의 심의를 거쳐야 한다. 다만, 학교운영위원회가 구성되지 아니한 학교의 경우에는 그러하지 아니하다. ④ 산학겸임교사 등에 대하여는 예산의 범위 안에서 수당 등을 지급할 수 있다. ⑤ 제1항에 따른 영어회화 전문강사를 기간을 정하여 임용할 때 그 기간은 1년 이내로 하되, 필요한 경우 계속 근무한 기간이 4년을 초과하지 아니하는 범위에서 그 기간을 연장할 수 있다. ⑥ 다음 각 호의 어느 하나에 해당하는 학교의 장은 해당 학교 교사 정원의 3분의 1 범위에 해당하는 수의 교사를 법 제22조제1항에 따른 산학겸임교사 등으로 대체할 수 있다. 　1. 제76조에 따른 특성화중학교 　2. 제91조에 따른 특성화고등학교 　3. 제91조의3에 따른 자율형 사립고등학교 　4. 제91조의4에 따른 자율형 공립고등학교 　5. 제105조에 따른 자율학교

교육권 보장과 평등교육을 실현하기 위한 교원 배치 원칙은 구체적 기준을 설정하고 그 기준에 따라 교원 배치 사무를 운용하는 것으로 구현되고 있다. 모든 학교에 교장과 교감, 그리고 학급 수를 기준으로 교원을 배치하며, 상담이나 보건 등 특별한 활동을 담당할 수 있는 교사를 배치할 수 있다. 초등학교에서는 특수한 교과를 전담하는 교원을 둘 수 있다. 학교 규모에 따라서 특정 교원 인력을 두지 않거나 추가할 수도 있다. 이밖에 교육과정 운영 필요가 있을 때 산학겸임교원 등을 배치할 수 있도록 하고 있다(서정화 외, 2011).

제2절 농어촌 학교 교원배치 특별 원칙

농어촌 학교 역시 교원배치 일반 기준을 준수하여야 한다. 그런데, 농어촌 학교 중에는 학교 규모가 작은 학교가 많아서, 교원 배치 인력의 감축 요인이 존재한다. 또, 일반적으로 농어촌 지역의 정주 여건이 좋지 않기 때문에 교원의 근무 선호가 높지 않을 수 있다. 전보 희망자가 과소한 경우 교육행정당국의 특별한 조치가 이루어지지 않으면, 농어촌 학교에서 근무한 교원을 충분히 확보하기 어려울 수 있다. 나아가, 교사 전보 운용 과정에서 기존 교사들의 희망을 우선 고려하다 보면 신규 임용 교사들이 도서·벽지학교로 배치될 가능성이 있는데, 이 경우 교육의 질을 유지하는 면에서 어려움이 있을 수 있다. 따라서, 지역 간 교육 평등 측면에서 농어촌 학교 교원을 적정 수 배치하고, 학교가 교육력을 발휘할 수 있도록 교원인사행정을 운용할 것을 「도서·벽지교육진흥법」과 「농어업인삶의질법」 등에서 천명하고 있다. 「도서·벽지교육진흥법」은 교원의 적절한 배치를 최우선 과제로 제시하고 있으며, 「농어업인삶의질법」은 임용권자인 교육감에게 농어촌 학교에서 교육과정을 원활하게 운영할 수 있도록 적정 수의 교원을 배치할 의무를 부과하고 있다.

〈표 7-2〉 농어촌 학교 교원배치 특별 원칙 관련 법률 조항

「도서·벽지 교육진흥법」	제3조(국가의 임무) 국가는 도서·벽지의 의무교육을 진흥하기 위하여 다른 것에 우선하여 다음 각 호의 조치를 하여야 하며, 이에 필요한 모든 경비를 다른 것에 우선하여 지급하여야 한다. 6. 교원의 적절한 배치
「농어업인 삶의 질 향상 및 농어촌 지역 개발 촉진에 관한 특별법」	제25조(농어촌학교 교직원의 확보·배치) 교직원의 임용권자는 농어촌학교 교육과정의 원활한 운영을 위하여 적정 수의 교원과 행정직원이 농어촌학교에 배치되도록 하여야 한다.
「교육공무원인 사관리규정」	제3조(신규임용교사의 배치) ① 임용권자(임용제청 권자 및 임용권을 위임받은 자를 포함한다. 이하 같다)가 신규임용교사의 근무학교를 지정할 때에는 가급적 당해 교사의 생활근거지 또는 근무 희망지를 고려하여야 한다. ② 신규임용교사에 대하여는 가급적 「도서·벽지교육진흥법 시행규칙」 제2조의 규정에 의한 도서벽지학교에 배치하지 아니한다. 다만, 학기 중에 신규로 임용할 경우 또는 교원 수급상 불가피한 경우에는 그러하지 아니하다.

교원 배치는 다음과 같은 과정에 따라 이루어진다. 「공립의 각급학교에 두는 국가공무원 정원에 관한 규정」에 따라 전국의 학교 교원 총원을 정한 후에, 학생 수와 학급 수 등 변수를 포함한 배분 공식에 따라 시·도교육청별로 교원을 배정한다. 시·도교육청은 배정된 정원 범위 내에서 교원 수급을 운영한다. 예컨대, 경기도교육청의 경우 초등교육에 대하여 다음과 같은 원칙에 따라 교원을 배치한다(경기도교육청, 2023).

학교장은 모든 학교에 배치하는 것이 원칙이지만, 다만 초·중·고 통합운영학교는 예외로 한다. 교감은 6학급 이상의 모든 학교에 1명을 배치하며, 5학급 이하인 학교에는 교감을 두지 않을 수 있다. 5학급 이하인 학교로서 교감을 배치하는 경우, 교감은 수업을 담당하여야 한다. 43학급 이상의 대규모 학교에는 교감 1인을 추가 배치할 수 있다. 다만, 학기 중에 학급이 증가하여 43학급 이상의 학교가 되거나, 다음 해 43학급 미만으로 학급 수가 감소할 것으로 예상되는 경우에는 교감 1인을 추가 배치하지 않을 수 있다. 또, 초·중·고 통합운영학교나 분교장에는 교감을 배치하지 않을 수 있다.

교사는 각 학급마다 학급 담임교사 1인을 배치한다. 교과전담교사는 35학급을 기준으로 학급 수에 따라 배치 기준을 달리 정하고 있다. 〈표 7-3〉은 35학급 미만 학교의 교과전담교사 배치 기준을 보여준다.

〈표 7-3〉 35학급 미만 학교의 교과전담교사 배치 기준(1~6학년 학급 수 기준)

1~6학년 학급 수	1~2	3~6	7-11	12~17	18~23	24~28	29~34
배치 인원	0	1	2	3	4	5	6

교원을 학교 규모, 즉 학급 수에 따라 배치하기 때문에, 일반적으로 학교 규모가 작은 농어촌 소규모 학교는 교육과정운영에 필요한 교원을 충분하게 확보하지 못하는 경우가 많다.

이처럼 법적으로는 농어촌 교육을 지원하기 위한 특별한 원칙을 천명해두고 있지만, 시·도교육청 차원의 교원인사행정에서는 농어촌 교육을 지원하기 위하여 특별히 인사 정책을 펴는 사례는 찾아보기 어렵다.

제3절 교원자격제도 운용

우리나라는 교원의 전문성을 제도적으로 보장하고 학생의 학습권을 실현하기 위하여 교원자격법정주의를 채택하여 운영하고 있다. 교원 자격 기준을 법정하고, 해당 자격을 갖춘 사람에 한하여 교원으로 임용하고 있다. 그런데, 학교 특성에 따라 학교 운영과 교육과정 운영의 특례를 인정해야 하는 경우에 교원 자격 제도의 특례를 인정받을 수 있는 학교를 운영할 수도 있다. 「초·중등교육법」 제61조에서 규정한 자율학교에는 교원 자격 특례가 인정된다. 농어촌 지역 학교 중 자율학교로 지정받은 경우에는 교원 자격 특례를 활용할 수도 있다.

〈표 7-4〉 교원자격제도의 특례 관련 법률 조항

「초·중등교육법」	제21조(교원의 자격) ① 교장과 교감은 별표 1의 자격 기준에 해당하는 사람으로서 대통령령으로 정하는 바에 따라 교육부장관이 검정(檢定)·수여하는 자격증을 받은 사람이어야 한다 제61조(학교 및 교육과정 운영의 특례) ① 학교교육제도를 포함한 교육제도의 개선과 발전을 위하여 특히 필요하다고 인정되는 경우에는 대통령령으로 정하는 바에 따라 <u>제21조제1항</u>·제24조제1항·제26조제1항·제29조제1항·제31조·제39조·제42조 및 제46조를 한시적으로 적용하지 아니하는 학교 또는 교육과정을 운영할 수 있다.

「초·중등교육법
시행령」
	제105조(학교 및 교육과정 운영의 특례) ① 교육감은 다음 각 호의 어느 하나에 해당하는 국립·공립·사립의 초등학교·중학교·고등학교 및 특수학교를 대상으로 법 제61조에 따라 학교 또는 교육과정을 자율적으로 운영할 수 있는 학교(이하 "자율학교"라 한다)를 지정·운영할 수 있다. 다만, 국립학교를 자율학교로 지정하려는 경우에는 미리 교육부장관과 협의해야 한다.
	  1. 학습부진아 등에 대한 교육을 실시하는 학교
	  2. 개별학생의 적성·능력 개발을 위한 다양하고 특성화된 교육과정을 운영하는 학교
	  3. 학생의 창의력 계발 또는 인성함양 등을 목적으로 특별한 교육과정을 운영하는 학교
	  4. 특성화중학교
	  5. 산업수요 맞춤형 고등학교 및 특성화고등학교
	  6. 「농어업인 삶의 질 향상 및 농어촌 지역 개발촉진에 관한 특별법」 제3조제4호에 따른 농어촌학교
	  7. 그 밖에 교육감이 특히 필요하다고 인정하는 학교
	② 자율학교를 운영하려는 학교의 장은 다음 각 호의 사항이 포함된 신청서를 작성하여 교육감에게 제출하여야 한다.
	  1. 학교운영에 관한 계획
	  2. 교육과정 운영에 관한 계획
	  3. 입학전형 실시에 관한 계획
	  4. 교원배치에 관한 계획
	  5. 그 밖에 자율학교 운영 등에 관하여 교육감이 정하여 고시하는 사항
	③ 제2항에도 불구하고 교육감은 학생의 학력향상 등을 위하여 특히 필요하다고 인정되는 공립학교를 직권으로 자율학교로 지정할 수 있다. 이 경우 지정을 받은 학교의 장은 지체 없이 제2항 각 호의 사항을 작성하여 교육감에게 제출하여야 한다.
	④ 자율학교는 5년 이내로 지정·운영하되, 교육감이 정하는 바에 따라 연장 운영할 수 있다.
	⑤ 교육부장관 또는 교육감은 자율학교의 운영에 필요한 지원을 하여야 한다.
	⑥ 제1항부터 제5항까지에서 규정한 사항 외에 자율학교의 지정 및 운영에 필요한 사항은 교육감이 정하여 고시한다

「자율학교의 지정 및 운영에 관한 훈령」	제7조(교원 인사) ① 자율학교로 지정된 학교는 교장을 공모하여 임용할 수 있다. ② 자율학교로 지정된 학교는 정원의 50% 범위 내에서 교사를 초빙할 수 있다.

「농어업인삶의질법」에 따른 농어촌 학교는 학교 및 교육과정 운영 특례를 인정받는 자율학교로 지정될 수 있고, 이 경우, 교원 자격 제도의 예외를 인정받을 수 있다. 그러나 행정규칙인 「자율학교 지정 및 운영에 관한 훈령」에 따르면, 교장 공모제와 교사 초빙제도만을 인정하고 있다. 결과적으로 교장 자격을 가지지 않은 사람의 교장 임용 외에는 교원자격제도 운영의 예외를 인정받지 못하는 것이 현실이다.

제4절 교원전보제도 운용

1. 교원전보의 개념과 의의

「교육공무원법」은 '전보'를 "교육공무원을 같은 직위 및 자격에서 근무기관과 부서를 달리하여 임용하는 것"으로 정의한다(제20조제9항). 교원의 순환 전보는 교원이 교직에 재직하는 동안 소속 교육행정기관이 관할하는 지역 내 학교들을 이동하면서 근무하는 것을 의미한다. 순환 전보는 공공기관이나 기업체에서 직원의 경력 개발을 위해 여러 가지 직무를 경험할 수 있도록 다른 직위·직급에 전보 또는 배치하는 직무순환과는 구별해야 한다. 교원 순환전보제는 기관 내의 부서 변경이 아니라 기관 간, 즉 학교 간 전보를 말한다.

한국에서 교원 순환근무제의 역사는 매우 길다. 해방 직후부터 교원의 불균등 배치 문제가 제기되었으며, 이 문제에 대한 대응으로 순환근무제를 도입하였다. 1950년대 중반 당시에는 서울 시내에서 교원 배치 문제가 제기되어 순환근무제를 실시했다(김순남, 김규태, 이병환, 2017).

교원순환전보제는 의무교육 확대와 발을 맞추어 확대되어 왔다(김순남, 김규태, 이병환, 2017). 1962년부터 1971년까지 「제2차 의무교육 시설 확충 5개년 계획」의 일환으로 교실을 신축하고 많은 교원을 임용하였다. 학교가 급증하면서, 모든 아이들에게 우수 교원의 지도를 받을 기회를 제공하는 것을 교원전보 제도 도입의 목적으로 삼았다. 특히 교육 여건이 가장 열악한 도서 벽지의 아동들에게도 균등한 교육 기회를 제공하고 의무교육을 내실화하고자 1967년 「도서·벽지교육법」을 제정하였는데, 이것이 도서·벽지학교에서 교원 순환 전보제도를 실시하는 중요한 계기가 되었다. 1969년부터 시행된 중학교 무시험 추첨 배정, 그리고 1974년부터 시행된 고교 평준화는 교원 순환전보제를 활성화한 결정적 계기가 되었다. 교육 기회, 그리고 교육의 과정 및 조건의 균등성을 확보하기 위한 목적의 평준화 정책에서 교원 순환근무제는 매우 중요한 의미를 지닌다.

교원 순환근무제는 모든 학생에게 균등한 교육 기회를 제공하고 학교 교육력을 제고하는 것 외에 교원들의 편의 관점에서도 시행되고 있다. 교원들의 통근 편의, 개인의 행복 추구라는 관점에서 양질의 문화 생활을 누릴 권리를 보장하는 목적에서도 이 제도가 운용되고 있다(김갑성, 김이경, 박상완, 이현숙, 2009). 시·도교육청마다 다소간 차이가 있지만, 근래 도시 지역에서는 한 학교 5년 근무를 원칙으로 하고, 농어촌 지역에서는 최소 2년 근무가 일반적이다.

교원전보는 정기전보, 비정기전보, 특례전보로 유형을 구분할 수 있다(서정화 외, 2011). 정기전보는 임용권자가 정하는 기간 동안 동일 직위에 근속한 사람이 근무 기간을 모두 채운 경우 다른 학교로 이동하는 것을 의미한다. 비정기전보는 근무 기간을 모두 채우기 전에 직무 수행 능력이 부족하거나 근무성적이 저조한 교원, 징계 처분을 받은 교원, 특정 사항과 관련하여 징계에 이르지 않는 주의 또는 경고 처분을 받은 교원 등에 대하여 학교장이 전보를 요청하는 경우, 또는 교사 개인이 특별한 필요가 요구가 있을 때 전보를 요청하는 경우, 마지막으로 학교 발전이나 교육적 필요가 있을 때 학교장이 전보 유예를 요청하는 경우를 말한다. 특례 전보는 특수목적고등학교의 교장·교감 중 1인을 당해 계열의 전공자를 배치하고, 여자학교의 교장·교감 중 1인을 가급적 여 교원으로 배치, 동일 시도 내의 부부 교원, 노부모 또는 특수교육 대상자를 부양하는 교원 등 사유에 해당하는 경우 전보 특례를 허용하는 것을 의미한다(「교육공무원인사관리규정」).

2. 교원전보 원칙

교원전보는 「국가공무원법」, 「교육공무원법」, 「교육공무원임용령」, 「교육
공무원인사관리규정」에 근거를 두고 있다.

〈표 7-5〉 교원전보 관련 법률 조항

「국가공무원법」 제5조	"전보(轉補)"란 같은 직급 내에서의 보직 변경 또는 고위공무원단 직위 간의 보직 변경(제4조제2항에 따라 같은 조 제1항의 계급 구분을 적용하지 아니하는 공무원은 고위공무원단 직위와 대통령령으로 정하는 직위 간의 보직 변경을 포함한다)을 말한다.
「국가공무원법」	제26조(임용의 원칙) 공무원의 임용은 시험성적·근무성적, 그 밖의 능력의 실증에 따라 행한다. 다만, 국가기관의 장은 대통령령 등으로 정하는 바에 따라 장애인·이공계전공자·저소득층 등에 대한 채용·승진·전보 등 인사관리상의 우대와 실질적인 양성 평등을 구현하기 위한 적극적인 정책을 실시할 수 있다. 제27조(결원 보충 방법) 국가기관의 결원은 신규채용·승진임용·강임·전직 또는 전보의 방법으로 보충한다.
「국가공무원법」 제28조	⑤ 제2항제6호·제8호 또는 제12호에 따라 경력경쟁채용시험으로 채용된 자는 정원 조정·직제개편 등 대통령령 등으로 정하는 경우 외에는 5년간 전직이나 해당 기관 외의 기관으로 전보될 수 없으며, 5년 이내에 퇴직하면 그 근무경력은 제2항 제3호의 경력경쟁채용시험 응시에 필요한 근무 또는 연구 실적에 넣어 계산하지 아니한다.
「교육공무원법」 제2조	⑥ 이 법에서 "임용"이란 신규채용, 승진, 승급, 전직(轉職), 전보(轉補), 겸임, 파견, 강임(降任), 휴직, 직위해제, 정직(停職), 복직, 면직, 해임 및 파면을 말한다. ⑨ 이 법에서 "전보"란 교육공무원을 같은 직위 및 자격에서 근무기관이나 부서를 달리하여 임용하는 것을 말한다.
「교육공무원법」	제11조(교사의 신규채용 등) ② 임용권자는 원활한 결원 보충 및 학교 운영을 위하여 필요한 경우 근무 예정 지역 또는 근무 예정 학교를 미리 정하여 공개전형으로 채용시험을 실시할 수 있다. 이 경우 임용권자는 그 시험에 따라 채용된 교사에 대하여 10년 이내의 범위에서 대통령령으로 정하는 기간 동안 다른 지역 또는 다른 학교로의 전보를 제한할 수 있다.
「교육공무원법」	제20조(인사교류) 전문대학과 중등학교에 근무하는 교육공무원은 서로 전직하거나 전보할 수 있다.

「교육공무원 임용령」	제13조의3(인사교류) ① 임용권자 또는 임용제청권자는 소속교육공무원의 동일직위 또는 지역에서의 장기근무로 인한 침체를 방지하고 능률적인 직무수행을 기할 수 있도록 인사교류계획을 수립하여 이를 실시하여야 한다. ② 임용권자 또는 임용제청권자는 제1항의 인사교류계획을 수립 실시함에 있어서 「도서·벽지교육진흥법」 제2조의 규정에 의한 도서·벽지에 계속하여 3년이상 근무한 자에 대하여는 본인의 희망을 참작하여 도서·벽지 이외의 지역으로 전보 하여야 한다. 다만, 본인이 다른 지역으로 전보를 희망하지 아니하는 경우에는 그러하지 아니하다. ③ 임용권자 또는 임용제청권자는 제1항의 인사교류계획을 수립 실시함에 있어서 전보희망자가 적은 지역에서 근무하는 교육공무원으로서 근무성적 또는 업적평가 결과(수석교사만 해당한다. 이하 같다)가 양호하고, 지역사회발전을 위하여 계속 근무하게 할 필요가 있다고 인정되는 때에는 본인의 희망에 따라 장기근무를 하게 할 수 있다. ④ 임용권자는 법 제12조제1항제3호의 규정에 의하여 특별채용된 교사를 그가 임용된 날로부터 5년간 전직이나 당해 특수지역 또는 근무기관 이외의 기관에 전보할 수 없다.
「교육공무원 인사관리규정」	제18조(전보계획) ① 임용권자는 소속 공무원에 대한 동일 직위에 있어서의 장기 근무로 인한 침체를 방지하기 위하여 매년 전보 계획을 수립하여 전보를 하여야 한다. ② 임용권자는 교원의 생활근거지 근무 또는 희망 근무지 배치를 최대한으로 보장하여 사기진작 및 생활 안정을 도모하고 전보 임용의 공정성을 확보하기 위하여 최대한 노력하여야 한다. ③ 시·도교육감 또는 교육장이 교원전보계획을 수립할 때에는 관할 지역 내의 국립학교 소속 교원을 포함하여야 한다. 이 경우 국립학교의 장은 시·도교육감 또는 교육장의 인사원칙에 따라야 하며, 국립학교에서 공립학교로 전보될 자는 국립학교의 장이 선정하고, 공립학교에서 국립학교로 전보될 자는 시·도교육감 또는 교육장으로부터 임용예정 인원의 3배수 범위 내에서 추천을 받아 국립학교의 장이 선정한다. ④ 임용권자는 학교장의 전입 요청에 따른 교원 전보를 위해 대상 교원의 범위 및 요청 방법 등의 내용을 담은 전보 계획을 수립하고 이를 제1항의 전보 계획에 포함하여야 한다. ⑤ 임용권자는 장애 교원과 다자녀 및 「장애인 등에 대한 특수교육법」 제15조제1항 또는 「장애인복지법 시행령」 별표 1에 따른 장애자녀를 양육하는 교원 전보시 희망 근무지에 우선하여 배치될 수 있도록 노력하여야 한다. 제19조(전보구역 등) 임용권자는 전보를 함에 있어 거리·교통 등 지리적 요건과 문화시설의 보급 등을 고려하여 설정한 인사 구역 및 인사 구역별 근무 기간 등을 정한 전보 기준을 전보 발령 6개월 이전에 공개하여야 한다. 다만, 임용권자는 인사 운영상 불가피한 경우에는 3개월 이전에 공개할 수 있다.

「교육공무원 인사관리규정」	**제20조(정기전보)** ① 교원의 학교 간 전보는 임용권자가 정하는 기간 동안 동일 직위에 근속한 자를 대상으로 정기적으로 실시한다. 다만, 학교장이 임용령 제13조의3 제5항의 전보 유예를 요청하는 경우에는 그러하지 아니한다. ② 임용권자가 소속 교육공무원에 대하여 임용령 제13조의3제3항의 규정에 의한 장기 근무를 하게 할 때에는 임용권자가 정하는 특별한 경우를 제외하고는 당해 교육공 무원의 근무성적이 "우" 이상이어야 한다. ③ 특성화고등학교 및 산업수요 맞춤형 고등학교에 근무하는 교장·교감 및 전문교과 담당 교사에 대하여는 제1항의 규정에 불구하고 근속기간에 제한을 두지 아니할 수 있으며, 당해 학교장의 추천에 의하여 전보할 수 있다. **제21조(비정기전보)** ① 임용권자는 학교장의 전보 요청 등의 사유로 교육상 전보가 불가피하다고 인정할 때에는 동일직위 근속기간이 정기 전보 기간 이내라 하더라도 전보할 수 있다. ② 학교장은 제1항과 관련하여 다음 각 호의 사유에 해당하는 경우 임용권자에게 전보 요청을 할 수 있다. 이 경우 임용권자는 교원 운용에 지장이 없는 범위 안에서 특별한 사유가 없는 한 이에 응해야 한다. 1. 직무 수행 능력이 부족하거나 근무성적이 저조한 교원. 단, 이 경우 학교장은 전보 요청 전에 당해 교원의 능력개발을 위한 직무연수를 부과하여야 한다. 2. 징계처분을 받은 교원 3. 「교육공무원법」 제10조의3제1항 각 호의 사유와 관련하여 징계에 이르지 않는 주의 또는 경고 처분을 받은 교원 4. 당해 학교에서 재직하는 동안 3회 이상 징계에 이르지 않는 주의 또는 경고 처분을 받은 교원 5. 기타 임용권자가 정하는 사유 **제22조(전직전보의 제한)** 제17조제1호 내지 제4호에 해당하거나 교원수급상 부득이 한 경우 또는 본인이 희망하는 경우를 제외하고는 생활근거지가 아닌 비경합지구에 속하는 학교에 전보할 수 없다. 다만, 생활근거지가 경합지역에 속하는 자는 그러하지 아니하다. **제23조(전보의 특례)** ① 「초·중등교육법 시행령」 제90조제1항 및 제91조제1항의 규정에 의한 특수목적고등학교 및 특성화고등학교의 교장·교감 중 1인은 당해 계열 의 전공자를 배치함을 원칙으로 하며, 적격자가 없을 때에는 인사위원회에서 정한 기준에 따라 배치하여야 한다. ② 여자학교의 교장·교감 중 1인은 가급적 여교원을 배치하여야 한다. ③ 전보권자는 동일한 시·도내의 부부교원, 노부모·특수교육대상자 부양 교원 등에 대한 전보 특례 사항을 정할 수 있다.

3. 시·도교육청의 교원전보제도 운용 사례

각 시·도교육청에서는 법령에 근거하여 인사관리규정을 만들어서 전보 제도를 운용하고 있다. 예컨대, 충청북도의 경우 「충청북도 교육공무원 인사관리 규정」을 운용하고 있다.

충청북도 교육공무원 인사관리규정

제13조(인사지역 및 근무연한) ① 인사 지역은 청주, 충주, 제천, 보은, 옥천, 영동, 진천, 괴산증평, 음성, 단양으로 한다.

② 수석교사ㆍ교사의 현임교 근무연한은 5년 이내로 한다.

③ 교원의 동일 인사지역 근무연한은 인사관리기준에 정하는 바에 따른다.

제14조(전보계획) ① 교육감은 매년 교육공무원 전보계획을 수립하여 시행한다.

② 사서ㆍ보건ㆍ영양ㆍ전문상담 교사는 교원수급상 필요한 경우 본인이 희망하는 바에 따라 초ㆍ중등 교류할 수 있다.

③ 제15조에 따른 교육공무원 인사에 관한 중요한 사항은 충청북도교육공무원인사위원회 심의를 거칠 수 있다.

제15조(전보의 특례) ① 제13조 및 제18조에도 불구하고 다음 각 호의 어느 하나에 해당하는 교원은 전보를 유예하거나 우선 전보할 수 있다.

　1. 교원수급상 전보유예가 불가피한 교원

　2. 원활한 학교 교육과정 운영상 필요한 교원

　3. 학교발전을 위해 필요한 자격이나 능력을 갖춘 교원

② 제1항 각 호에 해당하는 교원은 인사관리기준에 정하는 바에 따른다.

제16조(전보의 제한) ① 제13조에도 불구하고 다음 각 호의 어느 하나에 해당하는 경우 전보를 제한할 수 있다.

　1. 교원수급 및 교육과정 운영상 전보내신을 제한할 필요가 있는 경우

　2. 도ㆍ농 통합시의 교원수급상 근무연한을 제한할 필요가 있는 경우

② 제1항 각 호에 해당하는 세부 사항은 인사관리기준에 정하는 바에 따른다.

제17조(비정기 전보) ① 제3조제1항제3호 및 제4호에도 불구하고 다음 각 호의 어느 하나에 해당하는 경우에는 전보할 수 있다.

　1. 징계처분 및 감사결과 등에 따라 전보가 불가피한 경우

　2. 학교 교육과정에 따른 교원수급상 불가피할 경우

　3. 교권보호 및 교육과정 운영상 전보가 불가피하여 학교장의 전보요청이 있는 경우

② 제1항 각 호에 해당하는 세부 사항은 인사관리기준에 정하는 바에 따른다.

제18조(전보희망자 명부) ① 수석교사ㆍ교사의 전보희망자 명부는 동일교, 동일지역에서 근무한 최근 5년 동안의 경력점, 가산점, 근평점, 실적점을 평정ㆍ합산하여 다점자 순으로 작성한다.

② 경력점은 근무기간을 월 단위로 계산한다.

③ 가산점은 지역가산점과 우대가산점으로 평정한다.

④ 근평점은 동일지역에서 근무한 최근 2년의 평정결과를 반영한다.

⑤ 실적점은 교육활동 실적, 교육력 제고를 위한 자기연찬 실적 등을 평정한다.

⑥ 전보희망자 순위명부는 공개할 수 있다.

각 시·도교육청의 전보 제도 관련 규정은 대동소이한데, 대체로 현임교 근무 기간을 5년으로 설정하여 한 학교에서 재임할 수 있는 기간을 제한하고 있으며, 시·군별로 급지를 구분하고 급지별로 재직할 수 있는 기간을 정하여 교원의 도농교류를 강제하고 있다. 예컨대, 충청북도교육청의 경우 도내 전 지역을 여섯 개로 구분하여 교원의 근무 연한 제한 기간을 설정하고 있다.

〈표 7-6〉 충청북도교육청 지역별 교원 근무연한 제한 기간

구분	교원별 근무연한 제한 기간				비고
	교(원)장	교(원)감	수석교사	교사	
청주시 '동' 지역	–	–	–	8	• 교(원)장과 교(원)감의 지역 근무연한 기간 변경은 2020. 3. 1. 발령자부터 적용 • 청주시 통산 교(원)감의 근무연한(6년 → 8년) 변경은 2022. 3. 1. 발령자부터 적용
청주시 '읍·면' 지역	–	–	–	10	
청주시 통산	6	8	8	13	
충주시	6	6	13(+3)	13(+3)	• 교사의 경우 지역 근무 만기년도 기준 최근 5년 실거주 경력자 3년 유예(거주 기간 내 연속 가능)
제천시	6	6	13(+3)	13(+3)	
영동군, 단양군	8	6	13(+3)	13(+3)	
보은군, 옥천군, 진천군, 괴산군·증평군, 음성군	6	6	13(+3)	13(+3)	

농어촌 학교에서는 장기간 학생을 교육할 교사를 필요로 하는 경우가 많은데, 현행 전보 제도 관련 규정은 주기적 순환을 강제하여 학교교육 운영의 안정성을 저해하는 측면이 있다.

한편, 각 시·도교육청의 전보 제도 관련 규정은 정기 전보 원칙 외에 비정기 전보를 규정하고 있다. 비정기 전보에 관해서는 「교육공무원인사관리규정」의 관련 조항에 따르고 있다. 전보 유예, 우선 전보, 그리고 전보 제한 등 전보 특례에 관한 사항은 더 구체적으로 규정하고 있으며, 전보 희망자 명부 작성의 방법을 구체적으로 규정하고 있다.

농어촌 학교 교원 인사에서 쟁점이 되는 것은 전보 유예이다. 「교육공무원임용령」 제13조의3(인사교류)은 공립의 고등학교 이하 각급학교의 장은 해당 학교 교육과정의 원활한 운영과 학교 발전을 위하여 필요한 자격이나 능력을 갖춘 교원을 해당 학교에 전보시켜 줄 것을 임용권자에게 요청하거나 해당 학교에 근무 중인 교원을 그 교원의 동의를 받아 다른 기관으로의 전보 유예를 임용권자에게 요청할 수 있도록 규정하고 있다. 실제로 농어촌 교육에 헌신하는 교사들은 전보 유예 제도를 활용하여 상대적으로 장기간 한 학교에서 학생을 교육하고 있다. 그러나, 전보 유예가 교원 인사의 공정성을 해치기 때문에 유예 기간을 단축해야 한다는 견해도 존재한다.

4. 관련 판례

[헌법재판소, 2022. 10. 25. 선고, 2022헌마1327 결정]

　대구광역시교육감은 관내 교육지원청 간 교육격차를 해소하고 특히 서부·달성교육지역청 관내 초등학교를 활성화하기 위하여 ① 관내 교육지원청을 경합교육지원청(동부, 남부)과 비경합교육지원청(서부, 달성)으로 구분하여 경합교육지원청 근속 만기 연한(8년) 경과자는 교육장의 전보 내신에 따라 타지원청으로 전보될 수 있도록 하고, ② 비경합교육지원청 근속 만기자(2개 학교 만기 근무)는 우선 전보될 수 있도록 하는 내용의 '대구광역시교육청 2023학년도 교육공무원인사관리원칙(초등)'(2023. 3. 1. 시행, 이하 '인사원칙'이라고만 한다)을 공고(초등교육과-6422)하였다.

　청구인들은 자신들은 대구광역시 동부교육지원청 또는 남부교육지원청 소속 공립 초등학교에서 평균하여 20년간 근속하여 온 교사들인데, 위 내용들을 규정한 인사원칙 제16조제3호 내지 제7호 및 제18조제1호 자목이 청구인들의 교육지원청간 전보를 강제하여 소급입법금지원칙, 신뢰보호원칙 및 법률유보원칙에 위배되고, 청구인들의 거주·이전의 자유를 침해한다고 주장하면서, 2022. 9. 13. 이 사건 헌법소원심판을 청구하였다.

　헌법재판소는 심판대상조항은 '교육공무원법' 제33조제1항, '교육공무원임용령' 제3조제5항제3호 및 제13조의3제1항, '교육공무원 인사관리규정' 제18조제1항 등에 근거하여 교원임용에 관련된 제 법규와 대구광역시교육청의 내부적인 업무처

리방침등을 종합하여 산하 초등학교 교사의 전보와 관련된 사무처리에 관한 일반
적인 지침을 제시할 목적으로 만들어진 내부 업무처리지침 내지 사무처리준칙에
불과하므로, 헌법소원의 대상이 되지 아니한다고 판단하여 각하하였다.

제5절 교원 특별 양성 제도 운용

1. 교원 특별 양성의 개념과 의의

교원 양성은 학교 교육과정 운영에 필요한 교육 인력을 기르고 공급하는 일
이다. 초등학교 교원은 목적형 대학으로 설치된 교육대학을 중심으로 양성하
며, 중등학교 교원은 사범대학과 일반대학의 사범계 학과, 일반대학의 교직과
정, 교육대학원 등 다양한 기관에서 양성하고 있다. 교육대학의 경우, 국립대
학으로서 지역별로 배치하여 각 지역의 초등교원을 공급하는 역할을 수행하도
록 하고 있으나, 공무담임권을 보장하는 취지에서 교원양성대학 졸업생들의
교원임용시험 지역 제한을 설정하지 않고 있다. 중등학교 교원의 경우에는 교
원 공급 면에서 어려움이 없으나, 초등학교 교원의 경우에는 지역에 따라서 교
원 지원자가 충분하지 않아서 교원 확보에 어려움을 겪는 경우가 있다. 이에
따라 교원양성대학 입학 시에 졸업 이후 특정 지역 학교에서 일정 기간 의무
복무할 것을 조건으로 장학금을 지원하는 제도를 운영하고 있는데, 이를 교원
특별 양성이라고 한다.

교원 특별 양성은 해당 지역 교원의 안정적 확보에 기여한다. 특히 대학 재
학 중 해당 지역 교육에 특별한 관심을 가지고 학습하는 과정에서 지역 교육에
대한 이해를 심화하고 입직 후의 적응 과정이 원만할 수 있다.

2. 교원 특별 양성 원칙

「교육공무원법」에서 교원 특별 양성 관련 규정을 두고 있다.

교육공무원법

제32조의2(장학금 지급 및 의무복무) ① 교육감은 교원을 안정적으로 확보하기 위하여 시·도의 조례로 정하는 기준을 충족한 사람을 교육대학의 장에게 교육대학 입학 또는 편입학 대상자로 추천할 수 있다.

② 교육감은 제1항에 따른 추천을 받아 교육대학에 입학하거나 편입학한 사람에게 장학금을 지급할 수 있다.

③ 교육감은 제2항에 따라 장학금을 받는 사람에 대하여 교육대학을 졸업한 후 4년의 범위에서 해당 관할지역에서 실시되는 교사 공개전형에 응시하여 합격한 경우에는 장학금을 받은 기간의 2배의 범위에서 시·도의 조례로 정하는 기간 동안 교육감이 정하는 지역에서 복무하도록 의무를 부과할 수 있다.

④ 교육감은 제2항에 따라 장학금을 받고 있거나 받은 사람이 다음 각 호의 어느 하나에 해당하는 경우에는 시·도의 조례로 정하는 바에 따라 본인에게 장학금의 전부 또는 일부를 반납할 것을 명할 수 있고, 본인이 반납하지 아니할 경우 그의 보증인(「보험업법」에 따라 보증보험증권을 발행한 보험회사를 포함한다)에게 보증채무의 이행을 청구할 수 있으며 반납하지 아니하면 지방세 체납처분의 예에 따라 징수할 수 있다. 다만, 의무 복무 기간 중 공무상 질병으로 퇴직한 경우 등 시·도의 조례로 정하는 불가피한 사유가 있는 경우에는 그러하지 아니하다.

1. 퇴학 또는 자퇴하거나 다른 학교로 편입학한 경우
2. 공무원 임용 결격사유에 해당하게 된 경우
3. 재학 중 장학금 수령을 거부한 경우
4. 제3항에 따른 기간 동안 공개 전형에 응시하지 아니하거나 의무복무를 이행하지 아니한 경우

3. 시·도교육청의 교원 특별 양성 제도 운용 사례

농어촌 학교의 교원을 안정적으로 확보하기 위하여 일부 시·도교육청에서는 교원양성대학과 협력하여 교원 특별 양성 제도를 운영하고 있다. 2022년 현재 전라남도와 전라북도, 충청남도교육청이 초등교원을 확보하기 위하여 교원 특별 양성 제도에 관한 조례를 제정하여 시행하고 있다. 세 개 도교육청의 관련 조례의 내용은 대동소이한데, 「전라남도교육감 추천 광주교육대학교 입학생 장학금 지급에 관한 조례」의 주요 내용은 다음과 같다.

 전라남도교육감 추천 광주교육대학교 입학생 장학금 지급에 관한 조례

제1조(목적) 이 조례는 「교육공무원법」 제32조의2에 따라 전라남도교육감의 추천으로 광주교육대학교에 입학한 학생에게 장학금을 지급하여 졸업 후 일정한 기간 동안 의무복무하게 함으로써 전라남도립초등학교에 근무할 교사를 안정적으로 확보하는 것을 목적으로 한다.

제2조(장학금의 지급 대상) 이 조례에 따른 장학금 지급대상자는 다음 각 호의 어느 하나에 해당하는 자로서 전라남도교육감(이하 "교육감"이라 한다)의 추천을 받아 광주교육대학교(이하 "광주교대"라 한다)에 입학한 학생(이하 "장학생"이라 한다)으로 한다.

1. 전라남도에 소재한 고등학교의 졸업예정자
2. 4년제 국내 대학 학사학위 취득(예정)자로서 정교사(1급·2급) 자격증 소지자

제3조(장학생의 수) 장학생의 수는 교육감의 추천으로 광주교대에 입학한 학생의 수로 하되, 전라남도립초등학교(이하 "도립초등학교"라 한다) 교사의 수급 전망 등을 고려하여 교육감이 정한다.

제4조(장학금의 지급) ① 장학생에게 지급하는 장학금은 예산의 범위에서 매년 교육감이 정한다.

② 교육감은 제6조 각 호의 어느 하나에 해당하는 사유가 없는 한 신입생은 4년간, 편입생은 2년간 장학금을 지급하여야 한다.

③ 제1항에 따른 장학금은 학기가 시작하고 2개월 이내에 해당 학생에게 지급한다.

④ 제1항에 따른 장학금을 지급할 때에는 해당 학생의 보호자를 보증인으로 하여 지급한다.

제5조(장학금의 지급 정지) ① 교육감은 장학생이 다음 각 호의 어느 하나에 해당한 때에는 장학금의 지급을 정지한다.

1. 「병역법」 또는 그 밖의 법률에 따른 의무를 수행하기 위하여 휴학한 때
2. 학업을 정지한 때
3. 질병으로 휴학한 때
4. 장기 국외연수로 휴학한 때
5. 장기 결석으로 수업일수가 부족한 때
6. 그 밖에 교육감이 지급 정지가 필요하다고 인정하는 때

② 교육감은 제1항에 따른 지급 정지 사유가 소멸한 때에는 계속하여 남은 기간에 대한 장학금을 지급할 수 있다.

제6조(장학금의 지급중단) 교육감은 장학생이 다음 각 호의 어느 하나에 해당한 때에는 장학금의 지급을 중단한다.

1. 사망한 때
2. 퇴학 또는 자퇴한 때
3. 공무원 임용결격사유가 발생한 때
4. 다른 학교로 편입학한 때

제7조(장학금의 반납) ① 장학생이 다음 각 호의 어느 하나에 해당할 경우 장학생 또는 그 보증인은 지급받은 장학금을 반납하여야 한다. 이 경우 납입기한은 통고일로부터 90일 이내로 한다.

1. 제6조제2호부터 제4호까지에 해당한 때
2. 제9조에 따른 임용시험에 불응하거나 교육감이 정한 기간 안에 임용시험에 합격하지 못한 때
3. 제10조제1항에 따른 복무의무를 이행하지 아니한 때

② 제1항의 경우 반납하여야 할 금액은 다음과 같다.

1. 제1항제1호와 제2호의 경우에는 이미 지급한 장학금의 전액으로 한다.
2. 제1항제3호의 경우에는 다음 공식에 따라 산출된 금액으로 한다. 이 경우 근무개월수의 계산에 있어서 근무일수 15일 이상은 1개월로 한다. 반납금액(원)=지급한 장학금 총액(원)×(의무복무개월수-근무개월수)/의무복무개월수

제8조(장학생의 의무) 장학생은 학생으로서의 본분을 지키고 학업에 전념하여야 하며, 장래 도립초등학교 교사가 될 사람으로서의 품위를 유지하여야 한다.)

제9조(임용시험의 응시) 장학생이 광주교대를 졸업한 때에는 교육감이 시행하는 초등학교 교사임용후보자 선정경쟁시험에 응시하여야 한다.

제10조(복무의무) ① 광주교대를 졸업한 장학생은 교사로 임용된 후 교육감이 지정하는 지역에서 다음 각 호의 기간 동안 근무하여야 한다.

　1. 4년을 지급받은 장학생: 5년

　2. 2년을 지급받은 장학생: 3년

② 제1항에 따른 의무복무기간에는 다음 각 호의 어느 하나에 해당하는 기간은 산입하지 아니한다. 다만, 공무상 질병으로 인한 휴직기간은 이를 산입한다.

　1. 신체·정신상의 장애로 인한 장기요양 기간

　2. 병역복무, 해외유학 또는 그 밖에 법률에 따른 의무를 수행하기 위하여 직무를 이탈하게 되어 휴직하였거나 직위해제 또는 정직된 기간

제10조의2(소양 교육) 교육감은 장학생을 대상으로 교사로서 갖춰야 할 소양 교육을 실시할 수 있다. 이 경우 교육감이 필요한 경비를 지급한다.

제11조(협약체결) 교육감은 광주교대 총장과 교육감 추천 입학 및 장학금 지급에 관하여 협약을 체결할 수 있다.

제12조(재원) 장학금 재원은 매년 전라남도교육비특별회계 예산에 계상한다.

위에서 알 수 있는 것처럼 조례는 장학금 지급 대상과 인원, 지급 방식과 지급 정지, 지급 중단, 반납, 장학생 의무, 임용시험 응시와 복무 의무 등을 정하고 있다. 이들에 관한 구체적인 사항은 시행 규칙으로 정하고 있는데, 전라남도교육청의 관련 시행규칙의 주요 내용은 다음과 같다.

전라남도교육감 추천 광주교육대학교 입학생 장학금 지급에 관한 조례 시행규칙

제3조(장학금 범위) 장학금은 숙식비·교재구입비·교통비 등의 생활비를 말한다. 제3조의2(장학금 지급) 조례 제4조제1항에 따라 교육감이 지급하는 1인당 장학금은 매 학기 1,750,000원으로 한다.

제6조(장학금의 반납) ① 조례 제7조에 따라 장학금을 반납 받을 때에는 납부기한과 금액을 명시한 납입고지서에 의한다. 다만, 다음 각 호의 어느 하나에 해당하는 사람에게는 반납액을 면제할 수 있다.

　1. 천재지변, 심신장애 등의 부득이한 사유로 교사로 임용되지 못한 사람

　2. 의무복무 기간 중 공상으로 퇴직 한 사람

제7조(임용시험 응시기간) ① 조례 제7조제1항제2호에 따라 교육감이 정하는 임용시험 기간은 연속하여 3년으로 한다. 다만, 응시자가 졸업 후 3년 안에 임용시험에 합격하지 못한 때에는 그 당사자의 신청에 따라 3년의 범위 안에서 연장할 수 있다.

제6절 교원 경력경쟁 채용 제도 운용

일반적으로는 교원 임용 시험을 통하여 교원을 확보하고, 교원 중 일부를 농어촌 학교에 배치하지만, 적지 않은 수의 농어촌 학교 교원이 단기간 근무하고 전보 제도를 활용하여 다른 학교로 이동하는 바람에 농어촌 학교 교육의 질을 유지하는 데 곤란을 겪고 있다. 이에 따라 일부 시도에서는 근무 예정 지역 또는 근무 예정 학교를 미리 정하여 교원을 채용하고, 10년 이내의 범위에서 당해 지역 또는 학교에서 다른 지역 또는 학교로의 전보를 제한하는 제도를 시행하고 있다. 학생 수가 급감하고, 농어촌 학교 근무를 희망하는 교사가 줄어드는 상황에서 이와 같은 채용 제도를 채택하는 교육청이 늘어나고 있다.

신규 채용에서의 지역 또는 학교 제한과 기존 교원 전보 제도를 활용해도 근무를 희망하는 교사를 확보하기 부족한 경우가 있다. 이런 배경에서 교원 임용을 위한 경쟁 시험으로 결원을 보충하기 곤란한 도서·벽지 등 특수한 지역에 근무할 사람과 특수한 교과목을 담당할 사람을 임용하기 위하여 경력 경쟁 채용 제도를 운용하고 있다. 2023년 3월까지는 특별 채용 제도로 불렸으나, 2023년 4월부터는 경력 경쟁 채용 제도로 명칭을 변경하였다. 이 제도는 농어촌 학교에서 장기간 근무할 교원을 확보하기 위한 제도로서, 농어촌 학교 교육의 질을 제고하는 데 기여할 것으로 기대된다.

1. 지역 및 학교를 결정한 교원 신규 채용

근무 예정 지역 또는 학교를 채용 전에 결정하고, 채용 후 일정 기간 동일 지역 또는 학교에서 근무하도록 하는 제도는 「교육공무원법」에 근거를 두고 있다.

교육공무원법

제11조(교사의 신규채용 등) ① 교사의 신규채용은 공개전형으로 한다. 이 경우 임용권자는 별표 2에 해당하는 사람에게 제1차 시험성적 만점의 100분의 10 이내의 범위에서 가산점을 줄 수 있다.

② 임용권자는 원활한 결원 보충 및 학교 운영을 위하여 필요한 경우 근무 예정 지역 또는 근무 예정 학교를 미리 정하여 공개전형으로 채용시험을 실시할 수 있다. 이 경우 임용권자는 그 시험에 따라 채용된 교사에 대하여 10년 이내의 범위에서 대통령령으로 정하는 기간 동안 다른 지역 또는 다른 학교로의 전보를 제한할 수 있다.

③ 제1항 및 제2항에 따라 공개전형을 실시하는 경우 국립 학교의 장은 그 전형을 해당 학교가 소재하는 시·도의 교육감에게 위탁하여 실시할 수 있다.

④ 제1항 및 제2항에 따른 공개전형을 하는 경우 담당할 직무 수행에 필요한 자격요건, 공개전형의 절차·방법 및 평가요소 등 공개전형에 필요한 사항은 대통령령으로 정한다.

농어촌 학교가 많은 일부 시·도교육청은 경력 경쟁 채용 제도를 활용하여 교원을 선발하고 있다. 전라남도교육청은 여수시, 고흥군, 완도군, 진도군, 신안군의 도서-가, 나, 다, 라 지역-에 소재한 중등학교에서 8년 이상 근무할 교원을 별도로 선발하고 있다. 경기도교육청은 연천, 포천 지역 소재 중등학교에서 근무할 교원을 별도로 선발하여 임용된 날로부터 8년 동안 전직하거나 해당 지역 외 또는 타 시도에 전보할 수 없도록 하고 있다.

2. 교원 경력경쟁 채용 대상과 요건

교원 경력 경쟁 채용 제도는 「교육공무원법」에 근거를 두고 있다.

 교육공무원법

제12조(특별채용) ① 다음 각 호의 어느 하나에 해당하는 경우에는 대통령령으로 정하는 바에 따라 경력 등 응시요건을 정하여 같은 사유에 해당하는 다수인을 대상으로 경쟁의 방법으로 채용하는 시험(이하 "경력경쟁채용시험"이라 한다)으로 교육공무원을 채용할 수 있다. 다만, 제1호, 제4호 및 제5호의 어느 하나에 해당하는 경우 중 다수인을 대상으로 시험을 실시하는 것이 적당하지 아니하여 대통령령으로 정하는 경우에는 다수인을 대상으로 하지 아니하는 시험으로 교육공무원을 채용할 수 있다.다음 각 호의 어느 하나에 해당하는 경우에는 대통령령으로 정하는 바에 따라 특별채용을 할 수 있다.

　　3. 경쟁시험으로 결원을 보충하기 곤란한 도서·벽지 등 특수한 지역에 근무할 사람과 특수한 교과목을 담당할 사람을 임용하는 경우

> **교육공무원임용령**
>
> **제9조의2(특별채용의 요건 등)** ① 법 제12조제1항에 따라 특별채용을 할 때에는 다음 각 호의 어느 하나에 해당하는 사람이어야 한다.
>   3. 법 제12조제1항제3호의 규정에 의하여 임용할 경우에는 「도서·벽지교육진흥법」 제2조의 규정에 의한 도서·벽지에 근무할 교사와, 공업계 과목이 표시된 자격증을 소지하고 중등학교에서 실업계 교과목을 담당할 교사, 기타 교육부장관이 교원수급상 특히 필요하다고 인정하는 교과목을 담당할 교사

제7절 교원 초빙·겸임 제도 운용

1. 교원 초빙제도 운용

교원 초빙 제도는 학교운영위원회와 함께 '학교공동체 구축' 일환으로 김영삼정부의 교육개혁위원회에서 제안되었다. 교육 수요자가 원하는 교장과 교사를 초빙할 수 있도록 하여 개별 학교가 우수 교원을 확보하고, 학교교육에 대한 학부모와 지역사회의 관심과 협력을 제고하여 지역 특색을 살린 양질의 교육을 전개하고자 하는 취지에서 제안되었다. 1996년 6월 「교육공무원법」에 의거하여 신설되었으며, 같은 해 9월부터 시행되었다. 1997년부터는 학교와 교육감 지정 학교에서 시범 실시하였으며, 이들 학교에서는 학교 교사 정원 20% 내에서 교사를 초빙할 수 있었다. 2010년부터는 모든 학교로 시행 대상을 확대하고, 모든 학교장에게 정원의 20% 내에서 교사 초빙권을 부여하고 있다. 근무를 기피하는 지역의 학교 초빙 교사에게는 근평 가산점과 정기 전보 시 선호 학교 전보 우선권, 포상 및 연수 우대 등 인센티브를 제공하고 있다. 2009년까지는 초빙 교원 제도가 지역 간, 학교 간 교육격차를 해소하고 교육기회의 형평성을 제고하는 데 활용되기도 했으나, 2010년 이후로는 학교장 책임 경영을 강화하기 위한 정책으로 활용되고 있다(김민조, 2010. 최현진, 한은정, 2013).

교원 초빙 제도는 「교육공무원법」과 「교육공무원임용령」에 근거를 두고 있다.

교육공무원법

제31조(초빙교원) ① 대학은 국가기관, 연구기관, 공공단체 또는 산업체 등에서 근무하거나 외국에 거주하고 있는 사람 또는 외국인 중 「고등교육법」 제16조에 따른 자격이 있는 사람을 초빙교원으로 임용할 수 있다. 다만, 특수한 교과를 교수(敎授)하기 위한 초빙교원으로 임용하는 경우에는 「고등교육법」 제16조를 적용하지 아니할 수 있다.
② 고등학교 이하 각급학교의 장은 교사자격증을 가진 사람 중에서 해당 학교에 특별히 필요한 사람을 교사로 초빙하려는 경우에는 임용권자에게 초빙교사로 임용하여 줄 것을 요청할 수 있다.
③ 제2항에 따라 임용 요청을 받은 임용권자는 임용이 요청된 사람 중에서 해당 학교의 초빙교사를 임용할 수 있다.
④ 초빙교원의 임용·보수·복무 등에 관하여 필요한 사항은 대통령령으로 정한다.

교육공무원임용령

제12조의7(초빙교사의 임용 요청 등) ① 법 제31조제2항에 따라 고등학교 이하 각급학교의 장이 초빙교사의 임용을 요청할 때에는 학교운영위원회 또는 유치원운영위원회의 심의를 거쳐야 한다.
② 제1항에 따른 초빙교사의 임용 요청에 필요한 세부 사항은 임용권자가 정한다.

2. 교원 겸임제도 운용

겸임은 한 사람이 일정한 직무 외에 다른 직무를 함께 수행하는 일을 의미한다. 현행 교직원 인사 관련 법률은 자격 제도를 채택하고 전문성을 존중하고 있기 때문에 원칙적으로는 한 사람을 하나의 직위에 임용하여 근무하도록 한다. 다만, 불가피한 사정이 있는 경우에 한하여 겸임을 허용하고 있다. 겸임을 허용하는 대표적 사례는 학교 운영상 불가피한 사유로 교사가 교감 또는 교장을 겸임하도록 하는 것이다. 근래에는 통합운영학교에서 근무하는 교원이 학교급을 달리하여 교육활동을 수행할 수 있는가에 관한 문제가 쟁점이 되고 있다.

겸임 제도는 「교육공무원법」과 「교육공무원임용령」에 근거를 두고 있다. 특별히 통합운영학교의 교원 겸임에 관해서는 「초·중등교육법」과 동법 시행령에 근거를 두고 있다.

교육공무원법

제18조(겸임) ① 직위와 직무 내용이 유사하고 담당 직무 수행에 지장이 없다고 인정되는 경우에는 교육공무원과 일반직공무원, 교육공무원과 다른 교육공무원, 교육공무원과 다른 특정직공무원 또는 교육공무원과 대통령령으로 정하는 관련 교육·연구 기관이나 그 밖의 관련 기관·단체의 임직원을 서로 겸임하게 할 수 있다. 이 경우 겸임에 필요한 사항은 대통령령으로 정한다.

② 제1항에 따라 교육공무원을 겸임하게 하려는 경우에는 그 대상자가 제9조 또는 「초·중등교육법」 제21조제1항·제2항 및 「고등교육법」 제16조에 따른 자격기준을 갖추거나 자격증을 취득한 사람이어야 한다.

교육공무원임용령

제7조의2(겸임) ① 임용권자 또는 임용제청권자는 다음 각 호의 어느 하나에 해당하는 경우에는 법 제18조의 규정에 의하여 겸임시킬 수 있다.

1. 관련 교과나 업무를 담당할 전문인력의 확보를 위하여 필요한 경우
2. 한국방송통신대학교·산업대학의 교원 및 각급 연수기관의 교수요원을 임용하는 경우

② 제1항의 규정에 의한 겸임은 본직의 직무 수행에 지장이 없는 범위 안에서 다음 각 호의 어느 하나에 해당하는 경우에 한한다.

1. 각종 기술직렬 또는 기술 분야 연구직렬의 일반직공무원과 직무 내용이 유사한 고등학교 이상의 각급학교의 자연과학계 교육공무원 간
2. 학예·공안 및 행정직군의 일반직공무원과 직무 내용이 유사한 전문대학 이상의 각급학교의 인문사회과학계 교육공무원 간
3. 각급학교 교원과 직무내용이 유사한 인근 학교의 교원 간 또는 병설(부설)된 학교와 당해 학교를 병설(부설)한 학교의 교원 간
4. 정부투자기관 또는 교육부장관이 정하는 정부출연기관 등 정부산하단체의 임직원과 직무 내용이 유사한 교육공무원 간
5. 교육부장관이 정하는 기준에 적합한 산업체의 임·직원과 그 직무 내용이 유사한 교육공무원 간

③ 제2항제1호·제2호·제4호 및 제5호의 규정에 의한 겸임 기간은 2년 이내로 하되, 특히 필요한 경우 2년의 범위 안에서 연장할 수 있다. 다만, 「서울대학교병원 설치법」 제9조 및 「국립대학교병원 설치법」 제13조의 규정에 의한 대학병원장 및 「서울대학교치과병원 설치법」 제9조 및 「국립대학치과병원 설치법」 제11조에 따른 치과병원장과 「암관리법」 제33조에 따른 국립암센터원장으로서의 겸임 기간은 3년 이내로 하되, 특히 필요한 경우 3년의 범위 내에서 연장할 수 있다.

④ 제2항의 규정에 의한 겸임에 있어서는 겸임기관의 장이 본직기관의 장의 동의를 얻어 임용 또는 임용 제청하여야 한다.

초 · 중등교육법

제30조(학교의 통합 · 운영) ① 학교의 설립자 · 경영자는 효율적인 학교 운영을 위하여 필요하면 지역 실정에 따라 초등학교 · 중학교, 중학교 · 고등학교 또는 초등학교 · 중학교 · 고등학교의 시설 · 설비 및 교원 등을 통합하여 운영할 수 있다. 이 경우 해당 학교의 학생 및 학부모의 의견을 수렴하여야 한다.
② 관할청은 학생 및 학부모의 요구가 있는 경우 학교의 통합 · 운영 여건에 관한 실태조사를 실시하고, 그 결과를 인터넷 홈페이지에 공개할 수 있다.
③ 제1항에 따라 통합 · 운영하는 학교의 시설 · 설비 기준, 교원 배치 기준, 의견 수렴 절차 및 제2항에 따른 실태조사 실시 기준, 결과 공개 등에 필요한 사항은 대통령령으로 정한다.

 초 · 중등교육법 시행령

제56조(학교의 통합운영) ① 학교의 설립 · 경영자는 법 제30조제1항의 규정에 의하여 학교를 통합하여 운영하고자 할 때에는 학교의 규모, 학생의 통학거리 및 당해 통합운영대상학교가 소재하는 지역주민의 의사 등 교육 여건을 고려하여야 한다.
② 통합운영학교의 시설 · 설비기준에 관하여 필요한 사항은 따로 대통령령으로 정한다.
③ 통합운영학교에는 법 제19조제4항에 따른 배치 기준에도 불구하고 통합운영되는 학교의 특성을 고려하여 교직원을 배치할 수 있으며, 학교의 설립 · 경영자는 학교 운영에 지장이 없는 범위에서 교직원을 겸임하게 할 수 있다.
④ 제3항에 따른 교직원 배치 기준, 교육과정의 운영, 예산 편성 · 운영, 행정적 · 재정적 지원, 사무관리나 그 밖에 통합운영학교의 운영에 필요한 사항은 관할청이 정한다.
⑤ 법 제30조제1항 후단에 따른 의견 수렴은 다음 각 호의 방법으로 실시해야 한다.
  1. 공청회
  2. 설문조사
  3. 그 밖에 학교의 설립자 · 경영자가 학교의 장과 협의하여 정하는 방법
⑥ 법 제30조제2항에 따른 실태조사에는 다음 각 호의 사항이 포함되어야 한다.
  1. 학교의 규모와 재정 현황
  2. 학교의 교직원 배치 현황
  3. 학교의 각종 시설 · 설비 현황
  4. 학생의 통학거리
  5. 그 밖에 통합운영 여건 파악에 필요한 사항
⑦ 관할청이 법 제30조제2항에 따라 실태조사를 실시하는 경우에는 학생 및 학부모의 요구가 있은 날부터 60일 이내에 학교의 장과 협의하여 실태조사를 위한 세부 기준을 마련해야 한다.
⑧ 관할청이 법 제30조제2항에 따라 실태조사 결과를 공개하는 경우에는 조사 완료 후 30일 이내에 해야 하며, 공개 기간은 14일 이상으로 해야 한다.

제8절 순회교사 제도 운용

순회교사는 행정기관에 소속되어 여러 학교 학생을 교육하는 교사를 의미하며, 중등학교 교사로서 표시 자격이 없거나 교사가 부족한 과목에 대하여 여러 학교를 순회하며 교과 수업을 지원하는 교사, 여러 학교의 학생들을 상담하는 전문상담순회교사, 특수교육 대상자의 교육을 지원하는 교사 등 세 가지 유형이 존재한다. 학교 규모가 영세하여 한 학교에서는 교육활동을 온전히 전개할 수 없는 학교에서 순회교사를 활용하여 학생의 교육활동을 지원하거나 교사의 정규 교육활동 외에 특별한 지도가 필요한 학생에게 부가적 지원을 수행하기 위하여 순회교사 제도를 활용한다.

순회교사는 지방교육행정기관에 소속하며, 별도 정원으로 관리한다. 「지방교육행정기관 및 공립의 각급 학교에 두는 국가공무원의 정원에 관한 규정」은 중등순회교사, 전문상담순회교사, 특수교육순회교사의 정원을 각기 규정하고 있다.

순회교사 제도에 관한 일반 규정은 「교육공무원법」에 두고, 그 정원에 관해서는 「지방교육행정기관 및 공립의 각급 학교에 두는 국가공무원의 정원에 관한 규정」과 「교육공무원임용령」에 규정하고 있다. 그런데, 전문상담순회교사에 대해서는 「초·중등교육법」과 동법 시행령에, 특수교육순회교사에 대해서는 「장애인 등에 대한 특수교육법」과 동법 시행령에 근거를 두고 있다.

교육공무원법

제22조의2(교육행정기관에의 순회교사 배치) ① 교육감은 교원의 적정한 배치와 교육과정의 원활한 운영을 위하여 둘 이상의 인근 학교를 순회하면서 학생의 교육을 담당할 교사가 특히 필요하다고 인정하는 경우에는 시·도 교육행정기관에 교사를 둘 수 있다.
② 제1항에 따라 시·도 교육행정기관에 배치되는 교사는 소속 기관의 장이 지정하는 학교에서 교육을 담당하고, 그 학교의 장의 지도·감독을 받는다.

지방교육행정기관 및 공립의 각급 학교에 두는 국가공무원의 정원에 관한 규정

제2조(정원) ① 특별시·광역시·특별자치시·도·특별자치도교육감의 보조기관·직속기관 및 하급교육행정기관에 두는 국가공무원의 정원은 별표 1과 같다.
② 공립의 각급학교에 두는 국가공무원의 정원은 별표 2와 같다.

초·중등교육법

제19조의2(전문상담교사의 배치 등) ① 학교에 전문상담교사를 두거나 시·도 교육행정기관에 「교육공무원법」 제22조의2에 따라 전문상담순회교사를 둔다.
② 제1항의 전문상담순회교사의 정원·배치 기준 등에 필요한 사항은 대통령령으로 정한다.

초·중등교육법 시행령

제40조의2(전문상담순회교사의 배치기준) 법 제19조의2에 따라 시·도교육청 또는 교육지원청에 전문상담순회교사를 둔다. 이 경우 전문상담순회교사의 세부 배치기준은 교육감이 정한다.

장애인 등에 대한 특수교육법

제25조(순회교육 등) ① 교육장 또는 교육감은 일반학교에서 통합교육을 받고 있는 특수교육대상자를 지원하기 위하여 일반학교 및 특수교육지원센터에 특수교육교원 및 특수교육 관련서비스 담당 인력을 배치하여 순회교육을 실시하여야 한다.
② 교육부장관 또는 교육감은 장·단기 결석이 불가피한 특수교육대상자의 교육을 위하여 필요한 경우 순회교육 또는 원격수업을 실시하여야 한다.
③ 교육부장관 또는 교육감은 이동이나 운동기능의 심한 장애로 인하여 각급학교에서 교육을 받기 곤란하거나 불가능하여 복지시설·의료기관 또는 가정 등에 거주하는 특수교육대상자의 교육을 위하여 필요한 경우 순회교육을 실시하여야 한다.
④ 교육장 또는 교육감은 제3항에 따른 순회교육의 실시를 위하여 의료기관 및 복지시설 등에 학급을 설치·운영하고 이에 필요한 담당 교원을 배치하는 등 필요한 조치를 강구하며, 학생들이 원만히 학교로 복귀할 수 있도록 심리적·정서적 지원을 하여야 한다.
⑤ 국가 및 지방자치단체는 제4항에 따라 학급이 설치·운영 중인 의료기관 및 복지시설 등에 대하여 국립 또는 공립 특수교육기관 수준의 교육이 이루어질 수 있도록 대통령령으로 정하는 바에 따라 행정적·재정적 지원을 하여야 한다.
⑥ 제1항부터 제4항까지의 규정에 따른 순회교육의 수업일수 등 순회교육의 운영과 제2항에 따른 원격수업의 운영에 필요한 사항은 대통령령으로 정한다.

장애인 등에 대한 특수교육법 시행령

제20조(순회교육의 운영 등) ① 교육장이나 교육감은 법 제25조제1항에 따른 순회교육을 하기 위하여 순회교육을 받는 특수교육대상자의 능력, 장애 정도 등을 고려하여 순회교육계획을 작성·운영하여야 한다.
② 순회교육의 수업일수는 매 학년도 150일을 기준으로 하여 각급학교의 장이 정하되, 순회교육을 받는 특수교육대상자의 상태와 교육과정의 운영상 필요한 경우에는 지도·감독기관의 승인을 받아 30일의 범위에서 줄일 수 있

우선, 고교학점제 교과순회전담교사(가칭)는 교육지원청 또는 거점학교에 배치되어 학교를 순회하며 고교학점제 수업을 전담한다. 고교학점제 교과순회전담교사의 배치유형은 각 교육지원청별 자체 계획에 의해 정하며, 정규교사 배치를 원칙으로 하되, 기간제교사를 배치할 수도 있다.

교육지원청 소속 교과순회전담교사의 인사 및 복무 관리는 교육장이 하고 교육지원청 전문상담순회교사 및 특수교육순회교사에 준하여 적용한다. 거점학교 소속 교과순회전담교사의 인사 및 복무 관리는 거점학교 학교장이 하고 학교에 근무하는 정규교사에 준하여 적용한다. 교육지원청 또는 거점학교의 고교학점제 관련 적정 업무 분장은 가능하나 거점학교 소속 교사의 경우 거점학교의 일반 증치 교사가 아님에 유의하여 담임업무 및 학교 행정업무 분장을 금지한다. 교육지원청 간 협의하에 인접 교육지원청의 고교학점제 교과 순회 지도도 가능하다.

제9절 산학겸임교사 제도 운용

산학겸임교원은 교육과정을 운영하기 위하여 필요한 경우 채용할 수 있는 교원의 유형으로서, 협의로는 주로 특성화고등학교와 마이스터고등학교에서 산학협력을 목적으로 산업 현장에서 근무하면서 현장 직무에서의 경험을 바탕으로 학교에서 학생들에게 전문 분야를 가르치는 교사를 의미하지만, 넓게는 명예교사, 영어회화 전문 강사, 다문화언어 강사, 강사를 포괄하는 개념으로 활용된다.

산학겸임교사는 학교의 장이 학교운영위원회 심의를 거쳐 임용하며, 각 유형의 자격 기준은 「초·중등교육법 시행령」에서 정하고 있다. 산학겸임교사 중 일부는 교원 자격증 미소지자도 될 수 있다. 「초·중등교육법 시행령」 제105조에 따른 자율학교로 지정된 농어촌 학교는 교사 정원의 3분의 1 범위 내에서 교사를 산학겸임교사로 대체할 수 있다.

산학겸임교사 제도는 「초·중등교육법」과 「초·중등교육법 시행령」에 근거를 두고 있다.

 초·중등교육법

제22조(산학겸임교사 등) ① 교육과정을 운영하기 위하여 필요하면 학교에 제19조제1항에 따른 교원 외에 산학겸임교사·명예교사 또는 강사 등을 두어 학생의 교육을 담당하게 할 수 있다. 이 경우 국립·공립 학교는 「교육공무원법」 제10조의3제1항 및 제10조의4를, 사립학교는 「사립학교법」 제54조의3제4항 및 제5항을 각각 준용한다
② 제1항에 따라 학교에 두는 산학겸임교사 등의 종류·자격기준 및 임용 등에 필요한 사항은 대통령령으로 정한다.

초·중등교육법 시행령

제42조(산학겸임교사 등) ① 법 제22조에 따른 산학겸임교사 등의 종류는 산학겸임교사, 명예교사, 영어회화 전문강사, 다문화언어 강사, 강사로 하고 그 자격기준은 별표 2와 같다.
② 제1항에 따른 산학겸임교사 등은 국·공립학교의 경우에는 학교의 장이, 사립학교의 경우에는 학교법인 또는 사립학교 경영자가 각각 임용한다. 다만, 사립학교의 경우에는 학교법인의 정관 등에서 정하는 바에 따라 그 임용권한을 학교의 장에게 위임할 수 있다.
③ 제2항에 따라 산학겸임교사 등을 임용하고자 하는 때에는 법 제31조에 따른 학교운영위원회의 심의를 거쳐야 한다. 다만, 학교운영위원회가 구성되지 아니한 학교의 경우에는 그러하지 아니하다.
④ 산학겸임교사 등에 대하여는 예산의 범위안에서 수당 등을 지급할 수 있다.
⑤ 제1항에 따른 영어회화 전문강사를 기간을 정하여 임용할 때 그 기간은 1년 이내로 하되, 필요한 경우 계속 근무한 기간이 4년을 초과하지 아니하는 범위에서 그 기간을 연장할 수 있다.
⑥ 다음 각 호의 어느 하나에 해당하는 학교의 장은 해당 학교 교사 정원의 3분의 1 범위에 해당하는 수의 교사를 법 제22조제1항에 따른 산학겸임교사 등으로 대체할 수 있다.
  1. 제76조에 따른 특성화중학교
  2. 제91조에 따른 특성화고등학교
  3. 제91조의3에 따른 자율형 사립고등학교
  4. 제91조의4에 따른 자율형 공립고등학교
  5. 제105조에 따른 자율학교

제10절 기간제교사 제도 운용

기간제교원은 휴직, 파견 등으로 인한 결원의 보충, 특정 학년(교과)의 한시적 담당 등을 위하여 교원 정원 범위 내에서 교원 자격증 소지자를 한시적으로 활용하는 교원을 말한다. 일반적으로 교원 휴직 등 사유가 발생할 때, 한시적으로 기간제 교원을 채용하여 근무하도록 하고 있다. 근래는 기간제교원의 수가 상당히 많고, 기간제교원과 정규교원의 차별을 둘러싸고 법적 쟁점이 상당수 부각하고 있다(장귀덕, 2019). 농어촌 학교 역시 기간제 교원 수요가 상당히 많지만, 적기에 적절한 기간제교원을 확보하여 교육을 지속하는 데 어려움을 겪는 경우가 많다.

기간제교원 초빙 제도는 「교육공무원법」과 「사립학교법」에 근거를 두고 있다.

교육공무원법

제32조(기간제교원) ① 고등학교 이하 각급학교 교원의 임용권자는 다음 각 호의 어느 하나에 해당하는 경우에는 예산의 범위에서 기간을 정하여 교원 자격증을 가진 사람을 교원으로 임용할 수 있다.
  1. 교원이 제44조제1항 각 호의 어느 하나의 사유로 휴직하게 되어 후임자의 보충이 불가피한 경우
  2. 교원이 파견 · 연수 · 정직 · 직위해제 등 대통령령으로 정하는 사유로 직무를 이탈하게 되어 후임자의 보충이 불가피한 경우
  3. 특정 교과를 한시적으로 담당하도록 할 필요가 있는 경우
  4. 교육공무원이었던 사람의 지식이나 경험을 활용할 필요가 있는 경우
  5. 유치원 방과후 과정을 담당하도록 할 필요가 있는 경우
② 제1항에 따라 임용된 교원(이하 "기간제교원"이라 한다)은 정규 교원 임용에서 어떠한 우선권도 인정되지 아니하며, 같은 항 제4호에 따라 임용된 사람을 제외하고는 책임이 무거운 감독 업무의 직위에 임용될 수 없다.
③ 기간제교원에 대하여는 제43조제2항 · 제3항, 제43조의2, 제44조부터 제47조까지 및 제49조부터 제51조까지, 「국가공무원법」 제16조, 제70조, 제73조, 제73조의2부터 제73조의4까지, 제75조, 제76조, 제78조, 제78조의2, 제79조, 제80조, 제82조, 제83조제1항 · 제2항 및 제83조의2를 적용하지 아니하며, 임용기간이 끝나면 당연히 퇴직한다.
④ 기간제교원의 임용에 관하여는 제10조의3제1항 및 제10조의4를 준용한다.

사립학교법

제54조의4(기간제교원) ① 각급 학교 교원의 임용권자는 다음 각 호의 어느 하나에 해당하는 사유가 있을 때에는 교원 자격증을 가진 사람 중에서 기간을 정하여 임용하는 교원(이하 "기간제교원"이라 한다)을 임용할 수 있다. 이 경우 임용권자는 학교법인의 정관 등으로 정하는 바에 따라 그 권한을 학교의 장에게 위임할 수 있다.
　1. 교원이 제59조제1항 각 호의 어느 하나에 해당하는 사유로 휴직하여 후임자의 보충이 불가피할 때
　2. 교원이 파견·연수·정직·직위해제 또는 휴가 등으로 1개월 이상 직무에 종사할 수 없어 후임자의 보충이 불가피할 때
　3. 파면·해임 또는 면직 처분을 받은 교원이 「교원의 지위 향상 및 교육활동 보호를 위한 특별법」 제9조제1항에 따라 교원소청심사위원회에 소청심사를 청구하여 후임자의 보충 발령을 하지 못하게 되었을 때
　4. 특정 교과를 한시적으로 담당할 교원이 필요할 때
② 기간제교원에 대해서는 제56조, 제58조제2항, 제58조의2, 제59조, 제61조, 제61조의2, 제62조, 제62조의2, 제63조, 제64조, 제64조의2, 제65조, 제66조, 제66조의2, 제66조의3제2항·제3항 및 제66조의4를 적용하지 아니하며, 임용기간이 만료되면 당연히 퇴직된다.
③ 기간제교원의 임용기간은 1년 이내로 하되, 필요한 경우 3년의 범위에서 그 기간을 연장할 수 있다.
④ 기간제교원의 임용에 관하여는 제54조의3제5항 및 제6항을 준용한다

제11절 논의

　교원은 농어촌 학교 교육을 발전시키기 위하여 가장 중요한 자원이다. 양질의 교원을 확보하고 그들의 근무 조건을 개선하여 교육 활동에 전념할 수 있도록 하는 일이 농어촌 교육 발전의 최우선 과제이다. 농어촌 학교 교원 정책을 개선하기 위하여 다음과 같은 과제를 논의할 필요가 있다.

　첫째, 교육행정 실제가 법 정신에 부합하도록 각 시·도교육청의 교원 정책을 재검토해야 한다. 현행 법제는 모든 국민의 교육권 보장과 평등 교육 실현이라는 대원칙을 천명하고, 이를 실현하기 위하여 지역 간 차이에도 불구하고 평등한 교육을 실현할 수 있도록 교원을 수급하고 지역 실정을 살려서 교육 활동을 전개할 수 있도록 교원을 배치하는 등 방침을 수립하고 있다. 이 원칙에 비추어본다면 농어촌 지역 학교는 대개 어려운 상황에서 교육활동을 전개해야 하기 때문에 도시 소재 학교에 비하여 기준을 초과하여 교원을 배치하고,

나아가 농어촌 지역과 학교에 대한 이해가 깊고 학생 지도 역량을 갖춘 교원을 배치해야 한다.

그런데, 행정 실제를 살펴보면 농어촌 학교는 체계적으로 불이익을 겪고 있다. 우선, 각 시·도교육청의 교원 배치 기준을 살펴보면 농어촌 학교에 대한 별도의 기준을 적용하는 사례는 찾아보기 어렵다. 따라서 소규모 학교가 많은 농어촌 학교에는 적은 수의 교사만 배치된다. 나아가, 농어촌 학교에 배치되는 교사들의 근무 기간이 도시 학교에 비하여 상당히 짧은 경우가 많다. 교사가 너무 자주 교체되다보니 학교를 공동체로 만든다거나 지역사회와 함께 하는 학교를 만드는 일은 엄두도 내지 못한다. 더 심각한 경우는 농어촌 학교에 배치할 수 있는 교원이 넉넉하지 않다보니 신규 임용 교원 등 경력이 매우 짧은 교사들을 집중적으로 배치하는 경우도 있다. 이에 따라 학생 지도는 물론 학교 운영에도 어려움이 많다.

요컨대, 법 정신을 따른다면 교육권을 평등하게 보장하기 위하여 농어촌 학교 교원 인사 행정을 특별히 배려할 필요가 있으나, 현실은 그와 반대이다. 오히려 현행 교원인사 제도는 농어촌 학교의 교육활동에 어려움을 초래하고 있다. 법 정신을 살리는 방향에서 교원인사 정책의 변화를 모색해야 한다.

둘째, 교원순환근무제에 대해서는 양면의 평가가 존재한다. 이 제도는 동일 학교에서 장기간 근무하는 과정에서 발생할 수 있는 침체와 무기력을 극복하고 교원으로서의 역할 수행 효과를 제고하기 위하여 도입되었으나, 정기적으로 이동하는 과정에서 학교에 대한 애정을 가지지 못하며 책임감이 저하되는 요인이 된다는 문제도 지적되고 있다(임연기, 2021).

그러나, 농어촌 학교 교원 확보에 상당한 어려움을 겪고 있는 외국과 비교하면 우리나라의 형편은 상대적으로 나은 편이며, 순환근무제도가 이에 상당히 기여했다는 사실을 부인할 수는 없다. 교원인사 제도를 획기적으로 개편하지 않는 한, 현재로서는 교원순환근무제를 개선하면서 농어촌 학교 교원을 확보할 수밖에 없다. 크게 두 가지 점을 개선할 필요가 있다. 첫째, 농어촌 학교에서 교육하는 교원 중 일부는 지나치게 짧은 기간 근무하기 때문에, 학교나 학생에 대한 이해를 심화하지 않은 채 기계적으로 교육 활동에 임하는 경우가 있다.

둘째, 앞에서 지적한 문제와 연관된 것이지만, 농어촌 학교 근무 교원 중 농어촌 지역과 학생에 대한 이해가 현저히 부족하여 교육활동의 효과를 기대하기 어려운 경우가 없지 않다.

이와 같은 문제를 개선하기 위해서는 농어촌 학교로 전보하는 교원에 대해서 최소 근무 기간을 상향하여야 한다. 현재는 시도교육청에 따라서 2년 또는 3년을 최소 근무 기간으로 정한 경우도 있으나, 이 기간을 상향하여야 한다. 아울러, 전보된 교원이 농어촌 지역과 학생을 이해하고 교육활동을 전개하기 위해서는 학교장의 리더십이 매우 중요하다. 학교장이 신규 전보 교원이 농어촌 지역과 학생, 나아가 지방자치단체와 주민들을 이해할 수 있도록 다양한 활동을 함께할 필요가 있다.

셋째, 농어촌 학교에서 전문성을 발휘할 수 있는 교원을 확충하려는 노력을 계속해야 한다. 근래 일부 지역에서 교원 임용 시에 특정 지역에서 8년 정도 계속해서 근무하는 것을 조건으로 신규 교원을 선발하는 제도를 시행하고 있다. 이와 함께, 농어촌 지역 학교에서 일정 기간 이상 근무하는 조건으로 교원 양성 과정에서부터 장학금을 지급하는 경우도 있다. 이와 같은 제도는 농어촌 학교 교원을 안정적으로 확보하는 데 상당히 기여할 것으로 평가된다.

이 제도는 교원 양성 과정의 개선을 동반하면서 앞으로 더 확대하는 편이 바람직하다. 이미 광주교육대학교나 청주교육대학교 등 일부 교원 양성 대학이 농산촌이나 어촌에서 2주 정도 벽지학교를 경험하는 교육실습을 전개한 사례가 있는데, 농어촌 학교 교원 양성에서는 이와 유사한 교육실습을 더 확대하는 편이 바람직하다. 임연기(2021: 214-216)에 따르면, 일본 홋카이도교육대학에서는 벽지학교 체험실습을 실행하고 있는데, 2학년 학생들은 1주간, 3, 4학년 학생들은 각 2주간 벽지 소재 소규모 학교의 특색인 소인수 학생 학급지도, 지역교재 개발, 아동 이해 방법, 지역과 연계한 교육 운영 등을 체험한다. 또, 교육실습 외에 '벽지교육론'을 기초 과목으로 설정하여 모든 학생이 배우도록 하고 있다. 우리나라에서 현재 시행하고 있는 교원특별양성 제도는 농어촌 학교 교육을 이해하기 위한 교육과정 개설을 확대하고, 도서벽지 학교 실습을 강화하는 일을 포함하여 확대할 필요가 있다.

넷째, 순회교사, 산학겸임교사, 기간제 교사 제도는 정규 교원을 대체하는 방식이 아니라, 농어촌 학교 교육을 강화하는 방향에서 활용해야 한다. 현행 법에 따르면, 농어촌 지역 자율학교에서는 교원 정원의 3분의 1 범위 내에서 교원을 산학겸임교원으로 대체할 수 있다. 또, 정규 교원이 휴직하거나 특정 교과목을 일정 기간 담당하도록 할 필요가 있을 때 기간제 교원을 채용하고 있다. 순회교사는 특정 교과목을 담당할 교원이 없거나 부족한 경우 활용하고 있다. 이와 같은 제도는 농어촌 학교 교원이 없거나 부족한 경우 이를 대체하기 위하여 활용되고 있다.

그런데, 농어촌 학교 교원 배치를 특별히 배려할 수 없는 상황이라면, 산학겸임교사나 기간제 교사 제도를 활용하여 농어촌 학교 교육 여건을 개선하는 정책을 시행할 필요가 있다. 예컨대, 농어촌 학교에서는 산학겸임교원으로 교원을 대체하도록 하기보다는 정규 교원 외에 산학겸임교원을 일정 수 채용할 수 있도록 하거나 농어촌 학교에서는 교원 휴직 등 사유가 없는 경우에도 교장의 결정으로 기간제 교원을 채용할 수 있도록 하면 교원 여건을 실질적으로 개선할 수 있을 것이다.

제8장 농어촌 학교 교원의 처우 개선

제1절 농어촌 학교 교원 인사 우대

　교원은 교육활동의 중요한 요소이다. 「교육기본법」 제14조제1항은 "학교교육에서 교원의 전문성은 존중되며, 교원의 경제적·사회적 지위는 우대되고 그 신분은 보장된다."고 규정하여 교원 우대 원칙을 명확히 밝히고 있다. 교원 우대 원칙을 구체화하기 위하여 「교원의 지위 향상 및 교육활동 보호를 위한 특별법」을 제정하여 교원에 대한 예우 원칙, 교원 보수 우대, 교원에 대한 불체포 특권, 학교안전사고로부터의 보호, 교원의 신분 보장 등을 구체적으로 정하고 있다.

　교원 우대 원칙은 「교육기본법」에서 천명하고, 「교원의 지위 향상 및 교육활동 보호를 위한 특별법」에서 구체적인 사항을 정하고 있다. 특히 농어촌 학교 교육을 강화하는 것은 교육의 기회균등을 실현하는 일로서의 의미를 지니기 때문에, 국가에 학교교육의 핵심인 교원을 우대하고 그들에게 적절한 여건을 제공할 의무를 부과하고 있다. 「교육기본법」은 교육 여건을 최소화하고 나아가 지역 실정에 맞는 교육을 실시하기 위한 시책을 수립하여 실시할 것을 국가와 지방자치단체에 의무로서 부과하고 있으며, 「농어업인삶의질법」은 농어촌 학교 근무 교원에 대한 우대 원칙을 천명하고, 「도서·벽지교육진흥법」은 인사 우대의 구체적인 방안을 규정하고 있다. 이 법률에서는 도서·벽지학교 근무 교원에 대하여 주택 제공, 연수 기회 우선 부여와 연수 경비 제공, 그리고 도서·벽지수당 지급 의무 등을 국가와 지방자치단체에 부여하고 있다.

교육기본법

제14조(교원) ① 학교교육에서 교원(敎員)의 전문성은 존중되며, 교원의 경제적·사회적 지위는 우대되고 그 신분은 보장된다.

교원의 지위 향상 및 교육활동 보호를 위한 특별법

제1조(목적) 이 법은 교원에 대한 예우와 처우를 개선하고 신분보장과 교육활동에 대한 보호를 강화함으로써 교원의 지위를 향상시키고 교육 발전을 도모하는 것을 목적으로 한다.

제2조(교원에 대한 예우) ① 국가, 지방자치단체, 그 밖의 공공단체는 교원이 사회적으로 존경받고 높은 긍지와 사명감을 가지고 교육활동을 할 수 있는 여건을 조성하도록 노력하여야 한다.

② 국가, 지방자치단체, 그 밖의 공공단체는 교원이 학생에 대한 교육과 지도를 할 때 그 권위를 존중받을 수 있도록 특별히 배려하여야 한다.

③ 국가, 지방자치단체, 그 밖의 공공단체는 그가 주관하는 행사 등에서 교원을 우대하여야 한다.

④ 제1항부터 제3항까지에서 규정한 사항 외에 교원에 대한 예우에 필요한 사항은 대통령령으로 정한다.

제3조(교원 보수의 우대) ① 국가와 지방자치단체는 교원의 보수를 특별히 우대하여야 한다.

② 「사립학교법」 제2조에 따른 학교법인과 사립학교 경영자는 그가 설치·경영하는 학교 교원의 보수를 국공립학교 교원의 보수 수준으로 유지하여야 한다.

제4조(교원의 불체포특권) 교원은 현행범인인 경우 외에는 소속 학교의 장의 동의 없이 학원 안에서 체포되지 아니한다.

제5조(학교 안전사고로부터의 보호) ① 각급학교 교육시설의 설치·관리 및 교육활동 중에 발생하는 사고로부터 교원과 학생을 보호함으로써 교원이 그 직무를 안정되게 수행할 수 있도록 하기 위하여 학교안전공제회를 설립·운영한다.

② 학교안전공제회에 관하여는 따로 법률로 정한다.

제6조(교원의 신분보장 등) ① 교원은 형(刑)의 선고, 징계처분 또는 법률로 정하는 사유에 의하지 아니하고는 그 의사에 반하여 휴직·강임(降任) 또는 면직을 당하지 아니한다.

② 교원은 해당 학교의 운영과 관련하여 발생한 부패행위나 이에 준하는 행위 및 비리 사실 등을 관계 행정기관 또는 수사기관 등에 신고하거나 고발하는 행위로 인하여 정당한 사유 없이 징계조치 등 어떠한 신분상의 불이익이나 근무조건상의 차별을 받지 아니한다.

교육기본법

제4조(교육의 기회균등 등) ② 국가와 지방자치단체는 학습자가 평등하게 교육을 받을 수 있도록 지역간의 교원 수급 등 교육 여건 격차를 최소화하는 시책을 마련하여 시행하여야 한다.

제5조(교육의 자주성 등) ② 국가와 지방자치단체는 관할하는 학교와 소관 사무에 대하여 지역 실정에 맞는 교육을 실시하기 위한 시책을 수립·실시하여야 한다.

> **농어업인삶의질법**
>
> **제20조(농어촌 교육여건 개선의 책무)** ① 국가와 지방자치단체는 농어촌 주민의 교육기회를 보장하기 위하여 교육여건의 개선 및 발전을 위한 시책을 마련하여야 한다.
> **제26조(농어촌학교 교직원의 우대)** ① 국가와 지방자치단체는 농어촌학교 교직원이 높은 긍지와 사명감을 가지고 교육활동에 전념할 수 있도록 인사상의 우대, 연수 기회의 우선적 부여, 근무부담의 경감 등 근무여건 개선책을 마련하여야 한다.
> ② 국가와 지방자치단체는 농어촌학교 교직원이 농어촌에 거주하면서 학생의 교육 및 생활지도에 전념할 수 있도록 주거편의를 우선적으로 제공하여야 한다.
> ③ 국가와 지방자치단체는 농어촌학교에 근무하는 교원에게 대통령령으로 정하는 바에 따라 수당을 지급할 수 있다.

> **도서·벽지교육진흥법**
>
> **제3조(국가의 임무)** 국가는 도서·벽지의 의무교육을 진흥하기 위하여 다른 것에 우선하여 다음 각 호의 조치를 하여야 하며, 이에 필요한 모든 경비를 다른 것에 우선하여 지급하여야 한다.
> 5. 교원(敎員)에 대한 주택 제공
> **제4조(지방자치단체의 임무)** 지방자치단체는 도서·벽지의 의무교육을 진흥하기 위하여 다음 각 호의 조치를 하여야 한다.
> 2. 교원에 대한 연수기회의 우선 부여와 연수 경비의 지급
> **제5조(도서·벽지수당)** 국가는 도서·벽지학교에 근무하는 교원에게는 대통령령으로 정하는 바에 따라 도서·벽지의 급지별(級地別)로 도서·벽지수당을 지급하여야 한다

제2절　가산점 제도 운용

가산점은 조직의 구성원들로 하여금 직무 수행의 동기를 부여하고 능력 계발을 촉진하기 위하여 특별한 자격을 취득하거나, 특수한 근무 경력을 가지고 있거나, 특별한 근무 실적 등에 대하여 일정 점수를 평정에 가산해주는 제도를 의미한다(서정화 외, 2011). 승진 기회가 많지 않은 교직사회에서 승진을 위한 평정에서 가산점을 부여하는 것은 교원의 인사 우대 면에서 매우 중요한 의미를 지닌다.

「교육공무원승진규정」은 교육공무원에게 적용하는 가산점을 공통 가산점과 선택 가산점으로 구분하고 있다. 이 중 농어촌 학교 근무 경력에 대하여 선택 가산점을 부여하고 있다.

교육공무원승진규정

제41조(가산점) ① 교육공무원으로서 해당 직위에서 제3항 및 제5항에 따라 가산점이 산정된 사람에 대해서는 명부작성권자가 제40조에 따른 각 평정점의 합산점수에 가산점을 더하되, 전직을 한 경우에는 전직하기 전의 직위에서 취득한 가산점(교육전문직원 경력이 있는 교감은 교감의 자격증을 받은 후의 가산점만을 말하며, 교육전문직원은 교감등의 직위에서 취득한 가산점만을 말한다)을 포함한다.
② 가산점은 공통가산점과 선택가산점으로 구분한다.
⑤ 선택가산점은 다음 각 호의 어느 하나에 해당하는 사유가 있는 자에게 명부작성권자가 항목 및 점수의 기준을 정하여 산정할 수 있다. 이 경우 선택가산점의 총합계는 10점을 초과할 수 없고, 그 기준은 평정기간이 시작되기 6개월 전에 공개하여야 한다.
　1.「도서·벽지교육진흥법」제2조에 따른 도서벽지에 있는 교육기관 또는 교육행정기관에 근무한 경력이 있는 경우
　2. 읍·면·동지역의 농어촌 중 명부작성권자가 농어촌 교육의 진흥을 위하여 특별히 지정한 지역의 학교에 근무한 경력이 있는 경우

가산점을 부여받을 수 있는 학교는 「도서·벽지교육진흥법 시행규칙」에서 특정하고 있으며, 교육감은 농어촌 교육을 진흥하기 위하여 학교를 지정하여 가산점을 부여하고 있다. 승진 가산점은 농어촌 학교 교원 확보에 기여하였다는 긍정적 평가를 받고 있으나 학생 교육이 아닌 승진을 목적으로 홀몸으로 하숙 또는 자취를 하거나 장거리 출퇴근을 하는 등 지역에 애정을 가지지 않고 학생 교육에도 책임을 다하지 않는 문제도 함께 노출하고 있다는 지적도 있다 (정지웅 외, 2002: 5).

가산점 제도와 관련하여 평등권과 공무담임권 침해 여부 등을 둘러싸고 소송이 제기된 일이 있다. 관련 판례를 소개한다.

[헌재, 2005. 12. 22. 선고, 2002헌마152 결정]

청구인들은 경상남도 교육청의 교육공무원인 초등학교 교사들로서 도서·벽지학교에 근무하였거나 근무할 가능성이 있는 사람들이다. 초등학교 교사가 교감으로 승진하는 과정은 다음과 같다.

교사들에 대하여 매년 12. 31.을 기준으로 〈별표 1〉의 기준에 따라 평정하고, 다음해 1. 31.을 기준으로 평정 점수가 높은 순서에 따라 교감연수대상자 명부를 작성하고, 그 순위에 따라 교감연수대상자를 지명한다. 교감연수를 받은 교사에 대하여 〈별표 1〉의 평정 점수가 높은 순서로 승진후보자명부를 작성하고, 그 순위에 따라 승진예정인원의 3배수의 범위에서 선발하여 교감으로 승진 발령한다. 교육공무원승진규정은 선택가산점 사유로 9가지를 규정하고 있는데, 도서·벽지학교의 근무도 그 중 하나이다. 도서·벽지 근무 가산점(이하 '벽지가산점'이라고 줄여쓴다) 제도는 교사들이 근무를 기피하는 도서·벽지학교 근무를 유도하기 위한 것으로서 벽지근무기간에 월별 기준점수를 곱하여 평정하는데, 〈별표 2〉와 같이 벽지 등급에 따라 가산점수 기준이 다르다. 그런데 벽지가산점의 상한은 〈별표 3〉과 같이 변천되었다. 〈별표 3〉의 부가점수는 교육감이 해당 지역의 실정을 고려하여 부가할 수 있는 가산점의 한도이다. 그러다가 1997. 7. 9. 대통령령 제15424호로 교육공무원승진규정 중 가산점에 관한 규정인 제34조를 제41조로 개정하여 벽지가산점은 〈별표 2〉의 월기준점 이내에서 명부작성권자가 평정하도록 하면서 부칙 제5조에서 1997. 12. 31.까지는 종전 규정을 적용하도록 경과규정을 두었다. 이에 따라 경상남도 교육청의 벽지가산점은 〈별표 4〉와 같이 시행되어 벽지근무기간에 따라 벽지가산점 점수가 다르게 되었다. 그 후 2001. 7. 7. 대통령령 제17292호로 교육공무원승진규정 제41조가 개정되면서 벽지가산점을 포함한 선택가산점은 명부작성권자인 교육감이 기준을 정하여 산정하도록 개정하고 2002. 1. 1.부터 시행하도록 하였다. 이에 따라 경상남도 교육청에서는 2001. 12. 31. 경상남도교육청 예규 제15호로 "경상남도교육공무원가산점평정규정"을 개정하였는데, 제7조제1항에서 도서·벽지학교 근무경력에 대한 가산점은 〈별표 2〉와 같이 하되 2점을 초과할 수 없다고 규정하고, 제7조제2항에서 1997. 12. 31. 이전까지의 근무경력은 종전규정을 적용한다고 규정하였다.

청구인들은 위 평정규정 제7조제2항, 부칙 제2조, 제3조, 제4조는 동일한 도서·벽지학교 근무경력에 대하여 근무시기에 따라 가산점이 달라지게 규정하여 1997. 12. 31. 이전에 도서·벽지학교에 근무한 교사의 기득권만을 지나치게 보호하여, 청구인들의 평등권, 공무담임권 등을 침해한다고 주장하며, 그 위헌확인을 구하는 이 사건 헌법소원심판을 2002. 2. 27. 청구하였다.

【판단】

교원에 대한 승진임용권을 가진 교육감은 교사 중에서 교감을 선발하기 위하여 교사들을 여러 기준에 의하여 평가하고 그 평가결과가 우수한 교사를 교감으로 선발하여 임용할 권한을 가진다. 교육감은 그러한 권한을 행사함에 있어서 교사들에 대한 평가의 사유와 기준을 교육정책과 인사정책의 필요에 맞추어 적절히 설정하고 조정할 재량권을 가진다. 교육감이 교사들에 대한 평가기준의 하나인 벽지가산점의 한도를 감축하면서 제도 변경 전에 종전의 기준에 따라 이미 취득한 높은 벽지가산점을 기득권으로 존중·유지하기로 한 경우에, 그로 인하여 승진임용에 관하여 불리하게 되는 교사들이 생기더라도 그러한 교사들의 공무담임권(승진권)을 침해한다고 보기 어렵다. 교사들에 대한 승진임용기준 및 그를 위한 평가기준의 설정·변경은 인사권자인 교육감의 재량에 맡겨진 사항이고, 교육감의 권한에 의하여 승진임용과 평가의 기준이 변경된 경우에 승진임용의 대상자들인 교사들이 제도변경 전후의 평가기준을 승진임용심사에서 동등하게 취급하라고 요구할 권리를 가진다고 볼 수 없기 때문이다. 이는 벽지가산점의 한도를 감축시키는 제도변경으로 인하여 낮은 벽지가산점을 받게 된 교사들은 물론이고 제도변경 전후를 불문하고 벽지가산점을 전혀 취득하지 못한 교사들도 마찬가지이다.

그러나 교육감의 인사행정에 관한 재량권 행사라고 하더라도 특정의 교사들을 합리적인 이유 없이 불리하게 차별대우함으로써 현저하게 불공평한 결과를 초래한다면 헌법상 평등의 원칙에 반한다고 할 것이다.

따라서 이 사건 평정규정에 대해서는 결국 위와 같은 벽지가산점의 차등적용이 헌법상의 평등원칙에 위반되는지 여부만 문제된다고 할 것이다.

벽지가산점 제도의 목적은 근무여건이 열악한 도서·벽지학교에 다니는 학생들에 대한 교육목표를 달성하기 위하여, 교사들의 도서·벽지학교 근무를 유도하기 위한 것으로서, 교육의 지역 간 균형 발전이라는 공공복리를 증진하기 위하여, 필요하고 합리적인 것이라고 할 수 있다.

위와 같은 벽지가산점 제도의 취지에 비추어 보면 벽지가산점의 한도는 교사들의 도서·벽지학교 근무를 유인할 필요성의 크기에 비례하여 정하는 것이 합리적이라고 할 수 있다. 도서·벽지학교를 근무여건이 열악한 정도에 따라 등급을 나누어 〈별표 2〉와 같이 벽지가산점의 한도를 차별하여 규정한 것이나, 〈별표 3〉과 같이 벽지가산점의 한도를 변경하여 시행한 것은, 모두 위와 같은 필요성의 정도에 부응한 것으로서 합리적이라고 할 것이다. 그리고 1990년부터 대통령령(교육공무원승진규정)에서 벽지가산점의 기본점수를 2점으로 정하면서 각 지방 교육청의 재량에 따라 부가점수를 줄 수 있도록 한 것도 각 지역의 필요성의 정도를 반영하기 위한 것이라고 할 수 있다. 교육감이 벽지가산점의 부가점수를 얼마로 정할 것인가는 해당 지역의 실정, 벽지학교에 필요한 교원 수, 교원들의 벽지학교 지원 현황, 벽지학교 가산점이 교원승진에 미치는 영향의 정도 기타 교육환경과 인사정책을 두루 고려하여 재량껏 정할 수 있는 사항이다.

피청구인이 경상남도 교육청 관내의 벽지가산점 부가점수를 〈별표 4〉와 같이 시기별로 다르게 부여하다가, 1998. 1. 1.부터 부가점수 제도를 폐지하고, 그러한 방침을 2002. 1. 1.부터 시행한 이 사건 평정규정에서도 그대로 유지한 것은 교육환경의 변화에 따른 것이다. 즉, 1997. 3. 1. 전에는 경상남도 내 도서 · 벽지학교의 수가 364개로 학교와 학생 수가 많아 교사들의 벽지학교 근무를 유인할 필요성이 매우 컸으나, 도서 · 벽지의 초등학교 학생 수가 줄어들어 도서 · 벽지학교를 통폐합하게 되어 도서 · 벽지학교의 수와 교원 수가 현저히 줄게 된 점(2001. 12. 31. 현재 19개교, 교원 231명으로 경상남도 전체 교원 8,941명의 2.58%), 교통과 통신 여건이 나아져서 도서 · 벽지학교의 근무여건이 빠른 속도로 개선된 점, 그로 인하여 도서 · 벽지학교에 필요한 교원 수보다 도서 · 벽지학교 근무를 지원하는 교원의 수가 훨씬 많아지게 되었고, 여러 가지 사정으로 도서 · 벽지학교에 근무하지 못하는 교사들이 벽지가산점을 받지 못하는 불이익을 호소하는 일이 많아진 점 등의 교육환경 변화를 반영하여 1998. 1. 1. 이후의 벽지가산점을 기본 2점으로 축소시킨 것이고 그러한 방침을 이 사건 평정규정에서도 그대로 유지한 것이다.

1998. 1. 1.부터 벽지가산점의 상한을 줄인 것은 종전의 벽지가산점제도가 잘못이었기 때문에 수정한 것이 아니라 교육환경의 변화에 부응하여 적절하게 변경한 것이다. 이처럼 교육환경의 변화로 인하여 벽지가산점이 1998. 1. 1.부터 제도적으로 감축된 경우에 그러한 제도 변경 전에 당시의 제도에 따라 높은 벽지가산점을 취득한 교사의 벽지가산점을 그대로 존중할 것인지, 아니면 제도 변경으로 낮아진 벽지가산점 한도에 맞추어 낮게 조정할 것인지 여부도 교육정책과 인사정책을 고려하여 자유롭게 결정할 수 있는 재량사항이라고 할 수 있다. 그러나 종전의 제도에 따라 이미 높은 벽지가산점을 취득한 교사들의 신뢰를 보호하기 위해서는 제도 변경 전에 취득한 높은 벽지가산점을 제도 변경 후에도 그대로 존중하는 것이 바람직하다고 할 것이다. 종전의 제도에 의하여 취득한 높은 벽지가산점이 잘못 부여된 것이 아닌 이상, 이를 제도 변경 후의 벽지가산점 한도에 맞추어 감축하지 않으면 부당하다고 보기 어렵다. 오히려 종전의 제도에 의하여 벽지가산점을 취득한 교사들은 벽지근무를 유인할 필요성이 높은 시기에 높은 가산점을 받고자 벽지근무를 지원하였기 때문에 그들의 기대와 신뢰를 허물기 위해서는 그렇게 할만한 합리적인 이유가 필요할 것이다.

종전의 제도에 의하여 취득한 높은 벽지가산점을 그대로 존중할 경우에 1998. 1. 1. 이후에 낮은 벽지가산점을 취득한 교사들이 승진경쟁에서 상대적으로 불리해진다고 하더라도, 교육환경의 변화에 따른 제도의 변경으로 말미암은 것이므로 1998. 1. 1. 이후에 벽지가산점을 취득한 교사들을 차별대우하는 것이라고 보기 어렵다. 오히려 벽지근무의 필요성과 가산점 한도가 서로 다른 시기에 벽지학교에서 근무한 교사들을 모두 동등하게 취급하는 것은 공평하다고 보기 어렵다.

게다가 벽지가산점을 감축하고 종전의 높은 가산점을 그대로 존중하기로 한 정책은 1998. 1. 1. 이후 시행되어온 것이고, 이 사건 경남평정규정은 2002. 1. 1. 이후에도 종전의 정책을 그대로 유지하기로 한 것일 뿐 벽지가산점에 관하여 새로운 변화를 준 것이 아니다.

이러한 점을 종합하면, 이 사건 평정규정이 1998. 1. 1.을 전후하여 벽지가산점을 다르게 부여하여 온 기존의 제도를 그대로 유지하였다고 하여 1998. 1. 1. 이후에 벽지가산점을 취득한 교사들을 불합리하게 차별대우한다거나 헌법상의 평등원칙에 위반된다고 보기 어렵다.

[헌재, 2016. 12. 29. 선고, 2015헌마315 결정]

청구인은 경기도 교육청 소속 공립초등학교 교사로서 교감으로 승진하고자 한다. 청구인은 도서·벽지 및 접적지역 근무 경력과 농·어촌·공단·접경 지역 근무 경력을 갖추었고, 수업실기대회 우수교사 경력은 없다.

초등학교 교사가 교감으로 승진하기 위해서는 법령이 정하는 교감 자격을 갖추어야 하고, 교감 자격 취득을 위해서는 자격연수를 받아야 하는데, 자격연수를 받기 위해서는 연수 대상자로 선발되어야 한다. 연수 대상자로 선발되기 위해서는 교감과정 응시대상자 순위명부의 선순위자가 되어야 하는데, 순위명부에는 경력평정, 근무성적평정 및 다면평가 합산점, 연수성적평정, 가산점평정을 하여 그 평정점을 합산한 점수가 높은 사람의 순서대로 등재된다. 경기도 교육청은 매년 '교육공무원 승진규정에 따른 평정업무 처리요령'을 만들어 발표하고 있다.

'경기도 교육청 2013. 12. 31. 기준 교육공무원 승진규정에 따른 평정업무 처리요령(유치원, 초등, 특수)'(이하 '2013. 12. 31. 기준 평정업무 처리요령'이라 한다) 제1부 Ⅳ. 3. 나. 3), 4)는 도서·벽지 및 접적지역 근무 경력 가산점과 농·어촌·공단·접경 지역 근무 경력 가산점을 각각 부여하면서, 양자를 합산한 점수가 2.00점을 초과할 수 없게 하는 합산상한점 규정을 두었고, 제1부 Ⅳ. 3. 나. 7)은 수업실기대회 우수교사 경력 가산점을 부여하였다. 청구인의 경우 지역근무경력에 따른 도서벽지 가산점과 농어촌 가산점의 합은 2.00점을 초과하나 합산상한점 규정으로 인하여 2.00점만 인정되었고, 수업실기대회 가산점은 받지 못하여, 2014. 1. 31. 기준 교감과정 응시대상자 순위명부에 등재되지 못했다.

'경기도 교육청 2014. 12. 31. 기준 교육공무원 승진규정에 따른 평정업무 처리요령(유치원, 초등, 특수, 보건)'(이하 '이 사건 평정업무 처리요령'이라 한다) 제1부 Ⅳ. 3. 나. 3), 4) 역시 도서 · 벽지 및 접적지역 근무 경력 가산점(이하 '도서벽지 가산점'이라 한다)과 농 · 어촌 · 공단 · 접경 지역 근무 경력 가산점(이하, '농어촌 가산점'이라 한다)을 각각 부여하면서, 이들 가산점 산정의 기준이 되는 월 · 일 평정점에 대해서는 2013. 12. 31. 기준 평정업무 처리요령보다 상향하였으나, 합산상한점 규정은 동일하게 유지하였다. 이 사건 평정업무 처리요령 제1부 Ⅳ. 3. 나. 7) 역시 2013. 12. 31. 기준 평정업무 처리요령과 동일하게 수업실기대회 우수교사 경력 가산점(이하 '수업실기대회 가산점'이라 한다)을 부여하였다. 청구인의 경우 2014년과 마찬가지로 도서벽지 가산점과 농어촌 가산점은 합산상한점 규정으로 인하여 2.00점만 인정되었고, 수업실기대회 가산점은 받지 못하여, 2015. 1. 31. 기준 교감과정 응시대상자 순위명부에도 등재되지 못했다.

이에 청구인은 교육공무원 승진규정 제41조제5항 및 이 사건 평정업무 처리요령 제1부 Ⅳ. 3. 나. 3), 4), 7)이 자신의 기본권을 침해한다고 주장하면서 2015. 3. 28. 이 사건 헌법소원심판을 청구하였다.

【판단】

가. 이 사건 도서벽지 근무 평정요령, 이 사건 농어촌 근무 평정요령에 대한 판단

　(1) 월 · 일 평정점 상향에 관한 부분

　　공권력의 행사가 헌법소원심판을 청구하고자 하는 자의 법적 지위에 아무런 영향이 미치지 않는다면 애당초 기본권침해의 가능성이나 위험성이 없으므로, 그 공권력의 행사를 대상으로 헌법소원심판을 청구하는 것은 허용되지 아니한다(헌재 1999. 5. 27. 97헌마368, 헌재 2013. 11. 28. 2012헌마166 등 참조).

　　이 사건 도서 · 벽지 근무 평정요령 중 평정점에 관한 부분과 이 사건 농어촌 근무 평정요령 중 평정점에 관한 부분은 각각 도서 · 벽지 가산점과 농어촌 가산점의 산정에 있어서 종래에 비해 월 · 일 평정점을 상향하여 산정하도록 하고 있는바, 청구인을 비롯한 모든 평정대상자의 도서 · 벽지 가산점과 농어촌 가산점이 상향되므로 이로 인하여 청구인이 입게 되는 법적 불이익은 없다.

다만 청구인과 같이 기왕의 도서 · 벽지 가산점 및 농어촌 가산점 산정에서 합산상한점인 2.00점을 취득한 자의 경우에는, 월 · 일 평정점 상향으로 인하여 다른 교사들이 종전보다 짧은 기간으로도 합산상한점인 2.00점을 취득할 수 있어 교감승진에 경쟁자들이 늘어나는 불이익을 입게 되나, 그러한 불이익은 사실상의 불이익에 불과할 뿐 법률적 불이익이라고 볼 수 없다(헌재 2009. 12. 29. 2008헌마692 참조). 따라서 이 사건 도서 · 벽지 근무 평정요령과 이 사건 농어촌 근무 평정요령 중 월 · 일 평정점 상향에 관한 부분은 기본권침해의 가능성이 없다.

(2) 합산상한점에 관한 부분

법령에 대한 헌법소원은 법령 시행과 동시에 기본권의 침해를 받게 되는 경우에는 그 법령이 시행된 사실을 안 날로부터 90일 이내에, 법령이 시행된 날로부터 1년 이내에 헌법소원을 청구하여야 하고, 법령이 시행된 뒤에 비로소 그 법령에 해당되는 사유가 발생하여 기본권의 침해를 받게 되는 경우에는 그 사유가 발생하였음을 안 날로부터 90일 이내에, 그 사유가 발생한 날로부터 1년 이내에 헌법소원을 청구하여야 한다(헌재 2007. 7. 26. 2006헌마1164). 이 경우에 심판대상조항이 그 자구만 수정되었을 뿐 이전의 조항과 비교하여 실질적인 내용에 변화가 없어 청구인이 기본권을 침해당하고 있다고 주장하는 내용에 전혀 영향을 주지 않는다면, 법령조항이 일부 개정되었다고 하더라도 청구기간의 기산은 이전의 법령을 기준으로 한다(헌재 2011. 11. 24. 선고 2009헌마415, 헌재 2014. 1. 28. 선고 2012헌마654 참조).

그런데 이 사건 도서 · 벽지 근무 평정요령과 이 사건 농어촌 근무 평정요령 중 합산상한점에 관한 부분은 2013. 12. 31. 기준 평정업무 처리요령에 처음으로 도입되어 이 사건 평정업무 처리요령에서도 그대로 유지되었으므로, 청구기간의 기산은 2013. 12. 31. 기준 평정업무 처리요령을 기준으로 판단하여야 한다.

청구인은 2014. 1. 31. 기준 교감과정 응시대상자 명부 작성을 위한 2013. 12. 31. 기준 가산점 평정을 받은 바 있으므로, 늦어도 교감과정 응시대상자 명부가 작성된 2014. 1. 31. 무렵에는 이 사건 도서 · 벽지 근무 평정요령과 이 사건 농어촌 근무 평정요령 중 합산상한점에 관한 부분으로 인한 기본권 침해사유가 발생하였다고 봄이 상당하다. 그럼에도 불구하고 청구인은 그로부터 1년이 경과한 후인 2015. 3. 28.에야 비로소 이 사건 심판청구를 하였으므로, 결국 이 사건 도서 · 벽지 근무 평정요령과 이 사건 농어촌 근무 평정요령 중 합산상한점에 관한 부분에 대한 심판청구는 청구기간을 도과하였다.

나. 이 사건 수업실기대회 평정요령에 대한 판단

이 사건 수업실기대회 평정요령은 2013. 12. 31. 기준 평정업무 처리요령과 비교하여 그 내용에 실질적인 변화가 없으므로, 위에서 본 바와 같이 청구기간의 기산은 2013. 12. 31. 기준 평정업무 처리요령을 기준으로 판단하여야 한다. 청구인은 2014. 1. 31. 기준 교감과정 응시대상자 명부 작성을 위한 2013. 12. 31. 기준 가산점 평정을 받은 바 있으므로, 늦어도 교감과정 응시대상자 명부가 작성된 2014. 1. 31. 무렵에는 이 사건 수업실기대회 평정요령으로 인한 기본권 침해사유가 발생하였다고 봄이 상당하다. 그럼에도 불구하고 청구인은 그로부터 1년이 경과한 후인 2015. 3. 28.에야 비로소 이 사건 심판청구를 하였으므로, 결국 이 사건 수업실기대회 평정요령에 대한 심판청구는 청구기간을 도과하였다.

다. 소결

이 사건 도서·벽지 근무 평정요령과 이 사건 농어촌 근무 평정요령 중 월·일 평정점 상향에 관한 부분은 기본권침해의 가능성이 없고, 합산상한점에 관한 부분과 이 사건 수업실기대회 평정요령에 대한 심판청구는 청구기간을 도과하였다.

【결론】

그렇다면 이 사건 심판청구는 부적법하므로 이를 모두 각하하기로 하여, 관여 재판관 전원의 일치된 의견으로 주문과 같이 결정한다.

제3절 | 수당 지급

수당은 임금 가운데 기본급 외에 추가로 붙는 보수를 말한다. 일반적으로 수당은 통상적인 근무 외의 과업을 수행하는 사람에 대하여 근무 의욕을 고취하기 위하여 지급되며, 정기적으로 지급하는 경우도 있고 수시로 지급하는 경우도 있다. 가족수당, 특근수당, 주택수당, 근무지수당, 주말수당 등이 이에 속한다. 가족수당 등은 다분히 사회정책적 의미가 있지만, 벽지수당은 위험수당과 함께 생명수당의 일종으로서 특수지 근무자나 특수업무 종사자에게 지급된다.

「도서·벽지교육진흥법」과 「농어업인삶의질법」은 농어촌 학교 근무 교원에 대한 수당 지급을 규정하고 있다. 「도서·벽지교육진흥법 시행규칙」에서는 도서벽지 지역과 등급을 구분하고, 「공무원수당 등에 관한 규정」 제12조(특수지 근무 수당)에서 수당 기준을 정하여 예산 범위 내에서 지급하고 있다.

한편, 「농어업인삶의질법」에 따라 농어촌 학교에서 근무하는 교원에 대해서는 동법 시행령에서 교육부장관이 기획재정부장관 및 인사혁신처장과 협의하여 지급액과 지급범위 및 지급방법을 정하도록 하고 있다. 이를 근거로 교육부는 「농어촌 학교 순회교원수당 및 복식수업수당 지급에 관한 훈령」을 제정하여 농어촌 학교 순회교사와 복식수업 교사에 대하여 수당 지급 기준을 정하고 있다.

> **도서·벽지교육진흥법**
>
> 제5조(도서·벽지수당) 국가는 도서·벽지학교에 근무하는 교원에게는 대통령령으로 정하는 바에 따라 도서·벽지의 급지별(級地別)로 도서·벽지수당을 지급하여야 한다.

도서 · 벽지교육진흥법 시행규칙

제2조(도서 · 벽지지역과 등급별 구분) 법 제2조의 규정에 의한 도서 · 벽지의 지역과 그 등급별 구분은 별표와 같다

공무원 수당 등에 관한 규정

제12조(특수지근무수당) ① 교통이 불편하고 문화 · 교육시설이 거의 없는 지역이나 근무환경이 특수한 기관에 근무하는 공무원에게는 예산의 범위에서 별표 7의 지급 구분표에 따른 특수지근무수당(교육공무원에게는 도서벽지수당)을 지급한다. 다만, 경찰대학생 · 경찰간부후보생 · 소방간부후보생 · 사관생도 · 사관후보생, 입영훈련 중인 학생군사교육단 사관후보생 및 부사관후보생에게는 이를 지급하지 아니한다.

② 제1항의 경우에 항로표지관리소에서 근무하는 공무원이 자녀를 따로 거주하게 하여 초등학교나 중학교에 취학하게 하는 경우에는 재학기간 중 예산의 범위에서 자녀 1명당 월 10만원의 가산금을 지급한다.

③ 제1항의 특수지근무수당의 지급대상인 지역과 그 등급별 구분은 재외공무원의 경우에는 외교부령으로, 재외공무원 외의 공무원의 경우에는 별표 7의2의 특수지근무수당 지급대상 지역등급 구분기준표에 따라 경찰공무원은 행정안전부령 또는 해양수산부령으로, 국립교육기관 · 교육행정기관 및 교육연구기관 소속 교육공무원은 교육부령으로, 교육감이 맡아 주관하는 교육기관 · 교육행정기관 및 교육연구기관 소속 교육공무원과 「소방공무원임용령」 제3조제1항 및 같은 조 제5항제1호 · 제3호에 따라 특별시장 · 광역시장 · 특별자치시장 · 도지사 · 특별자치도지사(이하 "시 · 도지사"라 한다)가 임용권을 행사하는 소방공무원(이하 "시 · 도소방공무원"이라 한다)은 특별시 · 광역시 · 특별자치시 · 도 또는 특별자치도(이하 "시 · 도"라 한다) 조례로, 그 밖의 공무원은 총리령으로 각각 정하며, 특수지근무수당의 지급대상인 근무환경이 특수한 기관과 그 등급별 구분은 해당 기관의 특수성과 다른 기관과의 형평을 고려하여 경찰공무원의 경우에는 행정안전부령 또는 해양수산부령으로, 그 밖의 공무원인 경우에는 총리령으로 각각 정한다.

④ 특수지근무수당의 지급대상지역에 관한 실태조사는 5년마다 정기적으로 실시한다. 다만, 특수지근무수당 지급대상지역의 급격한 환경 변화 등으로 지급대상지역을 조정할 필요가 있는 경우에는 수시로 실태조사를 할 수 있다

농어업인삶의질법

③ 국가와 지방자치단체는 농어촌학교에 근무하는 교원에게 대통령령으로 정하는 바에 따라 수당을 지급할 수 있다.

> ### 농어업인삶의질법 시행령
>
> **제11조(농어촌학교 교원의 수당)** 법 제26조제3항에 따라 농어촌학교에 근무하는 교원에게는 수당을 지급하되, 그 지급액·지급범위 및 지급방법 등에 관하여는 교육부장관이 기획재정부장관 및 인사혁신처장과 미리 협의하여 정한다

> ### 농어촌학교 순회교원수당 및 복식수업수당 지급에 관한 훈령
>
> **제1조(목적)** 이 규정은 「농어업인 삶의 질 향상 및 농어촌 지역 개발촉진에 관한 특별법」 제26조 및 같은 법 시행령 제11조에 따라 농어촌학교의 순회교원 및 복식수업담당교원에게 수당을 지급하는 데 필요한 사항을 규정함을 목적으로 한다.
>
> **제2조(순회교원수당)** ① 임용권자로부터 겸임근무를 명받아 농어촌학교가 포함된 2개 이상의 학교를 순회 근무하거나 교육청 소속 교원으로서 1개 이상의 농어촌학교를 순회 근무하는 교원에게는 예산의 범위에서 월 50,000원의 순회교원수당을 지급한다.
>
> ② 제1항에도 불구하고 「공무원수당 등에 관한 규정」 제12조에 따라 도서벽지수당을 지급받고 있는 교원에게는 월 30,000원의 순회교원수당을 지급한다.
>
> **제3조(복식수업수당)** ① 소규모 농어촌학교에서 학년별 학급편성이 곤란하여 2개 학년 이상의 학생들을 1개 학급으로 편성하여 수업하는 교원에게는 예산의 범위에서 월 50,000원의 복식수업수당을 지급한다.
>
> ② 제1항에도 불구하고 「공무원수당 등에 관한 규정」 제12조에 따라 도서벽지수당을 지급받고 있는 교원에게는 월 30,000원의 복식수업수당을 지급한다.
>
> **제4조(지급일)** 제2조의 순회교원수당 및 제3조의 복식수업수당은 매월 「공무원보수규정」 제20조에 따른 보수지급일에 지급한다.

제4절 주거 편의 지원

1. 주거 편의 제공

일반적으로 교원들이 농어촌 학교 근무를 기피하는 중요한 요인 중 하나가 주거 시설의 열악함에 있다. 따라서 농어촌 학교에 유능한 교사를 유치하기 위하여 필요한 전제 조치 중 하나가 농어촌 학교 교원에게 주거 편의를 제공하는 일이다. 쾌적하고 안정된 주거는 교원의 근무 의욕을 높이고 장기간 근무할 수 있는 중요한 유인이 된다.

그런데 도서 지역에 근무하던 교사가 관사에서 성폭행을 당하여 사회에 큰 충격을 주었던 사건이 있었다. 당시 관사에는 경비 인력이 배치되기는커녕 CCTV도 설치되어 있지 않았다. 도서·벽지 지역 교사 관사의 주거 여건을 논하기 전에 최소한의 안전마저도 위협받고 있는 것이 현실이다.

「도서·벽지교육진흥법」, 「농어업인 삶의 질 법」에서 국가와 지방자치단체의 농어촌 학교 교원에 대한 주거 편의 제공 의무를 규정하고 있다. 경기도교육청은 「경기도교육청 교직원 공동사택 운영관리 규정」을 제정하여 입주 대상과 입주 대상자 선정, 거주 기간과 입주자 의무 등에 관한 사항을 정하고 있다. 부산시교육청 역시 「부산광역시교육청 사택 관리 규정」을 제정하여 유사한 사항을 정하고 있다.

도서·벽지교육진흥법

제3조(국가의 임무) 국가는 도서·벽지의 의무교육을 진흥하기 위하여 다른 것에 우선하여 다음 각 호의 조치를 하여야 하며, 이에 필요한 모든 경비를 다른 것에 우선하여 지급하여야 한다.
5. 교원(敎員)에 대한 주택 제공

농어업인삶의질법

제26조(농어촌학교 교직원의 우대) ① 국가와 지방자치단체는 농어촌학교 교직원이 높은 긍지와 사명감을 가지고 교육활동에 전념할 수 있도록 인사상의 우대, 연수 기회의 우선적 부여, 근무부담의 경감 등 근무여건 개선책을 마련하여야 한다.
② 국가와 지방자치단체는 농어촌학교 교직원이 농어촌에 거주하면서 학생의 교육 및 생활지도에 전념할 수 있도록 주거편의를 우선적으로 제공하여야 한다.

경기도교육청 교직원 공동사택 운영관리 규정

제1조(목적) 이 지침은 경기도교육청 교직원 공동사택의 관리, 운영 및 사용에 관한 사항을 규정함을 목적으로 한다.
제2조(입주대상) 경기도교육청 교직원 공동사택(이하 "사택"이라 한다)에 입주할 수 있는 사람은 사택이 소재한 시·군내의 각급학교에 근무하고 있는 교직원으로 한다. 다만, 사택이 소재한 입주희망자가 없을 경우에는 다른 시·군의 각급학교에 근무하고 있는 교직원도 입주할 수 있다.

제3조(용어의 정의) 사택이라 함은 교직원의 주거용으로 사용하는 10세대 이상의 집합건물을 말한다.

제4조(관리책임) ① 교육감은 사택을 효율적으로 관리하기 위하여 사택이 소재하는 지역의 교육지원청 교육장에게 다음 각 호의 사무를 위임하여 운영 및 관리를 하게 한다.

  1. 사택의 권리 보존에 대한 제반 행정조치
  2. 사택의 사용 허가
  3. 사택의 관리를 위한 제반 사항과 안전관리
  4. 그 밖에 사택의 운영에 관한 사항

② 교육장은 제1항의 규정에 의한 위임 사무를 처리하기 위하여 소속 공무원 중에서 사택 관리 공무원을 지정할 수 있다.

③ 교육장은 사택의 유지관리 및 운영과 관리비 부담 등을 고려한 사택관리계획을 수립·시행하여야 하며, 동 계획의 변경이 필요한 경우에는 즉시 사택 관리변경 계획을 수립·시행하여야 한다.

제5조(관리위원회) ① 교육장은 사택의 관리 운영에 관하여 교육장의 자문에 응하기 위하여 공동사택 운영관리위원회(이하 "관리위원회"라 한다)를 구성 운영한다.

② 관리위원회는 위원장과 부위원장 각 1명을 포함한 10명 이내로 구성한다.

③ 위원장은 교육장이 되고 부위원장은 위원 중에서 위촉하며 위원은 교육지원청 및 관내 각급학교의 교직원 중에서 교육장이 임명한다.

④ 위원장은 관리위원회를 소집하며 그 의장이 된다. 다만, 위원장이 부득이한 사유로 직무를 수행할 수 없을 때에는 부위원장이 그 직무를 대행한다.

⑤ 관리위원회는 재적위원 과반수의 출석으로 개회하고 출석위원 과반수의 찬성으로 의결한다.

⑥ 관리위원회는 다음 각 호의 사항을 심의한다.

  1. 사택의 관리 운영에 관한 사항
  2. 입주지 선별기준의 제정에 관한 사항
  3. 입주자의 입주, 퇴거에 관한 사항
  4. 입주자가 부담하여야 할 경비에 관한 사항
  5. 그 밖에 사택의 관리 운영에 관한 사항

제6조(입주 대상자 선정) ① 입주를 희망하는 자는 별지 제1호 서식에 의한 입주신청서를 학교장에게 제출하여야 하며 이를 접수한 학교장은 입주대상자를 선정 교육장에게 추천하여야 한다.

② 교육장은 학교장이 제출한 입주신청서를 접수하였을 때에는 입주 승인 여부 등을 결정하여 학교장에게 통보하여야 한다.

③ 입주 승인을 받은 공무원은 별지 제2호 서식에 의한 입주신고서 및 별지 제3호 서식에 의한 서약서를 학교장에게 제출하여야 하며 학교장은 이를 교육장에게 보고(통보)하여야 한다.

④ 입주 승인을 받은 자가 입주에 필요한 절차를 취하지 않거나 지정된 입주 기간 내 입주하지 아니한 때에는 입주 의사가 없는 것으로 보고 입주 승인을 취소할 수 있다.

제7조(거주기간) 거주기간은 2년을 원칙으로 한다. 다만, 입주희망자가 없거나 교육장이 특히 필요하다고 인정할 때에는 그 기간을 연장할 수 있다.

제8조(관리비 부담) 다음 각 호의 내용을 제외한 사택 유지관리 및 운영에 필요한 경비는 입주자가 부담한다.

  1. 기본시설비(건물의 신·개축 및 증축, 공작물 및 구축물의 시설, 대규모 기계 기구 설치, 통신 가설, 수도, 조경시설)

  2. 대수선비(건물의 보존을 목적으로 하는 경우)

제9조(손해배상 등) 입주자가 사택 또는 그 부대시설 등을 파손 또는 망실하였을 때에는 원상을 회복하거나 이에 필요한 비용을 부담하여야 한다.

제10조(입주자의 의무 등) ① 입주자는 공무원의 품위를 유지하여야 하며 교육감 또는 교육장이 정한 제 규정을 준수하여야 한다.

② 입주자는 공동생활의 질서를 지켜야 하며, 제반 시설물을 선량하게 관리하여야 한다.

제11조(금지사항) 입주자는 교육장의 승인을 얻지 않고는 다음 각 호의 행위를 하여서는 안 된다.

  1. 사택 사용권의 양도, 대여 또는 이와 유사한 행위

  2. 사택을 주거이외의 목적으로 사용하는 행위

  3. 사택의 용도 또는 형상을 변경하거나 시설물을 증설 또는 제거하는 행위

  4. 공용부분 및 부대시설과 복리시설을 점유하여 사용하는 행위

  5. 광고물을 부착 또는 표시하는 행위

  6. 사택내에 가축을 사육하는 행위

  7. 그 밖에 교육감 및 교육장이 금지하는 행위 〈개정 2021. 11. 4.〉

제12조(퇴거) ① 입주자는 본인의 의사에 따라 제13조에 의한 퇴거 절차에 의거 퇴거할 수 있다.

② 입주자가 다음 각 호에 해당될 때에는 당연히 퇴거하여야 한다.

  1. 퇴직, 사망 등의 사유로 공무원의 신분을 상실한 경우

  2. 사택소재지 이외의 지역으로 전보된 경우. 다만, 사택의 입주희망자가 없을 경우에는 계속 거주할 수 있다.

  3. 거주기간이 만료되었을 경우

  4. 제10조 및 제12조의 입주자 의무와 금지사항을 위반하였을 경우

  5. 공동생활을 해치거나 이에 부당하다고 인정하는 경우

  6. 그 밖에 교육장이 특별히 정한 경우

제13조(퇴거절차) ① 본인의 의사에 따라 퇴거하고자 하는 사람은 퇴거예정일 15일전까지 별지 제4호서식에 의한 퇴거신청서를 학교장에게 제출하여야 한다.

② 학교장이 전항의 퇴거신청서를 접수한 때에는 즉시 교육장에게 보고(통보)하여 승낙 여부를 결정받아 본인에게 통지하여야 한다.

2. 주거 편의 개선

도서 지역 학교에서 근무하던 20대 여교사가 관사 내에서 성폭행을 당한 사건을 계기로 농어촌 학교 관사의 열악함이 널리 알려졌다. 당시 언론보도65)에 따르면, 경기도 내 학교관사 중 42%가 빈집으로 방치되어 있었다. 시설이 노후하고 교통이 불편하여 거주를 희망하는 교사가 없었기 때문이다. 이 사건을 계기로 여러 시·도교육청에서 농어촌 학교 근무 교원을 위한 관사를 개선하는 사업을 추진하고 있다. 충청북도교육청은 괴산군 청천면에서 근무하는 교원들을 위한 공동 관사를 설립하였다. 공동 관사는 아파트형으로 설립하고, 각종 생활물품을 구비하여 교사들의 호응을 얻고 있다.

[사진 8-1] 충청북도교육청 괴산군 교원 공동 관사

경상남도교육청은 농어촌 학교 교원의 업무 전념 여건을 조성하기 위하여 '농어촌 학교 관사 관리 중장기 계획(2022~2025년)'을 수립할 방침이다. 관련 보도에 따르면, 경상남도교육청은 관내 관사 103개 동을 모두 점검하여 오래된 관사를 보수하거나 철거할 예정이고, 관사에 냉장고, 세탁기, 가스레인지 등 기본적인 생활 비품을 지원하기로 했다.66)

---

65) 연합뉴스(2017. 11. 30.), "주인 없는 농어촌 학교 관사 ⋯ 절반가량 빈 건물로 방치"(https://www.yonhapnewstv.co.kr/news/MYH20171130005000038?did=1825m, 2023. 6. 5. 인출)
66) 부산일보(2022. 6. 20.), "경남교육청, 교직원 주거 환경 개선".

제5절 안전 사고 예방과 보상

　도서 지역 근무 교원의 관사 내 성폭행 사건을 계기로 관사 내에서의 교사 안전 문제가 제기되었다. 현행 「학교 안전 사고 예방 및 보상에 관한 법률」은 학생과 교원의 교육활동 중 당한 사고의 피해를 보상하고 있을 뿐, 도서·벽지에서 근무하는 교원의 관사 내 사고에 대해서는 별도의 규정을 두고 있지 않다. 이를 개선하기 위한 노력이 필요하다.

학교 안전 사고 예방 및 보상에 관한 법률

제1조(목적) 이 법은 학교안전사고를 예방하고, 학생·교직원 및 교육활동참여자가 학교안전사고로 인하여 입은 피해를 신속·적정하게 보상하기 위한 학교안전사고보상공제 사업의 실시에 관하여 필요한 사항을 규정함을 목적으로 한다.

제2조(정의) 이 법에서 사용하는 용어의 정의는 다음과 같다.
　1. "학교"라 함은 다음 각 목의 어느 하나에 해당하는 기관 또는 시설을 말한다.
　　가. 「유아교육법」 제2조제2호의 규정에 따른 유치원(이하 "유치원"이라 한다)
　　나. 「초·중등교육법」 제2조의 규정에 따른 학교(이하 "초·중등학교"라 한다)
　　다. 「평생교육법」 제20조제2항의 규정에 따라 고등학교 졸업 이하의 학력이 인정되는 평생교육시설(이하 "평생교육시설"이라 한다)
　　라. 「재외국민의 교육지원 등에 관한 법률」 제2조제3호에 따른 한국학교
　2. "학생"이라 함은 학교에 입학하여 수학하고 있는 사람을 말한다.
　3. "교직원"이라 함은 고용형태 및 명칭을 불문하고 학교에서 학생의 교육 또는 학교의 행정을 담당하거나 보조하는 교원 및 직원 등을 말한다.
　4. "교육활동"이라 함은 다음 각 목의 어느 하나에 해당하는 활동을 말한다.
　　가. 학교의 교육과정 또는 학교의 장(이하 "학교장"이라 한다)이 정하는 교육계획 및 교육방침에 따라 학교의 안팎에서 학교장의 관리·감독하에 행하여지는 수업·특별활동·재량활동·과외활동·수련활동·수학여행 등 현장체험활동 또는 체육대회 등의 활동
　　나. 등·하교 및 학교장이 인정하는 각종 행사 또는 대회 등에 참가하여 행하는 활동
　　다. 그 밖에 대통령령으로 정하는 시간 중의 활동으로서 가목 및 나목과 관련된 활동
　5. "교육활동참여자"란 학생 또는 교직원이 아닌 사람으로서 다음 각 목의 어느 하나에 해당하는 사람을 말한다.
　　가. 학교장의 승인 또는 학교장의 요청에 따라 교직원의 교육활동을 보조하거나 학생 또는 교직원과 함께 교육활동을 하는 사람
　　나. 「비영리민간단체 지원법」 제4조제1항에 따라 등록된 비영리민간단체에서 학생의 등교·하교 시 교통지도활동 참여에 관하여 미리 서면으로 학교장에게 통지하여 학교장의 승인을 받거나 학교장의 요청에 따라 그 단체의 회원으로서 교통지도활동에 참여하는 사람
　6. "학교안전사고"라 함은 교육활동 중에 발생한 사고로서 학생·교직원 또는 교육활동참여자의 생명 또는 신체에 피해를 주는 모든 사고 및 학교급식 등 학교장의 관리·감독에 속하는 업무가 직접 원인이 되어 학생·교직원 또는 교육활동참여자에게 발생하는 질병으로서 대통령령으로 정하는 것을 말한다.

그런데, 앞에서 언급한 사건을 계기로, 도서·벽지 학교 근무 교원의 안전을 보장하기 위하여 정기적인 실태조사를 실시하는 내용의 법률이 만들어졌다. 「교원의 지위 향상 및 교육활동 보호를 위한 특별법」은 매 3년마다 도서·벽지에서 근무하는 교원의 근무환경 실태를 조사할 의무를 교육청에 부과하고 있다.

교원의 지위 향상 및 교육활동 보호를 위한 특별법

제18조의2(교원의 근무환경 실태조사) ① 관할청은 「도서·벽지교육진흥법」 제2조에 따른 도서·벽지에서 근무하는 교원의 근무환경 실태를 파악하기 위하여 3년마다 실태조사를 실시하여야 한다.
② 제1항에 따른 실태조사의 내용, 방법 및 절차 등에 관하여 필요한 사항은 대통령령으로 정한다.

교원의 지위 향상 및 교육활동 보호를 위한 특별법 시행령

제11조의2(교원의 근무환경 실태조사) ① 법 제18조의2제1항에 따른 실태조사에는 다음 각 호의 사항이 포함되어야 한다.
 1. 교원(「도서·벽지교육진흥법」 제2조에 따른 도서·벽지에서 근무하는 교원을 말한다. 이하 이 항에서 같다) 관사의 출입문 보안장치, 방범창, 폐쇄회로 텔레비전 및 비상벨 등 안전장치 설치 현황
 2. 교원 관사의 노후화 정도 현황
 3. 교원과 경찰관서 간의 긴급연락체계 등 안전망 구축 현황
 4. 교원의 성별 현황
 5. 그 밖에 관할청이 교원의 근무환경 실태를 파악하기 위하여 필요하다고 인정하는 사항
② 법 제18조의2제1항에 따른 실태조사는 서면조사, 현장조사 등의 방법으로 실시할 수 있다.
③ 관할청은 제2항에 따른 현장조사를 하는 경우 시설 안전 관련 전문가를 참여시킬 수 있다.
④ 관할청인 교육감은 법 제18조의2제1항에 따른 실태조사를 실시한 경우 그 결과를 교육부장관에게 제출해야 한다.

제6절 논의

농어촌 학교 교원을 확보하고 유지하기 위해서 다양한 우대 조치를 시행해 오고 있으나, 그 효과가 충분하다고 할 수는 없다. 다음과 같은 점에서 개선이 필요하다.

첫째, 가산점 제도의 현실적 의의를 부정할 수는 없다. 가산점 제도를 시행하지 않았더라면 농어촌 학교에서 근무할 교사를 충원하는 일이 무척 어려웠을 것이다. 그런데, 가산점 제도 활용의 역기능도 만만치 않다. 농어촌 학교 교육에 헌신하지 않고, 단지 승진을 위한 '정거장'으로 활용하는 사례도 없지 않다(정지웅 외, 2002: 5). 따라서, 제7장에서 검토한 지역 및 학교를 결정한 교원 임용이나 교원 경력 경쟁 채용 등 농어촌 학교 교원 확보를 위한 정책이 정착되는 경우에는 가산점 제도 활용을 축소하는 방향으로 정책을 전개해야 한다.

둘째, 수당을 인상하여야 한다. 현재 수당은 지나치게 소액이라서 유인으로서의 기능을 전혀 수행하지 못한다. 3천여 명이 넘는 교원을 대상으로 한 조사 결과(임연기 외, 2011)에 따르면, 수당 때문에 농어촌 학교 근무를 선택한 교사는 찾아보기가 매우 어렵다. 농어촌 학교 교원이 체감할 수 있는 수준으로 수당을 대폭 증액할 필요가 있다.

일본의 경우 교통의 불편도, 지리적·문화적 환경 수준 등에 따라 벽지 대상 학교를 다섯 개 등급으로 구분하고, 교육위원회별로 조례에 따라 벽지수당을 지급하고 있다(임연기, 2021b). 또 벽지학교 근무 기간에 따라서 수당 지급률을 차등하여, 오래 근무할수록 수당을 높이는 사례도 있다(임연기, 2021b). 이런 사례를 참고하여 수당 체계를 합리적으로 개선하는 일도 중요하다.

셋째, 농어촌 학교 근무 교원을 위한 주거 편의는 신속하게 개선해야 한다. 오래 전 기준에 따라 지어진 관사는 교사들이 생활하기에 너무 불편하고, 따라서 교사들이 입주하지 않고, 결과적으로 빈집 상태의 관사가 많아지면 지방의회에서 관사 관련 예산을 삭감하는 방식의 악순환이 거듭되고 있다. 시·도교육청에서는 농어촌 학교 교원 관사 개선에 신속히 나서야 한다.

교육부가 아닌 타 정부 부처, 그리고 주택 관련 공기관과도 협력하여 농어촌 지역 재생 사업으로 추진할 필요도 있다. 또, 일본의 「과소지역 자립촉진 특별조치법」(2000. 3. 31. 제정)에서는 국가가 각 지역의 교원 주택 지원 사업에 필요한 경비 일부를 보조할 수 있도록 규정하고 있는데, 이를 적극적으로 참조한 입법도 필요하다.

MEMO

제5부

농어촌 학교 정책

제9장 적정규모학교 육성

오늘날 우리 사회의 큰 변화 중 하나는 저출생·고령화, 인구감소, 인구절벽, 지역소멸 등이다. 통계청에 따르면 만 6~11세 초등학교 학령인구는 2002년 419만2천명에서 2022년 270만1천명으로 35.6% 감소하였고, 전교생 60명 이하 소규모 학교는 2002년 548개교에서 1,362개교, 전교생 30명 이하 초소형 초등학교는 118교에서 512개교로 지속적으로 증가하고 있다(데일리안, 2023. 5. 8.).

소규모 학교는 교사–학생간 상호작용 및 관계 형성 등의 측면에서 장점을 가지고 있지만, 정상적인 교육과정 운영의 어려움, 교육프로그램의 활력과 역동성 저하, 교육성과 저하 등의 문제 등과 결합되어 오늘날 심각한 교육문제의 원인 중에 하나이다(류방란 외, 2018: 57, 60). 이에 교육부는 1982년 소규모 학교 통폐합 정책, 2006년 농산어촌 소규모 학교 통폐합 계획과 적정 규모 학교 육성 계획, 2009년 적정규모학교 육성 기본 계획을 마련하여 학교의 통폐합, 통합운영학교, 이전 재배치 등의 방안으로 문제를 해결하고자 노력하고 있다(임연기, 2006: 27. 박삼철, 2011: 264~269).

학교 통폐합의 수사적·상징적 표현은 '적정규모학교 육성'이다. 넓은 의미의 학교 통폐합 추진계획을 '적정규모학교 육성계획'이라 칭한다. 2006년 6월에 수립한 교육부「농산어촌 소규모학교 통폐합과 적정규모학교 육성계획」에서는 학교 통폐합 추진 이래 처음으로 적정규모학교 육성을 통폐합과 병행해서 내세웠지만, 2016년 7월에 수립한 교육부「적정규모학교 육성 강화 및 폐교 활성화 방안」에서는 아예 통폐합이라는 표제를 전면에 내세우지 않았다. 대신에 정책목표를 학교 통폐합을 통한 재정 절감 측면만 부각하거나 '농산어촌 황폐화' 주장과 결합하여 교육적인 목표가 희석되지 않도록 한다고 명시하고 있다.

학교통폐합 정책의 상징인 '적정규모화'는 통칭하여 학교 통폐합의 정당성을 설명하는 의미를 가진다(임연기, 2021a: 250). 이는 「서울특별시교육청 적정규모학교 육성 및 지원에 관한 조례」 제2조(정의)에서도 확인할 수 있다. "적정규모학교 육성"이란 소규모 학교 등 적정규모학교 기준에 미달되는 학교에 대하여 통폐합(분교장 개편 및 폐지를 포함한다), 이전 재배치, 통합운영학교 운영 등을 통해 적정규모학교로 추진하는 것을 말한다.

제1절 학교 통폐합 추진

1. 학교 통폐합의 개념

> ✏️ **경기도교육청 적정규모학교 육성 및 지원에 관한 조례**
>
> **제2조(정의)** 이 조례에서 사용하는 용어의 정의는 다음과 같다.
> 2. "통폐합"이란 교육여건 개선을 위하여 2개 이상의 학교(분교장을 포함한다)를 통합하면서 1개 이상의 학교가 폐지되는 것을 말한다.
> 3. "통합학교"란 적정규모학교 육성정책에 따라 폐지된 학교의 학생을 받아들인 학교를 말한다.
> 4. "폐지학교"란 적정규모학교 육성정책에 따라 통폐합되어 없어지는 학교를 말한다.

학교의 통폐합이란 통합학교와 폐지학교를 합성한 용어이다. 적정규모학교에 관한 조례를 제정하고 있는 시도교육청의 경우 학교의 통폐합에 관해 거의 유사하거나 동일한 개념으로 정의하고 있다. 예컨대, 「경기도교육청 적정규모학교 육성 및 지원에 관한 조례」 제2조에 따르면 학교의 통폐합이란 교육여건 개선을 위하여 2개 이상의 학교(분교장을 포함한다)를 통합하면서 1개 이상의 학교를 폐지하는 것을 말하는데, 여기에서 학교의 통폐합에서 폐지학교의 학생을 받아들이는 학교를 통합학교라고 하며, 폐지학교란 통폐합으로 학교가 폐지되었거나 폐지예정학교를 말한다.

한편 학교의 기능을 정지하거나 학교가 문을 닫고 없어지는 것에 대해 현행법령은 학교의 폐쇄, 폐교, 폐지 등과 같은 법적 용어들을 사용하고 있다. 사전적 의미에서 폐쇄는 "기관이나 시설을 없애거나 기능을 정지한다."는 의미이고, 폐교는 "학교를 폐지한다.", "학교 문을 닫고 수업을 중지하고 쉰다."는 의미(네이버용어사전)인데 개념상으로는 거의 유사한 용어이지만, 법률상으로는 서로 다른 개념이다.

우선 학교의 폐쇄란 「초·중등교육법」 제65조제1항과 제2항에 의해 법령 위반 등의 사유로 관할청의 명령에 의해 학교의 기능이 정지되거나 문을 닫는 경우를 말한다.

다음으로 학교 폐교의 개념은 「폐교재산의 활용 촉진을 위한 특별법」(약칭: 「폐교활용법」)에 규정하고 있는데, 이 법 제2조에 "폐교란 「초·중등교육법」 제2조에 따른 학교로서 학생 수의 감소, 학교의 통폐합 등의 사유로 폐지된 공립학교를 말한다.[67]"고 규정하고 있다. 이 법률에 근거하여 시·도교육청은 폐교학교의 관리 및 운영이나 폐교학교 재산 처리에 관해 조례를 제정하여 시행하고 있다. 또한 폐지학교는 「시·도교육청의 적정규모학교의 육성 및 지원에 관한 조례」에 규정하고 있고, 폐지학교 학생에 대한 지원 사항을 규정하고 있다. 이렇게 학교가 폐교 또는 폐지되는 경우 폐교 재산의 처리, 활용 및 관리 등에 관한 사항은 「폐교활용법」 및 이 법 시행령, 각 시·도교육청의 폐교재산의 관리 및 운영 등에 관한 조례[68], 교육비특별회계 소관 공유재산관리 등에 관한 조례[69] 등에 자세한 사항을 규정하고 있다. 따라서 학교의 폐교와 폐지학

---

67) 「초·중등교육법」 제4조제3항에는 사립학교의 폐교의 경우 교육감의 인가를 받아야 한다고 규정하고 있다.

68) 경기도교육청 폐교재산 관리 및 활용에 관한 조례, 경상북도교육청 폐교재산 관리 및 활용에 관한 조례, 광주광역시교육청 폐교 관리 및 운영에 관한 조례, 부산광역시교육청 폐교재산 관리 및 활용 촉진 조례, 서울특별시교육청 폐교재산 관리 및 활용에 관한 조례, 인천광역시교육청 폐교 관리 및 운영에 관한 조례, 전라남도교육청 폐교재산 관리 및 활용 촉진 조례, 제주특별자치도교육청 폐교 관리 및 운영에 관한 조례, 충청남도교육청 폐교 관리 및 운영에 관한 조례 등

69) 강원특별자치도교육비특별회계 소관 공유재산관리 조례, 경기도교육비특별회계 소관 공유재산관리 조례, 경상남도교육비특별회계 소관 공유재산 관리 조례, 광주광역시 교육비특별회계 소관 공유재산 관리 조례, 대구광역시 교육비특별회계 소관 공유재산 관리 조례, 대전광역시 교육비특별회계 소관 공유재산 관리 조례, 부산광역시교육청 폐교재산 매각대금 관리기금 설치 및 운영 조례, 세종특별자치시 교육비특별회계 소관 공유재산 관리 조례, 울산광역시교육비특별회계 소관 공유재산 관리 조례 등

교는 동일한 개념으로 해석해도 무방하나, 학교의 폐쇄와 폐교(폐지 포함)는 근거 법률이 서로 다르며, 학교의 폐쇄는 정상적인 학사운영이 불가능한 경우이고, 폐교는 학생 수의 감소, 학교의 통폐합 등 사유에 있어 차이가 있고, 대상에 있어서도 폐쇄는 국·공·사립학교를 모두 포함하는 개념인데 반해, 폐교는 공립학교만을 대상으로 하는 등 서로 다른 의미로 사용된다.

2023년 기준 우리나라 폐교 현황은 총 3,922개교이며, 이 중 매각된 학교 수는 2,587개교, 보유학교 중 임대 중인 학교 수는 566개교, 자체 활용하는 학교 수는 411개교이며, 미활용 폐교 수도 358개교가 있다.[70] 시·도별 폐교학교 수를 살펴보면 경북, 경남, 강원, 전남, 충북, 경기도 순으로 도교육청에 폐교학교가 많으며, 서울, 광주, 대전, 세종 등 시교육청이 상대적으로 매우 작다.

2. 학교 통폐합 권장 기준

「교육기본법」 제11조에 근거하여 「초·중등교육법」 제3조, 제4조, 제5조에 따라 국립학교는 국가나 국립대학법인이 설립·운영하는 학교를 말하며, 공립학교(도립학교, 시립학교를 포함)는 지방자치단체가 설립·운영하는 학교를 말한다. 또한 사립학교는 학교법인이나 개인이 설립·운영하는 학교를 말한다.

「초·중등교육법」 제2조는 학교의 종류에 대해 규정하고 있는데 초등학교, 중학교, 고등학교, 특수학교, 각종학교 등 5개의 종류이며, 이 법 제5조에 따라 초등학교, 중학교 및 고등학교는 상호 병설할 수 있다.[71] 또한 「지방교육자치에 관한 법률」 제20조에 시·도교육감의 관장사무 중 하나로 학교의 설치, 이전 및 폐지에 관한 사항을 규정하고 있다.

따라서 학교는 전술한 법적 근거에 의해 설립하여 운영하는데, 학생 수 감소 등 적정규모학교에 미달하는 경우에는 시·도교육감은 「○○○교육청 적정규모학교 육성 및 지원에 관한 조례」에 근거하여 학교에 대해 통폐합(분교장 개편 및 폐지를 포함한다) 등을 통해 적정규모학교를 지정 또는 신설하여 육성·

---

70) 지방교육재정알리미, 시·도별 폐교 보유 현황(http://eduinfo.go.kr/portal/theme/abolSchStatusPage.do)
71) 「유아교육법」 제9조에 따르면, 유치원은 「초·중등교육법」 제2조의 초등학교, 중학교 및 고등학교에 병설할 수 있다고 규정되어 있다.

지원할 수 있다. 따라서 학교 통폐합의 권장기준은 결국 적정규모학교의 권장 기준을 의미한다.

적정규모학교 권장기준은 법령에 명시되어 있지 않고, 교육부장관이 기준을 마련하여 권고하고 있는데 가장 최근 공지된 2016년 교육부 적정규모학교 권고 기준은 다음 〈표 9-1〉과 같다(교육부, 2016. 7. 5.).

〈표 9-1〉 2016년 적정규모학교 권고 기준

구 분	종 전	개선(2016년 이후)	
면·도서·벽지지역	60명 이하	60명 이하	
읍지역		초등	120명 이하
		중등	180명 이하
도시지역	200명 이하	초등	240명 이하
		중등	300명 이하

〈표 9-1〉에서 보는 바와 같이 2016년 이전에는 도서·벽지와 읍·면지역은 60명 이하, 도시지역은 200명 이하인 경우로 규정하고 있었으나 2016년에는 지역을 면·도서·벽지지역, 읍지역, 도시지역으로 세분하고, 또한 학교급도 초등과 중등을 세분화하여 기준을 마련하였다. 다만 면지역과 도서벽지지역은 학교급을 구분하지 않고 60명 이하로 제한하고 있다.

그런데 교육부의 권고기준은 지역의 교육환경이나 여건에 따라 변경하여 운영 되고 있는데, 예컨대 충청북도교육청의 경우 초등학교 본교는 50명을 기준으로, 분교는 20명 이하를 기준으로 하고, 강원특별자치도교육청은 본교 15명, 분교 5명 이하를 기준으로 통·폐합을 추진하고 있다. 또한 경상북도교육청은 교육부 의 권고기준을 준수하지만 중점추진 대상은 학생 수 10명 이하의 학교 중 통폐합 을 희망하는 학교로 정하고 있다.

또한 이와 같이 학생 수를 기준으로 한 통폐합의 기준 이외에 시·도교육청은 학부모나 지역주민의 의견수렴을 거치도록 하고 있는데, 대전시교육청의 경우 학교 폐지의 경우 본교는 학부모 75% 이상 찬성, 분교는 학부모의 2/3의 찬성을 요건으로 하며, 인천시교육청은 학부모의 50% 이상 동의, 세종시교육청, 경기도 교육청, 경상북도교육청, 경상남도교육청, 충청남도교육청, 강원특별자치도교 육청은 학부모 60% 이상 찬성을 요건으로 한다(경상북도교육청, 2021: 6). 한편

학교 통폐합의 예외도 허용하는데, 1면 1교 원칙에 따라 예외를 인정하거나 학부모 및 지역주민의 반대가 심각한 지역(1/2 이상 반대), 대안학교 등 학생 수 증가 예상지역, 도서·벽지, 접적지역 등이다.

3. 학교 통폐합 방법

1) 학교 통폐합 육성 및 지원 계획 수립

> **서울특별시교육청 적정규모학교 육성 및 지원에 관한 조례**
>
> 제4조(계획의 수립) ① 교육감은 적정규모학교 육성 및 지원 시책을 체계적이고 지속적으로 추진하기 위한 계획(이하 "계획"이라 한다)을 수립하여야 한다.
> ② 계획에는 다음 각 호의 사항이 포함되어야 한다.
> 1. 추진목표 및 추진방향
> 2. 세부 추진과제 및 추진방법
> 3. 계획 수립을 위한 실태조사
> 4. 계획 실행에 따른 재원 조달 및 운용
> 5. 그 밖에 교육감이 필요하다고 인정하는 사항

학교의 통폐합은 적정규모학교 육성 및 지원 시책 중의 하나이므로 시·도교육감은 적정규모학교에 관한 계획을 수립하여 시행해야 한다. 이 계획에는 추진 목표 및 방향, 추진 과제 및 방법, 계획 수립을 위한 실태조사, 계획 시행에 따른 재원 조달 및 운영 등의 사항들을 포함해야 한다.

특히, 학교를 통폐합하기 위해서는 실태조사나 의견 수렴 등을 거쳐야 하고, 학교 통폐합에 따라 시설·설비 구축 및 개선 등으로 상당한 시간과 예산이 필요한 경우가 있기 때문에, 또한 학교 통폐합의 대상학교가 매년 발생할 수도 있지만 그렇지 않은 경우도 있기 때문에 시·도교육청의 적정규모학교 추진 계획은 매년 수립하지 않고 중(장)기 계획으로 수립하는 경우도 있고, 경우에 따라서는 사안이 발생한 특정 학교만을 대상으로 적정규모학교 추진 계획을 수립하여 시행하기도 한다.

전술한 바와 같이 시·도교육감이 학교를 통폐합하는 경우 필요한 예산 지원 계획을 포함해야 하는데, 예산의 범위에 대해서는 「지방교육재정교부금법」 제6조, 이 법 시행령 제4조, 시행규칙 제7조제2항에 근거하여 학교의 통폐합, 신설 대체 이전 지원금의 규모를 법제화하고 있다.

2) 학교 통폐합 지정 방법 및 절차

「서울특별시교육청 적정규모학교 육성 및 지원에 관한 조례」제3조에는 교육감은 소규모 학교, 과밀학교 등 학교의 교육여건 개선, 학생의 학습권 보장 등을 고려하여 적정규모학교 기준을 마련하여 적정규모학교를 육성하고 지원할 시책을 마련하도록 노력해야 한다고 규정하고 있다.

서울특별시교육청 적정규모학교 육성 및 지원에 관한 조례

제3조(책무) 교육감은 학교 교육여건 개선 및 학생 학습권 보장을 위하여 적정규모학교 육성 및 지원에 관한 시책을 마련하도록 노력하여야 한다.

제6조(적정규모학교 운영) ① 교육감은 적정규모학교의 육성과 효율적인 학교 지원을 위하여 필요할 경우 학교를 통폐합, 이전재배치 하거나 통합운영학교를 운영할 수 있다.

② 교육감은 제1항에 따라 적정규모학교를 운영하고자 할 때에는 학교의 규모, 학생의 통학거리 및 해당 학교가 소재하는 지역주민의 의사 등 교육여건을 고려하여야 한다.

제7조(적정규모학교육성추진위원회의 설치) ① 적정규모학교 육성 추진에 대한 자문을 위하여 교육감 및 교육지원청 교육장(이하 "교육장"이라 한다) 소속 하에 적정규모학교육성추진위원회(이하 "위원회"라 한다)를 둘 수 있다.

② 위원회는 다음 각 호의 사항을 자문한다.
  1. 적정규모학교 육성 계획
  2. 적정규모학교 육성 지원 대상 및 지원 범위
  3. 그 밖에 위원장이 필요하다고 인정하여 회의에 부치는 사항
③ 위원회의 구성 및 운영에 관한 사항은 교육감이 정한다.

학교 통폐합을 지정하는 절차에 대해「서울특별시교육청 적정규모학교 육성 및 지원에 관한 조례」제7조에 따르면 교육감 또는 교육지원청의 교육장 주관 적정규모학교육성추진위원회를 구성·운영하여 적정규모학교의 육성 계획, 육성 대상 및 범위 등의 사항에 대해 자문을 받도록 하고 있고, 「경기도교육청 적정규모학교 육성 및 지원에 관한 조례」제3조제1항에는 경기도교육감은 교육적 측면을 우선 고려하여 적정규모학교 육성을 추진하되, 지역별·학교별 여건을 고려한 다양한 접근 방안을 강구해야 하고, 제8조에는 적정규모학교 등의 사업 지원과 관련하여 해당 학교 및 학부모 등의 의견을 수렴하도록 노력한다고 규정하고 있다. 이와 같이 학교 통폐합의 지정 절차와 방법 등은 해당 시·도교육청마다 차이가 있어 조례, 지침, 계획 등을 확인해야 하며, 학교 통

폐합에 대한 최종적인 결정은 시·도의회에서 제·개정된 ○○○ 교육청 학교 설치 조례[72]에 근거하여 시·도교육감이 행정고시한다.

학교의 통합과 폐지, 통합운영, 이전 배치, 분교장 개편 등을 통해 적정규모학교를 지정·운영하는 것은 학생 및 학부모의 교육권에 상당한 영향을 미치고, 지역사회와 이해관계자들의 의견대립 등으로 반대가 심할 수 있기 때문에(이재림, 2011: 33), 교육감은 학교의 규모, 학생의 통학거리, 지역주민들의 의견 조사 등을 거치는 등 적정규모학교의 지정 및 운영 시 여러 교육요건들을 고려해야 한다.

특히, 학교의 통폐합 등을 통한 적정규모학교는 무엇보다 정상적인 교육과정의 운영, 효과적인 교육성과를 최우선으로 고려해야 하고, 재정적 효율성과 학교 운영의 합리성 등의 요건이 균형 있게 고려될 필요가 있다. 또한 학생 수 급감과 학생 수 증가의 상반된 양적 성장 현상이 공존하는 교육환경에서 소규모 학교들이 적정화를 통해 미래학교 모델로 자리매김하고, 학교가 구도심과 농산어촌 등 교육소외지역에서 지역사회의 활력소로서 센터기능을 회복하고, 학생과 학부모, 교사, 지역 주민, 교육청이 협력한 수평적 네트워크 구축 등을 통해 적정규모학교가 지속적으로 발전될 필요가 있다(엄문영, 2017: 28).

3) 협력체제의 구축

서울특별시교육청 적정규모학교 육성 및 지원에 관한 조례

제8조(협력체계 구축) 교육감은 적정규모학교 육성 시책을 효과적으로 추진하기 위하여 중앙정부, 서울특별시 등과 협력체계를 구축할 수 있다.

전술한 바와 같이 학교규모의 적정화를 위해 학교의 통폐합은 지역사회에 미치는 영향이 크다. 즉, 학교의 통합이나 폐교 등으로 인한 학생의 전출입은 가족의 이주로 이어지고, 지방자치단체는 기존 주민의 전출로 인구감소가 생기는 등 지역사회에 미치는 영향도 상당하다.

---

72) 예컨대 시교육청의 경우 「○○○시립학교 설치 조례」, 도교육청의 경우 「○○○도립학교 설치 조례」 등의 명칭의 조례를 참고해야 한다.

따라서 학교의 통폐합을 통해 적정규모학교를 육성하거나 지원함에 있어 교육청은 교육부 뿐 아니라 지방자치단체 등과 협의하거나 협조를 얻어 행정적·재정적 측면 등에서 협력 체제를 구축하여 운영할 필요가 있고 시도 조례에서 이를 명문화하고 있다.

4. 학교 통폐합 재정 지원

학교 통폐합 등을 통해 적정규모학교를 지정·운영하는 경우에 지원하는 예산의 범위에 대해서는「지방교육재정교부금법」제6조, 이 법 시행령 제4조, 시행규칙 제7조제2항에 근거하여 학교의 통폐합, 신설 대체 이전 지원금의 규모가 법제화하고 있다. 이에 대해서는 제12장제4절을 참조하도록 한다.

5. 폐교재산의 관리 및 활용

학생 수 감소, 학교 통폐합, 본교 또는 분교의 폐교 등을 이유로 학교가 폐교가 되는 경우, 학생들은 통합학교, 통합운영학교, 이전 재배치된 학교 등으로 전출입이 발생하는데, 통학거리가 늘어나거나, 필요한 경우 기숙형 학교로 가거나 거주지의 이전 등으로 학생들의 학습권이 침해 또는 제한되기 때문에 분쟁이 발생할 소지가 매우 크다. 이에 대해「시·도교육청 적정규모학교 육성 및 지원에 관한 조례」에는 폐지학교 학생들을 지원하는 규정을 두고 있는데, 학생통학에 필요한 경비, 학생교육활동비와 교육경비와 같이 교육감이 정하는 사업 등에 예산을 지원할 수 있다(다만, 다른 법률에 근거하여 지원을 받고 있는 경우에는 제외된다.).

폐교재산은 행정법상 공유재산에 해당되어「공유재산 및 물품 관리법」에 적용을 받으나 1999년「폐교활용법」을 제정하여 시행하고, 시·도교육청은 폐교재산에 대해 필요한 사항을 별도의 조례를 마련하여 시행하고 있다.

폐교재산의 활용촉진을 위한 특별법

제4조(폐교재산의 활용계획) ① 특별시·광역시·특별자치시·도 및 특별자치도(이하 "시·도"라 한다) 교육감은 폐교재산의 효율적 활용을 촉진하기 위하여 다음 각 호의 사항이 포함된 폐교재산의 활용계획을 수립하여야 한다.
 1. 폐교재산의 실태조사
 2. 폐교재산의 유지·보수를 위한 관리계획
 3. 폐교재산의 대부(貸付) 및 매각 등 활용계획
 4. 그 밖에 폐교재산의 활용 촉진에 관한 사항
② 시·도 교육감은 제1항의 폐교재산의 활용계획을 수립할 때에는 관계 지방자치단체의 의견을 들어야 한다.

폐교재산이란 폐교되기 전에 직접 또는 간접으로 그 학교의 교육활동에 활용되던 시설 및 그 밖의 재산 중 공유재산을 말한다. 교육감은 폐교재산의 효율적 활용을 촉진하기 위하여 폐교재산 활용계획을 수립하여 시행해야 하는데, 이 계획에는 폐교재산의 실태조사, 폐교재산의 유지·보수를 위한 관리계획, 폐교재산의 대부(貸付) 및 매각 등 활용계획, 그 밖에 폐교재산의 활용 촉진에 관한 사항 등을 포함해야 하며, 해당 계획을 수립할 경우 지방자치단체장의 의견을 수렴해야 한다.

인천광역시교육청 폐교 관리 및 운영에 관한 조례

제3조(교육감의 책무) 인천광역시교육감(이하 "교육감"이라 한다)은 폐교재산의 계획적 관리를 통하여 재산적 가치의 활용을 촉진하고 효율적 운영을 위하여 노력하여야 한다.
제4조(폐교재산 활용계획의 수립) ① 교육감은 폐교재산의 효율적 활용을 촉진하기 위하여 폐교재산의 활용을 위한 기본계획(이하 "기본계획"이라 한다)을 3년마다 수립하여야 한다.
② 기본계획에는 다음 각 호의 사항을 포함한다.
 1. 폐교재산의 활용을 위한 기본 방향
 2. 폐교재산을 활용한 시설 관리 및 운영 계획
 3. 그 밖에 폐교재산의 활용 촉진에 관한 사항
③ 교육감은 기본계획에 따라 관할구역 내의 폐교재산의 활용에 필요한 연도별 시행계획을 매년 수립·시행하여야 한다.
④ 교육감은 제1항의 기본계획을 수립할 때에는 관계 지방자치단체의 의견을 반영할 수 있다.
제5조(폐교재산관리추진단) 교육감은 폐교재산의 효율적 활용 및 관리 운영을 위하여 필요하다고 인정되는 경우, '폐교재산관리추진단'을 운영할 수 있으며, 필요 인력은 소속 공무원으로 한다.

또한 시·도교육청의「폐교재산의 활용 및 운영 등에 관한 조례」에서도 폐교 재산을 효율적으로 활용하기 위한 계획을 수립하고 이를 시행하도록 규정하고 있는데, 폐교재산의 활용을 위한 기본 방향, 폐교재산을 활용한 시설 관리 및 운영 계획, 그 밖에 폐교재산의 활용 촉진에 관한 사항 등의 내용이 포함되어 야 한다. 이 외에도「인천광역시교육청 폐교 관리 및 운영에 관한 조례」제5조 에 따르면 폐교재산의 효율적 활용 및 관리 운영을 위해 폐교재산관리추진단 을 구성·운영할 수 있도록 규정하고 있다.

경기도교육청 적정규모학교 육성 및 지원에 관한 조례

제7조(폐지학교 학생을 위한 교육경쟁력 강화 사업 지원) 교육감은 폐지학교 학생을 위하여 다음 각 호에 해당하는 교육경쟁력 강화 사업을 지원할 수 있다. 단, 타 지원과 중복되는 경우에는 지원하지 않는다.
1. 학생 통학 지원비 등 학생 통학에 필요한 경비
2. 제6조 각 호의 학생 교육활동비와 교육경비로서 교육감이 정하는 사업
3. 적정규모학교 육성에 따른 폐지학교 시설 등을 교육·문화·복지시설로 활용하기 위한 사업

학교가 폐교되는 경우 해당 학교의 학생들은 타 학교로 전출입을 해야 하기 때문에 교육환경이 변화되고 지리적 교육여건에 있어서도 상당한 제약이나 제한을 받는다. 또한 공유재산인 폐교를 관리하거나 매각 등을 통해 활용할 필요가 있다. 이에 대해「경기도교육청 적정규모학교 육성 및 지원에 관한 조 례」제7조에 따르면 폐교학생에 대한 통학경비, 교육활동비와 교육경비 등을 지원하도록 하며, 폐교의 시설 등에 대한 활용사업을 업무로 규정하고 있다.

특히, 폐교재산은 해당 시·도교육청에서 활용할 수도 있으나 타기관에 대부 및 매각을 할 수 있는데 이 경우에는 교육용시설, 사회복지시설, 문화 시설, 공공체육시설, 소득증대시설 등 특정목적에 한하여 활용할 수 있도록 제한을 두고 있다. 또한, 폐교재산은 시설현황이나 위치 등에 따라 쉽게 임 대되거나 매각될 수도 있지만 그렇지 않은 경우에는 대부 또는 매각에 도달 하기 전까지 지속적인 유지·관리가 필요하기 때문에 관리계획과 함께 예산 확보가 필요하고 또한 필요한 범위 내에서 담당자를 지정하여 관리해야 할 필요가 있다.

제2절 통합운영학교 지정과 운영

1. 통합운영학교의 개념과 법령체계

1) 통합운영학교의 개념

> ✏️ **초 · 중등교육법**
>
> 제30조(학교의 통합 · 운영) ① 학교의 설립자 · 경영자는 효율적인 학교 운영을 위하여 필요하면 지역 실정에 따라 초등학교 · 중학교, 중학교 · 고등학교 또는 초등학교 · 중학교 · 고등학교의 시설 · 설비 및 교원 등을 통합하여 운영할 수 있다. 이 경우 해당 학교의 학생 및 학부모의 의견을 수렴하여야 한다.

> ✏️ **충청북도교육청 적정규모학교육성기금 설치 및 운용에 관한 조례**
>
> 제2조(정의) 이 조례에서 사용하는 용어의 뜻은 다음 각 호와 같다.
> 6. "통합운영학교"란 학교급이 서로 다른 학교의 인적 · 물적 자원을 통합운영하여 학교규모를 적정화하는 것을 말한다.

통합운영학교는 「초 · 중등교육법」 제30조에 근거하여 효율적인 학교 운영을 목적으로 필요한 경우에 초등학교 · 중학교, 중학교 · 고등학교, 초등학교 · 중학교 · 고등학교의 시설 · 설비 및 교원 등을 통합하여 운영하는 학교를 말한다.

여기에서 통합운영의 '목적'과 "무엇을 통합하여 운영한다."는 것인지를 우선적으로 확인할 필요가 있다. 역사적으로 통합운영학교는 1996년 2월 9일 교육개혁위원회의 제3차 대통령 보고서에서 '초 · 중등학교 제도 운영의 탄력화' 방안으로 처음 제안하였다. 이 보고서에서 따르면 통합운영학교는 "장기적으로는 경직된 학교급별 수업 연한 운영에서 벗어나 학년제 개념에 기초한 수업연한의 탄력적 운영을 가능하도록 한다."고 설명하고 있다(교육개혁위원회, 1996: 51, 197).

즉, 당시 통합운영학교를 실시하고자 하는 목적은 경직된 학제에서 교육과정의 탄력적 운영에 있음을 알 수 있다. 법제적 측면에서 통합운영학교는 구 교육법 제85조의2에 규정되었다가 1997년 전면개편하면서 「초 · 중등교육법」 제30조에 규정하여 오늘에 이르고 있는데, 이에 따르면 효율적인 학교 운영을 목적으로 한다고 밝히고 있어 당초 통합운영학교를 도입하려는 목적이나 취지인 학제의 탄력적 운영과는 다소 차이가 있다.

한편, 학교급별이 서로 다른 학교를 통합 운영하다는 의미는 크게 2가지로 해석할 수 있는데 하나는 '학제로서의 통합'의 의미이고, 다른 하나는 학제는 분리하되 '운영 차원에서의 통합'을 의미하는데(임연기, 2021a: 3), 현행 「초 · 중등교육법」에 규정한 통합운영학교는 시설 · 설비와 교원 등 학교 운영차원에서의 통합을 의미한다.

대구광역시 통합학교 재정지원에 관한 조례

제2조(정의) 이 조례에서 사용하는 용어의 뜻은 다음과 같다.
2. "통합학교"란 다음 각 목의 어느 하나에 해당하는 학교를 말한다.
   가. 2개 이상의 학교(분교장을 포함한다)가 통합되는 학교
   나. 학교 신설이 필요한 지역에 신설을 대체하여 이전되는 학교
   다. 「초 · 중등교육법」 제30조제1항 본문에 따른 통합운영학교
   라. 가목부터 다목까지의 학교에 모든 재학생들을 재배치시킨(재배치 예정을 포함한다) 학교
      (이하 '폐지학교'라 한다)
   마. 폐지학교의 학생이 배치되는 학교

시 · 도교육청의 경우 통합운영학교는 학생 수를 기준으로 한 적정규모학교의 한 유형으로 이해하고 있는데,[73] 용어 사용이나 개념 정의에 있어 시도별로 조금씩 차이가 있다. 예컨대, 서울시교육청은 「초 · 중등교육법」 제30조에 규정된 통합운영학교의 개념을 그대로 인용하고 있는데 반해, 대구시교육청의 경우 "통합학교"라는 용어를 사용하고, 통합학교의 유형 중 하나로 통합운영학교를 규정하고 있다. 충청북도교육청의 경우 「충청북도교육청 적정규모학교육성기금 설치 및 운영에 관한 조례」 제2조제6호에서 통합운영학교란 "학교급이 서로 다른 학교의 인적 · 물적 자원을 통합운영하여 학교규모를 적정화하는 것을 말한다."고 규정하고 있다.

결국 법적 용어로서 통합운영학교란 학교 운영의 효율화를 목적으로 서로 다른 학교급의 시설 · 설비, 교원 등을 통합 · 운영하는 학교이며, 현행 법률은 초등학교 · 중학교, 중학교 · 고등학교 또는 초등학교 · 중학교 · 고등학교의 통합운영으로 운영 형태를 제한하고 있다. 한편, 「초 · 중등교육법」 제30조에서

---

73) 경기도교육청 등도 적정규모 육성 및 지원에 관한 조례를 규정하고 있으나 적정규모학교의 유형으로 통합학교와 폐지학교만을 규정하고 있고 통합운영학교에 대해서는 별도의 규정을 두고 있지 않다.

통합운영학교의 목적을 효율적인 학교운영으로 규정하고 있는데, 여기에서 "효율적인 학교 운영"이란 효율적 운영을 의미한다.

향후 통합운영학교의 도입 취지나 목적 등을 고려해 볼 때 학교급 간 교육과정의 연계 강화, 교육여건의 확충, 교육 효과의 제고 등을 내포하고 있는 개념으로 발전해야 한다. 통합운영학교가 좀 더 확고한 법적 지위를 확보하기 위해서는 학제 및 교육과정 운영의 유연화나 탄력화 등을 목적으로 재정립할 필요가 있다.

2) 유사 용어

우리나라 교육법령 체계는 「초·중등교육법」 제2조의 학교의 종류인 초등학교, 중학교, 고등학교 등 학교급별에 따라 운영하도록 규정하고 있다. 그런데 학교급을 독립적으로 운영하는 학교체계의 예외를 규정하고 있는 경우가 있다. 그중 하나가 통합운영학교이며, 그 외에도 첫째, 「초·중등교육법」 제5조에서 학교급이 다른 학교를 지역 실정에 따라 병설하여 운영할 수 있도록 하고 있다. 둘째, 「초·중등교육법」 제43조의2와 제51조에 규정한 부설학교인 방송통신중·고등학교, 그리고 「국립학교 설치령」 제8조에 근거한 사범대학과 교육대학의 부설학교 등이 있다. 셋째, 「초·중등교육법」 제60조의3제2항에 따른 대안학교, 마지막으로 「장애인 등에 대한 특수교육법」에 따른 특수학교나 특수교육기관에서의 통합 운영 등이 있다.

병설학교, 부설학교 등은 「초·중등교육법」 제2조의 학교의 종류에 포함하고 있지 않지만 독립된 학교로서의 법적 지위를 부여하면서 별도의 법령체계를 가지고 있다. 「유아교육법」 제9조에 초등학교·중학교·고등학교의 병설로 유치원을 설치할 수 있다고 규정하고 있는데, 구체적으로 유치원 병설에 대해서는 일부 시·도교육청에서 조례를 제정하여 운영하는 경우가 있다. 부설학교로서 방송통신중·고등학교의 경우에는 「방송통신중학교 및 방송통신고등학교의 설치기준령」 및 이 영 시행규칙을 제정하여 운영하고 있다. 「국립대학 설치령」 제8조에 따라 국립대학사범대학이나 교육대학에 부설 초·중·고등학교를 운영하고 있다. 부설학교란 주된 학교에 딸려 설치 운영하는 학교를 말한다. 한편, 각종학교에 속하는 대안학교는 「대안학교의 설립·운영에 관한 규정」을 제정하여 운영하고 있으며, 여러 학교급의 교육과정을 통합 운영할 수 있다.

「초·중등교육법」제30조에 따른 통합운영학교는 학교급이 서로 다른 학교급의 통합 및 운영을 말한다. 초등학교와 중학교, 중학교와 고등학교, 초등학교와 중학교 및 고등학교를 통합하는 3가지 유형에 한정하고 있다. 이 법 제2조에서 정하고 있는 학교의 종류에 포함하지 않고 있으며, 시행을 위해 법령도 존재하지 않는다. 일부 시·도교육청에서는 적정규모학교의 유형으로 규정하고 있다. 따라서 통합운영학교는 전술한 병설학교, 부설학교, 대안학교 등과 차이가 있다.

3) 통합운영학교 법령체계

초·중등교육법

제30조(학교의 통합·운영) ① 학교의 설립자·경영자는 효율적인 학교 운영을 위하여 필요하면 지역 실정에 따라 초등학교·중학교, 중학교·고등학교 또는 초등학교·중학교·고등학교의 시설·설비 및 교원 등을 통합하여 운영할 수 있다. 이 경우 해당 학교의 학생 및 학부모의 의견을 수렴하여야 한다.
② 관할청은 학생 및 학부모의 요구가 있는 경우 학교의 통합·운영 여건에 관한 실태조사를 실시하고, 그 결과를 인터넷 홈페이지에 공개할 수 있다.
③ 제1항에 따라 통합·운영하는 학교의 시설·설비 기준, 교원배치기준, 의견 수렴 절차 및 제2항에 따른 실태조사 실시 기준, 결과 공개 등에 필요한 사항은 대통령령으로 정한다.

초·중등교육법 시행령

제56조(학교의 통합운영) ① 학교의 설립·경영자는 법 제30조제1항의 규정에 의하여 학교를 통합하여 운영하고자 할 때에는 학교의 규모, 학생의 통학거리 및 당해 통합운영대상학교가 소재하는 지역주민의 의사 등 교육여건을 고려하여야 한다.
⑤ 법 제30조제1항 후단에 따른 의견 수렴은 다음 각 호의 방법으로 실시해야 한다.
　1. 공청회
　2. 설문조사
　3. 그 밖에 학교의 설립자·경영자가 학교의 장과 협의하여 정하는 방법
⑥ 법 제30조제2항에 따른 실태조사에는 다음 각 호의 사항이 포함되어야 한다.
　1. 학교의 규모와 재정 현황
　2. 학교의 교직원 배치 현황
　3. 학교의 각종 시설·설비 현황
　4. 학생의 통학거리
　5. 그 밖에 통합운영 여건 파악에 필요한 사항
⑦ 관할청이 법 제30조제2항에 따라 실태조사를 실시하는 경우에는 학생 및 학부모의 요구가 있은 날부터 60일 이내에 학교의 장과 협의하여 실태조사를 위한 세부기준을 마련해야 한다.
⑧ 관할청이 법 제30조제2항에 따라 실태조사 결과를 공개하는 경우에는 조사 완료 후 30일 이내에 해야 하며, 공개 기간은 14일 이상으로 해야 한다.

통합운영학교는 구「교육법」제85조의2에 신설되었으며, 1997년 교육법의 전면개편에 따라「초·중등교육법」제30조에 규정된 이후 현재에 이르고 있다. 이 법 제30조제3항의 위임에 따라「초·중등교육법 시행령」제56조에 세부적인 사항들을 규정하고 있는데 제4항에 교직원의 배치기준, 교육과정의 운영, 예산 편성·운영, 행정적·재정적 지원, 사무관리나 그 밖에 통합운영학교의 운영에 필요한 사항은 관할청이 정한다고 재위임하고 있다. 이에 따라 일부 시·도교육청은 적정규모학교에 관한 조례를 제정하여 시행하면서 적정규모학교 유형의 하나로서 통합운영학교를 규정하고 있다.

교육부는 2013년 국가수준 통합운영학교 관리지침을 마련하였다. 통합운영학교의 지정계획단계, 개교준비단계, 운영관리단계 등 3단계로 구분하여 세부적인 지침을 규정하여(임연기 외, 2012: 69~72), 시·도교육청이 통합운영학교 관리에 필요한 사항을 정하는 데 참고하도록 하였다. 서울시교육청은 이 지침에 근거하여 2018년 서울형 통합운영학교 관리지침을 연구하고 타 시·도교육청에서 활용하도록 제공한 바 있다(임연기 외, 2018).

따라서 통합운영학교에 대해 법령에서 정하지 않은 사항은 시·도교육청의 조례에 규정하고, 조례에 규정하지 않은 사항들은 전술한 서울형 통합운영학교 운영에 관한 관리지침[74]을 참고하여 운영 계획을 수립하여 실행할 수 있다. 또한 통합운영학교는 학교의 효율적 운영을 목적으로 서로 다른 학교급의 물적·인적자원의 통합운영을 전제로 하기 때문에 학교 운영에 있어서는「초·중등교육법」에 규정된 조항들의 예외를 허용하고 있다. 물적 자원에서 시설 및 설비 기준에 관한 사항, 인적 자원에서 교원 등의 겸임 등에 관한 사항, 학교 운영위원회의 구성 및 운영 등, 재정적 측면에서 학교 회계의 통합 운영에 관한 사항 등에 관해 시·도교육청은 별도의 관련 조례나 지침 등에 구체적인 사항들을 규정하고 있다.

---

74) 인천광역시교육청의 초·중·고 통합운영학교 관리지침(2019. 11. 1.), 전라남도교육청 통합 운영학교 관리지침(2021. 12. 22.), 전라남도교육청 통합운영학교 행정업무편람, 울산광역 시교육청 초·중·고 통합운영학교 운영 및 관리지침(2015. 4.), 대구광역시교육청 통합 운영학교 관리·운영지침, 부산광역시 교육청의 통합운영학교 운영방안(2011), 강원특별자 치도교육청 초·중·고 통합운영학교 관리지침(2020. 9.) 등이 있다.

2. 통합운영학교의 관리와 운영 주체

「교육기본법」 제11조(학교 등의 설립) 제1항은 "국가와 지방자치단체는 학교와 평생교육시설을 설립·경영한다."고 규정하고, 이 법 제16조는 학교의 설립자·경영자는 법령으로 정하는 바에 따라 교육을 위한 시설·설비·재정 및 교원 등을 확보하고 운영·관리한다고 규정하고 있다. 이에 근거하여 「초·중등교육법」 제30조제1항은 학교의 설립자·경영자는 효율적인 학교 운영을 위하여 필요하면 지역 실정에 따라 학교의 시설·설비 및 교원 등을 통합하여 운영할 수 있다고 규정하여 통합운영학교의 지정 및 운영에 관한 법적 근거를 마련하고 있다. 또한 이 법 제30조제2항에 관할청은 학생 및 학부모의 요구가 있으면 실태조사를 실시하고 그 결과를 인터넷 홈페이지에 공개하도록 규정하고 있는데, 통합운영학교의 지정 및 운영에 관한 권한에 대해 "학교의 설립자·경영자", "관할청"이란 두 용어를 혼용하여 사용하고 있다.

「초·중등교육법」 제3조에 따르면 국립학교는 국가가 설립·경영하는 학교 또는 국립대학법인이 부설하여 경영하는 학교이며, 공립학교는 지방자치단체가 설립·경영하는 학교, 사립학교는 법인이나 개인이 설립·경영하는 학교라고 하여 학교의 설립자·경영자는 국가, 지방자치단체, 학교법인 등을 말한다. 그런데 「지방교육자치에 관한 법률」 제18조에 시·도의 교육·학예에 관한 사무의 집행기관은 시·도교육청이며, 제20조의 교육감의 관장 사무 중 하나로 학교의 설치·이전 및 폐지에 관한 사항을 규정하고 있어 여기에서 의미하는 지방자치단체는 교육청을 말한다. 또한 「초·중등교육법」 제6조는 국립학교는 교육부장관의 지도·감독을 받으며, 공립·사립학교는 교육감의 지도·감독을 받는다고 규정하여 관할청을 규정하고 있다. 따라서 국·공립학교의 통합운영학교는 교육부장관과 시·도교육감이 지정·운영하게 되며 이에 대한 관리·감독권을 가진다. 다만 사립학교의 경우에는 설립·경영자가 학교법인이나 개인이며 관할청은 시·도교육청으로 차이가 있다.

3. 통합운영학교의 관리와 운영 방법

1) 통합운영학교 지정 절차

초·중등교육법

제30조(학교의 통합·운영) ① 학교의 설립자·경영자는 효율적인 학교 운영을 위하여 필요하면 지역 실정에 따라 초등학교·중학교, 중학교·고등학교 또는 초등학교·중학교·고등학교의 시설·설비 및 교원 등을 통합하여 운영할 수 있다. 이 경우 해당 학교의 학생 및 학부모의 의견을 수렴하여야 한다.

② 관할청은 학생 및 학부모의 요구가 있는 경우 학교의 통합·운영 여건에 관한 실태조사를 실시하고, 그 결과를 인터넷 홈페이지에 공개할 수 있다.

③ 제1항에 따라 통합·운영하는 학교의 시설·설비 기준, 교원배치기준, 의견 수렴 절차 및 제2항에 따른 실태조사 실시 기준, 결과 공개 등에 필요한 사항은 대통령령으로 정한다.

초·중등교육법 시행령

제56조(학교의 통합운영) ① 학교의 설립·경영자는 법 제30조제1항의 규정에 의하여 학교를 통합하여 운영하고자 할 때에는 학교의 규모, 학생의 통학거리 및 당해 통합운영대상학교가 소재하는 지역주민의 의사 등 교육여건을 고려하여야 한다.

⑤ 법 제30조제1항 후단에 따른 의견 수렴은 다음 각 호의 방법으로 실시해야 한다.
  1. 공청회
  2. 설문조사
  3. 그 밖에 학교의 설립자·경영자가 학교의 장과 협의하여 정하는 방법

⑥ 법 제30조제2항에 따른 실태조사에는 다음 각 호의 사항이 포함되어야 한다.
  1. 학교의 규모와 재정 현황
  2. 학교의 교직원 배치 현황
  3. 학교의 각종 시설·설비 현황
  4. 학생의 통학거리
  5. 그 밖에 통합운영 여건 파악에 필요한 사항

⑦ 관할청이 법 제30조제2항에 따라 실태조사를 실시하는 경우에는 학생 및 학부모의 요구가 있은 날부터 60일 이내에 학교의 장과 협의하여 실태조사를 위한 세부기준을 마련해야 한다.

⑧ 관할청이 법 제30조제2항에 따라 실태조사 결과를 공개하는 경우에는 조사 완료 후 30일 이내에 해야 하며, 공개 기간은 14일 이상으로 해야 한다.

「초·중등교육법」 제30조제1항 후문에 학교의 설립자·경영자가 통합운영학교를 운영하기 위해서는 해당 학교의 학생 및 학부모의 의견을 수렴하여야 하며, 제2항에 관할청은 학생 및 학부모의 요구가 있는 경우 학교의 통합·운영 여건에 관한 실태조사를 실시하고, 그 결과를 인터넷 홈페이지에 공개할 수 있다고 규정하고 있다.

따라서 교육부장관 또는 시·도교육감은 통합운영학교를 지정·운영하기 위해 해당학교 학생 및 학부모의 의견수렴을 해야 하고, 학생 및 학부모의 요구가 있으면 실태조사를 실시하여 그 결과를 홈페이지에 공개해야 하는데 이에 대한 세부적인 사항은 「초·중등교육법 시행령」 제56조에 규정하고 있다. 즉, 학교의 설립·경영자는 학교 규모, 학생의 통학거리 및 당해 통합운영대상학교가 소재하는 지역주민의 의사 등 교육여건을 고려하여 학교를 지정해야 하고, 해당 학교의 학생 및 학부모의 의견 수렴은 "공청회, 설문조사, 그 밖에 학교의 설립자·경영자가 학교의 장과 협의하여 정하는 방법"으로 실시해야 한다. 또한 관할청이 학생 및 학부모의 요구에 따라 실태조사를 하는 경우에는 학교의 규모와 재정 현황, 학교의 교직원 배치 현황, 학교의 각종 시설·설비 현황, 학생의 통학거리, 그 밖에 통합운영 여건 파악에 필요한 사항 등에 관한 사항이 포함되어야 하며, 실태조사는 요구가 있은 날부터 60일 이내에 학교장과 협의하여 실태조사를 위한 세부기준을 마련해야 한다. 또한 관할청이 학생 및 학부모의 요구에 따라 실시한 실태조사 결과를 공개하는 경우에는 조사 완료 후 30일 이내에 해야 하며, 공개 기간은 14일 이상으로 해야 한다.

관할청은 학교의 설립자·경영자가 실시한 의견 수렴 결과와 관할청이 학생 및 학부모의 요구에 따라 실시한 실태조사 등을 고려하고, 자체적으로 수립한 통합운영 방식 및 지정 기준에 따라 통합운영학교를 지정한다. 서울형 통합운영학교 관리지침에 따르면 통합운영학교의 지정은 통합유형, 통합운영방식(일체형, 연계형, 복합형), 지정기준(학교규모, 학생 통학거리, 학생 및 학부모 의사 등 교육여건 등)을 고려하여 교육감이 결정하도록 안내하고 있다. 강원교육청의 경우 학교규모(향후 5년간 학생 수)가 소규모 학교 통·폐합 대상이 아닌 학교에 대하여 교육감이 지정하며, 예외적으로 교육여건상 통합운영학교 지정이 필요한 경우는 위의 기준에도 불구하고 학교구성원, 학부모, 지역주민 등의 의견을 수렴하여 지정 가능하다고 한다(강원특별자치도교육청, 2020: 5). 또한 울산광역시교육청의 경우 적정규모학교 육성 대상이 아닌 학교를 원칙으로 추진하되 폐지 대상학교는 제외하고, 다만 벽지지역 및 교육여건상 통합운영학교 지정이 필요한 경우는 적정규모학교 육성 기준에도 불구하고 학교, 학부모, 지역주민 등의 의견을 수렴하여 대상으로 지정할 수 있다(울산광역시교육청, 2015: 2).

2) 통합운영학교의 명칭

통합운영학교의 명칭을 어떻게 정할 것인지에 대해서는 법령에 정한 바가 없는데, 서울형 통합운영학교 관리지침에는 통합유형에 따라 내부적으로 동일한 명칭 사용을 원칙으로 하여 ○○초·중, ◇◇중·고, □□초·중·고 등과 같이 표기한다. 다만 해당 학교급만 별도로 표기할 필요가 있는 경우에는 이를 분리하여 사용하는 것도 가능한데, ○○초등학교, ◇◇중학교, □□고등학교 등과 같다.

3) 통합운영학교 학교운영위원회의 구성과 운영

> **초·중등교육법**
>
> 제31조(학교운영위원회의 설치) ① 학교운영의 자율성을 높이고 지역의 실정과 특성에 맞는 다양하고도 창의적인 교육을 할 수 있도록 초등학교·중학교·고등학교 및 특수학교에 학교운영위원회를 구성·운영하여야 한다.
> ② 국립·공립 학교에 두는 학교운영위원회는 그 학교의 교원 대표, 학부모 대표 및 지역사회 인사로 구성한다.
> ③ 학교운영위원회의 위원 수는 5명 이상 15명 이하의 범위에서 학교의 규모 등을 고려하여 대통령령으로 정한다.

「초·중등교육법」 제31조는 학교운영의 자율성을 높이고 지역의 실정과 특성에 맞는 다양하고 창의적인 교육을 할 수 있도록 초등학교·중학교·고등학교 및 특수학교에 학교운영위원회를 구성·운영하도록 규정하고 있다.

학교운영위원회는 학부모의 교육권 중 하나인 교육참여권, 의견제시권 등을 보호하기 위해 도입된 제도로 국·공립학교에 두는 학교운영위원회는 심의기구로의 법적 성격을 가지며, 사립학교에 두는 학교운영위원회는 심의 또는 자문기구로서 이중적 성격을 가진다.[75]

학교운영위원회는 해당 학교의 교원대표, 학부모대표 및 지역사회 인사로 구성하여 5명 이상 15명 이하의 범위에서 학교의 규모를 고려하여 정하며, 「초·중등교육법」 제34조에 따라 국립학교에 두는 학교운영위원회의 구성·운영은 「초·중등교육법 시행령」 제58조에 자세히 규정되어 있으며, 공립학교에

---

[75] 사립학교 학교운영위원회는 학교헌장 및 학칙의 제정 및 개정에 대한 사항은 자문하고, 공모교장과 초빙교사와 관련된 사항을 제외하고는 심의한다.

두는 학교운영위원회의 구성·운영에 관한 사항은 이 법 시행령 제58조의 범위에서 시·도 조례로 정하여 운영하고, 사립학교에 두는 학교운영위원회의 위원 구성에 관한 사항은 이 법 시행령 제58조를 준용하고 그 밖에 운영에 관한 사항은 학교법인의 정관으로 정하여 운영한다. 「초·중등교육법」 제32조에는 학교운영위원회의 기능에 관해 규정되어 있는데, 학칙의 제·개정, 학교 예산안과 결산, 학교교육과정의 운영방법, 교복·체육복·졸업앨범 등 학부모 경비 부담 사항, 정규학습시간의 종료 후 또는 방학기간 중의 교육활동 및 수렴활동, 공모교장의 공모방법, 임용, 평가 등, 초빙교사의 추천, 학교급식, 대학입학 특별 전형 중 학교장 추천, 학교운동부의 구성·운영, 학교운영에 대한 제안 및 건의 사항 등 학교 운영 전반에 관한 사항 등이다.

전라남도립학교 운영위원회 구성·운영에 관한 조례

제2조(설치 범위 및 구성 방법 등) ① 「초·중등교육법」 제31조제1항에 따라 전라남도립의 초등학교·중학교·고등학교 및 특수학교에 학교운영위원회(이하 이 장에서 "운영위원회"라 한다)를 둔다. 다만, 병설 또는 통합 운영학교는 학교운영위원회규정(이하 이 장에서 "위원회규정"이라 한다)으로 정하는 바에 따라 운영위원회를 하나로 통합하여 구성·운영할 수 있으며, 방송통신중·고등학교는 해당 학교를 설치한 소속 중·고등학교의 운영위원회로 대체한다.

인천광역시립학교 운영위원회 구성 및 운영에 관한 조례

제3조(학교운영위원회의 구성) ① 「초·중등교육법」(이하 이 장에서 "법"이라 한다) 제34조에 따라 인천광역시립의 초등학교, 중학교, 고등학교 및 특수학교에 학교운영위원회(이하 이 장에서 "운영위원회"라 한다)를 구성·운영한다.
⑤ 병설 및 통합운영 학교의 운영위원회는 통합 운영한다.

따라서 통합운영학교도 「초·중등교육법」 제31조에 따라 학교운영위원회를 구성·운영해야 하며, 이에 대해 대부분의 시·도교육청 조례[76]는 통합운영학교의 학교운영위원회를 하나로 통합하여 운영할 수 있도록 학교에 재량권을 부여하고 있는데(따라서 통합 운영할 수도 있으며, 학교 구성원의 의견 수렴 등을

---

76) 「서울특별시립학교 운영위원회 구성 및 운영 등에 관한 조례」, 「부산광역시 공립 유치원 및 학교운영위원회 설치·운영에 관한 조례」, 「울산광역시립학교 운영위원회 조례」, 「대구광역시립학교 운영위원회 설치·운영에 관한 조례」, 「경기도립 학교운영위원회 설치·운영 조례」, 「강원특별자치도 도립학교운영위원회 설치·운영에 관한 조례」, 「전라북도립학교 운영위원회 설치·운영에 관한 조례」, 「경상남도립학교 운영위원회 운영 조례」, 「제주특별자치도 학교운영위원회에 관한 조례」 등

통해 학교급별로 따로 운영할 수도 있음), 예외적으로 인천, 충북교육청의 경우에는 통합 운영을 의무화하고 있다[77].

4) 통합운영학교 교육과정 구성과 운영

「초·중등교육법」 제23조에는 학교는 교육과정을 운영해야 하며, 교육과정의 기준 및 내용에 관한 기본적인 사항은 국가교육위원회에서 정하며, 교육감은 국가교육위원회가 정한 교육과정의 범위에서 지역의 실정에 맞는 기준과 내용을 정할 수 있다고 규정하고 있다.

초·중등교육법 시행령

제105조(학교 및 교육과정 운영의 특례) ① 교육감은 다음 각 호의 어느 하나에 해당하는 국립·공립·사립의 초등학교·중학교·고등학교 및 특수학교를 대상으로 법 제61조에 따라 학교 또는 교육과정을 자율적으로 운영할 수 있는 학교(이하 "자율학교"라 한다)를 지정·운영할 수 있다. 다만, 국립학교를 자율학교로 지정하려는 경우에는 미리 교육부장관과 협의해야 한다.
  1. 학습부진아등에 대한 교육을 실시하는 학교
  2. 개별학생의 적성·능력 개발을 위한 다양하고 특성화된 교육과정을 운영하는 학교
  3. 학생의 창의력 계발 또는 인성함양 등을 목적으로 특별한 교육과정을 운영하는 학교
  4. 특성화중학교
  5. 산업수요 맞춤형 고등학교 및 특성화고등학교
  6. 「농업인 삶의 질 향상 및 농어촌 지역 개발촉진에 관한 특별법」 제3조제4호에 따른 농어촌학교
  7. 그 밖에 교육감이 특히 필요하다고 인정하는 학교
② 자율학교를 운영하려는 학교의 장은 다음 각 호의 사항이 포함된 신청서를 작성하여 교육감에게 제출하여야 한다.
  1. 학교운영에 관한 계획
  2. 교육과정 운영에 관한 계획
  3. 입학전형 실시에 관한 계획
  4. 교원배치에 관한 계획
  5. 그 밖에 자율학교 운영 등에 관하여 교육감이 정하여 고시하는 사항
③ 제2항에도 불구하고 교육감은 학생의 학력향상 등을 위하여 특히 필요하다고 인정되는 공립학교를 직권으로 자율학교로 지정할 수 있다. 이 경우 지정을 받은 학교의 장은 지체 없이 제2항 각 호의 사항을 작성하여 교육감에게 제출하여야 한다.
④ 자율학교는 5년 이내로 지정·운영하되, 교육감이 정하는 바에 따라 연장 운영할 수 있다.
⑤ 교육부장관 또는 교육감은 자율학교의 운영에 필요한 지원을 하여야 한다.
⑥ 제1항부터 제5항까지에서 규정한 사항 외에 자율학교의 지정 및 운영에 필요한 사항은 교육감이 정하여 고시한다.

---

77) 「충청북도립학교운영위원회 설치·운영에 관한 조례」 제2조 ① 병설학교 및 통합운영학교의 학교운영위원회는 통합하여 운영한다.

그런데 통합운영학교의 경우 지역의 특색이나 교육여건 등을 고려하고 교육 과정의 통합이나 융합을 통해 다양한 교육활동을 운영할 필요가 있는데, 이를 위해서는 국가교육과정이나 시·도교육청 교육과정 고시로부터 완화된 또는 변화된 교육과정 운영이 요구된다. 이에 「초·중등교육법」 제61조 및 이 법 시행령 제105조에 근거하여 교육부장관 및 교육감은 통합운영학교에 대해 학교 또는 교육과정을 자율적으로 운영할 수 있는 자율학교로 지정·운영할 수 있다. 또한 「초·중등교육법 시행령」 제105조제6항에 자율학교 지정 및 운영에 관한 사항은 교육감이 정하도록 하여 시도교육청은 자율학교 지정 및 운영에 관한 교육규칙 등을 제정하여 시행하고 있다.

이와 같은 법령의 취지에 따라 통합운영학교는 교육과정을 자율적 또는 탄력적으로 운영할 수 있도록 하고 있는데, 학교급별 신청에 의한 지정 또는 교육감 직권에 따른 지정도 가능하다. 서울형 통합운영학교 관리지침에 따르면 학교급별 교육과정 및 교육계획은 연계 통합하여 운영하되, 집중이수제, 학점제, 무학년제 등 학교 실정과 교육역량을 고려하여 창의적이고 다양한 제도 운영을 권장하고 있으며, 교과 겸임 및 비교과 교육활동(창의적 체험활동, 방과후학교 등) 통합운영, 학교급별 수업시간 자율 결정, 각종 행사, 학생 생활지도, 교직원 연수, 학부모 협의회 등 공동실시 등을 제시하고 있다.

강원특별자치도교육청의 경우, 국가 및 시·도교육과정 편성·운영 지침을 준수하여 학교장이 교육과정 운영계획을 수립·운영하되, 예·체능 교과 및 창의적 체험활동 협력 수업, 창의적 체험활동 무학년제 시범운영 및 확대, 방과후학교 교육활동 통합 운영, 각종 행사, 학생 생활교육, 교직원 연수, 학부모 협의회 등은 공동 실시하도록 하고 있으며, 전라남도교육청의 경우 「전라남도 교육청 교육과정 편성·운영 지침」을 기준으로 하되 학교별 상황에 따라 학교장이 통합·연계 교육과정을 편성하여 운영할 수 있도록 하고, 교과 및 범교과, 창의적 체험활동 연계 주제 중심 통합교육과정을 수립, 음악, 미술, 체육, 영어, 정보 등 5개 교과 통합수업 운영, 창의적 체험활동 통합운영, 학사일정 통합운영, 방과후학교 통합 운영, 전환기 프로그램 운영, 학교급별 연계 진로교육 운영 등 다양한 교육활동을 통합 운영할 수 있다고 안내하고 있다.

5) 통합운영학교 교직원의 배치

✏ 초·중등교육법

제30조(학교의 통합·운영) ③ 제1항에 따라 통합·운영하는 학교의 시설·설비 기준, 교원배치기준, 의견 수렴 절차 및 제2항에 따른 실태조사 실시 기준, 결과 공개 등에 필요한 사항은 대통령령으로 정한다.

✏ 초·중등교육법 시행령

제56조(학교의 통합운영) ③ 통합운영학교에는 법 제19조제4항에 따른 배치기준에도 불구하고 통합운영되는 학교의 특성을 고려하여 교직원을 배치할 수 있으며, 학교의 설립·경영자는 학교운영에 지장이 없는 범위에서 교직원을 겸임하게 할 수 있다.
④ 제3항에 따른 교직원 배치기준, 교육과정의 운영, 예산 편성·운영, 행정적·재정적 지원, 사무관리나 그 밖에 통합운영학교의 운영에 필요한 사항은 관할청이 정한다.

「초·중등교육법」제30조제3항은 통합운영학교의 교원배치기준에 대해 필요한 사항은 대통령령으로 정한다고 위임하고, 「초·중등교육법 시행령」제56조는 법 제19조제4항에 따른 배치기준에도 불구하고 통합 운영되는 학교의 특성을 고려하여 교직원을 배치할 수 있는데 교직원의 배치기준에 대한 상세한 사항은 관할청에서 정하도록 하며, 다만, 학교의 설립·경영자는 학교운영에 지장이 없는 범위에서 교직원을 겸임하게 할 수 있다고 규정하고 있다. 따라서 통합운영학교의 교직원에 대한 세부적인 배치기준은 교육부장관 및 교육감이 정할 수 있고, 학교운영에 지장이 없는 범위에서 법령에서 정한 겸임이 가능하다.

초등학교·중학교·고등학교 교직원의 배치기준은 「초·중등교육법」제19조 및 「초·중등교육법 시행령」제36조에 규정하고 있는데, 초등학교·중학교·고등학교에는 교장·교감·수석교사 및 교사를 둔다. 초등학교·중학교·고등학교에는 교장 1인을 두며, 학생 수가 100명 이하인 학교나 학급 수가 5학급 이하인 학교 중 '대통령령으로 정하는 규모 이하의 학교'(법 제19조제4항에 따른 교원의 배치기준에 따라 배치된 교원의 수가 최소 배치기준 이하에 해당하는 학교)에는 교감을 두지 아니할 수 있다. 다만, 전술한 교감 미배치 규정에 불구하고 교육감이 교육인력이나 교육재정 등을 고려하여 특히 필요하다고 인정하는 경우에는 교감 1인을 둘 수 있으며, 이 경우에 교감은 수업을 담당하여야 한다. 또한 「초·중등교육법」제19조제4항은 초등학교·중학교·고등학교에 두는 교원과 직원의 정원에 필요한 사항은 「초·중등교육법 시행령」 제36조의5에 규정하고, 학교급별 구체적인 배치기준은 관할청이 정하며, 교육부장관은 교원의 정원에 관한 사항을 매년 국회에 보고하여야 한다.

「초·중등교육법 시행령」 제56조제3항 후단은 통합운영학교의 경우 학교의 설립·경영자는 학교운영에 지장이 없는 범위에서 관할청이 재량에 의해 정할 수 있고 또한 필요한 경우에는 교직원을 겸임하게 할 수 있다고 규정하고 있다. 이에 근거하여 시·도교육감은 통합운영학교 관리지침 등을 통해 구체적인 사항을 정하고 있는데, 예컨대 「전라남도 교육청 교육과정 편성·운영 지침」에는 "① 교장 1명, 교감 학교급별 1명 배치(단, 교감의 경우 현원을 고려하여 관계법령 범위 내에서 별도로 정할 수 있다.)[78], ② 통합운영학교에는 교과 전담교사 및 복수 자격증 소지자 등을 우선 배치하며 학교장은 교직원을 소속 학교의 운영에 지장이 없는 범위 내에서 겸임하게 할 수 있다.[79] ③ 보직교사는 학교급별 기준을 분리 적용하여 학교장이 임용한다. ④ 분교장의 인사 관리(보직교사 임용, 전보내신, 근평, 승급 등)는 통합학교장이 행한다."고 규정하고 있다.

또한 행정실장은 1명을 배치하는데 최상위 학교를 기준으로 한다. 통합운영학교의 행정직원 등 직원 배치와 행정조직 운영 등에 대해서는 관할청이 정할 수 있고, 「초·중등교육법 시행령」 제56조에 따라 겸임도 가능하다. 이에 근거하여 울산광역시교육청의 경우 행정실장(해당 학교 최상위직급 행정직원)은 1명을 배치하고, 행정조직은 학교급 구분 없이 단일체제로 통합 운영하도록 하며, 정원은 상위급 학교로 일괄 배정하되 학교급 구분 없이 통합 운영하고, 학교장은 통합운영의 취지 및 특성을 고려하여 학교급 구분 없이 통합하여 업무 분장하도록 하고 있다.

---

78) 통합운영학교의 교장과 교감의 배치도 교육감의 재량에 따라 하는데, 학교급이 서로 다르게 배치하여 학교 운영의 효율성을 도모하고 있다. 예컨대 초·중 통합의 경우 학교장이 초등학교 소지자격자로 배치할 경우 교감은 중등학교 소지자격자로 하거나 그 반대로 지정하여 운영할 수 있다.

79) 이외에도 울산시교육청의 경우 겸임에 대해 중등학교 자격소지 교사가 초등학교 교과전담 겸임 가능하고, 초등학교 소지자격 교사가 중학교 방과후 교육활동지도 가능하다고 규정하고 있다. 또한 교장의 겸임발령은 교육감이 하고, 교감, 교사는 필요시 교육감이 겸임 발령하도록 하고 있다(울산광역시교육청, 초·중·고 통합운영학교 운영 및 관리지침(안)(2015. 4.), 4면). 이외에도 강원특별자치도의 경우 학교급간 겸임 업무분장은 학교장이 결정하도록 한다[강원특별자치도교육청, 앞의 지침(2020. 9.), 7면].

6) 통합운영학교의 회계

> **초·중등교육법**
>
> 제30조의2(학교회계의 설치) ① 국립·공립의 초등학교·중학교·고등학교 및 특수학교에 각 학교별로 학교회계(學校會計)를 설치한다.
> ⑤ 학교회계의 설치에 필요한 사항은 국립학교의 경우에는 교육부령으로, 공립학교의 경우에는 시·도의 교육규칙으로 정한다.
> 제30조의3(학교회계의 운영) ① 학교회계의 회계연도는 매년 3월 1일에 시작하여 다음 해 2월 말일에 끝난다.
> ⑥ 학교회계의 운영에 필요한 사항은 국립학교의 경우에는 교육부령으로, 공립학교의 경우에는 시·도의 교육규칙으로 정한다.

> **광주광역시 공립학교회계 규칙**
>
> 제7조(통합운영학교의 학교회계) 「초·중등교육법」 제30조 및 같은 법 시행령 제56조에 따른 통합운영학교에는 하나의 학교회계를 설치·운영할 수 있다.

「초·중등교육법」 제30조의2, 제30조의3에 따라 학교 회계는 학교의 예·결산, 세입·세출 등에 관한 사무로, 초등학교, 중학교, 고등학교 등 학교급별 처리를 원칙으로 하고, 학교 회계의 설치 및 운영에 관해 필요한 사항은 시·도 교육청의 교육규칙으로 정한다. 그런데 통합운영학교의 경우에는 서로 다른 학교급이 통합 운영되기 때문에 시·도교육청은 교육규칙에 근거하여 학교회계를 통합하여 운영할 수 있도록 재량권을 부여하고 있다. 즉, 대부분의 시·도교육청 학교회계규칙은 통합운영학교의 학교회계를 하나로 통합 운영할 수 있다고 규정하고 있다.

학교 회계에 대한 처리는 「지방재정법」 제96조의2에 따라 정보시스템을 통해 처리하도록 하여 교육재정정보시스템(에듀파인시스템)을 통해 처리하고 있는데, 전술한 교육규칙 등에 근거하여 통합운영학교의 경우 하나의 학교회계로 처리할 수 있고, 이 경우에는 시·도교육청 통합운영학교 관리지침 등에 따라 통합운영학교 중 상급학교에 통합하여 운영하고 있다. 즉 초·중학교가 통합운영되는 경우 중학교를 대표로 학교회계를 통합 운영하고, 중·고등학교가 통합운영되는 경우에는 고등학교를 대표로 학교회계를 통합하여 운영하도록 한다. 따라서 통합운영학교로 지정되면 대표학교에서 예산을 편성, 집행, 결산을 수행한다. 다만 학교회계의 재정 현황 파악이나 결산 등의 편리성을 위해 실무적으로는 학교급을 [초], [중], [고] 등으로 표시하여 예·결산 내역을 관리하고 있다.

7) 통합운영학교의 시설·설비

시·도교육청에서 지정·운영하는 통합운영학교의 형태를 살펴보면, 크게 신·이설형, 통합형, 연계형 등 3가지로 구분해 볼 수 있다(전라남도교육청, 2021: 5). 신·이설형이란 통합운영 대상학교를 신설하거나 이설하여 운영하는 경우로 개발지구 신설학교를 통합운영학교로 구축 후 개교하거나 통합운영 대상학교 전부를 제3의 부지로 이전하여 구축하는 경우를 말한다. 또한 통합형이란 1개 학교 이상의 시설을 폐쇄 후 중심학교에 통합 운영하는 경우를 말하며, 연계형이란 통합운영학교의 위치가 서로 근거리에 있는 경우(근거리 기준: 초·중·고등학교가 동일 읍·면 지역에 소재) 학교시설 폐쇄 없이 현재의 시설 등을 그대로 둔 상태에서 통합 운영하는 경우를 말한다.

여기에서 통합운영학교를 신·이설형이나 통합형으로 운영하는 경우에는 기존 학교의 시설·설비의 신축, 변경 등이 필요하다. 구체적인 기준은 제11장 제1절 「고등학교 이하 각급 학교 설립·운영 규정」과 같다.

초·중등교육법 시행령

제56조(학교의 통합운영)
② 통합운영학교의 시설·설비기준에 관하여 필요한 사항은 따로 대통령령으로 정한다.

통합운영학교의 시설·설비 기준에 대해 「초·중등교육법 시행령」 제56조 제2항은 별도의 대통령령으로 정한다고 규정하고, 여기에서 별도의 대통령령이란 「고등학교이하 각급학교 설립·운영 규정」을 말한다. 이 규정 [별표 1], [별표 2]에는 교사(校舍)[80]와 운동장의 기준 면적에 대해 통합운영학교 및 동일구내 2개 이상의 각급학교가 위치하는 경우에는 학교급별 기준면적의 합한 면적을 적용한다고 규정하고 있다.

다음으로 통합운영학교의 시설·설비 중 교사와 운동장을 제외하고 나머지 시설·설비에 대해서는 법령, 조례, 교육규칙 등에 특별히 규정하고 있지 않고, 다만 시·도교육청 통합운영학교 운영 및 관리 지침 등에 세부적인 사항을 규정하는 경우가 있다.

「서울형 통합운영학교 관리지침」은 시설·설비 운영에 대해 운동장, 특별실, 실험실, 시청각실, 컴퓨터실, 도서실 등의 시설은 공동 활용하고, 급식실은 분리 또는 통합 설치·운영하는데 각 학교급의 학급 수가 소규모 학교 기준을 초과할 경우 분리하도록 하고 있다. 또한 교무실, 행정실은 각각 통합 운영할 것을 권장하고 있다. 그 외에도 방송기기, 실물화상기, 과학·체육·음악·미술·기술가정 교구 등은 공동활용하도록 하고 있다.

「강원특별자치도교육청 통합운영학교 관리지침」에 따르면 학교의 재산 및 물품 관리에 있어서는 학교급별로 교구·설비 기준에 따라 구비하고 학교급별로 별도 관리하도록 한다. 또한 공동이용 재산은 상급학교에서 관리하되 학교실정에 따라 통합관리 가능하다고 규정하고 있다. 예컨대, 운동장, 특별실, 실험실, 시청각실, 컴퓨터실, 급식실, 도서실 등의 시설은 공동 활용하되 학교 실정에 따라 학교장 결정으로 분리 운영이 가능하도록 하며, 교무실, 행정실 등은 각각 통합 운영하고, 방송기기, 실물화상기, 과학·체육·음악·미술·기술·가정 교구 등도 공동 활용하도록 하고 있다(강원특별자치도교육청, 2020: 7).

---

[80] 「고등학교 이하 각급학교 설립·운영 규정」 제3조제1항에 따르면 교사란 교실, 도서실 등 교수·학습 활동에 직·간접적으로 필요한 시설물을 말한다.

한편, 전라남도교육청의 경우 통합운영학교의 물품은 통합관리를 원칙으로 하는데, 상급학교에 물품운영부서를 생성하여 통합 관리하도록 하고 있다(전라남도교육청, 2021: 5).

제3절 **분교장 개편**

1. 분교장의 개념

적정규모학교를 육성하고 지원하기 위한 여러 방안 중 하나는 분교장 개편이다. 분교장 개편은 본교를 분교로 개편하거나, 분교를 본교와 통합하거나 분교를 본교로 지정하였다가 다시 분교로 개편하는 경우 등을 말하며, 학교를 폐교하지 않고 1면 1교 등 소규모 학교를 보존하는 방안으로 활용할 수 있다.

> **초·중등교육법**
>
> 제50조(분교) 고등학교의 설립자·경영자는 특별히 필요한 경우에는 관할청의 인가를 받아 분교(分校)를 설치할 수 있다.

> **초·중등교육법 시행령**
>
> 제57조(분교장) 교육감은 특별한 사정이 있는 때에는 공립의 초등학교·중학교 및 특수학교에 분교장을 설치할 수 있다.

「초·중등교육법」 제50조는 고등학교의 설립자·경영자는 특별히 필요한 경우에 관할청의 인가를 받아 분교를 설치할 수 있다고 규정하고 있고, 「초·중등교육법 시행령」 제57조는 교육감은 특별한 사정이 있을 때에는 공립의 초등학교, 중학교, 특수학교에 분교장을 설치할 수 있다고 규정하고 있다.[81]

---

81) 학교의 병설에 대해서는 「초·중등교육법」 제5조에 초등학교, 중학교, 고등학교는 지역의 실정에 따라 상호 병설할 수 있다고 규정하고 있는데, 구체적인 내용이나 방법 등이 명시되어 있지 않고 지역의 실정에 따라 설치할 수 있다고만 규정되어 있을 뿐이다.

이와 같은 법적 근거에 따라 분교의 설치는 고등학교의 경우 관할청(교육부 또는 교육청)의 인가를 받아, 초등학교, 중학교, 특수학교는 교육감의 재량에 따라 설치할 수 있다. 실질적으로 어떤 학교가 분교로 개편되는지 여부는 시·도교육청의 「관내학교(시립학교 또는 도립학교 등) 설립에 관한 조례」에 명시하고 있다.

그런데 분교의 설치에 대한 법령체계는 매우 취약하다고 볼 수 있다. 왜냐하면, 고등학교의 경우 법률에 분교를 둘 수 있는 명문의 규정이 있으나 하위법령에 구체적인 기준이나 방법과 절차 등에 대해 아무런 규정도 없으며, 공립의 초등학교, 중학교, 특수학교의 경우에는 상위법령에 근거 규정이 없고, 위임규정도 없이 시행령으로만 분교장 개편을 규정하고 있어 위임입법금지의 원칙에 위반될 소지가 있다. 또한 시·도교육청 관내학교 설립에 관한 조례에 학교의 관리·운영에 관한 자세한 사항은 교육규칙으로 규정하도록 위임하고 있으나, 실질적으로 교육규칙을 규정하고 있는 시·도교육청은 거의 없다. 분교의 지정 기준이나 절차, 분교의 조직 및 구성, 본교와의 관계나 역할 등에 대해서는 아무런 법적근거를 두고 있지 않고 교육감에게 모든 재량권을 부여하고 있는 등 법령체계가 매우 미비하다.

한편, 교육부의 2016년 적정규모학교 육성 강화 및 폐교활용 활성화에 관한 자료에 따르면 분교장 개편 권고기준을 제시하고 있는데, 복식학급 운영학교, 최근 3년간 신입생이 없는 학교, 교직원 수가 학생 수 보다 많은 학교 등을 대상으로 한다(교육부 보도자료, 2016. 7. 5.). 또한 이 자료에 따르면 본교를 분교로 개편하는 경우 5억 원을 지원하며, 분교를 폐지하는 경우에는 학생 수를 기준으로 20명 이하인 분교는 20억 원, 20명~40명인 경우 30억 원, 40명 이상인 경우 40억 원을 지원하여 적정규모학교를 육성하고자 하였다.[82]

---

82) 「지방교육재정교부금법 시행규칙」 [별표 3]에 따르면 본교를 분교로 개편하는 경우 5억 원을 지원하는 것을 명시하고 있는데, 나머지 사항은 명시되어 있지 않다.

2. 분교장의 지정

 전라남도립학교 설치조례

제2조(도립학교의 명칭과 위치) 도립학교의 명칭과 위치는 별표 1부터 별표 7까지와 같다. 다만, 통폐합으로 1면 1교가 되는 경우의 교명은 행정구역의 명칭으로 한다.
제3조(시행규칙) 도립학교의 관리·운영 기타 이 조례의 시행에 필요한 사항은 교육규칙으로 정할 수 있다.
[별표 3] [83]

중학교

시군별	번호	명칭	위치
나주시	1	〈삭제〉 ('97. 8. 2.)	
	2	나주중학교	남산길 10(죽림동)
	3	영산포여자중학교	이창1길 32(이창동)
	4	나주금천중학교	호수로 133(빛가람동)
	5	나주다시중학교	다시면 무숙로 776
	6	나주공산중학교	공산면 공산로 110
	7	남평중학교	남평읍 남평3로 40
	8	남평중학교다도분교장	다도면 다도로 747
	9	나주동강중학교	동강면 인동길 25-28
	10	나주봉황중학교	봉황면 봉황로 682
	11	나주문평중학교	문평면 평복길 27
	12	나주반남중학교	반남면 석천로 20-15
	13	노안중학교	노안면 노안로 373

〈이하 생략〉

「교육자치법」 제20조제5호에 따르면 교육감은 학교 및 그 밖의 교육기관의 설치·이전·폐지에 관한 사항을 권한사무로 포함하고 있다. 이 법률에 근거하여 각 시·도교육청은 학교의 명칭과 위치에 대해 「○○○시립학교 또는 도립학교 설치에 관한 조례」를 제정하여 시행하고 있다. 이 조례에서 어떤 학교가 분교장으로 지정·운영되는지 명시하고 있다. 예컨대, 「전라남도립학교설치조례」 제2조에 근거한 [별표 3]을 살펴보면 남평중학교(본교)와 남평중학교다도분교장을 지정하고 있음을 알 수 있다.

---

83) 이 표에서 〈삭제〉로 표시된 경우는 학교를 폐교한 경우를 의미한다.

제4절 논의

1. 학교규모 적정화에 관한 법령 체계

농어촌 교육을 육성하고 보전하기 위한 적정규모 학교 육성 방안을 학교통폐합, 통합운영학교, 분교장 개편 등으로 구분하여 살펴보았다.

학교규모의 적정화는 학생 수를 기준으로 적정규모 학교를 정의하고, 이에 따라 적정규모학교의 기준을 정하며, 적정규모학교를 육성 및 지원하기 위해 통폐합, 통합운영학교, 분교 지정 등의 절차와 방법을 활용하여 시행한다. 그런데 인구감소 또는 인구절벽시대의 교육 현실에서 2016년 교육부가 제정한 적정규모학교 권고기준에 도달하지 못하는 경우가 점점 증가하고 있고, 도시지역에서도 학생 수 감소로 인한 학교통폐합이 이루어지고 있다. 이에 따라 「교육기본법」 제4조제3항에 학급당 적정 학생 수를 규정하고, 「농어인삶의질법」 제21조제1항제1호에 교육과정의 원활한 운영을 위한 적정규모의 농어촌 학교 육성 등을 규정하고 있다.

첫째, 법제적으로는 "적정"이란 용어가 법적 용어로서 타당한 것인지 그 의미가 무엇인지 모호하다는 문제점이 있다. 왜냐하면 「교육기본법」 제4조제3항이나 「농어인삶의질법」 제21조제1항제1호에 해당 용어를 사용하고 있으나 하위 법령에서 이를 구체적으로 명시하거나 정의하지 않고 있기 때문이다. 또한 「교육기본법」 제4조제3항을 제정하기 이전에 이미 일부 시도교육청은 적정규모학교에 대한 조례를 제정하여 운영하고 있었는데, 그렇다고 「농어인삶의질법」 제21조제1항제1호에 적정규모학교의 법적 근거를 두고 있다고 보기 어렵다. 왜냐하면 일부 시도교육청은 적정규모학교에 대한 조례 등 법적 근거를 마련하지 않고 적정규모학교를 운영하고 있기 때문에 적정규모학교에 대한 법령체계나 법적 근거가 미흡하다고 판단된다.

둘째, 적정규모학교 육성은 학교의 통폐합, 통합운영학교 지정, 이전 재배치, 분교장 개편 등을 포함하는 개념인데, 법제적으로 통합운영학교만 「초·중등교육법」제30조와 이 법 시행령 제56조에 규정하고 있고, 나머지에 대해서는 상위 법령에 근거 없이 일부 시·도교육청 조례에 규정하고 있다. 이와 같이 법률에 근거하지 않고 조례에 근거하여 적정규모학교에 대해 규정하는 현행 법령체계가 헌법에서 규정하고 있는 적법절차와 위임입법의 원칙, 교육제도 법률주의에 위반될 여지가 있기 때문에 이를 개선하기 위한 입법방안들을 마련해야 한다.

마지막으로 분교장 개편의 경우 지역에 따라 그 기준이 다르고, 분교에 대한 법령체계를 거의 마련하고 있지 않다는 문제도 있다. 「초·중등교육법」제50조는 고등학교에 대해 관할청의 인가를 받아 분교를 설치할 수 있다고 규정하고 있고, 「초·중등교육법 시행령」제57조에 공립의 초등학교, 중학교, 특수학교에 분교장을 설치할 수 있다고 규정하고 있는데, 전자의 경우 하위 법령에 고등학교 분교에 대한 구체화된 규정이 없고, 후자의 경우에는 상위법령에 근거 없이 하위법령에만 명시화되어 있는데 이 마저도 교육감이 법적 근거 없이 시도의회의 조례에 따라 지정 고시하게 된다. 분교도 때론 본교로 지정되고, 때론 폐교나 본교와의 통합이 이루어지기 때문에 분교장의 설치 등은 학생 및 학부모의 교육권에 미치는 영향이 상당히 크다. 따라서 「헌법」제31조제1항의 학생의 학습권 보장을 위해 제6항의 교육제도법률주의에 근거해 볼 때 분교에 대한 법령체계(조직, 교원배치, 본교와 분교의 역할부담, 학교 회계 등)를 마련할 필요가 있다.

2. 통합운영학교의 법적 지위

「초·중등교육법」제2조에 학교의 종류는 초등학교, 중학교, 고등학교, 특수학교, 각종학교 등 총 5가지로 규정하고 있다. 또한 이 법 제30조는 통합운영학교는 학교의 효율적인 운영을 목적으로 시설·설비, 교원 등을 통합 운영한다고 규정하고 있다. 통합운영학교는 학교 운영 차원의 통합을 의미하고 별도의 독자적인 법적 지위는 부여하고 있지 않다.

선행연구에서 통합운영학교의 법적지위에 관한 다양한 쟁점이 제기되고 있다. 주요 내용을 정리하면 다음과 같다. 첫째, 통합운영학교의 법적 지위가 명확하지 않기 때문에 시설·설비나 교원 등의 물리적 통합은 이룰 수 있으나 실질적 통합 운영이 어렵다(김기수 외, 2019: 166; 성열관 외, 2019: 185). 둘째, 「초·중등교육법」 제30조에 학교의 통합·운영의 목적이 효율적 학교 운영으로 규정하고 있는데 효율적 학교 운영이란 개념이 모호하고, 실질적 통합 운영을 위해서는 교육과정의 통합 운영이 중요한데 이에 대한 명시적 규정은 없다(임연기, 2016: 101). 셋째, 「초·중등교육법 시행령」 제56조제4항에 "제3항에 따른 교직원 배치기준, 교육과정의 운영, 예산 편성·운영, 행정적·재정적 지원, 사무 관리나 그 밖에 통합운영학교 운영에 필요한 사항은 관할청이 정한다."고 규정하고 있는데 관할청이 정한다는 것은 시·도교육청에 재량권을 부여하여 조례나 규칙을 제정하여 시행할 수도 있고, 그렇지 않은 경우도 있어 오히려 통합운영학교에 관한 법적 근거를 더욱 모호하게 만든다(성열관 외, 2019: 195). 넷째, 현행 교원자격제도와 교원양성체제는 통합운영학교 교원에 대한 겸임규정과 상호 충돌하여 중·고통합운영학교는 크게 문제가 없으나 초·중 통합운영학교는 교원자격제도와 관련하여 법령간 충돌되어 겸임이나 교차지도가 어렵다(이지유·이종국, 2020: 56. 성열관 외, 2019: 8).

이와 같은 법적 문제를 개선하기 위해 첫째, 통합운영학교를 「초·중등교육법」 제2조의 학교의 종류에 포함하도록 하여 통합운영학교의 독자적 법적 지위를 부여하거나(임연기 외, 2012: 198~199; 김기수 외, 2019: 98; 성열관 외, 2019: 185), 전술한 부설학교나 대안학교와 같이 별도의 대통령령으로 제정하여 법적 지위를 부여하는 방안을 고려할 수 있다. 둘째, 「초·중등교육법」 제30조 통합운영학교의 목적을 학교 교육과정의 효율화와 다양화로 개정하여 좀 더 목적을 명확화할 필요가 있다. 또한 1996년 통합운영학교의 도입 배경이나 목적을 고려한다면 학년제 또는 학제의 다양한 운영이 가능하도록 할 필요가 있다. 저출산 등으로 인한 인구감소의 문제는 일시적으로 해결하기 어렵고 이로 인해 학생 수 감소는 다가올 현실이기에 앞으로는 일반적인 학교 형태로 통합운영학교가 자리할 가능성이 매우 높기 때문이다. 셋째, 「초·중등교육법 시행령」제4조를 개정하여 관할청이 정한다는 규정에서 시·도교육 감이 조례나 교육규칙으로 정한다고 개정함으로써 통합운영학교 지정 및 운 영 등에 관한 법적 근거를 명시할 필요가 있다. 마지막으로 통합운영학교 교 사들의 겸임이나 교차지도가 이루어지기 위해 교원자격제도나 교원양성제도 에 대한 개선이 필요한데 이에 대해서는 좀 더 구체적으로 살펴보고자 한다.

3. 통합운영학교 교원의 겸직 허용

교육공무원법

제18조(겸임) ① 직위와 직무 내용이 유사하고 담당 직무 수행에 지장이 없다고 인정되는 경우에는 교육공무원과 일반직공무원, 교육공무원과 다른 특정직공무원 또는 교육공무원과 대통령령으로 정하는 관련 교육·연구 기관이나 그 밖의 관련 기관·단체의 임직원을 서로 겸임하게 할 수 있다. 이 경우 겸임에 필요한 사항은 대통령령으로 정한다.
② 제1항에 따라 교육공무원을 겸임하게 하려는 경우에는 그 대상자가 제9조 또는「초·중등교 육법」제21조제1항·제2항 및「고등교육법」제16조에 따른 자격기준을 갖추거나 자격증을 취득한 사람이어야 한다.

교육공무원 임용령

제7조의2(겸임) ① 임용권자 또는 임용제청권자는 다음 각 호의 어느 하나에 해당하는 경우에 는 법 제18조의 규정에 의하여 겸임시킬 수 있다.
　1. 관련 교과나 업무를 담당할 전문인력의 확보를 위하여 필요한 경우
　2. (생략)
② 제1항의 규정에 의한 겸임은 본직의 직무수행에 지장이 없는 범위 안에서 다음 각 호의 어느 하나에 해당하는 경우에 한한다.
　1. 각종 기술직렬 또는 기술분야 연구직렬의 일반직공무원과 직무내용이 유사한 고등학교 이상의 각급학교의 자연과학계 교육공무원간
　2. 학예·공안 및 행정직군의 일반직공무원과 직무내용이 유사한 전문대학이상의 각급학교 의 인문사회과학계 교육공무원간
　3. 각급학교 교원과 직무내용이 유사한 인근학교의 교원간 또는 병설(부설)된 학교와 당해 학교를 병설(부설)한 학교의 교원간
　4. (생략)
　5. (생략)
③ 제2항제1호·제2호·제4호 및 제5호의 규정에 의한 겸임기간은 2년 이내로 하되, 특히 필요한 경우 2년의 범위 안에서 연장할 수 있다.

> **공무원수당 등에 관한 규정**
>
> [별표 11] 제2호 다목
> 7) 겸임하는 교장 또는 교감으로서 다음의 어느 하나에 해당하는 사람
> 　나)「초·중등교육법」제30조에 따른 통합·운영학교의 교장·교감으로서 초등학교, 중학교
> 　　또는 고등학교 중 둘 이상의 학교의 교장·교감을 겸임하는 교원
> 　　　(1) 겸임교장: 월 100,000원
> 　　　(2) 겸임교감: 월 50,000원

　통합운영학교의 경우 효율적인 학교 운영을 위해 교직원의 겸임을 규정하고 있는데, 교원자격제도를 취하고 있는 현행법체계에서 교직원의 겸임이 가능한지 여부가 논란이 된다.

　「교육공무원 임용령」제7조제1항은 임용권자 또는 임용제청권자는 법령에서 따로 정한 경우와 다음 각 호의 어느 하나에 해당하는 경우(대통령령에서 구체적으로 정한 특별한 사유에 따라 교육공무원을 보직 없이 근무하게 하는 경우)를 제외하고는 소속 교육공무원을 하나의 직위에 임용해야 한다고 규정하고 있기 때문에 법령에서 따로 정한 경우 등을 제외하고는 소속 교육공무원을 하나의 직위에 임용하여야 한다. 따라서「초·중등교육법」제30조제3항과 그에 따른「초·중등교육법 시행령」제56조제3항에서 "학교의 설립·경영자는 학교운영에 지장이 없는 범위에서 교직원을 겸임하게 할 수 있도록" 규정하고 있으므로「교육공무원 임용령」제7조제1항의 단서조항의 예외에 해당된다. 이를 근거로 통합운영학교의 경우에는 소속 교육공무원을 하나 이상의 직위에 임용할 수는 있으며, 교사와 교감·교장, 교감과 교장 등 서로 다른 직위를 겸임하게 하는 경우에 해당할 수 있는 것으로 해석된다. 문제의 소재는 교사들의 겸임이 가능한지 여부이다.

　「교육공무원법」제18조제1항은 "직위와 직무 내용이 유사하고 담당 직무 수행에 지장이 없다고 인정되는 경우에는 교육공무원과 일반직공무원, 교육공무원과 다른 특정직공무원 또는 교육공무원과 대통령령으로 정하는 관련 교육·연구 기관이나 그 밖의 관련 기관·단체의 임직원을 서로 겸임하게 할 수 있다. 이 경우 겸임에 필요한 사항은 대통령령으로 정한다."고 규정하고, 제2항은 "제1항에 따라 교육공무원을 겸임하게 하려는 경우에는 그 대상자가 제9

조 또는 「초·중등교육법」 제21조제1항과 제2항 및 「고등교육법」 제16조에 따른 자격기준을 갖추거나 자격증을 취득한 사람이어야 한다."고 규정하고 있다. 따라서 통합운영학교의 교사들을 겸임하게 하려는 경우에는 그 대상자가 「초·중등교육법」 제21조제1항, 제2항에 따른 교원의 자격기준을 갖추거나 자격증을 취득한 사람이어야 하는데, 초등과 중등의 교장·교감 등을 겸임하거나 중등 내에서 다른 교과를 겸임하게 하려면 대상자가 해당 교원 자격을 갖추고 있는 범위 내에서만 가능하다. 또한 「교육공무원 임용령」 제7조의2제2항은 제1항의 규정에 의한 겸임은 본직의 직무수행에 지장이 없는 범위 안에서 각급 학교 교원과 직무내용이 유사한 인근학교의 교원간 또는 병설(부설)된 학교와 당해 학교를 병설(부설)한 학교의 교원간" 등을 포함하여 규정하고 있다.

따라서 통합운영학교의 교원의 겸임에 대해서는 「교육공무원 임용령」 제7조의2제1항 "관련교과나 업무를 담당할 전문인력의 확보를 위하여 필요한 경우"에 해당한다고 볼 수 있으나, 제2항 "본직의 직무수행에 지장이 없는 범위안에" 있다고 하더라도 "각급학교 교원과 직무내용이 유사한 인근학교의 교원간" 또는 "병설(부설)된 학교와 당해 학교를 병설(부설)한 학교의 교원간"에 해당한다고 해석하기 어렵기 때문에 통합운영학교 교원의 겸임이 가능하도록 규정한 「초·중등교육법 시행령」 제56조제3항과 「교육공무원 임용령」 제7조의2는 서로 상충된다. 이와 같은 문제를 해결하기 위해서는 통합운영학교 교원의 겸임에 대한 관련 법령을 정비할 필요가 있다.

한편 통합운영학교 교원의 겸임 등 인사에 대해서는 기존의 초등학교·중학교 및 고등학교 교원 인사와 달리 별도의 시스템을 마련할 필요가 있다는 주장도 있다. 이를 위해 교육감이 통합운영학교에 대해서는 일괄적으로 인사를 실시하는 방안을 주장하는 경우도 있는데, 이 경우 통합운영학교 교원을 초등학교 및 중등학교 교원과 별도로 구분하고 있지 않은 상황에서 교육지원청이 실시하는 초·중학교 인사와 경합을 벌이거나 행정 효율이 저하될 우려가 있다는 반대의 입장도 있다. 결국 통합운영학교 교원의 겸임규정에 관해 실효성을 거두기 위해서는 「교육공무원 임용령」 등 법령 개정이 필요하고, 교원 자격제도, 교원 양성체제, 순회교사제도 등의 개선방안을 함께 고려할 필요가 있다.

4. 두밀분교 폐교처분에 관한 대법원 판례 검토

1) 사건의 개요

두밀분교는 경기도 가평군 가평읍 두밀리에 소재한 학교로 1960. 4. 1. 상색초등학교 두밀분교로 개교하였고, 1965. 3. 1. 두밀초등학교로 승격되었다가 1985년 다시 두밀분교로 개편되어 운영되었다. 폐교될 1994년 당시 학생 수는 25명이며, 교직원은 교사 2명, 기능직 1명이었고, 2학급 3복식 수업으로 운영되었다.

1993년 초 교육부는 시·도교육청에 소규모 학교에 대한 통·폐합을 요구하여 경기도교육청은 94년~98년도까지 5개년간 통폐합 추진 계획을 수립하면서 두밀분교는 95년 통폐합 대상으로 지정하였다가 94년 추진 대상으로 변경하여 지정하였다. 1994. 2. 22. 「경기도립학교설치조례」에서 두밀분교를 폐교학교로 하는 개정안이 경기도의회에서 의결되었다. 이에 따라 두밀분교는 본교인 상색초등학교로 통합되었는데, 1994. 3. 2. 두밀리 주민들은 상색초등학교 등교를 거부하고 주민들이 직접 학생들의 교습활동을 하는 등 두밀분교 폐교에 대해 반대하였으나, 3. 26. 가평교육청에서 두밀분교 시설물에 대한 철거가 시작됨에 따라 4. 20. 두밀분교 재학생들은 경기도교육감을 상대로 두밀분교 처분취소소송을 서울고등법원에 제기하였다. 1995. 5. 16. 서울고등법원은 원고패소판결을 선고하였고, 이에 항소하였으나 1996. 9. 20. 대법원에서 기각하였다.

두밀분교 재학생들이 제기한 청구는 1차적으로 경기도교육감의 두밀분교 폐교처분에 대한 취소이며, 2차적으로 두밀분교 폐교를 정한 「경기도립학교설치조례」 별표 1이 무효임을 확인하는 소송이다.

2) 판시사항 및 판결의 요지

(1) 판시사항

① 공립초등학교의 설치·폐지에 관한 권한의 소재(지방의회) 및 그 방법(조례)과 효력발생시기(공포)

② 학교폐지 조례 공포 후 교육감이 한 분교장의 폐쇄, 직원의 인사이동,

급식학교의 변경 등 행위가 항고소송의 대상이 되는 행정처분인지 여부
(소극)

③ 경기도의회가 초등학교 △△분교를 폐교하기로 한 조례가 재량권의 범위
를 일탈하거나 교육을 받을 권리를 침해하였다고 볼 수 없다고 한 원심판결
을 수긍한 사례

④ 「도서 · 벽지교육진흥법」의 입법취지 및 그 법률에 의하여 도서 · 벽지학교
로 지정된 학교는 지방의회가 폐지할 수 없게 되는지 여부(소극)

(2) 판결요지

① 구 「지방자치법」(1994. 3. 16. 법률 제4741호로 개정되기 전의 것) 제15조,
제19조, 제35조제1항제1호, 제135조제1항, 제2항, 구 「지방교육자치에관
한법률」(1995. 7. 26. 법률 제4951호로 개정되기 전의 것) 제2조, 제41조,
구 「교육법」(1995. 12. 29. 법률 제5069호로 개정되기 전의 것) 제8조제4항
등의 규정들을 종합하면, 공립초등학교는 공공시설로서 그 설치 · 폐지에
관하여는 다른 법령에 규정이 없는 경우 지방자치단체인 시 · 도가 제정하
는 조례의 형식으로 정하여야 하고, 그러한 학교의 설치 · 폐지는 지방의회
에 의한 조례의 의결 및 그 공포로써 효력이 발생하여 완결되는 것이며,
구 「지방교육자치에관한법률」 제27조제1호, 제5호에서 조례안의 작성
및 학교의 설치 · 폐지에 관한 사항을 교육감의 관장사무로 규정하고 있더
라도 그 규정을 시 · 도 교육감이 학교의 설치 · 폐지에 관한 결정 자체를
할 권한이 있는 것이라고 볼 수 없다.

② 공립초등학교 분교의 폐지는 지방의회가 이를 폐지하는 내용의 개정조례
를 의결하고 교육감이 이를 공포하여 그 효력이 발생함으로써 완결되고,
그 조례 공포 후 교육감이 하는 분교장의 폐쇄, 직원에 대한 인사이동
및 급식학교의 변경지정 등 일련의 행위는 분교의 폐지에 따르는 사후적인
사무처리에 불과할 뿐이므로, 이를 독립하여 항고소송의 대상이 되는 행정
처분으로서의 폐교처분이라고 할 수 없다.

③ 경기도 가평군 ○○초등학교△△분교의 폐지로 인한 교육조건 및 통학조건의 변화, 학교의 적정규모, 폐교로 인하여 지역사회에 미치는 영향 등의 제반 사정을 검토한 후, △△분교의 아동들이 ○○초등학교에서 교육을 받음으로써 발생하는 긍정적인 교육효과를 고려한다면 분교의 폐지로 인한 통학조건이 다소 악화되는 등의 부정적인 효과는 그다지 크다고 할 수 없으므로, 경기도의회의 △△분교 통폐합에 관한 조례는 재량권의 범위를 일탈한 것이라거나 분교 학생들의 교육을 받을 권리 또는 의무교육을 받을 권리를 침해한 것이라고 볼 수 없다고 한 원심판결을 인용한다.

④ 도서 · 벽지의 의무교육을 진흥함을 목적으로 하는 「도서 · 벽지교육진흥법」의 취지는 도서 · 벽지지역에 학교가 존속함을 전제로 그 학교에 교재, 교구, 통학, 교원의 우대 등 그 시설설비와 교원을 타에 우선하여 조치하고 그 경비를 지원한다는 것일 뿐이고, 그 법률에 의하여 도서 · 벽지지역 학교로 지정된 학교를 폐지할 수 없다거나 또는 교육부가 그 지정학교에 대한 폐지권한을 부여받았다고 할 수 없다.

3) 평가

(1) 교육을 받을 권리의 침해 여부

「헌법」제31조제1항은 모든 국민은 능력에 따라 균등하게 교육을 받을 권리를 가진다고 규정하고 있다. 이에 대해 헌법재판소는 국민의 교육을 받을 권리의 개념에 대해 「교육법」제8조의2에 관한 위헌심판사건[84]에서 "교육을 받을 권리는 우리헌법이 지향하는 문화국가 · 민주복지국가의 이념을 실현하는 방법의 기초이며, 다른 기본권의 기초가 되는 기본권이다."[85]라고 밝히고 있다. 또한, 「교육법」제96조제1항 위헌확인 사건[86]에서 "교육을 받을 권리는, 첫째 교육을 통해 개인의 잠재적인 능력을 계발시켜 줌으로써 인간다운 문화생활과 직업생활을 할 수 있는 기초를 마련해 주고, 둘째 문화적이고 지적인 사회풍토

---

84) 헌재, 1991. 2. 11., 90헌가27, 판례집 3권.
85) 헌재, 1991. 2. 11., 90헌가27, 판례집 3권, 18면.
86) 헌재, 1994. 2. 24., 93헌마192, 판례집 6-1권.

를 조성하고 문화창조의 바탕을 마련함으로써 헌법이 추구하는 문화국가를 촉진시키고, 셋째 합리적이고 계속적인 교육을 통해서 민주주의가 필요로 하는 민주시민의 윤리적 생활철학을 어렸을 때부터 습성화시킴으로써 헌법이 추구하는 민주주의의 토착화에 이바지하고, 넷째 능력에 따른 균등한 교육을 통해서 직업생활과 경제생활의 영역에서 실질적인 평등을 실현시킴으로써 헌법이 추구하는 사회국가, 복지국가의 이념을 실현한다는 의의와 기능을 가지고 있다."87)고 판결한 바 있다.

이와 같은 교육을 받을 권리는 국민 개개인의 권리로서뿐 아니라 국가가 보장해야 할 중요한 의무 중에 하나이며 이를 위해 의무교육, 교육제도 법률주의 등을 통해 교육의 기회 균등 보장을 명문화하고 있다. 그런데 이와 같은 국민의 권리가 무한히 보장되는 것은 아니기 때문에 「헌법」 제37조제2항은 국가 안전보장, 질서유지, 공공복리 등을 목적으로 법률로서 기본권을 제한할 수 있다고 하며, 다만 기본권의 본질적인 내용은 침해할 수 없다고 규정하고 있다. 학교의 통폐합으로 폐지학교에 재학 중인 학생들에게 폐교 처분은 국민의 교육을 받을 권리를 제한하는 것인데, 통합학교로 전입하도록 하여 교육기회를 보장하는 것으로 기본권의 본질적 내용까지는 침해하지 않은 것으로 볼 수 있느냐 여부가 쟁점이다.

두밀분교 폐교처분에 대해 대법원은 "공립국민학교의 통폐합에 있어서는 교육행정의 성질상 상당히 광범위한 재량권이 있는 것이고, 그 통폐합이 학교의 통학조건, 적정규모, 교육설비 등 교육조건 및 이를 뒷받침하는 재정조건 등을 종합적으로 고려하여 볼 때 특정의 아동 내지 보호자에 대하여 현저하게 과중한 부담을 지우고 통학을 사실상 불가능하게 하는 등 재량권의 범위를 일탈하여 특정인의 교육을 받을 권리나 의무교육을 받을 권리를 침해하였다고 볼 수 있는 경우에만 통폐합을 정한 조례가 위법하다고 전제한 다음, 증거들에 의하여 그 판시와 같이 △△분교의 폐지로 인한 교육조건(교육내용, 교사의 수, 학교 시설, 학업성취도, 1인당 학생교육비 등) 및 통학조건(거리, 시간, 교통사고의 위험성 및 겨울철의 눈으로 인한 통학불능의 가능성 등)의 변화, 학교의 적

---

87) 헌재, 1994. 2. 24., 93헌마192, 판례집 6-1권, 173면.

정규모(소규모 학교 및 복식학급의 장단점), 폐교로 인하여 지역사회에 미치는 영향 등의 제반 사정을 자세히 검토한 후, 결론적으로 두밀분교의 아동들이 상색국민학교에서 교육을 받음으로써 발생하는 긍정적인 교육효과를 고려한다면 두밀분교의 폐지로 인한 통학조건이 다소 악화되는 등의 부정적인 효과는 그다지 크다고 할 수 없으므로, 통폐합에 관한 이 사건 조례는 재량권의 범위를 일탈한 것이라거나 두밀분교의 학생들인 원고들의 교육을 받을 권리 또는 의무교육을 받을 권리를 침해한 것이라고 볼 수 없다."고 판단하였다.

이와 같이 학교의 통폐합이란 행정처분으로 국민의 교육을 받을 권리를 일부 제한하는 것은 교육기회를 박탈하거나 다른 대안을 제시하지 않는 정도가 아니고, 교육감의 재량의 범위내에 행한 것이며 침해의 정도에 이르지 않아 위법한 것은 아니라는 것이 대법원의 입장이다.

그런데 학교의 폐교는 재학 중인 학생들과 학부모들의 입장에서 보면 새로운 교육환경에 대한 적응, 통학거리 증가로 인해 학습권 제한, 필요한 경우 학생의 거주지 이전 등 「헌법」 제31조에 보장된 학습권을 제한하는 것이며, 학교의 폐교로 인한 가족의 이사 등은 「헌법」 제36조의 가족생활의 보장과 제31조제2항과 함께 도출되는 부모의 자녀교육권 등도 제한하고, 지역인구 감소 뿐 아니라 지역 소멸에 미치는 부정적 효과가 적다고 할 수 없다(박삼철, 2011: 2~3). 따라서 학교의 폐교에 따라 본교로의 통합이 「헌법」 제31조제1항의 교육을 받을 권리의 본질적 내용을 침해하는 것은 아니라는 대법원의 판단은 어느 정도 타당성을 가지나, 폐교의 기준, 방법이나 절차 등에 대한 법적 근거가 미비하고, 학교 구성원이나 지역주민들의 의견 수렴 등의 절차 없이 교육감의 재량에 의해 폐교처분하고 조례로 규정하는 것은 후술하는 교육제도 법률주의에 위배되고, 적법절차의 원칙에도 위반될 여지가 매우 크다.

(2) 조례의 처분성과 학교 폐교에 대한 권한

이 판례요지의 ①, ②번과 관련된 쟁점 중의 하나는 조례가 행정소송에서 다투는 "행정청 등의 처분"에 해당되느냐 여부이고, 다른 하나는 학교 폐교에 대한 권한은 누가 가지느냐에 관한 사항이다.

우선 「대법원 95누8003 조례무효확인 판례」(1996. 9. 20.)에서 "조례가 집행행위의 개입 없이도 그 자체로서 직접 국민의 구체적인 권리의무나 법적 이익에 영향을 미치는 등의 법률상 효과를 발생하는 경우 그 조례는 항고소송의 대상이 되는 행정처분에 해당하고, 이러한 조례에 대한 무효확인소송을 제기함에 있어서 「행정소송법」 제38조제1항, 제13조에 의하여 피고적격이 있는 처분 등을 행한 행정청은, 행정주체인 지방자치단체 또는 지방자치단체의 내부적 의결기관으로서 지방자치단체의 의사를 외부에 표시할 권한이 없는 지방의회가 아니라, 구 「지방자치법」(1994. 3. 16. 법률 제4741호로 개정되기 전의 것) 제19조제2항, 제92조에 의하여 지방자치단체의 집행기관으로서 조례로서의 효력을 발생시키는 공포권이 있는 지방자치단체의 장이다."라고 판시하였다. 이와 같은 법리에 따르면 「경기도립학교 설치에 관한 조례」 무효확인 소송에 있어 피고적격은 시·도교육감에게 있음을 알 수 있다.

또한, 이 판례에 근거해 볼 때, 두밀분교에 대한 폐교사건에서 대법원은 「지방교육자치에 관한 법률」 제20조제5호의 시·도교육감에게 학교의 신설, 이전, 폐지에 대한 권한이 있다고 해도 학교의 신설·폐지는 조례의 제정·공포로 확정되고 교육감에게 이를 결정할 권한이 있다고 보기 어렵기 때문에 조례에 따라 학교를 폐쇄하거나 직원의 배치를 하는 사후조치는 학교 폐교에 따른 사후조치로서 행정처분의 대상이 아니라고 판시한 점은 문제가 있다. 「경기도립학교의 설치에 관한 조례」에는 어떤 지역의 어떤 학교가 본교, 분교, 폐지되었는지를 규정하고 있고, 시·도 적정규모학교의 육성 및 지원에 관한 조례 등에서 교육감은 적정규모학교에 관한 계획을 수립하여 시행하도록 하는 등 어떤 학교를 통합할 것인지, 폐교할 것인지 여부를 결정하며 이를 조례를 통해 법적 근거를 마련하여 시행된다. 따라서 「경기도립학교 설치에 관한 조례」에 의해 학교의 폐교가 결정된다는 점에서 조례의 처분성이 인정되며, 이 때 조례의 무효나 폐교 처분의 취소 등을 다툴 때 해당 사건의 피고는 시·도교육감이 되어야 함은 당연하다. 따라서 결정요지 ①과 같이 시·도교육감이 학교의 폐교 처분을 결정한 권한이 없다거나 ②와 같이 조례에 따른 학교의 폐쇄조치가 행정처분이 아니라고 하는 것은 잘못된 판단이라 생각한다.

마지막으로 「도서·벽지교육진흥법」의 취지를 설명하면서 이 법에 정한 두 밀분교에 대한 폐교를 시·도교육감이 결정하는 것은 위법이 아니라는 입장을 취하고 있는데, 이와 같은 법리는 타당하지만 학교에 대한 폐교에 대한 결정 권한이 시·도교육감에게 있다고 볼 수 없다고 하여, 판결요지 ②와 서로 다른 입장을 취하는 것으로 상호 모순된다.

(3) 교육제도 법률주의 위반 여부

「헌법」 제31조제6항은 학교교육과 평생교육을 포함한 교육제도와 그 운영, 교육재정 및 교원의 지위에 관한 기본적인 사항은 법률로써 규정하도록 하고 있는데, 흔히 이를 교육제도 법률주의 또는 교육제도 법정주의라고 한다.

교육제도 법률주의는 교육제도 및 운영 등에 관한 기본적인 사항을 법률에 규정하여 이를 근거로 국가의 교육행정 권한의 기준과 범위를 정하여 행사해야 함을 의미하며, 다른 한편으로는 교육영역에서의 주요사항과 본질적인 내용은 국회의 입법권에 의해 정해져야 하며, 국회에 의해 위임여부, 위임의 범위와 내용 등 결정해야 함을 의미한다(정순원, 2021).

이와 같이 「헌법」 제31조제6항에 교육제도 법률주의를 규정한 것은 국가의 백년대계인 교육이 특정 정치세력의 영향을 받거나 집권자의 통치상의 도구로 활용되어 수시로 변경되는 것을 방지하고, 장래를 전망한 일관성 있는 교육체계를 유지·발전시키기 위한 것으로 국민의 대표기관인 의회의 통제하에 두는 것이 가장 타당하다는 의회민주주의 내지는 법치주의 이념에서 비롯된 것이다. 이는 헌법이 한편으로는 수학권을 국민의 기본권으로서 보장하고 다른 한편으로 이를 실현하는 의무와 책임을 국가가 부담하게 하는 교육체계를 교육제도의 근간으로 하고 있음을 나타내는 것이다.[88] 또한 헌법재판소는 교육제

---

88) 헌재, 1992. 11. 12., 89헌마88, 판례집 4, 752쪽. 헌재, 1999. 3. 25., 97헌마130, 판례집 11-1, 239~240쪽.

도 법률주의가 법률에 명목적 형식적 근거만 두면 충분하다는 것이 아니며, 법률에는 기본적인 사항을 규정하고, 기본적인 사항이란 중요사항 또는 본질적인 사항으로 예측 가능한 사항이라 해석한다.[89]

　전술한 바와 같이 「교육기본법」, 「초·중등교육법」 제4조 등은 학교의 설립·운영에 관해 규정하고 있고, 이 법 제65조에 학교의 폐쇄에 대해 규정하고 있는데 학교의 폐쇄와 폐교(또는 폐지)는 법상 차이가 있음을 설명하였다. 또한 「폐교활용법」 제2조제1호에 폐교에 대해 정의하고 있으나 실질적으로 폐교의 사유, 방법이나 절차 등에 대해서는 아무런 규정을 두고 있지 않으며, 「교육자치법」 제20조제5호에 교육감의 관장사무로 학교의 폐지에 대해 규정하고 있으나 마찬가지로 세부적인 사항에 대한 규정이 없다. 학교의 폐교나 이전 등은 학생의 학습권을 심각하게 제한하는 것이며, 학부모의 학교선택권이나 자녀교육권을 제한한다. 따라서 학교의 폐교에 관한 현행 법령에 기준, 방법, 절차 등에 관해 아무런 규정을 두지 않은 입법의 불비로 교육제도 법률주의에 반한다.

89) 헌재, 1991. 2. 11., 90헌가27, 판례집 3, 27~28쪽.

제10장 작은학교 보전과 육성

제1절 도서·벽지 학교 진흥

1. 지원 대상

도서·벽지교육진흥법

제2조(정의) 이 법에서 "도서·벽지"란 지리적·경제적·문화적·사회적 혜택을 받지 못하는 다음 각 호의 지역으로서 교육부령으로 정하는 지역을 말한다.
1. 산간지역
2. 낙도(落島)
3. 수복지구(收復地區)
4. 접적지구(接敵地區)
5. 광산지구(鑛山地區)

도서·벽지교육법 시행규칙

제1조 (목적) 이 규칙은 「도서·벽지교육진흥법」(이하 "법"이라 한다) 제2조의 규정에 의하여 도서·벽지지역을 정함을 목적으로 한다.
제2조(도서·벽지지역과 등급별 구분) 법 제2조의 규정에 의한 도서·벽지의 지역과 그 등급별 구분은 별표와 같다.

도서·벽지 학교란 법에서 정의한 도서·벽지 지역에 위치한 학교를 말한다. 즉, 도서·벽지란 「도서·벽지교육진흥법」(약칭: 「도서·벽지교육법」) 제2조에 정의하고 있는데 지리적·경제적·문화적·사회적 혜택을 받지 못하는 지역으로 교육부령으로 정한 산간지역, 낙도, 수복지구, 접적지구, 광산지구 등을 말한다.

학문적으로 도서·벽지지역이란 도서지역과 벽지지역의 복합어이다. 여기에서 도서란 만조 시 4면이 바다로 둘러싸인 지역으로 간척, 매립되었거나 방파제, 방조제, 교량 등으로 연육된 도서와 제주특별자치도 본도를 제외한 지역으로 이 중 학교가 있는 도서는 총 149개이다. 벽지란 교통이 불편하고, 폐쇄적이며, 인구밀도가 희박하고, 경제적으로 빈곤한 지역으로 수복지구, 접적지구, 광산지구를 의미한다(임연기·강충서, 2021: 43~44).

그런데 도서·벽지학교와 농어촌 학교는 유사한 개념이지만 도서·벽지와 농어촌이 반드시 동일한 지역은 아니기 때문에 도서·벽지학교와 농어촌 학교가 법상 동일한 것은 아니다. 예컨대 후술하는 「농어업인삶의질법」 제3조에서 규정하고 있는 농어촌 지역, 「농업·농촌 및 식품산업기본법」 제3조의 농촌, 「수산업·어촌발전기본법」 제3조의 어촌 등은 도서·벽지 지역과 반드시 동일한 지역을 의미하는 것은 아니다. 도서·벽지학교는 「도서·벽지교육법 시행규칙」 [별표 1]에 따르면, 도서·벽지지역을 도서지구, 벽지지구, 접적지구 등 3가지로 구분하고 있고, 각 지구마다 가, 나, 다, 라 등 4등급으로 분류하여 특정 학교가 어떤 지구와 등급에 해당되는지 명시하고 있다. 이에 따르면 도서지구(132개교), 벽지지구(400개교), 접적지구(118개교) 등 총 650개교의 도서·벽지학교가 있다. 따라서 농어촌 학교라도 전술한 도서·벽지에 해당하지 않을 수 있다.

2. 지원 주체와 내용

도서·벽지교육법

제3조(국가의 임무) 국가는 도서·벽지의 의무교육을 진흥하기 위하여 다른 것에 우선하여 다음 각 호의 조치를 하여야 하며, 이에 필요한 모든 경비를 다른 것에 우선하여 지급하여야 한다.
1. 학교 부지, 교실, 보건실, 그 밖에 교육에 필요한 시설의 확보
2. 교재·교구(敎具)의 정비
3. 교과서의 무상 공급
4. 통학을 위하여 필요한 조치
5. 교원(敎員)에 대한 주택 제공
6. 교원의 적절한 배치
제4조(지방자치단체의 임무) 지방자치단체는 도서·벽지의 의무교육을 진흥하기 위하여 다음 각 호의 조치를 하여야 한다.
1. 도서·벽지교육의 특수 사정에 적합한 학습지도에 필요한 자료의 정비
2. 교원에 대한 연수기회의 우선 부여와 연수 경비의 지급

도서·벽지학교는 지리적·경제적·문화적·사회적 혜택을 받지 못하는 지역에 위치한 학교로「헌법」제31조에서 규정하고 있는 교육을 받을 권리 보장과 의무교육 지원을 위해 국가와 지방자치단체 각각의 책무를 구분하여 명시하고 있다.「도서·벽지교육법」제3조와 제4조에 따르면 국가는 경비 지원 등 예산 지원에 관한 의무를 부담하는데, 학교의 시설 확보, 교재 및 교구의 정비, 교과서 무상 공급, 통학 지원, 교원에 대한 주택 제공과 배치, 도서·벽지 수당의 지급 등에 관한 사항이다. 또한 지방자치단체는 해당 지역의 특성에 따라 학습지도에 필요한 자료의 개발 및 배포, 교원에 대한 연수 기회 우선 부여 및 경비 지급 등에 관한 사항이다.

> **도서·벽지교육법**
>
> 제5조(도서·벽지수당) 국가는 도서·벽지학교에 근무하는 교원에게는 대통령령으로 정하는 바에 따라 도서·벽지의 급지별(級地別)로 도서·벽지수당을 지급하여야 한다.

> **공무원수당 등에 관한 규정**
>
> 제12조(특수지근무수당) ① 교통이 불편하고 문화·교육시설이 거의 없는 지역이나 근무환경이 특수한 기관에 근무하는 공무원에게는 예산의 범위에서 별표 7의 지급 구분표에 따른 특수지근무수당(교육공무원에게는 도서·벽지수당)을 지급한다.

특히,「도서·벽지교육법」제5조에는 도서·벽지학교 근무하는 교직원에 대해 도서·벽지수당 지급을 의무화하고 있는데, 도서·벽지수당은「공무원수당 등에 관한 규정」제12조,「공무원 특수지근무수당 지급대상 지역 및 기관과 그 등급별 구분에 관한 규칙」제2조에 명시되어 있다. 즉, 교통이 불편하고 문화·교육시설이 거의 없는 지역이나 근무환경이 특수한 기관에 근무하는 공무원에게는 예산의 범위 내에서 특수지근무수당을 지급하도록 하는데, 일반직공무원에게 지급되는 특수지근무수당이 교육공무원에게는 도서·벽지수당에 해당된다. 도서벽지수당은 이 규정 [별표 7]에 지역 등급에 따라 급지별 지급액을 규정하고 있는데, '가' 지역은 60,000원, '나' 지역은 50,000원, '다' 지역은 40,000원, '라' 지역은 30,000원으로 지역 등급별로 10,000원의 차등을 두고 있다.[90]

교육공무원 승진 규정

제41조(가산점) ② 가산점은 공통가산점과 선택가산점으로 구분한다.
⑤ 선택가산점은 다음 각 호의 어느 하나에 해당하는 사유가 있는 자에게 명부작성권자가 항목 및 점수의 기준을 정하여 산정할 수 있다. 이 경우 선택가산점의 총합계는 10점을 초과할 수 없고, 그 기준은 평정기간이 시작되기 6개월 전에 공개하여야 한다.
  1. 「도서·벽지교육진흥법」 제2조에 따른 도서·벽지에 있는 교육기관 또는 교육행정기관에 근무한 경력이 있는 경우
  2. 읍·면·동지역의 농어촌 중 명부작성권자가 농어촌 교육의 진흥을 위하여 특별히 지정한 지역의 학교에 근무한 경력이 있는 경우
  3. 그 밖의 교육발전 또는 교육공무원의 전문성 신장 등을 위해 명부작성권자가 필요하다고 인정하는 경력이나 실적이 있는 경우

 전라남도 교육공무원 승진후보자 명부작성에 따른 가산점 산정 규정

제3조(선택가산점 산정기준) ① 영 제41조제5항제1호 및 제2호에 따른 선택가산점의 항목 및 점수기준은 다음 각 호와 같다.
  1. 도서·벽지학교 근무경력은 급지별로 도서학교와 벽지학교로 구분하여 다음과 같이 부여하되, 총합계는 3.0점을 초과할 수 없다.

구 분	도서학교		벽지학교	
	월평정점	일평정점	월평정점	일평정점
가급지	0.167점	0.0056점	0.084점	0.0028점
나급지	0.125점	0.0042점	0.063점	0.0021점
다급지	0.084점	0.0028점	0.050점	0.0017점
라급지	0.063점	0.0021점	0.042점	0.0014점

  가. 타 시도 도서·벽지학교 근무경력은 같은 급지의 우리 도 도서·벽지학교 근무경력을 적용한다.
  나. 타 시도 접적지역 내 도서학교는 같은 급지의 우리 도 도서학교, 접적지역 내 육지학교는 같은 급지의 우리 도 벽지학교의 근무경력을 적용한다.

한편 「교육공무원 승진규정」 제41조제5항에는 교육공무원의 승진후보자 명단작성 시 가산점을 부여할 수 있다. 도서·벽지학교 근무경력은 선택가산점으로 총합계 10점 이하의 범위에서 승진가산점으로 부여할 수 있도록 하고, 가산점의 범위 등 구체적인 사항은 시·도교육청별로 차이가 있는데, 예컨대 「전라남도 교육공무원 승진후보자 명부작성에 따른 가산점 산정규정」 제3조에 따르면 도서·벽지학교 근무경력은 총 3점을 초과할 수 없고 도서지역과 벽지지역을 구분하여 급지별 점수를 세분화하여 명시하고 있다.

---

90) 지역의 등급 분류에 대해서는 도서, 벽지, 접적 지역에 따라 세부적인 기준을 두고 있는데 자세한 내용은 「공무원수당 등에 관한 규정」 [별표] 7의2 참조

농어촌 학교 교육여건 개선

1. 지원대상

> **농어업인삶의질법**
>
> 제3조(정의) 이 법에서 사용하는 용어의 뜻은 다음과 같다.
> 1. "농어촌"이란 「농업·농촌 및 식품산업 기본법」 제3조제5호와 「수산업·어촌 발전 기본법」 제3조제6호에 따른 지역을 말한다.
> 4. "농어촌학교"란 「유아교육법」 제2조제2호 및 「초·중등교육법」 제2조에 따른 학교 중 농어촌에 있는 학교를 말한다.

농어촌 학교는 농어촌에 소재하는 「유아교육법」 제2조제2호의 유치원, 「초·중등교육법」 제2조에 따른 초등학교, 중학교, 고등학교 등을 말한다. 여기에서 농어촌이란 「농업·농촌 및 식품산업 기본법」 제3조제5호의 농촌과 「수산업·어촌 발전 기본법」 제3조제6호에 따른 어촌을 말하는데, 이 법령에 따르면 농촌이란 읍·면 지역, 읍·면 지역 이외의 지역 중 농업, 농업 관련 산업, 농업인구 및 생활 여건 등을 고려하여 농림축산식품부장관이 고시하는 지역을 말한다. 또한 어촌이란 하천·호수 또는 바다에 인접하여 있거나 어항의 배후에 있는 지역 중 주로 수산업으로 생활하는 읍·면 지역이나 이 지역 중 「국토의 계획 및 이용에 관한 법률」 제36조제1항제1호에 따라 지정된 상업지역 및 공업지역을 제외한 지역을 말한다.

결국 농어촌 학교란 행정구역을 기준으로 한 개념으로 농어촌 읍·면 지역에 위치하고 있는 학교를 의미한다.

2. 지원 주체와 내용

> **농어업인삶의질법**
>
> 제20조(농어촌 교육여건 개선의 책무) ① 국가와 지방자치단체는 농어촌 주민의 교육기회를 보장하기 위하여 교육여건의 개선 및 발전을 위한 시책을 마련하여야 한다.
> ② 국가와 지방자치단체는 제1항에 따른 농어촌 교육여건의 개선 및 발전을 위한 시책을 마련할 때에는 농어촌 주민 및 학부모의 의견을 존중하여야 한다.

「농어업인삶의질법」제20조에 따르면 국가와 지방자치단체는 농어촌 주민의 교육기회를 보장하기 위한 교육여건의 개선 및 발전을 위한 시책을 마련해야 하며, 이와 관련하여 농어촌 주민 및 학부모의 의견을 존중하도록 하고 있다. 특히 농어촌 지역의 학생들은 교육여건이나 교육환경에 있어 도심지역의 학생들과 격차가 발생할 여지가 있어 이를 개선하고 지원하기 위해 노력할 필요가 있다.

✎ 농어업인삶의질법

제21조(농어촌학교 학생의 학습권 보장 등) ① 국가와 지방자치단체는 농어촌학교 학생의 학습권을 보장하고 학력을 향상하기 위하여 다음 각 호의 사항에 관한 시책을 마련하여야 한다.
　1. 「초 · 중등교육법」제23조에 따른 교육과정(이하 "교육과정"이라 한다)의 원활한 운영을 위한 적정 규모의 농어촌학교 육성
　2. 농어촌의 특성에 적합한 교육과정 및 수업운영 방법의 개발 · 보급
　3. 농어촌학교 학생의 적성을 살리기 위한 다양한 교육기회의 제공
　4. 그 밖에 농어촌학교 학생의 학습권을 보장하고 학력을 향상하기 위하여 필요한 사항
② 국가와 지방자치단체는 농어촌학교 중 지역 특성을 반영한 교육과정의 자체적인 개발 또는 운영이 우수한 학교에 대하여 필요한 지원을 할 수 있다.
③ 국가와 지방자치단체는 제1항에 따른 책무를 다하고 제2항에 따른 지원을 하기 위하여 이에 따르는 예산상의 조치를 취하도록 노력하여야 한다.
제27조(농어촌 교육발전 지역협의회) ① 농어촌학교의 교육여건 개선, 농어촌 주민의 평생교육 진흥(시 · 도지사 소관 사항은 제외한다) 등과 관련된 시책을 효율적으로 추진하기 위하여 광역시 · 특별자치시 · 도 · 특별자치도의 교육감 소속으로 농어촌 교육발전 지역협의회를 둔다.
② 농어촌 교육발전 지역협의회의 구성 · 기능 및 운영 등에 관한 사항은 광역시 · 특별자치시 · 도 · 특별자치도의 교육규칙으로 정한다.
제28조(농어촌학교의 시설 · 설비 등 지원) ① 국가와 지방자치단체는 농어촌학교의 시설 · 설비 및 교구(敎具)를 우선적으로 확보하여 지원하여야 한다.
② 국가와 지방자치단체는 농어촌학교의 정보통신매체를 이용한 수업에 필요한 시설과 설비를 우선적으로 확보하여 지원하여야 한다.

농어촌 학교의 경우 「헌법」제31조의 국민의 교육을 받을 권리 보장과 「교육기본법」제3조의 학습권 보장과 제4조의 교육의 기회균등 등이 상대적으로 매우 중요하다. 「농어업인삶의질법」제21조에는 농어촌 학교 학생의 학습권 보장을 국가와 지방자치단체의 책무로 규정하고 있다. 즉, 교육과정의 원활한 운영을 위한 적정규모 학교의 육성, 농어촌의 특성에 적합한 교육과정 및 수업운영 방법의 개발 및 보급, 농어촌 학교 학생의 적성을 살리기 위한 다양한 교

육기회의 제공 등이다. 특히 농어촌 학교 중 지역의 특성을 반영한 교육과정의 자체적인 개발 또는 우수학교에 대한 지원 등을 하도록 하고 이에 필요한 예산상의 지원을 위해서도 노력해야 한다.

한편 「농어업인삶의질법」 제27조에는 농어촌 학교의 교육여건의 개선, 주민들의 평생교육 진흥 등에 관련된 시책을 추진하기 위해 시·도교육감 소속 농어촌 교육발전지역협의회를 두어 운영하도록 하고, 협의회 구성 및 운영 등에 관한 사항은 교육규칙으로 규정하도록 하고 있다.

> **✎ 농어업인의삶의질법**
>
> **제25조(농어촌학교 교직원의 확보·배치)** 교직원의 임용권자는 농어촌학교 교육과정의 원활한 운영을 위하여 적정수의 교원과 행정직원이 농어촌학교에 배치되도록 하여야 한다.
> **제26조(농어촌학교 교직원의 우대)** ① 국가와 지방자치단체는 농어촌학교 교직원이 높은 긍지와 사명감을 가지고 교육활동에 전념할 수 있도록 인사상의 우대, 연수 기회의 우선적 부여, 근무부담의 경감 등 근무여건 개선책을 마련하여야 한다.
> ② 국가와 지방자치단체는 농어촌학교 교직원이 농어촌에 거주하면서 학생의 교육 및 생활지도에 전념할 수 있도록 주거편의를 우선적으로 제공하여야 한다.
> ③ 국가와 지방자치단체는 농어촌학교에 근무하는 교원에게 대통령령으로 정하는 바에 따라 수당을 지급할 수 있다.

> **✎ 농어업인의삶의질법 시행령**
>
> **제11조(농어촌학교 교원의 수당)** 법 제26조제3항에 따라 농어촌학교에 근무하는 교원에게는 수당을 지급하되, 그 지급액·지급범위 및 지급방법 등에 관하여는 교육부장관이 기획재정부장관 및 인사혁신처장과 미리 협의하여 정한다.

「농어업인삶의질법」 제25조에는 교육감은 농어촌 학교 교육과정의 원활한 운영을 위해 적정수의 교원과 행정직원을 확보하여 배치하고, 제26조는 해당 교직원에 대해서는 인사상의 우대, 연수기회의 우선적 부여, 근무부담의 경감 등의 개선책을 마련하도록 하고, 주거 편의의 제공, 수당 지급 등을 명시하고 있다. 특히 수당 지급에 대해서는 「농어업인삶의질법 시행령」 제11조, 「농어촌학교 순회교원수당 및 복식수업수당 지급에 관한 훈령」에서 순회교원 수당과 복식수업 수당으로 월 5만 원을 지급하고, 「공무원 수당 등에 관한 규정」 제12조에 따라 도서·벽지에 근무하는 교원을 대상으로 월 3만 원의 수당을 지급한다고 규정하고 있다.

농어업인의삶의질법

제23조(농어촌학교 학생의 교육 지원) ① 국가와 지방자치단체는 농어촌학교 학생의 교육기회를 보장하기 위하여 입학금, 수업료, 급식비 및 통학에 필요한 교통수단과 그 운행에 드는 경비를 지원할 수 있다.
② 국가와 지방자치단체는 대통령령으로 정하는 소득기준에 미달하는 농어업인에게 제1항에 따른 경비와 체험학습비 등 부대경비의 전부 또는 일부를 예산의 범위에서 지원할 수 있다.

한편 농어촌 학교 학생들의 학습권 및 교육기회 보장을 위해 입학금, 수업료, 급식비 및 통학수단이나 경비를 지원하고, 「농어업인삶의질법 시행령」 제10조에 규정된 소득수준이 미달하는 농어업인의 경우에는 전술한 경비와 체험학습비 등 부대경비의 전부 또는 일부를 지원할 수 있다.

제3절 작은학교 지원

1. 지원 대상

작은학교에 대한 지원은 작은학교 학생에 대한 교육 기회 보장과 교육격차의 해소, 학교 시설·설비 등 교육환경의 개선, 학생 및 교직원에 대한 교육복지의 증진 등을 통해 작은학교의 자율성과 다양성 신장을 목적으로 한다.

작은학교에 관한 법적 개념은 상위법령에 규정하고 있지 않으나, 일부 시·도교육청[91]과 지방자치단체에서 작은학교에 관한 조례[92]에 규정하고 있다. 이들 조례에 규정하고 있는 작은학교에 대한 법적 개념은 대체로 유사하지만 일부 시·도교육청은 해당 지역의 목적과 특성에 따라 달리 정의하고 있다.

---

91) 강원특별자치도 작은학교 지원에 관한 조례, 부산광역시교육청 부산형 작은학교 설립 및 운영에 관한 조례, 울산광역시 작은학교 지원 조례, 경기도 작은학교 지원에 관한 조례, 경상남도 작은학교 지원에 관한 조례, 대전광역시교육청 작은학교 활성화 조례, 충청남도 작은학교 지원 조례, 전라북도 작은학교 지원에 관한 조례, 전라남도 작은학교 지원 조례
92) 남해군 작은학교 살리기 사업 조례

✏️ 경기도 작은학교 지원에 관한 조례

제2조(정의) 이 조례에서 사용하는 용어의 뜻은 다음과 같다.
1. "학교"란 경기도 내에 소재한 「초·중등교육법」 제2조의 학교를 말한다.
2. "작은학교"란 「초·중등교육법」 제2조의 학교 중 학생수 60명 이하인 공립학교를 말한다.

✏️ 강원특별자치도 작은학교 지원에 관한 조례

제2조(정의) 이 조례에서 사용하는 "작은학교"란 「초·중등교육법」 제2조에 따른 학교 중 학생수 60명 이하인 공립학교를 말한다.

✏️ 부산광역시교육청 부산형 작은학교 설립 및 운영에 관한 조례

제2조(정의) 이 조례에서 사용하는 용어의 정의는 다음과 같다.
1. "부산형 작은학교"란 학생 과밀지역의 과대학교 또는 과밀학급 해소를 위하여 부산광역시교육감(이하 "교육감"이라 한다)이 설립하는 도심형 소규모 학교를 말한다.
2. "학생 과밀지역"이란 택지개발 등으로 인하여 학생의 급격한 증가로 학교급별 적정 학생수 또는 적정 학급수를 과도하게 넘는 과밀학급 또는 과대학교가 발생한 지역을 말하며, 그 기준은 교육감이 따로 정한다.

✏️ 남해군 작은학교 살리기 사업 조례

제2조(정의) 이 조례에서 사용하는 용어의 뜻은 다음과 같다.
1. "작은학교"란 남해군에 소재하는 「초·중등교육법」 제2조제1호에 따른 초등학교 중 학생의 수가 60명 이하인 학교를 말한다.

예컨대, 「경기도 작은학교 지원에 관한 조례」와 「강원특별자치도 작은학교 지원에 관한 조례」에 따르면 작은학교란 "학생 수 60명 이하인 공립학교로 초등학교, 중학교, 고등학교, 특수학교 등을 말한다."고 정의하고 있다. 즉, 작은학교란 학교에 재학 중인 학생 수를 기준으로 60명 이하인 「초·중등교육법」 제2조상의 공립학교를 말한다. 이와 달리 지역의 특성을 반영하여 작은학교의 개념을 정의하는 경우도 있는데, 「울산광역시 작은학교 지원 조례」 제2조에 따르면 구에 소재한 학교는 학생 수 200명 이하인 학교를, 군에 소재하는 학교는 학생 수 100명 이하이거나 6학급(특수학급은 제외한다.) 이하인 학교를 의미하고, 「부산형 작은학교 설립 및 운영에 관한 조례」 제2조에 따르면 부산형 작은학교란 학생 과밀지역의 과대학교 또는 과밀학급 해소를 목적으로 부산광역시교육감이 설립하는 도심형 소규모 학교를 말한다. 또한 남해군 「작은학교 살리기 사업 조례」 제2조에 정의된 작은학교는 학생 수 60명 이하인 초등학교만 대상으로 하고 다른 학교급의 학교나 종류를 포함하지 않는다.

한편 대도시에서도 학생 수 60명 이하인 학교가 늘어나고 있기 때문에 작은학교의 개념은 읍·면·도시지역 등 지역적·지리적 요인을 기준으로 설정한 개념은 아니라는 점을 알 수 있다. 또한 제9장에서 전술한 〈표 9–1〉 교육부 적정규모학교 권장기준에서 면지역, 도서·벽지지역의 적정규모학교와 동일한 기준으로 적용하여 이와도 구분이 어렵다는 한계를 가진다.

작은학교는 소규모 학교, 적정규모학교, 과소학교 등 여러 용어들과 함께 혼재하여 사용하고 있다. 즉, 소규모 학교에 대해서는 법령에서 정의하고 있지 않으나, 일부 연구에서는 행정구역상 읍·면지역에 소재하면서 학년당 학급 수가 2학급 이하(중학교의 경우 전체 6학급 이하)인 학교로 정의하는 경우도 있다(민용성, 2020: 8). 또한 과밀학교인지 과소학교인지에 대해서도 명시적으로 정의하지 않고 시·도교육청의 교육환경이나 여건에 따라 가변적이다.

2. 지원 주체와 내용

1) 교육청 지원사업 내용

경기도 작은학교 지원에 관한 조례

제5조(지원 사업) 교육감은 작은학교에 대해 다음 각 호의 사업 경비를 예산의 범위 안에서 우선 지원할 수 있다.
1. 학교 및 지역의 강점을 살리는 특색 있는 교육과정 운영
2. 교육 시설환경 개선 및 현대화 사업
3. 교육 복지 증진 및 방과후 돌봄 사업
4. 학생에 대한 통학 편의 제공
5. 학부모 및 지역사회와 함께하는 교육 활동
6. 배움과 돌봄이 함께하는 교육 프로그램 운영
7. 특기 적성 교육 및 체험 프로그램 운영
8. 도시·농산어촌 학교 간 교류학습 활성화
9. 그 밖에 작은학교 육성을 위해 교육감이 필요하다고 인정하는 사업

시·도교육감은 작은학교에 대해 다양한 사업을 통해 지원할 수 있다. 시·도 교육청 작은학교 지원 조례에서 규정하고 있는 사업의 내용들은 거의 유사하다. 예컨대「경기도 작은학교 지원에 관한 조례」제5조에 따르면 교육감은 학교 및 지역의 강점을 살리는 특색 있는 교육과정 운영, 교육 시설환경 개선 및 현대화 사업, 교육 복지 증진 및 방과후 돌봄 사업, 학생에 대한 통학 편의 제공, 학부모 및 지역사회와 함께하는 교육 활동, 배움과 돌봄이 함께하는 교육 프로그램 운영, 특기 적성 교육 및 체험 프로그램 운영, 도시·농산어촌 학교 간 교류학습 활성화 등의 교육사업 경비를 예산의 범위내에서 우선 지원할 수 있고, 제6조에는 해당 학교가 적정규모학교로 육성될 수 있도록 일정 기간 지속적으로 지원해야 한다고 규정하고 있다.

특히 작은학교 교육과정 운영과 관련해서「초·중등교육법」제61조에 근거한「초·중등교육법 시행령」제105조제1항 각 호에 해당하는 경우 학교 및 교육과정을 자율적으로 운영할 수 있도록 자율학교로 지정하여 운영할 수 있다. 또한「초·중등교육법 시행령」제45조에 일반적인 학교의 학급편성은 같은 학년, 같은 학과로 해야 하지만 학교장은 교육과정 운영상 특히 필요한 경우 2개 학년이상의 학생을 1개 학급으로 편성하여 운영할 수 있다고 규정하고 있어 작은학교에서 복식학급 운영에 대한 법적 근거도 마련하고 있다.

2) 지방자치단체장 지원사업 내용

남해군 작은학교 살리기 사업 조례

제6조(작은학교사업 등) ① 군수가 추진하는 작은학교사업은 다음 각 호와 같다.
1. 임대주택·부대시설 설치 및 관리 운영
2. 학생유치사업
3. 지역주민과의 유대강화 및 정착 지원
4. 그 밖에 군수가 작은학교사업 추진에 필요하다고 인정하는 사업
② 군수는 제1항제1호에 따른 사업을 추진하는 경우 다음 각 호의 사항을 고려하여야 한다.
1. 지역실정과 주택 수요의 적합성
2. 작은학교의 교육여건과 환경
3. 임대주택 운영의 지속성
4. 남해군민의 인식 및 협조

작은학교에 관한 교육청의 지원 내용은 주로 교육활동이나 교육여건 개선 등에 중점을 두고 있지만 지방자치단체장이 작은학교를 지원하는 사업 내용은 차이가 있다. 예컨대, 「남해군 작은학교 살리기 사업 조례」 제6조를 살펴보면 군수는 임대주택·부대시설 설치 및 관리 운영, 학생유치사업, 지역주민과의 유대강화 및 정착 지원 등을 지원하도록 하고 있다. 따라서 지방자치단체는 주로 학생 보다는 학령기 아동을 자녀로 둔 보호자의 이주와 정착을 지원하는데 중점을 둔 사업을 지원하고 있다.

3) 작은학교 교직원 우대

작은학교 교직원에 대한 우대 및 지원 방안에 대해 법령에서 규정하고 있는 내용들은 교원의 확보와 배치 계획의 수립 및 지원, 근무수당의 지급, 인사상의 우대 및 근무부담 경감, 주거편의나 주거 시설의 지원 등이다.

> **강원특별자치도 작은학교 지원에 관한 조례**
>
> **제8조(교직원 배치)** ① 교육감은 작은학교의 원활한 운영을 위해 적정수의 교직원이 배치되도록 노력해야 한다.
> ② 교육감은 작은학교 교육의 질적 향상을 위해 작은학교 근무를 희망하는 교원을 우선적으로 배치하도록 노력해야 한다.
> **제9조(교직원 우대)** ① 교육감은 작은학교 교직원의 자긍심 고취를 위해 포상 추천, 국내외 연수 기회의 부여, 업무 경감 지원 등에 있어 우대할 수 있다.
> ② 교육감은 작은학교 교직원이 해당 지역에 거주하면서 학생의 교육 활동에 전념할 수 있도록 주거 편의 제공에 노력해야 한다.

「강원특별자치도 작은학교 지원에 관한 조례」 제8조에 교육감은 작은학교의 원활한 운영을 위해 적정 수의 교직원을 배치하도록 노력해야 하고, 작은학교 교육의 질적 향상을 위해 작은학교 근무를 희망하는 교원을 우선 배치하도록 규정하고 있다. 또한 이 조례 제9조에는 작은학교 교직원에 대한 포상 추천, 국내외 연수 기회의 부여, 업무 경감 지원뿐 아니라 주거 편의 제공 등의 우대 사항을 규정하고 있다.

그런데 작은학교 일부 교원은 복식학급이나 복식수업을 해야 하고, 교원 수가 많은 큰 학교와 동일하게 공문에 대한 수발신과 처리 등 행정업무 등을 수행을 해야 한다. 때문에 현실적인 업무경감을 위해서 일정 수의 교원과 보조교원, 행정직원에 대한 확보와 배치 등이 필요하다. 또한 학교특색사업, 방과후학교 운영을 위한 강사 등 필요한 인력 확보가 어려운 경우 순회교사나 지역사회의 인사 확보와 배치방안을 추가적으로 마련하여 운영할 필요가 있고, 공동교육과정 운영이나 원격교육 등의 교육과정의 탄력적 운영방안 등을 함께 마련해야 한다.

3. 지원 절차와 방법

1) 작은학교 지원 계획의 수립 및 운영

시·도교육감은 작은학교를 적정규모학교로 육성하여 학생들에 대한 균등한 교육기회와 학습권 보장을 위해 종합 계획과 실행 계획을 수립하여 시행해야 한다.

강원특별자치도 작은학교 지원에 관한 조례

제4조(사업 계획 수립·시행) ① 교육감은 작은학교 육성을 위해 다음 각 호의 내용을 포함하는 종합적인 계획을 수립·시행해야 한다.

1. 작은학교 활성화를 위한 사업 계획 및 예산 지원 계획에 관한 사항
2. 지원 절차, 지원 대상 및 사업 선정, 지원 규모에 관한 사항
3. 지역공동체 일원으로서 지역 발전과 연계하는 사항
4. 작은학교 지원 사업 추진 실적 평가에 관한 사항
5. 그 밖에 작은학교 지원을 위하여 교육감이 필요하다고 인정하는 사항

② 교육장은 제1항에 따른 세부 계획을 수립·시행해야 한다.

③ 교육감과 교육장이 계획을 수립할 때에는 해당 학교, 학부모, 지방자치단체, 관련 기관 및 단체 등의 의견을 들어야 한다.

제7조(지방자치단체와의 협력) ① 교육감 및 교육장은 지원 사업의 목적 및 효과 등을 고려하여 필요할 경우 강원특별자치도와 해당 기초자치단체에 예산을 분담하게 할 수 있다. 이 경우 도지사 및 해당 기초자치단체장과의 협의를 거쳐야 한다.

② 교육감 및 교육장은 작은학교를 활성화시킴은 물론 지역사회와 함께 발전하기 위해 해당 자치단체와 유기적 협력 체계를 구축해야 한다.

강원특별자치도교육청의 「강원특별자치도 작은학교 지원에 관한 조례」 제4조에는 작은학교 육성 등을 위한 종합계획에 작은학교 활성화를 위한 사업 계획 및 예산 지원 계획에 관한 사항, 지원 절차, 지원 대상 및 사업 선정, 지원 규모에 관한 사항, 지역공동체 일원으로서 지역 발전과 연계하는 사항, 작은학교 지원 사업 추진 실적 평가에 관한 사항, 그 밖에 작은학교 지원을 위하여 교육감이 필요하다고 인정하는 사항 등을 포함하도록 하고, 해당 계획을 수립하는 교육감 및 교육장은 해당 학교, 학부모, 지방자치단체, 관련 기관 및 단체의 의견을 청취하도록 규정하고 있다. 또한 지방자치단체장과 예산 분담에 대해 협의하여 지원할 수 있고, 작은학교 활성화와 지역사회 발전을 위해 협력체제를 구축하여 운영하도록 하고 있다.

부산광역시교육청 부산형 작은학교 설립 및 운영에 관한 조례

제4조(작은학교 설립) ① 교육감은 과밀이 해소되지 않는 지역의 교육여건 개선을 위하여 필요한 경우 부산형 작은학교(이하 "작은학교"라 한다)를 설립할 수 있다.
② 제1항에 따른 대상 지역은 제8조의 부산형 작은학교 설립자문위원회의 자문을 거쳐 교육감이 선정한다.
③ 교육감이 작은학교의 설립을 추진하는 경우에는 「지방재정법」 제37조에 따른 투자심사, 「공유재산 및 물품 관리법」 제10조의2에 따른 공유재산 관리계획 수립 또는 변경 등 학교 설립에 필요한 절차를 거쳐야 한다.
제5조(계획수립) ① 교육감은 학생 과밀지역의 과밀 해소 및 교육여건 개선을 위하여 필요한 경우 작은학교 설립 및 운영에 관한 계획(이하 "설립계획"이라 한다)을 수립·시행한다.
② 설립계획에는 다음 각 호의 사항을 포함한다.
  1. 작은학교 설립 목표 및 기본방향
  2. 학생 과밀지역 현황 및 작은학교 설립 수요에 관한 사항
  3. 작은학교 운영 방안 및 지원에 관한 사항
  4. 작은학교 폐지에 관한 사항
  5. 그 밖에 작은학교 설립 및 운영에 필요한 사항

「부산광역시교육청 부산형 작은학교 설립 및 운영에 관한 조례」는 과밀학급이나 과대학교 해소 등을 목적으로 작은학교의 신설을 대안으로 제시하고 있다. 작은학교 설립을 위해 제4조에 작은학교 설립자문위원회의 자문을 거쳐 교육감이 선정하고, 중복투자심사 등 학교 설립에 필요한 절차를 거치도록 규정하고 있다. 또한 부산시교육감이 작은학교 설립 및 운영에

관한 계획을 수립하여 시행할 경우 설립목표 및 방향, 과밀지역 현황 및 작은학교 설립 수요, 운영 및 지원 방안, 폐지에 관한 사항 등의 내용을 포함해야 한다.

✎ 남해군 작은학교 살리기 사업 조례

제5조(작은학교사업 시행계획 수립) ① 군수는 작은학교사업의 추진에 필요한 경우 작은학교사업 시행계획(이하 "시행계획"이라 한다)을 수립할 수 있다.
② 시행계획에는 다음 각 호의 사항이 포함되어야 한다.
  1. 작은학교사업의 기본방향과 목표
  2. 작은학교 현황 및 발생추이
  3. 작은학교사업의 추진 및 지원
  4. 그 밖에 군수가 작은학교사업의 추진과 관련하여 필요하다고 인정하는 사항
③ 군수는 시행계획을 수립하는 경우 남해교육지원청 등 관계기관 및 작은학교 관련 기관·단체 또는 전문가의 의견을 들어야 한다.

지방자치단체의 경우에도 작은학교 살리기 사업을 계획하여 시행해야 하는데, 남해군의 경우 시행계획에 기본방향과 목표, 작은학교 현황 및 발생 추이, 작은학교 사업 추진 및 지원 등에 관한 사항을 포함해야 하며, 시행계획 수립을 위해 남해교육지원청 등 관계기관, 작은학교 관련 기관 및 단체, 전문가의 의견을 수렴하도록 규정하고 있다.

2) 작은학교 지원 심의위원회 구성과 운영

기존의 학교를 작은학교로 지정하거나 작은학교를 신설하는 경우에 교육감이 단독으로 의사결정을 통해 결정하는 것이 아니라 외부전문가나 이해관계자들의 의견을 수렴하는 등 신중을 기할 필요가 있다.

전술한 부산시교육청의 경우에는 부산형 작은학교를 설립·운영하기 위해 작은학교 설립자문위원회의 자문을 거쳐 교육감이 결정하도록 하는 등 추진체계를 마련하여 운영하고 있다.

경상남도 작은학교 지원에 관한 조례

제11조(작은학교 지원 심의위원회 설치) ① 작은학교 지원 육성 시책과 사업을 심의·자문하기 위하여 작은학교 지원 심의위원회(이하 "위원회"라 한다)를 본청에 둔다.

② 위원회는 다음 각 호의 사항을 심의한다.

　1. 제4조에 따른 기본 계획 및 연도별 시행계획

　2. 기본계획에 따른 각종 시책 및 사업 계획에 관한 사항

　3. 그 밖에 교육감 또는 위원장이 필요하다고 인정하는 사항

제12조(위원회 구성과 운영) ① 위원회는 위원장 1명과 부위원장 1명을 포함하여 11명 이내의 위원으로 성별을 고려하여 구성한다.

② 위원은 다음 각 호에 해당하는 사람 중 교육감이 임명 또는 위촉한다.

　1. 경상남도의회 의원 2인

　2. 작은학교 초·중등학교장 각 1인, 학부모 대표 2인

　3. 작은학교 및 농어촌살리기 시민운동단체 임원

　4. 관련부서 국과장 및 그 밖의 위원으로 적합한 사람

③ 위원장과 부위원장은 위원 중에서 호선하며 간사는 작은학교 지원 업무 담당 사무관 또는 장학관이 한다.

④ 위촉위원의 임기는 2년으로 하되, 한 차례에 한하여 연임할 수 있다.

⑤ 위원회 회의는 교육감이 요구하거나 위원장이 필요한 경우 소집한다.

⑥ 회의는 재적위원 과반수 출석으로 열고 과반수 찬성으로 의결하되 위원회 회의 운영에 관한 사항은 위원회에서 정한다.

　또한 「경상남도 작은학교 지원에 관한 조례」 제11조에는 작은학교 설립 및 운영을 위한 추진체계로 작은학교 지원 심의위원회를 구성하여 운영하도록 세부적인 내용들을 규정하고 있다. 작은학교 지원 심의위원회는 본청에 설치하여 운영하며, 이 위원회는 작은학교 지원에 관한 기본 계획 및 연도별 시행계획, 기본계획에 따른 각종 시책 및 사업 계획에 관한 사항 등에 대해 심의·자문하도록 한다.

제4절 인구감소지역 학교 특례

1. 지원 대상

> **인구감소지역 지원 특별법**
>
> 제2조(정의) 이 법에서 사용하는 용어의 뜻은 다음과 같다.
> 1. "인구감소지역"이란 「국가균형발전 특별법」 제2조제9호에 따라 지정된 지역을 말한다.

> **국가균형발전특별법**
>
> 제2조(정의) 이 법에서 사용하는 용어의 뜻은 다음과 같다.
> 9. "인구감소지역"이란 인구감소로 인한 지역소멸이 우려되는 시(특별시는 제외한다)·군·구를 대상으로 출생률, 65세 이상 고령인구, 14세 이하 유소년인구 또는 생산가능인구의 수 등을 고려하여 대통령령으로 정하는 지역을 말한다.

「국가균형발전특별법」 제2조제9호, 「국가균형발전특별법 시행령」 제2조의3에 규정하고 있는 인구감소지역이란 인구감소로 인해 지역소멸이 우려되는 시(광역시, 특별자치시는 포함하고, 특별시는 제외한다)·군·구를 대상으로 출생률, 65세 이상 고령인구, 14세 이하 유소년 인구 또는 생산가능인구의 수, 인구감소율, 인구감소의 지속성, 인구 이동 추이 및 재정여건 등을 고려하여 국가균형발전위원회의 심의를 거쳐 행정안전부장관이 지정·고시한 지역을 말한다. 이에 따라 「인구감소지역 지원 특별법」 제2조제1호, 이 법에 근거한 행정안전부의 「인구감소지역 지정 고시」에 규정된 인구감소지역은 총 89개 지역이며, 부산, 대구, 인천, 경기, 강원, 충북, 충남, 전북, 전남, 경북, 경남 지역 중 특정 시·군 지역을 포함한다.

전술한 농어촌 학교는 대개 지리적으로 읍·면 지역에 위치한 학교를 의미하는데, 인구감소지역은 시·군 등을 포함하기 때문에 농어촌 학교가 인구감소지역에 위치한 경우도 있을 수 있으나 그렇지 않은 경우에도 존재할 수 있다.

2. 지원 주체와 내용

 인구감소지역 지원 특별법

제22조(교육기반의 확충) ① 교육감은 인구감소지역 내 「유아교육법」 제2조제2호에 따른 유치원(이하 "유치원"이라 한다), 「초·중등교육법」 제2조에 따른 학교(이하 "학교"라 한다)의 시설·설비 및 교원 등을 대통령령으로 정하는 바에 따라 통합하여 운영할 수 있다. 이 경우 국가와 지방자치단체는 유아와 학생의 교육권 확보를 위하여 필요한 비용을 지원할 수 있다.
② 교육감은 인구감소지역 내 유치원 중 「유아교육법」 제7조제2호에 따른 공립유치원과 학교 중 「초·중등교육법」 제3조제2호에 따른 공립학교 및 그 분교를 폐교하려는 경우에는 해당 시장·군수·구청장의 의견을 청취할 수 있다.
③ 인구감소지역의 시장·군수·구청장은 「지방교육재정교부금법」 제11조제8항에도 불구하고 관할구역에 있는 유치원 및 학교의 교육에 드는 경비를 보조할 수 있다.
④ 교육부장관은 「지방교육재정교부금법」에 따른 교부금을 인구감소지역 내 유치원 및 학교의 교육여건 개선과 교육과정의 운영을 위하여 대통령령으로 정하는 바에 따라 지원할 수 있다.
⑤ 인구감소지역 내 학교는 정규 교육과정 이외의 교과 및 특기·적성 프로그램(초등학교의 경우 돌봄활동 위주의 프로그램을 포함한다)을 운영할 수 있고, 유치원은 「유아교육법」 제2조제6호에 따른 방과후 과정을 운영할 수 있다. 이 경우 교육감은 우선적으로 행정적·재정적 지원을 할 수 있다.
⑥ 교육감은 「초·중등교육법」 제4조에도 불구하고 인구감소지역 내 학교(「초·중등교육법」 제3조제3호에 따른 사립학교는 제외한다)에 대하여 대통령령으로 정하는 바에 따라 학교의 설립 기준과 인가에 대한 특례를 정할 수 있다.

 인구감소지역 지원 특별법 시행령

제9조(지방교육재정교부금의 특별지원) 교육부장관은 법 제22조제4항에 따라 교육감이 유치원 및 학교의 교육여건 개선 또는 교육과정의 운영을 위한 특별한 재정수요에 대해 「지방교육재정교부금법」 제5조의2제1항제2호에 따른 특별교부금의 교부를 신청하는 경우에는 이를 심사하여 특별교부금을 교부할 수 있다.
제10조(학교의 설립 기준 완화) 교육감은 법 제22조제6항에 따라 인구감소지역에 있는 학교(「초·중등교육법」 제3조제3호에 따른 사립학교는 제외한다)에 대해서는 「고등학교 이하 각급 학교 설립·운영 규정」 제3조 및 제5조에도 불구하고 지역별 특성을 고려하여 인구감소지역을 관할하는 시·도의 조례로 그 설립 기준을 완화할 수 있다.

「인구감소지역지원특별법」은 유치원, 초·중등학교, 대학, 평생교육 등 모든 교육영역의 내용을 포함하고 있는데, 이 법 제22조는 교육기반의 확충에 대해 규정하면서 인구감소지역 내 유치원, 초·중등학교의 시설·설비 및 교원 등에 대한 통합·운영과 비용 지원, 지방교육재정교부금을 통한 경비 보조와 지원,

정규교육과정 이외에 특기ㆍ적성 프로그램 운영, 유치원 방과 후 과정 운영 및 행정적ㆍ재정적 지원, 학교 설립 기준 및 인가에 대한 특례 등에 대해 규정하고 있다.

특히 「인구감소지역지원특별법 시행령」 제8조는 인구감소지역 내 유치원과 초ㆍ중등교육법상 학교를 통합ㆍ운영하기 위해 학생 및 학부모의 의견 수렴과 이들의 실태조사 요구가 있는 경우 조사를 실시하고 그 결과를 인터넷홈페이지에 공개하도록 하고 있다. 또한 이 법 시행령 제9조에 유치원과 학교의 교육 여건의 개선, 교육과정 운영 등을 위해 특별교부금을 교부할 수 있도록 하고, 제10조에 인구감소지역 내 학교에 대해서는 「고등학교 이하 각급 학교 설립ㆍ운영 규정」 제3조 및 제5조에도 불구하고 지역별 특성을 고려하여 인구감소지역을 관할하는 시ㆍ도의 조례로 그 설립 기준을 완화할 수 있다고 규정하고 있다.

제5절 교육특구지역 학교 특례

1. 교육특구의 개념과 성격

특구는 말 그대로 특별한 지역이란 의미이다. 현행 법령에서 규정하고 있는 교육특구는 크게 3가지의 측면에서 지정, 운영하고 있다. 첫째, 지방자치단체에서 지역의 특화발전을 위해 교육 관련 특화사업을 하는 경우, 둘째, 지방분권 및 지방자치의 하나로 교육특례를 인정하는 경우, 셋째, 국제화에 필요한 전문인력 양성을 위해 교육국제화특구를 지정하여 운영하는 경우 등이다.

우리나라는 참여정부 출범이후 지방분권과 국가균형발전을 특히 강조하고 있다. 중앙집권식 경제발전의 패러다임을 버리고 지역의 창의와 노력에 기초한 지방분권식 경제발전을 모색하고자 함이다(김순은, 2005: 155). 이와 같은 경제정책의 기조하에 경제자유구역 특구 지정 등 특구제도를 도입했는데 2002년 11월에 「경제자유구역의 지정 및 운영에 관한 법률」과 2004년 3월에 「지역특화발전특구에 대한 규제특례법」을 제정하여 법적 근거를 마련하였다. 특히 경제자유구역으로 지정될 경우 이곳에 이주하여 생활할 외국인들의 정주여건 마련을 위해 학교 설립이 필요하고, 이에 경제자유구역 내 외국교육기관의 설립과 교육과정 운영, 학생의 배치와 수용 등에 대한 교육법상의 특례 규정을 마련하여 일부 내국인 학생까지 유치 가능하도록 하였다(성열관, 2006: 108).

이와 같이 국제화와 지역경쟁력 확보, 그리고 이를 위한 지역 간 균형발전의 측면에서 시작한 특구제도를 교육 영역에 적용하여 교육국제화특구를 도입하였다. 2012년 「교육국제화특구의 지정·운영 및 육성에 관한 특별법」을 제정하여 시행하고 있다. 교육국제화특구란 외국어교육 및 국제화교육의 활성화를 위해 조성한 지역을 의미한다. 작은학교의 보전과 육성 측면에 살펴보면 외국어교육이나 외국교육기관의 유치와 직접적인 관련성이 낮기 때문에 교육국제화특구는 제외하고 교육특구에 대해 살펴보고자 한다.

규제자유특구 및 지역특화발전특구에 관한 규제특례법(약칭: 지역특구법)

제1조(목적) 이 법은 지역특구의 지정 및 운영을 통하여 지역특성에 맞게 선택적으로 규제특례 등을 적용함으로써 지역의 자립적이고 지속적인 성장기반을 구축하여 국가균형발전과 지역의 혁신적이고 전략적인 성장에 기여하는 것을 목적으로 한다.

제2조(정의) 이 법에서 사용하는 용어의 뜻은 다음과 같다.

1. "지역특구"란 제11조에 따라 지정·고시된 지역특화발전특구와 제75조에 따라 지정·고시된 규제자유특구를 말한다.

2. "지역특화발전특구"란 지역의 특화발전을 위하여 설정된 구역으로서 제11조에 따라 지정·고시된 지역을 말한다.

13. "규제자유특구(규제프리존)"란 광역시·특별자치시 및 도·특별자치도(「수도권정비계획법」 제2조제1호에 따른 수도권은 제외한다)에서 혁신사업 또는 전략산업을 육성하기 위하여 규제특례등이 적용되는 구역으로서 제75조제3항 및 제4항에 따라 중소벤처기업부장관이 지정·고시한 구역(이하 "규제자유특구"라 한다)을 말한다.

제28조(학교설립에 관한 특례) ① 교육 관련 특화사업을 하는 특화특구관할지방자치단체는 「초·중등교육법」 제3조에도 불구하고 교육감의 인가를 받아 공립학교(설립주체에 따라 시립학교·군립학교·구립학교로 구분할 수 있다)를 설립하여 운영할 수 있다.

다음으로 지방자치단체의 지역 특화발전의 일환으로 「지역특구법」 제2조에는 지역특화발전특구와 규제자유특구를 규정하고 있는데, 여기에서 지역특화발전특구란 지역의 특화발전을 위해 설정한 구역으로 지정·고시된 지역을 말하며, 규제자유특구란 혁신사업 또는 전략산업을 육성하기 위해 규제 특례를 적용하는

구역으로 지정·고시한 지역을 말한다. 이 중 「지역특구법」 제28조에 지역특화발전특구에는 지방자치단체장이 학교를 설립하여 운영할 수 있다고 규정하고 있다. 또한 최근 지방분권 및 지방자치 강화를 위해 특별자치시 또는 특별자치도 설치·운영에 관한 법률 제정을 가속화하면서, 해당 지역에서의 교육자치를 위해 교육특례를 인정하여 기존 교육법령의 규제를 완화하거나 예외를 인정하는 경우도 있다.[93]

한편 2022년에는 지방자치분권과 지역균형발전은 밀접한 관련이 있으나, 그간 자치분권위원회와 국가균형발전위원회가 이중적으로 기능을 분산하여 수행하면서 상호연계가 미흡하였던 점을 보완하고자 「지방자치분권 및 지방행정 체제개편에 관한 특별법」과 「국가균형발전 특별법」을 통합한 「지방자치분권 및 지역균형발전에 관한 특별법(안)」을 발의한 바 있고, 이 법률안 제35조에 교육자치와 지방자치를 통합하고 공교육내에서 다양한 형태의 학교교육을 제공할 수 있도록 교육자유특구 설치·운영을 의무화하고 있다. 이 법률안을 제정하여 시행할 경우 교육자유특구의 작은학교들은 현행 교육법에서 규정하고 있는 다양한 규제들을 완화하거나 적용 대상에서 제외할 수 있어 작은학교의 보전과 지원을 한층 강화할 것으로 기대된다.[94]

2. 교육특구 관련 법령 체계

 규제자유특구 및 지역특화발전특구에 관한 규제특례법(약칭: 지역특구법)

제28조(학교설립에 관한 특례) ② 제1항에 따라 설립되는 학교에 대하여는 「초·중등교육법」 제4조제1항에도 불구하고 설비·시설 등 설립기준에 관하여 필요한 사항을 시·도의 조례로 정할 수 있다.

---

93) 대표적으로 「제주특별자치도 설치 및 국제자유도시 조성을 위한 특별법」(약칭: 「제주특별법」), 「세종특별자치시 설치에 관한 특별법」(약칭: 「세종시법」), 「강원특별자치도 설치에 관한 특별법」(약칭: 「강원특별법」) 등이다. 다만 「제주특별법」에만 교육영역에 관한 특례 규정을 두고 있고, 나머지 「세종시법」과 「강원특별법」에는 교육 특례 규정을 두고 있지 않다.
94) 2023년 교육부는 업무보고를 통해 학교설립에서 운영까지 교육관련 규제를 완화하여 정형적 모델이 아닌 지역별 맞춤형 공교육 선도를 위해 교육자유특구를 지정·운영하고, 교육자유특구법 제정 등 제도적 방안을 마련하고자 한다(교육부, 2023: 9).

③ 제1항에 따라 설립되는 학교에 대하여는 「초 · 중등교육법」 제19조제4항에도 불구하고 대통령령으로 교원의 정원 및 배치기준을 달리 정할 수 있다.

제29조(「지방공무원법」과 「교육공무원법」에 관한 특례) ① 제28조제1항에 따라 설립되는 학교에 근무하는 교원은 「지방공무원법」 제2조제2항제2호에 따른 지방공무원으로 본다.

② 제1항에 따른 교원의 자격 · 임용 · 보수 · 연수 · 신분보장 · 징계 및 소청에 관하여는 「교육공무원법」을 준용한다. 다만, 「교육공무원법」 제29조의2제1항 · 제8항 및 제30조에도 불구하고 교장과 그 밖의 교원은 특화특구관할지방자치단체의 장이 임용한다.

제30조(「초 · 중등교육법」에 관한 특례) ① 교육 관련 특화사업을 하는 특화사업자(초 · 중등교육법령에 따른 학교만 해당한다)는 외국어 전문교육을 위하여 「초 · 중등교육법」 제21조에도 불구하고 대통령령으로 정하는 자격요건을 갖춘 외국인을 외국어 교원 및 강사로 임용할 수 있다.

② 교육 관련 특화사업을 하는 특화특구에서 「초 · 중등교육법」 제61조에 따른 특례를 적용받는 학교 또는 교육과정을 운영하려는 학교의 장은 특화특구관할지방자치단체의 장의 추천으로 관할 교육감의 지정을 받아야 한다. 다만, 이 학교는 5년 이내로 지정 · 운영하되, 교육감이 정하는 바에 따라 연장하여 운영할 수 있다.

교육특구 또는 교육자유특구와 관련한 근거 법률 중 하나는 「지역특구법」이다. 이 법은 지역의 자립적이고 지속적인 성장기반을 구축하여 국토균형발전과 지역의 혁신적이고 전략적인 성장을 목적으로 지역의 특화발전이나 지역의 혁신 성장 등을 육성하고 지원하기 위해 제정하였다. 이 법은 제2장에서 지역특화발전특구에 대한 규제특례를 규정하고 있으며, 제28조에 학교설립에 관한 특례, 제29조에 지방공무원법과 교육공무원법에 관한 특례, 제30조에 「초 · 중등교육법」에 관한 특례를 규정하고 이 법 시행령 제22조에 자율학교 등에 관한 특례 규정을 두고 있다.[95]

「초 · 중등교육법」 제28조, 「지방교육자치법」 제20조제5호 등에 따라 학교의 설치 · 폐교 등에 관한은 교육감에게 부여하고 있었으나, 「지역특구법」 제28조에 따르면 학교의 설립 주체가 광역자치단체장뿐 아니라 기초자치단체장인 군수, 구청장 등도 가능하다.

다음으로 지역의 지역적 · 역사적 · 인문적 특성을 살리고 자율과 책임, 창의성과 다양성을 바탕으로 자치권을 보장하여 실질적인 지방분권을 보장하는 등을

---

95) 이 외에도 추경호 국무위원 등은 국토의 균형발전을 목적으로 하여 지역 간의 불균형의 해소, 지역의 특성에 맞는 자립적 발전을 목표로 하는 「국가균형발전 특별법」과 「지방자치분권 및 지방행정체계 개편에 관한 특별법」을 통합하는 「지방자치분권 및 지역균형발전에 관한 특별법」(안)을 제안한 바 있다.

목적으로 제정한 「제주특별법」을 시행하고 있고, 이후 「세종시법」, 「강원특별법」 등을 제정·시행하고 있다. 다만 후자 2가지의 경우에는 해당 법률에 교육에 관한 조문을 두고 있지 않아 해당 지역에 어떤 교육특례를 인정할 것인지 여부는 좀 더 지켜볼 필요가 있다. 「제주특별법」에는 교육특례에 대해 광범위하게 규정하고 있다. 제63조에 지방의회에 상임위원회로 교육위원회를 설치하도록 하고, 5명의 교육의원으로 구성한다고 규정하고 있다. 또한 제79조에 보조기관 등에 관한 특례, 제80조에 교육지원청에 관한 특례(고등학교 사무의 관장), 제83조에 보통교부금 등에 관한 특례, 제84조 교육비특별회계 전출 비율 등에 관한 특례, 제85조에 지방채 등의 발행에 관한 특례 등에 대해 규정하고 있다.

3. 지원 주체와 내용

1) 학교 설립과 특례

「교육기본법」 제11조, 「초·중등교육법」 제4조 등에 따라 학교의 설립·경영의 주체는 교육부장관과 교육감, 그리고 학교법인이나 개인이다. 그런데 「지역특구법」 제28조제1항에 따라 교육특구에 설치되는 학교의 경우에는 교육감의 인가를 얻어 특화특구관할지방자치단체장이 공립학교(시립학교·군립학교·구립학교)를 설립하여 운영할 수 있다. 또한 해당 학교는 「초·중등교육법」 제4조제1항의 시설·설비 기준 등 설립기준과 다른 기준을 시·도 조례에서 규정할 경우 이에 따라 설립할 수 있다는 예외 규정을 두고 있다. 이와 같이 지역특화발전특구에 학교를 설립하여 운영하는 경우에는 기존 교육법령에서 규정하는 사항의 특례를 적용하고 있지만 이 경우에도 「초·중등교육법」 제2조와 동일한 법적 지위를 가지는 학교로 인정된다.

「제주특별법」 제214조에 따르면 「초·중등교육법」에서 규정하고 있는 사항 중 상당히 많은 예외 규정을 두고 있는데, 「초·중등교육법」에서 위임한 사항들을 교육조례를 통해 지역화, 특성화하도록 하고 있다. 예컨대, 제13조제4항 취학 의무의 이행 및 이행 독려에 관한 사항, 제14조제2항의 취학의무 면제된 사람의 재취학에 관한 사항, 제18조의2제4항의 징계처분에 대한 재심청구, 심사절차 및 결정 통보에 관한 사항, 제18조의3제2항 징계위원회의 조직 및 운영에 관한 사항, 제27조제3항의 우수학생 선정, 조기진급, 조기졸업 및 상급학교 조기입학자격에 관한 사항, 제31조제3항 학교운영위원회의 수에 관한 사항, 제33조제2항 학교발전기금의 조성 및 운영방법에 관한 사항, 제34조 학교운영위원회의 구성 및 운영에 관한 사항, 제34조의2제4항 학교운영위원회 위원의 연수에서 기타 사항, 제43조제2항 중학교 입학방법과 절차에 관한 사항, 제60조제3항 각종학교의 수업연한, 입학자격, 학력인정 등에 관한 사항 등이다.

2) 교직원 특례

「지역특구법」 제29조에 따르면 특화특구에 설치된 공립학교에 임용되는 교원은 지방공무원으로 법적 지위를 가지나, 자격, 임용, 보수, 연수, 신분보장 및 징계 등에 관한 사항은 「교육공무원법」을 준용하고, 교장 및 교원은 관할지방자치단체장이 임용한다고 규정하고 있다.

「초·중등교육법」 제19조제4항은 교육감은 교원의 정원 및 배치 기준을 정하도록 규정하고 있는데, 「지역특구법」 제28조제3항은 이를 달리 정할 수 있다고 규정하고 있고, 「지역특구법 시행령」 제20조제1항에 따르면 「초·중등교육법 시행령」 제36조의5에 규정한 학급담당교원에 대해 학교장이 달리 규정할 수 있다.

「지역특구법 시행령」 제20조제2항에 따르면 지역특구에 지방자치단체장이 설립·운영하는 공립학교의 교원은 「초·중등교육법 시행령」 제42조제6항의 특성화중학교 및 특성화고등학교의 산학겸임교원 규정을 준용할 수 있다. 이럴 경우 해당 공립학교 교원의 1/3을 산학겸임교사로 둘 수 있다. 또한 「지역특구법 시행령」 제21조에는 외국어 전문교육을 하기 위한 외국어교원에 대한 자격요건과 외국어 강사에 대한 자격요건을 규정하고 있다. 외국어교원의 경우 자국법에 따라 교원자격을 취득하고 교육경력이 3년 이상인 사람을 자격요건에 포함하고 있다. 외국어교원은 3년을 단위로 계약을 체결하고 3년 내로 연장하며, 외국어 강사의 경우에는 1년 단위로 계약을 체결하고 1년 단위로 연장하도록 규정하고 있다. 특히 외국어강사로 임용된 경우에는 임용 후 6개월 이내에 시·도교육감이 시행하는 연수를 받아야 한다.

3) 자율학교 지정과 운영 특례

「초·중등교육법」제61조에 교육감은 국·공·사립의 초등학교, 중학교, 고등학교, 특수학교를 대상으로 학교 및 교육과정을 자율적으로 운영하는 자율학교를 지정하여 운영할 수 있다고 규정하고 있다.

자율학교로 지정된 경우, 「초·중등교육법」제21조제1항, 제24조제1항, 제26조제1항, 제29제1항, 제31조, 제39조, 제42조, 제46조를 한시적으로 적용하지 않을 수 있다. 구체적으로는 교장 및 교감에 대한 자격기준, 학교의 학년도 운영(3월부터 다음해 2월 말), 학생의 진급이나 졸업의 학년제 운영, 교과용도서의 사용, 학교운영위원회의 설치, 초등학교 수업연한(6년), 중학교 수업연한(3년), 고등학교 수업연한(3년)등을 적용하지 않을 수 있다. 또한 자율학교는 5년 이내로 지정·운영하되 교육감이 정하는 바에 따라 기간을 연장할 수 있고, 자율학교 운영에 필요한 지원을 받을 수 있다.

> **지역특구법 시행령**
>
> 제22조(자율학교 등에 대한 특례) ① 관할 교육감은 법 제30조제2항에 따라 「초·중등교육법」 제61조에 따른 특례의 적용을 받는 학교 또는 교육과정을 운영하려는 학교(이하 이 조에서 "교육관련 특화특구내 자율학교"라 한다)를 지정하려면 「초·중등교육법 시행령」 제105조 제1항제1호부터 제7호까지의 규정에 따른 학교 외에 다음 각 호의 어느 하나에 해당하는 학교를 교육관련 특화특구내 자율학교로 지정할 수 있다.
> 1. 「초·중등교육법 시행령」 제90조제1항에 따른 특수목적고등학교
> 2. 법 제28조제1항에 따라 설립되는 공립학교
> ② 특화특구관할지방자치단체의 장은 교육관련 특화특구 내 자율학교의 운영에 필요한 지원을 할 수 있다.

이와 같이 자율학교로 지정·운영할 수 있는 구체적인 학교의 유형에 대해 「초·중등교육법 시행령」제105조에 자세히 규정하고 있다. 「지역특구법 시행령」제22조에는 교육 관련 특화특구 내 특수목적고등학교와 이 법 제28조제1항에 근거하여 지방자치단체장이 설립한 공립학교에도 적용할 수 있다고 규정하고 있다. 이 경우 해당 지방자치단체장은 교육 관련 특화특구 내 자율학교 운영에 필요한 사항들을 지원할 수 있다.

> **제주특별자치도 설치 및 국제자유도시 조성을 위한 특별법(제주특별법)**
>
> **제214조(초·중등교육에 관한 특례)** ① 「초·중등교육법」제4조제1항, 제13조제4항, 제14조제2항, 제18조의2제4항, 제18조의3제2항, 제27조제3항, 제30조제3항(교원 배치기준에 관한 사항은 제외한다), 제31조제3항, 제33조제2항, 제34조, 제34조의2제4항, 제43조제2항, 제47조제2항, 제60조제3항, 제60조의2제3항, 제60조의3제3항 및 제63조제2항에서 대통령령 또는 교육부령으로 정하도록 한 사항은 도 조례로 정할 수 있다.
> ② 「초·중등교육법」제43조 및 제47조에도 불구하고 같은 법 제60조의2에 따른 외국인학교의 경우 그 입학자격은 도 조례로 달리 정할 수 있다.
> **제216조(학교 및 교육과정 운영의 특례)** ① 제주자치도에 소재하는 국립·공립·사립의 초·중등학교는 도교육감의 지정을 받아 「초·중등교육법」제8조, 제19조제4항, 제21조제1항, 제22조제2항, 제23조제2항·제3항, 제24조, 제26조제1항, 제29조, 제31조, 제39조, 제42조 및 제46조를 적용하지 아니하는 학교 또는 교육과정(이하 "자율학교"라 한다)을 운영할 수 있다.

다음으로 「제주특별법」 제216조에도 자율학교에 대해 규정하고 있다. 국립·공립·사립의 초·중등학교는 도교육감의 지정을 받아 학교 및 교육과정 운영 특례인 자율학교로 지정·운영하는데, 특이한 점은 특수학교에 대한 자율학교 지정은 제외하였다는 점이다. 또한 자율학교로 지정된 경우 학교 및 교육과정 운영에 관해 한시적 적용이 제외되며, 이 외에도 학교규칙에 관한 사항, 학교에 두는 교원과 직원의 배치기준에 관한 사항, 산학겸임교사의 종류, 자격기준 및 임용 등에 관한 사항, 교육과정 운영 및 학교의 교과에 관한 사항 등을 적용하지 않을 수 있도록 특례를 두고 있다.

제6절 특별 제도 시행

1. 공동학구제 시행

1) 목적 및 필요성

「헌법」 제31조제2항과 제3항은 모든 국민은 보호하는 자녀에게 적어도 초등교육과 법률이 정하는 교육을 받게 할 의무를 부과하고, 의무교육 무상의 원칙을 규정하고 있다. 이에 따라 「교육기본법」 제8조, 「초·중등교육법」 제12조는 초등학교와 중학교를 의무교육으로 규정하고, 제13조에 취학의무 등을 부과하고 있다.

이렇듯 「헌법」 제31조에 규정한 국민의 교육을 받을 권리를 보장하기 위해 국가와 지방자치단체는 초등학교와 중학교에 대한 의무교육을 실시하고, 학교시설·설비 등 교육환경조성 의무를 이행해야 하고, 원활한 교육활동을 위해 적절한 학생배치계획을 수립하여 시행해야 한다.

초·중등교육법 시행령

제52조(학생배치계획) 교육감은 그가 관할하는 학교에 학생을 적절하게 배치할 수 있도록 학년도별로 학생배치계획을 수립하여야 한다.

제68조(중학교 입학방법) ① 교육장은 지역별·학교군별 추첨에 의하여 중학교의 입학지원자가 입학할 학교를 배정하되, 거리·교통이 통학상 극히 불편한 지역의 경우에는 교육감이 설정한 중학구에 따라 입학할 학교를 배정한다.
③ 제1항의 규정에 의한 지역·학교군·중학구 및 추첨방법은 교육감이 시·도의회의 의결을 거쳐 정한다.
④ 교육감이 제3항의 규정에 의하여 지역 등을 정한 때에는 이를 고시하여야 한다.

제81조(입학전형의 지원) ① 고등학교 입학전형에 응시하고자 하는 자는 그가 재학한 중학교가 소재하는 지역의 1개 학교를 선택하여 해당 학교의 입학전형 실시권자에게 지원하여야 한다. 〈중략〉
② 제1항의 규정에도 불구하고 고등학교 입학전형에 응시하고자 하는 자가 거리·교통이 통학상 불편하거나, 그가 재학한 중학교가 소재하는 지역에 지원하려는 전기학교가 소재하지 아니하는 등 교육상 특별한 사유로 인접 시·도에 소재한 고등학교에 입학하는 것이 적절하다고 인정되는 경우에는 관계교육감이 협의하여 정하는 바에 따라 그 인접한 고등학교의 입학전형 실시권자에게 지원할 수 있다.
⑤ 제1항 본문에도 불구하고 제77조제2항에 따라 시·도 조례로 정하는 지역의 후기학교 주간부에 입학하려는 사람은 교육감이 정하는 방법 및 절차에 따라 2개 이상의 학교를 선택하여 지원할 수 있다.

제84조(후기학교의 신입생 선발 및 배정방법)
② 제77조제2항에 따라 시·도 조례로 정하는 지역의 후기학교 주간부 신입생은 고등학교 학교군별로 추첨에 의하여 교육감이 각 고등학교에 배정하되, 제81조제5항에 따라 2이상의 학교를 선택하여 지원한 경우에는 그 입학지원자 중에서 추첨에 의하여 해당 학교 정원의 전부 또는 일부를 배정할 수 있다. (중략)
⑤ 제2항 본문에 따른 학교군은 시·도별로 학교분포와 지역적 여건을 참작하여 교육감이 시·도의회의 의결을 거쳐 정한다.
⑥ 교육감은 제5항의 규정에 의하여 학교군을 정한 때에는 이를 고시하여야 한다.

시·도교육감은 학생들의 거주지를 중심으로 통학구역을 지정하여 과대·과밀학급이 발생하지 않고 적정 학생 수 배정을 통해 유익한 교육환경을 조성해야 한다. 「초·중등교육법 시행령」 제16조에 따르면 교육장은 취학할 아동의 입학기일과 통학구역을 결정하도록 하고, 통학구역을 결정할 때에는 학급편제와 통학편의를 고려해야 한다. 결국 통학편의를 위해 거주지를 기준으로 통학거리를 고려하여 학생을 배치하게 된다.

「지방교육자치에 관한 법률」(약칭: 「교육자치법」) 제20조제10호에 따라 교육감은 학생통학구역에 관한 사무를 관장하는데, 초등학교, 중학교, 고등학교 학교급에 따라 통학구역에 대한 용어와 내용에 차이가 있다.

초등학교의 경우에는 특정지역 거주 취학 대상자가 특정한 초등학교에 가도록 정해 놓은 구역을 통학구역이라고 하며, 이러한 통학구역 내에는 여러 학교가 존재할 수 있는데 특정지역 내 학생이 복수의 초등학교 가운데 하나를 선택하도록 할 수 있는데 이를 공동통학구역이라 한다. 따라서 초등학생의 경우에는 통학구역을 기준으로 학생을 배치하게 된다.

중학교의 경우에는 「초·중등교육법 시행령」 제68조에 따라 교육지원청의 교육장은 지역별·학교군별 추첨에 의해 중학교 입학지원자가 입학할 학생을 배치하고, 거리·교통이 극히 불편한 지역의 경우에는 교육감이 설정한 중학구에 따라 학생을 배정한다. 추첨에 의한 배정은 학생이 2개 학교를 선택하여 지원할 수 있고, 교육장이 전부 또는 일부를 배정한다. 지역·학교군·중학구 및 추첨방법은 시·도의회의 의결을 거쳐 정하고 해당 사항은 고시해야 한다. 여기에서 중학구란 통학상의 거리·교통편의성 및 기타 지역 여건 등을 고려하여 추첨 없이 특정 중학교에 지정 입학하도록 설정한 구역을 의미하고, 공동학구란 특정 지역을 복수 학교의 통학구역으로 선정하여 학생이 학교를 선택하도록 하거나 인접 지역 학생이 다른 통학구역의 학교에 취학할 수 있도록 지정한 학구를 말한다.

고등학교의 경우에는 의무교육대상은 아니지만 선지원 후추첨제를 통해 고등학교 입학대상 학생을 선발하게 되는데, 특정 지역 내 학생을 추첨하는 방식으로 상급학교 배정을 위해 복수의 학교들을 묶어서 구성한 학교의 군을 학교

군이라 하고 「초·중등교육법 시행령」 제81조, 제84조에 근거를 두고 있다. 이와 같이 학교군은 시·도별로 학교분포와 지역의 여건을 고려하여 교육감이 시·도의회의 의결을 거쳐 정하고 이를 고시해야 한다.

이와 같은 통학구역 지정에 대한 예외도 있는데 초등학교의 경우 대학 부설 초등학교와 사립초등학교, 중학교의 경우에는 특성화중학교, 체육특기자 및 지체부자유자, 고등학교의 경우 예·체능고등학교, 특수목적고등학교, 특성화 고등학교, 자율형사립고등학교 등이다.

> **도시·군계획시설의 결정·구조 및 설치기준에 관한 규칙**
>
> **제89조(학교의 결정기준)** ① 학교의 결정기준은 다음 각 호와 같다.
> 10. 초등학교는 2개의 근린주거구역단위에 1개의 비율로, 중학교 및 고등학교는 3개 근린주거 구역단위에 1개의 비율로 배치할 것. 다만, 초등학교는 관할 교육장이 필요하다고 인정하여 요청하는 경우에는 2개의 근린주거구역단위에 1개의 비율보다 낮은 비율로 설치할 수 있다.
> 11. 초등학교는 학생들이 안전하고 편리하게 통학할 수 있도록 다른 공공시설의 이용관계를 고려하여야 하며, 통학거리는 1천5백미터 이내로 할 것. 다만, 도시지역 외의 지역에 설치 하는 초등학교중 학생수의 확보가 어려운 경우에는 학생수가 학년당 1개 학급 이상을 유지할 수 있는 범위까지 통학거리를 확대할 수 있으나, 통학을 위한 교통수단의 이용가능 성을 고려할 것
> 12. 제10호에 따른 학교배치 및 제11호에 따른 통학거리는 관할 교육장이 해당 지역의 인구밀 도, 가구당 인구수, 진학률, 주거형태, 설치하려는 학교의 규모, 도로 및 통학여건 등을 고려하여 적절히 조정할 것

통학거리 등에 대한 구체적인 사항은 「도시·군 계획시설의 결정·구조 및 설치기준에 관한 규칙」 제89조제1항제10호, 제11호, 제12호에 자세히 규정하고 있다. 초등학교는 2개의 근린주거구역단위에 1개의 비율로 설치하고, 중·고등학교는 3개의 근린주거구역단위에 1개의 비율로 설치하도록 하고 있다. 초등학교는 관할 교육장이 필요한 경우 이 기준의 예외를 둘 수 있도록 하고 있다. 이에 따라 시·도교육청은 1면 1학교의 설치 등의 기준을 두어 작은학교 를 보존하는 계획을 수립·운영하는 경우가 있다. 초등학교의 통학거리는 1.5 킬로미터를 기준으로 하는데, 도시지역 외 초등학교 중 학생 수 확보가 어려운 경우에는 학생 수가 학년 당 1개 학급이상을 유지할 수 있도록 통학거리

를 확대할 수 있으나 다만 통학을 위한 교통수단의 이용가능성을 고려하도록 하고 있다. 이 경우 통학거리는 관할 교육장이 인구밀도, 가구당 인구수, 진학률, 주거형태, 도로 및 통학여건 등을 고려하여 정할 수 있다.

이와 같이 거주지를 중심으로 한 학교배정이 학생 및 학부모의 학교선택권을 침해하는 것은 아닌지에 대한 헌법소원에서 헌법재판소는 거주지를 중심으로 중·고등학교의 입학을 제한하는 구「교육법 시행령」제71조 및 제112조의6 등의 규정은 과열된 입시경쟁으로 말미암아 발생하는 부작용을 방지한다는 입법목적을 달성하기 위한 하나의 방안이고, 도시와 농어촌에 있는 중·고등학교의 교육여건의 차이가 심하지 않으며, 획일적인 제도의 운용에 따른 문제점을 해소하기 위한 여러 가지 보완책이 위 시행령에 상당히 마련되어 있어서 그 입법수단은 정당하므로 위 규정은 학부모의 자녀를 교육시킬 학교선택권의 본질적 내용을 침해하였거나 과도하게 제한한 경우에 해당하지 아니한다고 판결한 바 있다.[96]

2) 공동학구제의 개념과 유형

시·도교육감이 학생 배치계획을 수립할 경우 통학구역, 학교구, 학교군을 기준으로 배정하는데, 이 기준을 엄격하게 적용할 경우 학생 수가 부족한 작은학교는 통폐합, 폐교 위기에 처할 수밖에 없다. 작은학교를 육성하고 지원하기 위해서는 이와 같은 기준을 완화하여 학생의 유입을 늘리는 방안을 마련할 필요가 있다.

공동학구제도는 대도시 또는 시·군 지역의 과대학교나 과밀학교의 문제를 해결하는 방안으로, 학생들의 학교선택권 보장과 교육과정 운영의 정상화를 위해 작은학교에 주소의 이전 없이 학생 수가 많은 학교에서 적은 학교로 전·입학이 가능하도록 하는 방안을 말한다.

---

96) 헌재, 1995. 2. 23., 91헌마204.

「초·중등교육법 시행령」 제52조에 교육감은 학생배치계획을 수립하여 운영하고, 제68조, 제81조, 그리고「지방교육자치법」 제20조제10호 교육감의 관장 사무 중 하나로 학생통학구역에 관한 사항을 정하도록 규정하고 있다. 따라서 일부 교육감은 작은학교의 학생 유입을 증가시키기 위해 학생통학구역, 중학구 또는 학교군의 특례로서 공동학구제도를 운영할 수 있다.

✏ 충청남도 작은학교 지원 조례

제10조(학생 유입 방안) ① 교육감은 학생 유입을 통한 작은학교 활성화를 위해 관계 법령의 범위 안에서 제도적 방안을 마련해야 한다.
② 교육감은 지방자치단체와의 협조를 통해 학생 유입을 위한 행정·재정적 방안을 강구한다.

✏ 경상남도 작은학교 지원에 관한 조례

제10조(학생 전입 확대 방안) ① 교육감은 학생 전입 확대를 통한 작은학교 활성화를 위해 공동학구 특례 적용 등의 제도적 방안을 마련해야 한다.
② 교육감은 지방자치단체와 협력을 통해 학생 전입 확대를 위한 행·재정적 지원 방안을 강구해야 한다.
③ 교육감은 학생전입 확대를 위하여 신입생 모집 시 통학차량 편의제공 관련 사항을 구체적으로 명시하여 홍보할 수 있다.

공동학구제도는 일부 시·도교육청에서 제정하여 시행하고 있는 작은학교 지원에 관한 조례나 시도의 작은학교 활성화 또는 지원 계획 등에 근거하여 추진하고 있다. 조례에는 학생 유입을 목적으로 학군에 대한 특례 적용 또는 공동학구에 대한 특례를 적용할 수 있다고 규정하고, 이에 근거하여 교육감 또는 교육장은 공동학구를 확정하여 행정고시하고 있다. 또한 공동학구제 운영을 위해 지방자치단체와 협력을 통해 학생 유입에 필요한 행정적·재정적 지원 방안을 강구하고 있다. 특히 공동학구제 운영을 통해 학생을 유입하기 위해서는 통학차량이나 통학경비의 지원을 필수적으로 수반해야 하는데 이를 명시하고 있는 경우도 있다.

공동학구제는 2010년 초 강원특별자치도교육청과 경상남도교육청을 시작으로 2015년 전북교육청을 거쳐 확대되었다(권순형, 2022: 323). 자유학구제, 공동학구제, 제한적(일방향) 공동학구제, 광역학구제 등 다양한 용어들을 사용하고 있다. 2020년 3월 1일 기준 공동학구제를 시행하고 있는 시·도교육청은 총 9개인데, 대구[공동(일방)학구제], 울산[공동(일방)학구제], 강원[공동(일방)학구제], 충북[공동(일방)학구제], 충남[공동(일방)학구제], 전북[공동(일방)학구제], 전남[제한적 공동학구제], 경북[자유학구제], 경남[광역학구제97)] 등이다.

이와 같이 공동학구제의 명칭은 시·도교육청에 따라 다양하지만 실질적인 내용에 있어서는 다음의 두 가지로 요약해 볼 수 있다. 하나는 도심 및 시·읍 지역 큰 학교(기준학교) 학구(통학구역)에 주소지를 두고 있는 취학예정자는 큰 학교 및 작은학교로 취학이 가능하도록 하고, 다른 하나는 도심인근 및 읍·면 지역의 작은학교(기준학교) 학구(통학구역)에 주소지를 두고 있는 취학예정자는 작은학교로만 취학이 가능하고 큰 학교로 전·입학을 제한하는 것을 의미한다.98) 전자를 주로 공동학구제, 광역학구제, 자유학구제라고 하며, 후자를 제한적 공동학구제, 일방향 공동학구제, 제한적 자유학구제 등으로 부른다.

결국 공동학구제는 주소의 이전없이 작은학교에서 타학교 또는 타지역으로의 전출은 제한하고, 큰 학교나 인근학교로부터 전입을 최대한 확대하여 작은학교를 활성화하고자 하는 데 중점을 두고 있다. 다만 전술한 바와 같이 시·도 교육청에서 운영하는 공동학구제의 실질적 내용과 부르는 명칭이 반드시 일치하는 것은 아니라는 점을 유의할 필요가 있다.

3) 공동학구제 운영 사례

2022년 충청북도교육청 작은학교 공동(일방)학구제 운영 계획에 따르면 공동학구제를 취하는 목적은 다음과 같다. 첫째, 저출생에 따른 학력인구 감소 및 도심지로의 인구유출에 따른 농어촌 지역 학교의 소규모화 심화로 적정학교 육성이 필요하다. 둘째, 농촌지역 작은학교로의 학생 전출로 도시지역 학교의 과대·과밀학급 문제를 해소하는 데 있다. 셋째, 농촌지역 작은학교 전입을 희망하는 시·읍지역 큰 학교 학생에게 주소 이전 없이 작은학교로의 전입 기회를 부여하여 학교선택권 확대와 교육만족도를 제고한다. 넷째, 작은학교를 농촌지역 우수학교로 육성하여 학생들의 전·입학을 유도하고 이를 통해 농촌

---

97) 중학교에 대한 광역학구제[공동(일방향)학구제]를 실시함.
98) 한국지방교육재정연구원, 작은학교 공동(일방) 학구제 시행 안내 자료.

정주여건 개선의 토대를 마련하는데 있다. 특히 공동(일방)학구제 운영과 우수학교 육성 정책을 병행하여 시너지 효과를 내고자 한다(충청북도교육청, 2021. 6.).

　충청북도교육청에서 실시하고 있는 공동학구제는 2014년부터 계획을 수립하여 운영하고 있다. 2015년부터 2021년까지 초등학교 33개교, 중학교 6개교 등 총 39개 학교를 대상으로 한다. 이를 통해 학생의 유입실적은 매년 증가하고 있다. 21년 기준 357명이 유입했으며, 유입학생 비율이 17.7%에 해당한다(충청북도교육청, 2021: 2~3). 공동(일방)학구제 추진의 법적 근거는 「초ㆍ중등교육법 시행령」제16조(초등학교 통학구역), 제68조(중학구), 「충청북도 농ㆍ산촌지역 작은학교 지원에 관한 조례」인데, 이 조례에는 학생 유입방안이나 공동학구제에 대한 명시적 규정을 두고 있는 것은 아니다.

　공동학구제 실시에 있어 대상학교를 지정하는 요건은 통학여건, 학생유입요인, 학교장 의견 등을 고려하며, 적정규모육성 중심학교, 행복씨앗학교, 찾아가고 싶은 농산촌 특색학교를 대상으로 하며, 학급 수와 학생 수의 기준은 작은학교는 6학급 이하 초등학교, 3학급 이하 중학교이며, 큰 학교는 초등학교 600명, 중학교 400명(읍ㆍ면지역은 200명)이다. 다만 작은학교, 큰학교 기준을 충족하더라도, 학교간 학구가 인접하여 자가 통학을 하더라도 학생 유입이 가능한 학교를 선정한다. 작은학교의 학생이 당해연도 및 향후 3년간 작은학교 기준을 모두 초과할 것으로 예상하는 경우 해당학교와 협의하여 공동학구제를 해제하며, 반면, 큰학교의 경우에는 당해연도 및 향후 3년간 어느 한 학년도라도 큰학교 기준을 미달하는 경우 연계된 작은학교 공동학구를 해제하거나 인근의 큰 학교로 변경 또는 조정한다. 그 외에도 작은학교가 학구제 해제를 희망하는 경우, 당초 지정사업 종료 및 통학여건 부족 등으로 학생유입이 없는 경우에도 해당 학교와 협의하여 해제할 수 있다(충청북도교육청, 2021: 4~5).

　공동학구제 운영의 실질적 효과를 거두기 위해서는 학교개선 프로그램 등을 병행해서 추진해야 시너지 효과를 낼 수 있고 교직원이나 학부모 대상 홍보 등이 중요하다. 무엇보다 중요한 요인 중 하나는 통학수단(버스, 택시 등)과 비용에 대한 지원이다(권순형, 2022: 334). 이를 위해 강원특별자치도교육청의 경우 2017년부터 강원에듀버스를 지속적으로 확대하고 있고, 전라남도교육청은 통학버스 지원이 어려운 경우 에듀택시를 지원하고 있다(조승우ㆍ김경식, 2019: 161~162). 충북교육청의 경우 공동학구제로 지정한 경우에는 큰 학교 학구의 학생들은 작은학교로 자가통학을 원칙으로 하나, 유입학생이 학구 경계지에 거주하고 기존 통학차량 내 유휴좌석이 존재할 경우에는 기존탑승 학생의 통학시간을 과도하게 조정하지 않는 범위내에서 운행시간 및 거리를 고려하여 학교장 재량으로 통학차량 운영 여부를 결정한다. 기존 공동(일방)학구로 인해 추가 운영한 통학 버스 등은 학구를 해제한 경우 당해연도부터 지원을 철회한다. 다만, 기존 공동(일방)학구로 인해 전입하여 재학 중인 학생은 통학 지원이 가능(해제 연도 이후 전입 및 신입생은 통학 지원 제외)하다(충청 북도교육청, 2021: 6).[99]

2. 기숙형 학교 운영 지원

2008년 교육부는 국정과제인 '다양하고 좋은 학교 더 만들기'의 일환으로 기숙형 고교를 만들어 낙후지역 학생들이 통학의 불편에서 벗어나 안심하고 학업을 지속할 수 있도록 학교 특성에 맞는 다양한 프로그램을 지원하고 학교 운영의 자율성은 확대하는 등 교육낙후지역의 교육력 제고를 위한 기숙사 정책을 추진한 바 있다. 2011년까지 150개 기숙형 학교 설립을 목표로 2008년 도시지역에 비해 상대적으로 열악한 농촌지역 학교를 '돌아오는 학교', '찾아가는 학교'로 육성하기 위해 82개를 지정하였고(교육부, 2008), 2009년에는 도농복합 중소도시 지역 고교와 사립고로 확대하여 68개교를 추가지정(교육부, 2009)하여 지원하였다. 2021년 3월 기준 총 149개의 기숙형 고등학교가 운영되고 있다(교육부, 2021).

「고등학교 이하 각급학교 설립·운영 규정」 제3조의2는 교육부장관 또는 시·도교육감은 국·공립학교에 교육상 지장이 없는 범위안에서 문화 및 복지시설, 생활체육시설, 평생교육시설 등의 복합시설을 둘 수 있다고 규정하고 있다. 이에 근거하여 시·도교육청은 중·고등학교, 특수학교 등에 학교 기숙사를 설치하여 운영하고 있다.

---

99) 충청북도교육청, 위의 자료, 6면.

광주광역시 각급학교 기숙사 설치 및 운영에 관한 조례

제2조(정의) 이 조례에서 사용하는 용어의 뜻은 다음과 같다.

1. "기숙사"란 해당 학교의 학생 기숙을 목적으로 건축되어 감독청의 승인을 받고 사용하고 있는 시설을 말한다.
2. "기숙사 운영학교"란 광주광역시에 주소를 두고 기숙사를 운영하고 있는 공립학교와 광주광역시교육청으로부터 기숙사 설치 또는 운영과 관련하여 예산을 지원 받은 사립학교를 말한다.
3. "사회적 통합대상자"란 「초·중등교육법 시행령」 제91조의3제3항의 각 호에 따른 사람을 말한다.
4. "원거리 통학자"란 해당 학교의 학생이 집에서 학교까지 통학에 걸리는 총 시간이 50분 이상인 사람을 말한다.

제6조(학생 선발) 기숙사 운영학교는 선발기준을 정하여 학생을 선발하되, 다음 각 호에 해당하는 학생에 대해서는 우선적으로 선발하도록 노력하여야 한다. 다만, 우선 선발 대상 학생의 기숙사 입사 희망자가 선발비율에 미달하거나 대상 학생이 기숙사 운영 목적에 현저히 부적합하다고 판단되는 경우와 전교생 의무입사의 경우에는 그러하지 아니하다.

1. 사회적 통합대상자: 정원의 100분의 10
2. 원거리 통학자: 정원의 100분의 5

「초·중등교육법」 제2조의 학교에 기숙사를 두는 경우 일부 시·도교육청은 기숙사 운영에 관한 조례를 두고 있는 경우[100]가 있다. 예컨대 「광주광역시 각급학교 기숙사 설치 및 운영에 관한 조례」 제2조 따르면 기숙사란 "학교에서 기숙의 목적으로 건축되어 감독청의 승인을 받고 사용하고 있는 시설"이라고 정의하고, 제6조에서 입사학생을 선발하는 경우 저소득층 자녀, 장애인 등 사회적 통합대상자, 원거리 통학자 등은 일정 비율 우선적으로 선발하도록 노력해야 한다고 규정하고 있다. 이 경우 교육감은 학교 기숙사의 설치·운영에 필요한 예산을 지원하고, 기숙사 운영학교에 대한 관리·감독에 대한 책무를 가진다.

한편 농어촌 학교 학생의 교육기회의 보장을 목표로 기숙형 학교를 설치·운영하는 경우도 있는데, 세종특별자치시 조례에 따르면 학생선발에 있어 사회적 배려자, 원거리 통학자 또는 통학 불편자에게 우선 기회를 부여하고, 기숙사의 설치·운영 경비 지원 이외에 학생이 부담하는 기숙사 경비와 교육프로그램 운영 지원 사업에 대한 경비를 보조받을 수 있다. 해당 학교의 장은 지방자치단체장에게 보조사업을 신청하여 예산 지원을 받을 수 있도록 하고 있다.[101]

---

100) 서울특별시교육청 이외에 경상북도교육청, 대구광역시교육청, 전라북도교육청 등이다.
101) 세종특별자치시 농촌 기숙형 학교 교육경비 지원 조례, 태안군 농어촌 기숙형 학교 교육경비 보조에 관한 조례 등

3. 학생 통학 지원

작은학교 학생들에게 「헌법」제31조 교육을 받을 권리의 보장은 교육기회의 보장 즉, 교육에 대한 접근권 보장을 포함한다. 도서·벽지 지역이나 농어촌 지역의 경우 통학거리 등을 고려해 볼 때 도보나 차량 등을 이용하여 학교에 갈 수 있는 지역이냐 아니냐가 학생의 학습권 및 부모의 자녀교육권 보장을 위해 매우 중요하다. 또한 이런 교육환경이나 교육여건이 보호자들의 정주지역을 선택하는 데 중요한 영향을 미치기 때문에 도서·벽지학교, 농어촌 학교, 작은학교 등의 교육을 받을 권리 보호를 위해서는 교육에 대한 접근권을 우선적으로 보장해야 한다.

학교 접근권은 오프라인상의 학교에 대한 접근 뿐 아니라 온라인상의 학교에 대한 접근권을 포함하는 개념이다. 후자의 경우는 「초·중등교육법」제60조의4, 이 법 시행령 제104조의2에 따라 교육비 지원 대상자의 경우에는 교육정보화 비용을 지원하고, 교육비 지원 대상자가 아닌 경우에는 이를 보장하기 위한 방안을 별도로 마련할 필요가 있다.[102] 다음으로 오프라인상의 학교에 대한 접근권을 보장하기 위해 통학차량(통학버스, 통학택시 등)을 지원하거나 통학차량을 이용할 수 있는 경비를 지원해야 한다.

> **✎ 강원특별자치도교육청 학생 통학지원 조례**
>
> **제5조(지원대상)** 교육감은 학교별 특성과 통학 여건 등을 종합적으로 고려하여 다음 각 호의 어느 하나에 해당하는 경우에 예산의 범위에서 지원할 수 있다.
> 1. 「농어업인 삶의 질 향상 및 농어촌 지역 개발촉진에 관한 특별법」제3조에 따른 농어촌 지역 및 「도서·벽지교육진흥법」제2조 각 호에 따른 벽지 지역 학교
> 4. 「강원특별자치도 작은학교 지원에 관한 조례」제2조에 따른 작은학교
> 5. 학교 통합과 학교 이전이나 재배치 등 적정규모학교 육성 추진에 따라 통학 지원이 필요한 경우
> 7. 그 밖에 교육감이 통학 지원이 필요하다고 인정하는 경우

일부 시도의 경우에는 이와 관련하여 조례를 제정하여 학생의 통학 지원을 규정하고 있다. 특별히 농어촌 학교 학생의 통학 지원을 위한 조례를 별도로 제정하여 시행하는 경우도 있다. 예컨대 「강원특별자치도교육청 학생 통학지원 조례」제2조에 따르면 통학차량이란 학생의 등교·하교 및 현장체험학습

---

102) 「디지털기반의 원격교육 활성화 기본법」제3조, 제7조, 제9조 참조.

등 교육활동에 이용하는 교통수단으로 직영 또는 임차 통학버스, 통학택시를 말한다. 통학차량 지원 대상에는 「농어업인삶의질법」 제3조의 농어촌 학교, 「도서·벽지교육진흥법」 제2조의 도서·벽지학교, 「강원특별자치도 작은학교 지원에 관한 조례」 제2조에 따른 작은학교, 학교통합과 학교 이전이나 재배치 등 적정규모 학교 육성 추진에 따라 통학 지원이 필요한 경우 등으로 규정하고 있다.

전라남도교육청 농어촌학교 학생 통학지원 조례

제5조(지원 대상) 이 조례에 따른 지원 대상은 농어촌학교에 다니는 학생으로 하되, 통학 시간과 거리, 통학 여건 등을 고려하여 교육감이 따로 정한다.
제6조(통학 지원 등) ① 교육감은 농어촌학교에 다니는 학생에게 예산의 범위에서 통학차량을 제공하거나 통학에 드는 교통비 등을 지원할 수 있다.
② 교육감은 「교육기본법」 제8조제1항에 따른 의무교육 대상인 학생을 우선하여 통학 지원을 실시할 수 있다.
③ 학교장은 체험학습 등 교육과정 운영에 필요한 경우 통학차량을 이용할 수 있다.

남해군 농어촌학교 학생 야간 통학택시비 지원 조례

제4조(지원대상 및 지원액) ① 제3조에 따른 통학택시비의 지원대상은 야간자율학습을 마치고 귀가하는 경우 대중교통(농어촌버스 및 시외버스를 말한다) 운행시간이 종료된 지역에 거주하는 통학생으로 한다. 다만, 무료통학차량 운영지역 거주학생은 지원 대상에서 제외한다.
② 야간자율학습을 마치고 통학택시를 이용할 때 통학생이 부담하는 요금은 1인당 100원으로 하되, 정상요금과 통학생 부담 요금의 차액에 대해서는 군수가 협약을 체결한 택시운송사업자에게 지급하여야 한다.

한편 「전라남도교육청 농어촌 학교 학생 통학지원 조례」 제5조에 규정한 지원 대상은 농어촌 학교에 다니는 학생으로 하되, 통학 시간과 거리, 통학 여건 등을 고려하여 교육감이 따로 정한다고 규정하고 있다. 제6조에서 통학차량을 제공, 통학에 드는 교통비 등을 지원하도록 하고, 의무교육 대상인 학생을 우선 지원한다고 규정하고 있다. 「남해군 농어촌 학교 학생 야간 통학택시비 지원 조례」는 남해군 농어촌 학교 학생의 야간 통학 부담을 해소하기 위해 야간 통학택시비를 지원하고 있다. 농어촌 중학교 및 고등학교 재학 중인 학생 중 야간자율학습을 마치고 귀가하는 경우 대중교통 운행시간이 종료된 지역에 거주하는 통학생을 대상으로 하고, 무료통학차량 운영지역 거주학생은 제외한다. 또한 통학생의 자부담을 100원으로 하되, 요금 차액은 군수가 택시운송사업자에게 지급한다고 규정하고 있다.

제6절 논의

농어촌 지역 학생 수의 지속적인 감소 국면에서 세계 여러 나라는 두 갈래의 정책을 펴고 있다. 하나는 소극적 대응으로서 인구감소시대에 순응하는 작은학교 통폐합 정책이다. 다른 하나는 적극적 대응으로서 인구감소시대에 도전적으로 대응하는 작은학교 보전과 육성 정책이다. 농어촌의 모든 학교를 폐쇄시킬 수도 없고, 모든 학교를 살리기도 어려운 실정에서 학교 통폐합과 작은학교 살리기 정책을 병행하고 있는 추세이다. 이러한 가운데 학교 통폐합보다는 작은학교 살리기 정책에 방점을 두더라도 어떤 학교가 언제까지 살아남을 수 있을지 안심할 수 없을 정도로 상황이 악화되고 있다.

법제적 측면에서 농어촌 학교를 보전하고 육성하기 위한 이른바 작은학교 살리기 노력을 살펴보면, 기존 교육법령에서 특례를 인정하고 규제를 완화하는 데 있다. 대표적으로 교육과정 운영의 특례로서 자율학교의 지정을 들 수 있다. 교육방법에 있어서도 상치교사 문제, 복식학급 문제를 해결하기 위해 온라인 교육이나 지역인사를 활용하도록 지원하고 있다. 영세한 농어촌 학교가 학생들에게 제공하는 교육프로그램의 질을 유지하고 향상시키는 데 어려움이 많고, 농어촌 학교의 취약점을 근본적으로 보완하기에는 한계가 있다는 점에 문제의 심각성이 있다.

다수의 농어촌 지역에서 공동학구제를 적용하여 작은학교의 학생 수 확보 가능성을 열어주고 있다. 특히 주소지 변경없이 큰 학교에서 작은학교로 이동을 허용하면서 작은학교에서 큰 학교로의 이동은 금지하는 제한적 공동학구제는 효과가 크지만 농어촌 학교 학생에게 역차별의 시비가 발생할 수 있다. 도농 간의 학생교류 활성화 등 다양한 보완책을 검토할 필요가 있다. 최근에는 교육특구제를 도입하여 학교의 설립·운영의 주체를 지방자치단체장에도 부여하고 있다. 구체적인 실천사례가 아직 나오지 않아 현실적으로 발생할 수 있는 문제점이 무엇인지 정확하게 파악하기 어렵지만 이에 대한 준비나 대책을 사전에 마련하여 대응할 필요가 있다.

　　법령에서 농어촌 학교와 농어촌 학교 학생들에게 다양한 우대조치를 규정하고 있으나 대부분 임의조항으로서 실효성이 미흡하다. 사실상 농어촌 학교와 농어촌 학교 학생만을 위한 지원은 한계에 봉착하고 있다. 이를테면 농어촌 학교 학생의 학교 접근권을 보장하기 위해 통학서비스를 제공하고 있으나 점차 도시 학생들의 통학지원에 대한 요구가 커지고 있어서 재정부담을 가중시킬 것이다. 물론 자연적인 학교소멸이나 인위적인 학교 통폐합은 학생들에게 통학거리, 시간 등의 통학부담을 가중시키킴으로써 교육기회의 공정성 문제를 일으키고 있다. 도시와 농어촌 학교 학생 간의 통학격차에 대해서도 관심을 기울일 필요가 있다.

제6부

농어촌 학교 시설과 재정

제11장 농어촌 학교 시설과 설비 확충

학교 시설은 학교교육의 목적을 달성하는 데 필요한 제반 물리적 환경을 총칭한다. 학교 시설은 기본적으로 학습과 생활의 장으로서의 기능을 가지고 있다. 학교 시설은 학습의 장으로서 교사와 학생이 교육내용을 매개로 상호작용하는 교수·학습 사태를 지원하고 촉진하는 기능을 수행한다. 다양한 교육활동에 적합한 그리고 충분한 시설의 확보가 중요하다. 학교 시설은 학생들의 바람직한 학습결과를 지원하기도 하고 때로는 제한하는 요소로 작용하기도 한다. 또한, 학교 시설은 교수·학습 장소 그 이상의 의미를 가진다. 바로 교사와 학생이 하루 일과를 생활하는 공간으로서 기능을 가진다. 학교 시설은 학생과 교직원이 많은 시간을 생활하는 데 불편함이 없이 안전하고 쾌적해야 한다.

농어촌 학교는 상징적으로 열악한 학교 시설을 연상하게 한다. 다수의 학교는 규모가 영세하여 다양한 특별실 확충이 어렵다. 학생 수가 급감하여 통폐합의 압력을 받고 있는 경우에는 노후시설을 개선하는 데도 제약이 따른다. 반면에 학교마다 시골의 좋은 자리에 위치하고 있으며, 청정 자연환경을 자랑한다. 도시 학교에서 찾아보기 어려운 환경적 강점을 가지고 있다. 이를 활용하여 좋은 교육을 전개할 수 있는 가능성이 무궁무진하다. 교육법령에서 정하고 있는 최소한의 시설과 설비의 확충, 유지 요건이 농어촌 학교에 주는 의미가 무엇인지 살펴보고자 한다.

제1절 학교 시설과 설비의 법적 요건

학교 시설은 학습자의 기본적 인권의 존중과 보호를 위한 요건을 충족해야 한다. 「교육기본법」 제12조에서는 학습자의 기본적 인권을 존중하고 보호하는 차원에서 교육시설을 교육내용, 교육방법, 교재와 함께 학습자의 인격을 존중하고 개성을 중시하여 학습자의 능력을 최대한 발휘할 수 있도록 해야 한다고 규정하고 있다.

교육기본법

제12조(학습자) ① 학생을 포함한 학습자의 기본적 인권은 학교교육 또는 평생교육의 과정에서 존중되고 보호된다.
② 교육내용·교육방법·교재 및 교육시설은 학습자의 인격을 존중하고 개성을 중시하여 학습자의 능력이 최대한으로 발휘될 수 있도록 마련되어야 한다.

학습자의 기본적 인권을 중시하는 학교 시설 법령의 정신을 구현할 수 있도록 「초·중등교육법」 제4조에서 학교를 설립하는 경우 설립기준을 준수해야 함을 명시하고 있다.

 초·중등교육법

제4조(학교의 설립 등) ① 학교를 설립하려는 자는 시설·설비 등 대통령령으로 정하는 설립기준을 갖추어야 한다.

제2절 학교 시설과 설비 기준

농어촌 학교의 시설과 설비 기준은 대통령령인 「고등학교 이하 각급학교 설립·운영 규정」에 근거를 두고 있다. 물론 이 법령에서는 농어촌 학교의 시설과 설비를 별도로 규정하고 있지 않다. 환언하면, 농어촌 학교의 시설과 설비기준은 도시 학교와 차이를 두지 않고 있다. 다만 학교규모 즉, 학교당 학생 수의 차이에 따라 교사와 체육장의 기준을 달리 정하고 있기 때문에 농어촌 학교 중에서 소규모 학교는 학생 수별 구분에 따른 차등적 기준을 적용해야 한다. 또한 도서·벽지 학교는 체육장의 경우 예외 기준의 적용을 인정하고 있다.

 고등학교 이하 각급 학교 설립·운영 규정

제2조(시설·설비기준) 유치원·초등학교·중학교·고등학교·공민학교·고등공민학교·고등기술학교와 이에 준하는 각종학교(이하 "각급 학교"라 한다)의 설립·운영에 필요한 시설 및 설비기준은 제3조 내지 제12조 및 제17조와 같다.

「고등학교 이하 각급학교 설립·운영 규정」 제2조에서는 유치원·초등학교·중학교·고등학교·공민학교·고등공민학교·고등기술학교와 이에 준하는 각종학교(이하 "각급 학교"라 한다)의 설립·운영에 필요한 시설 및 설비기준을 정하고 있다. 제3조(교사), 제4조(교사용 대지), 제5조(체육장), 제6조(교지), 제7조(사립학교 교사 및 교지의 소유주체 등), 제8조(교구), 제9조(산업수요 맞춤형 고등학교 등의 실험·실습실 등), 제10조(급수·온수공급시설), 제11조 삭제, 제12조(각종학교 등의 시설기준), 제13조(수익용기본재산), 제14조(학교운영경비의 부담), 제15조(각급학교의 인가기준 등), 제16조(학교헌장), 제17조(학생정원의 증원 등에 따른 시설기준 등)을 다루고 있다. 이 가운데 교사와 체육장의 기준을 중심으로 살펴보기로 한다.

1. 교사(校舍)의 개념과 기준

고등학교 이하 각급 학교 설립·운영 규정

제3조(교사) ① 각급 학교의 교사(교실, 도서실 등 교수·학습활동에 직·간접적으로 필요한 시설물을 말한다)는 교수·학습에 적합하여야 하고, 그 내부환경은 학교보건법 제4조의 규정에 의한 환경위생 및 식품위생의 유지·관리에 관한 기준에 적합하여야 한다.
② 유치원의 교사는 교실, 화장실 및 교사실을 갖추어야 하고, 유치원에서 조리한 음식을 유아의 급식으로 제공하는 경우에는 조리실도 갖추어야 한다. 다만, 병설유치원의 교사실과 조리실은 병설된 학교의 교사 중 유치원으로 사용되는 부분 외의 부분에 둘 수 있다.
③ 각급 학교의 교사 기준면적(연면적을 말한다. 이하 같다)은 별표 1과 같다. 다만, 별표 1에 따른 기준면적(유치원 교사 중 교실 총면적 기준은 제외한다)은 특별시·광역시·특별자치시·도 및 특별자치도 (이하 "시·도"라 한다)의 교육감(이하 "시·도교육감"이라 한다)이 각급 학교의 학교별 특성을 고려하여 교육상 지장이 없는 범위에서 시·도 조례로 정하는 바에 따라 3분의 1의 범위 안에서 완화할 수 있다.

각급 학교의 교사란 교실, 도서실 등 교수·학습활동에 직·간접적으로 필요한 시설물을 말한다. 교사는 교수·학습에 적합하여야 하고, 그 내부환경은 「학교보건법」 제4조의 규정에 의한 환경위생 및 식품위생의 유지·관리에 관한 기준에 적합하여야 한다. 유치원의 교사는 교실, 화장실 및 교사실을 갖추어야 하고, 필요한 경우 조리실을 갖추어야 한다.

교사 기준면적은 해당 규정 [별표 1]처럼 학교별 학생정원을 2~3 등급(유치원은 2등급, 초등학교, 중학교, 고등학교 급은 3등급)으로 구분하여 차등화하고 있다. 또한 시·도 교육감이 각급 학교의 학교별 특성을 고려하여 교육상 지장이 없는 범위에서 시·도 조례로 정하는 바에 따라 3분의 1의 범위 안에서 완화할 수 있도록 하고 있다.

고등학교 이하 각급 학교 설립·운영 규정

[별표 1] 교사의 기준면적(제3조제3항 관련)

(단위: m²)

학교		학생수별 기준 면적		
유치원		40명 이하	41명 이상	
		5N	80+3N	
		교사 중 교실 총면적 2.2N		
초등학교·공민학교 및 이에 준하는 각종학교		240명 이하	241명 이상 960명 이하	961명 이상
		7N	720+4N	1,680+3N
중학교·고등공민학교 및 이에 준하는 각종학교		120명 이하	121명이상 720명 이하	721명 이상
		14N	1,080+5N	1,800+4N
고등학교·고등기술학교 및 이에 준하는 각종학교	계열별	120명 이하	121명 이상 720명 이하	721명 이상
	인문계열		960+6N	1,680+5N
	전문계열	14N	720+8N	2,160+6N
	예·체능계열		480+10N	1,920+8N

1. N은 각급 학교의 전학년의 학생정원을 말한다.
2. 위 표의 고등학교 계열구분은 시·도교육감이 정하는 바에 의하되, 동일고등학교에 2이상의 계열이 있는 경우에는 각 계열별 기준면적을 합한 면적을 적용한다.
3. 「초·중등교육법」제30조의 규정에 의한 통합·운영학교 및 동일구내에 2이상의 각급 학교가 위치하는 경우에는 각 학교급별 기준면적을 합한 면적을 적용한다.
4. 주간수업과 야간수업을 겸하여 행하는 학교에 대하여 그중 인가 학생정원이 많은 것을 기준으로 한다.
5. 수준별 교육과정의 심화·보충 학습에 필요한 시설의 기준면적은 지역 및 학교 특성에 따라 시·도교육감이 별도로 정할 수 있다.

앞에 제시한 [별표 1]에서와 같이 각급 학교의 교사기준 면적을 학교별 학생 정원에 따라 차등적으로 정하고 있다. 유치원은 40명 이하와 41명 이상, 초등 학교는 240명 이하, 241명 이상 960명 이하, 961명 이상으로 3등급화하고 있 다. 중학교는 120명 이하, 121명 이상 720명 이하, 721명 이상으로 3등급화하 고 있다. 고등학교는 3등급을 유지하되 계열별로 차등적인 기준을 설정하고 있다. 다수의 소규모 농어촌 학교는 최저 등급 기준에 해당한다. 학교급 간의 통합운영학교나 병설학교는 학교급별 기준면적을 합한 기준을 적용하도록 하 고 있다.

2. 체육장(體育場)의 개념과 기준

체육장은 옥외 체육장을 말한다. 중요한 조건으로서 배수시설을 명시하고 있다. 체육장의 기준면적은 해당 규정의 [별표 2]처럼 학교별 학생정원을 2~3 등급(유치원은 2등급, 초등학교, 중학교, 고등학교 급은 3등급)으로 구분하여 차등화하고 있다. 교육부 장관이나 시·도교육감은 신설학교의 경우 인근 학 교의 체육장 시설이나 공공체육시설을 활용할 수 있는 경우, 또한 도서벽지에 서는 도심지와 함께 여건상 기준면적의 확보가 곤란한 경우에는 체육장을 두 지 않거나 기준면적을 완화할 수 있도록 하고 있다.

> **고등학교 이하 각급 학교 설립·운영 규정**
>
> **제5조(체육장)** ① 각급 학교의 체육장(옥외 체육장을 말한다. 이하 같다)은 배수가 잘 되거나 배수시설을 갖춘 곳에 위치하여야 한다.
> ② 제1항의 규정에 의한 체육장의 기준면적은 [별표 2]와 같다.
> ③ 교육부장관 또는 시·도교육감은 다음 각 호의 어느 하나에 해당하는 경우로서 교육상 지장이 없다고 인정되는 경우에는 제1항의 규정에 의한 체육장을 두지 아니하거나 제2항의 규정에 의한 체육장의 기준면적을 완화하여 인가할 수 있다.
>   1. 새로이 설립되는 각급 학교가 「초·중등교육법」 제2조 또는 「고등교육법」 제2조의 규정에 의한 학교의 체육장 또는 공공체육시설 등과 인접하여 공동사용이 용이한 경우
>   2. 도심지 및 도서·벽지 등 지역의 여건상 기준면적 규모의 체육장의 확보가 곤란한 경우

앞의 [별표 2]에서와 같이 각급 학교의 체육장 기준 면적을 학교별 학생정원에 따라 차등적으로 정하고 있다. 교내에 수영장·체육관·강당·무용실 등 실내체육시설이 있는 경우 실내체육시설 바닥면적의 2배 면적을 제외할 수 있도록 하고 있다. 유치원은 40명 이하와 41명 이상, 초등학교와 중학교, 고등학교는 모두 600명 이하, 601명 이상 1,800명 이하, 1,801명 이상으로 3등급화하고 있다. 다만 학교급별로 차등적인 면적 기준을 설정하고 있다. 다수의 소규모 농어촌 학교는 최저 등급 기준에 해당한다. 학교급간의 통합운영학교나 병설학교는 학교급별 기준면적을 합한 기준을 적용하도록 하고 있다.

고등학교 이하 각급 학교 설립·운영 규정

[별표 2] 체육장의 기준면적(제5조제2항 관련)

(단위: m²)

학교	학생수별 기준 면적		
유치원	40명 이하	41명 이상	
	160	120+N	
초등학교·공민학교 및 이에 준하는 각종 학교	600명 이하	601명 이상 1,800명 이하	1,801명 이상
	3,000	1,800+2N	3,600+N
중학교·고등공민학교 및 이에 준하는 각종 학교	600명 이하	601명 이상 1,800명 이하	1,801명 이상
	4,200	3,000+2N	4,800+N
고등학교·고등기술학교 및 이에 준하는 각종 학교	600명 이하	601명 이상 1,800명 이하	1,801명 이상
	4,800	3,600+2N	5,400+N

1. N은 각급 학교의 전학년의 학생정원을 말한다.
2. 교내에 수영장·체육관·강당·무용실 등 실내체육시설이 있는 경우 실내체육시설 바닥면적의 2배 면적을 제외할 수 있다.
3. 「초·중등교육법」 제30조의 규정에 의한 통합·운영학교 및 동일구내에 2이상의 각급 학교가 위치하는 경우에는 각 학교급별 기준면적을 합한 면적을 적용한다.
4. 주간수업과 야간수업을 겸하여 행하는 학교에 대하여는 그중 인가학생정원이 많은 것을 기준으로 한다.

제3절　학교 시설과 설비 우선 지원

　　농어촌 학교 시설 확충, 노후시설 개선, 특히 정보통신매체 활용 교육시설 등의 우선 지원을 법령으로 규정하고 있다. 「도서·벽지교육법」에서는 학교 부지, 교실, 보건실 등의 시설확보, 교원숙소 제공을 국가의 임무로 명시하고 있다. 「농어업인의 삶의 질 향상 및 농어촌 지역 개발촉진에 관한 특별법」에서는 국가 및 지방자치단체가 시설과 설비, 교구와 함께 정보통신매체를 이용한 수업에 필요한 시설과 설비를 우선 지원하도록 정하고 있다. 자치법규에도 예를 들면 「경상남도 작은학교 지원에 관한 조례」에서 교육감은 교육시설 환경 개선과 현대화를 위하여 우선 지원하도록 하고 있다. 법률에서는 강제조항이지만 자치법규에서는 임의조항으로 규정하고 있어서 실효성이 미약하다 하겠다.

도서·벽지교육법

제3조(국가의 임무) 국가는 도서·벽지의 의무교육을 진흥하기 위하여 다른 것에 우선하여 다음 각 호의 조치를 하여야 하며, 이에 필요한 모든 경비를 다른 것에 우선하여 지급하여야 한다.
1. 학교 부지, 교실, 보건실, 그 밖에 교육에 필요한 시설의 확보
2. 교재·교구(教具)의 정비
3. 교과서의 무상 공급
4. 통학을 위하여 필요한 조치
5. 교원(教員)에 대한 주택 제공
6. 교원의 적절한 배치

농어업인의 삶의 질 향상 및 농어촌 지역 개발촉진에 관한 특별법

제28조(농산어촌학교의 시설·설비 등 지원) ① 국가 및 지방자치단체는 농산어촌학교의 시설·설비 및 교구(教具)를 우선적으로 확보하여 지원하여야 한다.
② 국가 및 지방자치단체는 농산어촌학교의 정보통신매체를 이용한 수업에 필요한 시설 및 설비를 우선적으로 확보하여 지원하여야 한다.

✎ **경상남도 작은학교 지원에 관한 조례**

제5조(지원 사업) 교육감은 작은학교에 대해 다음 각 호의 사업 경비를 예산의 범위 안에서 우선 지원할 수 있다.
1. 학교 및 지역의 강점을 살리는 특색 있는 교육과정 운영
2. 교육 시설환경 개선 및 현대화 사업
3. 교육 복지 증진 및 방과후 돌봄 사업
4. 학생에 대한 통학 편의 제공
5. 학부모 및 지역사회와 함께하는 교육 활동
6. 배움과 돌봄이 함께하는 교육 프로그램 운영
7. 특기 적성 교육 및 체험 프로그램 운영
8. 도시·농산어촌 학교 간 교류학습 활성화
9. 그 밖에 작은학교 육성을 위해 교육감이 필요하다고 인정하는 사업

농어촌의 학교 시설과 설비를 우선 지원한다는 규정과 함께 지역 간 교육환경의 균형적 발전에 관한 법령을 살펴볼 필요가 있다. 시·도교육청들은 교육환경의 균형발전 지원에 관한 조례를 지정하여 운영하고 있으며, 이를테면 「충청남도교육청 교육균형발전 지원에 관한 조례」를 들 수 있다. 이 조례는 지역 간 교육격차를 해소하고, 교육의 균형있는 발전을 도모하기 위하여 교육환경 개선에 국한하여 필요한 사항을 규정하고 있다. 교육감은 교육균형발전을 위한 종합정책을 수립하고 5년마다 기본계획을 수립하여 시행하도록 하고 있다. 특히 교육감은 지역 간 교육의 균형 있는 발전을 촉진하기 위하여 필요한 예산을 확보할 수 있도록 노력하여야 한다고 명시하고 있다.

✎ **충청남도교육청 교육균형발전 지원에 관한 조례**

제1조(목적) 이 조례는 충청남도 지역간 교육 격차 해소를 위하여 교육환경개선에 필요한 사항을 규정함으로써 교육의 균형발전 도모를 목적으로 한다.
제2조(적용대상) 이 조례는 교육환경이 상대적으로 열악한 지역에 소재하는 「초·중등교육법」 제2조 각 호의 학교를 대상으로 한다.
제3조(교육감의 책무) 충청남도교육감(이하 "교육감"이라 한다)은 지역간 교육의 균형 있는 발전을 위하여 종합정책을 수립·추진하여야 한다.
제4조(기본계획 수립) ① 교육감은 5년마다 다음 각 호의 사항을 포함하여 교육균형발전을 위한 기본계획을 수립하여야 한다.
 1. 교육격차 해소에 관한 사항
 2. 교육기관 균형 배치

> 　　3. 교육격차 지표개발 및 실태조사
> 　　4. 교육·문화 관련 시설 개선
> 　　5. 그 밖에 지역·학교 간 특성을 고려한 교육균형발전에 관한 사항
> ② 교육감은 제1항에 따른 기본계획 추진 시 필요한 경우 세부 추진계획을 수립·시행하여야 한다.
> 제5조(예산확보) ① 교육감은 지역간 교육의 균형 있는 발전을 촉진하기 위하여 필요한 예산을 확보할 수 있도록 노력하여야 한다.
> ② 제1항에 따른 예산은 교육균형발전 사업별로 목적과 조건을 지정하여 관리하여야 한다.
> 제6조(교육균형발전 대상학교 지정·운영) ① 교육감은 교육격차 해소를 위한 다양한 사업을 추진하여 교육균형발전을 도모할 필요가 있는 학교(이하 "교육균형발전 대상학교"라 한다)를 지정·운영할 수 있다.
> ② 교육감은 제7조의 교육균형발전위원회(이하 "위원회"라 한다)의 심의를 거쳐 교육균형발전 대상학교를 지정하며, 지정된 교육균형발전 대상학교에 대해서는 예산의 범위에서 필요한 지원을 할 수 있다.

　교육환경에 한정하여 지역 간 균형발전을 도모하기 위하여 교육감의 책무로서 지원대상 학교의 선정, 기본계획의 수립과 추진, 예산의 확보 등을 규정하고 있다. 교육균형발전 지원대상 학교는 상대적으로 교육환경이 열악한 지역의 학교를 대상으로 위원회의 심의를 거쳐 선정하고 필요한 예산을 지원할 수 있도록 하고 있다. 예산지원을 강제하고 있지는 않다. 교육균형발전 기본계획에는 교육격차 해소에 관한 사항, 교육기관 균형 배치, 교육격차 지표개발 및 실태조사, 교육·문화 관련 시설 개선 등을 포함하도록 하고 있다.

　이 조례는 농어촌 학교의 시설과 설비를 우선 지원하기 위한 이중 장치라고 설명할 수 있기도 하지만, 반면에 농어촌 학교 시설과 설비를 우선하여 지원하기 어려운 현실을 파악할 수 있음을 확인할 수 있는 증거이기도 하다.

제4절　학교 시설 유지와 관리

　학교 시설은 확보에 그치지 않고, 유지와 관리 차원에서 정기적이고 전문적인 점검과 적절한 후속 조치가 필요하다. 기본적으로 쾌적하고 안전한 교육환경을 조성하고, 나아가 교육활동의 지속성, 효과성을 담보할 수 있는 교육여건

을 마련하는 데 초점을 두어야 한다. 각종 학교 안전사고와 함께 최근에는 지진과 미세먼지에 대한 대응도 긴요해졌다. 농어촌 학교에만 적용하는 별도의 법령은 없지만 노후시설이 상대적으로 많은 농어촌 학교 시설을 효율적으로 관리하는 데 관심을 기울여야 할 필요가 있다. 국가와 지방자치단체의 책무, 학교장의 책무 중심으로 관련 법령을 간략히 살펴보고자 한다. 상세한 내용은 관련 법령을 참고할 필요가 있다.

1. 국가와 지방자치단체의 책무

「교육시설 등의 안전 및 유지관리 등에 관한 법률」(약칭: 「교육시설법」)의 목적은 안전하고 쾌적한 교육환경 조성과 교육의 질 향상에 기여하는 데 있다. 이 법률에서 핵심적으로 다루고 있는 내용은 용어의 정의에서 알 수 있듯이 안전관리와 유지관리이다. "안전관리"란 교육시설 안전사고로부터 사람의 생명·신체 및 재산을 보호하고 교육시설의 안전을 확보하기 위하여 하는 모든 활동을 말하고, "유지관리"란 교육시설의 기능을 보전하고 원활한 교육활동을 위하여 시설물을 일상적으로 점검·정비하고 손상된 부분을 원상복구하며 시간의 경과에 따라 요구되는 시설물의 개량·보수·보강을 하는 모든 활동을 말한다.

학교 시설의 안전관리와 유지관리를 위하여 시책을 마련하고, 종합적인 계획을 수립하여 안전점검, 정밀안전진단을 시행하며, 후속조치를 위한 재원 확보 노력을 해야 한다. 국가와 지방자치단체는 교육시설에 대한 종합적인 관리기준과 지원체계를 구축하고 안전하고 쾌적한 교육시설을 확보하기 위하여 필요한 시책을 마련하여야 하고, 교육시설의 장은 국가와 지방자체단체가 시행하는 교육시설의 안전관리 및 유지관리에 관한 시책에 협조하고, 안전사고 예방을 위하여 노력하여야 한다. 국가·지방자치단체 및 교육시설의 장은 책무의 이행에 필요한 재원을 마련하기 위하여 노력하여야 한다.

교육시설 등의 안전 및 유지관리 등에 관한 법률(약칭: 교육시설법)

제1조(목적) 이 법은 교육시설에 관한 국가와 지방자치단체의 책무와 교육시설의 종합적인 관리 및 진흥을 위하여 필요한 사항을 정함으로써 안전하고 쾌적한 교육환경 조성 및 교육의 질 향상에 이바지함을 목적으로 한다.

제2조(정의) 이 법에서 사용하는 용어의 뜻은 다음과 같다.

1. "교육시설"이란 다음 각 목의 어느 하나에 해당하는 학교 등의 시설 및 설비를 말한다.
   가. 「유아교육법」 제2조제2호에 따른 유치원
   나. 「초·중등교육법」 제2조에 따른 학교
   다. 「고등교육법」 제2조에 따른 학교
   라. 「평생교육법」 제31조제2항 및 제4항에 따른 학력·학위가 인정되는 평생교육시설
   마. 다른 법률에 따라 설치된 각급 학교(국방·치안 등의 사유로 정보공시가 어렵다고 대통령령으로 정하는 학교는 제외한다)
   바. 그 밖에 대통령령으로 정하는 교육관련 시설
2. "교육시설이용자"란 교육시설을 이용하는 학생, 교직원 및 그 밖에 교육시설을 이용하는 사람을 말한다.
3. "교육시설의 장"이란 교육시설에 대하여 관계 법령 또는 자치법규에 따라 관리책임자로 규정된 사람이나 소유자를 말한다.
4. "감독기관"이란 교육시설을 지도·감독하는 중앙행정기관, 지방자치단체 또는 시·도교육청으로서 대통령령으로 정하는 기관을 말한다.
5. "교육시설안전사고"란 「재난 및 안전관리 기본법」 제3조제1호의 재난이나 그 밖의 원인으로 교육시설이 훼손된 사고 또는 교육시설의 훼손·결함 등으로 인하여 인적·물적 피해가 발생한 사고를 말한다.
6. "안전관리"란 교육시설안전사고로부터 사람의 생명·신체 및 재산을 보호하고 교육시설의 안전을 확보하기 위하여 하는 모든 활동을 말한다.
7. "유지관리"란 교육시설의 기능을 보전하고 원활한 교육활동을 위하여 시설물을 일상적으로 점검·정비하고 손상된 부분을 원상복구하며 시간의 경과에 따라 요구되는 시설물의 개량·보수·보강을 하는 모든 활동을 말한다.
8. "안전점검"이란 경험과 기술을 갖춘 자가 육안이나 점검 기구 등으로 검사하여 교육시설에 내재(內在)되어 있는 위험요인을 조사하는 행위를 말한다.
9. "정밀안전진단"이란 교육시설의 물리적·기능적 결함을 발견하고 그에 대한 신속하고 적절한 조치를 하기 위하여 구조적 안전성과 결함의 원인 등을 조사·측정·평가하여 보수·보강 등의 방법을 제시하는 행위를 말한다.
10. "사전기획"이란 교육시설의 설계 전에 지역사회 연계 가능성, 발주방식 검토, 교육과정 운영 및 교수·학습 방법에 따른 공간구성, 사용자 참여를 통한 디자인 계획, 안전 및 에너지 효율화 등에 관한 사전전략 수립 등을 하는 것을 말한다.

제3조(국가와 지방자치단체 등의 책무) ① 국가와 지방자치단체는 교육시설에 대한 종합적인 관리기준과 지원체계를 구축하고 안전하고 쾌적한 교육시설을 확보하기 위하여 필요한 시책을 마련하여야 한다.

② 교육시설의 장은 국가와 지방자체단체가 시행하는 교육시설의 안전관리 및 유지관리에 관한 시책에 협조하고, 안전사고 예방을 위하여 노력하여야 한다.

③ 국가, 지방자치단체 및 교육시설의 장은 제1항 및 제2항에 따른 책무의 이행에 필요한 재원을 마련하기 위하여 노력하여야 한다.

2. 학교장의 책무

앞의 「교육시설법」 제3조에서와 같이 교육기관의 장은 국가와 지방자치단체가 시행하는 교육시설의 안전관리 및 유지관리에 관한 시책에 협조하고, 안전사고 예방을 위하여 노력하여야 하며, 책무의 이행에 필요한 재원 확보 노력을 기울이도록 규율하고 있다.

「초·중등교육법」 제30조의9에서 학교의 장은 학교의 시설·설비·교구가 적절하게 관리되고 있는지를 정기적으로 점검하고, 점검 결과 시설·설비·교구가 노후화되거나 훼손되었을 때에는 지체 없이 보수 또는 교체 등 필요한 조치를 하여야 한다고 규정하고 있다. 국가 및 지방자치단체는 필요한 비용을 지원할 수 있도록 하고 있다.

초·중등교육법

제30조의9(시설·설비·교구의 점검 등) ① 학교의 장은 학교의 시설·설비·교구가 적절하게 관리되고 있는지를 정기적으로 점검하여야 한다.
② 학교의 장은 제1항에 따른 점검 결과 시설·설비·교구가 노후화되거나 훼손되었을 때에는 지체 없이 보수 또는 교체 등 필요한 조치를 하여야 한다.
③ 국가 및 지방자치단체는 제2항에 따른 조치에 필요한 비용을 지원할 수 있다.
④ 제1항에 따른 점검의 대상, 시기 등 필요한 사항은 교육부령으로 정한다.

아울러, 「학교보건법」 제4조 학교의 환경위생 및 식품위생에 관한 규정에 따라 학교장은 학교 시설에서의 환기, 조명, 온도, 습도의 조절, 유해 중금속을 포함하여 유해물질의 예방과 관리, 상하수도 및 화장실의 설치와 관리, 오염공기, 석면, 폐기물, 소음, 휘발성 유기 화합물, 세균, 먼지 등의 예방과 관리, 환경위생과 식기, 식품, 먹는 물의 관리 등 식품위생을 적절히 유지·관리하여야 한다. 이를 위하여 연 2회 이상 점검하고 결과를 기록, 보고, 공개하여야 하며, 필요한 경우 적절한 후속조치를 취해야 한다. 학교 시설에서의 환경위생 및 식품위생의 유지관리에 관한 상세 기준은 「학교보건법 시행규칙」 제4조를 참고하도록 한다.

학교보건법

제4조(학교의 환경위생 및 식품위생) ① 학교의 장은 교육부령으로 정하는 바에 따라 학교 시설[교사대지(校舍垈地)·체육장, 교사·체육관·기숙사 및 급식시설, 교사대지 또는 체육장 안에 설치되는 강당 등을 말한다. 이하 같다]에서의 환기·채광·조명·온도·습도의 조절과 유해중금속 등 유해물질의 예방 및 관리, 상하수도·화장실의 설치 및 관리, 오염공기·석면· 폐기물·소음·휘발성유기화합물·세균·먼지 등의 예방 및 처리 등 환경위생과 식기·식품 ·먹는 물의 관리 등 식품위생을 적절히 유지·관리하여야 한다.

② 학교의 장은 제1항에 따라 학교 시설에서의 환경위생 및 식품위생을 적절히 유지·관리하기 위하여 교육부령으로 정하는 바에 따라 연 2회 이상 점검하고, 그 결과를 기록·보존 및 보고하여야 한다. 이 경우 환경위생 점검을 위한 공기 질 점검 시 학교운영위원회 위원 또는 학부모가 참관을 요청하는 경우에는 이를 허용하여야 한다.

③ 학교의 장은 제2항에 따른 점검에 관한 업무를 교육부령으로 정하는 바에 따라 「환경분야 시험·검사 등에 관한 법률」 제16조에 따른 측정대행업자에게 위탁하거나 교육감에게 전문 인력 등의 지원을 요청하여 수행할 수 있다.

④ 학교의 장은 제2항과 제3항에 따른 점검 결과가 교육부령으로 정하는 기준에 맞지 아니한 경우에는 지체 없이 시설의 보완 등 필요한 조치를 하고 이를 교육부장관 및 교육감에게 보고하여야 한다.

⑤ 교육부장관이나 교육감은 제1항에 따른 환경위생과 식품위생을 적절히 유지·관리하기 위하여 필요하다고 인정하면 관계 공무원에게 학교에 출입하여 제2항에 따른 점검을 하거 나 점검 결과의 기록 등을 확인하게 할 수 있으며, 개선이 필요한 경우에는 행정적·재정적 지원을 할 수 있다.

⑥ 학교의 장은 제2항 및 제4항에 따른 환경위생 및 식품위생 점검 결과 및 보완 조치를 학교의 인터넷 홈페이지 또는 교육부장관이 운영하는 공시 관련 홈페이지를 통하여 공개하 여야 한다. 이 경우 측정된 수치는 최초측정과 재측정 이력을 포함하여야 한다.

⑦ 학교의 장은 제2항에 따른 학교 시설의 환경위생 점검을 실시하여 심각한 유해물질의 지속적 발생의 가능성이 확인된 경우 관할 교육감에게 특별점검을 요청하여야 하고, 교육감 은 이에 특별점검을 실시하고 대책을 수립·실행하여야 한다.

제5절 학교복합시설화

학교 시설의 복합화에 대한 관심이 높아지고 있다. 특히 농어촌 학교는 학생 수 감소에 따라 학교 재구조화가 필요한 상황에서 주민의 편의를 위하여 넓은 지역에 산재해 있는 공공 시설의 집중화를 검토할 필요가 있다. 학교 복합시설 의 개념, 국가와 지방자치단체의 책무, 학교 복합시설의 설치와 운용에 관한 규정을 살펴보기로 한다.

1. 학교복합시설의 개념

「초·중등교육법」제11조에 따르면 학교 시설은 모든 국민이 이용할 수 있다. 다만 학교교육에 지장을 주지 않는다는 조건을 명시하고 있다. 학교 복합시설의 경우도 모든 국민이 이용할 수 있고, 학교교육에 지장을 주지 않는다는 조건을 전제로 한다.

> **초·중등교육법**
>
> 제11조(학교 시설 등의 이용) 모든 국민은 학교교육에 지장을 주지 아니하는 범위에서 그 학교의 장의 결정에 따라 국립학교의 시설 등을 이용할 수 있고, 공립·사립 학교의 시설 등은 시·도의 교육규칙으로 정하는 바에 따라 이용할 수 있다.

학교복합시설이란 「학교복합시설 설치 및 운영에 관한 법률」에서 규정하고 있는 바와 같이 학생과 주민이 함께 이용할 수 있는 학교 시설에 설치하는 시설이다. 주로 공공, 문화체육시설, 주차장, 평생교육시설을 말한다.

> **학교복합시설 설치 및 운영에 관한 법률(약칭: 학교복합시설법)**
>
> 제2조(정의) 이 법에서 사용하는 용어의 뜻은 다음과 같다.
> 1. "학교"란 「초·중등교육법」제2조에 따른 학교를 말한다.
> 2. "학교복합시설"이란 「학교 시설사업 촉진법」제2조제1호에 따른 학교 시설에 설치하는 시설로서 학생과 지역주민이 함께 이용할 수 있는 다음 각 목의 어느 하나에 해당하는 시설을 말한다. 다만, 「교육환경 보호에 관한 법률」제9조에 따른 시설은 해당되지 아니한다.
>   가. 「국토의 계획 및 이용에 관한 법률」제2조제6호라목에 따른 공공·문화체육시설
>   나. 「주차장법」제2조제1호에 따른 주차장
>   다. 「평생교육법」제2조제1호에 따른 평생교육을 위하여 설치한 평생교육시설
>   라. 그 밖에 대통령령으로 정하는 시설

2. 국가와 지방자치단체의 책무

국가와 지방자치단체는 학교 복합시설 설치와 운영의 원활화를 위하여 관련 정책을 수립하고 시행하며, 시설의 공동 활용을 위하여 학교와 지역주민의 유기적인 협력관계 구축, 학생 안전 보장을 위한 대책 마련, 인력과 예산 확보 등 행·재정적 지원방안 강구 등의 책임을 갖는다.

학교복합시설 설치 및 운영에 관한 법률(약칭: 학교복합시설법)

제3조(국가와 지방자치단체의 책무) ① 국가와 지방자치단체는 학교복합시설의 원활한 설치·운영을 위하여 필요한 정책을 수립·시행하여야 한다.
② 국가와 지방자치단체는 학교와 지역주민 간의 유기적인 협력관계가 구축될 수 있도록 노력하여야 한다.
③ 국가와 지방자치단체는 학교복합시설의 설치로 인하여 발생할 수 있는 범죄, 안전사고 등의 위험으로부터 학생의 안전을 보장하기 위한 대책을 마련하여야 한다.
④ 국가와 지방자치단체는 제1항 및 제3항에 따른 책무를 다하기 위하여 필요한 인력 및 예산을 확보하는 등 행정적·재정적 지원 방안을 마련하여야 한다.

3. 학교복합시설의 설치

학교복합시설은 감독기관의 장인 교육감이 학교복합시설의 설치를 동의하는 경우 또는 설치를 요청하는 경우에 지방자치단체장이 설치할 수 있다. 감독기관의 장인 교육감도 지방자치단체의 장과 협의하여 학교복합시설을 설치할 수 있다. 학교복합시설의 건축은 설치 주체가 시행하되 협의하여 달리 정할 수도 있다. 학교복합시설의 소유권은 지방자치단체의 장과 감독기관의 장이 협의하여 정하며, 사립학교의 경우 설립주체와 협의하여 정한다.

 학교복합시설 설치 및 운영에 관한 법률(약칭: 학교복합시설법)

제5조(학교복합시설의 설치) ① 지방자치단체의 장은 다음 각 호의 어느 하나에 해당하는 경우 학교복합시설을 설치할 수 있다.
　1. 학교복합시설을 설치하려는 학교의 「초·중등교육법」 제6조에 따른 감독기관의 장(이하 "감독기관의 장"이라 한다)이 학교복합시설을 설치하는 데 동의한 경우
　2. 감독기관의 장이 학교복합시설을 설치하여 줄 것을 요청한 경우
② 제1항에도 불구하고 감독기관의 장은 교육활동 및 지역사회의 복리증진을 위하여 학교복합시설 설치가 필요하다고 인정하는 경우 지방자치단체의 장과 협의하여 학교복합시설을 설치할 수 있다.
③ 제1항 및 제2항에 따라 학교복합시설을 설치하려는 경우 학교복합시설의 기획, 설계 및 공사 등의 건축은 각 항의 설치 주체가 시행하는 것으로 하되, 지방자치단체의 장과 감독기관의 장이 협의하여 달리 정할 수 있다.
④ 학교복합시설의 소유권은 증축·개축, 리모델링 등 건축방식, 재정 분담 비율 등을 고려하여 지방자치단체의 장과 감독기관의 장이 협의하여 정할 수 있으며, 사립학교의 경우에는 학교의 설립주체와 협의하여 정한다.
⑤ 학교복합시설의 설치 등 사업시행에 필요한 절차는 이 법에서 정한 경우를 제외하고는 「학교 시설사업 촉진법」에 따른다.
⑥ 그 밖에 학교복합시설의 설치에 관한 구체적인 사항은 대통령령으로 정한다.

4. 학교복합시설의 운영

학교복합시설의 운영과 관리 책임은 설치 주체에 있다. 다만 지방자치단체 장과 감독기관의 장이 협의하여 달리 정할 수도 있다. 학교복합시설의 관리에서 강조하는 원칙은 두 가지이다. 첫째, 학교의 정상적인 교육활동과 학교운영을 제한 또는 침해하지 않는다. 둘째, 안전하고 쾌적하게 유지, 관리한다. 특히 학생의 안전 확보에 필요한 조치를 한다. 학교복합시설의 전부, 또는 일부를 비영리법인과 단체, 전문기관에 위탁할 수 있으며, 학교복합시설의 효율적 운영과 관리를 위하여 이해 당사자가 참여하는 운영협의회를 구성하여 운영한다. 교육부 장관은 전문기관을 지정하여 학교복합시설의 설치와 운영을 지원하고, 전문기관의 예산을 전부 또는 일부를 지원할 수 있다. 지방자치단체의 장은 학교복합시설의 설치와 운영, 관리에 필요한 경비를 감독기관의 장에게 보조할 수 있다.

학교복합시설 설치 및 운영에 관한 법률(약칭: 학교복합시설법)

제6조(학교복합시설의 운영·관리 원칙) ① 학교복합시설은 제5조에 따라 학교복합시설을 설치한 자가 운영·관리하여야 한다. 다만, 학생 또는 지역주민의 주된 사용 공간, 이용 빈도 및 이용 시간 등을 고려하여 지방자치단체의 장과 감독기관의 장이 협의하여 달리 정할 수 있다.
② 학교복합시설을 운영·관리하는 자는 학생, 학부모, 교직원 및 지역주민의 복리증진을 위하여 학교복합시설을 안전하고 쾌적하게 유지·관리하여야 한다.
③ 학교복합시설을 운영·관리하는 자는 학교복합시설의 설치·운영으로 인하여 학생의 교육과정, 교직원의 업무 등 해당 학교의 정상적인 교육활동 및 학교운영이 제한 또는 침해받지 아니하도록 하여야 한다.
④ 학교복합시설을 운영·관리하는 자는 해당 학교의 교육활동 및 학교운영이 제한 또는 침해받지 아니하도록 학교복합시설의 운영·관리에 관한 업무의 전부 또는 일부를 비영리법인, 단체 또는 제9조에 따른 전문기관에 위탁할 수 있다.
⑤ 그 밖에 학교복합시설의 운영·관리에 필요한 사항은 대통령령으로 정한다.
제7조(학교복합시설 운영협의회) ① 학교복합시설의 설치 및 운영·관리를 위하여 학생, 학부모, 교직원, 지역주민, 교육 및 안전 관련 전문가 등으로 구성된 학교복합시설 운영협의회(이하 "운영협의회"라 한다)를 각 학교에 설치할 수 있다.
② 운영협의회의 구성·운영 등에 필요한 사항은 해당 지방자치단체의 조례로 정할 수 있다.
제8조(학생의 안전 확보) ① 학교복합시설은 「건축법」 제53조의2에 따른 건축물의 범죄예방 기준에 따라 설치되어야 하며, 학생과 지역주민 등 학교복합시설 이용자 간의 동선이 분리되는 등 학생의 안전이 확보되어야 한다.
② 학교복합시설을 운영·관리하는 자는 운영협의회에서 정하는 바에 따라 학생의 안전 확보를 위하여 필요한 조치를 다하여야 한다.

제9조(전문기관) ① 교육부장관은 대통령령으로 정하는 바에 따라 전문기관을 지정하여 학교복합시설의 설치·운영에 관한 조사·분석, 연구·자문, 운영·관리 등의 업무를 수행하게 할 수 있다.
② 교육부장관은 전문기관이 제1항에 따른 업무를 수행하는 데 필요한 비용의 전부 또는 일부를 지원할 수 있다.
제10조(교육경비 보조의 특례) 지방자치단체의 장은 학교복합시설의 설치 및 운영·관리에 소요되는 경비의 전부 또는 일부를 해당 감독기관의 장(교육부장관은 제외한다)에게 보조할 수 있다.

제6절 학교 시설 개선 계획과 사례

　정부의 학교 시설 개선 계획과 국내외 사례를 살펴보고, 농어촌 학교 시설 법령 차원에서 시사점을 제시하고자 한다.

1. 학교 시설환경개선 5개년 계획

　교육부(2019. 1. 10.)는 미래교육 변화에 부응하는 쾌적하고 안전한 학교 공간조성을 위해 「학교 시설환경개선 5개년 계획」을 발표하였다. 추진목표는 첫째, 노후 환경 개선을 통한 쾌적한 학교 조성, 둘째, 위험·위해 요소 없는 안전한 학교 조성, 셋째, 미래 교육에 대응하는 학교 공간 혁신 추진이다. 학교 공간 혁신을 전국 시·도교육청으로 확대하기 위해 2019년부터 2023년까지 교실단위 공간 혁신(1,250개교)과 학교단위의 공간 혁신(500개교) 사업 지원을 목표로 하였다. 기존의 효율성에 초점을 맞춘 학교 공간을 다양한 교수·학습이 가능한 공간으로 전환하여 놀이학습교실, 융합교육교실, 소규모 협력학습실 등 상상력을 자극하는 다양한 수업이 가능한 교실과 개방형 창의·감성 휴게학습 공간으로 조성할 계획이다.

　이어서 교육부(2019. 4. 8.)는 실무적인 「학교공간 혁신사업 가이드라인」을 마련하였다. 교육과정 변화 등 미래교육에 대응하는 학교공간 혁신 요구가 증대하여 기존의 공급자 중심의 획일적인 학교 시설을 미래세대인 학생 등의 관점에서 다양하고 유연한 공간으로 재구조화하고, 기존 학교건물 중 노후시설 등에 대한 대대적인 환경개선 및 지역사회와 연계한 학교 시설 복합화를 적극 추진할 필요가 있다고 보았다. 전체 학교(68,577동) 중에서 33.7%를 차지하는 30년 이상 경과한 시설을 대상으로 노후상태, 기능성, 경제적 효용 등을 고려하여 개축할 필요성이 있다고 보았다. 그간 학교공간 혁신 관련 사업을 교육부의 해당 부서마다 분절적으로 시행해온 데 따른 혼선을 해소하고, 교육청 차원에서 추진하고 있는 이를테면 서울 메이커스페이스(2017)·꿈담교실(2017), 강원 학교감성화 사업(2014), 부산 별별공간 사업(2018), 광주 아지트(아·智·트) 사업(2018), 경기 미래형 마을학교 만들기 사업(2018)과 통합적 추진체계의 구축을 시도하였다.

사업목적은 미래사회 주역인 학생이 주도적으로 참여하는 교육활동을 통해 학습과 놀이 및 휴식 등 균형 잡힌 삶의 공간으로서 학교 만들기에 있다. 이를 위하여 첫째, 학생 중심의 협동학습, 창의적 융·복합 교육 등 미래 혁신교육에 필요한 다양하고 유연한 공간의 조성(미래교육 대응), 둘째, 학교사용자의 주도적 참여설계를 통해 민주적 의사결정 및 의사소통 능력향상 등 교육과정과 연계한 민주시민 역량 강화(민주시민 교육), 셋째, 학교공간을 지역사회에 개방하고 공유함으로써 지역사회의 문화형성 및 삶의 중심 공간으로서 학교역할 강화(자치공동체 실현)에 중점을 두었다.

사업추진 방향은 교육과정과 연계하여 학생과 교사가 주도적으로 참여(사용자 참여), 학습과 놀이, 휴식간 조화를 이룬 다양한 공감형 공간조성(조화와 다양성), 교육, 건축 등 전문 분야간 융합적 협업 추진(협업과 융합), 학교공간 재구조화와 민주 시민성 함양을 동시에 추구하고(공간과 시민성), 학교와 지역 특성별 다양화·차별화, 수용여건에 따른 참여설계를 단계적으로 추진하였다. 사업대상 학교는 공모절차를 거쳐 최종 확정하였다.

2. 그린스마트 미래학교 종합 추진계획[103)]

정부 합동(2020. 7. 14.)으로 '한국판 뉴딜 종합계획'을 발표하고, 한국판 뉴딜 10대 대표사업 중 하나로 '그린스마트 미래학교' 사업을 선정하였다. 이에 근거하여 디지털·친환경에 교수·학습 혁신을 더한 '교육 대전환'을 위한 한국판 뉴딜 '그린스마트 미래학교 종합 추진계획'을 2021년 2월 3일에 발표하였다.

---

103) 교육부(2021. 2.), 그린스마트 미래학교 종합 추진계획(안) 참조.

이 계획은 4대 혁신으로 학습과 쉼, 놀이가 공존하는 창의적 학교 조성을 목표로 하고 있다. 첫째, 학생선택형 학습과 융합수업을 위한 공간혁신, 둘째, 무선인터넷·디지털 기기로 맞춤형 개별학습 등을 실현하는 스마트교실 혁신, 셋째, 신재생에너지와 탄소중립, 생태교육을 체험하는 그린학교 혁신, 넷째, 지역사회의 교육 참여, 학교의 시설복합화로 학교공동체 혁신에 있다.

그린스마트 미래학교는 40년 이상 노후 학교건물을 대상으로 전반적인 교실 환경 개선뿐 아니라 최신 수업 기자재 등을 갖추어 교수학습 혁신을 추진하는 미래형 학교 조성 사업으로 2025년까지 18.5조 원 투입, 2,835동(약 1,400개교) 미래학교로 우선 전환하겠다는 목표를 설정하였다. 사업의 비전과 목표는 다음과 같다.

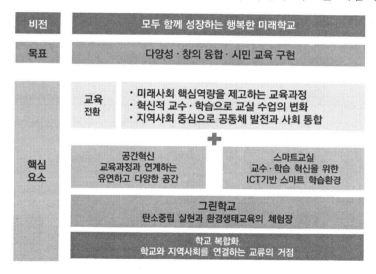

[그림 11-1] 그린스마트 미래학교 사업의 비전과 목표

1) 미래학교 공간혁신

그린스마트 미래학교 사업은 교육과정 개선과 교수·학습 혁신을 위한 '미래형 교육환경' 조성 사업으로 '미래교육 대전환'을 위한 핵심 사업인 공간혁신을 추구하여 학생 개별 맞춤형 학습을 제공하고, 균형 잡힌 삶의 공간으로써 교육혁신을 지원하는 미래학교 공간 조성을 목표로 하고 있으며, 기존의 규격화된 학교에서 벗어나 다양한 교수·학습과 창의·융합적 경험이 가능하고, 학생의 휴식 및 소통이 일상적으로 일어날 수 있는 교육환경 조성을 도모한다.

미래학교 공간혁신을 위한 공간구성은 다양한 교수·학습활동(프로젝트 학습, 블렌디드 학습, 개별학습, 그룹학습, 협력학습 등)을 위해서 도서관 중심의 공간 조성과 학생들의 휴식과 교류, 전시, 행사 등을 위한 광장 중심의 공간 조성, 창의·융합 교육을 위해서 기존의 특별교실을 강의와 실험, 실습이 동시에 가능하도록 계획하고 메이커스페이스를 중심으로 하는 스팀(STEAM) 교육을 위한 공간 조성 등 미래학교 공간혁신은 크게 3개 영역으로 구분하여 추진한다.

초등학교 저학년은 놀이학습 중심의 공간구성과 중·고학년은 다양한 교수·학습활동과 창의·융합 교육이 원활하게 전개될 수 있도록 공간을 구성한다. 중·고등학교은 이동식 수업을 전제로 한 교과교실제의 공간구성으로 중학교는 자유학기제와 고등학교는 고교학점제에 대응하도록 한다. 교과교실제에 대응한 공간구성은 교과목별로 영역을 형성할 수 있도록 교과목별 교과교실과 교과연구실, 교과 학습정보센터를 조성하여 교과별 특성을 반영할 수 있도록 한다.

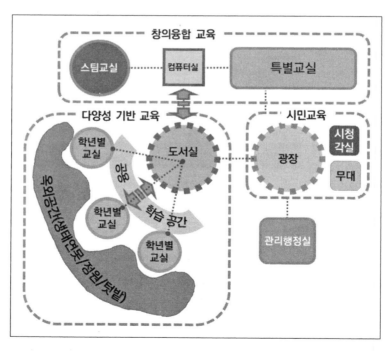

[그림 11-2] 초등학교의 미래교육 대전환을 위한 교육환경 조성 방안

2) 학교복합화

학교복합화는 특히 학교 공동화 현상이 일어나는 구 도심 지역이나 학교 통폐합이 필요한 농어촌 지역의 대안이 될 수 있다. 학령인구 감소로 운영에 어려움을 겪는 학교가 증가하고 있는 상황에서 교내 여유교실과 학교 대지를 활용하여 지역주민들의 편의시설을 복합화함으로써 지역주민의 공공 · 문화 · 체육 · 복지 및 행정의 원스톱 서비스가 가능하도록 하고, 지역 활성화의 구심점으로서 학교와 지역사회가 상생할 수 있는 계기도 마련할 수 있다.

학교복합화는 2007년 사회기반시설의 민간투자 사업을 시작으로 정부 차원에서 사업을 추진하였으며, 2018년 8월 정부는 국민의 삶의 질을 높이고, 균형발전, 일자리 창출 등의 효과가 있는 '지역밀착형 생활 SOC' 개념을 처음 도입하였다. 마침내 2019년 4월 15일 정부는 관계부처 합동으로 '생활 SOC 3개년(2020~2022) 계획'을 수립하여 생활 사회간접자본(SOC) 시설의 확충사업을 학교 복합화와 연계하여 추진할 수 있도록 하였다.

학교복합화는 학교 시설을 학생뿐만 아니라 지역주민이 공유하며, 학부모나 마을공동체 등 지역사회와 연계한 교육프로그램을 제공하는 지역 커뮤니티 센터로서 기능을 수행하도록 한다. 즉, 학교 시설과 지역주민을 위한 공공 · 문화 · 체육시설과 복지시설을 복합화하는 것을 말하며 이를 학교복합시설이라고 한다. 학교 울타리 안에 교사, 체육관, 운동장 및 지역공공시설을 결합하고 학교 교육과 지역 평생교육을 결합한 형태를 말한다.

학교복합화를 위한 리모델링(기존 학교 시설 활용) 공간구성 사례[104]를 예시하면 다음과 같다.

---

104) 교육부 · 한국교육시설안전원(2021), 그린스마트 미래학교 도움자료, 학교와 지역사회를 연결하는 학교복합화 참조.

‖ 주민이용 로비 ‖

‖ 청년지원 공간 ‖

‖ 아동돌봄 공간 ‖

학교 여유교실 활용사례 1　학교 여유교실 활용사례 2　학교 여유교실 활용사례 3

‖ 계단식 음악실 ‖

‖ 공방형 ‖

음악실 활용사례　기술실 활용사례

‖ 계단식 ‖

‖ 댄스, GX 활동 ‖

‖ 메이커스페이스 ‖

시청각실 활용사례　다목적실 활용사례　과학실 활용사례

[그림 11-3] 학교복합화를 위한 리모델링(기존 학교 시설 활용) 공간구성 사례

3. 농어촌 학교 공간혁신 사례

1) 국내 사례

농어촌 학교 공간혁신 사례를 예시하면 다음과 같다[105].

---

105) 여주 송삼초등학교와 안성 대덕초등학교는 경기도교육청(2021), 경기미래학교 공간혁신 사례집 참조. 화순 천태초는 임연기(2023), 농어촌 교육여건 개선사업 추진실적 및 운영 사례, 293쪽 참조.

(1) 여주 송삼초등학교, 연결·쉼·행복이 있는 공간혁신 프로젝트

경기도 여주시 가남읍 송삼로 165에 위치한 송삼초등학교는 1971년에 개교한 6학급의 전형적인 농촌 학교로 특히 급식실, 유치원, 교실 및 통합교실, 도서관 및 특별실, 놀이터 및 야외정원에서 공간혁신을 이루었다. 지역의 교육 및 문화 거점 형성, 자연과 공존하는 자연 친화적인 열린학교를 만들고자 2018년 1월부터 학교 공간 재구조화 사업을 진행하여 2020년 10월에 마무리하였다. 사용자 참여 설계형 프로젝트로 학생, 학부모, 교사가 참여하는 워크숍을 진행하였다.

학교 놀이터 사업 또한 사용자 참여 설계로 사전 설문조사 및 워크숍, 설명회, 공사진행을 통해 기존의 학교에서는 볼 수 없는 창의적인 학교 놀이터의 모습으로 탈바꿈하였다. 공간혁신 사업에는 학생들이 자연 속에서 마음껏 배우고 놀고 쉴 수 있는 학교 공간 조성, 학년군별 공동교육과정 운영을 통해 소규모 학교의 단점을 극복, 지역사회 교육·문화활동의 거점 공간활용을 표방하는 '연결', '행복', '쉼'이 담겨 있다. 학생 수가 많지 않은 송삼초등학교는 기존 교실 크기를 줄이고 남는 공간을 합쳐 학년군별로 함께 활용 가능한 통합교실을 만들었다.

[그림 11-4] 여주 송삼초등학교 놀이터

(2) 안성 대덕초등학교, 배움·나눔·어울림의 가치 추구

경기도 안성시 대덕면 모산로 84에 위치한 대덕초등학교는 1977년에 개교한 6학급의 농촌 학교로 각 학급 및 워크스페이스, 복도 공간, 저학년 교실 외부 데크의 공사로 학생 중심 삶과 배움의 새로운 공간을 만들었다. 2019년 10월부터 2020년 12월까지 사업을 진행하여 저학년 아이들을 위해 운동장으로 바로 나갈 수 있는 문을 내었고, 다락과 재미있는 계단이 있어 창의력이 쑥쑥 솟아날 것 같은 꿈이 있는 교실 공간을 조성하였다. 1, 2학년 교실 사이에 유쾌한 상상과 놀이의 돌봄 공간을 두었고 3, 4학년 교실은 수시로 크게 혹은 작게 교실 크기를 조절할 수 있도록 가변형 공간으로 꾸몄다. 특히 사용자 참여설계는 교육공동체 모두가 주인이 되는 학교자치를 정착시키는 계기를 만들었다.

(3) 화순 천태초등학교, 우리가 만드는 행복 공간 '트리 하우스'

전라남도 화순군 도암면에 위치한 천태초등학교는 학생들 스스로 공간을 창의적으로 만들어 가는 과정을 체험하기 위한 트리 하우스(tree house) 짓기에 도전하였다. 교사와 학생이 공간혁신 동아리(창의력 체험 활동)와 미술 수업시간을 활용하여 공간, 건축 등에 대한 기초 수업을 실시하고, 수학 수업시간을 활용하여 트리 하우스를 이미지화하는 활동을 전개하며, 꼼지락 마을학교 목공 전문가의 재능기부로 학생들이 이미지화한 트리 하우스의 도면 제작과 건축수업을 실시하였다. 완성한 트리 하우스 활용 계획을 세우기 위해 게시판을 활용해 공모를 실시하고, 트리 하우스 버스킹, 나무집 옆 미술관, 나무집 우체통 편지 한 장, 불빛 트리 등 다양한 공모 프로그램을 자치회가 직접 운영하였다.

✏ 교사의 시간

▎ 아이디어 수업 결과물 ①(미술) ▎ ▎ 아이디어 수업 결과물 ②(미술) ▎ ▎ 아이디어 토론수업(모둠활동) ▎

✏ 마을 협력교사의 시간

▎ 건축 실행 수업 ①(미술) ▎ ▎ 건축 실행 수업 ②(미술) ▎ ▎ 트리 하우스 짓기 ▎

✏ 학생의 시간

▎ 이름짓기 공모전-자치회 ▎ ▎ 트리 하우스 전시회 준비 ▎ ▎ 트리 하우스 그림 전시 ▎

[그림 11-5] 화순 천태초등학교 트리 하우스 짓기 활동

2) 일본 사례

(1) 대일향(大日向) 초등학교106)

2019년 4월 산으로 둘러싸인 나가노현 사쿠호죠(長野県 佐久穂町) 지역에 일본 최초로 '예나플랜(Jena plan) 교육'을 도입한 초등학교를 설립하였다. 전체 학생의 약 70%가 타 지역에서 온 교육 이주자들이다. 예나플랜 교육은 1924년

---

106) 学校法人 茂来学園 大日向小学校・大日向中学校 홈페이지 참조.
    https://www.jenaplanschool.ac.jp, 검색일 2022년 10월 1일.

독일에서 시작했고, 개개인의 개성을 존중하면서 자율과 상생을 배우는 교육으로 스스로 학습계획을 세우고, 연령이나 학력의 정도가 다른 아이들이 그룹을 구성하여 다양한 과제를 수행하는 것이 특징이다. 특히 네덜란드에서 크게 발전하였으며 220개 이상의 예나플랜 초등학교가 있다.

〈예나플랜 교육의 키워드〉
• 다른 학년이 함께 배우는 '패밀리 그룹'
• 자립학습 방식의 '블록타임'
• 교과 횡단형 '월드 오리엔테이션'
• '원형으로 앉아서 대화'로 민주적 대화 중시
• '대화', '놀이', '학습', '행사'의 4가지

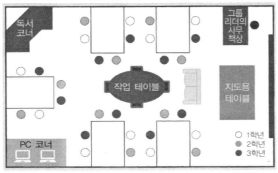

[그림 11-6] 거실로서의 교실 공간

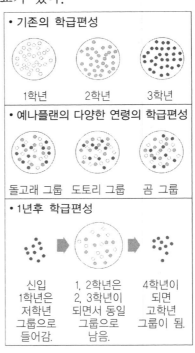

[그림 11-7] 예나플랜 교육의 학급편성

* 출처: 日本イエナプラン教育協會 홈페이지, https://japanjenaplan.org/jenaplan/feature,
  オランダ·イエナプラン教育の特徵.

일본 최초의 예나플랜 스쿨은 폐교를 리노베이션해서 새롭게 개교하였다. '학교법인 모라이 학원 대일향 초등학교'의 교사를 리모델링하고, 마을 사람들에게도 개방하는 급식으로 '학교 밥'을 제공하는 '학교 식당'을 운영한다. '새로운 경계선을 만든다'는 디자인 콘셉트로 연결 공간을 계획하여 용도를 한정하지 않고, 사용자가 공간을 의도에 따라서 이용할 수 있도록 융통성 있게 계획하였다. 또한 낡음과 새로움이 서로 조화를 이룰 수 있게 디자인하여 지역주민에게 사랑받을 수 있도록 하였다.

교무실에는 서클 대화가 용이하도록 아늑한 공간 마련, 교실에서는 칠판을 걷어내고 벽을 컬러풀하게 마감, 교실과 복도 사이의 벽은 유리로 하는 등 예나플랜의 교육에 대응할 수 있도록 공간을 만들었다.

또한, 식당에는 영양사가 상주하여 아이들과 지역주민들의 건강을 생각한 맛있고 즐거운 '학교 밥'을 제공한다. 기존 식당을 그대로 살려 주방 모습이 잘 보이도록 리모델링하여 개방적인 공간으로 설계하였다.

2) 아와시마우라 초·중학교(粟島浦村立 粟島浦小中学校)[107]

아와시마우라 초·중학교는 '시오카제 유학[108]'제도를 도입하여, 입학 또는 전학을 희망하는 학생을 전국 공모를 통하여 모집한다. 지역사회와의 교류를 중시한 풍부하고 개성적인 교육체험을 바탕으로, 섬 아이들과 시오카제 유학생이 함께 커뮤니티를 구성하여 궁극적으로 사회에 공헌하는 사람을 기르고자 한다. 시오카제 유학의 대상은 초등학교 5학년에서 중학교 3학년이며, 유학기간은 1년 이상, 홈스테이형과 합숙형 모두 가능하다.

---

107) 粟島浦村立 粟島浦小中学校 홈페이지 참조, https://www.awashimaura.ed.jp, 검색일 2022년 10월 1일.

108) 산촌유학(山村留学, 시오카제 유학. 출처: https://www.town.morimachi.shizuoka.jp〉files〉group〉03_shiryou04, 검색일 2022년 10월 20일.
초·중학생들이 부모 곁을 떠나 자연이 풍요로운 농산어촌으로 1년 단위로 옮겨 살면서 지역 초·중학교를 다니며 다양한 체험을 쌓는 시스템이다. 학교 환경이나 가정 사정 등의 어떠한 과제를 가진 학생을 전문적으로 받아들이는 것이 아니다. 자연체험이나 생활체험을 희망하는, 일본 전국의 초·중학생을 대상으로 운영하고 있다. 사계절 자연체험과 집단생활을 계획하고 있으며 학년도 도중에는 수용하지 않는다.
사계절 다양한 자연체험, 캠핑과 야외활동, 소규모 학교 수업, 지역과의 교류 등의 특색프로그램을 운영한다. 전국에는 다양한 방식의 산촌유학이 있으며, 각 지역의 특성을 살린 산촌유학을 실시하고 있다.
* 초등학교 1학년~중학교 3학년이 대상이지만 실시 단체에 따라 다르다.
** 산촌유학의 유형
  [학원 방식] 보름을 기숙사에서 생활하고 나머지 보름은 농가 홈스테이를 하는 방식
  [홈스테이 방식] 연중 지역에 홈스테이하며 생활하는 방식
  [합숙 방식] 연중 산촌유학센터 등 기숙사에서 생활하는 방식
  [가족 방식] 가족이 이사하고 지역에서 생활하는 방식

초등학교는 1892년, 중학교는 1947년 설립한 역사가 깊은 학교로 1980년에 초·중학교 신 교사를 준공하였다. 1988년부터 주변지역 학교와 교류학습을 시작하여 점차 확대하였다. 2013년부터 「시오카제 유학」 제도를 개시한 이후 2014년에는 중학교 학생이 증가하여 3학급 편제로 개편하였다. 2020년 4월 현재 마을에서도 이주자용 주택(공영주택 23호와 빈집)을 정비하고 있으나 수요에 모두 부응하지 못하고 있는 실정이다.

〈표 11-1〉 아와시마우라 초·중학교 학급 수 및 학생 수(2022. 4. 현재)

구분	초등학교 학생 수						중학교 학생 수			교사	직원
	1학년	2학년	3학년	4학년	5학년	6학년	1학년	2학년	3학년		
인원	2	1	1	1	3	4	10	7	2	12	4
계	12(복식3학급)						19(3학급)			14	

* 초·중학교 겸임: 교장, 간호교사, 간호보조교사, 사무원, 용무원

'아와시마 시오카제 유학'은 새로운 교육에 대한 도전이다. 아와시마에서는, '풍요한 자연의 힘', '섬의 생활에 의한 지역의 힘' 그리고 '아와시마 말에 의지하는 생명의 교육의 힘' 등의 3가지 힘을 이용한 교육을 실현하여 아이들이 느긋하게 자라, '사는 힘'을 기르는 것을 목표로 하고 있다.

▶공간활용의 예를 들면 3~6학년의 5, 6교시 종합학습 시간에 온라인으로 영화 '엔톤초의 푸펠'의 애니메이션 감독을 맡은 사노 유타 님과 인터뷰를 진행하여 CG 만드는 법과 직업에 대한 생각 등에 대해서 학습한다.

* 출처: 粟島浦村立粟島浦小中学校 홈페이지 참조, https://www.awashimaura.ed.jp/school-life/date/2022, 검색일 2022년 10월 1일.

제7절 논의

농어촌 학교의 시설과 설비 관련 법령 차원에서 몇 가지 특징과 시사점을 제시하면 다음과 같다.

첫째, 농어촌 학교의 특수성을 고려한 시설과 설비의 확충 기준을 마련하지 않고 있다. 현행 법령상 학교 시설과 설비기준은 학교설립을 위한 최소 요건으로 기능하고 있으며, 시설과 설비의 법적 기준은 교사(校舍)와 옥외 체육장의 기준면적을 중심으로 정하고 있다. 그런데 교사와 옥외 체육장의 기준면적은 오롯이 학생 수를 기준으로 즉, 학교규모 등급에 따라 달리 규정하고 있다. 학교규모별 기준면적의 차등화는 타당하고, 불가피한 면이 없지 않다. 그리고 이러한 시설과 설비기준을 적용함에 따라 농어촌 학교도 시설과 설비 면에서 최소한의 수준을 확충할 수 있는 법적 근거를 확보하고 있다고 평가할 수 있다.

그러나 농어촌 지역에는 다수의 학교가 소규모 학교라는 점에 문제의 심각성이 있다. 외형적으로 농어촌 학교만을 대상으로 하는 특별 우대 조치가 없지만 그렇다고 해서 불리한 차별적 조치도 없다고 볼 수 있으나 농어촌 학교 학생들이 대부분 소규모 학교에 재학하고 있음을 주목할 필요가 있다. 동일한 학교급이나 학교유형일지라도 소규모 학교가 많은 비중을 차지하는 농어촌 학교의 경우 창의적 체험활동 등의 다양한 교육활동을 전개할 수 있는 특별교실 또는 다목적 교실의 확충이 어려운 실정이다. 그 만큼 농어촌 학교 학생들은 불리한 교육여건에서 취학하고 있음을 인정해야 한다.

한편, 농어촌 학교뿐만 아니라 모든 학교의 교실과 운동장 면적 중심의 시설과 설비기준의 적합성을 신중히 검토할 시점에 와 있다고 본다. 특히 농어촌 학교의 경우에는 이를테면 개별적·집단적 원격교육이 가능한 시설과 설비기준 등을 포함시켜야 할 필요가 있을 것이다.

둘째, 농어촌 학교 시설과 설비 우대 조치는 그 실효성이 미약하다. 법령에 유일하게 농어촌의 학교 시설과 설비를 우선 지원한다고 명시하고 있으나 임의 조항으로 강제성이 없고, 특히 예산 확보를 담보하지 않고 있어서 실효성이 미흡하다. 농어촌의 학교 시설과 설비를 우선 지원하기 위해서 해당 업무를 담당하는 조직과 인력이 주기적인 기초 실태조사를 실시하고, 이를 바탕으로 적절한 계획의 수립과 집행, 객관적인 모니터링을 바탕으로 성과를 점검하는 장치가 있어야 할 것이다. 정부의 학교 시설 개선계획에서 막대한 예산을 투입하면서도 농어촌 학교 우선 지원 조치는 찾아볼 수 없다. 아울러 교육청의 시설 개선 사업계획에서도 우선 지원 법령을 충실히 반영하고 있다는 근거를 찾기 어렵다. 현실적으로 우선 지원이 어렵다면 관련 조항을 폐기하거나 이행 가능한 범위와 수준으로 개정할 필요가 있다.

셋째, 학교 시설과 설비 차원에서 학생 수 급감에 따른 대응방안을 마련하고 법적 근거를 마련해야 한다. 향후 도도한 학생 수 감소추세를 벗어나기 어렵다고 전망해 볼 때, 작은학교를 살리려는 노력이 이어질 것이지만, 일부 농어촌 지역에서 자연 소멸학교가 속출하고, 인위적인 학교폐지도 불가피할 것이다. 학생 수 감소상황에 대응하여 학교 시설과 설비 법령을 정비해야 하는 시급한 과제가 놓여 있다.

몇 가지 과제를 짚어보자면 우선 농어촌 지역에서 분교장보다 작은 초미니 스쿨의 운영을 뒷받침하는 시설모델의 개발과 법적 기준의 정비가 필요하다. 아울러 학교규모의 영세화에 따른 인근 학교와 공동교육과정 운영을 위한 공간의 확충이나 원격교육 시스템 구축도 필요하다. 학교 시설과 설비의 유지관리 역시 농어촌 학교만 적용하는 법령을 별도로 정하고 있지 않은데, 안전관리를 위한 규정은 교육시설법 체계를 따르고, 환경과 식품위생에 관한 법령은 학교보건법 체계를 따르고 있는 실정이다. 농어촌 소규모 학교는 업무 부담이 커서 특히 교감 미배치 학교는 학교의 장이 안전관리와 환경 및 식품 위생 관리를 위한 책무를 충실히 수행하기가 벅찬 실정이다. 교육지원청에서 소규모 학교 시설의 유지관리를 위한 공동 점검과 지원체제 구축이 필요하다.

요컨대, 농어촌 학교 시설과 설비의 확충에서 가장 주목해야 할 변수는 학생 수 감소 추세이다. 중장기적으로 학생 수의 감소를 고려한 학교 시설, 설비의 확충과 개선계획을 마련하고 법적 근거를 마련할 필요가 있다.

넷째, 농어촌 학교 시설 복합화는 신중한 검토와 후속적인 법적 기반 확충을 바탕으로 추진해야 한다. 농어촌 지역에서 학령인구뿐만 아니라 거주인구가 급격하게 감소하고 있기 때문에 학교는 물론 공공시설의 폐쇄가 속출할 전망이다. 이에 학교를 포함한 공공기관의 재구조화 차원에서 농어촌 학교 시설 복합화 추진을 신중히 검토할 필요가 있다. 그런데, 신도시 개발지역에서 주민들이 교지를 효율적으로 활용하고, 주차공간이 협소한 도심지역에서 학교 주차공간을 학교와 주민이 공동 활용하는 등의 성공적인 시설 복합화 사례가 있으나, 이와 달리 농어촌 지역의 학교 시설복합화를 추진하는 데 많은 장애요인이 있음을 고려해야 한다. 특히 공공기관의 집중화에 따라 지역 생존에 중대한 영향을 미치는 공공기관의 유치를 둘러싸고, 지역 간의 갈등과 분쟁을 일으킬 가능성이 크다. 지역사회에서의 충분한 합의를 전제해야 하며, 이를 바탕으로 관련 조례의 제정도 필요하다.

다섯째, 학교 시설 환경개선 계획을 안정적으로 추진하기 위한 법적 근거를 마련해야 한다. 최근 교육부의 학교 공간혁신, 그린스마트 미래학교 종합 추진계획은 매우 도전적이고 미래지향적이다. 주요 골자는 노후시설 개선, 다양하고 유연한 그리고 첨단 기술을 활용한 교수·학습과 연계, 친환경적인 공간의 혁신, 학교 복합화 등을 망라하고 있다. 종합계획에 따르면 매년 막대한 예산을 투입하는 만큼 지속 발전 가능한 추진을 담보하기 위하여 법적 근거를 확보하고 소요예산을 안정적으로 확보할 수 있도록 해야 한다. 이미 성공사례들을 발표하고 있는데, 이로부터 몇 가지 시사점을 짚어볼 수 있다. 우선 미래사회의 주역인 학생들이 참여하는 학교공간 만들기는 훌륭한 발상임에 틀림없다. 그러나 학생들은 학교에 계속 머무르는 것이 아니라 성장하고 학교를 떠난다. 새로운 학생들에 의해 공간 변화에 대한 수요가 발생할 수 있다. 결국 일회적인 공간혁신 사업이 아니라 지속적으로 추진해야 할 과업으로 자리잡아야 할 필요가 있다. 때문에 공적인 예산 투입과 함께 지역인사들의 재능기부를 활용한 공간혁신 사례에 주목할 필요가 있다. 또한 하드웨어 중심의 첨단 학습환경 조성은 교수·학습 사태에서 실질적인 활용수준과 교육적 성과를 고려하면서 진행할 필요가 있다. 모셔두는 보여주기 시설일 가능성도 없지 않다. 실질적으로 본래의 비전과 목표 실현과 차이가 있는 학교 리모델링 사업에 그칠 수 있다는 점을 유념해야 한다. 그리고 공모사업에 의한 선택적 추진으로 오히려 지역 간, 학교 간 학교 시설의 격차를 확대시키지 않는지 점검할 필요가 있다.

제12장　농어촌 학교 재정 확충

　학교 재정은 단위학교에서 교육활동을 지원하기 위해 경비를 조달하고, 공공회계 절차를 거쳐 관리, 사용하는 일련의 경제행위이다. 학교교육을 정상적으로 전개하려면 교직원과 시설의 확보, 다양한 교육과정 운영 등을 위한 적정수준 또는 최소 수준의 경비가 필요하다. 학교 재정은 학교 교육활동의 필요에 의해 책정하지만 현실적으로는 교육활동의 방향과 규모, 그 내용을 결정하는 요인으로 작용한다.

　농어촌 학교의 열악성은 결국 재정적 문제 차원으로 접근할 수 있다. 농어촌 지역의 다수를 차지하고 있는 작은학교는 상대적으로 규모가 큰 도시 학교에 비해 학교유지에 필요한 학생 1인당 경비가 현저하게 큰 것으로 인식해 왔다. 반면에 도시 학교와의 격차를 완화 또는 해소하기 위해 더 많은 재정지원이 필요한 실정이다. 이러한 상황에서 학교 재정의 안정적 확보를 위한 법적 근거를 살펴보고 농어촌 학교에 주는 의미를 찾아보고자 한다.

제1절　단위학교 수입 재원

　단위학교 회계 세입은 한 회계연도 세출의 재원으로서 일체의 현금적 수입을 말한다. 세입은 해당 법률이나 조례, 규칙에 근거를 두고 있다. 크게 이전수입, 자체수입, 학부모부담수입, 이월금 등으로 구분할 수 있다. 사립학교는 국·공립학교와는 달리 법인 전입금이 있다.

　이에 대한 법적 근거는 국공립 학교의 경우 「초·중등교육법」 제30조의2에서 확인할 수 있다.

> **초 · 중등교육법**
>
> 제30조의2(학교회계의 설치) ① 국립 · 공립의 초등학교 · 중학교 · 고등학교 및 특수학교에 각 학교별로 학교회계(學校會計)를 설치한다.
> ② 학교회계는 다음 각 호의 수입을 세입(歲入)으로 한다.
>   1. 국가의 일반회계나 지방자치단체의 교육비특별회계로부터 받은 전입금
>   2. 제32조제1항에 따라 학교운영위원회 심의를 거쳐 학부모가 부담하는 경비
>   3. 제33조의 학교발전기금으로부터 받은 전입금
>   4. 국가나 지방자치단체의 보조금 및 지원금
>   5. 사용료 및 수수료
>   6. 이월금
>   7. 물품매각대금
>   8. 그 밖의 수입
> ③ 학교회계는 학교 운영과 학교 시설의 설치 등을 위하여 필요한 모든 경비를 세출(歲出)로 한다.

이전수입은 중앙정부의 국고보조금, 교육부 등 중앙부처에서 국고보조사업으로 지원하는 경비, 그리고 지방자치단체의 보조금, 시 · 군 및 자치구의 교육경비 보조에 관한 규정에 따라 지원하는 경비가 있다. 지방교육자치단체의 이전수입(교육비특별회계 전입금 수입)으로서 교육청에서 교부하는 학교운영비 전입금, 각종 지원금 경비, 그리고 기금회계 전입금과 기타 이전수입이 있다.

학부모부담수입은 교육과정운영을 위하여 학부모가 부담하는 경비로서 학교운영위원회의 심의가 필요하다. 각종 행정활동으로 발생하는 행정활동 수입도 있다. 기타 전년도 이월금으로서 불용액(순세계잉여금), 사용잔액(반납금), 이월금(명시, 사고, 계속이월금) 등이 있다.

제2절 단위학교 경비의 안정적 · 균형적 지원

교육재정을 정부예산으로 좁게 보기도 하지만 정부가 국 · 공립학교뿐만 아니라 사립학교에 대한 경비를 지원하고 있기 때문에 공교육비로 넓게 보기도 한다. 또한 정부의 교육비 지원은 학교교육에 필요한 경비지원의 비중이 크고, 그 이외의 각종 사회교육이나 교육 관련 사업비도 상당 부분 학교교육비와 직 · 간접적으로 관련이 있기 때문에 학교 재정을 넓게 보면 교육재정이라고

볼 수 있다.

「교육기본법」제6조에서는 교육재정의 안정적 확보를 국가와 지방자치단체의 책무로 규율하고 있다.

✎ **교육기본법**

제7조(교육재정) ① 국가와 지방자치단체는 교육재정을 안정적으로 확보하기 위하여 필요한 시책을 수립·실시하여야 한다.
② 교육재정을 안정적으로 확보하기 위하여 지방교육재정교부금 등에 관하여 필요한 사항은 따로 법률로 정한다.

단위학교의 여러 세입 재원 가운데 모든 학교에 공통적이고 안정적이며 대부분의 비중을 차지하고 있는 재원은 지방교육자치단체의 이전수입으로서 교육청에서 교부하는 전입금이다. 이는 「지방교육재정교부금법」에 근거하고 있다.

✎ **지방교육재정교부금법(지방교육교부금법)**

제1조(목적) 이 법은 지방자치단체가 교육기관 및 교육행정기관(그 소속기관을 포함한다. 이하 같다)을 설치·경영하는 데 필요한 재원(財源)의 전부 또는 일부를 국가가 교부하여 교육의 균형 있는 발전을 도모함을 목적으로 한다.
제2조(정의) 이 법에서 사용하는 용어의 뜻은 다음과 같다.
1. "기준재정수요액"이란 지방교육 및 그 행정 운영에 관한 재정수요를 제6조에 따라 산정한 금액을 말한다.
2. "기준재정수입액"이란 교육·과학·기술·체육, 그 밖의 학예(이하 "교육·학예"라 한다)에 관한 모든 재정수입으로서 제7조에 따른 금액을 말한다.
3. "측정단위"란 지방교육행정을 부문별로 설정하여 그 부문별 양(量)을 측정하기 위한 단위를 말한다.
4. "단위비용"이란 기준재정수요액을 산정하기 위한 각 측정단위의 단위당 금액을 말한다.

「지방교육재정교부금법」제1조에 따라 국가는 지방자치단체가 교육 및 행정 운영에 필요한 재원의 전부 또는 일부를 교부하여 균형 있는 교육발전을 도모하고 있다. 국가는 조세에 의존하여 기준재정수요액과 기준재정수입액의 차이를 보전함으로써 학교 재정의 안정적이고, 균형적인 확보를 담보하고 있다. 기준재정수요액은 부문별로 양을 측정하기 위한 측정단위와 측정단위당 금액을 반영하여 산출한다.

단위학교의 교육운영에 필요한 재정수요를 「지방교육재정교부금법 시행규칙」[별표 2] 기준재정수요액의 측정항목·측정단위·산정공식 및 단위비용(제7조제1항 관련)을 바탕으로 살펴본다. 학교 재정수요는 학교 재정배분의 기본 원칙으로 작용하고 있다. 경상재정수요로서 대부분의 비중을 차지하는 인건비와 함께 기관운영비를 제외하고, 농어촌 학교에 지원하는 학교운영비, 그리고 사업재정수요로서 교육복지경비, 교육시설경비, 방과후학교경비 등의 지원기준을 검토한다.

1. 학교운영비

학교운영비는 학교경비, 학급경비, 학생경비, 교과교실운영비, 추가운영비로 구분하여 지원한다. 학교경비는 유치원, 초등학교, 중학교, 방송통신중학교, 일반고등학교, 특성화고등학교 별로, 유치원은 단설과 병설, 초등학교와 중학교는 본교와 분교장 별로 학급규모에 따라 차등하여 지원하고 있다. 학급경비는 학교급별, 학급 수별로 차등하여 지원하고 있으며, 학생경비는 학교급별로 학교당 학생 수에 따라 차등 지원하고 있다. 교과교실운영비는 모든 과목 교과교실제를 운영하는 선진형과 2개 과목 이상 일부 과목 교과교실제를 운영하는 과목중점형으로 구분하고, 선진형은 3단계 학급 수별로 차등하여 지원하고 있다. 학교 소재지별로 도시 학교와 농어촌 학교 간의 학교운영비 차이는 없으나 학생 수·학급 수를 기준으로 하여 학교 규모에 따른 실제 학교운영 경비수요의 차이를 적용하여 차등 지원하고 있음을 알 수 있다.

지방교육재정교부금법 시행규칙 [별표 2]
기준재정수요액의 측정항목·측정단위·산정공식 및 단위비용(제7조제1항 관련)

가-1. 학교경비	학교 수	Σ(학교급별·규모별 학교 수 × 단위비용) × 교육부장관이 정하는 적용률		비고 1에 따른다.

* 측정항목의 단위비용은 다음 표에 따르되, 표에 명시되지 않은 학급수의 단위비용은 직선보간법(直線補間法)으로 산정한다.

구분	유치원		초등학교		중학교		방송통신중학교	일반고등학교	특성화고등학교 산업수요맞춤형 고등학교	방송통신고등학교	특수학교	영재학교
	단설	병설	본교	분교장	본교	분교장						
3학급	162,093	53,816	342,859	241,810	448,381	248,093		448,430	728,703		542,002	–
5학급	177,453	65,583	–	–	–	–		–	–		–	–
6학급	185,636	74,171	387,573	265,423	490,410	273,805		496,698	846,745		584,000	611,028
7학급	193,131	–						–				–
8학급	202,755	–						–				–
12학급	242,475	–	449,883		558,283			594,497	1,316,433		671,877	1,224,644
18학급	–	–	510,976		642,296		18,168	662,901	1,804,109	22,449	758,741	1,358,962
24학급	–	–	567,322		688,030			719,098	1,939,273		817,111	1,555,068
30학급	–	–	650,924		739,410			767,497	2,441,934		864,050	–
36학급	–	–	703,149		799,520			856,790	2,740,815		901,286	1,829,225
42학급	–	–	752,377		876,211			925,797	3,127,713		936,472	–
48학급	–	–	802,478		921,766			970,767	3,239,796		980,633	–
54학급	–	–	843,517		956,649			1,008,000	3,589,394		1,017,838	–
60학급	–	–	898,950					–	–		–	–

가-2. 학급경비	학급수	Σ(학교급별 학급수 × 단위비용) × 교육부장관이 정하는 적용률	· 유치원: 학급당 7,466천 원 · 초등학교: 학급당 7,099천 원 · 중학교: 학급당 6,600천 원 · 방송통신중학교: 학급당 3,962천 원 · 일반고등학교: 학급당 6,619천 원 · 특성화고등학교 및 산업수요맞춤형 고등학교: 학급당 6,423천 원 · 방송통신고등학교: 학급당 3,602천 원 · 특수학교: 학급당 13,959천 원 · 영재학교: 학급당 10,522천 원
가-3. 학생경비	학생수	Σ(학교급별 학생수 × 단위비용) × 교육부장관이 정하는 적용률	· 유치원: 학생당 264천 원 · 초등학교: 학생당 627천 원 · 중학교: 학생당 651천원 · 방송통신중학교: 학생당 687천 원 · 일반고등학교: 학생당 666천 원 · 특성화고등학교 산업수요맞춤형고등학교: 학생당 799천 원 · 방송통신고등학교: 학생당 585천 원 · 특수학교: 학생당 1,177천 원 · 영재학교: 학생당 1,942천 원

가-4. 교과교실 운영비	학교 수	학교 수 × 단위비용 × 교육부장관이 정하는 적용률	1) 선진형 · 16학급 미만: 50,000천 원 · 16~23학급: 80,000천 원 · 24학급 이상: 100,000천 원 2) 과목중점형: 40,000천 원
	증설 교과교실 수	교육부장관이 정하는 기준에 따라 증설이 필요하다고 인정되는 학교의 교과교실 수	교육부장관이 정하는 교실당 건축비
	교과교실 전환 교실 수	교육부장관이 정하는 기준에 따라 교과교실로 전환이 필요하다고 인정되는 학교의 교실 수	교육부장관이 정하는 교실당 건축비

* 측정항목의 단위비용에서 "선진형"이란 교육부장관이 정하는 기준에 따라 모든 교과에 대한 전용교실을 각각 갖추고, 학생들이 각 교과 시간에 해당 교과교실로 이동하여 수업을 듣는 방식으로 운영하는 학교를 말하며, "과목중점형"이란 교육부장관이 정하는 기준에 따라 2개 이상의 일부 교과에 대한 전용교실을 각각 갖추고, 해당 교과시간에는 그 전용교실을 활용하여 교과수업을 하는 방식으로 운영하는 학교를 말한다.

가-5. 추가 운영비	학교 수	Σ{(유형별·규모(연차)별 학교 수 × 단위비용) × 교육부장관이 정하는 적용률}	비고 2의2에 따른다.

2. 교육복지 지원비

　교육복지 지원비는 지역 간 균형 교육비, 계층 간 균형 교육비로 구분하여 지원한다. 지역 간 균형교육비는 학교당 행정구역 면적을 고려하고, 도서·벽지 학교 학생 수에 근거하여 지원하고 있다. 농어촌 지역의 학교는 행정구역 면적이 상대적으로 넓기 때문에 도시 지역 학교에 비해 더 많은 균형 교육비를 지원받을 수 있다. 도서·벽지 학교는 학생 수에 비례하여 균형 교육비를 추가로 지원받고 있다.

　계층 간 균형 교육비는 교육급여 수급자 수, 한부모 가족 보호대상 학생 수, 차상위계층 학생 수, 다문화가정 및 북한이탈주민가정 학생 수에 따라 지원하고 있다. 50%는 전체 학생 수 중에서 계층 간 균형 교육비 대상 학생 수, 50%는 전체 균형 교육비 대상자 중에서 차지하는 비중을 고려하여 산출한다. 계층 간 균형 교육비는 지원 대상자 비중에 따라 차등으로 지원을 받는다. 농어촌 학교는 평균적으로 도시 학교에 비해 대상자가 많아 지원액이 크다고 볼 수 있다.

지방교육재정교부금법 시행규칙 [별표 2]
기준재정수요액의 측정항목·측정단위·산정공식 및 단위비용(제7조제1항 관련)

나-1. 지역간 균형교육비	학교 수, 소재 행정구역 면적, 도서·벽지 소재 학교의 학생수	{(해당 시·도의 행정구역 면적 ÷ 해당 시·도의 학교 수) ÷ Σ(시·도별 행정구역 면적 ÷ 시·도별 학교 수) × 교육부장관이 정하는 금액} + {해당 시·도의 도서·벽지 소재 학교에 재학 중인 학생수 ÷ Σ(시·도별 도서·벽지 소재 학교에 재학 중인 학생수) × 교육부장관이 정하는 금액}
나-2. 계층 간 균형교육비	학생수, 수급자 수, 한부모 가족 보호대상 학생수, 차상위계층 학생수, 다문화가정 및 북한이탈주민가정 학생수	[{(해당 시·도의 「국민기초생활 보장법」 제7조제1항제4호에 따른 교육급여 수급자(이하 "수급자"라 한다) 수, 한부모 가족 보호대상 학생수, 차상위계층 학생수, 다문화 가정 학생 및 북한이탈주민 가정 학생수 ÷ 해당 시·도의 전체 학생수) ÷ Σ(시·도별 수급자 수, 한부모 가족 보호대상 학생수, 차상위계층 학생수, 다문화 가정 학생 및 북한이탈주민 가정 학생수 ÷ 시·도별 전체 학생수)} × 50% + (해당 시·도의 수급자 수, 한부모 가족 보호대상 학생수, 차상위계층 학생수, 다문화 가정 및 북한이탈주민 가정 학생수 ÷ 전체 시·도의 수급자 수, 한부모 가족 보호대상 학생수, 차상위계층 학생수, 다문화 가정 및 북한이탈주민 가정 학생수) × 50%] × 교육부장관이 정하는 금액
	정보화 지원 수급자 수	(만 6세에서 만 15세까지의 수급자 수 × 10% × 80% × 교육부장관이 정하는 적용률 × 교육부장관이 정하는 개인용 컴퓨터 지원액) + (만 6세에서 만 17세까지의 수급자 수 × 80% × 교육부장관이 정하는 적용률 × 교육부장관이 정하는 인터넷 통신비 지원액)

3. 학교 시설비

학교 시설비는 학교교육환경 개선비, 신설과 이전, 증설비, 공립 통합운영학교 신설과 이전비, 공립학교 통폐합에 따른 신설, 이전, 개축, 증설, 대수선비, 학교기숙사 시설비, 공립 유치원 신설과 증설비로 구분할 수 있다. [별표 2]에서 알 수 있는 바와 같이 사안에 따라 토지면적, 연건축면적 그리고 교실 수에 단위비용을 적용하여 지원하고 있다. 사립유치원 매입의 경우 유치원 수에 단위비용을 적용하고 있다.

지방교육재정교부금법 시행규칙 [별표 2]
기준재정수요액의 측정항목 · 측정단위 · 산정공식 및 단위비용(제7조제1항 관련)

다-1. 학교교육환경 개선비	건축 연면적	1) 교육부장관이 교육환경개선 계획 및 재정여건 등을 고려하여 유지, 보수 또는 개축이 필요하다고 인정하는 학교 내 시설의 건축연면적 × m²당 단위비용 2) 정산결과 남는 금액 3) 정산결과 부족한 금액 중 교육부장관이 정하는 범위 내의 금액
다-2. 공립학교 신설 · 이전(移轉) · 증설비	토지면적	학교급별 · 학교규모별 표준 토지면적 × 단위비용(m²당 취득비)
	건축 연면적	학교급별 · 학교규모별 표준 건축연면적 × 단위비용(m²당 건축비)
	증설 교실 수	교실 수 × 단위비용(교실당 건축비)
다-3. 공립 통합 · 운영학교 신설 · 이전비	토지면적	학교급별 · 학교규모별 토지면적 × 단위비용(m²당 취득비)
	건축 연면적	학교급별 · 학교규모별 건축연면적 × 단위비용(m²당 건축비)
다-4. 학교통폐합에 따른 신설 · 이전 · 개축 · 증설 · 대수선비	토지면적	학교급별 · 학교규모별 토지면적 × 단위비용(m²당 취득비)
	건축 연면적	학교급별 · 학교규모별 건축연면적 × 단위비용(m²당 건축비)
다-5. 학교 기숙사 시설비	건축 연면적	학교급별 · 학교규모별 표준 건축연면적 × 단위비용 × 교육부장관이 정하는 적용률(m²당 건축비)
다-6. 공립 유치원 신설 · 증설비	토지면적	규모별 표준 토지면적 × 단위비용
	건축 연면적	규모별 표준 건축연면적 × 단위비용
	공유재산 전환형 건축 연면적	공유재산 전환형 규모별 표준 건축연면적 × 단위비용
	증설 교실 수	교실 수 × 단위비용
	전환 교실 수	교실 수 × 단위비용
	매입 대상 사립유치원 수	매입 대상 사립 유치원 수 × 단위비용

4. 방과후학교 사업비

방과후학교 사업 지원에는 자유수강권, 초등 돌봄지원을 포함하고 있다. 방과후학교 사업지원은 학급 수를 기준으로 하되 지역별로 농어촌 지역과 도서 · 벽지 지역을 대도시, 시 지역과 구분하고 차등적인 연간 운영비를 지원하고 있다. 교육부(2022. 10: 14)의 「2023년도 지방교육재정 보통교부금 예정 교부」 자료에 따르면 도시는 학급당 330천 원, 농산어촌은 학급당 1,932천 원을 시 · 도교육청 결산액 등을 감안하여 적용하도록 하고 있다. 도시 학교 대비 농산어촌 방과후학교 사업지원의 단위비용에 대한 적용률을 약 5.9배 정도 높게 책정하고 있다.

자유수강권은 수급자 수에 단위비용을 적용하여 지원하고 있다. 초등돌봄교실은 운영 학급 수에 단위비용을 적용하고, 시설비는 교실 수에 단위비용을 적용하고 있다.

지방교육재정교부금법 시행규칙 [별표 2]
기준재정수요액의 측정항목 · 측정단위 · 산정공식 및 단위비용(제7조제1항 관련)

라-1. 방과후학교 사업지원	학급수	1) 읍·면 지역 및 도서(島嶼)·벽지(僻地)에 있는 공립 및 사립의 초등학교, 중학교, 고등학교 및 특수학교의 학급수 x 단위비용(학급당 연간운영비) 2) 대도시 및 시 지역에 있는 공립 및 사립의 초등학교, 중학교, 고등학교 및 특수학교의 학급수 x 단위비용(학급당연간운영비)
라-2. 자유수강권지원	수급자 수	수급자 수 x 단위비용 x 교육부장관이 정하는 적용률(학생 1인당 연간수강생비)
라-3. 초등 돌봄 지원	학급수	학급수 x 단위비용 x 교육부장관이 정하는 적용률(학급당 연간운영비)
	교실 수	교실 수 x 단위비용 x 교육부장관이 정하는 적용률(교실당 시설비)

5. 유아교육비 지원

유아교육비 지원에는 유아교육비와 보육료 이외에 교원 인건비 보조, 유치원 교육역량 지원비를 포함하고 있다. 유아교육비와 보육료는 유아 수, 교원인건비 보조는 교원 수, 유치원 역량강화는 유치원 수와 원아 수에 단위비용을 적용하여 지원하고 있다.

지방교육재정교부금법 시행규칙 [별표 2]
기준재정수요액의 측정항목 · 측정단위 · 산정공식 및 단위비용(제7조제1항 관련)

마-1. 유아교육비 · 보육료 지원	유아 수	1) Σ(연령별 유아 수 x 단위비용) 교육부장관이 정하는 연령별 지원액 2) 보육료 정산 결과 남거나 부족한 금액
마-2. 유치원 교원 인건비 보조	교원 수	교원 수 x 단위비용 교육부장관이 교원 처우 수준, 교원의 학급 담당 여부 등을 고려하여 정하는 교원당 지원액
마-3. 유치원 교육역량 지원비	유치원 수 및 원아 수	(유치원 수 x 단위비용) + (원아 수 x 단위비용) 교육부장관이 유치원 교육역량 강화를 위한 사업비용 등을 고려하여 정하는 단위비용

제3절 지방자치단체 교육경비 보조

「지방교육재정교부금법」제11조제8항에 규정한 바에 따라 광역, 기초 수준의 지방자치단체가 관할구역 내의 고등학교 이하 각급학교 교육경비를 보조할 수 있도록 하고 있다.

> **지방교육재정교부금법 (지방교육교부금법)**
>
> 제11조(지방자치단체의 부담)
> ⑧ 시·도 및 시·군·자치구는 대통령령으로 정하는 바에 따라 관할구역에 있는 고등학교 이하 각급학교의 교육에 드는 경비를 보조할 수 있다.

「지방교육재정교부금법」의 위임에 따른 「지방자치단체의 교육경비 보조에 관한 규정」제2조에서는 보조사업의 범위로서 학교급식 시설과 설비, 교육정보화 사업, 교육시설과 환경 개선사업, 교육과정 운영 지원사업, 지역주민을 위한 교육과정 지원사업, 체육·문화 공간 설치사업 등을 정하고 있다.

다만 제3조는 재정 건전성 차원에서 시장·군수 및 자치구의 구청장 보조사업의 제한범위를 명시하고 있다. 특히, 당해 연도의 일반회계세입에 계상된 지방세와 세외수입의 총액으로 당해 소속공무원의 인건비를 충당하지 못하는 경우 교육경비 보조금 지원을 제한하고 있다. 행정안전부는 법령을 위반해 교육경비를 지원하는 기초자치단체에는 제재의 일환으로 페널티를 부과하고 있다. 이는 영세한 농어촌 지역 기초자치단체의 교육 경비보조를 원천적으로 제한하고 있다는 점에서 많은 논란을 일으키고 있다. 지방자치단체의 교육경비 보조금 지원 제한으로 도·농간 교육격차를 심화시키고, 교육기회 불균형을 초래한다는 지적을 받고 있다.

교육지원청마다 교육경비 보조 지원의 규모와 내용에 차이가 있지만, 재정자립도가 취약한 개나리교육지원청의 경우 규정의 적용 직전에 농촌방과후학교운영지원, 돌봄교실운영, 영어센터운영지원, 특기적성지원, 관내고교육성지원, 악기와 운동부 지원, 문고자료구입비지원 등으로 연간 13여 억 원을 군으로부터 지원받았다.[109] 전국에서 교육경비를 지원할 수 없는 기초자치단체는

---

109) 충북일보(2013. 11. 19.), "지방자치단체 교육경비 보조금 중단 일전 교육지원청 '비상'" 참조

농어촌 지역 65개에 이른 것으로 알려져 있다. 해당 지역에서 규정 개선을 건의하는 한편, 지방교육세 특별 지원을 요청하고 있기도 하다[110].

지방자치단체의 교육경비 보조에 관한 규정

제1조(목적) 이 영은「지방교육재정교부금법」제11조제6항에 따라 특별시·광역시·도·특별자치도 및 시·군·구(지방자치단체인 구를 말한다. 이하 같다)가 그 관할구역 안에 있는 고등학교이하 각급학교의 교육에 소요되는 경비를 보조함에 있어 필요한 사항을 규정함을 목적으로 한다.

제2조(보조사업의 범위) 특별시·광역시·도·특별자치도 및 시·군·구(이하 "지방자치단체"라 한다)가 관할구역 안에 있는 고등학교 이하 각급학교의 교육에 소요되는 경비 중 보조할 수 있는 사업(이하 "보조사업"이라 한다)은 다음 각 호와 같다.

1. 학교의 급식시설·설비사업
2. 학교의 교육정보화사업
2의2. 학교의 교육시설개선사업 및 환경개선사업
3. 학교교육과정 운영의 지원에 관한 사업
4. 지역주민을 위한 교육과정 개발 및 운영에 관한 사업
5. 학교교육과 연계하여 학교에 설치되는 지역주민 및 청소년이 활용할 수 있는 체육·문화공간 설치사업
6. 기타 지방자치단체의 장이 필요하다고 인정하는 학교교육여건 개선사업

제3조(보조사업의 제한) 시장·군수 및 자치구의 구청장은 다음 각 호의 1에 해당하는 경우에는 보조금을 교부하여서는 아니된다.

1. 지방채를 발행하여 보조사업에 대한 보조금의 재원을 마련하고자 하는 경우
2. 국고보조금 또는 특별시·광역시·도 보조금의 지원에 따라 법령 또는 조례의 규정에 의하여 시·군·자치구가 부담하여야 할 경비의 미부담액이 있는 경우
3. 당해연도의 일반회계세입에 계상된 지방세와 세외수입의 총액으로 당해 소속공무원의 인건비를 충당하지 못하는 경우

「지방자치단체 교육경비 보조에 관한 규정」을 한 걸음 더 깊이 이해하기 위해 법령해석 사례를 검토해보자. 첫 번째 사례는 지방자치단체의 장이 교육경비를 보조하는 경우에 법령에 명시적 근거가 있는 경우 외에는 지방보조금을 운영비로 교부할 수 없는가에 대한 질의와 이에 대해 법제처가 회신한 내용이다(안건번호 22-0635, 회신일자 2022-09-29). 해당 경비가 지방보조금에 해당하는 이상 지방보조금 예산에 대한 적정한 관리가 필요하다는 점에서 지방자치단체의 장이 그 관할구역 안에 있는 고등학교 이하 각급 학교의 교육에

---

110) 뉴스서천(2021. 12. 20.), "군의회 지방자치단체 교육경비 보조규정 개선 촉구 건의문 채택" 참조

소요되는 경비를 보조하는 경우에 「지방교육재정교부금법」과 「지방자치단체의 교육경비 보조에 관한 규정」에 모순, 저촉되지 않은 범위에서는 「지방자치단체 보조금 관리에 관한 법률」(약칭 지방보조금법) 제6조2항 즉, 지방자치단체의 장은 법령에 명시적 근거가 있는 경우 이외에 지방보조금을 운영비로 교부할 수 없다는 전단을 적용하여 지방보조금을 운영비로 교부할 수 없다.

두 번째 사례는 시장·군수 및 자치구의 구청장이 「초·중등교육법」을 근거로 학교에서 시설 보수에 필요한 비용을 보조하는 경우에도 「지방자치단체의 교육경비 보조에 관한 규정」의 보조금 지급제한 규정 적용여부에 대한 질의와 회신 내용이다(법제처 21-0749, 2022. 2. 8. 회신).

질문의 요지는 앞의 제11장에서 다룬 바와 같이 「초·중등교육법」 제30조의9 제2항에서는 학교의 장은 시설·설비·교구가 노후화되거나 훼손되었을 때에는 지체없이 보수 또는 교체 등 필요한 조치를 해야 한다고 규정하면서 같은 조 제3항에서는 국가 및 지방자치단체는 같은 조 제2항에 따른 조치에 필요한 비용을 지원할 수 있다고 규정하고 있다. 「지방교육재정교부금법」(이하 "지방교육교부금법"이라 함) 제11조제8항에서는 시·도 및 시·군·자치구는 대통령령으로 정하는 바에 따라 관할구역에 있는 고등학교 이하 각급학교의 교육에 드는 경비를 보조할 수 있다고 규정하면서 그 위임에 따른 「지방자치단체의 교육경비 보조에 관한 규정」(이하 "지방교육경비보조규정"이라 함) 제3조에서는 같은 조 각 호에 해당하는 경우에는 보조금을 교부해서는 안 된다고 규정하고 있다. 시장·군수 및 자치구의 구청장(이하 "시장 등"이라 함)이 「초·중등교육법」 제30조의9제3항을 근거로 하여 학교에 시설 보수에 필요한 비용을 보조하는 경우에도 「지방교육경비보조규정」 제3조의 보조금 지급 제한 규정을 적용해야 하는지에 대한 질의이다.

이에 대해 시장 등이 「초·중등교육법」 제30조의9제3항을 근거로 하여 학교에 시설 보수에 필요한 비용을 보조하는 경우에도 「지방교육경비보조규정」 제3조의 보조금 지급 제한 규정을 적용해야 한다고 회신하였다. 「초·중등교육법」 제30조의9제3항에서는 국가 및 지방자치단체는 같은 조 제2항에 따른 학교 시설·설비·교구의 보수 등 조치에 필요한 비용을 지원할 수 있다고 규정하여 그 지원의 범위에 '학교 시설 보수에 필요한 비용 보조'를 포함하고 있고, 「지방교육교부금법」 제11조제8항의 위임에 따른 「지방교육경비보조규정」 제2조제2호의2에서는 지방자치단체가 관할구역 안에 있는 고등학교 이하 각급학교의 교육에 소요되는 경비 중 보조할 수 있는 사업으로 '학교의 교육시설개선사업 및 환경개선사업'을 규정하고 있어 '학교 교육시설개선 사업에 필요한 비용의 보조'가 지방자치단체의 보조사업에 포함된 것으로 볼 수 있으므로 양 규정은 '지방자치단체가 학교 시설의 개선·보수에 필요한 비용을 보조하는 것'이라는 행위에 대해 공통적으로 규율하고 있다고 보아야 한다.

그리고 입법목적을 달리하는 법률들이 일정한 행위에 관한 요건을 각각 규정하고 있는 경우에는 어느 법률이 다른 법률에 우선하여 배타적으로 적용된다고 해석되지 않는 이상 그 행위에 관하여 각 법률의 규정에 따른 요건을 모두 갖추어야 할 것인데(대법원 1995. 1. 12. 선고 94누3216 판결례 참조), 「초·중등교육법」 제30조의9제3항은 학교의 장에게 학교 시설 보수 등의 의무를 부여하면서, 그 의무의 이행을 위하여 필요한 비용을 국가나 지방자치단체가 예산의 범위에서 지원할 수 있도록 하려는 취지의 규정인 반면, 「지방교육교부금법」 제11조제8항은 지방자치단체가 학교교육에 필요한 경비를 보조할 수 있도록 하면서 동시에 보조 사업의 적정한 운용을 위해 그 보조 대상·절차 및 방법 등에 대해 대통령령으로 규정하는 바에 따라 일정한 제한을 두려는 취지의 규정인 바, 「초·중등교육법」 제30조의9제3항과 「지방교육교부금법」 제11조제8항은 서로 모순·저촉되거나 배타적인 관계에 있는 것이 아니라 각각의 입법목적에 따라 별개의 규율을 하고 있는 것이므로 시장 등이 「초·중등교육법」 제30조의9제3항에 근거하여 학교에 시설 보수 비용을 보조하려는 경우에도 「지방교육교부금법」 제11조제8항 및 같은 항의 위임에 따른 지방교육경비보조규정에서 정하는 보조의 요건과 절차 등을 준수해야 한다고 해석하는 것이 타당하다.

또한 2021년 3월 23일 법률 제17958호로 「초·중등교육법」이 일부개정되어 제30조의9제3항이 신설되는 입법과정에서 지방자치단체의 경우에는 「지방교육교부금법」 제11조제8항과 그 위임에 따른 「지방교육경비보조규정」에 따라 학교 시설에 대한 보수 비용의 보조가 가능하다는 것을 파악하고 있었음에도, 「초·

중등교육법」제30조의9제3항에 따른 비용 보조의 경우에「지방교육교부금법」 제11조제8항 및「지방교육경비보조규정」의 적용을 배제하려는 의도를 관련 입법 자료에서 찾아 볼 수 없다는 점에 비추어 보더라도「초·중등교육법」제30조의9제3항은「지방교육교부금법」제11조제8항 및 그 위임에 따른 지방교육경비보조규정을 배제하기 위한 규정으로 볼 수는 없다.

아울러「지방교육경비보조규정」제3조는 기초지방자치단체의 재정 건전성 확보를 위해 기초지방자치단체의 재정자립도에 비추어 한정된 재원을 합리적으로 투입할 필요에 따라 시장 등이 학교에 대한 교육경비를 보조하는 경우에 관한 재정 지출의 한계를 규정한 것으로서, 해당 규정이 적용되는 것이 기초지방자치단체의 건전 재정 도모에 부합한다는 점도 이 사안을 해석할 때 함께 고려할 필요가 있다.

제4절 적정규모학교 육성 재정 지원과 운용

1. 학교 통폐합 인센티브 지원

학교 통폐합 인센티브를 지원하는 법적 근거는「지방교육재정교부금법 시행규칙」제7조제2항 관련 [별표 3] 자체 노력의 정도에 따른 재정수요액 산정을 위한 측정항목·측정단위·산정공식 및 단위비용에서 찾을 수 있다. 지원금은 학교 수가 줄어드는 '통폐합'과 학교 수는 줄어들지 않고 운영을 통합하는 '통합운영' 유형으로 구분한다. 그리고 통폐합 유형은 본교 통폐합, 분교장 통폐합, 본교를 분교장으로 개편하는 경우로 구분하고, 본교를 통폐합하는 경우 초등학교와 중등학교로 구분하여 지원한다. 통합운영 유형의 경우 학교를 폐쇄하는 경우와 폐쇄하지 않은 경우로 구분하고 폐쇄하는 경우 초등학교와 중등학교로 구분하여 지원한다.

통폐합이나 통합운영에 따른 조치로 학교를 신설 대체 이전하는 경우 신설 대체이전 학교 수에 단위비용을 적용하되 초등학교와 중등학교를 구분하여 지원한다. 교육부가 정한 통폐합 기준을 초과하여 자구 노력을 기울인 경우 초과 학생 수에 단위비용을 적용하여 추가 인센티브를 지원한다.

지방교육재정교부금법 시행규칙 [별표 3] (제7조제1항 관련)

1. 학교 통폐합 및 신설 대체 이전(移轉) 지원	학교수	1) 교육부장관이 정하는 기준에 따른 통폐합 학교 수 × 단위비용	가) 본교를 통폐합하는 경우 (1) 초등학교: 6,000,000천 원 이하로서 교육부장관이 정하는 금액 (2) 중등학교: 11,000,000천 원 이하로서 교육부장관이 정하는 금액 나) 분교장을 통폐합하는 경우: 4,000,000천 원 이하로서 교육부장관이 정하는 금액 다) 본교를 분교장으로 개편하는 경우: 500,000천 원
		2) 교육부장관이 정하는 기준에 따른 신설 대체 이전 학교 수 × 단위비용	학교(본교에 한정한다)를 신설 대체 이전하는 경우 가) 초등학교: 5,000,000천 원 이하로서 교육부장관이 정하는 금액 나) 중등학교: 8,000,000천 원 이하로서 교육부장관이 정하는 금액
		3) 교육부장관이 정하는 기준에 따라 통합·운영한 학교 수 × 단위비용	가) 1개 이상의 학교 시설을 폐쇄하여 통합·운영하는 경우 (1) 초등학교 폐쇄: 6,000,000천 원 이하로서 교육부장관이 정하는 금액 (2) 중등학교 폐쇄: 11,000,000천 원 이하로서 교육부장관이 정하는 금액 나) 학교 시설을 폐쇄하지 않고 통합·운영하는 경우: 1,000,000천 원
	학생수	교육부장관이 정하는 기준에 따른 통폐합 학교의 초과 학생수 × 단위비용	20,000천 원

* 측정항목 제1호에서 "통폐합"이란 학교 수가 줄어드는 것을 말하고, "통합·운영"이란 학교 수가 줄어들지는 않으나 초등학교, 중학교, 고등학교 중 서로 다른 2개 이상의 학교 시설·설비·교원 등을 통합하여 운영하는 것을 말한다.

교육부(2016. 6.)의 「적정규모 학교육성 강화 및 폐교 활용 활성화」방안에 따르면 통폐합 권고기준을 읍지역과 도시지역으로 구분하고 초등학교와 중등학교별로 달리 책정하고 있으며, 적정규모 학교육성 권장기준을 강화하고, 인센티브 지원 금액을 증액해 왔다. 구체적인 내용은 다음의 표와 같다.

〈표 12-1〉 적정규모 학교육성 권고기준

(2016. 6. 기준)

구 분	종 전	개선('16년 이후)	
면·도서·벽지 지역	60명 이하	60명 이하	
읍지역		초등	120명 이하
		중등	180명 이하
도시지역	200명 이하	초등	240명 이하
		중등	300명 이하

〈표 12-2〉 통폐합 학교 인센티브 지원 강화내용(2016. 6.)

(단위: 억 원)

구분		본교 폐지	분교장		학교신설 대체이전	통합 운영학교
			개편	폐지		
종전	초	시지역: 60 기타지역: 30	1	10	30	· 시설폐쇄 20 · 미폐쇄 10 (공동이용)
	중고	100			50	
개선	초	60명 이하: 40 61~120명: 50 120명 초과: 60	5	20명 이하: 20 21~40명: 30 40명 초과: 40	60명 이하: 30 61~120명 : 40 120명 초과: 50	· 시설폐쇄 30 · 미폐쇄 10 (공동이용)
	중고	60명 이하: 90 61~120명: 100 120명 초과: 110			60명 이하: 60 61~120명: 70 120명 초과: 80	

2. 학교 통폐합 지원기금 설치와 운용

학교 통폐합과 신설 대체 이전 지원금을 효율적으로 집행하기 위하여 지방자치단체에서 조례를 제정하고 있다. 예컨대 「충청남도교육청 적정규모학교육성 지원기금 설치 및 운용에 관한 조례」는 통폐합 학교 등에 효율적인 재정지원을 위하여 「지방자치법」 제142조에 따라 충청남도교육청 적정규모학교육성 지원기금을 설치하고 그 운용에 필요한 사항을 규정하고 있다.

1) 용어의 정의

이 조례에서 "통폐합"이란 교육여건 개선을 위하여 2개 이상의 학교(분교장을 포함한다. 이하 같다)를 통합하여 1개 이상의 학교를 폐지하는 것을 말한다. 그리고 "통합학교"란 충청남도교육청(이하 "교육청"이라 한다) 적정규모학교 육성정책에 따라 폐지학교의 통학구역에 거주하는 학생을 받아들인 학교를 말한다. "폐지학교"란 통폐합으로 없어지는 학교를 말한다. 관할청은 유·초·중학교의 경우 해당 지역 교육장, 그 이외의 학교는 교육감을 말한다.

> **충청남도교육청 적정규모학교육성 지원기금 설치 및 운용에 관한 조례**
>
> 제2조(정의) 이 조례에서 사용하는 용어의 뜻은 다음 각 호와 같다.
> 1. "통폐합"이란 교육여건 개선을 위하여 2개 이상의 학교(분교장을 포함한다. 이하 같다)를 통합하여 1개 이상의 학교가 폐지되는 것을 말한다.
> 2. "통합학교"란 충청남도교육청(이하 "교육청"이라 한다) 적정규모학교 육성정책에 따라 폐지된 학교의 통학구역에 거주하는 학생을 받아들인 학교를 말한다.
> 3. "폐지학교"란 제1호 중 통폐합되어 없어지는 학교를 말한다.
> 4. "관할청"이란 고등학교 및 특수학교는 충청남도교육감(이하 "교육감"이라 한다)을, 유치원, 초등학교, 중학교는 해당 지역 교육지원청교육장(이하 "교육장"이라 한다)을 각각 말한다.

2) 기금의 설치와 재원

교육감이 기금을 설치하며, 기금의 존속기한은 시행한 날부터 10년까지로 한다. 기금의 재원은 「지방교육재정교부금법」 제5조의2제1항에 따른 교부금 중 같은 법 시행규칙 제7조제2항에 따라 산정되는 학교 통폐합 및 신설 대체 이전 지원 금액을 중심으로 하고, 운용 수익금 기타 재원을 포함한다. 다만 기금조성예정액 중 해당학교와 협의하여 사용한 금액은 제외한다.

> **충청남도교육청 적정규모학교육성 지원기금 설치 및 운용에 관한 조례**
>
> 제4조(설치) ① 교육감은 기금을 설치한다.
> ② 기금의 존속기한은 시행한 날부터 10년까지로 한다.
> 제5조(재원) 기금은 다음 각 호의 재원으로 조성한다.
> 1. 「지방교육재정교부금법」 제5조의2제1항에 따른 교부금 중 같은 법 시행규칙 제7조제2항에 따라 산정되는 학교 통폐합 및 신설 대체 이전 지원 금액 중 다음 각 목의 금액. 다만 기금조성 예정액 중 해당학교와 협의하여 사용한 금액은 제외한다. 〈개정 '16. 5. 30. 조례 제4128호〉
> 　가. 본교를 통폐합하는 경우 〈신설 '16. 5. 30. 조례 제4128호〉

1) 초등학교: 30억 원
     2) 중등학교: 90억 원
  나. 분교장을 통폐합하는 경우: 10억 원 〈신설 '16. 5. 30. 조례 제4128호〉
  다. 본교를 분교장으로 개편하는 경우: 5억 원 〈신설 '16. 5. 30. 조례 제4128호〉
  라. 학교를 신설대체 이전하는 경우 〈신설 '16. 5. 30. 조례 제4128호〉
     1) 초등학교: 30억 원
     2) 중등학교: 50억 원
2. 운용 수익금
3. 그 밖에 충청남도교육비특별회계 전출금 및 교육청 외의 자로부터의 지원금

3) 기금의 용도와 운용

기금은 통합학교 교육환경개선 및 교육활동 지원 사업, 폐지학교 학구 학생을 위한 교육경쟁력 강화 지원 사업, 그 밖에 기금의 관리·운용을 위한 경비로 사용한다. 학교에 지원하는 경비는 시설비 및 교육활동 지원비로 구분한다. 이 경우 교육활동 지원비는 장기적으로 지원하도록 한다. 통합학교의 장은 매년 사업계획을 학교운영위원회 심의를 거쳐 관할청에 제출하고, 교육감은 기금운용계획을 도의회의 의결을 받아 확정하고, 도의회의 의결을 거쳐 결산을 승인한다.

충청남도교육청 적정규모학교육성 지원기금 설치 및 운용에 관한 조례

제6조(용도) 기금은 다음 각 호의 용도로 사용한다.
1. 통합학교 교육환경개선 및 교육활동 지원 사업
2. 폐지학교 학구 학생을 위한 교육경쟁력 강화 지원 사업
3. 그 밖에 기금의 관리·운용을 위한 경비
제7조(사업 및 지원계획서 제출) ① 통합학교의 장은 해마다 제6조제1호의 사업계획을 해당 학교운영위원회의 심의를 거쳐 수립하고 이를 관할청에 제출해야 한다.
② 교육장은 해마다 제1항 및 제6조제2호의 사업계획을 통합 작성하여 교육감에게 제출해야 한다.
제8조(기금운용계획 및 결산) ① 교육감은 제7조에 따른 사업 및 지원계획서와 제6조제3호의 경비 등을 고려하여 회계연도마다 기금운용계획을 수립해야 한다.
② 교육감은 제6조제1호 및 제2호의 경우 시설비 및 교육활동 지원비로 구분한다. 이 경우 교육활동 지원비는 장기적으로 지원될 수 있도록 해야 한다.
③ 교육감은 제1항에 따른 기금운용계획을 충청남도의회(이하 "도의회"라 한다)의 의결을 받아야 하며, 회계연도 출납폐쇄 후 80일 이내에 기금결산보고서를 작성하여 교육비특별회계 결산 승인 시 도의회의 의결을 받아야 한다.
제9조(관리·운용) ① 기금은 금융기관에 예탁하여 안정성·수익성을 고려하고 효율적으로 운용해야 한다.
② 기금을 사용하여 취득한 재산은 「충청남도교육비특별회계 소관 공유재산 관리 조례」에 따라 관리한다.

4) 운용 심의위원회 설치와 운영

교육감은 기금의 합리적 운용을 위하여 기금운용계획 및 기금결산보고서, 기금운용 성과 분석, 그 밖에 교육감이 필요하다고 인정하여 회부에 부치는 사항을 심의하는 교육청 수준에서 적정규모학교육성 지원기금 운용심의위원회를 둔다. 위원회는 위원장과 부위원장 각 1명을 포함하여 9명의 위원으로 구성한다.

> ### 🖋 충청남도교육청 적정규모학교육성 지원기금 설치 및 운용에 관한 조례
>
> **제11조(위원회의 설치 등)** ① 교육감은 기금의 합리적 운용을 위하여 다음 각 호의 사항을 심의하는 충청남도교육청 적정규모학교육성 지원기금 운용심의위원회(이하 "위원회"라 한다)를 둔다.
>   1. 기금운용계획 및 기금결산보고서
>   2. 기금운용 성과 분석
>   3. 그 밖에 교육감이 필요하다고 인정하여 회부에 부치는 사항
> ② 위원회는 위원장과 부위원장 각 1명을 포함하여 9명의 위원으로 구성한다.
> ③ 위원장은 기획국장으로 부위원장은 학교지원과장으로 하고 위촉직 위원은 교육감이 다음 각 호의 사람 중에서 위촉하며, 당연직 위원은 교육혁신과장, 교육과정과장, 재무과장으로 한다. 〈개정 '16. 5. 30. 조례 제4128호, 타규칙 개정 '16. 6. 30. 규칙 제652호, 개정 '19. 4. 10 조례 제4466호〉
>   1. 기금운용 또는 기금관련 분야의 전문지식이 있는 조교수 이상의 대학교수
>   2. 정부출연 또는 지방자치단체출연 연구기관에 소속된 박사 학위 소지자로서 기금에 관한 전문지식이 있는 사람
>   3. 5년 이상의 실무경험이 있는 공인회계사, 변호사 및 금융 업무에 관한 전문가
>   4. 그 밖에 교육감이 기금운용에 관한 전문지식과 경험이 풍부하다고 인정하는 사람
> ④ 위촉직 위원의 임기는 2년으로 하되, 한 차례만 연임할 수 있으며, 당연직 위원의 임기는 그 직위 재임기간으로 한다. 다만, 보궐위원의 임기는 전임자의 남은기간으로 한다.
> ⑤ 위원회는 사무 처리를 위하여 간사 1명을 두며, 간사는 업무를 담당하는 사무관이 된다. 〈타규칙 개정 '16. 6. 30. 규칙 제652호, 개정 '19. 4. 10. 조례 제4466호〉
> **제12조(위원장의 직무)** ① 위원장은 위원회를 대표하고 그 업무를 총괄한다.
> ② 위원장이 직무를 수행할 수 없을 경우 부위원장이 그 직무를 대행한다.
> **제13조(위원회의 회의)** ① 위원장은 위원회의 회의를 소집하고, 회의 개최 7일 전까지 각 위원에게 이를 알려야 한다.
> ② 위원회는 재적위원 과반수의 출석과 출석위원 과반수의 찬성으로 심의한다.
> ③ 위원회의 회의에 출석한 위촉직 위원에게는 예산의 범위에서 수당과 여비를 지급할 수 있다.

5) 운용 현황

충남에서는 적정규모 학교 기금예산을 성질별로 교육환경개선 지원사업, 교육활동 지원사업, 교육경쟁력강화 지원사업, 기타 기금의 관리와 운용 경비로 구분하고 있다. 구체적인 내용은 다음 표와 같다(박혜진 외, 2019: 30).

〈표 12-3〉 적정규모 학교 기금예산 분류기준

대분류/중분류		세분류	비고
I. 교육환경 개선 지원사업	① 학교 교육여건개선 시설비(부지지, 부대 경비 포함)	· 교실 환경개선 · 교육 활동공간개선 및 설치 · 시설비(배수로, 도장공사, 화단개선, 역사관, 생태 학습장, 방수 및 차양 시설 등)	
	② 학생 임시수용시설 설치		
	③ 급식 시설 확충 및 기구구입	· 급식기구, 급식 시설 확충	
II. 교육활동 지원 사업	① 방과후학교 프로그램 운영	· 방과후학교프로그램 운영 · 돌봄교실운영 · 진로 탐색 방과후학교 운영	
	② 특기 적성교육 프로그램 운영	· 교과 외 활동(특기 · 적성프로그램, 드론항공과 학교 교육, 목공실운영 등) · 예술문화교육 · 스포츠교육 · 동아리 활동(자치활동, 자율동아리 등)	
	③ 교재 · 교구 · 도서의 개발 · 운영	· 교재교구(교과 교구, 놀이 용품, 학습자료, 학습준비물 등)	
	④ 기숙사 지원		
	⑤ 학교운동부 지원		
	⑥ 도서관운영 지원	· 도서관운영 (사서 도우미 인건비, 비품구입) · 도서구매 · 독서프로그램(독서 활동, 난독증 교육, 작가초빙, 독서주간 운영 등)	
	⑦ 정보화기기 보급 및 관리	· 정보화기기 · 정보화 교육자료	
	⑧ 통학 차량 운영	· 통학 차량임차비(임차비, 안전요원인건비, 운영비 등)	
	⑨ 그 밖에 수익자 부담경비로 운영하는 교육사업 중 학교장이 지원하고자 하는 사업	· 스포츠캠프 · 현장체험학습 · 현장체험학습(해외)	
	⑩ 교육프로그램 운영	· 교과 외 활동(생태체험, 인성교육, 야영, 예절교육 등) · 안전교육 (안전교육, 학교폭력 예방) · 다문화 교육 · 진로교육 (체험, 캠프, 진로검사, 강의 등) · 체육행사 (교육 가족 한마당 놀이) · 유아 교육활동비(수면실, 체험비 등)	

III. 교육 경쟁력 강화지원 사업	① 학생 통학지원비, 하숙비 등 학생 통학 등 필요한 경비(택시 등)	· 통학지원비	
	② 학생 교육복지 관련 물품 구매비 지원(단, 1인당 4백만 원 이하)	· 앨범비 · 단체 활동복 · 우유 급식비 · 교육복지 물품	
IV. 기금의 관리 · 운용경비	① 기금 관리보조 인력 인건비		
	② 기금운용을 위한 프로그램 개발 · 운영비		
	③ 기금운용심의위원회 운영 경비		
	④ 기금운용계획 수립		

* '2019 충남교육청 적정규모 학교육성 지원기금 설명서' 11쪽 기준에 의함.
박혜진 외(2019), '적정규모학교 육성 지원기금 효율적 활용방안' 참조.

이러한 분류기준에 따라 2016년 7개교, 2017년 11개교, 2018년~2019년 12 개교 초등학교를 대상으로 2016년~2019년 전체 예산편성 현황을 대분류, 중분류별로 분석한 결과는 다음의 표와 같다(박혜진 외, 2019: 34).

〈표 12-4〉 연도별 사업 예산편성 분석 결과

(단위: 천 원)

사업 구분		예산액	비율(%)
대분류	**중분류**		
1. 교육환경 개선 지원 사업	학교 교육여건개선비	1,270,259	11.5
	급식 시설확충 및 기구구매	68,120	0.6
	소계	1,338,379	12.1
2. 교육활동 지원사업	수익자경비 학교장지원사업	2,198,420	19.8
	방과후학교 프로그램운영	2,057,226	18.6
	특기 적성교육프로그램	1,777,959	16.0
	통학 차량운영	1,112,703	10.0
	교육프로그램운영	1,026,395	9.3
	정보화기기 보급 및 관리	452,720	4.1
	도서관운영지원	435,000	3.9
	교재교구도서의 개발 운영	332,748	3.0
	소계	9,393,171	84.7
3. 교육경쟁력 강화 지원사업	학생교육복지 물품 지원	349,182	3.1
	학생통학지원비	7,740	0.1
	소계	356,922	3.2
2016년~2019년 예산 합계		11,088,472	100

교육환경개선지원 사업은 전체예산에서 12.1%를 차지하고 있으며, 중분류 사업별로 살펴보면, 학교교육여건개선사업(교실환경 개선, 교육활동 공간 개선, 스마트교실 구축, 시설비, 음수가 설치)비는 전체 예산대비 11.5%, 급식 시설 확충(급식기구, 급식시설 확충) 0.6%로 나타났다.

교육활동 지원사업은 전체예산 중 84.7%를 차지하고 있으며, 중분류 사업별로 살펴보면, 수익자경비 학교장지원 비율(현장체험학습, 스키캠프 등)은 전체 예산대비 19.8%, 방과후학교 운영(방과 후 프로그램, 돌봄교실 운영) 18.6%, 특기·적성 교육 프로그램(동아리, 스포츠교육, 예술문화, 유아교육 등) 16.0%, 통학 차량 운영 10%, 교육 프로그램 운영(교과 외 활동, 교과 활동, 다문화교육, 안전교육 등) 9.3%, 정보화 기기 보급 및 관리(교육자료, 정보화 기기) 4.1%, 도서관운영지원(도서관운영, 도서구매 등) 3.9%, 교재교구 도서의 개발 운영(교재교구) 3%로 순으로 나타났다.

교육경쟁력 강화 지원사업은 전체예산 중 3.2%이며, 중분류 사업별로 살펴보면 학생 교육복지 물품 지원은(교육복지 물품, 단체 활동복, 우유 급식비 등) 전체 예산대비 3.1%, 학생 통학지원비 0.1% 순으로 나타났다.

제5절 국가의 단위학교 재정지원

1. 법적 근거

지방교육자치 시대에 국가가 직접 단위학교에 재정을 지원할 수 있는지는 논란의 여지가 있으나, 「농어업인 삶의 질 향상 및 농어촌 지역 개발촉진에 관한 특별법」 제21조제2항에서 국가와 지방자치단체는 교육과정의 자체적인 개발, 운영이 우수한 농어촌 학교에 대해 필요한 지원을 할 수 있다고 규정하고 있다. 현행 법령에서는 국가 수준에서도 단위학교에 대한 재정지원이 가능하도록 명시하고 있음을 알 수 있다.

✎ **농어업인 삶의 질 향상 및 농어촌 지역 개발촉진에 관한 특별법(약칭: 농어업인삶의질법)**

제21조(농어촌학교 학생의 학습권 보장 등) ② 국가와 지방자치단체는 농어촌학교 중 지역특성을 반영한 교육과정의 자체적인 개발 또는 운영이 우수한 학교에 대하여 필요한 지원을 할 수 있다.

2. 주요 사례

2004년 이후 2022년까지 교육부의 주요 농어촌 학교 재정지원사업 사례를 개관하면 다음과 같다.

1) 농어촌 우수 고교 집중 육성

농어촌 학교 학생의 도시로의 유출 특히 중학교 졸업생의 고등학교 진학 단계에서 도시학교로의 이동을 감축시키기 위한 조치로 농어촌 지역에서의 우수 고교 육성을 시도하였다(임연기, 2015a 참조). 1군에서 1고교를 선정하고, 중앙정부 차원에서 재정지원을 통하여 교육프로그램 및 교육여건 개선과 함께 학사운영의 자율성 확대 등을 추진하였다. 2004년 7개교에서 2007년 86개교로 확대 추진하였다. 학교당 재정지원 규모는 교당 16억 원 수준이며, 지자체 대응부담을 50% 이상 확보하도록 요구하였다. 2007년 1군 1우수고에서 1군 복수 고등학교 지원을 허용하면서 사업명을 농산어촌 우수고 육성사업으로 전환하였다. 2008년에는 농촌 고교 육성정책의 연장선상에서 기숙형 공립고 사업을 착수하였다.

2) 농어촌 기숙형 고교 지정·육성

교육부는 농어촌과 도·농복합시 지역에 소재하는 일반계고등학교 중에서 2008년 82교, 2009년 68교 총 150교를 선정하여 지방교육재정교부금으로 기숙사 시설비 소요액의 50%를 지원하였다. 나머지 50%는 시·도교육청 및 학교설립·경영자 등의 대응투자금액으로 충당하였다. 합하여 총 6,200억 원을 투입하였다.

중앙정부 차원에서 농어촌 1군 1개교의 공립 일반계 고등학교를 선정하고, 재정지원을 통해 현대식 기숙사 시설을 확충시켜 도시 학교와의 교육격차를 완화시키고자 하였다. 기숙형 고교로서 적정규모의 학교, 지역 내 학생들의 통학편의 제고 필요성, 기숙형 고교로서 발전 가능성 등을 고려하여 선정하였다. 연구학교 운영, 교직원 연수 실시, 저소득층 기숙사비 경감대책 마련 등의 다양한 지원을 통하여 기숙형 고교의 안정적 정착을 지원하였다(농림수산식품부, 2010: 133~135).

3) 농어촌 전원학교 육성

전원학교 육성사업은 교육부가 2009년 6월 최초로 기본계획을 수립하고 특별교부금으로 재원을 확보하여 추진한 국가 재정지원 사업이다. 전원학교로 선정된 단위학교가 학교의 특성에 맞는 자율적인 프로그램을 운영하도록 하되, 교육부가 사업을 총괄 관리하면서 사업 컨설팅, 평가 및 관리를 전담하는 사업관리전담센터를 두고, 도교육청과 지역교육청이 역할분담을 통하여 사업학교를 행정적으로 지원하면서 지자체와의 연계 협력을 통하여 지역개발사업과 연계된 지원체제를 구축하고자 하였다.

전원학교는 '학력이 우수한 학교', '학생이 돌아오는 학교'를 표방하며 시설과 프로그램을 모두 지원하는 종합형, 시설만 지원하는 시설형, 프로그램만 지원하는 프로그램형 등 세 가지 유형 110교로 출발하였다. 110교에 3년간(2009~2011) 총 1,392억 원을 지원하였다. 그러나 2011년 정부의 유사사업 통합 방침에 따라 연중돌봄학교 육성사업을 통합시키고, 전원학교 확대 운영계획에 따라 신규 통폐합본교 및 통합운영학교를 전원학교로 지정하여 운영하게 되었다. 또한 초등학교 수에 비해 중학교 수가 부족한 상황을 고려하여 중학교 30교를 신규로 추가 지정하였다. 1단계 전원학교 사업이 종결된 2012년에는 1단계 사업이 종료된 전원학교와 연중돌봄학교 중에서 성과평가 우수학교를 중심으로 1년 지원 전원학교를 공모하여 지원하였다. 1단계 전원학교 사업은 3+1 시스템의 성격을 띠게 된 것이다. 아무튼 전원학교는 점차 지정형과 공모형으로 분화하여 추진하였다(임연기, 2012b: 61~62).

4) 농어촌 연중돌봄학교 육성

연중돌봄학교 육성사업은 교육부가 기본계획을 수립하고 재원을 확보하여 추진한 국가 재정지원 사업이다. 교육부가 86개 군의 면단위 농산어촌 학교에 1개 군당 3억 원, 연간 총 258억 원을 기준으로 3년간(2009. 3.~2012. 2.) 재정을 지원하여 추진하였다. 연간 학생 1인당 지원액 1백만 원 수준을 유지하고, 사업 학교의 학생 총수를 기준으로 학교별로 차등 지원하였다. 지방교육재정교부금을 재원으로 하되 2차년도부터 시·도교육청의 대응투자 30%를 의무화하였다.

연중돌봄학교는 학교 교육력 강화, 학생에 대한 365일 교육복지 지원을 표방하였다. 사업대상 학교는 선택과 집중에 의한 공모제를 중심으로 선정되었다. 군 단위 교육지원청이 지역과 학교의 교육발전계획을 고려하여 사업 추진 및 협력의지가 있는 관내 면 소재 학교를 공모 또는 추천을 통해 선정하고, 시·도교육청이 광역 차원의 지역교육 발전계획을 고려하여 군 단위 교육지원청이 선정한 학교에 대해 심사 후, 교육부에 지원 신청하였다. 교육부가 시·도교육청의 지정 사유 및 신청서 등을 검토한 후 사업 학교를 최종 확정하고, 사업비를 조정·지원하였다. 2009년도에 378개교, 2010년에 383개교, 2011년 382개교를 선정·운영하였다(임연기, 2012a: 172~173).

5) 통합운영학교 육성

초·중·고 통학운영학교의 학교 급간 통합수준 확대와 내실화를 지원하기 위해 2010년 7~8월 사업공모를 통하여 3년간(2010~2012) 연차적 재정지원을 추진하였다. 특별교부금을 재원으로 하여 매년 1천만 원을 지원하는 기본프로그램 89개교, 매년 2천5백만 원을 지원하는 특별프로그램 21개교를 선정·육성하였다. 2010년 4월 1일 기준 전체 통합운영학교 102개교 중에서 기본프로그램 90개, 특별프로그램 29개가 신청 접수되었고, 심사를 거쳐 총 119개 프로그램 중에서 110개 프로그램을 선정하였다. 기본프로그램과 특별프로그램은 중복 지원이 가능하여 학교 수로는 89개교가 참여하였다(임연기 외, 2020: 30).

6) ICT를 활용한 농산어촌 학생 학습여건 개선

교육부는 2013년부터 농산어촌의 사회경제적 불리함을 극복하고 다양한 분야의 체험학습, 토론학습의 기회 제공을 위하여 ICT 기반 학습환경 개선 사업을 추진하였다. 전국의 읍·면, 도서·벽지 소재 초등학교와 중학교에서 ICT 인프라 미보유 학교를 대상으로 교당 스마트패드 3백만 원, 무선인터넷망 1.8백만 원을 지원하였다. 2016년부터 전국의 읍·면, 도서·벽지 소재 ICT 인프라 미보유 고등학교 60개교, 2017년에는 120개교를 대상으로 고교 ICT 인프라 구축 사업을 추진하였다. 중앙정부 차원에서 「농어업인 삶의 질 향상 및 농어촌 지역개발에 관한 특별법」 제21조 농어촌 학교 학생의 학습권 보장 조항에 근거하여 농산어촌 학교의 ICT 기반 학습환경 제공을 통한 학습여건 개선을 목표로 추진하였다. 도시와 농어촌 간의 학력격차와 스마트 교육격차 해소, 사교육 대체 효과를 기대하였다. 정규 수업과 방과후학교에서 스마트기기와 무선인터넷망을 다양하게 활용하도록 권장하고, 특히 학생들의 문예체험 기회 확대를 강조하였다(임연기, 2021c 참조).

7) 농어촌 거점별 우수중학교 운영

교육부는 농어촌 지역의 지속 가능한 교육지원 체계 구축을 위하여 2013년부터 1시·군에서 1면 지역 우수중학교 집중 육성사업을 추진하고 2017년 종료하였다. 전국에서 3년간 단계적으로 80개교를 선정하여 교당 약 13억 원의 재정을 지원하는 사업으로서 소규모 학교를 대상으로 하는 대형 재정지원 사업이었다. 지원 대상 학교의 선정은 교육지원청과 시·도교육청에서 추천하고, 최종적으로 교육부가 선정하였다. 중앙정부 차원에서 자유학기제, 진로교육프로그램, 학교스포츠클럽과 예술동아리(오케스트라, 뮤지컬, 연극 등), ICT 활용 프로그램, 특성화 프로그램 운영, 기숙사 또는 통학차량을 통한 주변 학생 및 도시 유학생의 생활여건 마련 등의 사업으로 거점 중학교로의 진학을 유도하고자 하였다(임연기, 2021c 참조).

8) 학교 특색프로그램 운영 지원사업

농어촌 학교의 강점을 극대화하고, 취약점을 극복하기 위한 학교 특색프로그램 운영을 지원하는 사업을 추진하였다. 핵심 추진내용은 첫째, 농어업과 농어촌의 가치 등 농어촌 학교의 강점을 극대화하기 위한 특색 있는 프로그램의 개발과 운영을 지원하고, 둘째, 농어촌 학교의 소규모화에 따른 약점(weakness)을 극복하기 위한 학교와 학교, 학교와 지역 간의 연계 협력 활동을 지원하는 데 있다.

아울러 그간의 단위학교 중심 농어촌 학교 특색사업은 학교별로 성과 차원에서 편차가 크고, 학교 간 공동교육과정 운영이나 지역사회 연계, 마을 교육공동체 운영 등 사업의 확산성 차원에서 한계가 확연하게 나타났다는 점에 주목하여 단위학교 수준에서 독자적으로 특색사업을 추진할 수 있는 역량이 부족한 농어촌 여러 소규모 학교의 육성을 위하여 교육지원청 차원에서 통합적 지원체제를 구축·운영할 필요가 있어 교육지원청형 사업을 2019년도부터 시행하였다.

농어촌 학교 특색프로그램 운영지원 사업은 2018년 단위학교 사업으로 출발하였으며, 2019년에는 단위학교형과 교육지원청형 2가지 유형으로 구분하여 추진하였다. 2018년도에는 읍·면·도서·벽지 소재 초·중·고등학교 281교를 지원하였으며, 2019년부터는 단위학교형을 83개로 축소하고 교육지원청 사업을 추가하여 11개 교육지원청을 지원하였다. 2020년에는 교육지원청 9개, 단위학교 65개교(기관 1 포함), 2021년에는 교육지원청 9개, 단위학교 54개교, 2022년에는 교육지원청 8개, 단위학교 45개교를 지원하였다(임연기 외, 2023 참조).

9) 도서·벽지 화상교실 구축·운영 지원사업

화상교실 구축·운영 지원사업의 목적은 첫째, 학생 수 급감으로 복식학급, 상치교사 운영 등 교육여건이 열악한 도서·벽지 소재 학교를 대상으로 화상교실 구축 및 운영지원, 둘째, 복식학급 및 상치교사 문제 등의 교육여건을 개선하여 교사의 업무경감, 학생의 학습권 보장과 학습능력 향상 도모, 셋째, 도서·벽지 극소규모 학교의 새로운 공동 교육과정운영 모델 창출에 있다(임연기 외, 2023 참조).

2019년도에 도서·벽지 학교가 많은 인천, 전남, 경북 등 3개 시·도교육청 관내 16개 도서·벽지학교에 화상교실의 구축을 지원하였다(16+1학교[111]). 2020년에는 화상교실 운영학교 16개교(인천: 4, 전남: 6, 경북: 6)를 지원하였다. 화상교실을 활용한 공동교육과정 운영 모델 개발과 적용을 시도하였다.

제6절 논의

농어촌 학교 재정 확충 관련 법령으로부터 몇 가지 특징과 시사점을 도출하면 다음과 같다.

첫째, 농어촌 학교에서 필요한 경비는 지방교육교부금법에서 정한 기준에 따라 확보한다. 물론 농어촌 학교 재정 확충을 위한 독자적인 기준은 없다. 교부금에서 정한 기준을 이해하기 위해서 중앙정부가 지방정부에 이전하는 재정 제도를 간략히 살펴볼 필요가 있다. 중앙에서 지방으로 이전하는 재원은 크게 국고보조금과 지방교부금으로 구분할 수 있다. 국고보조금은 국가가 특정 사무의 집행을 장려하거나 지방자치단체의 사정상 필요하다고 인정할 때 교부하는 경비이다. 교부금은 사용용도가 정해지지 않은 채 중앙정부로부터 지방에 이전하는 재원으로 지방 정부의 자치능력을 제고하는 데 기여한다.

중앙정부의 재정조정 제도에 따라 이전하는 국고보조금과 교부금은 지방정부의 자체 재원인 지방세 수입과 기타 세외 수입의 규모와 구조를 감안하여 운용한다. 우리나라에서 중앙과 지방 정부의 재정조정 제도의 근간은 지방교육양여금과 지방교육교부금이다. 지방교육양여금은 전전년도 4월 1일 기준 인구수에 따라 배분하고, 지방교육교부금은 지방정부의 기준재정수요액이 기준재정 수입액을 초과하는 만큼 배분한다. 이에 따라 학교 경비는 안정성과 균형성을 추구하는 국가 재정목표를 달성할 수 있다.

---

111) 총 17교 가운데 16교는 화상교실 구축 지원 대상 학교이며, 1교는 기존에 구축된 화상교실을 활용하여 사업에 참여한 학교임.

이와 같이 농어촌 학교 재정지원은 국가 재정목표에 따라 안정성과 균형성을 확보할 수 있다. 농어촌 학교로서는 재정 확보 차원에서 많은 장점을 가지고 있는 제도를 채택하고 있는 것이다. 다만 이로 인하여 학교 재정에 대한 지역의 책무성이 미약할 수밖에 없다는 점이 중대한 과제이다. 지방자치단체 교육경비보조 규정에도 불구하고, 재정건전성의 사유로 시장, 군수, 자치구의 구청장은 특히 소속 공무원의 인건비를 충당하지 못한 경우 경비보조를 제한하고 있다. 주로 농어촌 지역의 영세한 기초자치단체에서 반발이 심하고 대책마련을 건의한 바 있음을 상기할 필요가 있다.

둘째, 학교운영비는 학교급별, 학교유형별, 학교규모별(학급 수)로 정한 단위비용에 따라 확보한다. 소규모 학교 비중이 높은 농어촌 학교는 상대적으로 적은 경비를 지원한다. 교육복지지원비는 지역 간 균형교육비와 계층간 균형교육비로 구분하여 지원한다. 지역 간 균형 교육비는 행정구역 면적당 학교 수, 도서 · 벽지 소재 학교에 재학중인 학생 수를 반영한다. 교육균형발전 지원에 관한 조례에 따르면 교육환경 개선사업에 국한하여 대상학교를 지정, 운영하여 균형발전을 도모하지만 예산 확보는 강제하고 있지 않다. 계층 간 균형교육비는 수급 대상자를 기준으로 확보한다. 학교 시설비는 교육환경 개선이 필요하다고 인정하는 경우, 연건축면적에 단위비용을 적용하여 산출한다. 공립학교 신설, 이전, 증설, 통합운영학교 신설과 이전, 학교 통폐합에 따른 시설비는 건축 연면적에 따라 확보한다.

방과후학교 사업비는 유일하게 도시 지역과 농어촌 지역을 구분하여 학급당 연간운영비로서 차등적인 단위비용을 적용하고 있다. 이러한 원칙은 규칙에 명시하지 않고 있다. 자유수강권 수급자 수, 돌봄교실은 학급 수 또는 교실 수를 기준으로 확보한다. 농어촌 학교가 특색 있는 프로그램을 운영하기 위해 중점을 두는 부분은 바로 방과후학교이다. 방과후학교의 안정적 운영을 위해 농어촌 지역의 방과후학교 경비 지원기준을 규칙으로 정할 필요가 있다고 본다. 그리고 농어촌 지역 방과후학교 운영에서 가장 해결하기 어려운 과제는 우수한 강사의 확보와 다양한 맞춤형 프로그램의 개설이다. 소규모 단위학교 수준에서 감당하기 곤란하기 때문에 방과후학교 클러스터를 구축하여 공동운영 체제를 구축해야 한다. 대면 활동이 어려운 경우 원격교육 시스템을 활용할 수 있을 것이다[112].

---

112) 임연기 외(2017), ICT 활용 농어촌 스마트 방과후학교 운영모델, 임연기 외(2022), 농어촌 소규모 학교의 화상교실 활용 공동 교육과정 운영에 대한 학습자의 학습효과 인식 분석 참조.

셋째, 학교 통폐합 지원금에 대해서는 엇갈린 평가가 있으므로 심층적인 검토가 필요하다. 다음 면담 내용을 인용해 본다(임연기, 2021: 296~297). 이해당사자들이 가지고 있는 기금의 의미와 기금에 대한 기대, 그리고 현재 기금활용의 단면을 보여주고 있다.

학교 관계자	학부모들 입장에서는 그냥 학교가 돈도 많이 받아 아이들 체험학습을 충분히 자기 부담없이 시켜줄 수 있다고 해서 좋다고 했지요. 아이들 제주도 여행도 시켜주겠다, 체험학습 가겠다고 했고, 실제로서 갔다 온 걸로 알고 있어요. 올해 3학년부터 6학년까지 제주도로 여행 갔다 왔어요. 자체 예산, 자기 주머니에서 경비가 안 나가고 학교에서 다 해주니까 좋은 기회다 싶었지요. 반대할 이유가 하나도 없죠.
연구자	교사들 입장이나 학교 측에서는 적정 예산이 와야 하는데 과도한 예산이 오는데 대한 부담감은 어떠셨어요?
학교 관계자	부담이 크죠. 프로그램도 운영해야하고 예를 들면 가까운데 체험학습을 가고자 해도 그것에 맞는 계획을 세워야 하고 차량이라든가 모든 걸 준비해야 하지요. 그런데 그 정도 가지고는 돈을 못 써요. 스케일이 큰 걸 해야죠. 제주도 간다든지 스키캠프를 간다든지 학부모들 입장에서는 좋다고 하겠지만 교사들 입장에서는 준비를 해야 하니 힘들지요. 사전답사도 가야하고. 제 생각은 그랬었어요. 봉숭아초는 체육관이 없어서 그 예산으로 체육관을 지어주면 좋겠는데 그게 안 된다고 하더라고요.
연구자	시설투자라서 그런가요?
학교 관계자	그게 그렇다고 하더라고요. 정확히는 모르겠는데 시설 쪽에는 투자하면 안 된다는 지침이 있나 봐요. 그래서 그 돈 가지고 체육관을 지었으면 어떨까 했는데, 그 걸로 체육관만 지을 수는 없는 노릇이지요. 그런 시설투자를 충분히 할 수 있으면 아무래도 도움이 되겠죠.
연구자	예산을 조금 더 유연성 있게 쓰면 좋겠다는 말씀이죠?
학교 관계자	네, 그랬으면 좋겠다 싶었는데 리모델링 쪽만 가능하다고 하더군요. 그 예산 집행에는 한계가 있겠죠.

넷째, 학교 재정 차원에서 가장 뜨거운 쟁점은 소규모 학교의 재정적 비효율성에 대한 논란이다. 이에 대해 심층적인 검토가 필요하다. 농어촌 학교의 재정 차원에서 근본적인 쟁점은 농어촌 학교의 교육적, 그리고 사회적 가치에도 불구하고 농어촌 지역의 인구통계학적 변화와 지속적인 인구감소로 인해 농어촌 교육의 운영에서 '규모의 경제'를 비롯한 재정적 효율성 문제가 끊임없이 제기되고 있다(OECD/EC-JRC, 2021)는 점이다. 물론 이 문제는 교육 부문에만 국한하지 않고, 농어촌 지역의 다양한 공공 서비스 영역, 예를 들어 의료, 교통 등의 부문에서도 발생하고 있다. 결과적으로 농어촌 학교는 학생 수 감소에 따라 학교를 유지하는 비용의 증가와 투입예산의 적정화 요구를 절충하고 조화시키는 방법을 모색해야 하는 국면에 처해 있다(임연기, 2022: 4~5).

세계 여러 나라의 농어촌 인구는 지속적으로 줄어드는 추세에 있으며, 이 과정에서 농어촌 지역은 상대적으로 규모가 작은학교를 운영하는 데 따른 피할 수 없는 재정적 문제에 직면하고 있다. 농어촌 지역의 작은학교 운영에 드는 비용 증가와 작은 규모에서 발생하는 자원 활용의 비효율 등의 문제에 대응하기 위해 우리나라는 물론 이웃나라 일본, 유럽과 미국 지역을 비롯해 세계적으로 작은학교를 폐쇄하거나 학교 간 통폐합을 활발히 전개해왔다.

물론, 이러한 흐름에 거스르는 저항도 만만하지 않다. 일부 농어촌 지역에서는 작은학교가 가지는 무형의 가치에 대해 높이 평가하고 이를 지키기 위해 더 많은 교육세를 감당하는 사례를 확인할 수 있다(Bard, Gardener, & Wieland, 2006: 42). 그럼에도 세계적으로 작은학교가 줄어드는 추세는 엄연하다. 미국과 유럽 농어촌 지역의 학교현황을 조사한 보고서는 일관적으로 농어촌 지역의 학교 수가 줄어들고 있으며, 학교 통폐합이 지속적으로 이루어지고 있다고 보고한다(European Commission, EACEA & Eurydice, 2013: 65~66. Johnson, Showalter, Klein & Lester, 2014: 6~9).

일반적으로 학교를 통폐합하여 교원, 교육과정 운영 등 학교운영에 필수적인 자원을 효율적으로 활용함으로써 학생당 투입하는 비용의 절감을 시도한다. 교원 충원, 교보재 구매, 행정 비용 등 학교 운영에 필요한 재원을 감축하여 한층 효율적인 학교운영이 가능하도록 한다는 셈법에 근거하고 있다. 20세기 중반부터 농어촌 지역 학교통합을 활발히 추진했던 미국의 경우 학교통합을 통한 비용절감에 관한 연구를 오랜 기간 수행하고 연구결과를 축적해 왔으며, 특히 최적의 학교통합 규모에 관한 연구를 체계적으로 수행해 왔다(Duncombe & Yinger, 2007).

최근의 OECD 보고서(OECD/EC-JRC, 2021)에서도 학급규모가 지나치게 작은 경우에 기본적으로 필요한 교직원과 물리적 공간 유지에 사용하는 비용이 적지 않다고 지적한다. 학교, 학급 규모의 영세화는 지속적인 농촌인구 감소와 농어촌 지역의 저출산 문제와 함께 해결하기 어려운 난제로 보고 있으며, 향후 학생 한 명당 공교육비의 수준이 점점 더욱 커질 것이라는 전망을 함께 하고 있다.

반면에 작은학교 폐쇄를 비판적으로 검토한 연구들 대부분은 농어촌 학교에 대한 부정적인 정책담론을 비판하고 있다. 특히, 정책적으로 농어촌 지역 작은학교의 재정적 비효율성을 문제 삼아 온 흐름에 대해서 일부 시민사회 및 학계는 작은학교가 직면한 재정적 비효율성을 지나치게 과장한 면이 있다고 비판하고, 작은학교가 가진 고유의 교육적 가치와 공공재로서의 역할을 강조하고 있다(Gill, 2017).

미국의 연구에서 작은학교를 통합하여 운영하면 평균적으로 학교운영에 필요한 재정 규모를 줄여 준다는 연구결과가 있다(Andrews, Duncombe, & Yinger, 2002). 그러나 일부 교육구에서는 학교통합이 학생 통학지원과 학교관리에 있어서 지출을 증가시켜 전체적으로 보면 작은학교 운영이나 학교통합 운영이나 재정부담에 있어서 큰 차이가 없다고 비판한다. 예를 들어, 미국의 웨스트버지니아주의 경우 작은학교 간 통폐합 이후 비효율적이고 과도한 통학버스 비용을 감당함으로써 교육활동에 투입해야 할 비용을 학교 통학비용에 활용하는 문제가 발생하고 있다고 지적한다(Howley, Johnson, & Petrie, 2011). 이는 지역에 따라 작은학교 운영이 재정적인 측면에서 반드시 비효율적이지 않음을 입증하고 있다.

다섯째, 농어촌 교육은 국가가 일차적으로 공공 서비스를 제공해야 하는 부문이면서 일상적인 수준에서 국민의 수요와 맞물려 있다는 점에서 단순히 재정의 문제로 치환하여 해결하는 데 한계가 있다. OECD 회원국은 대체로 헌법에서 농어촌 지역 주민에게 교육서비스를 의무화하여 차별 없이 제공하도록 명시하고 있으며, 적어도 초·중등학교 취학기회를 보장하고 있다. 농어촌 지역의 경우 등하교를 위한 지리적 이동성이 제한적이고, 특히 섬과 같은 외딴 지역에 거주하는 학생의 경우에도 해당 지역의 농어촌 학교 외에는 교육을 받을 수 있는 대안적 기회가 없으므로 정부는 지역별로 고른 교육기회를 제공해야 할 고유의 책임이 있다. 농어촌 인구감소 추세 속에서 학교 통폐합을 추진하면서도 한편으로 농어촌 작은학교를 보존, 육성하려는 정책적 노력을 병행하고 있는 이유이다.

여섯째, 중앙정부의 농어촌 학교 재정지원 사업의 성과와 한계를 짚어 볼 필요가 있다. 국가수준 농어촌 학교 재정지원 사업은 농어촌 학교의 지속 발전을 위한 방향과 과제를 모색하는 데 결정적 기반을 제공했다고 평가할 수 있다. 특히, 농어촌 우수고 육성사업, 기숙형 고교 사업, 전원학교, 거점 중학교 육성사업 등은 농어촌 지역 고등학교, 중학교, 초등학교의 위상을 제고하는 데 기여하고, 특히 전원학교 사업에 참여한 다수의 학교들은 학교폐교 위기를 극복하고 선도적 농어촌 학교로서 도약했음을 주목할 필요가 있다. 연중돌봄학교 사업은 전적으로 농어촌 학교 학생의 복지 향상을 시도한 핵심 사업으로서 현장에서 다양한 복지지원 서비스 제공에 대해 호평을 받았다. 농어촌 학교 특색 프로그램 운영 지원사업은 농어촌 학교 비전을 '특색화'와 '네트워킹'으로 설정하고 농어촌의 고른 학교발전을 도모하였다. 농어촌 학교 교육과정의 특색화, 작은학교의 공동 교육과정 운영의 확산을 촉진하였다. ICT 활용 기반 학습여건 개선, 화상교실 구축과 운영 지원사업은 소액 지원으로 파급효과가 제한적이었으나, 코로나 사태에서 미래학교 방향을 제시하였다.

반면에 선별적 재정지원의 형평성 문제, 유사 재정지원 사업의 중복적 추진, 특별교부금 재정지원의 한시성, 인력확충의 제약 등의 한계를 극명하게 노정하였다(임연기, 2021: 195). ICT 활용 기반 학습여건 개선사업 등 일부 사업을 제외하고 대부분 선택과 집중에 의한 선별적 사업 추진으로 농어촌 학교의 교육격차 확대와 양극화를 초래하였다는 지적이 있었으며, 중앙 수준에서는 교육부 내 여러 부서, 교육부 외 타 부처, 지방 수준에서는 시·도교육청, 지자체별로 유사 재정지원 사업의 연계와 협업이 미흡하였다. 다수의 재정지원 사업을 특별교부금을 재원으로 추진함으로써 3년의 단기적 지원에 그쳐 충분한 사업성과를 나타내지 못하는 경향이 나타났음은 가장 아쉬운 점이다. 또한 재정지원에 그치고 인력확충은 제한적이기 때문에 사업담당자의 업무 과다로 사업 추진의 효율성 제고에 지대한 장애요인으로 작용하였다.

농어촌 교육법령의 발전 과제

농어촌 교육법령의 발전 과제

농어촌 교육법령의 존재 이유는 농어촌 학교 학생들의 학습권을 능동적, 적극적으로 보장하고, 교육수요자인 학생, 학부모 그리고 지역사회의 요구에 부응하는 교육 프로그램을 안정적으로 제공하는 데 있다. 이러한 법령의 정신을 실현하기 위해 교육당국은 학습자에게 지리적으로 접근 가능하고, 능력에 따라 개방적이며, 학습자의 요구에 따라 선택 가능한 교육여건을 마련해 주어야 할 책무가 있다.

농어촌 교육법령은 교육에 관한 법령으로서 일반적인 사항과 농어촌 교육을 위한 법령으로서 특수한 사항을 함께 다루고 있다. 농어촌 교육법령은 농어촌 교육의 현실과 특성을 함축하여 나타내는 거울과 같다. 따라서 농어촌 교육법령을 이해하기 위한 작업도 농어촌 교육에 대한 생각과 관점을 정리하는 데서 출발해야 한다. 이를 위하여 HREOC(Human Rights and Equal Opportunity Commission)(2000: 19~22)가 농어촌 교육의 약점을 보강하고, 강점을 극대화하려는 시도의 일환으로 농촌교육의 문제를 이해하고 정책적 요구를 파악하기 위하여 제안한 5가지 개념의 틀 즉, 가용성, 접근성, 경제성, 수용성, 적응성을 검토할 필요가 있다. 이는 농어촌 교육의 질을 개선하고 사회적 공공성과 정의를 추구하는 데 유용한 개념이다. 특히, 농어촌 교육에서 일반적으로 나타나는 문제점들, 나아가 농촌학교와 해당 지역 주민에게 가장 두드러지게 나타나는 핵심적 쟁점을 보여준다는 점에서 주목할 만하다.

먼저, 앞선 세 가지 개념, 가용성, 접근성, 경제성은 농어촌 교육을 변화시키는 데 있어 자원 분배의 필요성과 연관이 있다(HREOC, 2000: 19~21). 첫째, 교육여건의 가용성(availability)은 정부가 학교 건물(학습 장소), 교직원(교원과 행정 직원), 교육과정(교과 내용)과 학생(학습자)을 포함하여 기본적인 인프라를 구축하고, 꾸준히 유지해야 할 책임이 있음을 말한다. 특히, 정부가 농어촌 지역이 겪는 만성적인 문제, 예를 들어 농어촌 학교의 교육시설이 열악하고, 전문 우수 교사의 채용과 유지가 어렵고, 학생들의 제한적인 교육과정 운영 등의 문제에 적극적으로 대응할 것을 요청한다.

둘째, 학교교육 접근성(accessibility)은 농어촌 학교 학생들의 교육에서 다양한 쟁점을 포괄하고 있다. 좁게는 학교로의 안전한 접근 문제, 통학시간과 거리, 넓게는 도로의 상태, 대중 교통망 등 학교 교육에 접근하는 데 발생할 수 있는 실질적 사안 등을 모두 포함한다. 최근에는 원격교육을 위한 위성 기술 및 광대역 접근 서비스와 같은 양질의 정보 통신 기술에 대한 보편적인 서비스 제공과 이용 여부 또한 중요한 문제로 자리 잡았다. 뿐만 아니라, 장애 학생 지원과 같은 특수 교육 지원 서비스의 접근성 제고, 다문화가정 및 이주노동자 자녀를 위한 언어교육 기회 등의 이슈를 포괄한다.

셋째, 교육비 부담의 적정성(affordability)은 농어촌 지역의 가장 핵심적인 문제 중 하나이다. 농어촌 지역 학생들이 직면한 가장 큰 어려움 중의 하나는 교육에 접근하는 비용이 다른 도시 지역에 비해 크다는 데 있다. 경제성 문제는 농어촌 교육의 모든 영역에 걸쳐 자리 잡고 있으며, 교육을 받는 데 소요하는 높은 비용은 농촌 학생들이 즐길 수 있는 다양한 경험과 활동의 범위를 제한하는 것으로 여겨진다. 여러 연구에서 농어촌 지역 학부모의 경우 다양한 재정 지원을 받더라도 취학하는 데 발생하는 갖가지 추가 비용을 감당하는 데 어려움을 겪는 것으로 확인하고 있다.

다음으로 두 가지 특성은 농어촌 지역 학생들이 학생 개개인의 사회, 문화, 경제적 배경과 관계없이 학생들이 스스로 정체성을 찾고, 궁극적으로 자신들의 사회적 특수성을 긍정적으로 인식하는 계기를 만드는 교육과 관련이 있다 (HREOC, 2000: 21~22).

첫째, 수용성(acceptability)은 특히 농어촌 태생 학생 또는 다문화 학생과 그 부모에게 중요하다. 교육과정에 농어촌 지역 문화, 언어, 역사를 포함한 다문화에 대해 강조하고, 해당 학생들에게 적합한 학습 유형을 개발할 필요성이 있다. 농어촌 교육의 수용성 제고를 통해 궁극적으로 원주민 토박이 학생 또는 다문화 학생들의 학교에 대한 몰입을 높일 것을 제안하고 있다.

둘째, 농어촌 교육의 적응성(adaptability)은 학교가 학생의 요구와 학습 유형, 지역의 조건, 부모 및 지역사회의 기대, 그리고 각 학생의 열망과 미래 전망에 적절하게 대응할 수 있도록 하는 교육과 연관이 있다. 특히, 농어촌 지역의 특성을 반영한 교육과정 운영, 학교 수업계획 및 시간표 활용, 직업 교육과정 개설, 학교운영 등과 관련이 있다.

이러한 농어촌 교육의 특성을 반영하여 법령의 이해를 위한 내용을 농어촌 교육법령의 구성과 체계, 농어촌 교육법령의 헌법적 가치를 바탕으로 학생의 권리, 교육과정의 자율성과 책무성, 교원의 확보와 유지, 학교운영의 탄력화, 시설과 재정의 안정화로 구성하였다. 각 부별, 장별로 법령의 특징, 전망과 과제를 살펴본다.

1. 농어촌 교육법령의 체계

농어촌은 읍·면 지역 전체와 동 지역 중 일정한 요건에 해당하는 지역으로 정의할 수 있다. 농어촌 학교는 농어촌에 있는 유·초·중·고교 및 특수학교·각종학교라고 정의할 수 있다. 농어촌은 동 지역에서 극히 일부도 포함하므로 농어촌 학교는 읍·면 지역뿐만 아니라 일정한 요건에 해당하는 동 지역에도 소재하는 학교를 말한다.

농어촌 교육에 대해서는 명확한 용어 정의를 찾기 어렵다. 특별법인「농어업인삶의질법」에서는 '농어촌 교육여건' 또는 "농어촌 교육발전" 등의 용어를 규정하였다.「헌법」과「교육기본법」,「초·중등교육법」등에서는 농촌 또는 농어촌, 농어촌 교육 등의 용어를 규정하지 않았다. 다만,「헌법」과「교육기본법」 등에서 농어촌 등의 교육 지원에 관련된 규정은 찾을 수 있다.

"도서·벽지"는 "지리적·경제적·문화적·사회적 혜택을 받지 못하는 지역으로서 교육부령으로 정하는 지역"이다. 여기에는 "산간지역, 낙도(落島), 수복지구(收復地區), 접적지구(接敵地區), 광산지구(鑛山地區)"가 해당된다. 그리고 작은학교 또는 농어촌 작은학교의 정의에 대해서는 법률에서 직접 규율하고 있지 않지만 일부 시·도별 조례에서 규정하고 있다.「강원특별자치도 작은학교 지원에 관한 조례」제2조(정의)는 "작은학교"란「초·중등교육법」제2조에 따른 학교 중 학생 수 60명 이하인 공립학교라고 정의하였다.

농어촌 교육에 대해서만 별도로 규정한 법령을 찾기는 어렵다. 다만, 농어촌을 포함하는 지역 가운데 도서·벽지의 교육에 대해 적용하는 별도의 법령이 있다.「도서·벽지교육진흥법」과 동법 시행규칙이다. 다음으로 일부 조항을 농어촌 교육에 대해 적용하는 법령에는 「농어업인 삶의 질 향상 및 농어촌 지역 개발촉진에 관한 특별법」과 동법 시행령 및 동법 시행규칙이 있다. 그리고 「교원의 지위 향상 및 교육활동 보호를 위한 특별법」과 「농어촌정비법」 및 하위 법령에도 농어촌 교육에 대해서만 적용하는 조항이 있다.

농어촌 교육에 대한 별도의 법률이 없기 때문에 도서·벽지교육 법령, 일부 조항을 농어촌 교육에 적용하는 법령을 제외한 사항에 대해서는 모든 학교교육에 적용하는 법령을 적용한다. 그러므로 농어촌 학교를 포함한 모든 학교교육에 대해 적용되는 법령에 대해서도 이해할 필요가 있다. 여기에는 「교육기본법」, 「초·중등교육법」, 「학교급식법」, 「교육공무원법」, 「고등교육법」, 「지방대육성법」, 「도시와 농어촌 간의 교류촉진에 관한 법률」 등과 하위 법령이 해당된다. 이 가운데 「교육기본법」 등은 교육 관련 법령이다. 그리고 「도·농교류법」 제14조(농어촌체험교육의 활성화) 및 동법 시행령 제10조는 농어촌 관련 법령이나, 농어촌 학교뿐만 아니라 도시 학교에도 적용하므로 모든 학교교육에 적용하는 법령으로 분류한다.

농어촌 교육법령의 특징은 4가지로 요약할 수 있다. 첫째, 규율영역의 분업성을 기준으로 살펴보면, 농어촌 교육법령은 통합법으로 보기 어려우며, 느슨한 형태의 분담법으로 볼 수 있다. 둘째, 규제성을 기준으로 살펴보면, 농어촌 교육법령은 기본적으로 지원법·진흥법의 성격이 강하다. 규제법으로 보기는 어렵다. 셋째, 농어촌 교육의 특수성을 기준으로 살펴보면, 농어촌 교육법령은 전반적으로 특별법적 성격이 강하다. 농어촌이라는 지리적 위치보다는 상대적인 불리함 등의 특성을 고려하여 특별법적 성격을 갖고 있는 것으로 보인다. 넷째, 사무 소관의 모호성 및 융합성의 특성을 갖고 있다. 해당 사무의 소관 기관이 일반행정기관인지 교육행정기관인지 모호한 경우가 많고, 국가와 지자체에 어느 행정기관이 해당하는지도 모호한 경우가 많다.

그동안 농어촌 교육법령의 문제점으로 소관부처가 너무 많으며, 이에 따라 행정기관 별로 시행하는 다양한 정책 간의 연계성이 부족하고 개별적·나열적이어서 체계적인 교육지원이 이루어지지 않고 있다는 점이 지적되었다. 예를 들면 「농어업인삶의질법」의 소관 부처인 농림축산부·해양수산부와 일반 지자체 등 일반행정기관과 교육 분야 법률의 소관 부처인 교육부와 시·도교육청 등 교육행정기관 간의 정책적 연계 및 조정 등이 제대로 이루어지지 않고 있다.

또한 학령인구 감소와 다문화학생 증가 등으로 인해 농어촌 학교는 복합적인 어려움이 가중되고 있으나, 유관 부처 간의 컨트롤타워 미비 등으로 인해 농어촌의 실정에 필요한 교육지원이 적절하게 이루어지지 않고 있다는 점도 문제이다. 농어촌 학교 현장에서는 학령인구 감소로 인한 학교 통폐합 또는 통합운영학교 등 구조 개편이 논란을 불러 일으키고 있으며, 동시에 다문화학생 증가로 인한 원활한 수업 진행 및 교육성과 도출의 어려움을 겪고 있다.

그리고 4차 산업혁명과 코로나19 등 전환기적인 시대변화 속에서 농어촌 학교는 대응에 어려움을 겪고 있다. 전체적인 큰 틀의 방향을 설정하고 관계기관이 연계·협력하여 농어촌 교육이 시대 변화에 부응하며 자생력을 갖고 발전할 수 있도록 하기 위해서는 구조적이고 근본적인 측면에서부터 농어촌 교육체제를 재정비할 필요가 있다.

이러한 맥락에서 농어촌 교육법령의 체계를 개선할 필요가 있다. 근본적인 개선을 위해서는 농어촌 교육에 대한 통합법을 특별법으로 제정하여 체계적으로 규율하는 방안을 추진할 필요가 있다. 농어촌 교육에 대한 특별법을 제정할 경우 현행 교육부 및 타부처 소관 법률의 유사·중복 조항도 개정해야 한다. 또한 농어촌 지역개발 및 균형발전과 교육의 연계·협력을 위한 교육청·일반지자체 간의 협력적 거버넌스를 구축할 필요가 있다.

그리고 현실적인 방안으로는 농어촌 교육에 대해 개별 법률이 규율하고 있는 사항 중 미흡한 점이나 개선이 필요한 점을 개정하고, 이를 통해 역할 분담을 체계화하는 방안도 검토할 필요가 있다. 이에 「농어업인삶의질법」을 개정하여 농어촌 교육 법제의 규율 영역 가운데 거버넌스와 재정 지원, 전문지원기관 지정·운영을 통한 지원 기능 제공 등을 우선적으로 추진할 필요가 있다. 또한 교육부 소관의 「교육기본법」에 "농어촌 교육의 진흥" 조항을 신설하여 농어촌 교육의 진흥을 위하여 필요한 전달체계(농어촌 교육 관계장관회의 또는 심의회 등) 구축·운영, 계획 수립·실시 등에 관한 법률적 근거를 마련하고, 「도서·벽지교육진흥법」을 「도서·벽지 및 농어촌 교육 진흥법」으로 개정하는 등 농어촌 교육법령 정비를 추진하는 일도 과제로 남아있다.

2. 농어촌 교육법령의 헌법적 가치 구현

「헌법」의 기본권의 보장체계는 우열관계가 존재한다. 이러한 우열관계는 효력상의 우열관계가 아닌 논리상 우열관계이다. 이러한 논리적 우열관계 속에서 농어촌 교육의 헌법적 근거는 기본적으로는 「헌법」 제10조에서 보장하는 인간의 존엄과 가치에서 도출할 수 있다. 「헌법」 제11조 평등권에서 차별 없이 교육을 받을 권리도 도출할 수 있다. 「헌법」 제123조의 국토의 균형발전과 농어촌의 개발 조항에서도 근거를 찾을 수 있다.

농어촌 교육의 직접적 근거는 「헌법」 제31조제1항 교육을 받을 권리이다. 「헌법」 제31조제1항의 능력에 따라 균등하게 교육을 받을 권리는 농어촌이라는 지역적 차별 없이 학생들의 능력에 따라서 교육을 제공해야 할 국가의 의무가 있다. 우리 헌법재판소도 「헌법」 제31조의 취지를 고려하여 국가는 국민의 교육을 받을 권리를 보장하기 위하여 교육시설이나 교육인력이 특정지역에 편중하거나 큰 질적 차이 없이 전국적으로 적정하게 분포하도록 하고 동시에 지역실정에 맞는 교육체계를 구축할 의무를 지고 있다고 판시하였다.[113]

「헌법」 제31조제2항 의무교육에서도 농어촌 교육의 근거가 있다. 농어촌 교육은 적정규모와 교원인력수급 정책에만 집중하고 있다. 그러나 농어촌 교육이 '교육정책'으로 판단해야 하는 문제가 아니라 거주 지역을 불문하고, 교육할 국가의 의무라는 점을 강조해야 한다. 현재 의무교육의 성격을 헌법재판소는 법으로 규정한 범위 내에서 의무교육을 시행해야 한다는 선례를 그대로 답습하고 있다. 이러한 선례를 취학필수무상설로 변경하여 농어촌 교육의 질적 제고를 위한 시도가 필요하다.

「헌법」 제31조제5항 국가의 평생교육 진흥의무도 농어촌 교육의 근거이다. 또한 농어촌 교육의 적용범위를 학생에서 지역주민으로 확장해야 하는 헌법적 근거이기도 하다. IT 기술의 발전으로 급변하는 사회에 필요한 지식은 학생뿐만 아니라 지역주민들에게도 필요하다. 이를 위하여 농어촌 교육이 지역주민들의 평생교육의 진흥까지 범위를 확대할 필요가 있다.

---

113) 헌법재판소, 2007. 12. 27., 2005헌가11.

헌법 조항은 농어촌 교육이 추구해야 할 가치를 담고 있고, 이를 구체화하는 것은 법률이다. 헌법적 가치 실현을 위한 지역개발 관련 법률인 「지역개발 및 지원에 관한 법」, 「인구감소지원특별법」, 「국가균형발전특별법」 등은 농어촌 교육에 대한 지원을 직·간접적으로 규정하는 근거이다.

　「지역개발 및 지원에 관한 법률」은 지역개발의 범위와 내용에 대한 법이다. 이 법의 적용대상은 낙후된 지역의 개발과 발전에 관한 지원을 규정한 것으로 그 내용을 보면 공공과 문화영역에서의 지원을 규정하였다. 이 법 제61조는 지역의 인력양성과 교육여건 개선을 위하여 특례를 직접적으로 규정함으로써 도시에 비하여 상대적으로 낙후된 농어촌 교육시설의 환경개선의 근거 법제라고 할 수 있다. 또한 이 법 제55조는 주민들의 생활편의 증진을 위한 비용지원을 규정하여서 농어촌 지역 주민들의 평생교육진흥을 위한 시설투자의 근거를 규정하였다. 농어촌 교육이 단순하게 초·중등교육을 넘어 지역 주민들의 평생 지역의 장을 제공할 수 있는 근거 법제이다.

　「인구감소지역 지원특별법」은 2023년부터 시행하는 법률로서 인구감소지역 설정 및 지원의 근거가 되는 법률이다. 이 법은 현재 우리 사회가 직면한 인구감소를 선제적으로 대응하기 위하여 제정되었다. 이 법의 적용대상 지역은 일부 몇 개 시를 제외하고는 대부분 농어촌 지역이다. 이 법은 초·중등교육뿐만 아니라 영·유아 교육, 민간 어린이집까지 적용 범위를 확대하여서 농어촌 교육의 전반을 아우르고 있다.

　또한, 「인구감소지역 지원특별법」은 농어촌 학교의 시설·설비에 통합운영에 따른 지원을 규정하였다. 이 법 제22조는 인구감소지역의 교육기반 확충을 위하여 농어촌 학교 통·폐합시 해당 지자체장의 의견청취, 농어촌 학교에서 정규 교육과정 이외의 돌봄, 특기교육에 대한 지원을 규정하였다. 또한 농어촌 교육의 대상 범위를 초·중등학교 뿐만 아니라 대학으로 확대하여 고등교육기관의 유치를 위한 특례조항을 규정하였다.

　「국가균형발전특별법」 제12조는 지역교육여건 개선과 인재양성을 규정하여 농어촌 교육이 지향해야 하는 바를 제시하였다. 동법은 농어촌 교육의 적용 범위를 초·중등교육과 함께 고등교육으로 확대하였다. 기본적으로 농어촌 지역 초·중·고의 교육여건 개선에 대한 구체적 시책의 근거를 제시하였다. 또한 농어촌 지역에서 배출한 인재가 수도권으로 빠져나가지 않고, 지역대학에 진학하여 지역인재로 성장할 수 있는 시스템을 구축할 의무를 규정하였다. 농어촌 교육에 대한 지원은 초·중등학생들의 교육이 중심이지만, 그 목적은 궁극적으로 인재양성과 지역 지식산업에 대한 기여로 귀결되어야 한다. 농어촌 지역에서 육성된 인재가 지역대학으로 진학하고 지역사회의 인재로 성장한다면 농어촌 교육의 긍정적인 선순환이 될 것이다.

수도권 과밀화와 저출산 고령화 시대에 들어선 우리 사회는 교육환경도 변화하고 있다. 특히 지역에 소재한 초·중등학교뿐만 아니라 대학도 이미 한계상황에 직면해 있다. 농어촌 교육의 현실은 학교 시설과 같은 교육환경 측면에서 도시지역과 큰 차이가 없이 투자가 이루어졌지만, 개성과 능력에 따른 교과외 수업 등의 교육선택권 보장, 도시학교와 교류 등 많은 문제가 산적해 있다. 이를 해결하기 위하여 농어촌 교육 관련 통합법제화가 이루어져야 한다. 농어촌 교육은 헌법상의 근거가 명확하고, 이를 현실적으로 보장하기 위한 법률을 지속적으로 제정하고 있다. 또한 기존의 법률을 시대변화에 맞게 개정하고, 지방의회에서도 농어촌 교육을 지원하기 위하여 기숙형 학교, 통학지원 조례 등을 입법화하고 있다. 농어촌의 현실이 도시와 달리 지역의 특성과 지리적 여건이 다르기 때문에 농어촌 교육은 중앙정부 차원에서 통합법제를 마련하고 이를 바탕으로 지방자치단체마다 개별적으로 조례를 제정하는 것이 효율적일 수 있다.

그러나 현재 지방자치단체도 인구가 감소하면서 기초자치단체를 유지하기 어렵고, 이로 인한 재정적 문제 등으로 인하여 광역지방자치단체로 행정구역을 통합하려는 시도가 이루어지고 있다. 이러한 경우에는 기존의 농어촌 교육에 관한 개별 조례는 폐지하거나, 다시 제정해야 하는 문제도 있다. 이 때문에 농어촌 교육에 관한 기본적인 법률의 제정이 필요하다. 현재 농어촌 교육의 지원에 관한 통합적 법제가 없어서 다양한 인접·유사한 법률에서 지원의 근거를 찾고 이를 정책화하고 있는 실정이므로 업무추진의 효율성이 떨어진다. 이러한 점을 감안하여서 농어촌 교육 지원에 관한 법률을 제정하거나 「교육기본법」에 농어촌 교육의 지원에 관한 조항을 신설하는 것도 검토해야 한다.

3. 농어촌 학교 학생 지원

1) 농어촌 학교 학생 통학 지원

지방자치단체는 농어촌 학교 학생들의 통학을 지원해서 균등하게 교육을 받을 권리를 보장하고자 한다. 통학지원은 지방자치단체장의 정책적 의지에 따라서 이루어지고 있다. 또한, 지방자치단체의 재정적 상황이나, 자치단체장의 의지에 따라서 통학 관련 지원을 받지 못하면, 학습권과 학생 개인의 안전권이 제한받을 우려가 있다. 지역마다 지원의 내용이나 방법이 차이가 있다. 농어촌 학교 학생의 통학지원은 단순한 급부차원에서 접근할 문제가 아니다. 의무교육제도의 구체적 실현, 학생 개인의 학습권과 균등하게 교육을 받을 권리를 실현하기 위한 중요한 수단으로써 권리차원으로 보다 구체적으로 접근해야 한다.

이를 위해서는 농어촌 학교 학생의 통학권 보장을 위한 전국 공통의 법제화를 적극적으로 검토하여야 한다. 전국의 농어촌 지역뿐만 아니라 산촌, 어촌, 도서지역의 지리적 특성, 학교의 위치와 학생 거주지 등의 특성을 고려하면 획일적인 법제보다는 지방자치단체의 조례나 정책으로 지원하는 것이 타당하다.

교육을 받을 권리와 의무교육제도의 보장은 학생이 학교라는 물리적 공간에서 이루어지는 학습권의 보장과 학습을 위한 교재, 교구, 학용품, 급식, 방과후 학습과 같은 외적인 지원도 선행해야 한다. 학생의 학습권과 교육 외적인 지원도 학교라는 물리적 공간으로 접근해야 보장할 수 있다. 특히 교통여건이 열악한 농어촌 학교에 재학하는 학생들의 교육기관으로의 접근권 보장을 위한 통학권은 지자체의 조례나 정책이 아닌 법률로 보장해야 한다. 전국의 모든 지자체가 학생 통학지원 조례를 제정하지 않았다. 광역지방자치단체인 대전광역시나 울산광역시, 세종특별자치시도 통학지원 조례가 없다. 지자체 마다의 재정적 문제와 대중교통 접근성 등을 고려하여 획일적으로 규정하는 것이 어려울 수 있지만, 교육을 받을 권리의 보장을 위하여 농어촌 학교 재학생의 통학지원에 관한 입법적 검토가 필요하다.

구체적으로는 첫째, 통학권 보장 대상의 확대이다. 현재 시·도 조례 및 시·군·구 조례를 검토하면 통학권 보장의 대상을 중·고등학생으로 집중하고 있다. 중·고등학생의 경우 교내 이외 자기 계발과 학습보강을 위한 외부 활동이 많고, 고등학생의 경우 야간 자율학습을 시행하는 학교가 많으므로 야간 통학의 지원에 집중하고 있다. 교육을 받을 권리의 주체는 모든 국민이며, 구체적으로 교육기관에 재학중인 학생이다. 현재 농어촌 지역에서 학교의 통폐합과 공동학구제의 시행으로 인하여 학교별 경계가 모호해지고 있다. 대부분 중·고등학생을 지원대상으로 정하고 있는데, 통학권 법제에서는 양구군과 화순군의 선례처럼 영유아와 학교 밖 청소년까지 지원대상으로 확대해야 한다.

둘째, 통학지원 방법의 다양화이다. 현재 통학지원은 버스기본요금 지원, 택시비 지원, 통학버스 운영지원으로 구분할 수 있다. 통학지원은 각 지역의 학생들의 통학거리, 대중교통 현황과 학교교육 상황에 따라서 다르다. 현재 지자체 조례에서 정한 통학방법은 지역의 지리적 특성과 교통상황에 맞게 규정하고 있다. 통학권 법제에서 버스, 택시 기타 교통수단 이용요금 지원 규정은 직접적 지원으로 통학버스 운영자금 보조는 간접적 지원으로 법제화해야 한다. 직접적 지원은 이용요금 보조뿐만 아니라 학부모 차량을 이용하거나 마을 공동단위 운송수단을 이용해야 하는 지역의 경우 유류비나 세금감면 등의 혜택 등 다양한 통학지원 방법을 강구해야 한다.

셋째, 통학지원 지역 범위의 광역화이다. 조례의 적용범위는 시·군·구의 경우 관할 지역이고, 시·도와 같은 광역지자체의 경우에도 관할 행정구역 이외에는 적용할 수 없다. 관할 행정구역에 통학이 가능한 농어촌 학교가 없고 인접 지역으로 통학해야 하는 경우도 있으므로 학생 본인의 선택으로 원거리 대도시로 진학해야 하는 경우도 있다. 이러한 상황을 예측하여 통학지원의 지역을 보다 광범위하게 적용할 필요가 있다. 재정적 여건이 허용된다면 청년인구의 유출을 막기 위해서라도 주중이 아닌 주말에 교육과 문화 프로그램을 이용할 시에도 통학지원을 적정하게 고려해야 한다.

전술한 바와 같이 농어촌 학교 학생들은 공통적으로 대중교통 이용의 어려움과 야간자율학습이나 외부 활동 시 귀가의 어려움을 겪고 있다. 통학권 보장은 학생의 교육을 받을 권리를 보장받기 위한 수단적 권리로서 지방자치단체의 행정적·재정적 상황에 따라서 선택적으로 보장하기보다는 법제화를 통하여 보편적으로 보장해야 한다.

2) 농어촌 학교 학생 교육경비와 급식 지원

농어촌 학교 학생만을 위한 교육비 지원에 대해서는 별도의 법령으로 규정하고 있지 않다. 그러나 교육비 지원 대상에 농어촌 학교 학생을 포함하고 있으며, 농어촌 학교 학생 중 상당수가 지원 대상이다. 그러므로 농어촌 학교 학생 교육비 지원에 대해 알아보기 위하여 전체적인 교육비 지원 제도를 이해할 필요가 있다.

「초·중등교육법」제60조의4제1항이 규정한 교육비 지원 대상은 「국민기초생활 보장법」제12조제3항 및 제12조의2에 따른 수급권자인 학생, 「한부모가족지원법」제5조에 따른 보호대상자인 학생, 그 밖에 가구 소득 등을 고려하여 교육비 지원이 필요하다고 인정되는 학생으로서 대통령령으로 정하는 학생이다. 「초·중등교육법」제60조의4제1항 및 동법 시행령 제104조의2제1항이 규정한 교육비 지원 항목은 입학금 및 수업료, 학교급식비, 학교운영지원비, 교과용도서 구입비, 교육 정보화 지원비, 진로체험 등 진로관련 교육경비, 그 밖에 교육부장관 또는 교육감이 정하는 비용이다.

교육비 지원 범위에 대해서는 명확하게 규정하지 않고 있다. 다만, 국가 및 지자체가 교육비 지원 대상에 대해 교육비 지원 항목별로 지원하는 과정에서 소득 수준과 거주 지역(농어촌 지역/도시 지역 등) 등에 따라 지원하는 내용과 지원 범위를 차등하여 정할 수 있다. 그리고 「국민기초생활 보장법」, 「한부모가족 지원법」 등 다른 법령에 근거하여 제1항에 따른 교육비 지원 항목 등에 해당하는 지원을 받고 있을 경우에는 중복하여 지원하지 않도록 하였다. 교육비 지원 방법에 대해서는 지원대상의 신청에 따라 진행하도록 규정하였다. 이는 신청하지 않은 경우에는 지원받지 못한다는 것을 의미한다.

다음으로, 농어촌 학교 학생만을 위한 교육급여 지급에 대해서도 별도의 법령으로 규정하고 있지 않다. 그러나 교육급여 수급자 중에 농어촌 학교 학생을 포함하고 있으며, 농어촌 학교 학생 중 상당수가 지원 대상이다. 그러므로 농어촌 학교 학생 교육급여 지급에 대해 알아보기 위하여 전체적인 교육급여 제도를 이해할 필요가 있다.

「국민기초생활 보장법」제7조(급여의 종류)제1항이 규정한 급여의 종류에는 교육급여를 포함하고 있다. 수급권자에 대한 급여는 수급자의 필요에 따라 다양하게 규정한 급여의 전부 또는 일부를 지급하는 것으로 한다. 제12조(교육급여)제2항에 따라 교육부장관이 교육급여 사무와 예산 등을 관장한다.

교육급여의 지급 항목은 입학금, 수업료(학습비), 학용품비, 그 밖의 수급품이다. 교육급여 지급 대상은 초등학교, 중학교, 고등학교, 특수학교, 각종학교 중 초·중·고교 및 특수학교와 유사한 학교, 학력인정 평생교육시설에 입학하거나 재학하는 학생이다. 다만, 교육급여 수급자가 다른 법령에 따라 학비를 감면 또는 지원받는 경우에는 그에 해당하는 학비를 지원할 수 없다. 교육급여의 지원 방법에 대해서는 수급권자의 신청에 따라 진행하도록 규정하였다. 이는 교육급여의 경우에도 교육비 지원과 마찬가지로 신청하지 않은 경우에는 지원받지 못한다는 것을 의미한다. 교육급여의 신청 및 지급 등에 대하여는 교육비 지원절차를 준용한다.

다음으로, 농어촌 학교 학생의 학교급식 지원에 대해서는 「학교급식법」에 규정하고 있다. 또한 시·도 교육조례에도 농어촌 학교 학생의 학교급식 지원에 대해 규정한 사례들이 있다. 「학교급식법」이 정한 학교급식의 대상에는 대통령령으로 정하는 규모(사립유치원 원아 수 50명) 이상의 유치원, 초등학교, 중학교, 고등학교, 특수학교, 근로청소년을 위한 특별학급 및 산업체부설 중·고등학교, 학력인정 대안학교, 그 밖에 교육감이 필요하다고 인정하는 학교를 포함한다.

「학교급식법」 제9조에 따라 국가 및 지자체는 보호자가 부담해야 하는 급식경비(식품비의 전부와 급식운영비의 일부)의 전부 또는 일부를 지원할 수 있다. 이때 국가 및 지자체가 우선적으로 지원해야 하는 대상을 규정하고 있다. 여기에는 도서·벽지 학교와 대통령령으로 정하는 지역 학교 재학생, 농어촌 학교와 대통령령으로 정하는 지역 학교 재학생 등을 포함한다.

지금까지 살펴본 것처럼 농어촌 학교 학생 복지에 대해서는 교육비 지원, 교육급여 지원, 급식 경비 지원, 통학지원(기숙사 포함) 등을 규정하고 있다. 교육비 지원과 교육급여 지원, 통학지원 등은 지원대상을 농어촌 학교 학생으로 명시하지 않았으나, 농어촌 학교 학생 중 상당수가 지원 대상이다. 급식 경비 지원 대상으로 도서·벽지와 농어촌 학교 재학생을 명시하고 있다.

농어촌 학교 학생 복지를 개선하는 일은 농어촌 학교 학생의 교육을 받을 권리의 적극적 보장, 학습 여건 개선, 도시와 농어촌 학교 학생의 교육격차 해소, 농어촌 인구 유입, 인구소멸지역 위기 극복 등 다양한 효과로 연결되는 기본적인 사항이다. 그러나 현행 교육비 지원, 교육급여 지원, 통학지원(기숙사 포함) 등은 농어촌 학교 학생을 포함한 전체적인 학생 복지로 구축하고 있으므로, 농어촌 학교 학생 복지의 특별한 향상을 도모하기에는 한계가 있다.

그러므로 농어촌 학교 학생에게 필요한 복지 항목을 발굴하고, 이를 입법화하여 맞춤형으로 지원하는 정책을 추진하는 일이 최우선 과제이다. 또한 현행 교육비 지원, 교육급여 지원 등의 경우에 지원대상의 신청에 따라 진행하도록 규정하고 있으며, 이에 따라 신청하지 않은 경우에는 지원받지 못하는 경우가 발생하고 있다. 예를 들면 교육 정보화 지원비 등에 대해 보호자가 지원신청을 못하는 상황인 경우, 다문화 가족 지원 대상 등이 정보 습득이나 언어적 장벽으로 인해 지원신청을 못하는 경우 등이 있을 것으로 예측할 수 있다(정순원, 2022). 이처럼 신청상 어려움으로 인해 지원이 필요한데 받지 못하는 경우들에 대한 실효성 있는 대응 방안을 마련할 필요가 있다. 이 외에도 학생 복지의 사각지대를 해소하고, 보다 실효성 있는 농어촌 학교 학생 복지를 실시할 수 있는 종합적인 대책을 마련할 필요가 있다.

4. 농어촌 학교 교육과정 운영 지원

전통적으로 농어촌 학교는 도시 학교에 비해 문제가 많은 열등한 학교로 인식해 온 경향이 없지 않다. 이러한 관점에서 도시와 농촌 간의 교육격차를 완화 또는 해소시키기 위하여 도시 학교 쫓아가기 중심의 정책을 추진해 왔다. 그러나 최근에는 농어촌 학교의 취약점을 인정하면서도 도시 학교에서 찾기 어려운 농어촌 학교만의 강점에 주목하고 있다. 농어촌 학교의 가치와 이점에 대해 많은 연구자들이 공감하고 있으며, 세계적으로도 단점을 보완해 나가되 강점을 더욱 더 부각하여 중시하는 방향으로 농어촌 학교의 발전을 도모하고 있는 추세이다.

농어촌 학교의 강점을 살리고 단점을 보완하는 대표적인 움직임은 특색 있는 교육과정의 운영에서 확인할 수 있다. 농어촌 학교는 영세규모의 학교로서 교육과정 운영상의 여러 취약점에도 불구하고, 학습지도와 생활지도의 개별화가 가능하다는 점, 학생들의 교육활동 참여와 상호 협동학습의 기회가 많다는 점 등의 강점을 가지고 있다. 지역적으로 도시에서 찾을 수 없는 청정 자연환경에 둘러싸여 있고, 면면히 지켜 오고 있는 전통문화 등의 특색 있는 교육자원을 가지고 있다. 농어촌 학교의 단점을 보완하고, 강점을 극대화하려는 노력의 핵심은 교육과정의 특색화이다.

교육과정의 특색화는 교육과정의 자율화를 기반으로 추진 가능하다. 사실 정부는 제6차 교육과정부터 교육과정의 분권화·자율화를 강화하였다. 이는 과거 국가 수준 교육과정 중심의 획일적 학습 체제에서 벗어나 각 시·도교육청의 지역 수준 교육과정을 통해 지역교육의 자율성과 책무성을 강조하는 것을 의미한다. 이전 교육과정이 국가 수준 교육과정을 학교에 그대로 전달하는 체제였다면 제6차 교육과정부터는 '국가-지역-학교' 순의 삼중 체제로 전환하였다. 시·도교육청의 기능과 역할을 주목하게 되었는데, 이는 시·도교육청이 국가 수준 교육과정을 토대로 지역의 실정에 맞는 자체적인 교육과정을 개발하여 단위학교에 제공하는 교육과정의 지역화로 이어졌다. 그 법적 근거로 「교육기본법」을 보면 제5조 교육의 자주성에 관한 조항이 2021년 개정을 통해 자율성 부분을 크게 강화된 것을 확인할 수 있다.

교육과정 자율화의 대표적인 사례가 교육과정 운영에 있어 일정한 자율성을 부여하는 농어촌 자율학교의 지정이다. 농어촌 자율학교의 경우 농어촌 지역에 소재해 있는 자율학교를 가리키는 용어이지만 법령상의 용어는 아니다. 자율학교는 「초·중등교육법」 제61조의 학교 및 교육과정 운영의 특례에 관한 조항에 근거한다. 그리고 「초·중등교육법 시행령」 제105조에서 자율학교 지정 대상의 하나로 「농어업인삶의질법」 제3조제4호에 따른 농어촌 학교를 명시하고 있다. 이러한 농어촌 지역 자율학교는 교육과정 운영에 있어 일정 부분 자율성을 부여하기 때문에 특화된 교육과정을 통해 신입생을 유치하여 폐교 위기를 극복하고 지역교육을 활성화할 수 있다는 데에서 그 존재 의미를 찾을 수 있다. 그러나 동시에 자율학교가 지역의 특수성을 반영하지 못한 채 자율성을 명목으로 대학 입시 위주의 교육과정 운영으로 이른바 '자사고 폐지' 논쟁을 불러 일으킨 사례도 있다. 자율을 강화하니 입시 위주 교육을 한다는 이유에서였다. 농어촌 학교의 자율성 강화에 따른 특색화된 교육과정의 운영에 있어 고민해야 할 부분이다.

결국 농어촌 학교 학생들의 학습권 보호를 위해 관련 법령을 어떻게 이해하고 적용하는지가 중요하다. 예컨대, 「교육기본법」 제4조(교육의 기회균등 등)와 제5조(교육의 자주성 등), 「초 · 중등교육법」 제23조(교육과정 등) 등을 농어촌 학교의 교육과정 편성 · 운영에 있어 어떻게 이해해야 하는가는 중요한 문제이다. 아울러 「농어업인삶의질법」 제21조(농어촌 학교 학생의 학습권 보장 등)에서는 「초 · 중등교육법」 제23조에 따른 교육과정의 원활한 운영을 위한 적정 규모의 농어촌 학교 육성을 명시하고 있는데, 농어촌 학교 교육과정 운영에 있어 이를 어떻게 실현할 수 있을지가 중요한 과제이다.

다음으로, 농어촌 학교의 특색화와 함께 '농어촌 학교 교육과정의 질 제고'에 대한 고민이 필요하다. 특히, 도시와 농촌 간의 학력격차 문제를 해결해야 하는 과제는 농어촌 교육의 난제이다. 학력격차는 개인적 요인뿐만 아니라 사회 · 환경적 요인까지 다양한 요인이 작용하여 나타난 결과이다. 국가는 이러한 교육격차 문제를 해결하기 위해 노력하고 있으나 도시와 농어촌의 교육격차는 여전히 심화하고 있다. 국가수준 학업성취도 평가는 초 · 중 · 고 학생들을 대상으로 1986년에 처음 실시하였으며, 「초 · 중등교육법」 제9조제1항과 시행령 제10조, 그리고 이에 따른 교육부장관의 고시(국가수준 교육과정)에 따라 시행한다. 이어서 2022년에는 「기초학력보장법」을 제정하였는데, 이 법은 학생들의 기초학력 보장을 위한 법적 근거이다.

이외에 농어촌 학교 교육과정 질 제고를 위해 공동교육과정 운영, 복식학급, 무학년교육과정, 협력교사제, 원격교육 등을 시행하고 있다. 물론 이러한 법제들은 농어촌 학교에만 초점을 맞춘 제도는 아니다. 이러한 교육 법제들이 얼마나 농어촌 학교 현실에 부합하도록 운영하는지가 관건이 될 것이다. 공동교육과정의 경우 「초 · 중등교육법 시행령」 제48조에 근거하여 수업운영방법에 대해 학교에서 개설하지 않은 선택 과목 이수를 희망하는 학생이 있을 경우 그 과목을 개설한 다른 학교에서의 이수를 인정하도록 하고 있다. 이러한 공동교육과정은 도서 · 벽지의 소규모 학교에서 교원의 부족으로 개설하지 못하는 수업이나 상치교사 문제에 대처할 수 있다는 데 의의가 있다.

복식학급은 대체로 농어촌 지역에서 학생 수가 적어 복수의 학년으로 학급을 편성하여 운영하는 학급을 말한다. 「초·중등교육법」 제24조제4항은 수업 운영 및 학급 편성 등에 관한 사항을 대통령령으로 정하도록 하고 있다. 그리고 시행령 제46조에 따르면 학교의 장은 교육과정의 운영상 특히 필요한 경우에는 2개 학년 이상의 학생을 1학급으로 편성할 수 있도록 규정하고 있다. 이외에도 협력교사제라 하여 각 시·도교육청은 보조교사제, 수업도우미, 더불어교사제 등의 다양한 이름으로 교사 협력에 기반을 둔 수업 운영을 제도화하고 있다.

원격교육은 「원격교육법」에 근거하는데, 제3조에서 학생이 생활수준 등을 이유로 차별받지 않도록 하는 것을 기본원칙으로 규정하고 있으며, 시행령을 통해 「농어업인삶의질법」에 따른 농어촌 학교에 재학 중인 학생을 원격교육 취약계층 학생으로 규정하고 있다(제2조). 원격교육의 경우도 전술한 복식학급이나 상치교사 문제를 해결하기 위한 방안으로서 활용하기도 하며, 소규모 학교 간 공동교육과정 운영을 위한 전략으로도 활용한다.

이상 종합하면 농어촌 학교의 교육과정 편성·운영의 가장 중요한 지향점은 교육과정의 특색화에 있다. 특색화는 두 측면의 의미를 지니는데, 하나는 농어촌 지역 학생들의 정체성을 찾도록 하는 교육이며, 또 하나는 각 지역의 실정에 맞는 맞춤 교육의 의미를 갖는다. 농어촌 교육과정의 운영을 위한 다양한 법제를 마련하고 있음에도 다음과 같은 가능성과 한계가 공존하고 있다.

농어촌 학교 교육과정의 특색화를 실천하기 위한 여건을 조성해야 한다. 각 시·도교육청은 농어촌 소규모 학교의 교육과정 편성·운영 실태를 파악하고, 농어촌 지역의 특수성을 반영하여 현장에 부합하는 교육과정 편성·운영을 지원할 수 있는 방안을 강구하고 있다. 전술한 바와 같이 학교 간 공동교육과정, 방과후학교, 원격수업, 무학년제, 복식학급 등을 시행하고 있으나, 이러한 제도들이 농어촌 학교에 안착하는 데는 여러 어려움을 극복해야 한다. 예컨대, 공동교육과정의 경우 농어촌 지역은 학교 간 거리가 멀거나 방과 후 수업을 담당할 인적 자원을 구하는 데에 어려움이 있다. 복식학급의 경우도 복식수업 운영을 위한 보조교원 확대 배치가 중요하다. 아울러 교육과정 및 다양한 교육자료 개발이 뒷받침되어야 한다. 이처럼 농어촌 학교 교육과정에 관한 사항은 단순히 교육과정만의 문제가 아니라 농어촌 학교와 관련한 여러 제반 여건들과 밀접하게 연관되어 있다. 예컨대, 상치교사 문제−복식학급−무학년교육과정−공동교육과정−원격수업 등은 별개의 주제가 아니라 서로 원인과 결과, 그리고 이에 대한 대책으로 밀접하게 연관되어 있다.

둘째, 농어촌 학교 학생의 학력 향상을 위한 지원이 필요하다. 현재 학력격차 심화 문제에 대한 사회적 공론화가 이루어지고 있으나, 농어촌 학교는 대부분 지역적 한계와 더불어 적은 학생 수로 인하여 학교 수준 교육과정의 운영에 어려움을 겪고 있다. 전술한 바와 같이 소규모 학교 운영을 위한 교육과정 편성에 있어 복식학급, 통합수업, 공동교육과정 등의 노력은 오래전부터 계속되었으나 이는 모두 교원 수급 문제 등과 연관되어 있다. 농어촌 학교 학생들에게 다양한 학습 기회를 제공하거나 학습부진 학생 지도를 위한 전담 인력 배치 등의 문제는 계속해서 고민해야 하는 사항이다. 이를 위해 각 지자체는 교육과정 운영을 위한 우수 교원 확보 문제에 대한 입법적 노력이 필요하다.

셋째, 농어촌 학교 실정에 맞는 교육과정 운영을 위한 지원이 필요하다. 농어촌 학교 교육과정 운영과 관련한 여러 교육 법제는 모두 농어촌 학교에만 초점을 맞춘 것은 아니다. 예컨대, 공동교육과정의 경우 고교학점제 시행과 더불어 도시 지역의 경우도 학교 간 공동교육과정 운영이 활발히 이루어지고 있다. 이외에도 무학년 교육과정이나 협력교사제도 같은 상황이다. 그렇기 때문에 이러한 제도들이 농어촌 학교의 현실에 부합하기 위해서는 도시 지역의 학교와 비교하여 더 높은 수준의 정책적 배려가 필요하다.

넷째, 지역사회와 함께 하는 교육과정 운영에 대한 지원을 강화해야 한다. 앞서 살펴본 바와 같이 농어촌 학교 교육과정 운영에 있어 중요한 역할을 담당하는 것이 지역사회이다. 예컨대, 마을교육공동체가 대표적인 사례이다. 농어촌 학교는 해당 지역에서 교육기관으로서의 기능을 넘어 지역사회의 역사·문화와 함께 하는 중심 장소의 기능을 하는 경우가 많다. 그렇기 때문에 지역사회와의 교류는 도시의 학교보다 더 강한 유대감을 형성할 가능성 높다. 이를 위해 현재 각 지자체에서 조례 등을 통해 마련하고 있는 농어촌 체험교육이나 마을교육공동체와 같은 제도의 실질적 운영이 필요하다. 또한, 전술한 바 있는 공동교육과정 운영에 있어서도 지역사회와의 연계를 강화해야 할 것이다.

5. 농어촌 학교 교원 지원

「교육기본법」은 국가와 지방자치단체에 지역 간 교원 수급 격차를 최소화할 의무를 부과하고 있는데, 이것은 지역에 관계 없이 모든 사람들의 교육받을 권리를 보장하고, 지역 간 교육 여건의 평등을 실현하는 핵심적인 일이다. 지역 격차가 확대되는 상황에서 농어촌 지역의 학교교육을 발전시키기 위해서는 농어촌 학교 교원을 안정적으로 확보하고 양질의 교육 활동을 전개할 수 있도록 지원하는 일이 중요하다. 「도서벽지교육진흥법과」과 「농어업인삶의질법」은 농어촌 학교 교원 확보와 근무 여건 개선을 위한 다양한 제도를 규정하고 있다.

농어촌 학교에서 교원을 확보하기 위하여 가장 널리 활용하는 방법은 전보 제도이다. 기존 교원 중 일부가 일정 기간 농어촌 학교에서 근무하고 다른 지역으로 이동할 수 있도록 하여, 농어촌 학교 교원을 확보하고 있다. 전보 제도에도 불구하고 농어촌 학교 근무를 희망하는 교원이 많지 않고, 실제로 근무기간이 상당히 짧아서 교육활동을 전개하는 일에 어려움이 적지 않기 때문에, 교원 양성 과정에 있는 학생들에게 장학금을 지급하는 대신, 임용 후 일정 기간 동안 특정 지역에서 근무할 것을 의무지우는 특별 양성 제도를 운영하는 시·도교육청이 있다. 나아가, 교원 임용 후보자를 선발할 때, 특정 지역에서 일정 기간 근무할 것을 조건으로 신규 채용을 시행하는 시·도교육청도 있다. 다수의 농어촌 학교는 자율학교로 지정하고 있는데, 자율학교에서는 산학겸임 교사나 강사를 활용하여 교육과정 운영의 특색을 살릴 수 있다.

농어촌 학교에 충분한 교원을 배치하는 일과 함께, 근무하는 교원들의 사기를 높이고 근무 여건을 개선하는 일이 중요하다. 다수의 교원들이 근무를 기피하는 지역의 학교에서 근무하는 교원들에게는 가산점 제도를 활용하여 승진 또는 전보 등 인사 행정에서 우대하고 있다. 또, 농어촌 학교 교원들에게는 수당을 지급하고 주거 편의를 제공하는 등 교원 복지 확대에도 노력하고 있다.

이처럼, 다양한 제도를 활용하고 인사상 우대 조치를 통하여 농어촌 학교 교원을 안정적으로 확보하고자 하지만, 현실적으로는 교원을 확보하는 일조차 쉽지 않은 지역과 학교가 여전히 존재한다. 수당은 금액이 많지 않아서 다수 교사들에게는 의미가 없고, 순환전보제도와 가산점 제도를 활용하여 농어촌 학교 교원을 확보하고 있지만, 이런 현실에 대한 평가는 엇갈린다(임연기, 2021). 순환전보제도와 승진 가산점 제도가 없었다면 농어촌 학교 교원을 확보하는 일조차 수월하지 않았을 것이며, 이 점에서 이 제도의 기여를 인정해야 한다는 견해가 있는 반면, 그동안 농어촌 학교에 적합한 교원을 양성하고 확보하는 일, 그리고 그들을 재교육하는 일을 소홀히 하여 농어촌 교육의 자생력을 키우지 못했다는 비판적 진단도 존재한다. 나아가, 승진 가산점과 수당이 교사 유인책으로 활용되고 있는데, 농어촌 학교를 승진이나 도시 학교로 떠나기 전에 잠시 머무르는 정거장과 같은 학교로 생각하는 교원들이 없지 않고, '우리 학교' 의식이나 지역애가 없이 홀몸으로 하숙하거나 장거리 출퇴근을 하면서 근무 시간만 채우는 교사들에 대한 따가운 시선도 존재한다(임연기, 2021). 결과적으로 현행 농어촌 교원 관련 법제는 간신히 교원을 확보하는 일을 감당하고 있을 뿐이며, 농어촌 교육의 질적 발전에는 이렇다 할 역할을 하지 못하고 있다.

우리 법은 지역 실정을 살려서 교육활동을 전개할 수 있도록 교원을 배치할 것을 규정하고 있다. 농어촌 학교 교원 법제의 발전 방향을 정립하기 위해서는 농어촌 학교의 변화상에 주목할 필요가 있다. 이 점에서 주목할 사실은 다음 두 가지이다(김용, 2021). 첫째, 통합운영학교가 늘어나고 있으며, 향후 그 수가 더 확대될 것이라는 사실이다. 인구가 급감하는 농어촌 지역에서는 학교 통폐합 외에 서로 다른 학교급의 학교를 통합하여 운영하는 사례가 확대되고 있다. 통합운영학교가 통합의 잇점을 살려 적극적으로 교육활동을 전개하기 위해서는 교원 제도의 변화가 필요하다. 둘째, 농어촌 학교는 도시학교에 비하여 훨씬 다양한 사람들을 대상으로 다양한 기능을 수행하게 될 것이다. 인구 감소 지역에서는 학교 시설을 복합화하고, 학교가 사회 센터(social center)로서의 기능을 수행하게 될 것이다. 학생들의 돌봄 기능을 강화하고, 방과후학교도 적극적으로 운영할 필요가 있다. 나아가 학교는 나이 어린 학생들이 전유하는 공간이 아니라 다양한 세대가 어우러지는 공간이 될 것이다.

농어촌 학교 교육의 발전을 도모하기 위해서는 교원정책과 관련하여 다음과 같은 변화를 적극적으로 검토해야 한다. 첫째, 농어촌 학교에서 근무할 우수한 교사를 확보하는 일은 여전히 중요한 과제이다. 외국의 경우 수학이나 과학 등

교과의 우수 교사를 농어촌 학교에서 확보하는 정책을 추진하는 사례가 있다. 근래에는 다문화교육을 전개할 수 있는 교사를 확보하는 일도 중요하다. 우리 나라에서는 전보 제도를 통하여 특정 교과의 교사 부족 문제는 예방하고 있지만, 농어촌 학교와 학생들을 교육하는 데 적합한 자질과 역량을 갖춘 교원을 확보하는 일에는 개선의 여지가 상당하다. 교원 양성 과정에서부터 농어촌 교육과 학생을 이해하고 지도할 수 있는 역량을 기르고, 재교육을 통하여 농어촌 학교 학생 지도 역량을 신장하는 일이 중요하다.

둘째, 교원 자격 법제를 재검토해야 한다. 향후 농어촌 지역 통합운영학교는 계속 증가할 것이다. 현재도 통합운영학교가 있지만, 사실상 한 지붕 두 가족처럼 운영되고 있다. 교원 자격이 분리되어 있기 때문이다. 그런데, 주목할 사실은 향후 통합 학교가 여러 가지 이유로 확대될 것이라는 점이다. 실제로 일본의 '일관학교'는 농어촌 지역의 과소 학교 대책으로 시행되고 있다고 알려져 있으나, 도쿄와 같은 대도시에서도 소학교와 중학교를 통합한 일관학교가 인기를 끌고 있다. 학생들이 소학교에서 중학교로 이행하는 과정에서의 어려움을 크게 줄일 수 있다는 것이 이점으로 작용하고 있다. 이런 배경에서 일본은 '의무교육학교'라는 9년제 학교를 학교의 한 유형으로 법정하였다. 이처럼 통합운영학교를 확대하고 궁극적으로 학교를 다양화하고자 하면 교원자격제도를 개편해야 한다. 현재는 초등학교 교원 자격과 중등학교 교원 자격을 분리하고 있지만, 이것은 교육과정 체제와 부합하지 않는다. 즉, 9년 국민공통교육과정과 3년의 고등학교 교육과정으로 구성된 교육과정 체제와 6년제 초등교원 자격과 6년제 중등교원 자격이 잘 어울리지 않는다. 특히 현재는 고교 학점제를 시행하면서 고등학교 교육의 특수성을 강화하고 있다. 중학교 교육을 초등학교 교육과 결합하여 운영하는 편이 여러 가지 면에서 바람직하다. 이런 점에서 의무교육 과정 교원 자격과 고등학교 교원 자격을 분리하는 편이 바람직하다. 이것은 「초·중등교육법」의 교원 자격 조항을 개정하는 방향으로 접근해야 한다.

셋째, 농어촌 지역 단위로 장기적인 교육 발전을 꾀할 수 있도록 해야 한다. 현재는 농촌 지역 교육지원청의 교육장 권한이 매우 제한적이며, 실제로 교육장이 학교와 지역을 살리는 일에 리더십을 발휘한 사례도 찾아보기 어렵다. 지방자치단체장의 경우 임기가 최소 4년이며 선거 결과에 따라 세 차례까지 연임할 수 있다. 그들은 지역에서 오랫동안 거주한 전문가인 경우가 대부분이다. 그러나 교육장은 해당 지역 출신인 경우가 많지 않고, 임기가 고작 2년에 불과하다. 교육장 임명에도 지역에 대한 전문성을 충분히 반영하는 정책을 개발할 필요가 있다. 지역 교육의 책임자로서 교육장의 의의는 막중하며, 교육장 임용에 관하여 검토할 필요가 있다. 통합 운영학교 교장 근무 경험자, 또는 초·중등 복수 전공자로 농어촌 지역 교육장 자격을 제한하여 임명하거나 공모제를 시행하는 방안을 검토할 필요가 있다. 아울러, 교육장의 교원 인사권을 확대해야 한다. 농어촌 학교 경력 경쟁 채용 또는 교원 전보 제도 운영 과정에 교육장 참여를 보장해야 한다. 교육장에게 해당 지역 교원 전입 희망자에 대한 심사권 또는 동의권이나 거부권을 부여할 수 있을 것이다. 아울러, 재정을 확보하여 교원에 대한 특별한 재정적 지원을 할 수 있도록 해야 한다.

6. 농어촌 학교 육성 지원

오늘날 읍·면 지역은 인구감소에 따른 지역소멸의 위기에 봉착해 있고, 도시지역에도 인구감소 현상들이 나타나고 있다.[114] 이와 같은 인구감소는 교육 영역에도 막대한 영향을 미치는데 학생 수의 감소는 학교의 통합과 폐교로 이어지고, 학생의 전출과 이로 인한 지역주민의 이주로 이어져 지역소멸에까지 영향을 미친다.

정부는 1982년 소규모 학교 통폐합 정책, 2006년 농산어촌 소규모 학교 통폐합 계획과 적정규모학교 육성 계획, 2009년 적정규모학교 육성 기본 계획을 마련하여 학교의 통폐합, 통합운영학교, 이전 재배치 등의 방안으로 소규모 학교를 적정규모 학교로 육성하여 학생 수 감소에 따른 교육문제를 해결하고자 노력하고 있다. 그런데 소규모 학교의 통폐합은 교육과정 운영이나 교육효과의 측면에서 부정적 영향을 미친다. 아울러 학교가 지역사회에 미치는 영향을

---

114) 한겨레(2023. 1. 13.), "서울도 피해가지 못했다. 학생 수 감소 직격탄" 참조. 이 기사에는 서울시교육청 관내 도봉고등학교의 2022년 8월 폐교 결정 등 도심지역 학교의 학생 수 감소 문제를 다루고 있다.

고려해 볼 때 학교의 통합·폐교보다는 작은학교 살리기, 작은학교 만들기를 통해 작은학교를 좋은 학교로 만들어 보존·유지·발전시킴으로써 학생의 학습권, 학부모의 학교 선택권 등을 보장하는 것이 더 바람직하다.

농어촌 학교를 육성 및 보존하기 위해서는 학교 통폐합에 의한 학교 규모 적정화 방안과 작은학교의 보존과 지원이란 2가지의 큰 흐름에서 교육법령의 체계와 내용을 분석해 볼 필요가 있다. 우선 학교 규모를 적정화하기 위해 학교 통폐합, 통합운영학교 지정과 운영, 분교장 개편 등을 고려해 볼 수 있다. 우선 학교 통폐합은 2016년 교육부가 제시한 적정규모학교 권고기준의 범위 내에서 시·도교육감은 지역의 특성과 환경을 고려하여 시행하고 있다. 「교육기본법」 제4조제3항, 「초·중등교육법 시행령」 제51조, 제52조, 「농어업인삶의질법」 제21조제1항제1호에 근거하고, 일부 시·도교육청은 적정규모학교 육성 및 지원에 관한 조례를 제정하여 시행하거나 계획이나 지침을 마련하여 추진하고 있다. 해당 조례에는 적정규모학교에 대한 교육감의 책무, 사업 계획의 수립, 지원사업의 내용 등을 규정하고 있다.

통합운영학교는 「초·중등교육법」 제30조와 이 법 시행령 제56조에 근거를 두고 있다. 해당 법령에는 통합운영학교의 일반적인 사항만을 규정하고 교직원의 배치기준, 교육과정의 운영, 예산 편성·운영, 행정적·재정적 지원, 사무관리나 그 밖에 통합운영학교의 운영에 필요한 사항은 관할청이 정한다고 재위임하고 있다. 이에 따라 6개 시·도교육청은 전술한 적정규모학교 육성 및 지원에 관한 조례에 통합운영학교를 포함하여 규정하거나, 관리지침, 가이드라인, 추진계획 등을 마련하여 시행하고 있다.

분교장 개편은 소규모 학교를 폐지하지 않지만 학교 수를 감축하기 위한 방안으로 「초·중등교육법」 제50조, 「초·중등교육법 시행령」 제57조에 근거하나 조례나 교육규칙에는 분교장 개편의 기준이나 방법 등에 대해 정하고 있지 않다. 다만 각 시·도교육청별 「시립(또는 도립)학교 설립에 관한 조례」 등에 어떤 학교가 분교인지 여부를 정하고 있다.

학교의 폐교는 「초·중등교육법」 제65조의 폐쇄와는 다른 법적 용어로 「폐교재산활용법」 제2조, 「적정규모학교 육성 및 지원에 관한 조례」 등에 명시되어 있는데, 학생 수의 감소 및 학교 통폐합 등의 사유로 폐지된 공립학교를 말한다. 학교의 폐교는 학생 및 학부모의 교육권에 미치는 영향이 크기 때문에 폐교의 절차나 방법 등에 관한 사항은 법적 근거를 마련해야 하나, 현재 법적 근거가 명확하지 않다는 문제가 있다. 학교를 폐교할 경우 폐교재산은 공유재산으로 교육용시설, 사회복지시설 등 특정 목적에 한정하며 자세한 사항은 「폐교재산 활용법」에 규정하고 있다.

다음으로 작은학교란 용어나 개념은 일부 시·도교육청의 작은학교 지원에 관한 조례에 명시하고 있는데, 학생 수 60명 이하인 학교를 말한다. 다만 부산시교육청 등은 지역의 특색에 맞게 과밀학교·과대학교의 문제해결을 위한 학교로 재정의하고 있고, 지방자치단체도 작은학교 지원에 관한 조례를 제정하여 시행하는 경우가 있다. 작은학교와 지원에 대한 사항은 여러 법령에 분산되어 있다. 「도서·벽지교육법」 제2조의 도서·벽지학교, 「농어업인삶의질법」 제2조의 농어촌 학교, 「인구감소지역법」 제2조의 인구감소지역의 학교 등과 지역균형발전 등을 위한 「지역특구법」, 「제주특별법」, 「세종자치법」, 「강원특별법」 등과도 관련을 가진다. 작은학교 지원에 관한 법령들의 주요 내용은 국가와 지방자치단체의 책무, 작은학교 지원 계획이나 사업의 내용, 교직원에 대한 우대, 복지나 지원, 학생에 대한 지원 등에 관한 사항이며, 특히 「지역특구법」 등은 학교 설립의 권한을 기초자치단체장까지 확대하고 교육감 인가를 받도록 하는 등 다양한 교육 특례조항을 두고 있다.

향후 학교 규모의 적정화뿐 아니라 작은학교의 보존과 지원에 초점을 둔 제도나 정책을 마련할 필요가 있다.

첫째, 현행 학교 규모 적정화와 작은학교에 관한 법제는 여러 법령에 분산·중복되어 법적 지위와 성격이 매우 모호하다는 문제가 있다. 또한 농어촌 교육에 관한 법률에서는 대강의 사항만을 정하고 구체적인 사항은 시·도교육감에게 위임하고 있으며 이마저도 임의규정으로 규정함으로써 지나치게 많은 재량권을 부여하고 있다.

둘째, 작은학교의 보전과 지원을 위한 방안 마련과 제도 개선이 필요하다. 관련 현행 법령에서 교육에 관한 특례 규정을 두고 있는데 대부분 자율학교

운영과 통학구역이나 학교구에 대한 규제 완화에 그치고 있다. 농어촌 학교의 문제를 개선하는데 도움을 주고 있으나 보다 적극적으로 농어촌 학교 교육의 다양화와 특색화를 위한 방안들을 마련할 필요가 있다.

셋째, 지금까지 지방교육자치가 지방자치보다는 교육자치에 보다 비중을 두고 있었다면 앞으로는 교육자치와 지방자치의 균형과 조화를 통해 시·도교육청과 지방자치단체와의 협력관계를 구축하고, 이러한 관계 속에서 교육에 관한 사무에 대한 역할 분담이나 책임 관계를 구체화해 나갈 필요가 있다. 헌법재판소는 지방교육자치의 법적 성격에 대해 지방자치와 교육자치의 이중적 자치로서의 성격을 가진다고 밝힌 바 있다.[115]

마지막으로 교육자유특구 제도 도입에 따른 후속조치를 강구해야 한다. 「지역특구법」 제정 이후 「제주특별법」, 「세종자치법」, 「강원특별법」 등을 제정 시행하면서 현 정부는 교육자유특구 시행과 관련된 제도를 마련할 예정이다. 교육자유특구 도입과 함께 교육법령의 많은 규제요소를 없애거나 규제를 완화할 경우 한 걸음 더 학교 교육의 자율성과 다양성을 보장하여 탄력적 학교 운영이 가능할 것으로 기대할 수 있다.

7. 농어촌 학교 시설과 재정 지원

1) 농어촌 학교 시설 지원

농어촌 학교 시설 기준은 도시 학교 시설 기준과 동일하다. 도서·벽지 체육장은 도심지와 함께 지역의 여건상 기준면적 규모의 체육장 확보가 곤란한 경우 예외적인 조치를 취할 수 있도록 규정하고 있을 뿐이다. 그런데, 학교규모에 따라 차별적인 기준을 적용하고 있음으로 해서 소규모 학교의 비중이 높은 농어촌 학교는 다양한 특별실 확충 등에 있어서 제한적일 수밖에 없다.

---

115) 헌재결, 2000. 3. 30., 99헌바113, 판례집 12권 1집, 369쪽. 지방교육자치는 '민주주의·지방자치·교육자주'라고 하는 세 가지의 헌법적 가치를 골고루 만족시킬 수 있어야만 하는 것이다. '민주주의'의 요구를 절대시하여 비정치기관인 교육위원이나 교육감을 정치기관(국회의원·대통령 등)의 선출과 완전히 동일한 방식으로 구성한다거나, '지방자치'의 요구를 절대시하여 지방자치단체장이나 지방의회가 교육위원·교육감의 선발을 무조건적으로 좌우한다거나, '교육자주'의 요구를 절대시하여 교육·문화분야 관계자들만이 전적으로 교육위원·교육감을 결정한다거나 하는 방식은 그 어느 것이나 헌법적으로 허용될 수 없다.

노후시설의 개선, 시설 현대화 추진에 있어서 법령에는 농어촌 학교 시설과 설비의 우선적 지원을 명시하고 있으나 강제성이 없어 실효성은 미약하다. 현실적으로 도시 학교의 경우도 노후시설 개선수요가 적지 않고, 시설개선에는 막대한 예산 투입이 불가피하기 때문이기도 하다. 사실 학생 수가 급격히 감소하고 있는 농어촌 학교는 매몰비용을 우려하여 적절한 시설개선 노력을 망설이게 할 수도 있는 실정이다.

최근 도서 지역 학교 관사에서 불미스러운 사건이 발생하여 도서 지역 교원의 열악한 근무환경이 사회쟁점화된 바 있다. 그러나 시간이 지나면서 묻히고, 제도 개선에까지 이르지 못하였음을 상기할 필요가 있다. 「학교안전법」은 교육활동 중에 발생한 사고의 예방과 보장만을 규율하고 있어서 일과 시간 이후 학교 관사 생활의 안전에 대해서는 보장을 하고 있지 않다(임연기 외 2016: 2~3).

최근의 공간혁신·학교 시설 복합화 계획은 단순한 노후시설 개선을 넘어 학교 시설의 교육활동 적합성과 편의성·심미성 제고 차원에서 진일보한 조치라고 평가할 수 있다. 다만 공모사업 등을 통해 선택적·단계적으로 추진할 수밖에 없기 때문에 학교 간 시설의 격차를 줄이는 데 한계가 있다. 학교 시설 복합화는 조례 제정 등의 법적 근거를 확보할 필요가 있다. 농어촌 지역의 학교 시설 복합화 추진에 대해서는 추가적인 논의가 필요한 상황이다.

농어촌 학교 시설과 설비 법령에서 가장 중요하게 고려해야 할 변수는 무엇보다 학생 수 감소추세이다. 5년, 10년, 그 이후 농어촌 학교의 모습을 전망해 보자면 농어촌 학교는 학생 수 감소라는 도도한 흐름을 거스를 수 없으며, 학교 소규모화를 넘어 영세화 추세가 지속될 것이다. 지역에 따라 자연 소멸학교가 속출하고, 전략적인 학교통합 수요가 발생할 것이다. 다른 한편 농어촌 학교를 보존하고 육성하려는 관계자의 열정적인 노력이 이어지고, 이를 지원하기 위한 지원 수요가 증가할 것이다.

이와 같이, 지속적인 학교 폐교 압력과 이를 극복하려는 작은학교 살리기 활동이 병존하는 상황에서, 농어촌에 남아있는 학생들의 학습권을 어떻게 안정적으로 보장하느냐가 가장 중요한 과제이다. 인위적으로 학교 문을 닫아 가는 경우, 가정에서 학교공간으로의 접근성 악화를 피할 수 없다. 통학버스 서비스를 확충해도 학생들의 통학 부담이 커져서 기회의 공정성 차원에서 문제이다. 영세한 교육여건을 고수하면서 작은학교를 존속하고자 하는 경우, 학생들에게 제공하는 교육 프로그램의 질을 유지하고 향상시키는 데 어려움이 크다. 농어촌 작은학교는 다면적·복합적 학습결손 학생들의 비중이 더욱 높아지고 있는 만큼 복지적 관점에서 늘어나는 돌봄과 특별 프로그램 수요의 확대를 감당하기도 쉽지 않다. 학교 폐교와 육성 정책 모두 가시밭길이다.

농어촌 학교의 학생 수 감소추세를 감안해 볼 때, 농어촌 학교를 모두 소멸시키거나 모두 육성할 수 없는 즉, 학교 통폐합 정책과 육성정책 모두 임계 지점에 다가오고 있다. 이제 농어촌 학교는 학교 통폐합이든, 보존과 육성이든 개별 단위학교 수준에서 검토하고 추진하는 단계를 넘어서고 있다. 정부의 지원을 바탕으로 해당 지역이 중·장기적 관점에서 지역의 특수성을 고려하여 다양한 학교 운영체제를 선택하여 발전을 도모해야 할 지점에 와 있다. 지금의 단위학교 학구보다 더 넓은 지역 수준에서 중심형 학교체제와 분산형 학교체제 또는 절충형 체제로 분화하여 농어촌 학교의 발전을 추구해야 한다.

지역 중심형 학교체제를 구축하려면 학교 재구조화·재배치 추진이 불가피하다. 동일 학교급 간의 수평적 통합뿐만 아니라 인근 학교급 간의 수직적 통합[116]도 활발하게 추진해야 한다. 아울러 자연적 소멸이든 인위적 통합을 추진하든 유치원과 초등학교 저학년 수준의 학생들이 집에서 근거리 통학이 가능한 '분교형 마을학교' 운영모델의 도입을 검토할 필요가 있다. 분산형 학교체제에서는 학교 간, 학교 급간 연계를 강화한 연합형 공유 학교체제를 구축하여 운영해야 한다. 농어촌 학교를 특정 농어촌 지역에 국한한 독립적인 기관으로서가 아니라 '공간의 개념'으로 인식하고, 여러 지역 학생들이 공유하는 학교유형을 발전시켜야 한다.

결국 농어촌 학교 시설과 설비의 확충, 유지와 개선을 합리적으로 추진하려면 학생 수의 급격한 감소추세에 어떻게 대응할 것인지에 대한 통찰을 바탕으로 합리적인 의사결정을 선행해야 한다. 점차 의사결정을 지연하기 어려운 국

---

116) 학교급 간의 수직적 통합에 대해서는 임연기 외(2020), 세계의 통합학교, 임연기(2021), 통합운영학교의 쟁점과 발전방향 참조.

면에 다가가고 있다. 집중형 체제, 분산형 체제 또는 절충형 체제 중에서 집중형 체제를 선택한다면 지역별로 지역중심학교 시설모델을, 분산형 체제를 선택한다면 초미니 학교 시설모델을 개발할 필요가 있다. 아무튼 조만간 학생 수 감소에 따른 학교 통합은 물론 신설, 이전, 개축 수요가 급격하게 발생할 수 있으며, 이에 적절히 대처할 수 있는 준비가 필요하다 하겠다.

2) 농어촌 학교 재정 지원

단위학교 소요 기본경비는 법령에 따라 안정적으로 지원하고 있다. 학교운영비는 학교급, 학교유형, 학급 수, 학생 수를 고려하고, 학교규모에 따라 교육비 차이도를 적용하고 있다. 교육복지 지원비는 지역 간 균형비와 계층간 균형비로 구분하여 지원한다. 지역 간 균형비는 면적당 학교 수 비율에 따라 단위학교의 관할 면적이 넓은 농어촌 지역 학교에 유리하게 지원하고 있다. 지역 간 균형발전을 위한 조례에서는 학교환경 차원에 국한하여 균형발전을 도모하고 해당 예산확보를 임의조항으로 규정하고 있다. 계층간 균형비는 지원대상자 수에 비례하여 지원한다.

농어촌 방과후학교 사업비는 유일하게 도시지역과 구분하여 책정한 단위비용을 농어촌 학교에 유리하게 차등으로 지원하고 있다. 그 비율은 법령에 명시하지 않고 있으므로 안정적이지는 않다. 자구노력을 기울이고 있는 작은학교는 대부분 방과후학교의 맞춤형 특색 프로그램을 바탕으로 지역 토착 학생 이외의 도시학생을 경쟁적으로 유치하고, 학교 존속을 도모하고 있다. 자유수강경비는 대상자에 비례하여 지원하고 있다. 농어촌 방과후학교의 가장 큰 문제는 우수한 강사의 확보, 다양한 프로그램 개설의 한계에 있다는 점이다. 공동운영이 필요하지만 현실적으로 쉽지 않은 실정이다.

앞서 언급했지만 학생 수 감소로 인하여 학교 통폐합, 통합운영학교 지정 수요의 증가에 따라 시설비 지원이 대폭 증가할 것으로 예상할 수 있다. 학교 신설, 이전, 증설, 개축, 증축 등의 복잡한 과제가 산적해 있다. 정부는 시설비 지원과 함께 학교 통폐합 인센티브를 자구 노력 경비로 상징화하고 단계적으로 늘려 왔다. 그런데 학교 통폐합 인센티브 지원은 적절성 논란을 불러일으키고 있다. 즉, 한편으로는 통폐합 이해당사자들을 달래기 위한 무마용 지원금으로써 통폐합을 결정하는 데 실질적인 영향을 미쳐 통폐합을 유인하는 작용을 하고 있고, 학교를 잃은 학생과 학부모, 지역사회 인사들을 위한 보상적 조치 차원에서 긍정적인 기능을 하고 있다. 다른 한편으로는 학교 통폐합 지원금이 지역주민과 학부모들의 합리적인 통폐합 의사결정을 왜곡시키는 작용을 하고 있고, 법령에 따라 기금으로 운용하고 있으나 공정하지 않고 교육적이지 않다는 지적도 있다. 무마용 지원금을 중단해야 한다는 주장도 제기되고 있다. 신중하게 검토해야 할 미결의 과제라고 본다.

농어촌 학교 학생 수의 지속적인 감소추세 속에서 무엇보다 농어촌 학교 재정의 비효율성에 대한 논란이 수면 위로 떠오를 것이다. 학교규모가 영세화할수록 농어촌 학교를 운영하는 데 필요한 재정부담은 커질 수밖에 없다. 이는 작은학교의 폐교 압력으로 작용할 것이다. 그러나 학교 통폐합을 통해 재정적 효율성을 제고시키는 데 한계가 있다는 점에 문제의 심각성이 있다. 학교 통폐합을 반대하는 진영에서는 작은학교 재정운영의 비효율성을 과장 또는 왜곡하고 있다고 주장한다. 학교 통폐합 이후 학생 통학지원 경비가 크게 늘어나는 등 재정운영의 효율성 제고에 도움을 주지 않는다는 실증적 근거를 제시하고 있기도 하다(임연기·강충서, 2021: 62).

농어촌 작은학교를 보존하고 육성하는 데 필요한 재정부담이 점점 더 늘어날 것으로 쉽게 전망할 수 있다. 정부의 재정여건이 어려워지는 경우 작은학교 재정지원 확충에 심각한 어려움이 발생할 것이다. 이에 따라 농어촌 학교의 질적 수준이 나빠지는 악순환을 겪는 어두운 전망을 내릴 수 있다. 농어촌 학교 유지에 필요한 재정부담의 증가와 투입예산의 적정화 요구를 절충할 수 있는 접합점을 찾아야 하는 과제를 안고 있다. 국민들이 농어촌 학교의 가치를 재정적 효율성보다 우선해서 지켜야 한다는 공감대를 폭넓게 형성하도록 할 필요가 있다.

8. 종합

농어촌 학령인구의 지속적인 감소는 농어촌 학교 규모의 영세화, 교육력 약화로 이어지고 있다. 농어촌 중에서도 행정구역상의 읍·면 지역 그리고 도서·벽지 지역 간에도 학생 수 감소추세가 확연하게 다르게 나타나고, 취약한 지역에서는 자연적인 학교소멸이 속출하며, 지역주민의 동의에 따른 인위적인 학교폐쇄도 더욱 더 늘어날 것이다. 이러한 비관적인 전망 속에서도 작은학교를 살리려는 노력이 이어지고, 일부 지역에서 도시 학교로부터 농어촌 학교로의 역류이동 수요가 발생하고 있음은 고무적인 일이다.

OECD 다수의 회원국 역시 농어촌 지역에서 상대적으로 규모가 작은 학교를 유지하는 비용의 증가에 따른 재정적 비효율성 문제에 직면하여 작은 학교를 폐쇄하거나 학교 간 통폐합을 활발히 전개해 왔다. 다만 소외지역 학생들의 학습권을 헌법에서 보장하고 있기 때문에 농어촌 학교의 가치를 재정적 문제로만 치환할 수 없어 학교폐쇄 조치와 병행하여 농어촌 학교를 보전하고 육성하려는 정책적·실천적 노력을 기울이고 있다(임연기, 2022: 73).

이러한 맥락에서 농어촌 교육법령이 안고 있는 과제를 헌법적 가치실현 차원에서 재차 숙고할 필요가 있다. 우리나라 「헌법」은 제10조 인간으로서의 존엄과 가치와 행복추구권, 제34조 인간다운 생활을 할 권리를 보장하고 있다. 또한 제117조에서 지방자치의 원리, 제119조 사회적 경제질서의 원리와 국가의 균형발전, 제123조의 농어업인의 보호와 육성을 규정하여 도시 지역뿐 아니라 농어촌 지역 주민들이 인간다운 삶을 살아 갈 수 있도록 국가의 적극적 개입과 의무를 특별히 규정하고 있다. 「헌법」이 보장하고 있는 평등권은 형식적 평등이 아닌 실질적 평등을 의미하는 것으로 적극적 평등실현조치(affirmative action)를 포함하는 개념이다. 적극적 평등실현조치란 열악한 처지에 놓인 사회적 약자에게 불평등한 처우나 환경을 보상하기 위해 "평등을 위한 차별"을 허용함으로써 평등권을 보장하려는 정책적 조치이다(이종근, 2015: 125)[117]. 역사적 또는

---

117) 우리 헌법재판소도 적극적 평등실현조치를 인정하고 있는데 같은 의미로 잠정적 우대조치란 종래 사회로부터 차별을 받아 온 일정 집단에 대해 그동안의 불이익을 보상하여 주기 위해 그 집단의 구성원이라는 이유로 취업이나 입학 등의 영역에서 직·간접접으로 이익을 부여하는 조치를 뜻한다고 판시한 바 있다(헌재, 1999. 12. 23., 98헌마363, 판례집 11-2).

사회구조적인 이유에서 불평등한 취급을 받았던 집단에게 그러한 차별취급으로 인한 불이익을 보상해 주기 위해 다른 집단과 평등한 상태를 국가가 직접 실현하기 위한 조치로 평등한 경쟁의 기회를 보장하는 데 그치지 않고 취업이나 학교의 입학 등에서 할당제를 실시하여 결과에 있어서의 평등을 실현하려는 정부의 적극적·구체적·잠정적·보상적 정책인 조치를 말한다(이희훈, 2010: 125). 농어촌 교육은 도시 지역에 비해 물적·인적 등 교육환경에 있어 상대적으로 열악하고 이와 같은 사회구조적 문제를 해결하기 위해 농어촌 학교에 대한 우선적 지원과 교육규제 완화와 특례, 그리고 농어촌 학교 학생에 대한 복지와 지원, 취업과 취학에 대한 특별조치 등을 통해 적극적 평등을 실현하려는 것이 헌법의 이념이며 가치이다.

「헌법」 제31조의 교육을 받을 권리는 학자에 따라 여러 의미로 해석할 수 있지만, 교육을 받을 권리의 최소 요건은 교육에 대한 기회보장이며, 농어촌 교육에서는 교육에 대한 접근권 보장이 중요하다. 학교를 폐교하는 것은 교육에 대한 접근 기회를 제한하여 학생의 교육권의 본질을 침해하는 것이다. 학교를 폐교하기보다는 작은학교로 보전함으로써, 또한 불가피할 경우 학교를 통합하거나 통학을 보장하거나 기숙형 학교를 통해 교육에 대한 접근권을 보장하려는 일련의 정책이나 조치들은 헌법상의 교육권을 보장하기 위한 국가의 의무 이행으로 볼 수 있다.

농어촌 교육에 대한 우선적 지원과 차별적 조치 등은 현행 헌법이 보장하는 이념과 가치에서 출발하고 있으며, 법제적 측면에서 헌법적 가치를 구체화하기 위해 여러 법률을 제정하여 시행하고 있다. 농어촌 교육에 대한 법령은 연혁적으로 1967년 「도서·벽지교육법」, 1999년 「폐교활용법」, 2004년 「농어업인삶의질법」, 2022년 「인구감소지역지원특별법」 등이 있다. 「농어업인삶의질법」을 제정한 이후 2015년부터 시·도교육청은 「적정규모학교 지원에 관한 조례」, 「작은학교 지원에 관한 조례」, 「폐교학교 재산의 활용 및 처분에 관한 조례」 등을 제정하여 시행하고 있다.

종합건대, 현행 농어촌 교육법령 체계는 농어촌 교육의 헌법적 가치를 구현하기에는 매우 부족하고 미비하다고 평가할 수 있다. 첫째, 농어촌 교육법령은 국가와 지방자치단체의 책무와 지원사업의 내용을 중심으로 규정하고 있는데,

상당 부분 거의 대동소이하고 중복적이고 분산되어 있으며, 농어촌 교육 전반에 관한 사항을 규정하지 않고 일부에 치중하고 있다. 또한 지방자치단체의 조례에서도 농어촌 학교에 적용하는 규정들이 여러 조례에 흩어져 있고, 일부 시·도교육청에서는 농어촌 교육에 대한 최소한의 법령체계를 갖추지 못하고 있는 형편이다. 따라서 농어촌 교육의 진흥을 위한 종합적이고 체계적인 독립법령을 마련하여 시행할 필요가 있다. 우선적으로「교육기본법」제3장 교육의 진흥에서 농어촌 교육 진흥에 관한 근거 조문을 마련하고, 이에 근거하여 농어촌 교육 전반에 관한 사항을 통합적으로 규율하는 별도의 법률을 제정하여 시행해야 한다. 농어촌 교육법령의 통합화·체계화 과정에서 농어촌 교육 지원 대상의 통합과 조정이 불가피하며, 농어촌 지역에 대한 재정의를 시도할 필요도 있다.

둘째, 농어촌 교육 관련 법령들의 입법태도에 문제가 있다. 농어촌 교육 관련 법령의 입법태도를 살펴보면 법률에 농어촌 교육에 관한 대강의 사항을 규정하고 시행령에 위임하고 있으며, 시행령에서 다시 교육감에게 재위임하는 형태를 띠고 있다. 또한 이들 법령의 조문들은 강행규정이 아니라 대개 임의규정의 형태를 띠고 있다. 이와 같은 입법태도는 농어촌 교육법령 체계의 완성도를 떨어뜨리고 있다. 임의규정으로 인해 예산 확보 등이 곤란하고 행정적 조치를 취하기 위한 법적 근거로서 미흡한 현실적 한계를 가진다. 시·도별로 교육행정기관의 재량에 의해 농어촌 교육의 지원 대상과 수준, 방법은 물론 사용하는 용어조차 심한 차이가 발생할 수도 있어서 매우 우려스럽다. 농어촌 교육에 관한 법령들의 입법태도를 개선하여 국가의 역할과 책임을 명료화하고, 임의규정에서 강행규정으로 개정함으로써 농어촌 교육법령의 실효성을 제고할 필요가 있다.

셋째, 현행 법령에서 담고 있는 지원 내용으로는 학생 수의 지속적인 감소 시대에 열악한 농어촌 학교의 보전과 육성에 한계가 있다는 점이다. 특히 상황이 더욱 악화될 전망이기 때문에 이에 대비해야 한다. 농어촌 학교 학생의 통학지원, 농어촌 학교를 자율학교로 지정하여 교육과정 운영의 특례 인정, 교원 인사와 수당 지급에서의 적절한 우대조치, 학교 통폐합 인센티브 제공, 공동학구제 운영 등의 수준을 넘어 더욱 과감한 특단의 조치를 마련하고 법제화해야 할 과제를 안고 있다. 몇 가지 과제를 예시적으로 제안하면 다음과 같다. 우선적으로 농어촌 지역 학제를 개편하여 초등학교와 중학교를 통합한 9년제 의무교육학교, 도서·벽지 그리고 인구감소지역을 중심으로 유치원, 초등학교, 중학교, 고등학교의 통합 학교제도를 도입한다. 현재의 통합운영학교 제도를 통합학교 제도로 전환해야 한다. 통합학교들의 교육과정은 학교급별 구분 없이 학년제로 전환하고, 이에 적합한 교원양성·자격제도를 운용한다. 다음으로 교육지원청 수준에서의 교육자치 역량을 강화한다. 일반자치, 지역인사가 폭넓게 참여하는 가칭 지역농어촌학교발전협의체를 구성하여 지역 농어촌 교육발전을 주도하는 집단적 의사결정체제를 구축하도록 한다. 기초수준의 교육자치제 도입이 어려운 현실에서 교육장의 리더십이 중요한 점을 감안하여 교육감과 4년 임기를 같이하는 개방형 교육장 공모제 도입을 신중하게 검토할 필요가 있다(임연기, 2022: 76). 아울러 기초자치단체 수준에서 자치단체와 교육행정기관이 긴밀한 협력을 도모할 수 있도록 소관 기관의 역할과 책임을 각각 명확하게 정하여 법제화한다. 끝으로 농어촌 학교의 방과후 교육활동 재정지원을 법정화한다. 농어촌 방과후 학교의 강사 확보, 방과후 교육프로그램의 다양화와 질적 향상, 학교 간의 공동 방과후 프로그램 운영 등에 필요한 경비를 안정적으로 지원하도록 한다.

참고 문헌 | REFERENCE

강경근(1999), 평생교육과 헌법, 공법연구, 27(1), 121-134.

강원특별자치도교육청(2021), 강원특별자치도초등학교 교육과정 편성·운영 지침, 고시 제 2021-10호.

강은주(2014), 학교 적정규모 관련 법제의 타당성 및 실효성 분석, 탐라문화, 47.

경기도교육청(2021), 경기미래학교 공간혁신 사례집, 미래둥실.

경기도교육청(2023), 2023 경기도교육청 교원인사실무편람(초등)

경상남도교육청(2021), 초등 복식학급운영 길잡이.

경상남도교육청(2022), 2023학년도 경상남도 초등학교 교육과정 편성·운영 지침.

경상북도교육청(2021), 작은학교 교육경쟁력 강화를 위한 2021년도 적정규모 학교육성 계획 (2021. 4. 5.).

교육개혁위원회(1996), 세계화·정보화 시대를 주도하는 신교육체제 수립을 위한 교육개혁 방안(Ⅱ).

교육부(1994), 국민학교 교육과정 해설(Ⅱ), 대한교과서주식회사.

교육부(2015), 초·중등학교 교육과정 총론, 교육부 고시 제2015-74호.

교육부(2016), 적정규모 학교 육성 강화 및 폐교 활용 활성화.

교육부(2019), 학교공간 혁신사업 가이드라인.

교육부(2019), 학교시설 환경개선 5개년 계획.

교육부(2021), 2021년 기숙형고등학교 지정 현황(2021. 3. 1. 기준).

교육부(2021), 2022 개정 교육과정 총론 주요사항(시안).

교육부(2021), 그린스마트 미래학교 종합 추진계획(안).

교육부(2022), 교육부 고시 제2022-00호, 초·중등학교 교육과정 총론(행정예고본).

교육부·한국교육개발원(2022), 2021년 고교학점제 도입 기반 조성 사업 교과특성화학교 운영 사례집.

교육부·한국교육시설안전원(2021), 그린스마트 미래학교 도움자료, 학교와 지역사회를 연 결하는 학교복합화.

구신서(2013), 농어촌 교육발전 특별법의 의미와 내용, 농어촌 교육발전 특별법 제정을 위한 공청회(국회의원 김세연·박혜자·이낙연·정진후, 전라남도교육감, 농산어촌 학교살 리기 전국대책위원회).

권세훈(2021), 교육의 무상성과 의무교육에 관한 제도보장의 비교연구: 한국과 프랑스를 중 심으로, 법학논고(경북대학교 법학연구원), 72, 41-68.

권순형(2022), 교육정책 분석과 예측을 위한 시뮬레이션 기법의 활용 가능성과 한계: 공동학구제 정책을 중심으로, 교육행정학연구, 40(1), 317-342.

권영성(2002), 헌법학원론, 서울: 박영사.

김기수 · 김현자 · 김성기 · 김승보 · 황준성(2019), 미래교육을 위한 학제혁신방안, 경기도교육연구원.

김도기 · 이재덕(2020), 농촌학교 활성화를 위한 교육모델 개발 및 확산 방안 연구, 농어업인의 삶의 질 향상 심층연구(한국농촌경제연구원, 한국교원대학교).

김수홍(2017), 도농간 교육격차 해소를 위한 법적 과제, 동북아법연구(전북대학교 동북아법연구소), 10(3), 583-607.

김순은(2005), 우리나라 지역특화발전특구제도와 일본 구조개혁특구제도의 비교분석, 지방행정연구, 19(1), 159-186.

김용(2021), 농어촌학교 우수교원 확보와 처우 개선을 위한 법제 발전 방안, 교육법학연구, 33(3), 1-20.

김해룡(2012), 지역개발 및 지원에 관한 법률제정안의 문제점과 개선방안, 토지공법연구(한국토지공법학회) 56, 2-14.

김현자 · 박승열 · 박휴용 · 오재길 · 전혜령(2020), 미래지향적 초 · 중 통합운영학교 교육과정 구성 방안, 정책연구 2020-14, 경기도교육연구원.

김회목(1987), 사회과 국민학교 교육과정 해설. 파주: 교육과학사.

남호엽(2015), 교육과정의 지역화와 의미 경합의 지리, 사회과교육, 51(3), 167-178.

농촌진흥청(2019), 2018 농어업인등에 대한 복지실태 조사보고서.

대한교육법학회(2022), 교육법의 이론과 실제, 서울: 교육과학사.

류방란 · 김경애 · 김근태 · 김두환 · 남기곤(2018), 인구절벽시대 교육정책의 방향 탐색, 한국교육개발원 현안보고 OR 2018-05.

민용성 · 권점례 · 박상복 · 김영은 · 조기희(2020), 농어촌 소규모 중학교의 교육과정 편성 · 운영 실태 분석, Issue Paper 제11호, 한국교육과정평가원.

민창욱(2015), 공교육에 대한 국가의 규율 권한, 저스티스, 통권 147호, 5-52.

박삼철(2011), 농산어촌 유형화의 관점에서 본 한국의 농산어촌 교육정책, 교육행정학연구, 29(4), 253-273.

박혜진 · 김규섭 · 김순영 · 김영주 · 신묘철 · 최지숙(2019), 적정규모학교 육성 지원기금 효율적 운영방안. 충남교육청정책연구소.

배영주(2019), 지방자치단체 '마을교육공동체' 사업의 실천공동체(CoP)적 운영 방안 탐색, 교육문화연구, 35(3), 209-228.

법제처(2013), 헌법주석서Ⅱ.

법제처(2013), 헌법주석서Ⅲ.

서지영·임찬빈·김정효(2013), 인정 교과서 정책 개선 방안, 한국교육과정평가원.

성낙인(2023), 헌법학, 서울: 법문사.

성열관(2006), 교육특구의 수사와 논리, 교육비평 제21호.

성열관·강에스더·이형빈(2019), 저출산시대 도래에 따른 통합운영학교 교육과정 효율적 편성·운영 방안 연구, 교육부.

성이용(2020), 우리나라 폐교유형과 활용 연구-국내 폐교 사례를 중심으로, 교육시설, 27(2).

안새롬(2017), 농촌체험교육의 환경교육적 이해-경기도 농촌교육농장 사례를 중심으로, 서울대학교 대학원 석사학위논문.

양건(2021), 헌법강의, 서울: 법문사.

우명숙(2011), 적정규모 학교 육성 정책, 한국교육시설학회지, 18(5), 16-19.

이기우(1997), 지방교육자치제도의 개선방향, 시민교육연구, 24, 33-48.

이기우(1999), 교육자치와 학교자치 및 지방교육행정제도에 대한 법적검토, 교육법학연구, 4, 37-67.

이덕난(2021), 농어촌 교육 법제의 주요 내용과 입법체계상 특징 및 입법 대안 검토, 교육법학연구, 33(3), 243-271.

이덕난(2022), 농어촌 통학여건 개선을 위한 정책적·입법적 과제, 2022 제1차 농어촌학교 희망 포럼: 인구감소시대 농산어촌 교육 정책 방향 모색. 교육부·충남교육청·공주대학교 중앙농어촌교육지원센터.

이승미·박순경·권유진·민재원·손지현·이병호·정수임·황은희(2013), 국가 수준 교육과정 형식 체제 개선 방안 연구, 한국교육과정평가원.

이재림(2011), 소규모 학교의 적정규모학교 육성을 위한 재구조화 방안, 한국교육시설학회지, 18(5), 33-38.

이준일(2019), 헌법학강의, 서울: 홍문사.

이지유·이종국(2020), 통합운영학교의 운영 실태 및 성과에 관한 연구: 문헌조사를 중심으로, 한국교육녹색환경연구원학술지, 19(4), 55-59.

임연기(2006), 한국 농촌교육 정책의 변천과 그 특성 및 과제, 교육행정학연구, 24(4), 27-49.

임연기(2012a), 농산어촌 연중돌봄학교 육성사업의 추진내용과 성과 분석, 교육행정학연구, 30(2), 153-177.

임연기(2012b), 농산어촌 전원학교 육성사업의 특징 및 성과 분석. 교육행정학연구, 30(3), 43-65.

임연기(2015a), 농산어촌 우수고 육성사업의 특성과 성과분석, 교육연구, 29(2), 49-74.

임연기(2015b), 한국 방과후학교 정책의 추진 과정과 특성 분석, 교육행정학연구, 33(4), 125-145.

임연기(2016), 통합운영학교의 쟁점과 발전과제, 교육연구, 31(1), 1-24.

임연기(2021a), 통합운영학교의 쟁점과 발전 방향, 「초 · 중 · 고 통합운영학교 발전방향과 과제」, 한국교육행정학회 · 공주대학교 중앙농어촌교육지원센터 공동주최 특별포럼 자료집.

임연기(2021b), 딜레마와 교육정책: 한국 농촌학교의 딜레마 상황과 정책대응. 서울: 학지사.

임연기(2021c), 교육부 주요 농어촌 교육여건 개선 추진사업. 공주대학교 중앙농어촌교육지원센터 미발간 내부자료.

임연기(2022), 인구감소시대 농촌교육의 정책적 대응방안 탐색, 교육현안보고서(교육정책네트워크) 제8호, 한국교육개발원.

임연기 · 강충서(2021), 한국 농촌교육 법제의 쟁점과 발전과제, 교육법학연구, 33(3), 41-72.

임연기 · 김용 · 이진철 · 정현용 · 곽효정 · 신정은 · 김운정(2016), 도서벽지 교육진흥 및 안전관리를 위한 정책연구, 교육부.

임연기 · 김진숙 · 정현용(2017), ICT 활용 농어촌 스마트 방과후학교 운영모델. 한국교육개발원.

임연기 · 김혜경 · 김균희(2022), 농어촌 소규모 학교의 화상교실 활용 공동 교육과정 운영에 대한 교수자와 학습자의 학습효과 인식 분석, 교육공학연구, 38(1), 274-296.

임연기 · 박삼철 · 김병찬 · 강충서 · 히고 코우세이(2020), 세계의 통합학교: 제도와 운영 사례. 파주: 성안당.

임연기 · 장덕호 · 백남진 · 정현용(2018), 서울형 통합운영학교 모델 및 운영체제 개발 연구, 서울특별시교육청.

임연기 · 정택희 · 장덕호 · 최준렬 · 홍후조 · 김규태 · 박삼철 · 히고(2012), 초 · 중 · 고 통합 운영학교 발전방안, 교육과학기술부 · 공주대 한국농촌교육연구센터.

임연기 · 조덕제(2023), 2022 농어촌 교육여건 개선사업 추진실적 및 운영사례. 교육부 · 공주대학교 중앙농어촌교육지원센터.

장영수(2018), 교육의 기회균등의 헌법적 의미와 개선방향, 고려법학(고려대학교 법학연구원) 제89호, 1-41.

장영철(2022), 헌법학, 서울: 박영사.

전라북도교육청 보도자료(2021), 전북교육청, 초 · 중 기초학력 보조교사제 운영 ··· 대학생 · 학부모 자원봉사 활용 학습더딤 학생 집중 지원, 2021. 3. 8.

전윤경(2021), 교육제도법정주의 측면에서 본 자율형 학교 관련 법제화 논의, 교육법학연구, 32(2), 215-239.

정미경 · 박상완 · 이상은(2021), 탄력적 교육체제 모델로서 초 · 중 통합운영학교의 현황과 과제, 교육문화연구, 27(4), 29-52.

정미경 · 허주 · 권순형 · 민윤경 · 박상완 · 이상은(2020), 공교육 혁신을 위한 탄력적 교육 체제 운영 방안: 통합운영학교 도입을 중심으로, 연구보고 RR 2020-01, 한국교육개발원.

정순원(2021), 학교폭력 조치사항의 학교생활기록부 기록 · 보관 등에 관한 헌법적 쟁점 고찰, 헌법학연구, 27(1), 165-201.

정순원 · 이덕난(2022), 통합운영학교의 법제 현황과 과제, 2022년 추계 연합학술대회 자료집(대한교육법학회 · 한국교육정치학회).

정재황(2014), 의무교육에 관한 헌법적 고찰, 헌법학연구(한국헌법학회), 20(3), 119-163.

정재황(2021), 헌법학, 서울: 박영사.

정진환(2002), 자율학교의 확대적용에 따른 농어촌 고교의 운영 방안, 사학, 10-16.

조승우 · 김경식(2019), 작은학교 자유학구제 실천사례 연구, 2019 한국교육사회학회 연차학술대회 자료집.

조창희 · 이화룡(2015), 농어촌 소규모 학교의 통합 전후 교육여건 비교 분석 연구, 교육시설(한국교육시설학회), 22(6), 3-11.

최병관 외(2021), 그린스마트 미래학교사업 지원관리 위탁용역, 공주대학교 산학협력단.

최필선 · 민인식(2015), 부모의 교육과 소득수준이 세대 간 이동성과 기회불균형에 미치는 영향, 사회과학연구(동국대학교 사회과학연구원) 22(3), 31-56.

충청북도교육청(2021), 학생의 학교선택권 확대 및 교육만족도 제고를 위한 2022 작은학교 공동(일방)학구제 운영 계획.

통계개발원(2008), 농어촌 유형별 지표개발 보고서.

한국교육개발원(2020), 2021 방과후학교 운영 길라잡이.

한유경 · 박상완(2016), 미래지향적 교육체제 조성을 위한 정책방향과 과제, 교육부정책연구 과제 2016-38.

한진호 · 임유나 · 홍후조(2022), 교육과정 지역화의 문제와 개선 방향, 교육과정연구, 40(2), 153-154.

한춘희(2015), 지역화 교과서의 바람직한 개발 방향-'서울의 생활'을 중심으로, 한국사회과 수업학회 학술대회지, 30-43.

허영(2016), 한국헌법론, 서울: 박영사.

홍은광(2018), 인구절벽 시대의 농산어촌과 지방교육 정책, 교육비평, 제42권.

Andrews, M., Duncombe, W., & Yinger, J.(2002). Revisiting economies of size in American education: are we any closer to a consensus?. *Economics of education review*, 21(3), 245-262.

Bard, J., Gardener, C., & Wieland, R.(2006). Rural School Consolidation: History, Research Summary, Conclusions, and Recommendations. *Rural Educator*, 27(2), 40-48.

Cuervo, H.(2016). Understanding social justice in rural education. Springer.

Duncombe, W. & Yinger, J.(2007). Does school district consolidation cut costs?. *Education Finance and Policy*, 2(4), 341-375.

European Commission, EACEA & Eurydice.(2013). *Funding of Education in Europe 2000-2012: The Impact of the Economic Crisis*. Publications Office of the European Union, Luxembourg.

Eurostat(2019). Methodological manual on territorial typologies(2018 Edition)., https://ec.europa.eu/eurostat/web/products-manuals-and-guidelines/-/KS-GQ-18-008.

Gill, P. E.(2017). A case study of how an Irish island school contributes to community sustainability, viability and vitality. *Australian and International Journal of Rural Education*, 27(2), 31-45.

Howley, C., Johnson, J., & Petrie, J.(2011). *Consolidation of Schools and Districts: What the Research Says and What It Means.* Boulder, CO: National Education Policy Center.

Human Rights and Equal Opportunity Commission(HREOC)(2000). 'Recommendations' national inquiry into rural and remote education. Canberra: Commonwealth of Australia.

Johnson, J., Showalter, D., Klein, R., & Lester, C.(2014). *Why Rural Matters 2013-2014: The Condition of Rural Education in the 50 States.* Washington, DC: Rural School and Community Trust.

OECD(2021). Delivering Quality Education and Health Care to All: Preparing Regions for Demographic Change. OECD Rural Studies, Paris: OECD Publishing. p. 57., https://doi.org/10.1787/83025c02-en.

OECD/EC-JRC(2021). *Access and Cost of Education and Health Services: Preparing Regions for Demographic Change.* OECD Rural Studies, Paris; OECD Publishing., https://doi.org/10.1787/4ab69cf3-en.

법규 · 법안

「가평군 학생 교통비 지원 조례」

「강원특별자치도교육청 학생 통학지원 조례」

「강원특별자치도 농업 · 농촌 체험교육장 육성 및 지원 조례」

「강원특별자치도 작은학교 지원에 관한 조례」

「강화군 저소득 등 청소년 교통비 지원에 관한 조례」

「경기도 농어촌학교 학생 통학 교통비 지원 조례」

「경기도 학생통학지원 조례」

「경기마을교육공동체 활성화 지원에 관한 조례」

「경상남도 농어촌 학생통학지원조례」

「경상북도 자율학교등 지정 · 운영에 관한 규칙」

「경상북도 학생통학지원 조례」

「고등교육법」

「고등교육법 시행령」

「고창군 농어촌기숙형학교 교육경비 보조에 관한 조례」

「곡성군 농어촌학교 학생 교통비 지원 조례」

「공교육 정상화 촉진 및 선행교육 규제에 관한 특별법」

「광주광역시 학생통학지원조례」

「광주광역시 학생현장체험학습 활동 지원에 관한 조례」

「광주광역시교육청 학생 통학지원 조례」

「교과용도서에 관한 규정」

「교원의 지위 향상 및 교육활동 보호를 위한 특별법」

「교육공무원법」

「교육기본법」

「국가균형발전특별법」

「국민기초생활 보장법」

「국민기초생활 보장법 시행령」

「국토의 계획 및 이용에 관한 법률」

「기초학력 보장법」

「기초학력 보장법 시행령」

「남해군 농어촌학교 학생 야간 통학택시비 지원 조례」

「농어업인 삶의 질 향상 및 농어촌 지역 개발촉진에 관한 특별법」

「농어촌정비법」

「농어촌주민의 보건복지 증진을 위한 특별법」

「농어촌학교 순회교원수당 및 복식수업수당 지급에 관한 훈령」

「대구광역시 학생 통학지원 조례」

「도서 · 벽지 교육진흥법」

「도서 · 벽지 교육진흥법 시행규칙」

「도시와 농어촌 간의 교류촉진에 관한 법률」

「디지털 기반의 원격교육 활성화 기본법」

「디지털 기반의 원격교육 활성화 기본법 시행령」

「무안군 농어촌 고등학교 학생 통학지원 조례」

「보은군 농어촌학교 학생 교통비 지원 조례」

「부산광역시 교육청 학생 통학지원 조례」

「부산광역시 기장군 농촌체험관광 활성화 및 지원에 관한 조례」

「사회복지사업법」

「세종특별자치시 농촌 기숙형학교 교육경비 지원 조례」

「세종특별자치시교육청 방과후학교 운영 및 지원에 관한 조례」

「수도권정비계획법」

「양구군 학생 통학 교통비 지원 조례」

「양산시 작은학교 학생 통학 교통비 지원 조례」

「여주시 혁신교육지구 운영 및 지원에 관한 조례」

「영암군 농어촌 기숙형학교 교육경비 보조에 관한 조례」

「옥천군 농어촌학교 학생 교통비 지원 조례」

「울산광역시 남구 원거리 통학생 통학버스 지원에 관한 조례」

「인구감소지역특별법」

「인제군 농어촌학교 학생 교통비 지원 조례」

「인천광역시 농어촌 기숙형 학교 교육경비 보조에 관한 조례」

「인천광역시 학생통학지원조례」

「전라남도 농어촌 학생통학지원조례」

「전라남도 작은학교 지원 조례」

「전라남도교육청 마을교육공동체 활성화 지원 조례」

「전라북도 학생통학지원조례」

「전라북도교육청 학습더딤학생 교육 지원 조례」

「접경지역 지원 특별법」

「제주특별자치도 학생통학지원조례」

「지방교육자치에 관한 법률」

「지방대학 및 지역균형인재 육성에 관한 법률」

「지방대학 및 지역균형인재 육성에 관한 법률 시행령」

「지역개발 및 지원에 관한 법률」

「초 · 중등교육법」

「초 · 중등교육법 시행령」

「초 · 중등교육법 시행규칙」

「충청남도교육청 원격수업 지원 조례」

「충청북도 농촌체험관광 활성화 지원 조례」

「충청북도 학생통학지원조례」

「태안군 농어촌 기숙형학교 교육경비 보조에 관한 조례」

「평창군 농촌학교학생 통학택시비 지원에 관한 조례」

「학교급식법」

「학교급식법 시행령」

「한부모가족지원법」

「화천군 학생 통학지원 조례」

「횡성군 농촌학교학생 통학택시비 지원 조례」

권인숙의원 대표발의, 마을교육공동체 활성화 및 지원에 관한 법률안, 2021. 11. 4.

이낙연의원 대표발의, 농어촌 교육발전 특별법안, 2012. 12. 7.

정진후의원 대표발의, 농어촌 교육지원 특별법안, 2012. 11. 5.

신문기사 · 보도자료

교육과학기술부 보도자료(2010. 1. 15.), 교과서 선진화 방안 발표, 교육과학기술부.

교육부 보도자료(2008. 8. 27.), 2008년 기숙형공립고 82개교 선정 발표, 교육부.

교육부 보도자료(2009. 10. 20.), 2009년 기숙형고교 68개교 확정 발표-낙후지역이 교육력 회복으로 '가고 싶은 학교', '찾아오는 지역'으로 변화 기대. 교육부.

교육부 보도자료(2016. 7. 5.), 적정규모 학교 육성 강화 및 폐교 활용 활성화, 교육부.

교육부 보도자료(2022. 3. 12.), 2021년 사교육비 조사 결과 주요 특징 및 대응방안, 교육부.

교육부 보도자료(2022. 6. 13.), 2021 국가수준 학업성취도 평가 결과 및 대응 전략 발표, 교육부.

교육부 보도자료(2023. 1. 5.), 2023년 주요업무 추진계획-교육개혁, 대한민국 재도약의 시작, 교육부.

교육부(2022. 10. 11.), 제1차 기초학력 보장 종합계획 보도자료, 교육부.

뉴스서천(2021. 12. 20.), 군의회 지방자치단체 교육경비 보조규정 개선 촉구 건의문 채택

충북일보(2013. 11. 19.), 지방자치단체 교육경비 보조금 중단 일전 교육지원청 '비상'.

인터넷 사이트

경북 교육과정지원포털, https://curri.gyo6.net/main/mainPage.do, 검색 2023년 4월 15일.

미국 국립교육통계센터, https://nces.ed.gov/programs/coe/indicator_clb.asp/Concentration of Public School Students Eligible for Free or Reduced-Price Lunch, 검색 2023년 4월 15일.

사단법인 한국검인정교과서협회, https://www.ktbook.com

법제처 국가법령정보센터, https://www.law.go.kr

전라남도교육청 교육정보 모두, https://www.jne.go.kr/modoo/main.do

한국교육개발원, 2021 교육통계연보, https://kess.kedi.re.kr/index, 검색 2023년 4월 15일.

https://japanjenaplan.org/jenaplan/feature, 검색 2022년 10월 1일.

https://schoolzone.emac.kr/guide/fileView.do 학구도안내서비스, 작은학교 공동(일방) 학구제 시행 안내 자료, 검색 2023년 4월 15일.

https://www.awashimaura.ed.jp, 검색 2022년 10월 1일.

https://www.jenaplanschool.ac.jp, 검색 2022년 10월 1일.

https://www.town.morimachi.shizuoka.jp〉files〉group〉03_shiryou04, 검색 2022년 10월 20일.

찾아보기 | INDEX

영문

주요 법령

집필진

임연기

공주대학교 사범대학 교육학과 명예교수
전 공주대학교 교수, 기획처장, 교육과학연구원장, 교육부 지정 중앙농어촌교육지원센터장
전 한국교육개발원 선임연구위원
전 한국교육행정학회 회장, 한국방과후학교학회 회장

김 용

한국교원대학교 교육정책대학원 교수
대한교육법학회 부회장
전 대통령직속 정책기획위원회 위원
전 대통령자문 국가교육회의 전문위원

이덕난

국회입법조사처 입법조사연구관
대한교육법학회 회장
건국대학교 겸임교수, 교육부 교원역량혁신 추친위원회 위원
전 한국교육개발원 연구위원, 중앙대 겸임교수

이형석

우석대학교 경찰행정학과 교수
대한교육법학회 학술이사, 편집위원, 한국법이론실무학회 출판이사
전 원광대학교 봉황인재학과 교수

전윤경

현천고등학교 교사
대한교육법학회 학술이사, 한국법과인권교육학회 이사
전 한국교원대학교 겸임교수

정순원

한국교육학술정보원 연구위원, 개인정보보호부장
대한교육법학회 부회장, 한국법과인권교육학회 부회장

농어촌 교육법령의 이해

2024. 1. 3. 초 판 1쇄 인쇄
2024. 1. 10. 초 판 1쇄 발행

지은이 | 임연기, 김용, 이덕난, 이형석, 전윤경, 정순원
펴낸이 | 이종춘
펴낸곳 | **BM** ㈜도서출판 **성안당**

주소 | 04032 서울시 마포구 양화로 127 첨단빌딩 3층(출판기획 R&D 센터)
10881 경기도 파주시 문발로 112 파주 출판 문화도시(제작 및 물류)

전화 | 02) 3142-0036
031) 950-6300

팩스 | 031) 955-0510
등록 | 1973. 2. 1. 제406-2005-000046호
출판사 홈페이지 | **www.cyber.co.kr**
ISBN | 978-89-315-8619-0 (93370)
정가 | **25,000원**

이 책을 만든 사람들
기획 | 최옥현
진행 | 오영미
교정 · 교열 | 문인곤
본문 디자인 | 이다혜, 이지연
표지 디자인 | 박원석
홍보 | 김계향, 유미나, 정단비, 김주승
국제부 | 이선민, 조혜란
마케팅 | 구본철, 차정욱, 오영일, 나진호, 강호묵
마케팅 지원 | 장상범
제작 | 김유석

■ **도서 A/S 안내**

성안당에서 발행하는 모든 도서는 저자와 출판사, 그리고 독자가 함께 만들어 나갑니다.
좋은 책을 펴내기 위해 많은 노력을 기울이고 있습니다. 혹시라도 내용상의 오류나 오탈자 등이 발견되면 **"좋은 책은 나라의 보배"**로서 우리 모두가 함께 만들어 간다는 마음으로 연락주시기 바랍니다. 수정 보완하여 더 나은 책이 되도록 최선을 다하겠습니다.
성안당은 늘 독자 여러분들의 소중한 의견을 기다리고 있습니다. 좋은 의견을 보내주시는 분께는 성안당 쇼핑몰의 포인트(3,000포인트)를 적립해 드립니다.

잘못 만들어진 책이나 부록 등이 파손된 경우에는 교환해 드립니다.